Markus Zöchmeister
Vom Leben danach

Markus Zöchmeister

Vom Leben danach

Eine transgenerationelle Studie über die Shoah

Mit einem Vorwort von Klaus Ottomeyer

HALAND
& WIRTH
IM PSYCHOSOZIAL-VERLAG

Mit freundlicher Unterstützung von

Für unser Land!

Der Wissenschaftsfonds.

Sigmund Freud
PrivatUniversität Wien

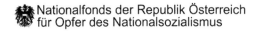

Bibliografische Information der Deutschen Nationalbibliothek
Die Deutsche Nationalbibliothek verzeichnet diese Publikation in der
Deutschen Nationalbibliografie; detaillierte bibliografische Daten
sind im Internet über http://dnb.d-nb.de abrufbar.

Originalausgabe
© 2013 Haland & Wirth im Psychosozial-Verlag
Walltorstr. 10, D-35390 Gießen
Fon: 0641-969978-18; Fax: 0641-969978-19
E-Mail: info@psychosozial-verlag.de
www.psychosozial-verlag.de
Alle Rechte vorbehalten. Kein Teil des Werkes darf in irgendeiner Form
(durch Fotografie, Mikrofilm oder andere Verfahren) ohne schriftliche Genehmigung
des Verlages reproduziert oder unter Verwendung elektronischer Systeme verarbeitet,
vervielfältigt oder verbreitet werden.
Umschlagabbildung: Denkmal für die ermordeten Juden Europas, Berlin
Umschlaggestaltung & Satz: Hanspeter Ludwig, Wetzlar
www.imaginary-world.de
Druck: Majuskel Medienproduktion GmbH, Wetzlar
www.majuskel.de
Printed in Germany
ISBN 978-3-8379-2281-3

Inhalt

Danksagung		11
Vorwort		13
1.	**Einleitung**	19
2.	**Zur Methode**	29
2.1	Erzählen und Erinnern – das familiäre Gedächtnis	29
2.2	Die fünf Übersetzungsschritte der angewandten Methode	32
	Interviews als Prozess	34
	Das Aufnahmegerät	38
	Transkription	40
	Textinterpretation	43
	Kommunikative Validierungen	47
	Schematische Zusammenfassung der Methode	48
2.3	Szenisches Verstehen über die Generationen hinweg	48
3.	**Acht Familiengeschichten**	51
3.1	Die Geschichte der Familie Klein	52
I	Steven Klein (zweite Generation)	55
II	Matti Klein (dritte Generation)	76

3.2		**Die Geschichte der Familie Mokum**	97
I		Max Mokum (erste Generation):	
		»Ich habe immer Widerstand gegen das Negative gehabt.«	98
II		Vera Rubensteen (zweite Generation):	
		»Aber es gab immer noch etwas anderes …«	143
3.3		**Die Geschichte der Familie Fried**	169
I		Der General: Benjamin Fried (erste Generation):	
		»Ich wollte nach Deutschland fahren und so viele Nazis erschießen, wie es geht.«	170
II		Über die Tradierung auf die nachfolgenden Generationen	202
3.4		**Die Generationengeschichte von Sophia Schwarz**	225
3.5		**Die Geschichte der Familie W**	261
I		Edgar W (erste Generation):	
		»Ich hab eben lange nichts darüber geredet.«	261
II		Erika W (zweite Generation)	297
III		Lisa W (dritte Generation): »Ich muss mich wehren können.«	317
3.6		**Die Geschichte der Familie Kofka**	339
I		Katharina Kofka (erste Generation):	
		»Um nicht zu dem Tier zu werden …«	340
II		Fritz Kofka (zweite Generation): »Das ist halt so.«	409
3.7		**Die Geschichte der Familie Laska**	409
I		Ruben Laska (erste Generation): »Bei mir ist alles offen.«	410
II		Elena Laska (zweite Generation): »But it always was there.«	433
3.8		**Die Geschichte der Familie Tann**	447
I		Erna Tann (zweite Generation):	
		»Damit mich ja keiner anschaut.«	447
II		Andrea Tann (dritte Generation): »Das ist wie im Film.«	458
4.		**Analyse der Texte und Interviews**	469
4.1		Zur ersten Generation	470
4.1.1		Diese Nähe hat einen Namen	470
4.1.2		Die Nähe zum Tod des anderen	472

4.1.3	Die Nähe zum Tod als psychischer Tod	475
4.1.4	Was half	476
4.1.5	Was später kam und half	486
4.1.6	Über Schweigen, Erinnern und Sprechen	497
4.1.7	Das zweiseitige Trauma	500
4.2	**Zur zweiten Generation**	**502**
4.2.1	Zur Transposition	502
4.2.2	Vermittelnde Objekte und ihre Vergeschichtlichung	513
4.2.3	Fixierung und Überhöhung	516
4.2.4	Tod, Leere, Trauer und Rekonstruktion	518
4.3	**Zur dritten Generation**	**520**
4.3.1	Die Nähe zu den Großeltern: Ursprung und Rückbezüglichkeit	521
4.3.2	Zur Idee eines Neubeginns	523

Literaturverzeichnis 527

Für die Menschen, die mit mir sprachen.

Danksagung

Zunächst gebührt der Dank für das Zustandekommen dieses Buches all jenen Menschen, die sich bereit erklärt haben, mit mir über das Intime ihrer Familiengeschichte zu sprechen. Ohne ihre Stimmen, die dieses Buch mitgeschrieben haben, gäbe es diese partikularen Zeugnisse nicht. Im Verlauf der Arbeit sind sehr persönliche Kontakte entstanden, Freundschaften, die bis heute bestehen.

Ein besonderer Dank für das Zustandekommen dieser Studie gebührt Klaus Ottomeyer, Obmann des Vereins ASPIS, einem Forschungs- und Beratungszentrum für Opfer von Gewalt in Klagenfurt, in dessen Rahmen die Forschungsarbeit durchgeführt wurde. Klaus Ottomeyer unterstützte und begleitete mit offenen Ohren den Verlauf der Arbeit. Weiter möchte ich mich bei dem Psychoanalytiker Manfred Schellenbacher aus Salzburg bedanken, der mir in all den verschiedenen Phasen der Forschungsarbeit zuhörte und die richtigen Fragen stellte. Ebenso bedanke ich mich bei meinen Kollegen, Freunden und Vertrauten Georg Eckmayr, Stefan Schnegg, Natascha Zöchmeister, Thomas Fliri, Roman Widholm, Sibylle Ihr-Ceto, Erich Stöller und Hannes Hasler, die über zahlreiche Gespräche dem Verlauf der Forschungsarbeit interessiert folgten. Herrn Albert Lichtblau möchte ich für seine Hilfe bei der Suche nach Menschen, die an dem Projekt mitwirkten, danken. Herrn Kleinschnittger danke ich dafür, dass er den Kontakt zum Psychosozial-Verlag hergestellt hat, der sich sofort bereit erklärt hat, dieses Buch in seine Verlagsreihe aufzunehmen.

Dieses Buch ist das Ergebnis einer dreijährigen Studie, die dank der Förderung des Nationalfonds der Republik Österreich, des Zukunftsfonds der Republik Österreich, der auch einen Teil der Druckkosten übernommen hat, sowie des Landes Salzburg stattfinden konnte. Stefan Hampel und Gerhard Benetka möchte ich dafür danken, dass sie sich für die Sicherung der Druckkosten über die Sigmund Freud Privatuniversität Wien eingesetzt haben. Mein Dank gilt auch dem Magistrat für Kultur, Wissenschafts- und Forschungsförderung der Stadt Wien für die Vergabe eines Wissenschaftsstipendiums, das mir die Finalisierung der Arbeit ermöglicht hat.

Vorwort

Das vorliegende Buch handelt von dem fast unmöglichen, aber notwendigen Projekt, das Unsagbare und Grauenvolle, das mit der nationalsozialistischen Menschenvernichtung verbunden ist, doch mitteilbar zu machen, um eine Lebensorientierung und vielleicht auch Antworten im Kampf für eine bessere Welt zu finden. Die Überlebenden, ihre Kinder und schließlich die Enkel waren und sind mit diesem Projekt notgedrungen und auf unterschiedliche Weise beschäftigt. Die psychologische Wissenschaft ist es auch.

Wie kann über etwas gesprochen werden, das sich der Sprache entzieht?

»Die traumatischen Erfahrungen im Lager waren an Szenen gebunden, an sinnliche Qualitäten wie die Farbe eines Gegenstandes, den Klang eines Wortes, das Geräusch eines Tones, das Bellen eines Hundes, den Geschmack eines Brotes, den Geruch in der Baracke usw. Diese sinnlichen Qualitäten aus erlittenen Gewalterfahrungen können später die verdrängten und abgespaltenen Erinnerungen transportieren und wiederaufleben lassen. So kann der Anblick eines gewissen Farbtons, der Klang einer Stimme, der Geschmack im Mund plötzlich etwas hervorrufen, was sich dem Subjekt ansonsten entzogen hätte. Aus dieser Wiederkehr der traumatischen Gewalterfahrungen entsteht ein bestimmter Platz für die erste Generation: Sie war vom traumatischen Erleben der Shoah eingeschlossen. Bildlich würde sich das folgendermaßen darstellen: Einerseits war der Blick auf die Vergangenheit durch das ›radikale Verbrechen‹ (Zizek) der Nazis verstellt. Der erlittene Alp aus dem Lager war nicht zu erzählen, nicht zu nennen. Man konnte sich dem nur annähern« (Kap. 4.1.7).

Markus Zöchmeister hat sich den Erzählungen der Überlebenden des Nazi-Terrors und ihrer Nachkommen sehr behutsam und ausführlich mit der Methode des Szenischen Verstehens genähert. Beim Szenischen Verstehen erläutern sich mehrere Szenen, die zunächst wenig oder gar keinen Zusammenhang zu haben scheinen, wechselseitig, sodass sich eine neue Gestalt abzeichnet, die für den Erzähler wie den Zuhörer so nicht sichtbar oder spürbar war. Allerdings bleibt diese Gestalt im Falle der Extremtraumatisierung immer lückenhaft, in sich leer und »unheimlich« (Zöchmeister). Der amerikanische Traumaforscher J. P. Wilson (2004) spricht von der »Abgrunderfahrung« des Opfers, welche auch bei vielen späteren Zeugen, denen das Opfer zu berichten versucht, und bei potenziellen Helfern eine massive Angst auslöst und zu einem Vermeiden und Verleugnen der Realität führt.

Die Kinder und Enkel der Überlebenden können sich dem Unheimlichen nicht entziehen. Erika, eine von Zöchmeisters Interviewpartnerinnen aus der zweiten Generation, ist in ihren Vorstellungen auf eine irritierende und belastende Weise mit dem Thema der möglichen Ein- und Ausgänge ihrer Wohnung beschäftigt:

> »Erika berichtete, dass sie in ihrem Haus nächtelang wach gelegen war und sah, wie man sie holen würde. In ihrer Fantasie flüchtete sie aus einem der beiden Hauseingänge. Sie konnte diese Fantasie nicht kontrollieren, sondern die Fantasie holte das Subjekt Nacht für Nacht erneut ein. Es geht von ihr ein Zwang zur Wiederholung aus. Die Fantasie überfällt das Subjekt. Als Erika in ihre neue Wohnung zog, war sofort der Gedanke da, ob es einen zweiten Ausgang zur Flucht gäbe. Die Fantasien, die das Subjekt haben, sind unkontrollierbar, zwanghaft, repetitiv und vermitteln eine fremde Qualität« (Kap. 4.2.1).

Zöchmeister kann aufgrund des ihm bekannten Interviewmaterials Ähnlichkeiten mit der Verfolgungssituation der Eltern erkennen. Auch über die Generationengrenzen hinweg erläutern sich die erzählten Szenen einander gegenseitig. »In der Geschichte der Familie W war es interessant festzustellen, dass die historisch signifikanten Szenen zwar dem Interviewer, aber nicht den Interviewten in voller Tragweite bewusst waren« (ebd.).

Trauma ist immer ein schmerzhaft Unerledigtes, ein »unfinished business«. Etwas ist überhaupt nicht in Ordnung, ein nicht gesicherter Abgrund, ein schreiendes Unrecht. In der zweiten Generation und in gewisser Hinsicht auch in der dritten tritt keine Ruhe ein, es arbeitet bewusst und unbewusst weiter, so als sollte ein ungeheurer Missstand korrigiert werden. Während die Angehörigen der zweiten Generation die Angst und die Trauer ihrer Eltern noch ganz direkt spüren, sich oftmals nicht getrauen, nachzufragen, und sich den bewussten und unbewussten Aufträgen der Eltern kaum entziehen können, ist die Beschäftigung mit dem Trauma der Großeltern bei den Enkeln zwar auch noch ein zentrales und manchmal beängstigendes Lebensthema, aber sie haben weniger Hemmungen, die Großeltern zu fragen. Sie können sich diesem Thema, welches für sie bereits ein Thema unter anderen ist, mit größerer Freiheit und oftmals mit erstaunlicher Kreativität zuwenden. Daraus sind in den letzten Jahren viele Filme und Bücher entstanden.

Zöchmeister ist nicht nur Forscher, sondern in einem anderen Kontext auch ein psychoanalytisch arbeitender Therapeut. Beim Szenischen Verstehen ist der Forscher oder Therapeut alles andere als ein Außenstehender oder gar ein »Besserwisser«. Schubladisieren von Erfahrung ist sozusagen das Schlimmste, was man machen kann. Der Forscher lässt sich auf die Irritationen und die Ängste ein, die in der Begegnung mit den InterviewpartnerInnen bei diesen und bei ihm selbst entstehen. Statt die Irritationen als Störungen unter den Teppich zu kehren, versucht er, sie als Hinweise auf reale Erfahrungen zu nutzen. Dabei muss der Forscher seiner »Gegenübertragung« nachspüren: versuchen, seine eigenen Verzerrungs- und Verleugnungstendenzen sowie »blinden Flecken« angesichts der manchmal »unglaublichen Geschichten« besser zu verstehen. Eine andere Objektivität als die einer reflektierten Subjektivität ist in einer qualitativen psychologischen Forschung nicht zu haben. Das Szenische Verstehen scheint mir nicht nur eine, sondern geradezu die einzig angemessene wissenschaftliche Methode zu sein, um sich der Wirkung von extremer Gewalt in der Lebensgeschichte und der Psyche von Menschen zu nähern. Interessanterweise hatte Alfred Lorenzer, der (anfänglich zusammen mit Hermann Argelander am Sigmund-Freud-Institut in Frankfurt) das Konzept des Szenischen Verstehens entwickelte und ab Ende der 60er Jahre ausgearbeitet hat, sich zuvor intensiv mit dem Trauma von Überlebenden des Krieges und des Nazi-Terrors befasst, deren Leid zumeist nicht sprachlich ausgedrückt, sondern nur indirekt aus unbewussten und zeitlich versetzten Inszenierungen erschlossen werden konnte (Lorenzer/Thomä 1965; Ottomeyer 2013). Dieses neue Verständnis von Trauma richtete sich auch gegen die damalige Gutachtenpraxis der deutschen psychiatrischen Autoritäten, die solche Zusammenhänge nicht sehen wollten und die den Nazi-Opfern, welche Behandlung und/oder Wiedergutmachung forderten, bestenfalls eine »Rentenneurose« attestierten: ein wissenschaftlich verbrämtes *blaming the victim*.

Auf der Grundlage der individuell und empathisch geführten Interviews mit Familienangehörigen aus allen drei Generationen kann Zöchmeister im weiteren Teil der Studie mit Unterstützung der bereits vorliegenden Untersuchungen zum Thema allgemeinere Muster der Bewältigung herausarbeiten. Dazu gehört auch die Untersuchung der Frage: »Was half?« – beim Überleben im Nazi-Terror – und die Frage nach dem, »was später kam und half« – d. h. in der Zeit nach dem unmittelbaren Nazi-Terror. In der neueren Traumaforschung werden die rettenden und heilsamen Kräfte gegenüber der traumatischen Zerstörung etwas verdinglicht als »Resilienzfaktoren« bezeichnet. Es sind dies in der Untersuchung von Zöchmeister die Erinnerung an eine schöne Kindheit, von der alle Überlebenden berichten, Überlebensbündnisse mit Schicksalsgenossen, das Bewusstsein, Widerstand zu leisten, die Entscheidung als Kind nicht zu weinen, potenziellen Tätern nie wieder passiv gegenüberzutreten und anderes mehr. Das Bewahren persönlicher Geheimnisse und die Fähigkeit, etwas zu imaginieren, bedeuteten ebenfalls einen wichtigen Schutz. Herr Röder, ein Überlebender, berichtet:

>»Er sei in der überfüllten Baracke auf der Pritsche gelegen und hätte sich vorgestellt: ›Jetzt gehe ich mit einem Buch unter dem Arm hinaus auf die grüne Wiese, die Sonne scheint und ich lese das Buch.‹ Diese Imagination wiederholte er in unerträglichen Situationen und entwischte dabei der Alltagsrealität im Lager« (Kap. 4.1.4).

Auch in der neueren Traumatherapie finden wir die Betonung der hilfreichen Imaginationen und auch eine spezielle Imaginationsübung zum »sicheren Ort«, dessen Vorstellung einen traumatisierten Menschen schützen kann (Reddemann 2011). Die ressourcenorientierte imaginative Traumatherapie geht gut mit dem Szenischen Verstehen zusammen und sollte auf diesem basieren (Ottomeyer 2013).

Die spezielle Zugangsweise und die Forschungsergebnisse von Zöchmeister sind auch für therapeutische PraktikerInnen interessant, die heute mit extrem traumatisierten Opfern organisierter Gewalt und ihren Nachkommen arbeiten. Diese Gewaltopfer können Flüchtlinge aus Regionen sein, in denen es schwere Menschenrechtsverletzungen gibt. Es können aber auch noch NS-Opfer sein. Es gibt immer noch eine beträchtliche Anzahl von Menschen, die KZ, Zwangsarbeit und Gestapohaft überlebt haben, sowie deren Kinder, Enkel und Großenkel. 2013 begann die deutsche Staatsanwaltschaft mit Verspätung nach mindestens 50 noch lebenden Mitgliedern der SS-Wachmannschaft von Auschwitz zu fahnden.

Das Leid wirkt weiter, die Narben der extremen Traumatisierung bei den Opfern bleiben. Aber ein therapeutischer Nihilismus ist nicht angebracht. In Österreich ist es zum Glück möglich, dass überlebende Opfer des Nazi-Regimes sowie seit einigen Jahren auch ihre Kinder und Enkel eine für sie kostenfreie Psychotherapie in Einrichtungen erhalten, welche einen Schwerpunkt in der Traumatherapie für Opfer organisierter Gewalt haben. Zu diesen Einrichtungen gehört vor allem das psychosoziale Zentrum *Esra*, welches zur jüdischen Gemeinde in Wien gehört und dort Hilfe für die Opfer des Holocaust und ihre Angehörigen anbietet. In Kooperation mit *Esra* hat unsere Einrichtung *Aspis* in Kärnten ein vergleichbares Programm für Opfer des NS-Terrors aufgebaut (vgl. Ottomeyer 2011). In Kärnten sind es vor allem Angehörige slowenischer Familien, unter denen Mitglieder der ersten Generation in Arbeits- und Konzentrationslager deportiert und als WiderstandskämpferInnen gegen den Nationalsozialismus gefoltert und ermordet wurden. Die therapeutische Arbeit beider Einrichtungen wird vom österreichischen *Nationalfond für die Opfer des Nationalsozialismus* sowie von den Gebietkrankenkassen in Wien und Kärnten finanziert. In diesem kooperativen Kontext, zu dem auch die *Abteilung für Sozialpsychologie, Ethnopsychoanalyse und Psychotraumatologie* an der Universität Klagenfurt gehört, wurde und wird die Studie von Markus Zöchmeister als ein besonders wichtiger und unterstützender wissenschaftlicher Beitrag gesehen. Eine Studie über die Traumaweitergabe in slowenischen Familien, in welcher Anregungen von Markus Zöchmeister aufgegriffen wurden, erscheint in diesem Jahr (Wutti 2013). Dem Buch von Markus Zöchmeister ist eine große Verbreitung zu wünschen.

Klaus Ottomeyer

Literatur

Lorenzer, A. & Thomä, H. (1965): Über die Zweiphasige Symptomentwicklung bei traumatischen Neurosen. Psyche 18, 674–684.

Ottomeyer, K. (2011): Die Behandlung der Opfer. Über unseren Umgang mit dem Trauma der Flüchtlinge und der Verfolgten. Stuttgart (Klett-Cotta).

Ottomeyer, K. (2013): Szenisches Verstehen, Poetik und Traumatherapie nach Luise Reddemann. In: Lampe, A.; Abilgaard, P. & Ottomeyer, K. (Hg.): Mit beiden Augen sehen: Leid und Ressourcen in der Psychotherapie. Stuttgart (Klett-Cotta).

Reddemann, L. (2011): Pschodynamisch Imaginative Traumatherapie. PITT – Das Manual. 6. vollst. neu überarb. Aufl. Stuttgart (Klett-Cotta).

Wilson, J.P. (2004): Empathy, Trauma Transmission, and Countertransference in Posttraumatic Psychotherapy. In: Wilson, J.P. & Drozdek, B. (Hg.): Broken Spirits. The Treatment of Traumatized Asylum Seekers, Refugees, War and Torture Victims. New York/Hove (Brunner-Routledge), S. 277–316.

Wutti, D. (2013): Drei Familien, drei Generationen. Das Trauma des Nationalsozialismus im Leben dreier Generationen von Kärntner SlowenInnen. Klagenfurt/Celovec (Drava).

1. Einleitung

Der Hauptteil dieses Buches beschäftigt sich nach einigen einführenden Bemerkungen und einem Abschnitt zur gewählten Methode mit unterschiedlichen Familienschicksalen, die während der NS-Zeit vom traumatischen Alp der Shoah erschüttert wurden. Diese je unterschiedlichen Schicksale werden in ausführlichen Fallgeschichten, die sich über mehrere Generationen erstrecken, erzählt. Für das hier vorgestellte Forschungsprojekt wurde mit zahlreichen Familien Kontakt aufgenommen. Bei manchen Familien hat sich schon bald herausgestellt, dass sie an der Studie aus unterschiedlichen Gründen nicht teilnehmen wollten oder konnten. Mit 13 Familien wurden schließlich Interviews durchgeführt. Acht von diesen 13 Familien wurden ausgewählt, um sie in diesem Buch vorzustellen. Die geschriebenen Geschichten verdeutlichen den analytischen Weg, der vom gesprochenen Wort im Interview zum Transkript und schließlich zum eigentlichen Text über die Interviews mit der jeweiligen Person führte. Im zweiten Teil des Buches werden besondere und allgemeine Folgerungen aus den beobachteten und gesprochenen Geschichten gezogen, indem die unterschiedlichen Wege der Verarbeitung und Tradierung der Gewalterfahrungen miteinander in Bezug gesetzt und auf Gemeinsamkeiten und Unterschiede hin untersucht wurden. Dieser zweite Teil ist technischer und konzentriert sich um die Frage nach Mechanismen der Tradierung erlebter Gewaltgeschichte im generationellen Raum.

In den Interviews ging es um sehr persönliche *Erzählungen* über die erlebte und erinnerte Familiengeschichte; Familien, die in der ersten Generation der nationalsozialistischen Verfolgungs- und Vernichtungspolitik zum Opfer gefallen sind, weil sie Juden, Kommunisten oder Menschen im Widerstand gegen den

1. Einleitung

NS-Terror waren. Die Erzähler aus der ersten Generation überlebten den Terror in einem der Konzentrations- und Vernichtungslager. Manchen gelang auch die Flucht ins Ausland nach Amerika oder England. In den Interviews mit Menschen aus der ersten Generation wurde nach den Besonderheiten ihrer Geschichte gefragt, danach, was ihnen half, ein Leben nach dem Überleben aufzubauen. Was und vor allem wie würden sie über diese Zeit erzählen? Und wie würde in ihren Erzählungen die individuelle Bearbeitung der alptraumhaften Geschichte zum Vorschein kommen?

In diesen Zeitzeugeninterviews zeigten sich drei biografische Abschnitte: vor, während und nach der Zeit des Nationalsozialismus. Die erzählten Geschichten sind individuelle Lebensgeschichten, die in ihrer Form einem Roman gleichen. Sie umfassen die sozialpolitischen Erfahrungen des vergangenen Jahrhunderts und spannen sich vom Untergang der Donaumonarchie über die Zeit der ersten Republik, des Austrofaschismus bis zum Nationalsozialismus und der Zeit danach. So entstand, ohne dass es beabsichtigt gewesen wäre, eine Aura der Geschichtlichkeit um jene, die das vergangene Jahrhundert an ihrem Leib erfahren haben und als *Zeugen* dieses Jahrhunderts ihre Lebensgeschichte erzählten. Unser Interesse galt den Geschichten, die sie erzählten, den Zeugnissen, die sie ablegten. Erzählte Geschichte – und darum handelt es sich – ist Sinngebung des an sich Sinnlosen (vgl. Nitschke 1997). Sie folgt einem bestimmten, chronologischen Verständnis erzählter und vermessener Zeitgeschichte. Aus der Chronologie erwächst eine gewisse Ordnung der Dinge. Die so gestaltete Erzählung distanziert gleichermaßen von den Brüchen der Geschichte.

Die erinnerten und erzählten Geschichten aus der ersten Generation waren geprägt von einer *Nähe zum Tod*. Oft war der Überlebende der einzige aus seiner Familie, der dem Alp der nationalsozialistischen Vernichtungspolitik entkommen konnte. Er kehrte zurück in eine Welt, die für ihn nicht mehr existierte. Wie soll man in eine Welt zurückkehren, die es nicht mehr gibt? Dieses Paradox ist kennzeichnend für die äußere Situation danach. Nicht nur, dass die frühere Welt nicht mehr existierte, es wollte auch niemand hören, aus welcher Hölle die Überlebenden zurückkehrten. Die Angst vor dem Überlebenden ist ein aus der Literatur bekanntes Phänomen. Hillel Klein (2003) hat sie als Angst vor dem Überlebenden als *toxisches Objekt* beschreiben. Der Überlebende könnte mit seinen Erfahrungen – der Nähe zum Tod – anstecken und vergiften. Man kann in dieser Angst auch eine Psychoseangst erkennen (vgl. Ottomeyer 1997). Dabei ist es nicht der Überlebende an sich, der ängstigt, sondern die Projektion auf seine phantasmatische Figur. In der Antike wie in der griechischen Mythologie galt der *Überlebende* als Unglücksbote, als Überbringer der schlechten Nachricht. Er wurde den Göttern geopfert, also getötet. Hillel Klein (2003) findet »Vergleichbares [...] in der jüdischen Geschichte, wo der Bote Sauls, als er die Nachricht vom Tod Jonathans überbrachte, vom König David bestraft wurde«. »Der Überlebende galt auch als Wahnsinniger, als *Nebbich*, der Mitleid ohne Einfühlung erregte« (ebd., S. 112). Wie kann es eine Einfühlung in den Tod geben? Der Überlebende der Shoah[1] ist zunächst der Überbringer der schlechten Nachricht von Auschwitz; einer Nachricht, die niemand hören will, da sie in den psychotischen Abgrund, in den Verlust jeglicher symbolischer Ordnungstextur führt.

Natürlich unterschieden sich die Erfahrungen aus der ersten Generation fundamental, je nachdem, ob sie im Lager, im Versteck oder in der Emigration überlebten. Die Nähe zum Tod war eine je andere. Während die Totalität des Terrors im psychotischen Kosmos der Lager ein Trauma unvorstellbaren Ausmaßes zeitigte, mit dem der Überlebende nach seiner Befreiung weiterleben musste, entkamen vorerst jene, die aus dem nationalsozialistischen Österreich emigrieren konnten, dem Terror ihrer Verfolger. In den Emigrationsgeschichten enthüllte sich die Dimension der Vernichtung in ihren Familien erst im Nachhinein. Der Verlust der Eltern, Geschwister, Freunde kam erst nach ihrer Rückkehr zu Tage, nach dem vergeblichen Warten auf eine Nachricht von ihren Liebsten. Hier ist

---

1 Wann immer ich später über die Shoah spreche, so beziehe ich mich auf den von Shoshana Felman und Dori Laub während eines Forschungsprojektes an der Yale University konzipierten Begriff der so'ah, als eines Ereignisses ohne Zeugen. Und zwar eines Ereignisses ohne Zeugen im doppelten Sinne (vgl. Agamben 2003). Felman und Laub berufen sich dabei vor allem auf den Film *Shoah* von Claude Lanzmann (1985). »Es ist nicht wirklich möglich, von außen her *die Wahrheit zu sagen*, Zeugnis abzulegen. Aber es ist, wie wir gesehen haben, ebenso wenig möglich, von innen her Zeugnis abzulegen. Mir scheint, dass die unmögliche Position dieses Films insgesamt und seine Bemühungen um Zeugenschaft genau darin besteht, weder einfach innerhalb noch einfach außerhalb zu stehen, sondern in paradoxer Weise *zugleich innerhalb und außerhalb*« (Felman/Laub 1992, S. 232). Diese Ununterscheidbarkeit von Innen und Außen ist ein wesentliches Charakteristikum des Zeugnisses der Überlebenden, das sich auf die sekundäre Zeugenschaft der nachfolgenden Generationen überträgt. Der Überlebende blieb nicht (allein) außerhalb der Vernichtung, sondern die Vernichtung blieb immer auch eingeschlossen in seinem Inneren. In den Generationen der Nachgeborenen wird sich dieses Paradox des zugleich Innerhalb- wie Außerhalb-Seins wiederholen. Ihr Außerhalb-Sein ist ein zeitliches. Ihr Innerhalb-Sein ein familiär Unbewusstes. Dass es in beiden Fällen *kein (Ab-)Bild* der Vernichtung (Nähe zum Tod) geben konnte, ist allein aus der Struktur des Ereignisses der Shoah zu erklären.

1. Einleitung

es das Ungewisse über den Verlust der Liebesobjekte, unter Bedingungen, von denen man lediglich wusste, dass sie grässlich waren, die diese überwältigende und traumatisierende Nähe zum Tod herstellte. »Wir wussten damals noch nicht so viel. Das Wissen kam erst später. Und endgültig wissen werden wir es nie« (aus den Interviews). Hier liegt das Unheimliche im Bereich der Fantasie. Der stattgefundene Verlust – der Tod – wird niemals ganz symbolisierbar sein. Manche bleiben für immer vermisst und die notwendige Trauer um sie eine unabgeschlossene Geschichte. Die Nähe zum Tod war in allen Erzählungen enthalten, sie war dasjenige, was diese Erzählungen miteinander verband. Gleichzeitig war diese Nähe zum Tod nicht zu symbolisieren, nicht in Sprache zu übersetzen. Sie zeigte sich in den Interviews indirekt und je unterschiedlich als ein Bruch in der Erzählung, als eine Auslassung, als eine Verwechslung, eine Verwirrung und Irrealisierung des Sprechens.

Für die Überlebenden der Konzentrations- und Vernichtungslager hatten ihre Lagererfahrungen die *Realisierung eines psychotischen Kosmos* (vgl. Eissler 1963) bedeutet. Von diesem psychotischen Kosmos geht etwas *Reales* (Lacan)[2] aus, dem der Überlebende auch im Nachhinein nicht entkommt. Er kann nicht vergessen. »Niemand kann vergessen, was wir erlebt haben« (aus den Interviews). Andererseits hatte die Fähigkeit, ein Leben danach aufzubauen (wiederzubeleben), vorausgesetzt, das erlebte Grauen vergessen, bei Seite schieben, *abspalten* zu können. Das ist das innere Paradox des Überlebenden. *Nicht zu erinnern, heißt, weiterzuleben. Weiterzuleben heißt, nicht vergessen zu können.* Das Reale des psychotischen Kosmos signifiziert diese Nähe zum Tod, die sich nicht in Worte fassen lässt. Weil sich die Qualität dieses Todes jenseits der sprachlich fassbaren, symbolischen Ordnung befindet, im Sinne einer absoluten Vernichtung des geschichtlichen Textes.

In den Interviews mit den Kindern und Kindeskindern der überlebenden Zeitzeugen war von den Nachwirkungen der elterlichen Überlebensgeschichten aus der Perspektive der nachfolgenden Generationen zu hören; wie im Leben der Nachgeborenen die alptraumhafte Vorgeschichte wirkte und welchen Platz diese Geschichten in deren Leben eingenommen hatte. Sofern ein solcher Platz überhaupt zu verorten wäre. Diese Studie suchte nach den Spuren der Vergangenheit im Leben der Kinder und Kindeskinder; diese Spuren zeugten von einer »Nach-

---

[2] Ich verwende das Reale im Sinne der Trias Lacans (RSI), wo das Reale als Trauma etwas ist, das sich dem Prozess der Symbolisierung durch Sprache entzieht oder immer schon entzogen haben wird.

1. Einleitung

träglichkeit des Grauens« (vgl. Schneider et al. 2000), von Gewaltgeschichte, die sich als intime Fortschreibung nicht über den Modus der Weltgeschichte, sondern über den Weg persönlicher Überlieferungen tradiert hat.

Die Arbeitsgruppe um Bergmann, Jucovy und Kestenberg ist diesen Spuren der Gewaltgeschichte über die Generationen hinweg nachgegangen und hat in dem Buch *Generations of the Holocaust* (1982) ihre Erfahrungsberichte aus mehreren Psychoanalysen mit Kindern von Shoahüberlebenden weitergegeben. Bemerkenswerterweise hat es über zehn Jahre gedauert, bis dieses Buch ins Deutsche übersetzt wurde. Es beschreibt eine Generationengeschichte der Opfer des Nationalsozialismus, die in erster Linie als *unbewusste Teilhabe* der nachgeborenen Generation an den vergangenen, traumatischen Erfahrungen ihrer Elterngeneration wirkt. Kestenberg (1998b) spricht im Zusammenhang dieser unbewussten Teilhabe von einer »Transposition in die Welt der Vergangenheit« als ein metaphorisches Hinabsteigen in den »Zeittunnel der Geschichte«. Dieser Transpositionsmechanismus geht über eine einfache Identifikation hinaus. Die Kinder der Überlebenden »leben in einer doppelten Realität: in einer gegenwärtigen und in einer in die Zeit des Holocaust transponierten« (ebd., S. 202). Aus ihren Klagen wird deutlich, dass die Kinder ebenso in der Vergangenheit leben wie die Vergangenheit durch sie weiter lebt, was meint, gehört werden will. Das Zitat eines Nachkommen aus der Literatur belegt diese wechselseitige Referenz besonders eindrucksvoll: »Hunderte Menschen lebten durch mich, Menschen deren Leben von den Verfolgern abgeschnitten worden war. Meine beiden Großmütter, deren Namen ich trage, lebten durch mich fort. Auch unsere Eltern lebten durch mich« (Epstein 1990, S. 160; zit. n. Kestenberg 1998b, S. 191). Diese *Präsenz des Todes in der nachgeborenen Gegenwart* macht deutlich, mit welcher Wirkmächtigkeit sich die Geschichte der überlebenden Eltern in das Leben der Kinder drängt und dort als Reales wiederkehrt.

Die Kinder der Überlebenden leben im Modus einer psychischen Zeit, die über die Generationsgrenzen hinweg nicht zum Stillstand gekommen ist. Die in dem Buch *Kinder der Opfer Kinder der Täter. Psychoanalyse und Holocaust* beschriebenen Phänomene zeugen von einer *Nachträglichkeit des Schreckens* und dem *Wiederholungszwang* einer nicht symbolisierbaren, traumatischen Geschichte. Nachträglichkeit und Wiederholungszwang lassen sich exemplarisch über das teils bewusste, teils unbewusste Erinnern an bestimmte Ereignisse und *Jahrestage* aus der traumatischen Geschichte der Elterngeneration veranschaulichen. Diese Jahrestage beeinflussen unausgesprochen das Verhalten der

1. Einleitung

Eltern gegenüber ihren Kindern und führen zu einer *unheimlichen* Präsenz des Vergangenen im gegenwärtigen Leben der Nachgeborenen. So beobachteten die Autoren, dass eine psychische Erkrankung des Kindes aus der zweiten Generation genau in jenem Alter ausbrach, in dem die Eltern deportiert wurden oder ein Verwandter aus ihrer Familie ermordet wurde (vgl. Kestenberg 1998a, 1998b; Oliner 1998). Eine andere Form der Nachträglichkeit besteht in dem Versuch der Nachgeborenen, über das Wiederaufleben einzelner Momente aus der traumatischen Vergangenheit das unbegreifliche Erleben ihrer Eltern am eigenen Leib nachvollziehen zu können; ein generationeller *Übersetzungsversuch*, um die Lücke im transgenerationellen Verstehen zu schließen. Die Tochter eines Überlebenden von Auschwitz erzählte, wie sie als kleines Kind immer wieder von der Vorstellung gequält worden sei, tagelang ohne Essen und Trinken überleben zu müssen. Sie entwickelte unterschiedliche Fantasien, wie sie ihren Hunger und ihren Durst überwinden können würde. Als junge Frau erkannte sie schließlich, dass ihre Überlebensfantasien nicht umsetzbar wären. Also begann sie, tagelang zu fasten, nur minimale Mengen an Essen und Trinken zu sich zu nehmen. Diese Frau kreiste sehr offensichtlich um das traumatische Überlebensschicksal ihrer Eltern. Es war für diese Tochter ein unbegreifliches und unheimliches Wunder, dass ihr Vater überlebt hatte. Was sie auf einer bewussten Ebene suchte, nämlich das Gefühl des Hungers am eigenen Leib nachzuvollziehen, bedeutete auf einer unbewussten Ebene den Wunsch, ihren Eltern selbst in ihrem größten Schmerz nah zu sein; sie gerade dort zu treffen, wo sie ihr immer fremd bleiben mussten. Nur, diese Versuche der Nachgeborenen, einen auf Empathie, Verstehen oder körperlichen Nachvollzug aufbauenden Zusammenhang zwischen ihrer Welt und der traumatischen Welt ihrer Eltern herzustellen, müssen unvollständig und lückenhaft bleiben. Das gewesene Trauma kann nicht integriert oder »contained« werden, wie Bohleber (2000) beschreibt, und hinterlässt einen Riss oder ein Loch in der psychischen Faktur der Generationengeschichte (vgl. Kogan 1997, 2003). Diesen Riss im Gedächtnis der Familie zu symbolisieren, wäre das utopische Ziel transgenerationeller Übersetzungsvorgänge. Man kann dies im imaginären Register als *Wiederherstellung eines intakten generationellen Bewusstseins* (Zöchmeister 2007a) beschreiben, welches durch die unvorstellbaren Leidenserfahrungen der Opfer der NS-Vernichtungspolitik nachhaltig, d. h. über mehrere Generationen hinweg, zerrüttet worden ist. Eine solche Wiederherstellung kann niemals vollständig gelingen. Die prinzipielle Unabgeschlossenheit dieses psychischen Bemühens, das Hillel Klein (2003) metaphorisch eine *Wie-*

derbelebung des Familien-Ichs nennt, liegt ebenso in der Natur der traumatischen Katastrophe wie in der dynamischen Struktur der menschlichen Seele.

In der zweiten Generation gab es in den Erzählungen je unterschiedliche, sehr spezifische Versuche, das alptraumhafte Erleben der Mutter oder des Vaters in die eigene Lebenspraxis zu übersetzen, wobei es sich nicht immer, wie im obigen Beispiel mit dem Hunger, um so bewusste Identifizierungen handelt. Diese Versuche stellen eine erste Symbolisierung des nicht Symbolisierbaren dar. Eine erste Metaphernbildung für etwas, das sich der Sprache und der Mitteilung entzieht. So hatte jemand aus der zweiten Generation, dessen Vater im KZ Buchenwald war, für sich die Figur des einsamen Marathonläufers erfunden. Er wurde insofern zum einsamen Marathonläufer, als dass es ihm unmöglich war, sich während eines Rennens dem Tempo eines anderen anzuschließen. Wann immer er dies versuchte, musste er den Marathon abbrechen. Und wenn er einmal im Jahr einen Marathon nicht zu Ende gelaufen war, so war es ihm unmöglich, irgendeinen anderen, auf dieses abgebrochene Rennen folgenden, Marathon zu Ende zu laufen. In diesem Zwang steckte die Überlebensfigur seines Vaters. Er konnte in der extremen Disziplin des Marathonlaufs die Extremsituation des Vaters in Szene setzen. Auch der Vater betonte immer wieder, dass er sich im Lager keinem anschließen konnte. Jeder aus den nachfolgenden Generationen besitzt vergleichbare imaginäre Figuren, die eine unbewusste Nähe zur und Handhabung der Geschichte repräsentieren. Ein anderer aus der zweiten Generation wird Präsident jenes jüdischen Vereins, den sein Vater nach dem Ende der Nazi-Herrschaft neu gegründet hatte. Über seine Funktion als Präsident verwaltet und beschützt der Nachgeborene das Erbe des Vaters, der über den Verein an die Zeit vor dem Nationalsozialismus anschließen wollte. So geht es bei diesen Lebensentwürfen auch um die unterschiedlichen Versuche, die zerbrochene zeitliche Struktur eines *dreigenerationellen Raumes* innerhalb der Familie wieder herzustellen. Aus diesem Grunde versuchte diese Studie eine dreigenerationelle Perspektive einzunehmen, in der, wo es möglich war, aus einer Familie Repräsentanten aus drei Generationen interviewt wurden: den überlebenden Eltern, ihren Kindern und Enkelkindern, um den Verlauf dieser unterschiedlichen Figuren als Übersetzungsversuche in die je eigene Lebenspraxis nachzeichnen zu können.

Den scheiternden Versuch, sich mit dem Alp der Elterngeneration in Verbindung zu setzen, um zu verstehen, »wie es dazu gekommen ist, dass sie so waren, wie sie waren« (aus den Interviews), beschreibt der Sohn eines ehemaligen Buchenwaldhäftlings mit folgenden Worten:

1. Einleitung

> »Warum reden die nicht darüber? Man kann das, man kann das nicht erzählen, wenn man es mitgemacht hat. Ich, als Nachgeborener, kann dazu nicht-; weil ich ja das nur aus zweiter Hand kenn', entweder von Bildern, die nicht stinken, und Erzählungen, wo der Wirbel nicht ist, der Lärm nicht ist; das Gequält-Sein nicht ist« (aus einem Interview).

Der Nachgeborene sagt, man kann das nicht erzählen, wenn man es mitgemacht hat. Damit sagt er etwas über das Schweigen seines Vaters, das ihm bis ins Erwachsenenalter rätselhaft geblieben war. Erst nach dem Tod seines Vaters begann er, die Welt des Vaters über Zeitzeugenberichte zu erschließen und die *rätselhaften Botschaften zu übersetzen* (Laplanche 2005). Seine Klage handelt von dem Absurden in seinem Tun, denn er hat, wie er sagt, nur Bilder, die nicht stinken, und nur Erzählungen, wo der Lärm nicht ist. Er hat Bilder ohne Ton und Worte ohne Bild. Die Klage dieses Mannes schildert den Verlust einer sinnlich nachvollziehbaren Praxis. Er weiß, dass er trotz der Worte, Bilder und Texte aus seiner eigenen Lebenspraxis niemals das, was den Vater bis zu seinem Tode so sehr gequält hatte, nachvollziehen können würde. Lorenzer (1973, 1986) erkennt in der Auftrennung der Einheit von Sprache und Praxis die *Sprachzerstörung* und damit den Verlust der eigenen Geschichte. Verliert das Wort den Bezug zur sinnlichen Praxis, wird es emotionslos und zeichenhaft. Der Modus der Transposition kann auch mit Verweis auf das oben gegebene Beispiel als ein Versuch aufgefasst werden, diese Sprachzerstörung rückgängig zu machen; also die »unbewusst gemachten Interaktionsengramme« (Lorenzer 1973), die traumatischen Introjekte aus dem Leben der Eltern in ihre Lebenspraxis zu *übersetzen*, um ihnen dort eine andere Gestalt zu verleihen. Dieser Versuch muss nicht nur mit dem *Gefühl des Absurden* (Camus) kämpfen – einer Welt, die stärker ist als das Ich –, sondern es ist auch tabuisiert und gefährlich gewesen, wie eine Stimme aus der zweiten Generation belegt:

> »[A]lles, was man sagen kann, ist, es ist **nie** genug. (-) Man kann sich nie vorstellen, wie das gewesen ist und es ist Blasphemie, das zu versuchen. Verstehst du? (-) Es ist wirklich, **das tut man nicht, das macht man nicht.** Man, man kann es nicht verstehen, und man soll es auch nicht versuchen, und deswegen kann man da auch nicht darüber reden […] Ja, weil das ist so groß, das ist so-. Das ist fast wie eine Religion, (-) das ist nicht zu verstehen, und zu groß, (-) und wirklich Blasphemie, wenn man das versucht« (aus einem Interview/zur Erläuterung der Hervorhebungen im transkribierten Text s. Kapitel 2.4).

1. Einleitung

Aus diesem Auszug geht hervor, dass es für die Tochter eines Überlebenden von Auschwitz sehr bedrohlich war, sich der alptraumhaften Welt des Vaters zu nähern. Es schien ein unausgesprochenes Verbot zu geben, dies zu tun; aber mit dem Verbot auch eine unheimliche Versuchung, das Verbot zu übertreten. Die meisten Nachgeborenen aus der zweiten Generation waren aus zweierlei Gründen dem Trauma ihrer Eltern *zu nahe*. Einerseits, weil sie relativ rasch nach deren Befreiung oder um die Zeit der Rückkehr aus der Emigration auf die Welt kamen. Somit war der Zeitpunkt ihrer Geburt vom Alp der Vergangenheit überschattet. Vielleicht ersetzten die Kinder die Trauer ihrer Eltern um die verlorenen Generationen und sollten stellvertretend für die ermordeten Verwandten deren Hoffnungen und Ideale (weiter-)leben. Es gab für die Nachkommen zumeist auch keine familiäre Alternative zu den Eltern, da diese oft die einzigen Überlebenden aus den Herkunftsfamilien waren. Diese Nähe zum Alp der Geschichte entstand aus dem Mangel an Familie, der in den Interviews signifikant ist. *Das Zuviel an Nähe* steckt auch in dem Konzept von Faimberg (1987) über das »Ineinanderrücken der Generationen«. In diesem Konzept geht es wesentlich um die unbewusste Identifizierung mit einer Geschichte, von der die nachfolgende Generation nicht genau weiß, wie sie ausgesehen hat. Sie übernimmt Teile der elterlichen Vergangenheit, ohne zu wissen, von woher diese Teile stammen. In Abwandlung eines Freud-Zitates kann man sagen, dass sie Teile aus der Geschichte der anderen lebt (agiert), anstatt sie zu erinnern.

Der Titel dieser Arbeit – *Vom Leben danach* – ist ein programmatischer Verweis auf die *Kreativität* der psychischen Prozesse, die ein Überleben mit der alptraumhaften Vergangenheit möglich gemacht haben (vgl. Kogan 2003). Es gab je nach Ort und Zeit des Sprechens unterschiedliche Geschichten, die von je eigenen überlebensnotwenigen Mechanismen erzählten, um die Erinnerungen an das Grauen erträglich zu halten. Die aus den drei Generationen erhaltenen Geschichten spiegeln dabei das kommunikative und lebendige Gedächtnis der Familie wider. Innerhalb dieses erlebbaren, familiären Gedächtnisraumes verwandeln sich die Bilder, Erzählfiguren und Szenen der Vergangenheit zu dem je eigenen Bild des Erzählers, wie er mit dem Gewesenen verfährt und sich zu seinen Ursprüngen in Beziehung setzt. Die zentrale These zu den Nachgeborenen besagt, dass das Trauma der ersten Generation in ihrem Leben als etwas Fremdes und zugleich Vertrautes wieder auftauchen würde. Ganz so, wie Freud über das Unheimliche in Analogie zum Unbewussten schreibt, welches sich über den gemeinsamen Wortstamm von heimlich, heimisch und unheimlich artikuliert.

1. Einleitung

Das, was sich von der einen auf die andere Generation tradiert, entspricht dem *Geschichtsrest,* der bleibt, der sich der Symbolisierung entzieht. An diesem unbewussten Geschichtsrest hängt das Übersetzungsbemühen der nachfolgenden Generation; denn er bezeichnet, was sich als Unheimlich-Vertrautes dem Subjekt eingeschrieben hat. Das Fremde im Selbst oder die Lücke im Subjekt.

2. Zur Methode

2.1 Erzählen und Erinnern – das familiäre Gedächtnis

Ausgangspunkt der Studie waren Fragen zur Tradierung der Geschichte von Überlebenden der Shoah. Welche Erzählungen über die familiäre Vergangenheit aus dem Konzentrationslager wurden an die nachfolgenden Generationen weitergegeben und welche wurden zurückgehalten und warum? Gab es in diesen Erzählungen bestimmte Erzählfiguren, die sich im Leben der Kinder wieder finden würden? Gab es Erfahrungen, die von den Eltern an ihre Kinder oder erst an ihre Enkelkinder weitergegeben wurden und was waren das für Erfahrungen? Welche bewussten aber auch unbewussten Botschaften steckten darin? Wie hatten sich die nachgeborenen Generationen zu diesen tradierten Erzählungen und Erfahrungen in Beziehung gesetzt? Hatten sie sie verworfen oder aufgenommen, hatten sie sie verwandelt oder beibehalten?

Diese Fragen beziehen sich auf den imaginären Fundus des familiären Gedächtnisses einer Familie. Neben diesen Figuren, Erzählungen und Erfahrungen, die relativ leicht zugänglich sind, gibt es einen Bereich bestehend aus Geheimnissen, Mythen und familiären Legenden, die nicht jedem gleichermaßen zugänglich sein müssen (vgl. Zöchmeister 2006). Der Zugang zu diesen geheimen Gestalten sagt etwas über die Position desjenigen, der weiß. Er ist der geheime *Verwalter* der Familiengeschichte. In diesem nur schwer zugänglichen Teil des familiären Gedächtnisses befinden sich auch die Markierungen für einen verlorenen Entwicklungsverlauf: Jede Entscheidung ist zwangsläufig der Verzicht auf etwas anderes. Jeder eingeschlagene Weg ist zwangsläufig ein liegen gelassener anderer. Aus diesen

2. Zur Methode

nicht eingeschlagenen Wegen bildet sich der Fundus an nicht gelebter Geschichte einer Familie, der ebenso weiter tradiert wird wie jener der gelebten Geschichte. Dieser Bereich zeigte sich in den Interviews über die Fantasien der Interviewten zu ihrer Familiengeschichte; Fantasien über jene Bereiche, die sie nicht kannten, weil sie niemals danach gefragt hatten oder weil ihnen Antworten auf Fragen verwehrt blieben oder nur ansatzweise und unvollständig gegeben wurden.

Das familiäre Gedächtnis besitzt analog zum individuellen Gedächtnis einen Bereich, wo sich das aus der Familiengeschichte ausgespart gebliebene, das Verdrängte und Verworfene sammelt. Das familiäre Gedächtnis hat ein anderes *Unbewusstes* (vgl. Zöchmeister 2007a). Es handelt sich um jene Inhalte, die nicht symbolisiert oder im Verlauf der Geschichte desymbolisiert worden sind. Inhalte, die aus dem Bereich der familiären Kommunikation ausgeschlossen blieben, aber dadurch für das jeweilige Subjekt der Familie auf partikulare Weise wirkungsvoll blieben. Auch wenn sie nicht erzählt wurden, weil es niemanden gab, der darüber zu erzählen gewusst hätte, waren sie atmosphärisch anwesend und jedem in der Familie auf eine besondere Weise vertraut. Diese verdrängten oder niemals ins Bewusstsein gelangten Inhalte bezeichnen die verdrängte Geschichtlichkeit der Familie, die sich im Akt des Sprechens reproduzieren und in einer Szene zwischen Eltern-Großeltern-Kind als Lapsus, Auslassung oder als Rätsel darstellen.

Zwischen den bewussten und den unbewussten Inhalten des familiären Gedächtnisses steht die *familiäre Geste*. Die familiäre Geste reproduziert im Lidschlag des Sohnes das Bild des Vaters. In der Sprachmelodie, im Duktus und Tonfall der Rede ist ebenso die Sprache der Mutter wie die des Vaters enthalten. Diese körperliche Präsenz des Anderen im Subjekt zeugt von der leiblichen Evidenz und Signifikanz des familiären Ursprunges. Manchmal gelangt man über den Blick in den Spiegel zur Ansicht dieser leiblichen Präsenz, die an sich eine Entfremdung durch den familiär Anderen darstellt. Man bemerkt an sich selbst, an einer bestimmten Körperhaltung, in der Art, wie wir die Füße übereinander schlagen oder die Hände um die Beine schlingen, die leibliche Geste der Ahnen in uns. Man könnte in Anlehnung an das Konzept des ungedachten Bekannten von Christopher Bollas (2005), die familiäre Geste auch das ungedachte *familiär* Bekannte nennen. Die leibliche Geste beschreibt eine Form des Wissens, die sich dem diskursiven Denken entzieht. In ihr ist eine Ahnung enthalten, die wir vielleicht niemals zu denken imstande sein werden; eine leibliche Einschreibung der Ursprünglichkeit in uns; ein somatisches Wissen, entstanden in den ersten Lebensjahren des Kindes. In den Interviews ereigneten sich auch diese Spielarten des

Erzählens. Die wörtliche Transkription der Interviews schloss die Gesten mit ein, die die Interviewten im Verlauf eines Gesprächs an bestimmten Stellen zeigten. Familiengeschichte entsteht immer aus einem Prozess des Erzählens und Verschweigens. Der Erzähler setzt sich in gewisser Weise in Beziehung zu den vergangenen Erzählungen. In dem Wiedererzählen verändert sich die Geschichte und der Erzähler fügt dem Fundus eine neue Erzählung bei. Wobei jede Erzählung immer in eine soziale Realität gebettet ist und »als eine Darstellung vor einem anderen für diesen anderen« (Bruder 2003, S. 12) gelten muss. Jeder Erzählung haften zunächst eine bewusste Intention, ein Motiv und eine Antizipation an. Der Vater erzählt zum Beispiel seiner Tochter, wie er die Mutter kennengelernt hat. Die bewusste Intention könnte sein, dass der Vater seiner Tochter sagen möchte, wie sie sich im Falle einer Liebeswahl zu verhalten habe, nämlich so wie ihre Mutter. Vielleicht antizipiert der Vater, dass seine Tochter einen jungen Mann kennengelernt hat, der sie bald heiraten möchte. Der Vater ist mit dieser Verbindung eigentlich einverstanden und möchte seiner Tochter somit nahe legen, dem Liebeswerben ihres Verehrers nachzugeben. Das Motiv wäre demnach, dass der Vater seine Tochter unter die Haube bringen möchte usw. Gleichzeitig haftet jeder Erzählung auch eine unbewusste Dimension an, die sich über ein psychoanalytisches Verständnis erschließen lässt. Vielleicht begehrt der Vater seine Tochter, so wie er ihre Mutter einst begehrte. Indem er ihr vom Entflammen der Liebe zu ihrer Mutter erzählt, sagt er unbewusst seiner Tochter, dass nun seine Liebe zu ihr so wie damals zur Mutter entflammt sei. Diese Dimension erschließt sich aus der Rede immer dann, wenn das Subjekt mehr sagt, als es weiß. In Verbindung mit dem familiären Unbewussten seiner Rede fügt sich noch ein Drittes, nämlich die familiäre Geschichtlichkeit des verdrängten inzestuösen Wunsches bei. Über den Austausch der Gesten zwischen Vater und Tochter ahnen beide, worum es geht, ohne diese Ahnung in bewusste Gedanken fassen zu müssen.

Das familiäre Gedächtnis als imaginärer Fundus der erzählten und erinnerten Geschichte wird über den Prozess des Wiedererzählens aktualisiert. Dabei tauchen sowohl bewusste wie auch unbewusste Figuren aus der Geschichte der Familie auf. Diese Studie versucht die unterschiedlichen *Wege der Tradierung der unbewusst szenischen Figuren aus der Familiengeschichte, die sich* in den Interviews *als Fantasien, als Versprecher, Auslassung oder als unverständliches Rätsel aktualisieren, nachzuzeichnen.* Im Zusammenhang mit der Geschichtlichkeit der interviewten Familien, stand die transgenerationelle Frage im Vordergrund, ob und in welcher Form die traumatischen Gestalten des Lagers, des Verstecks und der Flucht im

Interview mit den Nachgeborenen erneut auftauchen würden. Dazu gibt es die leitende Forschungsidee, dass *der Diskurs mit den Befragten eine szenische Wiederbelebung der Dynamik aus dem Diskurs der Familie* zum Vorschein bringen würde. Einschränkend muss betont werden, dass die Interviews eingebettet in einer *sozialen Realität* stattfanden, wo Frage und Antwort auf den Diskurs zweier Subjekte referierten, mit unterschiedlichen Fantasien, Wünschen und Ängsten (vgl. Jaeggi 2003). Es handelt sich also um eine kommunikative Situation, in der gegenwarts- und situationsabhängige Erzählungen von Sprecher und Hörer gemeinsam gebildet wurden (vgl. Welzer 2003). Was berechtigte, aus dieser »Wahrheit des Gesprächs« (vgl. Bruder 2003) eine Wahrheit außerhalb des Gesprächs abzuleiten? Die Wahrheit der Erzählung ist eben immer eine subjektive. Als solche kann sie nur für diesen Moment, in dieser Situation mit diesen handelnden Personen gelten. Der gemeinsam produzierte Diskurs spiegelte vielleicht mehr vom Diskurs der Zeit oder dem vorherrschenden Diskurs der Macht (vgl. ebd.) als vom Diskurs innerhalb der Familie wider. Im Grunde hat man ein vergleichbares Problem innerhalb der Psychoanalyse. Nur, Gegenstand der Psychoanalyse ist eben nicht die objektivierbare Wahrheit, sondern die innere Wahrheit des Subjektes. Und diese subjektive Wahrheit befindet sich in einem stream of consciousness (William James), genauer unter dem Einfluss des Unbewussten (unconsciousness). Das psychoanalytische Gespräch erkennt die *unbewusste Determiniertheit der Rede* an. Sie erkennt darin den Einbruch einer anderen, inneren Zeit, die nicht der chronologischen Erzählung folgt; im Gegenteil: Diese innere Zeit – die Zeit-losigkeit des Unbewussten – sabotiert die bewusste Erzählung. Das Unbewusste – oder die Erzählung des Unbewussten – kennt kein hic et nunc und lässt sich nicht innerhalb der Kant'schen Kategorien von Raum und Zeit verorten (vgl. Hock 2003). Diese »Unzeitlichkeit des Unbewussten« – hier der unbewussten Inhalte des familiären Gedächtnisses, des Gedächtnisses des/der anderen im Subjekt – zeigt sich über die Phänomene der *Nachträglichkeit* und des *Wiederholungszwanges* im psychischen Geschehen, Phänomene, auf die auch in den geführten Interviews gehört wurde.

2.2 Die fünf Übersetzungsschritte der angewandten Methode

Die Erzähltexte der offenen Interviews werden transkribiert und einer psychoanalytisch orientierten *qualitativen Inhaltsanalyse* unterzogen. An-

2.2 Die fünf Übersetzungsschritte der angewandten Methode

haltspunkt für diese Inhaltsanalyse, die sich auf das Konzept des *szenischen Verstehens* (Lorenzer) bezieht, wird die Suche nach hinter dem *manifesten* Text liegenden, *latenten* Sinnstrukturen, nach sich über Generationen *wiederholenden* Initialerzählungen, nach Auslassungen und Leerstellen im Text, nach intergenerationell sich wiederholenden, biografischen (Soll-)Bruchstellen, nach Versprechern und anderen Fehlleistungen in der Interaktion, nach gelungenen Symbolisierungs- und Externalisierungsversuchen und anderes mehr sein. Dabei ist eine zentrale These, dass die psychische Verarbeitung der Todeserlebnisse aus der ersten Generation niemals ganz gelingen kann. Es bleibt immer etwas verdrängt, verleugnet oder abgespalten. Diese Prozesse der Abspaltung, Verleugnung und Verdrängung sind als überlebensnotwendige Abwehrprozesse zu verstehen, die das Subjekt vor dem psychotischen Kosmos der Lagererfahrungen – der je eigenen erlebten Nähe zum Tod – schützen sollen. Die abgespaltenen Reste in der Psyche der Überlebenden übertragen sich auf ihre Kinder bzw. Kindeskinder, die ihrerseits versuchen, einen Weg zu finden, das Fremde in ihrer Psyche zu symbolisieren. So lautet eine zentrale Frage dieses Forschungsprojekts, wie unter den Bedingungen der überlebten psychotischen Katastrophe, die im Lager Realität war, *Entwicklung* möglich werden konnte.

Entwicklung meint eine Umsetzung in Bilder, in Sprache, in Symbole und in Handlungen. Dieser Entwicklungsprozess erstreckt sich, so die These, über mindestens drei Generationen. Im Forschungsprojekt soll dieser Entwicklungsprozess im Einzelfall und innerhalb einer Familie nachgezeichnet und unter den Familien verglichen werden. Welche Antworten finden die Kinder auf die ungelösten Fragen ihrer Eltern? Welche Gestalten, Erzählfiguren und Leitmotive werden von den Kindern übernommen, weitergeführt, ausgestaltet oder verändert? Wie vollzieht sich die Entwicklung einer psychohistorischen Identität unter dem Alp einer traumatischen, nicht zu benennenden Vergangenheit. Oder anders gefragt: Konnte es den Eltern gelingen, ihre Kinder vor dem Alp ihrer Vergangenheit zu schützen? Welche inneren und äußeren Faktoren waren hilfreich, nicht an der Last des Vergangenen zu zerbrechen? Es sollen die unterschiedlichen und sehr individuellen Narrative der Familien der Opfer der nationalsozialistischen Vernichtungspolitik beschrieben und der individuelle, wie familiäre Umgang mit dem seelischen Trauma jenseits klinischer Stigmatisierungen sichtbar gemacht werden. Nun zu den fünf Übersetzungsschritten:

2. Zur Methode

Interviews als Prozess

Ich habe mit Mitgliedern von 13 Familien aus drei Generationen an die 80 Interviews durchgeführt (dazu kamen noch mehrere Nachgespräche), wobei jeder zwischen zwei- und dreimal interviewt wurde. Diese Reden ergaben in Summe 70 Stunden Interviewmaterial. Im Laufe der Arbeit bestand auch in der Zeit zwischen den Interviews sporadischer telefonischer Kontakt oder Mailverkehr. Zumeist gab es Vorgespräche, um die Methode vorzustellen, und erst beim zweiten oder dritten Treffen wurde das Interview aufgezeichnet. Vor und nach einem jeden Termin oder Telefonat machte ich Notizen. So entstanden im Verlauf der Arbeit zahlreiche Protokolle, die den momentanen Gang der Arbeit reflektierten.

Die Interviewtechnik gleicht dem eines *narrativen Interviews* (Mayring 2002), indem versucht wird, das Gegenüber zu einem möglichst freien Sprechen zu bewegen. In den ersten Interviews mit den Zeitzeugen wurde das Interview mit der Frage nach einem inneren Bild aus der Vergangenheit eingeleitet, das mit positiven Gefühlen besetzt sei.[3] Mit der Frage nach einem imaginären guten Objekt sollte so etwas wie ein Sicherheitsanker gesetzt werden, auf den zurückgegriffen werden könnte, sofern es zu einer traumatischen Überflutung kommen würde. Außerdem erlaubte diese Frage einen direkten Einstieg in die Lebensgeschichte des Zeitzeugen. Neben dieser Eingangsfrage im ersten Interview gab es in allen anderen nachfolgenden Interviews zu Beginn die Frage: »Ist Ihnen nach unserem letzten Gespräch noch etwas nachgegangen, etwas untergekommen, das sie erzählen wollen?« Außer diesen Fragen war der Interviewer stets im Hintergrund und griff kaum aktiv ins Gespräch ein. Als methodische Orientierung für die Interviews galt das *psychoanalytische Erstgespräch*, wobei von Deutungen und Konstruktionen abgesehen wurde. Sigmund Freud meinte, dass der Neurotiker das Vergessene und Verdrängte nicht erinnere, sondern agiere. »Er reproduziert es nicht als Erinnerung, sondern als Tat, er wiederholt es, ohne natürlich zu wissen, dass er es wiederholt« (1914a, S. 209f.). Dieses Agieren sollte in den szenischen Erzählungen deutlich werden. Die abwartende Haltung während der Interviews gleicht der technischen Regel der *Abstinenz* des Analytikers, die als Pendant zur *freien Assoziation* des Patienten gilt, zu der die Interviewpartner aufgefordert wurden. Wobei es sich um keine wirklich freie Assoziation handelte,

---

3 »Bevor wir beginnen, möchte ich, dass Sie sich an ein Bild, an eine Szene aus der Vergangenheit erinnern, die Sie angenehm erlebt haben. Erzählen Sie mir davon.«

nachdem ja die Familiengeschichte als Thema vorgegeben war. Eine weitere Nähe zum psychoanalytischen Erstgespräch ergibt sich in der Überdeterminiertheit der *Eingangsszene*. Damit ist der Verlauf des Interviews ganz zu Beginn gemeint. Dies kann sich auch auf jene Zeit vor dem Einschalten des Aufnahmegerätes beziehen. Camus (1942) spricht davon, dass in den ersten Seiten eines Buches die letzten bereits enthalten seien. Ähnlich verhielt es sich mit den Interviews. In den ersten Minuten eines Interviews, vor allem des ersten Interviews, lag die Geschichte, die erzählt werden würde, in komprimierter symbolischer Form bereits auf dem Tisch. Beinah alle wesentlichen Dinge wurden in den ersten Minuten genannt, nur dass erst *nachträglich* die Bedeutung der Eingangsszene erschlossen werden konnte. Zur Bedeutung der Eingangsszene im Erstgespräch schreibt Laimböck:

> »In der Eingangsszene eines Interviews also zeigt der Patient seine Fähigkeit mit den Vorgaben, zu denen auch der Interviewer, aber auch sämtliche, in der Situation vorhandenen Requisiten gehören, eine Inszenierung seiner unbewussten Persönlichkeitsanteile und seiner derzeit virulenten unbewussten Probleme herzustellen« (2000, S. 47).

Mit der Person des Interviewers als Teil der Vorgabe wurde das Moment der *Übertragung* angesprochen, das natürlich auch in den Interviews mal mehr mal weniger stark wirksam wurde. Die Übertragung gilt als allgemeiner psychischer Mechanismus, der auch außerhalb des *psychoanalytischen Settings* in biografischen und tiefenpsychologischen Interviews wirksam ist (vgl. Bruder 2003). Noch allgemeiner gesprochen findet man Übertragungsphänomene überall in der *Psychopathologie des Alltagslebens* (Freud). Man kann aus der Tatsache der allgemeinen Übertragung eine notwendige Fähigkeit des Menschen ableiten, mit seiner Umwelt in eine (Liebes-)Beziehung zu treten. Wir lieben und hassen nach Maßgabe der unbewussten Bilder aus unserer Kindheit. Wir projizieren laufend die Klischees der Vergangenheit auf die uns umgebende Welt. Die Psychoanalyse lernte, diese Übertragungsliebe als wesentliches Instrument für die Arbeit innerhalb der psychoanalytischen Kur zu nutzen.

Im Rahmen des Forschungsprojektes wurden Übertragungsphänomene mitreflektiert. Zum einen ging es darum, die *Gegenübertragungsgefühle* im Interviewer in Supervisionen und Intervisionen sichtbar zu machen. Diese Gegenübertragungen störten den Prozess des freien Zuhörens des Interviewers auf vielfältige Weise. Dieses freie Zuhören ist als methodisches Instrument

2. Zur Methode

auch in der ethnopsychoanalytischen Feldforschung als *floating* beschrieben (vgl. Kubik 2007) worden und meint nichts anderes als die Übertragung der *gleichschwebenden Aufmerksamkeit* (Freud) als die, von Freud für die psychoanalytische Kur empfohlene, besondere Art ungerichteten Zuhörens auf das Feld des ethnopsychoanalytischen Forschers. Um die Gegenübertragungsgefühle als Störsignale näher zu beschreiben, bringe ich ein Beispiel aus dem Interview mit Herrn Bernstein, einem Überlebenden des Konzentrationslagers Buchenwald, wo meine Gegenübertragungsgefühle so stark wurden, dass sie den Prozess des Zuhörens sabotierten. Ich verhörte mich öfter, als mir lieb war. Ausgelöst wurden die Gegenübertragungen aufgrund der eigenen Familiengeschichte und einer auffallenden physischen Ähnlichkeit des Interviewten mit meinem Großvater, was die laufenden Projektionen erleichterte. Dieser Großvater war während des Nationalsozialismus aufgrund seines – wie er es sagte – »losen Mundwerks« vorrübergehend in Gestapohaft gekommen. Ich zitiere nun aus dem Protokoll, das nach dem Interview angefertigt wurde:

> »Das Sprechen von Herrn Bernstein war nicht bei mir angekommen – und wenn, dann zeitverzögert. Zumindest hatte ich das über weite Strecken des ersten Interviews so empfunden. Mit anderen Worten fühlte ich mich unfähig zu hören, war ständig beschäftigt, ein Bild zu entwerfen, das mir helfen sollte, zu verstehen. Was erzählt mir dieser Mann? Worum geht es da überhaupt?«

Ich war bemüht, meine eigene Übertragung »in den Griff« zu bekommen, scheiterte und begann zu zweifeln, ob das Interview Sinn machte, ob ich überhaupt in der Lage wäre, Herrn Bernstein zu folgen, ob ich mich genügend auf das Interview vorbereitet hätte und ähnliches mehr. Diese Schwierigkeiten führten zu einer Serie von Symptomhandlungen meinerseits, vor allem verhörte ich mich öfter, als mir lieb war. Erst mein hartnäckiges Nachfragen klärte *meine* »Verhörer« auf. Mir waren diese Fragen peinlich, weil ich den Eindruck bekam, dadurch Herrn Bernstein zu *verhören*. So drückte mein Symptom auf symbolischer und sprachlicher Ebene das aus, was ich auf bewusster Ebene am wenigsten wollte: Herrn Bernstein ins *Kreuzverhör* zu nehmen. Das war aber genau das, was ich damals mit meinem Großvater tat, als ich ihn über die Zeit des Nationalsozialismus ausfragte. Meine Übertragung griff also in das Geschehen der Interviews ein, und ich fühlte mich außerstande, etwas dagegen zu tun.

Höhepunkt dieser Dynamik bildete ein körperliches Symptom meinerseits, dass ich als ein psychosomatisches beschreiben möchte: Herr Bernstein erzählte mir beim ersten Interview von zahlreichen Krankheiten, die er als Kind gehabt hatte. Eine davon war eine schwere Mittelohrentzündung. Auch später kamen das Ohr und das Hören in seiner Geschichte immer wieder vor. Ich selbst, oder mein Körper, produzierte nach dem ersten Interview ebenfalls eine leichte Mittelohrentzündung. Eine Erkrankung, unter der ich noch nie zuvor gelitten hatte. Die Erkrankung war ein Symptom und als solches überdeterminiert: Zum einen zwang mich meine Mittelohrentzündung, von den Interviews Abstand zu nehmen. Die Distanzierung, die während des Interviews bereits stattgefunden hatte, manifestierte sich nun über mein körperliches Leiden, das mir wochenlang nicht gestattete, das Interview abzuhören, es zu transkribieren und mich auf das nächste Interview vorzubereiten. So wurde mein Symptom zum Symbol für mein gescheitertes Bemühen, diesen alten Mann zu verstehen. Zum anderen konnte ich das Leiden, von dem mir Herr Bernstein erzählt hatte, am eigenen Leibe täuschend echt nacherleben. »Täuschend« echt deshalb, weil seine Mittelohrentzündung lebensbedrohlich gewesen war, wohingegen meine wohl eher einer hysterischen Nachahmung entsprang. In dieser hysterischen Nachahmung steckte ein gewisses Quantum an aggressiver Einfühlungsdoktrin: »Ich will, nein, ich muss verstehen.« Freud beschrieb das Symptom als Kompromiss zwischen unbewusstem Wunsch und Abwehr. Vielleicht liegt die unbewusste Dimension des Wunsches wirklich im sprachlichen Gleichklang zwischen verhören und Verhör, an jener Stelle also, wo sich mein eigener Großvater ins Geschehen eingeschlichen hatte. Herrn Bernstein, den Überlebenden von Buchenwald, zu verhören, war aber so ganz gegen mein bewusstes Anliegen gerichtet, durfte also nicht ungestraft bleiben. Das Symptom der Mittelohrentzündung schuf eine ungewollte Auszeit, in der ich mich ungestört meinem Grübeln über dieses Forschungsprojekt hingeben konnte.

Im Rahmen von intervisorischer Begleitung kamen diese, in vielen Interviews auftauchenden, Gegenübertragungsgefühle zur Sprache, was half, die Störgeräusche, die davon ausgingen, niedrig zu halten. Ein anderer Punkt, der ebenfalls von der Übertragung ausging, war das Begehren, das eigene Forschungsinteresse auf den Interviewpartner zu übertragen. Über das Erzählen der Familiengeschichte wurde ich Teilhaber intimer sprachlicher Szenen, die manchmal zum ersten Mal erzählt wurden. So gelang es in den Interviews, Erzählungen entstehen zu lassen, über die der Betreffende bis zu dem Zeitpunkt, da er sie erzählte, nicht ahnte, dass er diese Erzählungen jemals würde raus lassen können. Wesentlich ist nicht die Wahrheit *hinter* diesen Erzählungen, sondern die Tatsache des Erzählens, also die subjektive Wahrheit *in* der Erzählung. In diesen verborgenen Erzählungen hat eine erste Übertragung des Forschungsinteresses auf die Interviewpartner stattgefunden. Sie haben begonnen, sich für die Fragen zu interessieren. Wenn es gelingt, den Interviewten erleben zu lassen, dass in ihren Erzählungen mehr steckt, als sie zunächst für möglich gehalten haben, ist die Übertragung des Forschungsinteresses auf die Zeugen und ihre Nachkommen geglückt. Sie haben dann selbst Lust, an der Stunde teilzuhaben und zwar in dem Sinne, *selbst wissen zu wollen, worüber ich nichts wissen kann*. Aus der Teilhabe wird eine Teilnahme, ein *intersubjektiver Prozess* des erinnernden Erzählens, Zuhörens, Fragens und Antwortens.

Der Prozess der Interviews wird auch dadurch angestoßen, dass es ein Versprechen auf weitere Interviews gibt. Auf diese Weise entfernt sich der Prozess des Erzählens von einem autobiografischen Bericht hin zu einer dynamischen Erzählung, die aus verschiedenen Erzählsträngen, Teil- oder Randerzählungen besteht. Neben der in den folgenden Interviews zunehmenden Erzähltiefe kommt die Dimension der Zeit zwischen den Interviews, in der sich aktuelle Bezüge auf die Themen, die in den Interviews angesprochen werden, einstellen können.

Das Aufnahmegerät

Das Aufnahmegerät in den Interviews ist nicht nur ein imaginäres Drittes. Es gehört zu den Requisiten der Interviewsituation. Die Aufnahme der Erzählungen erfüllte manchmal die Funktion eines imaginären, *externen Gedächtnisses*. Ein abgelegtes Zeugnis, dass über die Situation hinaus getragen werden kann und soll. Dann trifft die Funktion der Aufnahme auf den Wunsch von manchen Überlebenden, Zeugnis über die Geschichte abzulegen. Dieser Wunsch war letztendlich für manchen Deportierten ein Grund zum Überleben (vgl. Agamben 2003). Die Aufnahme erfüllte die Funktion einer *Externalisierung*. Gerade weil das vergangene, traumatische Erleben in der Innenwelt in Form von Fantasien und Alpträumen eine verfolgende Rolle spielt, kann es erleichternd sein, diese inneren Prozesse zu re-externalisieren. Das Aufnahmegerät wird so zu einem Container, der die Gespräche aufnimmt, speichert und der mit den gespeicherten Gesprächen nach Ende des Interviews fortgetragen wird. Das Gerät würde bewahren, was sie erzählen. So kann die Verschiebung (der Verpflichtung, Zeugnis abzulegen) vom Subjekt auf das Band entlastend wirken. Das Aufnahmegerät ist ein psychodynamisch Objektives, es erfüllt für den Zeugen stellvertretend die Verpflichtung, zu erinnern.

Über das Ein- und Ausschalten des Aufnahmegerätes markierte ich die Zeit der Aufnahme.[4] Vieles hat sich vor und nach dieser bewussten Markierung zugetragen. Mit dem szenischen Agieren vor und nach der markierten Zeit zeigt sich eine kleine Rebellion des zeitlos Unbewussten gegen die Absurdität des Gedankens, man könnte es in einen zeitlichen Rahmen sperren. Der Umgang der Interviewten mit diesem Dritten war sehr unterschiedlich. Manche schienen sich zunächst gar nicht dafür zu interessieren, während sich andere um die Qualität der Aufnahme besonders besorgt zeigten. Manchmal geschah es, dass während des Interviews das Gerät gestoppt werden musste, weil z. B. ein Nachbar unangemeldet vor der Wohnungstüre stand. Wenn wir dann mit der Aufnahme fortfuhren, fragten sie, ob jetzt nicht das zuvor Aufgenommene überspielt würde. Nachdem die Digitalanzeige des Apparates nach den ersten Minuten einer Aufnahme zu einem Schwarzbild wird, fragten manche, ob es denn auch wirklich aufnehme. Die Neugier um das Aufnahmegerät, der Kapazität der Aufnahme: *wie viel passt da rein*, und die Sorgen, dass die Aufnahme gelöscht werden könnte, all diese kleinen, sprachlichen Gesten sagen etwas über den Umgang mit dem familiären Gedächtnis und den familiären Erzählungen, aber auch zur aktualisierten Übertragungssituation im Interview aus. Die Angst, die Aufnahme könnte gelöscht werden, könnte ebenso den Wunsch nach einem Löschen der Geschichte und einem Neuanfang der Erzählung signalisieren. Gleichzeitig symbolisiert die Sorge um die Aufnahmequalität: *wird man mich verstehen*, den grundlegenden Zweifel, überhaupt von jemandem außerhalb verstanden zu werden. Das Überspielen erinnert wiederum an eine Umschreibung der Geschichte und an die Möglichkeit, dass aus ihrer Geschichte etwas völlig Neues, ihnen Fremdes gemacht werden könnte. Der Apparat symbolisiert neben dem Container auch den imaginären Räuber, von dem auch Elie Wiesel spricht.[5]

---

4 Die Interviews dauerten zwischen 45 Minuten und zweieinhalb Stunden.
5 Elie Wiesel schreibt schon 1975 über diese Fantasie des Raubes. Er meinte, indem sich die moderne Literatur und Wissenschaft sich diesen Gegenstand aneignet, würde sie gleichzeitig die Substanz davon abziehen: »Da der Gegenstand popularisiert wurde, hörte er auf sakrosankt zu sein und wurde seines Geheimnisses beraubt. Der Holocaust war nun sozusagen frei für alle, Neuland für die moderne Literatur. Jetzt konnte jedermann einsteigen. Romanschriftsteller bedienten sich seiner, und Wissenschaftler benutzten ihn, um irgendwelche Theorien zu beweisen. Dadurch aber setzten sie ihn herab, beraubten sie ihn seiner Substanz. Um sich vor der Kritik des Überlebenden zu schützen, wurde ihnen das ausschließliche Recht auf diese Bezeichnung aberkannt. Plötzlich begann sich jeder einen Überlebenden zu nennen« (zit. n. Bettelheim 1982, S. 108).

Jener, der dem Überlebenden sein »Geheimnis« raubt. Die Frage, wie viel da rauf passt, könnte man auch als eine Frage an den Interviewer interpretieren, *wie viel kannst du aufnehmen, und wann ist dein Speicher voll?* Diese kurzen sprachlichen Szenen bleiben hier Andeutungen, weil sie erst im Verband mit den erzählten Geschichten verstanden werden können.

Transkription

Das Aufnahmegerät, so klein es auch war[6] und so sehr es auch während des Interviews vergessen wurde, das Unbewusste vergisst dieses Ding niemals. Das Aufnahmegerät, das *kein* unbeteiligtes Drittes, sondern eine hoch wirksame Einflussgröße ist, führt zu unendlich vielen imaginären Dritten und Vierten und Fünften. Die mit der Aufnahme verbundene Reproduktion kann eine Reproduktion für alle werden. Und jeder dieser möglichen Hörer könnte dann ein möglicher Räuber und Fälscher ihrer Geschichte sein. Insofern ist die bewusste Frage: *»Was geschieht mit der Aufnahme?«*, eine eminent wichtige. Ich versicherte, die Aufnahme nicht aus der Hand zu geben, und machte darauf aufmerksam, dass der gesprochene Text transkribiert wird, womit der Interviewte, wenn er das wollte, auch in den Besitz des transkribierten Textes kommen konnte. Jedes Interview wurde in eine teilweise kommentierte, wörtliche Transkription (vgl. Mayring 2002) übertragen, wobei die Erzählungen in normalem Schriftdeutsch niedergeschrieben wurden.

Folgende Kommentierung wurde für den transkribierten Text verwendet:

ich gin-	Unterbrechung im Wort
ich wa-, wir waren ...	Bruch (wörtliche Transkription)
(Gehei...)	nur teilweise verständliches Wort
( )	unverständliches Wort
( ) ( )	zwei unverständliche Wörter

---

6 Ein digitales Aufnahmegerät von der Größe eines Handys. Letztendlich wird die erzählte Geschichte zur digitalisierten Wirklichkeit. Vielleicht ist der Grad der Entfremdungsgefühle bei einem analogen Aufnahmegerät weniger stark. Aber letztendlich ist der Wechsel vom Analogen zum Digitalen in unserer Kultur nur ein Spiegel für die fortschreitende Entfremdung von der Technik der Reproduktionsmittel, die uns zur Verfügung stehen. Vom Bild zum Abbild und schließlich zum Zeichen, zum Code.

2.2 Die fünf Übersetzungsschritte der angewandten Methode

(…)	unverständliche Passage
: »xy«	direkte Rede in der Erzählung
iiich	wörtliche Transkription
<u>gemeinsam</u>	Hervorhebung des Interviewten
nein	betont laut gesprochen
Angst	leise gesprochen
+	zustimmendes »Mhm«
*	zustimmendes »Ja«
(X lacht)	Kommentierung von nicht Sprachlichem
(RuW)	Ringen um Worte
(RvX)	Räuspern von X
(Kl)	vom Interviewten verursachtes klopfendes Geräusch (akustisches Korrelat zur körperlichen Erregung)
(2)	Pause in Sekunden
Abstand (-) zwischen (-) Wörtern	bei Pausen, die kürzer als 2 Sek. sind
I:	zeigt die Rede des Interviewers

Als einen bemerkenswerten Punkt dieser Übersetzungsarbeit von der digitalisierten Aufnahme in ein Textformat fiel auf, dass trotz der guten technischen Qualität der Aufnahme immer wieder unverständliche Stellen auftauchten, die beim besten Willen nicht übersetzt werden konnten. Selbst unter verstärkter Zuhilfenahme technischer Unterstützung. Der Apparat verriet nichts. Auch hier gilt: Die biografische Wahrheit ist nicht zu haben. Diese unverständlichen Stellen werden in der Transkription als leere Klammern (*Lücke*!) wiedergegeben. Nach mehrmaligem Lesen der Transkriptionen fiel auf, dass diese leeren Stellen im Text immer dann vorkamen, wenn in der Erzählung eine dramatische Szene geschildert wurde, als würden die leeren Klammern im Text das Trauma oder die Sprachzerstörung des Traumas kennzeichnen, die über ein unverständliches Sprechen, ein plötzliches Leise-Werden, das bis zum Verstummen führt, zum Vorschein kommt. Dazu ein Beispiel: Herr Röder, der Sohn eines Buchenwaldüberlebenden erzählte (im ersten Interview kurz nach Beginn in einer Eingangsszene) vom Tod seines Großvaters, der in Flossenbürg auf grausame Weise ermordet wurde. Herr Röder hatte als Erwachsener von einem Augenzeugen eine Erzählung über die genauen Umstände der Ermordung seines Großvaters erhalten. Über diese Erzählung sprach er auch im Interview. Nur, als er zu jener

2. Zur Methode

Stelle kam, die die genauen Umstände der großväterlichen Ermordung wiedergeben sollte, wurde sein Sprechen unverständlich. Ich zitiere aus dem Protokoll zu diesem Transkript:

> »Schon im Interview verstand ich nicht jedes Wort, glaubte aber, eine ungefähre Vorstellung von dem grässlichen Tod seines Großvaters zu haben. Er sei auf den Befehl, die heruntergerissene und über die Postenkette geworfene Kappe zu holen, irgendwie von *hinten* zerrissen worden. Meine Scheu hinderte mich an diesem Punkt seiner geliehenen Erzählung die Frage zu stellen: *Was haben sie gesagt? Ich habe sie nicht genau verstanden?* Als ich mich auf das folgende Interview vorbereitete, hörte ich mir das erste Interview erneut an und machte ein schriftliches Protokoll. Im Wiederhören des Interviews konnte ich abermals die Lücke im Text nicht verstehen. Schließlich fertigte ich die Transkription. Ich stieß erneut auf die Lücke, auf dieses *irgendwie von hinten zerrissen worden*. Ich schrieb es also in die Transkription und versah es mit einem Fragezeichen. Nachdem ich den transkribierten Text unseres Interviews Herrn Röder weitergegeben hatte, traf ich ihn zu einem weiteren Interview. Erst in diesem Gespräch klärte er mich über meinen Irrtum und damit über den eigentlichen Wortlaut der Erzählung über die Ermordung seines Großvaters auf. Der Großvater sei nicht *irgendwie von hinten* zerrissen, sondern er sei von *Hunden*, die die Wachen aus der Postenkette auf ihn hetzten, zerrissen worden. Die Lücke schließt sich. Eine Lücke in der Transkription und eine Lücke im logischen Verstehen der geschilderten Szene. Mein spontaner Versuch, die Lücke im logischen Verstehen über ein Bild zu schließen, *irgendwie von hinten*, zeugt von der trügerischen Potenz des Einfühlens (psychologisches Verstehen). Ich dachte an Granaten, aber ganz bestimmt nicht an Hunde. Aber warum sprach Herr Röder ausgerechnet an dieser Stelle so undeutlich? Ich hörte mir den Abschnitt nochmals an. Mit etwas Mühe konnte ich aber nun verstehen, was Herr Röder sprach. Als wären mir die Ohren aufgegangen. Zwar ist, wenn man ein wenig schlampig in der Mundart und noch dazu leise spricht, wie dies Herr Röder tat, der Unterschied zwischen *hindn* und *Hundn* nur in einem Vokal, aber es wunderte mich, dass ich dieses Wort nicht gehört hatte und nicht einmal auf die Idee gekommen bin, dass in diesen Lückentext das Wort Hunde passen könnte. Damit verlagerte sich das Problem der Lücke, des unvollständigen und missverständlichen Sprechens zu mir und meinem unvollständigen und missverständlichen Hören. Warum konnte ich die Hunde nicht hören? Da fiel mir ein, dass meine Eltern immer Hunde gehabt hatten und ich als Kind quasi mit Hunden aufgewachsen war. Diese Hunde gehörten jener Rasse an, die den Großvater von Herrn Röder zerrissen hatten. Deutsche Schäferhunde. Damit war klar, dass mein Lapsus in Verbindung mit der Geschichte der Schäferhunde in meiner Familie stand, die es mir unmöglich machte, Herrn Röder an dieser Stelle zu hören. Insofern war ich nicht nur Mitproduzent der traumatischen Lücke, sondern ich war wohl ihr hauptsächlicher Verursacher.«

An diesem Beispiel erkennt man sehr schön, wie wichtig der Austausch mit dem Interviewten ist, der erst über das Lesen des transkribierten Textes die Lücke in diesem aufklären kann. Vermutlich sind solche Lücken im transkribierten Text immer beiden Produzenten des Interviews geschuldet. Vielleicht sind es eben auch diese Stellen, wo sich etwas vom familiären Dialog über die Vergangenheit wiederholt. Nicht unbedingt inhaltlich, sondern atmosphärisch; die Scheu und mein Zurückschrecken an diesem bestimmten Punkt müssen nicht allein meiner Gegenübertragung geschuldet sein. Bedenkt man, dass Herr Röder selbst mit seinem Vater nie über dessen Zeit in Buchenwald gesprochen hat, so erhält diese Scheu noch eine zusätzliche, vielleicht atmosphärisch wirksam gewordene Bedingtheit.

Textinterpretation

Erstens: Noch für das Interview gilt, dass jede Erzählung eines *Übersetzungsprozesses* bedarf, um vom Sprecher zum Hörer zu gelangen. Der Hörer muss verstehen, was ihm gesagt wird. Findet sich eine offenkundige Lücke in der Erzählung, muss er nachfragen. Jede Lücke in der Erzählung ist überdeterminiert und gibt einen Zugang zum Unbewussten des Erzählers. So wie die Lücke im Sprechen ist auch die Lücke im Hören eine Fehlleistung und gibt Zugang in das Unbewusste des Hörers (Gegenübertragung). In diesem Sinne hat Freud auch die Forderung aufgestellt, dass der Analytiker die bereitliegende Gegenübertragung in ihm erkennen und bewältigen müsse (vgl. Freud 1910). Denn wer das nicht tut, hört den Sprecher nicht.

Zweitens: Die Traumaerzählung besitzt eine doppelte Lücke, sowohl in der Erzählung als ein die Traumaerzählung konstituierendes Moment (erst die Auslassung ermöglicht das Erzählen), als auch im Hörer, der immer außerhalb bleibt. Nachdem diese Auslassung aber für beide Produzenten unbefriedigend ist, kommt es meist zu einem Kompromiss, der die Lücke jedoch nur scheinbar schließt.

An dieser Stelle ein kurzer Exkurs zur Übersetzungstheorie Jean Laplanches: Laplanche geht in seinen metapsychologischen Überlegungen von einem ursprünglichen und antropologischen Versagen der *Übersetzung* in der Interaktion zwischen dem erwachsenen Anderen und dem Infans aus (vgl. ebd. 1999, 2004 u. a.). Dabei bleiben die *rätselhaften Botschaften der Anderen* immer nur zum

2. Zur Methode

Teil übersetzt und zum anderen Teil ein überwältigendes Rätsel, das verdrängt wird. Das für das Kind Rätselhafte an den elterlichen Botschaften entsteht aus der Tatsache, dass der Erwachsene im Unterschied zum Kind über eine infantile Sexualität und ein Unbewusstes verfügt. Der durch das erwachsene Unbewusste kontaminierte Teil der elterlichen Botschaft kann also nicht verstanden und symbolisiert werden und bleibt als Rest im Kind zurück. So bilden sich in aller Kürze der Darstellung das Unbewusste und der Trieb. Nach Laplanche wirkt dieser verdrängte Rest aus dem Inneren des Kindes als ein Angriff von innen und verlangt nach Übersetzung, womit Laplanche den Freud'schen Begriff des Wiederholungszwanges neu aufnimmt. Laplanches Grundidee ist die einer scheiternden, oder besser *asymmetrischen*, Kommunikation. Die Kommunikation ist deshalb asymmetrisch, weil der Erwachsene über ein Wissen verfügt (Unbewusstes, Trieb, infantile Sexualität), von dem er selbst nicht weiß und auch nicht wissen soll, dass er es hat, wohingegen das Infans all dies nicht hat. In der Mitteilung dringt dieses unbewusste Wissen als eine rätselhafte Botschaft, als ein dem Träger unbekanntes Geheimnis ins Innere des Empfängers. In diesem Modell der bewusst-unbewussten Kommunikation kann man die Traumaerzählung wiederfinden. Und Laplanche spricht ja auch immer wieder von der *Überwältigung* des Kindes durch die rätselhaften Botschaften des elterlichen Anderen (z. B. 1996, 2004). In der Position des Kindes, das im Unterschied zum elterlichen Anderen eben kein Unbewusstes hat, könnte man den Hörer einer Traumaerzählung denken, der von den rätselhaften Botschaften des Zeugen ergriffen wird. Was aber ergreift ihn wirklich?

Drittens: Wie das Beispiel oben gezeigt hat, wird erst über die wörtliche Transkription die Lücke sichtbar. Vor der Transkription besteht immer noch die Möglichkeit, sich ins Imaginäre zu flüchten und das Loch zu flicken. Erst das Transkript, das wörtliche Protokoll, markiert die Stelle (des eigenen Verkennens, hier des Nichthörens). Gleichzeitig hat das Beispiel auch gezeigt, dass mit dem Wissen um das richtige Wort (Hund) die Hörblockade verschwunden war. Daraus muss man folgern, dass der Interviewer zum Zeitpunkt des Anfertigens der Transkription ebenfalls unter dem Einfluss der nämlichen Hörblockade gestanden hatte. Es war also durchaus nicht so, dass die Traumaerzählung in den Interviewer etwas einschleuste, das sein Verstehen blockiert hätte. Nicht das Trauma des Anderen wirkte und ließ die Lücke entstehen. Sondern das Unbewusste des Interviewers hatte sich zu Wort gemeldet und begann, das Ergebnis der Arbeit nach Maßgabe von Wunsch und Angst zu verfälschen.

2.2 Die fünf Übersetzungsschritte der angewandten Methode

Viertens: In der Textinterpretation gilt, diese Möglichkeit des eigenen Verkennens immer zu berücksichtigen. Das Unbewusste des Erzählers verbindet sich mit dem Unbewussten des Hörers und schafft einen Kompromiss, eine scheinbar gemeinsam geteilte Wahrheit im Gespräch. Aber nachdem diese Wahrheit des Gesprächs auf Übersetzungsfehlern und Lücken in der Übersetzung beruht, gilt zunächst die technische und methodische Regel, die eigenen unbewussten Wünsche und Fantasien (hier: Hörblockaden) durchzuarbeiten, um diese Übersetzungsfehler zu minimieren. Nur, wie soll man hören, was man nicht hören kann?

Deshalb Fünftens: die kommunikative Validierung als abschließendes Instrument, um zu sehen, wie der Text über die Biografie des Anderen bei diesem angekommen ist.

Für die Übertragung der Transkription in eine lesbare, interpretierte Form diente einerseits Lorenzers Vorschlag einer *psychoanalytischen Textanalyse* (1986) und andererseits folgte ich den Signifikantenketten, den Versprechern, den Auslassungen und Lücken sowie den *Initialszenen*, auf die ich weiter unten ein wenig genauer eingehen werde. Ziel dieses Forschungsschrittes war, einen psychoanalytischen Text zu den Interviews mit einer Person zu schreiben, die sich in den Interviews mit der je eigenen Familiengeschichte auf ihre Weise auseinandergesetzt hat.

Lorenzer beschreibt die ersten beiden Schritte dieser Methodik als logisches Verstehen und als empathisches Nacherleben oder psychologisches Verstehen. Beide Verstehensformen ergeben sich aus dem Vergleich einer Sprachszene mit all den anderen im Text vorhandenen Sprachszenen. An dem Punkt, wo die eine Szene mit den anderen zusammenpasst, wird logisches Verstehen im Sinne eines Nachvollzuges *des einen Satzes in den anderen Sätzen* und psychologisches Verstehen als emotionales Nacherleben *der einen dramatischen Handlung in den anderen dramatischen Handlungen* ermöglicht. »Logisches Verstehen ist als Verstehen des Gesprochenen, psychologisches Verstehen als Verstehen des Sprechers anzusehen« (Lorenzer 1986, S. 138). Als dritten Punkt des Verstehens erläutert Lorenzer das *szenische Verstehen*, als ein Verstehen der einen Interaktionsszene in den anderen szenischen Entwürfen und Vorkommnissen. Der letzte Punkt wird nun für die Interviews besonders relevant. In jedem Transkript tauchen verschiedene *Intitialerzählungen* auf, die in ihrer Gestalt, Struktur und Dynamik auch an anderen Stellen enthalten sind. Sie erstrecken sich über die geführten Interviews einer Person und bilden somit einen Angelpunkt dieses szenischen Verstehens. Die Initialerzählungen beziehen sich aufeinander, ergänzen und erklären einan-

2. Zur Methode

der. Sie sind aber im Unterschied zu den Interaktionsszenen Lorenzers nie ganz gleichwertig. Eine Initialszene weist im manifesten Inhalt auf Künftiges, das später erzählt werden wird, oder auf Gewesenes, das bereits erzählt worden ist. Sie ist der Angelpunkt eines Interviews, in dem verdichtet verschiedene Figuren und Gestalten zusammenfließen. Die Erzählform der Initialszene ist zumeist das Präsens. In der *Präsentierung* der Initialerzählung liegt die innere Zeit des Subjekts und des subjektiven Erlebens. Und das Initial spiegelt gleichsam die unbewusste Motivation oder *Tendenz* der Erzählung wider. Bestimmte Motive, Handlungen, Fantasien und Wünsche im Umgang mit der je eigenen Familiengeschichte werden darin aktualisiert. Die Initialszene ist überdeterminiert. In ihr ist ein symbolischer Gehalt verdichtet. Der symbolische Gehalt wird über bestimmte Signifikanten vermittelt, die aufeinander verweisen. Diese Signifikanten verbinden die unterschiedlichen Initialszenen miteinander. In den Interviews mit Herrn Röder war zum Beispiel das Wort »Buch« ein solcher Signifikant, der ihn symbolisch mit der *Buch*enwaldwelt seines überlebenden Vaters verband. Vieles, was er nach dem Tod seines Vaters und dessen Zeit im Konzentrationslager über Buchenwald erfahren hatte, kam aus Büchern. Mit dem Vater hatte er ja bis zu dessen Tod nie darüber gesprochen. Schließlich begann Herr Röder, Bücher zu sammeln, er entwickelte eine Bibliophilie. Vor allem alte Bücher, die er gebraucht erwarb, und vornehmlich solche, die in irgendeiner assoziativen Berührung mit dem Schicksal seines Vaters standen, sammelten sich in seinem Haus. Schließlich führte der Signifikant Buch auch zu einer Initialerzählung. Herr Röder vermutete im Interview, dass sein Vater wohl auch deshalb überlebte, weil er im Lager stets ein bestimmtes Fantasiebild vor Augen gehabt hatte, wonach er von einem Leben in Freiheit träumte, eine Fantasie, die er später auch wirklich umsetzte. Und dieses Fantasiebild hätte ihm geholfen und ihn gestärkt. Herrn Röders Vater hätte sich vorgestellt, wie er eines Tages mit einem Buch unterm Arm auf eine freie Wiese gehen und sich dort ins Gras legen und das Buch unterm blauen Himmel lesen würde. Dies war die einzige Erzählung, die Herr Röder von seinem Vater direkt gehört hatte. Und sein Vater war auch tatsächlich an manch schönen Tagen mit einem Buch unterm Arm hinaus in die Natur gegangen, um zu lesen. Diese Geschichte über das Fantasiebild des Vaters (in vielen Interviews mit Überlebenden tauchen ähnliche Fantasien auf) kann als eine Initialerzählung gelten. Sie erzählt von der Buchenwaldwelt des Vaters, davon, wie der Vater die Liebe zum Buch als eine innere Fantasie nutzte, die ihm Kraft gab, nicht zu verzweifeln, und anderseits ist darin die Bücherleidenschaft des Sohnes bereits vorweggenommen. Die Initialerzählung ist eine generationelle

Erzählung. Sie verbindet den Vater mit dem Sohn. In der Familiengeschichte der Röders kennt auch der Enkel diese Bücherliebe, in den Interviews mit ihm tauchte dieses Initial erneut auf. Die Initialerzählung gibt auch Auskunft über ein familiäres Gedächtnis. Anhand der Veränderungen, die über die Generationen hinweg am Initial vorgenommen wurden, kann man den je eigenen Umgang mit diesen Initialen erkennen.

Die Initialszene ist Träger der (familiären) Signifikanten und gleichzeitig lassen die Signifikanten eine Initialszene jeweils anders entstehen. Die Szenen sind über die Signifikanten miteinander verbunden, gleichzeitig ist ein jedes Initial etwas für sich. Das Einfangen einer Initialszene kann zur ersten partiellen Rekonstruktion der subjektiven Geschichte in Verbindung mit dem familiären Erinnern führen. Es ist ein Verstehen des imaginären Gehaltes, der bewussten Identifizierungen des Erzählers, aber auch eine mögliche Annäherung an die unbewussten Symbolisierungen des Subjekts. Gleichzeitig ist jedes vorzeitige Verstehen die größte Fehlerquelle. Psychoanalytisches Verstehen konstituiert sich – wenn überhaupt davon gesprochen werden kann – erst *nachträglich*.

Kommunikative Validierungen

Die kommunikative Validierung ist ein Gespräch mit den Interviewten, nachdem die Interviews durchgeführt wurden und der Interviewte den interpretierten Text zu seiner Geschichte erhalten hat. Die Validierung wird aufgenommen und soll zweierlei Dinge erfüllen. Zunächst geht es um die Frage, wie der geschriebene Text über die *je eigene »Lebenspraxis«* (Lorenzer) des Interviewten im Verhältnis zur Familiengeschichte ankommt. Was nimmt er vom Text auf? Was löst der Text in ihm aus? Wie geht er mit diesem Text um? Was fällt ihm zum Text ein? Um diesen Fragen Raum zu geben, überbringt der Interviewer den Text mit der Bitte, *durch den Text zu gehen und achtsam zu sein auf das, was während des Lesens ausgelöst wird*. Mit dieser Frage verbindet sich auch die Bitte um Korrektur, wo diese angebracht erscheint, bzw. wo die Anonymisierung[7] der

---

7 Den Interviewten wurde vor den Interviews die Anonymisierung ihrer Person und Familiengeschichte in den produzierten Texten zugesagt. Viele, vor allem aus der ersten Generation, lehnten diese Anonymisierung jedoch ab. Trotzdem bestand ich auf diese. Letztlich hat sich gezeigt, dass viele aus der zweiten Generation nur deshalb mit mir sprechen konnten, weil ich ihnen diese Anonymisierung zusagte.

Geschichte zu durchsichtig wird. Indem der Text zurückgegeben wird, mit der Bitte um Korrektur und der Zusicherung, dass diese Korrekturen unverändert im Text erscheinen werden, erhält der Interviewte noch einmal das Wort und die Möglichkeit, seine Sicht der Dinge zum Text, der ja von ihm spricht, darzutun. Diese Bezugnahmen der Interviewten wurden als Fußnoten an jenen Stellen des Textes aufgenommen, wo sie im Validierungsgespräch aufgetaucht waren.

Schematische Zusammenfassung der Methode

Die Methode besteht aus folgenden fünf Übersetzungsschritten:
Erste Übersetzung: findet im Interview zwischen Sprecher und Hörer statt. Der Hörer versucht, zu übersetzen, was der Sprecher erzählt (Verstehen im kommunikativen Prozess). Es finden sich drei Quellen möglicher Übersetzungsfehler: Eine allgemeine Verstehenslücke, eine Traumalücke als Loch in der symbolischen Textur, eine Lücke im Hörer (damit ist die Gegenübertragung gemeint).
Zweite Übersetzung: Reproduktion über das Abspielen der Aufnahme, als Vorbereitung auf das nächste Interview.
Dritte Übersetzung: wörtliche Transkription. Die drei Lücken aus dem Gespräch tauchen in der Transkription erneut als leere Stellen auf.
Vierte Übersetzung: psychoanalytische Textinterpretation. Versuch, mit den Lücken im Text zu arbeiten.
Fünfte Übersetzung: die kommunikative Validierung.

2.3 Szenisches Verstehen über die Generationen hinweg

Die Forschungsarbeit beschäftigt sich mit der Geschichtswerdung von Shoaherzählungen innerhalb einer Familie, also den Fragen und Antworten zwischen Generationen in Überlebendenfamilien. Mit Geschichtswerdung ist eine Fiktionalisierung der Überlebenserfahrungen gemeint, die oral und nonverbal tradiert wurden. Dabei zeigen sich in den Erzählungen vergleichbare *Erlebnisgestalten* innerhalb je einer Generation und zwischen den Generationen, die sich im Umgang mit diesen Erfahrungen nach dem Überleben entwickelt haben. Es sollen einzelne wie gemeinsame Strukturen herausgearbeitet werden, die sich über den Umgang mit *signifikanten geschichtlichen Objekten* in Erzähl*szenen* zeigen.

2.3 Szenisches Verstehen über die Generationen hinweg

In der Familie Harz gab es von der ersten Generation die Erzählung über einen Teppich, den Frau Harz als sechsjähriges Kind gemeinsam mit ihrer Mutter gewebt hatte. Als die Nazis ihre Wohnung stürmten, war es eben dieser Teppich, der zu den ersten Dingen gehörte, die dieser Familie geraubt wurden. Nach der Befreiung Österreichs ging Frau Harz zusammen mit alliierten Besatzungssoldaten in das Haus, wo jene Leute wohnten, die damals in SA-Uniformen in ihr Elternhaus gestürmt waren und unter anderen Dingen den Teppich gestohlen hatten. Frau Harz holte sich den Teppich der mit einer frühen Erinnerung an die in der Shoah ermordete Mutter verknüpft war, wieder zurück. Diese Erzählung aus der ersten Generation kann man in Anspielung an Hillel Klein, der von einer *Wiederbelebung* des familiären Ichs nach der Shoah spricht (2003), eine *Wiederbelebungsgeschichte* nennen, in der Frau Harz zunächst einmal das frühere Recht wieder herstellte, indem sie sich das gestohlene Eigentum zurückholte. Auch wenn dadurch die Trauer um die ermordete Mutter nicht gelindert werden konnte, so stellte dieser Schritt doch eine kreative und eminent wichtige psychische Bewegung dar, Trauerarbeit zu leisten. Erstaunlicherweise spielte diese kleine Anekdote in den Erzählungen der zweiten Generation nur eine Nebenrolle. Sie tauchte erst in der dritten Generation wieder auf. Aber nicht auf Fragen des Interviewers, sondern in einer Fantasie des Interviewten. Der Enkel sprach von seiner ihm unerklärlichen Liebe zu Teppichen, er fühle sich nur in Wohnungen mit Teppichen wohl usw. Erst über eine Verknüpfung des Interviewers zwischen dem eben Gesagten mit der Erzählung aus der ersten Generation erinnerte der Enkel dunkel die Erzählung von seiner Großmutter und es kamen neue Assoziationen. Der Teppich fungierte als ein signifikantes Objekt der Familiengeschichte. Ein signifikantes Objekt der Tradierung. Es ist weniger das, was über das Objekt gesagt wird, es ist weniger die bewusste Rede über das Ding, als das, was an atmosphärischer Qualität an ihm haften bleibt. Es ist das, was über die Handhabung und über die tausend Gesten in und um und mit dem Ding es zu einem signifikanten Objekt der Tradierung von Geschichte macht. Der besagte Teppich befindet sich im Esszimmer von Frau Harz, wo sich seit jeher die Familie zu gewichtigen familiären Anlässen zusammenfindet. So wird der Teppich zu einem symbolischen Boden für das Leben und das Überleben der Familie danach.

Ziel dieser Forschungsarbeit ist es, eine Beschreibung von Phänomenen zu erhalten, die sich *jenseits* klinischer Zugänge als allgemeine wie individuelle Überlebensgeschichten erzählen lassen. Dabei ruht ein Schwerpunkt auf der

2. Zur Methode

symbolischen Ebene (Sprache) der Erinnerung und dem schwer möglichen, wenn nicht unmöglichen Prozess der Geschichtswerdung der Überlebenserfahrungen von Zeitzeugen. Die zentralen Fragen richten sich auf das *Wie* des Erinnerns und auf das *Was* des Erinnerten; auf das *Vergessen* und *Auslassen*, auf das *Wiederfinden* und auf das *Bewahren* von geschichtlichen Dingen und Objekten. Und zuletzt auf einzelne signifikante *Wörter und Sätze*.

Die Methode des szenischen Verstehens zur Analyse von Texten, die Lorenzer vorstellt, gilt für einen historischen, literarischen oder mythologischen Text oder für den Vergleich von Mythen, Legenden usw. In Abwandlung dieser Methode habe ich folgende methodische Auseinandersetzung mit den Interviews gepflogen:

1. Jede Überlebensgeschichte besitzt eine gewisse psychodynamische Struktur, die auf ein initiales Trauma verweist, das nicht zu Wort kommen kann (vgl. Traumalücke).
2. Diese Struktur kann über den Vergleich von mehreren sprachlichen Szenen erschlossen werden (z. B. alle Szenen, wo ein Versprechen, ein Bruch in der Erzählung, eine Auslassung usw. vorgekommen ist).
3. Weiters kann diese Struktur über sigifikante (initiale) Szenen, Wörter und Objekte erschlossen werden (Szenen, Objekte, Sätze und Wörter, die sich wiederholen, die Knotenpunkte zu anderen Szenen darstellen, die Ausgangs- und Endpunkt der Erzählung sind).
4. Ohne danach zu suchen, wird sich ein Teil dieser Struktur in den Interviews mit den Nachgeborenen wiederfinden.
5. Diese transgenerationellen Wiederholungen erschließen sich der Analyse des szenischen Verstehens erst im Nachhinein. Mit anderen Worten kann die Wirksamkeit des Traumas der ersten Generation erst über die Texte der zweiten und dritten Generation wieder aufgefunden werden.
6. Im Brennpunkt dieses Wiederauffindens stehen jene Szenen, Objekte, Worte und Sätze, die im Leben der Nachgeborenen ihren dramatischen Entwurf entfalten, indem sie in deren Leben gedrungen waren und sich auf nicht zu nennende Weise (Fehlleistungen, Brüche, Auslassungen, Widersprüchlichkeiten, Träume ...) reinszenierten.

3. Acht Familiengeschichten

Die hier ausgewählten acht Familiengeschichten beleuchten jeweils einen spezifischen Aspekt der Überlebensgeschichten und der generationellen Übertragung in den Familien. Es handelt sich um je eigene, partikulare Schicksale, die zunächst für sich stehen. Erst über das Durcharbeiten der jeweiligen Geschichten kann man in einem zweiten Abstraktionsschritt auch im Besonderen etwas Allgemeines erkennen, dass sich auch in anderen Familien finden lässt. Neben diesem sehr genauen Blick auf das Partikulare und Einzigartige einer Familiengeschichte gibt es immer auch den Blick auf das *Inventar der Tradierung*. Zu diesem Inventar gehören jene Erzählungen, in denen im Leben der nachgeborenen Generationen Gestalten aus der Überlebensgeschichte plötzlich wieder auftauchten. Diese Phänomene sind in der Literatur als *Transposition* (Kestenberg 1998a, 1998b) oder als *Ineinanderrückung von Generationen* (Faimberg 1987) beschrieben worden. Zum Inventar der Tradierung gehören auch die signifikanten geschichtlichen Objekte, in denen sich die Geschichtlichkeit der Familie zeigt.

Von den acht Familien wurden fünf aufgrund ihrer jüdischen Identität und drei aufgrund ihrer politischen Widerstandstätigkeit Opfer des NS-Regimes. In der ersten Generation der Familien konnten zwei Zeitzeugen nach dem Anschluss Österreichs an Hitler-Deutschland emigrieren. In einer dieser Emigrationsgeschichten kehrte die Familie nach der Befreiung nach Österreich zurück, während die andere Familie ihr neues Leben im Exil aufbaute. Vier Zeitzeugen aus der ersten Generation überlebten mehrere Konzentrations- und Vernichtungslager. Nach der Befreiung emigrierten zwei der Überlebenden, während die beiden anderen zurück nach Österreich gingen. Eine Familiengeschichte handelt

3. Acht Familiengeschichten

vom Überleben im Versteck. Erst die Tochter dieser Überlebenden emigrierte als junge Frau, während die Mutter blieb. Und in einer weiteren Familiengeschichte wurde die Zeitzeugin aufgrund ihres politischen Widerstands immer wieder für mehrere Monate verhaftet und verhört. Sie kam aber immer wieder frei. Die Mitglieder der Familien lebten in Österreich, den USA, Israel, den Niederlanden und Belgien. Oft lebten auch die Generationen einer Familie in unterschiedlichen Staaten. Die Interviews wurden wahlweise auf Deutsch oder Englisch durchgeführt. Infolge werden die Texte, als Ergebnis der Analyse der Interviewtexte (Textinterpretation) zu den interviewten Personen vorgestellt. In diesen Texten zeigen sich die Dynamik sowohl der Familiengeschichte als auch der Übertragungsphänomene zwischen Interviewer und Interviewten. Die intimen Daten der Familiengeschichten wurden an Stellen, die das Verständnis der Familiendynamik nicht betreffen, entfremdet, die Namen selbstverständlich anonymisiert, sowie geografische und zeitliche Anhaltspunkte verändert, um ein Wiedererkennen durch Dritte zu erschweren.

3.1 Die Geschichte der Familie Klein

Die Geschichte der Familie Klein ist eine Emigrationsgeschichte. Nachdem die Zeitzeugengeneration nicht mehr am Leben war, führte ich Interviews mit der zweiten und dritten Generation. Ich möchte diese Familiengeschichte zunächst aus der Perspektive des erstgeborenen Sohnes Steven Klein schildern. Sein Vater Victor entstammte einer großbürgerlichen Familie klassisch assimilierter Juden, die schon vor der Jahrhundertwende nach Österreich gekommen waren. Die Familie besaß eine Tabakfabrik mit mehreren Angestellten, die als Familienunternehmen geführt wurde. Politik spielte im Leben des Vaters bis zum Anschluss nur eine marginale Rolle. Die Familie emigrierte nach der Ermordung eines Bruders von Victor in Dachau nach England. Victor war damals 18 Jahre alt. Nach Ausbruch des Krieges begann die britische Regierung, deutsche und österreichische Emigranten als sogenannte »fünfte Kolonne Hitlers« zu fürchten. So entstand die an sich groteske Situation, dass die von den Nazis verfolgten Flüchtlinge als potenzielle NS-Agenten gesehen wurden. Viele Emigranten wurden als Enemy Aliens zunächst interniert und später nach Kanada oder Australien deportiert. So wurde auch Victor mit einem Schiff nach Kanada gebracht, wo er zwei Jahre in einem Lager interniert blieb. Aus dem Interview mit Steven Klein war zu erfahren, dass sich sein Vater an diese Zeit sehr gerne erinnert hätte. Es sei mehr ein Abenteuer als ein schreckliches Erlebnis für ihn gewesen. Im Interview mit einer Enkelin von Victor (und Nichte von Steven) trat eine andere Erzählung hervor, die der Großvater nach Ansicht der Enkelin seinen Kindern verschwiegen hätte. Sie erzählte, dass bei der Überschiffung nach Kanada eine Verwechslung zwischen tatsächlichen und vermeintlichen Nazis geschehen wäre. Zwei Schiffe verließen den Hafen Richtung Kanada. Eines mit gefangenen Nationalsozialsten und ein anderes mit sogenannten Enemy Aliens. Als »ihr« Schiff in Kanada anlegte, glaubten die britischen Behörden zunächst, dass es sich um die gefangenen Nationalsozialisten handeln würde. Entsprechend wurden die ankommenden Flüchtlinge von den britischen Behörden im Internierungslager aufgenommen. Die Verwechslung konnte zwar aufgeklärt werden. Trotzdem, mit den Tätern des NS-Regimes verwechselt zu werden, blieb für ihren Großvater eine – wie die Enkelin meinte – erschütternde Erfahrung, über die er nur das eine Mal mit ihr gesprochen hätte.[8] Die Abenteuergeschichten aus Kanada, an die sich Stevens Vater später gerne erinnerte, waren vermutlich eine nachträgliche Überarbeitung seiner ursprünglichen Erfahrungen gewesen, welche die Verwechslung mit den tatsächlichen Nazis vergessen machen sollte.[9] Der Vater blieb zwei Jahre lang in Kanada interniert, bis er zwischen 1942 und 1943 nach England zu seiner Familie zurückkehren konnte. Dort lernte er im Austrian Centre (AC), einer kommunistisch geprägten Exilorganisation, seine spätere Frau kennen.

Im Unterschied zum Vater entstammte die Mutter von Steven Klein den ärmeren Verhältnissen einer ostjüdischen Familie, die kurz nach ihrer Geburt aus dem habsburgischen Ostgalizien nach Wien geflohen war. Sie war die jüngste von sieben Kindern gewesen. Während die Eltern der Mutter eher traditionell

---

[8] Zeitzeugen berichten über solche Internierungserfahrungen, wie beunruhigend und demütigend es für aus Österreich oder Deutschland geflohene jüdische Emigranten war, als vermeintliche Nazis isoliert zu werden. Außerdem befand sich in unmittelbarer Nähe der Internierungslager für die Enemy Aliens – oft nur durch eine Mauer oder einen Stacheldraht getrennt – das Internierungslager der wirklichen Nationalsozialisten (vgl. Eckstein 2004).

[9] Der Sohn Steven Klein meinte im Nachgespräch, dass es für ihn so etwas wie ein Déjà-vu-Erlebnis gewesen sei, über diesen Teil der Verschickung nach Kanada zu lesen.
K: Ja, diese Geschichte war mir nicht so bekannt, aber das ist inzwischen schon-, also es ist Fakt. Er hat ein Glück gehabt, weil ein anderes mit ähnlicher Destination versenkt wurde.
I: Versenkt wurde?
K: Ich glaube, von den Deutschen; U-Boot; ich glaube. Sicher, ich könnte mir nicht vorstellen-; es war kein Unfall oder so; das könnte man wahrscheinlich überprüfen. Ich habe das nicht das erste Mal-, aber es hat mich irgendwie, aha, das kommt mir irgendwie bekannt vor.

religiös lebten, fühlte sich die Mutter schon in ihrer Jugend zu den Sozialdemokraten hingezogen. Nach dem österreichischen Bürgerkrieg wurde sie illegales Mitglied der Revolutionären Sozialisten. An der Wiener Universität studierte sie bis zum Einmarsch der Nationalsozialisten, die sie aus der Universität vertrieben, Biologie. Erst gegen Ende 1939 gelang ihr alleine die Flucht als Au Pair Mädchen über Belgien nach England. Ihre Eltern, die sie nicht mehr wiedersehen sollte, waren im nationalsozialistischen Österreich zurückgeblieben und wurden wie zwei Geschwister von ihr ermordet. Den anderen Geschwistern gelang später die Flucht; zunächst ebenfalls nach England.

Das AC, wo sich Stevens Eltern kennengelernt hatten, war vermutlich die wichtigste österreichische Exilorganisation in Großbritannien.[10] Während der Zeit im AC wurde der Vater politisiert. Er identifizierte sich mit dem Gedanken, ein freies, demokratisches Österreich aufzubauen. Steven Klein fand viele Jahrzehnte später auf dem Dachboden des Hauses seiner Eltern ein handschriftlich verfasstes Papier des Vaters aus dieser Zeit, das sich mit der Demokratisierung der österreichischen Agrarwirtschaft auseinandersetzt. Dieses Papier wurde nachträglich für den Sohn zu einem Objekt, das ihn mit der Vergangenheit der Familie seines Vaters verband; ein verbindendes Objekt zum verstorbenen Vater, aber auch ein Objekt des Findens oder Wiederfindens, denn aus diesem Papier blickte sein Vater imaginär aus der Zeit der Emigration zu ihm. Über diesen Text konnte er in die Gedankenwelt des Emigrantenlebens seines Vaters eintauchen. Während der Emigration war der Vater nicht nur politisch, sondern auch kulturell aktiv, in einer Theatergruppe des AC.[11] 1944 heirateten Stevens Eltern und

---

10 Jüdische Flüchtlinge und politisch verfolgte Österreicher riefen mit dem Austrian Centre und dem »Free Austrian Movement« die größte österreichische Exilbewegung überhaupt ins Leben. Das AC war der politische und kulturelle Treffpunkt der Exilösterreicher in England. Das als englischer Club geführte Centre war ein Dreh- und Angelpunkt für alle österreichischen Flüchtlingsaktivitäten. Von den Kommunisten geführt, trat es von Anbeginn kompromisslos für die Wiederherstellung eines freien, demokratischen Österreichs ein. Das AC sorgte nicht nur für ein reichhaltiges kulturelles Leben, das z.B. über die im Juni 1939 gegründete Kleinkunstbühne »Das Laterndl« vermittelt wurde, sondern auch für die Alltagsbelange in der Emigration: So gab es dort Fortbildungen, Englischunterricht, Arbeitsvermittlungen, eine Kantine und Unterkünfte. Zahlreiche bedeutende österreichische Persönlichkeiten waren Mitglieder des AC. Sigmund Freud war deren Ehrenpräsident.

11 Die Liebe zum Theaterspiel sollte den Vater auch nach der Rückkehr 1946 weiter begleiten. Interessant ist in diesem Zusammenhang, dass Steven seinen Sohn nach einer Theaterfigur benannte, die ein bedeutender jüdischer Schriftsteller während der Emigration geschaffen hatte.

ein Jahr darauf kam er im Frühjahr 1945 in einem Londoner Krankenhaus zur Welt. Seine Mutter erlebte noch in der Klinik die Befreiung Österreichs und das Ende der NS-Tyrannei. Mit dem Zusammenfallen dieser beiden äußeren Ereignisse endete auch der Warteraum der Emigration. Dieses Ende symbolisierte Stevens Geburt. Er war gewissermaßen das Kind der Hoffnung auf eine neue Welt, die beide Eltern auf doch unterschiedliche Weise gehegt hatten.

Es stellte sich für die Familie nun bald die Frage, ob sie in England bleiben oder nach Österreich zurückkehren sollte. Eine wirklich freie Entscheidung darüber wurde ihnen aber Seitens der Familie des Vaters abgenommen. Die Familie von Victor hatte entschieden, dass er mit seiner Frau nach Österreich zurückkehren sollte, um sich um die Tabakfabrik zu kümmern. Auch die Genossen im Centre hätten zu ihm gesagt: »Geh zurück und baue das neue, demokratische Österreich auf.« Dagegen konnte sich seine Frau mit dem Gedanken, nach Österreich zurückzukehren, nicht anfreunden. Zu schmerzhaft war ihr in Erinnerung geblieben, unter welch schrecklichen Umständen sie aus dem Land vertrieben worden war. Außerdem lag das Fabrikgelände, wo sich die noch junge Familie niederlassen sollte, weit ab von einer größeren Stadt mitten auf dem Land. Sie hatte nicht das geringste Interesse, als junge Frau in einem kleinen österreichischen Provinznest zu leben. Das abgebrochene Studium würde sie dort nicht wieder aufnehmen können. Und Kontakte zu anderen heimgekehrten Emigranten würde es dort sicherlich nicht geben. Letztendlich setzte sich jedoch der Vater durch und die Familie kehrte nach Österreich zurück. Stevens Mutter sei mit diesem Ausgang nie wirklich einverstanden gewesen und sie hätte in gewisser Weise auch später darunter gelitten.

I Steven Klein (zweite Generation)

Steven Klein war Geschichtsprofessor an der Universität von S. Er hatte sich dort auf Islamophobie und den Nah-Ost-Konflikt spezialisiert. Als Jude, der die Rechte der Palästinenser einmahnte, sei er ein Exot und Außenseiter in der jüdischen Gemeinde. Für manche würde er als »Nestbeschmutzer« gelten. Steven Klein charakterisierte seinen Platz mit den Worten: »Ich gehöre nicht zum mainstram in the minority.« Er begann das Interview mit fester klarer Stimme:

K: Ah, wenn Sie klassisch vorgehen wollen und mich frei assoziieren lassen, + dann, äh, dann, dann werden Sie jetzt eine, eine Story hören. + Aber ich

3. Acht Familiengeschichten

bitte Sie zu intervenieren * ( ) * Ahm, also eine generelle Vorbemerkung, dass, ahm, die Art und Weise, wie also in unserem Fall das Schicksal der Eltern verarbeitet wird, gibt es wahrscheinlich schon patterns, also + Aber letzten Endes sind es sehr individuelle + Geschichten, die man allerdings auch durch Kontext und alles Mögliche erklären kann. + Ahm, das hängt glaube ich überhaupt mit der Frage, Fragen von Identität von Juden zweiter Generation + zusammen, die vor allem, (-) ah, (-) na ja, seit der Emanzipation irgendwie eklektisch sind. + Also, die, die Definition, was man als Jude zu verstehen hat, war viel stärker von innen und außen bestimmt bis zu einem bestimmten historischen Zeitpunkt. Und das heißt, dass meiner Meinung nach ist fast alles, was man Ihnen erzählen wird in gewisser Weise eklektisch. + (-) Ja, also es gibt keine gültige Definition. Ahm, (5) in meinem Fall, äh, (4) könnte ich weiter zurückgehen, aber ist nicht notwendig. (Es folgt eine prägnante, detailreiche Zusammenfassung der Familiengeschichte seiner Eltern.)

Sein erster Satz bezog sich noch auf das »Vorgespräch« über ein kleines psychoanalytisches Geplänkel (er hätte schon mal auf der Couch gelegen), beinhaltete aber bereits eine ambivalente Gesprächshaltung: Ich würde eine »Story« zu hören bekommen, wobei er sich gleichzeitig meine Interventionen erbat (Übertragung). Er begann mit diesen einleitenden Vorbemerkungen ein wenig so, als dozierte er an der Universität. Seine generellen Vorbemerkungen bezogen sich auf einen imaginären Hörer, der eine sehr individuelle Geschichte zu hören bekommen sollte. Zu diesen individuellen Geschichten gäbe es wahrscheinlich patterns. Aber letztendlich sei die Frage »wie in unserem Fall das Schicksal der Eltern verarbeitet wird«, eine Frage nach der Identität »von Juden zweiter Generation«. Es war also zu diesem Zeitpunkt nicht klar, worüber er sprechen sollte. Es war nicht klar, was ich von ihm erwarten würde. Sollte er über sich oder lieber doch über die identitäre Problematik von Juden zweiter Generation sprechen. Der Wechsel zwischen individueller und allgemeiner Rede ist ein spiegelbildliches Verfahren, dass die Schwierigkeit verdeutlicht, etwas auf den Punkt zu bringen, was sich immer wieder verflüchtigt. Steven Klein rang gewissermaßen von Beginn an mit der Beschreibung einer Identität, die sich dem Beschreibenden entzog. »Ja, also, es gibt keine gültige Definition.« Während unserer drei Interviews hatte ich immer wieder das Gefühl, dass es Steven Klein große Mühe bereitete, sein Sprechen in Gang zu halten. Er kreiste oft um gewisse

Themen, berührte sie aber nur intellektuell. Es ermüdete ihn, zu sprechen, als kostete es einen großen Aufwand, etwas Ungesagtes draußen zu halten. Seine Auseinandersetzung war intellektuell und wenig mit Affekten besetzt. Dies ist ein notwendiger Schutz in einem Interview, das zunächst nur Auskunft begehrt.

a)   Mutter Sprache

K: Ich habe mich sprachlich total auf Dialekt, äh, (-) umgestellt. (-) Meine Eltern waren erschrocken, + *wie ich geredet habe.* (-) Aber meine Mutter konnte überhaupt, das überhaupt nicht. (-) *Und ich habe mich sehr geschämt, (-) wenn meine Mutter bei, + (-) beim Einkaufen,* ( ) (-) furchtbar. ( ) (-) Ich habe die Strategie, nicht bewusster Assimilation an die Arbeiterkinder. Die meisten Kinder waren Arbeiterkinder. + Mein bester Freund war der Sohn eines kommunistischen Arbeiters noch dazu. + + Peter. Ah, es war ein Wunsch, (-) sich von der Familie zu distanzieren, es war ein bisschen unangenehm, dass man da in London geboren ist, *was war da eigentlich?* (-) Und dass man sich doch unterscheidet. + (-) *Warum steht da mosaisch?* (-) + + (-) *Was ist davon zu halten?* Andererseits haben meine Eltern aus allen möglichen Gründen auch nicht wollen (-) oder können, (-) den Kindern irgendwie eine Identität zu vermitteln. Ich wurde zwar beschnitten, nicht religiös, (-) im Spital in England. (-) Das war dort schon damals, nicht? (-) eine ziemlich verbreitete Geschichte. + (-) Hatte aber dann keine Bar Mizwa; die Konfirmation; + die jüdische. + Ich hatte überhaupt keine jüdische Erziehung. + Wir haben christliche, also Weihnachten gefeiert, und alles diese Sachen.

Sprache und Sprechen ist immer mit Identität verbunden. In dieser Funktion hatte die Sprache auch im Leben von Steven Klein eine besondere Bedeutung. Schon als Kind versuchte er, sein Sprechen der Umwelt, in der er lebte, anzupassen. Er eignete sich den dörflichen Dialekt der Arbeiterkinder an, die in dem kleinen Ort mit ihm zur Schule gingen. Dadurch wollte er die sichtbaren Zeichen der sozialen Barrieren (so fuhr ihn z. B. ein Chauffeur zur Schule) zwischen sich und den einfachen Arbeiterkindern zum Verschwinden bringen. Seine kindliche Strategie, sich dem Milieu der Arbeiterkinder über deren Dialekt anzupassen, entstand aus dem Gefühl, dass etwas an ihm nicht stimmen konnte. Etwas an ihm wäre eben anders gewesen. Die sichtbaren Zeichen seines Anders-Seins wurden wesentlich über Sprachformen und nicht über Sprechinhalte vermittelt: Sein englischer Vorname, sein mosaisches Bekenntnis im Schulzeugnis und die Hochsprache der Mutter[12] waren verifizierbare Indizien dieses Andersseins. Aber was hinter diesen sichtbaren Zeichen stecken würde, dazu gab es keine Geschichten, keine Traditionen, keine über Sprache vermittelte Identität. Mit anderen Worten klaffte auch hier eine Sprachwunde, die es ihm schwer machte, sich mit der eigenen Vorgeschichte zu identifizieren. Es gab viele rätselhafte Formen ohne Inhalt. In der elterlichen Annahme, den Kindern keine Schwierigkeiten bereiten zu wollen, wurde zu Hause anstatt Chanukka Weihnachten samt Christbaum gefeiert. Zwar wurde die jüdische Abstammung nicht verleugnet, aber es wurde nicht darüber gesprochen. Indem die Eltern versucht hatten, das Jüdische unter einem Weihnachtsbaum zu verdecken, markierten sie unbewusst gerade das, was sie aus wohlmeinenden Motiven aussparen wollten. Man kann vermutlich von einer verdeckten und teilweise auch verleugneten jüdischen Identität der Eltern sprechen, die in der Fantasie des Kindes eine unheimliche, auch schambesetzte Dimension angenommen hatte. Ein für ihn sichtbares, vermutlich auch schambesetztes Zeichen dieses Andersseins war seine Beschneidung. Gerade weil er keine Bar Mizwa erhalten hatte, konnte das Kind die Beschneidung nicht, in einen kulturellen Rahmen eingebettet, als etwas (vom Anderen kommendes) Vertrautes erleben. Auch gab es keinen Kontakt zu Kindern jüdischen Glaubens, so hatte das Kind die Beschneidung vermutlich als Makel und Signifikanz seiner Andersheit, die es zu verdecken trachtete, empfunden.[13] Ausschlaggebend für seine Scham war aber die Mutter, wenn sie im Beisein ihres Sohnes öffentlich das Wort ergriff. War doch die Hochsprache aus dem Munde seiner Mutter das Stigma jener anderen – unverstandenen – Herkunft, seiner Distanz zum Rest der ihn umgebenden Welt, die Steven über die Arbeitersprache verbergen wollte.

---

12 Die Mutter sprach Hochdeutsch, flocht manchmal jiddische Ausdrücke in ihre Rede und markierte dadurch eine Differenz und Distanz zwischen ihr und den anderen Ortsbewohnern, wie Steven im Nachgespräch nochmals hervorgehoben hatte. Seine Mutter sei also »im Unterschied zum Vater, der sich sprachlich mehr anpassen konnte«, nach der Rückkehr der Familie eine Fremde geblieben. Letztendlich, könnte man vermuten, hätte sie die Remigration endgültig entwurzelt.

13 Im Nachgespräch ging Herr Klein auf die Beschneidung ausführlicher ein. Für ihn sei die Beschneidung kein Zeichen der Zugehörigkeit, sondern ein Zeichen der Verschiedenheit gewesen. Als Kind hätte es ein Schamgefühl »gegenüber den Nichtbeschnittenen gegeben, die praktisch alle anderen waren. Das heißt, ich habe versucht, zu vermeiden, beim Duschen oder bei anderen Gelegenheiten, gesehen zu werden.«

Was meint nun dieser Wunsch, sich von der Sprache der Mutter zu lösen, um sich eine neue sprachliche Haut überzustreifen?

In seiner Muttersprache zu sprechen, bedeutet, symbolisch in einem *fortgesetzten Dialog* mit seinen frühesten Erfahrungen zu stehen. Indem Steven Klein diesen Dialog unterbrach und sich selbst beibrachte, wie die Arbeiterkinder zu sprechen, artikulierte er als Kind unbewusst eine erste Kritik an der vermeintlich falschen Identität seiner Mutter(-sprache). Dabei suchte er eine Authentizität im Ausdruck, die ihm in der gestelzten Sprache seiner Mutter fehlte. Sprechen ist ein Akt, wie wir unsere Welt begreifen, wahrnehmen und in ihr eingreifen können. Aber jedes Sprechen ist immer auch eine Reminiszenz an zuvor Gesprochen-Gehörtes. In jedem Wort steckt die Erinnerung von 1.000mal Zuvor-Gehörtem. Wenn wir uns davon lösen, verwerfen wir diese 1.000mal und versuchen, uns neu zu erschaffen. Didier Anzieu beschreibt eine frühe Interaktionsszenerie zwischen Mutter und Kind, wo das Sprechen der Mutter gemeinsam mit den ersten Lauten des Säuglings während des Stillens eine auditiv phonetische Haut als frühe Umwelt entstehen lässt.[14] In diesem Geräuschbad findet eine phonetisch-auditive *Verschmelzung* mit der Mutter statt, der später eine imaginierte folgt. Nach Anzieu bildet diese Lauthülle einen Vorläufer für das spätere Haut-Ich. Freud sagt an bekannter Stelle: »Das frühe Ich ist ein körperliches.« Man könnte auch sagen: Das frühe Ich sei ein *gehörtes* Ich, das über seine ersten Lautexperimente mit Tonalität und Rhythmus der begleitenden mütterlichen Stimme verschmelzen kann. In dieser phonetisch-auditiven Haut sollte es eine grundlegende Entsprechung zwischen Sprachmelodie, also der Form mütterlichen Sprechens, mit ihren die Stimme begleitenden Handlungen geben. Wenn die Mutter dem Kind ein Schlaflied summt, trägt sie es auf ihren Worten ins Land der Träume. Besteht allerdings eine Inkongruenz zwischen der mütterlichen Stimme und ihren Handlungen, wird dies vom Kind wahrgenommen. Anstatt mit ihr zu verschmelzen, entgleist das melodische Bad und das Kind wird sprichwörtlich mit dem Bade ausgegossen.

Ausgehend von vielen Szenen im Interview, in denen Steven Klein darüber klagte, von seiner Mutter nicht gesehen und nicht gehört worden zu sein, könnte diese Klage auch ein Hinweis auf Störgeräusche sein, die ein Verschmelzungserlebnis, wie es Didier Anzieu beschreibt, für ihn als Kind nur sehr bedingt

---

14 Nach Anzieu entsteht ein frühes Selbst »als Lauthülle in der Erfahrung des Geräuschbades, welche die Stillerfahrung begleitet« (1992, S. 219).

3. Acht Familiengeschichten

möglich werden ließen. Die Mutter sei sehr still gewesen. Sie sei eine sehr zurückgezogene und auf ihr privates Leid fixierte Person gewesen, wie er nachträglich resümierte. Stevens früher Versuch, sich von der gebrochenen Musikalität der Muttersprache zu lösen und sich eine andere scheinbar authentische Laut- und Klangwelt überzuziehen, also den gebrochenen Klanguterus seiner Muttersprache gegen die archaische Musikalität der Arbeitersprache einzutauschen, mag ein erster Hinweis darauf sein; so auch die Scham, die er bei den Worten der Mutter empfunden hatte, wenn sie über ihr Sprechen die Nichtzugehörigkeit entblößte. Er mochte sich gewünscht haben, in den Boden zu versinken, nicht mehr anwesend zu sein, wenn das Reden seiner Mutter seinen autopietischen Versuch sabotierte. Aber den entscheidenden Hinweis auf diese Störgeräusche in der frühen Mutter-Kind-Beziehung lieferte die Art und Weise, *wie* Steven Klein während der Interviews erzählte. Also die *Form* seines Sprechens. Während Steven Klein mit fester und klarer Stimme zu erzählen begann, änderten sich im Verlauf der Interviews mehrmals Rhythmus, Lautstärke und Tonalität seiner Stimme. Gegen Ende sprach er immer leiser, die Pausen zwischen den Wörtern wurden länger, seine Stimme wurde dünner, war gegen Ende kaum mehr zu hören. Man konnte den Eindruck bekommen, dass ihn das Sprechen ganz einfach ermüdet hätte. Schließlich dauerten die Interviews zwischen einer Dreiviertel- und eineinhalb Stunden. Aber nicht nur gegen Ende der Interviews, sondern schon relativ bald zu Beginn unserer Gespräche fanden sich solche Stellen. Er verschluckte Wörter und manche Satzteile, seine Artikulation, die zumeist deutlich und verständlich war, wurde plötzlich irgendwie schlampig und ungenau. Vielleicht kann man sein Sprechen als ein Symptom bezeichnen. Jedes Sprechen hat eine musikalische Tiefenstruktur. Die Tonalität seines Sprechens könnte man als eine zerbrechliche Lauthülle beschreiben, die *je nach psychischem Ort* der Erzählung sich einmal voll, rhythmisch und sehr deutlich und dann wieder dünn und irgendwie absterbend in Szene setzte. In gewisser Weise wiederholte damit sein Sprechen die Störgeräusche aus einer vergangenen frühen Zeit. Um dies zu veranschaulichen, möchte ich eine bestimmte Stelle herausgreifen, wo der transkribierte Text zu einem Lückentext geworden war. Darin beschreibt Steven Klein den grundlegenden Widerspruch im Leben seiner Mutter. Die Mutter sei immer eine betont kämpferische Sozialistin gewesen. Ihre intellektuelle Lebenshaltung war auf antikapitalistischen Grundprinzipien aufgebaut. In ihrem Leben dagegen pflegte sie einen feudalen, hierarchischen und bourgeoisen Stil im Umgang mit sich und den anderen. Steven hätte diesen

Widerspruch zwischen dem Real und dem Ideal seiner Mutter ständig gespürt und ihr gegenüber thematisiert, was die Mutter meistens sehr kränkte.

K: Ja. Und äh die, die schlimmste, äh, (-) also, es gibt zwei, drei Szenen, die das sehr schön illustrieren. (4) (-) Die eine, das ist noch eine (-) (kindliche?), (-) die eine, äh, (-) aufgrund dieser sozialen Situation hat meine Mutter alle möglichen Hilfskräfte engagiert, ++ (-) jemand der einkauft, jemand der kocht, jemand (...) den Garten und so. (-) Und es gab, gibt da so zwei Szenen, in der Früh, meine Mutter liegt noch im Bett, (da ist?) Glocke, (-) die läutet sie, ( ) kommt die Frau, ( ) hinaufgekeucht, (-) »Komme schon gnädige Frau, ( ) gleich gnädige Frau.« (-) Dann liegt ( ) noch im Bett und gibt ihr einen Zettel. (-) Auf den Zettel schreibt sie auf, was eingekauft werden soll und was gekocht werden soll (-) ++. (...) (-) ++ (-) und dann sitzen wir alle um den Tisch, (-) meistens zu viert, Vater, Mutter, Schwester und ich, (-) und meine Mutter sagt: »Hab ich das nicht gut ausgesucht?« (-) + (3) (-) (alles probiert?) (-) ++ (...) sage ich: »*Was hast du überhaupt gemacht*« (-) (Und das?) + hängt (-) (alles?) zusammen + (...) ++ (5) Und, also, das war das praktisch-, (-) ein total unideologisches Leben, ( ) eine, eine, (-) eine unglaubliche Hierarchie im Haus selber, + (...) die Familie (zusammengepfercht?) in einem Zimmer, (...) das Haus ist ein wunderschönes Haus, und wir hatten ( ) es hat ( ) zwei Stöcke (...) und wir hatten eine Familie, die Familie.

Diese Sequenz war im Flüsterton gesprochen, gegen Ende hin kaum mehr hörbar. Steven Klein verschwand in seinem Flüsterton, als zöge er sich bei der Erinnerung an das Geschehene in sich selbst zurück. Nicht zufällig habe ich eine Stelle gebracht, in der er über seine Mutter sprach. An zahlreichen Stellen, an denen ebenfalls seine Mutter vorkam, wiederholte sich dieses Phänomen. Als würde er über die Art und Weise seines heutigen Sprechens die Störgeräusche aus dem vergangenen Sprechen der Mutter reproduzieren. Vielleicht sei die gehört-gesprochene Lauthülle zwischen Mutter und Kind deshalb eine gebrochene gewesen, weil die Mutter das Kind nicht genügend gehört hat. Die Versuche des Kindes, sich der Mutter mitzuteilen – später von ihr gesehen zu werden –, wären zum größten Teil *unerhört* geblieben. Die sterbende Stimme wäre dann das Synonym für die Schwierigkeit, sich der Anderen, die sich in ihre eigene Form verschlossen und abwesend zeigte, mitzuteilen. Und irgendwann sei dem Kinde, in seinen Bemühungen, erhört zu werden, der Stoff (Inhalt) ausgegangen. Die ersehnte Verschmelzung im Klangkörper seiner frühen Umwelt fand nicht oder nur teilweise statt. Seine Mutter sei emotional abwesend und in sich gekehrt gewesen. Worunter sie gelitten haben mochte, konnte das Kind nicht verstehen, aber bezog es natürlich auf sich. Indem Steven Klein im Unterschied zur Mutter später Frauen wählte, die wie ein Wasserfall ohne Unterlass reden konnten, umging er die Gefahr der Stille und die Angst, dass »mir der Stoff in mehrfacher Hinsicht ausgehen könnte«.[15] Das frühe Ich ist ein gehörtes Ich. In diesem Sinne wäre das frühe Ich von Steven Klein vermutlich ein unerhörtes gewesen. Was er später in seinem Leben auch anstellte, Herr Klein musste (der Form nach) immer sein Möglichstes tun, um von den anderen gesehen und gehört zu werden, auch wenn ihm dies manchmal Schaden zufügen konnte.

Inhaltlich sollte die oben geschilderte Szene den grundlegenden Widerspruch im Leben der Mutter zwischen ihrem realen und ihrem idealen Lebensentwurf demonstrieren. Ein Widerspruch, den Steven vermutlich auch in seiner Beziehung zur Mutter spürte. *Warum bist du nicht so, wie du vorgibst, zu sein?* In der Szene am Mittagstisch war es Steven, der diesen Widerspruch zur Sprache brachte: »Was hast du überhaupt gemacht?« Er deckte auf, was die Mutter lieber nicht gehört hätte. Für den Sohn war dieser Widerspruch der Mutter konstitutionell. Der Widerspruch zwischen ihrer Lebenshaltung (»ihre sozialistische Phraseologie«; Form) und ihrer Lebenspraxis (Inhalt) machte aus ihr ein falsches und verschwindendes *Phantom*. Die Mutter lag im Bett, übergab die Funktionen des Alltags einer Heerschar an Helfer-Ichs, um sich später mit den Früchten einer Arbeit zu schmücken, die sie lediglich in Auftrag gegeben hatte. Entgegen ihrem sozialistischen Credo war sie die Karikatur einer feudalen Lady. Darin könnte eine verdeckte Aggression gelegen haben, die ebenso ihrem Umfeld wie ihrem Ideal-Selbst gegolten hatte. Nur, die Diskrepanz zwischen Form und Inhalt, zwischen Lebenspraxis und Ideologie der Mutter hatte für Steven Klein in erster Linie eine *Distanz* und einen Ausschluss aus der mütterlichen Welt zur

---

15 Ich fragte Steven Klein im kommunikativen Validierungsgespräch bezogen auf diese Stelle des Textes, *wie* seine Mutter gesprochen hätte. »Die Mutter hat nicht wie ein Wasserfall gesprochen. Sondern überlegt. (3) Bemüht um intellektuelle Inhalte oder Aspekte. (4) Die Frauen«, die er später an seine Seite nahm, »waren eher als Kontrastprogramm attraktiv. Obwohl sie auch Ähnlichkeiten hatten; es gibt Ähnlichkeiten physischer Natur.« Seine jetzige Lebensgefährtin sehe seiner Mutter physisch so ähnlich, dass selbst die Leute, die seine Mutter von früher her noch gekannt hatten, in ihr die »Gnä Frau« wiedererkennen würden. In der Art zu sprechen und zu kommunizieren sei sie aber das genaue Gegenteil zur Mutter. Sie sei »laut, lebendig, ungehemmt und sehr sozial«.

Folge gehabt. In der geschilderten Anpassung an die Arbeiterklasse versuchte Steven, die Distanz und die hierarchische Ordnung zwischen sich und den anderen zu überwinden. Dass Steven Klein sein späteres Leben in den Dienst einer utopischen Welt stellte, in der die sozialen Barrieren und Hierarchien zum Verschwinden gebracht werden sollten, war das Echo dieses fortgesetzten Bemühens, das Trennende zur Mutter hin zu überwinden.[16]

b) Das Phantom der Mutter und eine ödipale Verstrickung

In den aus den Interviews entnommenen biografischen Skizzen über die Mutter tauchten Anhaltspunkte auf, welche die oben angedeuteten Zusammenhänge aus der Geschichte der Mutter nahe legen. Die Mutter erlebte die Befreiung vom Hitlerfaschismus in der Emigration, genauer: sie befand sich in jenem Londoner Spital, in dem Steven zur Welt gekommen war. So bekam der Victory-Day eine doppelte Konnotation: Zum einen bedeutete er natürlich den ersehnten Sieg über die Nationalsozialisten und zum anderen war dieser Tag mit dem neuen Leben ihres erstgeborenen Kindes verbunden. Nach dem Ende des Krieges erfuhr die Mutter vom Tod ihrer Eltern und ihrer Geschwister. Sie wollte auf keinen Fall in das Land der Mörder von Teilen ihrer Familie zurückkehren. Zu groß waren ihre Wut und Trauer. Der Tod in ihrer Familie und die Geburt ihres Sohnes verdichteten sich nachträglich zu einer gemeinsamen Geschichte, die für die Mutter eine Rückkehr nach Österreich unerträglich erscheinen ließ. Aber mit der Entscheidung ihres Mannes, nach Österreich zurückzugehen, wurde sie in eben dieses unerträgliche Leben gestoßen. Wenn man den Victory-Day mit *Victors Tag* übersetzt,[17] erhalten das Ende des Krieges und die Geburt des Kindes nachträglich eine zusätzliche Dimension. Zwar war der gehasste Krieg endlich vorbei, die Deutschen hatten bedingungslos kapituliert. Aber Victor

---

16 Im Nachgespräch erzählte Steven Klein, dass es gegen Ende ihres Lebens eine Art Versöhnung mit der Mutter gegeben hätte:»Bevor sie gestorben ist, habe ich, natürlich ohne es zu wissen, ein mehr oder weniger letztes Gespräch mit ihr geführt. In diesem Gespräch ist es sehr viel um Politik gegangen. Und so ein bisschen Nostalgie. Und irgendwie war es versöhnlich in dem Sinne, wir sind doch beide in diesem gleichen im weitesten Sinne linken Diskurs.« Steven hatte im Nachhinein erfahren, dass die Mutter der Krankenschwester von diesem Gespräch erzählt und gesagt hatte:»Das wäre so ein schönes Gespräch mit meinem Sohn gewesen.«

17 Steven gefiel im Nachgespräch diese Übersetzung und ihm fiel dazu ein, dass er später Fotos gesehen hatte,»wo mein Vater so eine Victory-Kundgebung fotografiert hat.«

hatte sich durchgesetzt und die Familie kehrte gegen den Wunsch der Mutter nach Österreich zurück.[18] Damit wurde sie in eine Lebensform als Unternehmergattin in einem österreichischen Provinznest gezwungen, die ihr nur als falsch erscheinen konnte. Und das wirklich Schlimme sei nach Ansicht ihres Sohnes gewesen, dass sich niemand, auch nicht der Ehemann, für ihre politischen und intellektuellen Interessen begeistern konnte. Sie blieb in der Provinz wie hinter einem Vorhang vom Rest der Welt getrennt.

Steven Klein beschrieb seine Mutter als eine Person, die sämtliche Aufgaben an Dritte delegierte. Für den Garten hätte es den Gärtner gegeben, das Hausmädchen hätte die Einkäufe erledigt, der Chauffeur die Kinder zur Schule gebracht, ja, sie hätte auch die Erziehung ihrer Kinder ans Personal abgetreten. Gefangen in einer falschen Form verlor die Mutter jeden Inhalt. Dies mag die Geschichte der Mutter gewesen sein, die, gefangen im eigenen Gram, nicht in der Lage war, ihr Kind zu sehen und zu hören. Steven Klein erzählte, dass seine Mutter nach Diagnose der Psychiater depressiv geworden sei. Sie hätte eine Unzahl an Medikamenten nehmen müssen, wie er nach ihrem Tod herausgefunden hatte. Er hatte die verzweifelten Briefe seiner Mutter an ihre Geschwister im Exil und an einen Psychiater gelesen.[19] Das Phantom der Mutter mag daraus entstanden sein, dass Form und Inhalt, Theorie und Praxis im Leben der Mutter auseinander gefallen waren. Damit ging eine Sprachzerstörung, ein sich fortsetzender Verlust sinnlich nachvollziehbarer Praxis einher.

Herr Klein erinnerte sich, dass seine Mutter später immer wieder geklagt hätte, dass sich ihr Mann nicht mit ihr mitfreuen könnte, wenn zum Beispiel die Sozialdemokratie in irgendeinem Land Europas einen Sieg errungen hatte. Sobald Steven das Schulalter erreichte, wurde er ihr »intellektueller Ansprechpartner« in diesen Fragen. Die Mutter gab ihm Bücher zu lesen, über die sie dann mit ihm diskutieren konnte. Er sollte sie aus der Lethargie ziehen. Vielleicht sollte er auch die verlorene Welt ihrer Vergangenheit, eine unbestimmte Form ihres nicht gelebten Lebens mit Inhalten füllen. Die Mutter hatte ihr intellektuelles Begehren enttäuscht von ihrem Mann zurückgezogen und, nachdem ihr Sohn alt genug geworden war, auf ihn übertragen. Herr Klein beschrieb diese Art der *Parentifizierung* mit dem Satz:

---

18 Dazu fiel Steven im Nachgespräch eine kleine Episode ein: »Meine Schwester ist Großmutter geworden. Und ihre Tochter hat einen Sohn geboren. Und sie hat ihren Sohn David Victor genannt. Und das ist klar, dass es in der Linie meiner Schwester eine viel engere Beziehung zu meinem Vater gibt und dass sich die Verehrung meines Vaters darin ausdrückt.«

19 Wieder wird ein Brief zu einem verbindenden Objekt mit der Vergangenheit. Der Text sollte helfen, zu verstehen, was während des Lebens so unverständlich gewesen war.

»Ich habe immer das Gefühl gehabt: sie braucht mich, aber sie ist für mich nicht da.« Selbst in dem Bild eines regen geistigen Austausches zwischen ihr und ihm entschwand das Phantom der Mutter im Flüsterton. Vielleicht kam von daher auch Stevens Angst, dass ihm der Stoff ausgehen würde, da er merkte, dass er – in seiner Funktion als intellektueller Ersatzpartner – seine Mutter nicht wirklich befriedigen konnte. Die Mutter hatte ihren Sohn auf einer geistigen Ebene zu ihrem Mann gemacht und ihren Ehemann dabei kastriert. Die kindlichen Bedürfnisse blieben in diesem geistigen Inzest unerhört. Mutter und Sohn verkehrten sprachlich miteinander, was möglicherweise einen weiteren Grund darstellen könnte, warum später das Sprechen über die Mutter so gebrochen klang. Sein Wunsch, von der Mutter gesehen zu werden, erfüllte sich in der Ersatzpartnerschaft nur zum Teil. Die Ersatzpartnerschaft war eben nur ein Ersatz, keine wirkliche Liebe. Andererseits lag in der Ersatzpartnerschaft eine ödipale Gefahr: Der Vater duldete diese inzestuöse Nähe nicht.

c) Vaterbilder

Herr Klein trug in seinem englischen Vornamen die Erinnerung an den einzigen im Nazi-Regime ermordeten Bruder seines Vaters. Nachdem sein Vorname aber die englische Form des Vornamens dieses ermordeten Onkels gewesen war, ahnte er über lange Zeit nichts davon. Erst in seiner Lebensmitte entdeckte Steven diesen Zusammenhang. Dies geschah nach dem Tod seiner Mutter und nachdem er begonnen hatte, die Familiengeschichte zu rekonstruieren. Er las die Briefe seiner verstorbenen Mutter und fand den Text seines Vaters aus dem Austrian Centre. Steven Klein rekonstruierte die Familiengeschichte, um sich Klarheit über die letzten Wege der verfolgten und ermordeten Familienangehörigen zu verschaffen, die er selbst nie kennenlernen konnte. Zweimal reiste er zum Geburtsort der Mutter in der Ukraine (damals Galizien). Er suchte nach den geografischen Wurzeln des mütterlichen Ursprunges.[20] Indem er Stück um Stück der Famili-

---

20 Im Nachgespräch ging er näher auf diese Suche ein, die erst über mehrere Etappen zum Ziel geführt hatte. Der Geburtsort sei damals schwer zugänglich gewesen. Erst auf seiner zweiten Reise gemeinsam mit anderen, »haben wir diesen kleinen Ort dann tatsächlich gefunden. Wir haben dann ein bisschen den Friedhof angeschaut.« »Wir haben mit einer älteren ukrainischen Frau gesprochen, ob es da irgendwelche Erinnerungen gäbe, aber es gab keine. Aber es gab Erinnerungen an die Synagoge und an ein paar Häuser. (4) Und es ist mir nicht gelungen (...) (3) ich glaube der Mädchenname ihrer Mutter ist eine Figur im Nachbarort gewesen. (3) Er war irgendeine Figur in der jüdischen community.«

engeschichte zusammensetzte, gewann das Bild von der Vergangenheit, das ihm als Kind wie ein unvollständiges Puzzle vorkommen musste, an Tiefe. Wieder war es die Suche nach etwas Greifbarem, das den Phantomen der Vergangenheit festere Konturen verleihen sollte. Er wollte selbst ein Bild vom Geburtsort seiner Mutter haben, der bis dahin nur als Wort auf deren Geburtsurkunde erschienen war. In Zusammenhang mit seinen Rekonstruktionsbemühungen steht seine anfängliche Bemerkung über die eklektische Identität von Juden zweiter Generation. Die auseinandergefallenen Teile der Familiengeschichte konnten nach 1945 nicht mehr zu einer einheitlichen Erzählung zusammengefügt werden. An die Stelle einer Familienchronik trat ein vielfach gebrochener familiärer Lückentext. Aus den unterschiedlichen verschütteten Erzählungen auswählend, versuchte Steven Klein, eine neue eklektische Identität herzustellen, ohne den Bruch in der Geschichte zu verleugnen.

Mit der Namenswahl wurde Steven Klein zum Träger der väterlichen Geschichte und in abgewandelter Form zum Repräsentanten des ermordeten väterlichen Bruders. Nachdem darüber nie gesprochen wurde, und Steven nichts ahnte, war es eine rätselhafte Botschaft, ein in der Anglisierung verborgener Auftrag des Vaters an seinen erstgeborenen Sohn, der mit dieser Namensgebung wirksam wurde. Vielleicht hatte sich Steven als Kind dagegen gewehrt, indem er zum Beispiel eine sehr bewusste *Abstiegsmotivation* entwickelte.

K: Aber, ist es, ich habe auch eine, ich habe eine Abstiegsmotivation entwickelt, ein normaler Mensch, äh, entwickelt eine Aufstiegsmotivation. * * <u>Ich wollte nicht</u>. Äh ich hab auch wie ich links geworden bin, (-) immer, (-) immer wieder geträumt, dass ich Flugblätter vor der Fabrik meines Vaters verteile.

I: Aha

K: Wo ich auffordere, zu einem **Aufstand** (Lachen v. K.) **gegen meinen Vater**, also-. (-) Also, in der Fantasie. Ja? * **Ich habe** sehr viele Flugblätter verteilt in S. + (-) Weil wir waren ja in S. (-) äh, (-) erfolglos natürlich. (-) Einmal ist *uns etwas gelungen*. Aber (4) es, andererseits hat mein Vater nachdem er diese halb-marxistische Schulung in der Austrian Centre bekommen hat, + (-) äh, war er auch nicht; (-) ähm. (-) Ich erinnere mich, wie ich meine ersten *marxistischen Studentenbewegung war und ihm gekommen bin mit Begriffen wie Ausbeutung*. Aber er war nicht, ahm, **empört**, er hat sich nicht mal gewehrt, und er war, (-) es war eh eigentlich gar nicht so unangenehm.

Der wirkliche Vater eignete sich nicht als Gegner, die ödipale Fantasie in Szene zu setzen. Er war ein Mensch, der am liebsten in seinem blauen Arbeitsoverall unter die Maschinen kroch und sich für seine Arbeiter einsetzte. Er war kein unappetitlicher Mister Scrooge aus Charles Dickens Weihnachtsmärchen sondern wurde von den Arbeitern ob seiner Freundlichkeit überaus geschätzt.[21] Steven Klein erzählte aber auch von einem Vater, der dem Gesetz der anderen diente. Ähnlich und doch anders wie die Mutter führte der Vater ein Leben unter dem Banner einer großteils unsichtbaren Macht – »der Londoner Zentrale«. Gegen diesen imaginären Befehlsempfänger richtete sich die Abstiegs*motivation* von Steven Klein. Er wollte nicht der Nachfolger des Befehlsempfängers werden und sich dem Gesetz der Familientradition beugen. Der imaginäre Vater war also nicht nur Repräsentant der kapitalistischen Ausbeuterklasse, sondern er war in gewisser Weise auch Repräsentant des Ausgebeuteten.[22] Als man später in der Zentrale beschloss, die Fabrik zu verkaufen, wurde der Vater kurzerhand in Frühpension beordert. Dieses im Prinzip gespaltene Bild, zwischen Macht und Ohnmacht des Vaters, das letztendlich auch phantomähnliche Züge trug, beinhaltete schon die Zeichen späterer Kritik. Bestimmend für den Sohn war jener leistungsorientierte Vater, der Steven in Eliteschulen schickte und der von seinem Sohn verlangte, als sein Nachfolger das familiäre Unternehmen weiter zu führen. Steven Klein hätte das ideale Objekt für den Vater sein sollen. Ein erfolgreicher Sohn mit ungebrochener Aufstiegsmotivation. Gegen diese Idealforderung stellte er die Abstiegsmotivation, wobei diese einer Umkehrung des väterlichen Diktats entsprach.

Während seiner Jugend hatten ihn die Eltern in ein Kibbuz nach Israel »geschickt«. Dort wurde er von der Familie eines Autobuschauffeurs aufgenommen. Dieser Busfahrer hatte noch vor dem Krieg eine akademische Karriere eingeschlagen, konnte rechtzeitig aus Deutschland flüchten und emigrierte nach Israel »und war irrsinnig stolz auf sein ganzes Leben, ein Autobuschauffeur gewesen

---

21 Der Vater hatte sogar mit den Arbeitern gemeinsam in einer Theatergruppe gespielt, was auch hieß, dass er den Wechsel von England nach Österreich nicht unbedingt als einen so großen Bruch erlebt hatte. Über die Theatergruppe fand er eine Möglichkeit, der Kontinuität in seinem Leben Ausdruck zu verleihen, was für seine Frau so nicht umsetzbar gewesen wäre.

22 Dass sein Vater auch Repräsentant der Ausgebeuteten wäre, ließ Herr Klein im Nachgespräch nicht gelten. »Mein Vater war eigentlich ein Mächtiger. Er war das eindeutige Oberhaupt der Familie. Er war in der Fabrik eine Respektsperson. Er wurde von allen Direktor genannt. Und seine sagen wir, Entmachtung war erst viel später.«

zu sein. + Und er war der Autobuschauffeur. + Das hat mir irrsinnig imponiert, also er hatte die Abstiegs- + + vision realisiert.« In seiner Fantasie stellte sich Steven Klein seinen Vater als diesen potenziellen Autobusfahrer vor. Ein phantasmatisches »Was gewesen wäre, wenn ...«-Spiel. Das wahre Leben, so könnte man seine Fantasie paraphrasieren, würde in einer Umkehrung des geforderten Ideals liegen. Erst in der Identifikation mit dem inversen Abbild des väterlichen Ideals, das den Aufstieg zu einem Abstieg, den Direktor zu einem Buschauffeur macht, würde die in seiner Kindheit vermisste »Aggressivität, Authentizität und Ursprünglichkeit« zu haben sein. Der Buschauffeur und der Absteiger sind der soziale Auswurf aus der idealen Identifikation, das *überschüssige Objekt* (vgl. Zizek 1993), das zu werden sich Steven trotz oder gerade wegen der väterlichen Eliteforderung vorgenommen hatte. Der Absteiger war das ideale, überschüssige Objekt für den väterlichen Blick; im Bild des Busfahrers wurde ein anderer, möglicher Vater sichtbar, ein Wunschvater, der sich weniger verstellte. Dieser imaginierte Autobuschauffeur erfüllte die zwanglose Korrespondenz und Entsprechung von Form und Inhalt. Der Autobusfahrer war, was er tat: Er brachte Tag für Tag hunderte Menschen an ihr Ziel.

d) Scham und Exil

Im Alter von zehn Jahren wurde Steven Klein gegen den Willen seiner Mutter von seinem Vater auf ein englisches Internat geschickt. Diese Erfahrung war

> »ein wichtiges Ereignis in meiner Biografie, wo meine Mutter meinem Vater ständig Vorwürfe gemacht hat. + Wie konnte er das machen, usw. + Das war dann nur eine Episode von drei Monaten, weil ich hätte mich dann dort wahrscheinlich auch angepasst, aber meine Mutter hat es nicht ausgehalten, dort, dadurch wurde ich wieder zurückgeholt.«

Steven Klein mutmaßte, der Vater hätte ihn auch später immer wieder weggeschickt, weil er ihn als seinen Rivalen aus dem Weg schaffen wollte.[23] Steven Klein stand seiner Mutter als intellektueller Ersatzpartner zur Seite. Und sein Vater, der offenbar eifersüchtig auf den exklusiven Platz seines Sohnes gewesen war, schickte ihn nach London in ein Eliteinternat. Dass Victor Klein ausgerechnet

---

23 Im Nachgespräch unterstrich er nochmals diesen Gedanken eines ödipalen Dreiecks, indem er darauf hinwies, dass im Unterschied zu ihm seine Schwester, die eine sehr gute Beziehung zum Vater gehabt hätte, von ihm niemals weggeschickt wurde.

an England gedacht hatte, hing vermutlich mit seiner eigenen Emigrationsgeschichte als enemy alien zusammen. Aber vordergründig zählte der Sitz der Familienzentrale in London. Diese England-Episode währte kaum drei Monate. Nur, über den Vorwurf der Mutter: »Wie konnte er das machen?«, wurde es zu einer Never-ending-Story.[24] Nach dieser Internatsgeschichte schickte Victor seinen Sohn auf weitere Internatsschulen in Österreich, in denen Steven aufgrund seiner manifesten Abstiegsmotivation nicht lange bleiben konnte.

In diesem Alter seiner Latenz und beginnenden Pubertät entwickelte er eine intensive Angst vor dem Erröten. Interessanterweise fand er in der Liebe zur »roten Fahne« der Arbeiterbewegung das Objekt, dass die Farbe seiner Schamgefühle symbolisierte und gleichzeitig zu überwinden half. An der Schnittstelle zwischen Kindheit und Erwachsenenalter tauchte das Thema seiner Scham massiv auf und wurde fortan zu einem bestimmenden Faktor. Fenichel (1977) ordnet die Scham als ein Mittelding zwischen der infantilen Angst vor Kastration und vor Liebesverlust sowie dem schlechten Gewissen Erwachsener ein. In seinem Aufsatz *über die Schauspielkunst* geht er gegen Ende auf das Phänomen des Lampenfiebers näher ein, welches immer dann auftritt, wenn die unbewussten Motive eines Schauspielers bewusst zu werden drohen. An diesem Punkt repräsentiere das Lampenfieber den spezifischen Schreck des Exhibitionisten: nämlich die Scham. Fenichels Interpretation des Lampenfiebers legt nahe, dass die Scham aus einem Konflikt zwischen Exhibitionierungswünschen und Kastrationsängsten hervorgeht (1946, S. 404). Die Scham als der spezifische Schreck des Exhibitionisten würde jenen Punkt in der schauspielerischen Darstellung bezeichnen, wo der imaginäre Blick aus dem Publikum durch die Figur hindurch den Schauspieler in seiner Subjektivität erkennen und diese Subjektivität nach außen stülpen (also sichtbar machen) würde. Was darauf folgt, ist eine psychomotorische Hemmung der Lokomotion, der Sprache und des Denkens. Die Omnipotenz des Exhibitionisten hat sich dann zur Ohnmacht des Kastrierten gewandelt.

Exhibitionswünsche im weitesten Sinne spielten in Steven Kleins Geschichte eine wesentliche Rolle. Dabei ging es in erster Linie um den Wunsch, sich der Mutter zu zeigen, um von ihr gesehen, gespiegelt und erkannt zu werden. Nachdem er zu Hause diesen spiegelnden Blick der Mutter vergeblich suchte, ging

---

24 Auch in den Interviews mit Stevens Schwester und seinem Sohn wurde diese Episode an zentraler Stelle hervorgehoben.

3. Acht Familiengeschichten

er mit diesem Wunsch immer wieder an die Öffentlichkeit. Als Steven in seiner Jugend während der 68er Bewegung mit der (auch von der Mutter so geliebten) roten Fahne ins Fernsehen kam, dachte er sofort bei sich: »Na da wird sie [die Mutter] jetzt nicht abschalten können.« [25] Das Medium rückte zwischen ihn und sie. Ein Blick aus der Ferne. Seine ostentativen Bemühungen um Sichtbarkeit brachten ihn andererseits immer wieder in die Sphäre des *väterlich kastrierenden Gesetzes,* so wie in der Internatsgeschichte,[26] wo sich Steven dem Vater wortlos fügte. Was wäre ihm mit zehn Jahren auch anderes übrig geblieben? Er sagte, dass er sich sicherlich angepasst hätte. Die Mutter hätte den anklagenden Part übernommen, während er dem Vater niemals einen Vorwurf aus dieser oder anderen Internatsgeschichten machte.[27] Denn gerade die väterliche Vertreibung eröffnete paradoxerweise die Möglichkeit einer zweifachen Wunscherfüllung. Zum einen schien es so, dass er erst aus der Absonderung für die Mutter sichtbar wurde. Somit hätte der Vater das genaue Gegenteil von dem erreicht, was er bewusst beabsichtigte. Aus der Ferne schien es der Mutter leichter zu fallen, ihren Sohn zu sehen. Als liebe sie die idealisierte Form ihres abwesenden Sohnes mehr als dessen leibhafte Anwesenheit. Die »Härte« des Vaters weckte auf jeden Fall ihr Mitgefühl. Zum zweiten wurde Steven als Ausgestoßener per Definition

---

25 Im Nachgespräch unterstrich er nochmals dieses Motiv für sein politisches Engagement. »Dieses Nicht-Gehört- und Nicht-Ernstgenommenwerden habe ich versucht zu überwinden, indem ich auf Umwegen sie konfrontiert hab; dadurch dass ich öffentlich aufgetreten bin; mit ihrer roten Fahne; manchmal in den Nachrichten vorgekommen bin. Diese Beteiligung hat sie dann eher wahrgenommen. Die andere Ebene war die Palästina-Israel-Geschichte, wo sie einfach keine strong opinion gehabt hat; wo sie sich geärgert hat, dass ich die von ihr verehrten zionistischen Pioniere schlecht gemacht hätte.«

26 In der kommunikativen Validierung bezweifelte Steven Klein, ob man das Wegschicken durch den Vater mit dem Begriff einer Kastration richtig beschreiben und fassen würde. Für ihn sei es eher ein »Weichen gegenüber einer Macht« gewesen, »gegen die man nicht ankam«.

27 Für den zehnjährigen Knaben gestaltete sich die Anfangszeit im Internat besonders schwer. Er sei von den anderen Kindern ausgegrenzt und als »Roman Catholic perzepiert worden«, weil er aus Österreich stammte. »You don't have to be jewish, to be rejected.« So schrieb er aus dem britischen Exil mehrere Postkarten mit kindlichen Hilferufen an die Mutter. Diese Postkarten hatte die Mutter aufgehoben und Steven fand sie nach ihrem Tod unter ihren Sachen. Mit seinem Vater hätte er über diese Geschichte nur einmal gesprochen. In diesem »versöhnlichen Gespräch ein Jahr vor seinem Tod« hätte der Vater »auch etwas gesagt, was er nie zuvor zur Sprache gebracht hat. Dass er bedauert, mich als zehnjähriges Kind gegen den Willen der Mutter und meinen in ein englisches Internat geschickt zu haben. Das war ziemlich unerhört. Er hat nie darüber gesprochen. Ich erinnere mich, dass ich ihm beruhigend gesagt habe: ›Du hast es ja nur gut gemeint.‹«

jenes überschüssige Objekt, das der Vater weg haben wollte. Über den Zwang, ins Internat zu gehen, konnte Steven an der Abstiegsmotivation festhalten. Das Resultat der Verschickung war ja nicht, dass er zum gewünschten Eliteschüler, Parvenu oder Schauspieler geworden wäre, sondern im Gegenteil: Er blieb (auch im Exil) jener *Paria* und Buschauffeur, der auf seine Unabhängigkeit pochte. Absteiger, Paria und Übertreter des väterlichen Gesetzes werden eins.[28] Seine Identifikation mit dem Ausfluss des überschüssigen Objektes könnte somit die radikalste Verkörperung der Exilerfahrung seiner Eltern darstellen.

e) Träume

Als junger Erwachsener entwickelte Steven Klein über seine Politisierung einen ungemein starken Ehrgeiz, Brücken zwischen unversöhnlich anmutenden Konfliktherden, zwischen gesellschaftlichen Mächten und Parteien zu schlagen. Ein zentraler Konflikt, der sein weiteres Leben prägt, war der Nah-Ost-Konflikt. Damit konnte er sich die Latte einer gelungenen Versöhnung praktisch nicht mehr höher legen. Vielleicht hatte es sich auch hier um eine Verschiebung gehandelt. Während er den Konflikt seiner Eltern, für den er sich unbewusst mitverantwortlich fühlte, nicht lösen konnte, versuchte er sein diplomatisches Geschick aus dem Binnenraum der Familie hinauszutragen. In Steven Kleins Leben war von Beginn an die Geschichte seiner Eltern präsent. Nichts repräsentierte diese Tatsache besser als sein englischer *Name* und der Zeitpunkt seiner *Geburt*. In beiden Punkten, die wesentlich für die Identität eines Subjektes bestimmend sind, steckte die Historie, die Geschichte seiner Eltern. Damit gehörte Steven niemals ganz sich selbst. Etwas an ihm, an seinem Namen und seiner Geburt erinnerte immer an anderes; an die Wiederkehr der Geschichte und ihre Nachträglichkeit. Damit ist eine gewisse Unausweichlichkeit angedeutet; ein Leben *in* der Geschichte oder mit den projizierten Geschichtsresten der anderen, mit denen sich Steven über einen sehr kreativen Weg auseinanderzusetzen lernte. Zwischen den Zeilen beschrieb sich Herr Klein als Träumer. Das Moment seiner (Tag-)

---

28 Über sein hörbares politisches Engagement, das ihn zum »schwarzen Schaf innerhalb der jüdischen Gemeinde« machte, wiederholte sich später seine Pariaposition, die er als eine Exkommunion bezeichnete. »Ich gehöre zu einer Minderheit in der Minderheit.« Dass Steven Klein in seinem Leben immer wieder diese Außenseiterposition suchte, erzählt auch jene absurd anmutende Szene, wie er von Agenten des Mossad bespitzelt und denunziert worden war. Während eines Israelaufenthaltes drohte die Angelegenheit zu eskalieren, nachdem »Agenten in Gestapomänteln« ihn zu einem Verhör beordert hatten.

3. Acht Familiengeschichten

Träumerei nahm an einem bestimmten Punkt seiner Biografie eine herausragende Bedeutung ein. Seine Fähigkeit, zu träumen, glich der Beschreibung des Psychoanalytikers Masud Khan (2003) über die Bildung eines *Traumraumes*, in dem neue Erfahrungen erprobt, bestätigt oder verworfen werden können. In Abwandlung eines solchen imaginären Raumes könnte man den psychischen Ort der Tagträumerei als eine Werkstätte für Visionen bezeichnen, in der das Individuum abgespaltene und verdrängte Aspekte des Selbst vitalisieren, neu zusammenfügen und zu einer kohärenten Erzählung zusammenfassen kann. Die zerbrochenen und auseinandergefallenen Teile der Erzählung, der Biografie und der Historie werden in einem kompositorischen Verfahren probeweise zusammengelegt. Dabei werden – wie im Traum – die Naturgesetzlichkeiten außer Kraft gesetzt. Daraus ergeben sich neue, kraftvolle *Traumobjekte*, die aus den alten verdrängten Triebenergien angereichert sind. Steven Klein erzählte von solchen Traumobjekten, die zumeist als soziale Wesen eine Verbindung zum anderen Paria herstellen sollten. Eines dieser visionären (Traum-)Objekte sei zum Beispiel eine arabisch-hebräische Buchhandlung in Haifa, die er gemeinsam mit Amal, seinem arabischen Freund in Israel, von dem er einst Hebräisch lernte, eröffnen wollte. Ein anderes Traumobjekt sei ein Brief an die Studenten von Borodajkewycz gewesen, in dem er die rechten Studenten von ihrem Fanatismus abbringen wollte. Noch ein andrer Brief, der zur Versöhnung mit den Israelis aufrufen sollte, hätte sich an einen wichtigen arabischen Führer gerichtet, der in den Augen Israels ein gefährlicher Terrorist war. Auch wenn er diese Briefe nicht abgeschickt, ja nicht einmal geschrieben hatte, so waren sie in seiner Fantasie als utopische Gedanken lebendig geblieben. So lebendig, dass er, Jahrzehnte nachdem er sie ersonnen hatte, davon erzählen musste. Steven Klein löste sich in seinen Tagträumen von allen denkbaren Tabus und betrieb darin eine *utopische Philosophie*, die die Grenze zum *noch nicht Bewussten* (Bloch) zu überschreiten schien. Erstes Mittel seiner Wahl, diese utopische Philosophie in die Tat umzusetzen, sei sein Schreiben. Schon früh hätte für ihn seine Schreibmaschine die Konnotation eines Maschinengewehrs gehabt. Wenn er heute seine Texte verfassen würde, sitze er vor dieser seiner Waffe mit hochrotem Gesicht. Und wieder verbindet die Farbe Rot – wie in der Trilogie des polnischen Regisseurs Kieslowski – Szenen einer Geschichte – und wie bei Kieslowski dem Motiv der *fraternité* folgend.

Herr Klein erzählte eine sehr persönliche Geschichte mit vielen Details und Einzelheiten, die großteils ausgespart oder bestenfalls angedeutet blieben. Die

Emigrationserfahrung seiner Eltern spielte insofern eine entscheidende Rolle, als sie die Ursprünge und den Rahmen seiner Vorgeschichte markierte. Ursprünge oder Rahmen kehrten in gewissen Kernelementen seiner Geschichten wieder, aus denen heraus er von der Historie seiner Eltern umschlossen war. Diese Kernelemente könnten zum Beispiel die Internatsgeschichte in London, die Sequenz über den Autobuschauffeur oder jene Randerzählung über die Bespitzelung durch Agenten des Mosad, als Referenz angefügt, gewesen sein.

Abschließend möchte ich noch ein *Traumgeschenk* wiedergeben, das er mir, auf meine Eingangsfrage, was sich seit unserem letzten Interview ereignet hätte, zu Beginn des dritten Interviews gegeben hatte:

K: Ich habe intensive (3) interessante Träume (4) ein Traum spielt auch in Z. oder im Haus, wo (-) aufgewachsen bin im Winter, (4), wo, äh, am Ende des Hügels ein, ein künstlicher Berg (-) aufgebaut (-) wurde um im Winder (3), ahm, einen Skibetrieb (-) durchzuführen mit einem Skilift (-) und ich bin mit dem Benjamin, (-) dem Sohn meiner Partnerin, jetzt 14 Jahre alt, + der (-) für mich, sozusagen (-) die (-) Rolle des Ersatz ++ Kindes, äh, spielt oder gespielt hat. (-) In dem Film, in dem Film, (-) im Traum ist er, äh, kleiner als heute; vielleicht fünf, sechs Jahre alt und wir fahren zu diesem Lift und wir stellen uns an, und dann stelle ich fest, dass ich mein Geld vergessen habe, (-) *und ich, ich gehe zurück, und er, er stellt sich dort allein an, und ich glaube, dass er schon dran ( ) und sich nicht auskennt; (-) und finde das Geld nicht, äh, dann komme ich zurück (-)* und merke, dass ich keine Hosen anhabe, und überhaupt ++ das ist ein typischer Traum, gehe wieder zurück und versuche meine Unterhosen zu finden, es ist aber so kompliziert über die Skier ++ die vielen Leute (Lachen v. K.) (-) ( ) und das ist ungefähr der Traum.

Freud beschreibt in seiner *Traumdeutung* (1900) den »Verlegenheitstraum der Nacktheit« als einen typischen Traum, der mit den Exhibitionsgelüsten der frühen Kindheit zusammenhängt. Für Freud weisen die Verlegenheitsträume der Nacktheit einen »typischen Kern« auf. »Es handelt sich im Wesentlichen um die peinlichen Vorstellung von der Natur der Scham, dass man seine Nacktheit, meist durch Lokomotion, verbergen möchte und es nicht zu Stande bringt« (Freud 1900, S. 248). »Nur in dieser Verbindung ist der Traum typisch.« In der Traumerzählung weist der manifeste Inhalt auf diesen typischen Kern hin. Steven Klein versuchte, seine Unterhose zu finden, was sehr kompliziert war.

Indem er mir zu Beginn des dritten Interviews diesen typischen Traum als Geschenk präsentierte, stellt sich die Frage, warum er dies tat? Warum wählte er auf meine Eingangsfrage zu Beginn unseres dritten und abschließenden Interviews ausgerechnet diesen Traum als mögliche Repräsentanz der Nachhaltigkeit seiner Geschichte? Oder anders gefragt: Welche Bedeutung hatte sein Geschenk als Ausdruck der rudimentären Übertragungsbeziehung zwischen mir und ihm (vgl. Morgenthaler 2004)? Vielleicht wollte er mit der Traumerzählung mich, als seinen Ohrenzeugen, zufriedenstellen, nachdem er wusste, dass Psychoanalytiker vor allem auf Träume, die ja bekanntlich den Königsweg zum Unbewussten darstellen, versessen sind?[29] Wollte er ganz einfach seine Ruhe vor der nachgefragten Historie haben?

Herr Klein kannte die *Traumdeutung* Freuds. Nach dem Tod seiner Mutter hatte er eine Erstausgabe des Buches mit ihren handschriftlichen Randnotizen gefunden.[30] Vermutlich hatte er die *typischen Träume* Freuds gelesen. So ist es nicht weiter verwunderlich, dass er mir einen dieser typischen Träume erzählte. Seine Traumerzählung stellte zunächst eine Doppelgestalt zwischen einer Aufforderung zum Analysieren und einem Rückzug dar, indem er einen typischen, was meint: einen Allerweltstraum brachte. Etwas von dieser Ambivalenz, die sich auch in den Interviews über seine Gesprächshaltung in Szene setzte, mag auch in der Beziehung zu seiner Mutter vorhanden gewesen sein. Eine Mutter, die ihr Kind früh zum intellektuellen Ersatzpartner gemacht hatte und gleichzeitig unnahbar geblieben war. Vielleicht versuchte er, in der Szene des Interviews mich zufrieden zu stellen, so wie er als Kind im intellektuellen Austausch mit der Mutter versucht hatte, diese zufrieden zu stellen. Vielleicht spiegelte er aber auch die Mutter, die mit allerlei Stoff zum Kind gekommen war, um sich gleichzeitig dahinter zu verbergen. Wie dem auch gewesen sein mag, die Tatsache, dass er einen typischen Traum wählte, mag einen Hinweis auf die Kompromissbildung im Traum geben. Er hatte den Wunsch, mit mir zu sprechen, sich mir zu zeigen, und gleichzeitig wehrte er sich auch dagegen. Schließlich war ich nicht sein Analytiker. Ich sollte ihn also auch *nicht* sehen dürfen. Hier könnte die Bedeutung des Ausgestoßenen als *Dalit* (Unberührbarer) zum Vor-

---

29 Eine Ironisierung meiner Versessenheit mag in dem absurden Detail eines Hügels stecken, auf dem ein künstlicher Berg aufgeschüttet worden war. Nach Freud bezeichnen derlei Absurditäten Hohn und Spott des Träumers.

30 Auch Steven Klein kommt in seinen ersten Assoziationen dazu, das Fehlen seiner Mutter hervorzuheben.

schein kommen. So stellte die Wahl des Traumes einen gelungenen Kompromiss aus dem Wunsch, sich zu zeigen, und der Angst, zu viel von sich herzugeben, dar. Im Traum, den praktisch jeder schon einmal geträumt hatte, vermochte er sich zu zeigen, ohne wirklich erkannt zu werden. Sein Verlegenheitstraum der Nacktheit könnte darauf hindeuten, dass es ihm sehr schwer gefallen sei, in den Interviews frei über die Vergangenheit seiner Familie (das Haus am Hügel) zu sprechen. Vielleicht gäbe es auch ein Geheimnis in seiner Familiengeschichte (viele fremde Leute), über das er nicht reden konnte. In der Sprache des Traumes ausgedrückt war es ihm peinlich, die Hose runter zu lassen. Vielleicht würde er auch etwas *anstellen* (am Lift), wenn er mir seine Familiengeschichte erzählen würde. Wobei in diesem Anstellen auch eine geheime Lust angedeutet sei, die darin bestehen könnte, das Tabu, das Geheimnis zu lüften; oder das Röckchen der Mutter zu heben. »Sich zeigen, um sich zu schämen«, bedeutete auch das Genießen im Symptom.

Steven Kleins Assoziationen zu dem Traum brachten einen zweiten Traum hervor, der das Thema des ersten auf andere Weise wiederholte. Darin ging es darum, dass er auf eine amerikanische Universität eingeladen worden ist, wo er einen Vortrag halten solle. Im Traum findet er »aber den dafür vorgesehenen Raum nicht«. Er verliert »allerlei Sachen auch Teile der Bekleidung«, irrt »durch die Gänge des Gebäudes, kann kaum verstehen, was die vielen englisch sprechenden Studenten sagen«, sucht »nach deutsch sprechenden Studenten«, die ihm helfen sollen, was ihm aber nicht gelingt. Wieder verliert er allerlei Sachen. Teile der Bekleidung; eine Jacke; und »noch andere unbestimmte Dinge«. Was in seinen Assoziationen sofort zur Sprache kam, war der Widerspruch, dass er in seinem Wachbewusstsein ein perfektes Englisch sprechen, aber im Traum die Studenten nicht verstehen konnte. Diesen einen Punkt möchte ich in aller Kürze heraus greifen und in Verbindung mit dem übergeordneten Thema unserer Interviews bringen. Die *Sprachverwirrung* (Ferenczi 1933) zwischen ihm und den Studenten ist ein *generationelles* Thema, also eines zwischen Eltern und Kind. In dieser Beziehung hatte es eine Sprachverwirrung derart gegeben, dass beide Eltern auf unterschiedliche Weise dem Kind überwältigende Botschaften schickten, die sich im Kind als Fremdkörper festsetzten: die Mutter über ihren »Terrorismus des Leidens« (ebd., S. 312) und der Vater mit seiner sanktionierenden Härte der wiederholten Wegschickung. Beide Vorgänge führten zu einer Introjektion der angreifenden Elternfiguren und zu einer potenziellen Ich-Spaltung beim Kind. Wobei der eine Teil des Ichs versuchte, sich den Gegebenheiten anzupassen, sich unterzuordnen, den Psychiater der Mutter zu mimen (und auch die streitenden Eltern zu versöhnen), während der andere Teil sich regressiv in eine prätraumatische, heile Innenwelt zurückzog. Sowohl das Leid der Mutter als auch die Sanktionierung des Vaters waren mit der Emigrationsgeschichte der Eltern verbunden. In beiden szenischen Figuren (die vor allem über die Wiederholung ihre traumatogene Wirkung entfalten konnten) kann man das Eindringen der elterlichen Geschichte in das Leben des Kindes erkennen.

Um auf den Traum zurückzukommen, die vielen Sachen im Traum, die er verliert, könnten eine Wunscherfüllung sein. Herr Klein wollte etwas loswerden. Er wollte etwas loswerden, um sich zu zeigen. Indem er nicht nur im Traum versuchte, alles loszuwerden, sich demonstrativ und exhibitionistisch zu zeigen, setzte er eine Bewegung in Gang, die in letzter Konsequenz in die Beschämung führen musste: Denn je mehr man zeigt, desto mehr entblößt man sich und desto mehr muss man sich auch schämen; schämen, für die elterlichen Introjekte, stellvertretend für das fremde Andere in ihm, so wie er sich als Kind bereits stellvertretend für seine Mutter geschämt hatte. Sich zeigen, um sich zu schämen, könnte auch die Zweiseitigkeit eines Symptoms ansprechen, an dem er seit der Internatsgeschichte gelitten hatte. Die zweite Seite des Symptoms läge in dem Genießen, das daraus geschöpft werden kann. Die präsentative Schau der Scham meint eine Lust am Zeigen der Nacktheit als Schreckmittel. Schließlich genießt der Exhibitionist beim Zeigen seines Genitales den Schrecken der anderen. So nackt, wie sich die Mutter in ihrem Leid zeigte, so nackt zeigte sich auch Steven in seiner Scham.

II Matti Klein (dritte Generation)

Matti Klein lebte in den Vereinigten Staaten und lehrte dort auf einer Universität Anthropologie und europäische Geschichte. In seiner Forschung und Lehre fand eine permanente Auseinandersetzung mit Historie und damit auch indirekt mit dem Thema der Interviews statt. Ich traf ihn während seiner Österreichaufenthalte, was zur Folge hatte, dass ca. ein Jahr zwischen unseren Gesprächen lag.

a) Über den Wunsch, schnell erwachsen zu werden

Das von Beginn an Augenfälligste in den Interviews war die Art, *wie* Matti über seine Familiengeschichte sprach. Er zeigte sich auch in der intimen Sphäre seiner

Ursprünge als Wissenschaftler, der seinen »analytischen Zugang« zum Thema bis zum Schluss beibehielt. Matti nannte es seinen »identitär geprägten analytischen Zugang«, den er, mit einer Ausnahme – dem Interesse an der Psychoanalyse – mit seinem Vater teilte. In dieser Art zu sprechen war er voller Energie und Selbstdarstellungswillen. In psychoanalytische Begriffe gebracht handelte es sich um eine Narzissierung des Sprechens, um eine Verliebtheit in die eigene Sprache und das eigene Denken, dem er über seine Rede Ausdruck verlieh.

M: Ich glaube, ich würde nicht, ich wäre versucht, nicht meine Familie als Basis für eine generelle Theorie zu nehmen, * weil sie einfach so gestört scheint **. Vor allem eben meine Mutter. Aber gut, ich bin nicht der, der das versucht. * Ich meine, ich kenne, ich kenne natürlich viele andere Familien mit ähnlichen Biografien, ist eh klar und, und gut, vielleicht haben die alle ihre Geschichten, die man nicht weiß, aber so extrem erscheinen mir wenige. + + Und, und die Frage ist dann eben, also ich glaube, es ist kein Zweifel an der, an der Grad der Neurose, Verrücktheit, wie immer, meiner Mutter und wie gesagt, das könnte im Zusammenhang sein + mit dem Holocaust. Aber es gibt ja auch viele andere Verrückte ** die haben überhaupt keine solchen Erfahrungen, ich meine.

I: (3) Ist das so was Ähnliches, ahm, wie die Wiederkehr der Gespenster aus der Vergangenheit?

K: Man könnte das sagen. Ich würde es nicht tun persönlich, * aber man könnte es sicher sagen *. Wie gesagt, man könnte, und das ist eben, also mein Vater, mein Vater und ich haben eine interessante Diskussion über Jahre schon, weil er eben psychoanalytisch denkend in diese Richtung theoretisiert + + und ich nicht. Ich bin an sich, ich bin kein Gegner der Psychoanalyse, aber ich bin kein, aber auch in meinem wissenschaftlichen Denken kein psychoanalytisch denkender Mensch + + und in dem Sinn, sind mir diese Interpretation ein bisschen zu fantasiert; nicht, nicht, dass sie nicht interessant sind, aber ich glaube, da, da, es, (-) ( ) ich glaube ich gehe immer von einer, von einer offensichtlicheren Interpretation aus + und nicht von einer weit schweifenden Geister ( ) + und + ( ) + aber gut das ist ein interpretativer Ansatz.

I: Aber was ist deine Interpretation?

K: Meine Interpretation ist im Grunde eine agnostische, in dem, dass ich, dass ich, dass, also, meine Interpretation ist, dass sie verrückt ist, wie viele andere Leute auch verrückt sind. + Es könnte im Zusammenhang sein mit

3. Acht Familiengeschichten

dem Holocaust, aber das können wir nie genau wissen, * * ergo, wenn ich in diese Richtung spekuliere, spekuliere ich ziemlich an, an empirischen Fakten einmal * nicht vorbei, aber zumindest einmal darüber hinaus. * *
I: Und letztendlich die Bedeutung, woher das jetzt kommt, sagen wir der kausale Faktor ist-
K: Ist für mich weniger relevant als für meinen Vater ( ) und das ist eine interessante Frage, ich meine, ich könnte interessierter sein als ich bin am kausalen Faktor +, aber da ich mich, glaube ich, immer als Opfer gesehen habe, war mir wichtig, einfach dem zu entkommen + + Ich meine wenn mir jemand schlüssig erklären kann, warum das so ist, das täte mich interessieren; aber ich bin nicht selber auf der Suche nach Antworten. * *

In dieser Passage zeigte sich exemplarisch, dass sein wissenschaftlicher Zugang einem Kompromiss zwischen Annäherungs- und Vermeidungstendenzen an die familiäre Historie entsprach. Er konnte sich über die Wissenschaft dem Thema seiner Familiengeschichte annähern, ohne dabei selbst verletzt zu werden. Der Abwehraspekt des Theoretisierens in der wissenschaftlichen Auseinandersetzung scheint evident. Die theoretische Auseinandersetzung stiftet Distanz, verallgemeinert, wo das Eigene schmerzt und findet gleichsam einen Ort außerhalb des Ich, wo die spezifisch familiäre Geschichte in der allgemeinen Historie aufgehoben wird. Dabei lehnte er es ab, kausale Zusammenhänge zwischen dem »Holocaust« und der Entwicklungsgeschichte seiner Familie (hier insbesondere seiner Mutter) herzustellen. Sie könnten gegeben sein, aber ließen sich nicht empirisch nachweisen. Was ihn interessierte, waren objektiv nachweisbare Fakten und keine Spekulationen. Die Verrücktheit seiner Mutter war so ein Objektiv: »Mein Problem war ihre Verrücktheit, und nicht die historischen Ursachen.« Damit trennte er das Denken, welches sich an objektiven Gegebenheiten orientiert, vom *Fantasieren*, das mit dem Einsetzen des Realitätsprinzips von der diskursiven Denktätigkeit abgespalten und dem Lustprinzip unterworfen bleibt (Freud 1911). Alles, was man mit diesem Fantasieren jenseits der diskursiven Logik des rationalen Denkens in Verbindung bringen könnte, kam ihm in Form des *Konjunktivs* über die Lippen. Dieser Konjunktiv erfüllte eine ähnliche Aufgabe wie die Verneinung. In seiner Arbeit über *Die Verneinung* (1925) leitet Freud die Verurteilung aus der Verdrängung her. Unter der Bedingung der Verneinung wird das Verdrängte zum Gegenstand des bewussten Denkens, um vom Urteil erneut aus dem Ich abgewiesen zu werden. Im Unterschied zur Negation, wo der verdrängte Inhalt erneut verworfen wird, bildet der konjunktivische Gebrauch der Sprache einen Zwischenraum zwischen Bejahung und Verneinung. Die hypothetische Annahme, die sich in der gedanklichen Formel des »es könnte sein, dass ...« niederschlägt, verbleibt im Vorbewussten und kann dort zur weiteren Überprüfung herangezogen werden. Was der Konjunktiv leistet, ist die Trennung von Affekt und Vorstellung. »Es könnte durchaus sein, dass ...«, ist eine affektisolierte Vorstellung, die nicht schmerzt.

In einer späteren Szene schilderte er, wie ihm sein analytischer Zugang geholfen hatte, das affektive Eindringen der Vergangenheit schon im Vorfeld abzuwehren. Er wurde als Jugendlicher Zeuge, als eine Tante dem Vater erzählte, wie die Nazis den Großvater gezwungen hatten, Anschlussparolen wegzuschrubben. Während der Vater in dieser Szene affektiv berührt wurde, war er »zu dem Zeitpunkt schon ein genug wissenschaftlich denkender Mensch gewesen. Es ist furchtbar, aber das ist ja auch nicht überraschend; wir wissen ja, dass es passiert ist«. Das »Genug« signalisiert ein zweizeitiges Bild eines mangelnden Davor und eines schützenden Danach. Matti markierte einen bestimmten Zeitpunkt des genug Habens an wissenschaftlichem Denken. Es geht also um eine bestimmte Quantität an Denken, die ihm in der zweiten Zeit zur Verfügung gestanden hatte. Freud schreibt (1911) über das Denken, dass »es im Wesentlichen ein Probehandeln mit Verschiebung kleiner Besetzungsquantitäten« sei. Dieser Hinweis auf das Probehandeln ergibt, dass Matti die Szene seiner Zeugenschaft bereits gedacht hatte, bevor sie lebendig wurde. Was er als allgemeine historische Wahrheit längst wusste, konnte ihn nicht mehr erschüttern. Es hatte also einmal eine erste Zeit gegeben, in der ihm dieses genügend wissenschaftliche Denken noch nicht zur Verfügung gestanden hatte und in der er von den unlustvollen Affekten überwältigt worden war. Erst später, in der zweiten Zeit, konnte es ihm gelingen, diese unlustvollen Affekte mithilfe des Denkens zu kontrollieren. Der Übergang von der Verdrängung der unlustvollen Erfahrungen zur Urteilsfällung markiert bei Freud den Wechsel vom Lust- zum Realitätsprinzip. Matti sprach jenen Punkt seiner Entwicklung an, wo dieser Wechsel stattgefunden hatte.

Fassen wir zusammen: Sein wissenschaftlicher Zugang, der ja auch mit Hypothesenbildung arbeitet, fand in einem Zwischenbereich zwischen Verneinung (Ausstoßung aus dem Ich) und Bejahung (als Ersatz der Vereinigung mit dem Ich) der Historie statt. Matti wusste, dass seine Identität an die Historie seiner Familiengeschichte gebunden ist; anstatt die Bedeutung dieser Historie für sein Lebensschicksal zu verwerfen fand eine permanente Auseinandersetzung mit ihr statt. Allerdings nicht in Form einer exzessiven Psychologisierung der eigenen Person und seiner Prähistorie, sondern in Form einer hypothesengeleiteten Aufarbeitung der kollektiven Geschichte und ihren Auswirkungen auf die Gegenwart. Nicht das Fantasieren zur Geschichte, sondern das Denken und Urteilen über die Geschichte standen im Vordergrund. Dieses Denken war narzissisiert. Es stand für ein autonomes Selbst und für eine permanente Hervorbringung des Ich. Nach Freud (1911) ist das Denken ursprünglich unbewusst. Erst über die Bindung an die Wortreste erhält es weitere für das Bewusstsein wahrnehmbare Qualitäten. Und dadurch bekommt das Infans ein gewisses Maß an Unabhängigkeit von den frühen Liebesobjekten. War es zuvor auf die leibhafte Präsenz des Primärobjektes zur Befriedigung angewiesen, so kann es über das Sprachsymbol die objektive Präsenz des anderen transzendieren. Es entsteht ein privates Denken, das vor dem Zugriff des anderen schützt. Das Denken ist dann keine Abwehr, sondern eine Überwindung der infantilen Ohnmacht. Matti erzählte viel von seiner »unglücklichen Kindheit«, die unter dem terroristischen Einfluss einer »verrückten und unberechenbaren Mutter« gestanden hatte. Er lebte in einer ersten Zeit der Angst und Verunsicherung. Erst in einer zweiten Zeit, wo er über *genug* Denken verfügte, konnte er sich ein Urteil über die Mutter bilden, was auch bedeutete, ihren Übergriffen nicht mehr schutzlos ausgeliefert zu sein. Während das Denken und das darauf aufbauende Urteil mehr dem Realitätsprinzip und der Autonomie des Ichs dient, steht das Fantasieren im Dienste des Lustprinzips und läuft auf eine Vereinigung und Verschmelzung mit den Liebesobjekten hinaus. Für Matti war es aber in seiner Entwicklung notwendig, sich aus dieser Verschmelzung zu lösen, sich die Verrücktheiten der Mutter vom Leibe zu halten und das ihre von dem seinen zu trennen. In seinen Worten ging es um die Erfüllung des Wunsches, »möglichst schnell erwachsen zu sein, und erwachsen zu werden habe ich als total beglückend empfunden. Heute immer noch.«

b) Mattis Geschichte

Matti Klein war ein Einzelkind. Anfangs war er auch das einzige Kind in der Verwandtschaft. Dieser Umstand machte ihn zu etwas Besonderem. Seine »Verwandten waren irrsinnig nett und haben mich ständig mit Geschenken überhäuft«. Nachdem Mattis Großeltern väterlicherseits die einzigen Überlebenden der Familie waren, die nach Österreich zurückgekehrt waren, lebte der Rest der

Verwandtschaft (die überlebenden Kinder der ermordeten Urgroßeltern) in London, New York und Tel Aviv. Matti hatte von Kindheit an Kontakt zu all diesen Teilen der Familie. Das sei die kosmopolitische Vergangenheit seiner Familie, über die er schon von klein auf einen Blick über die Grenzen seines Zuhauses werfen konnte. Da gab es zum Beispiel eine Tante in London, »die irrsinnig lieb war«, aber vor allem waren es die Großeltern mütterlicherseits in Israel, die eine zentrale Rolle gespielt hatten. Matti verbrachte die Schulferien immer in Tel Aviv. Zur dortigen Großmutter hatte er »mit Abstand die emotionellste und engste Beziehung gehabt«. Sie war »subjektiv immer die Alternative zu meiner Mutter« gewesen. Schon früh wurde das Kind in den Flieger gesetzt und alleine um die Welt geschickt. Matti liebte diese Art zu verreisen: »Das war herrlich; ach, das habe ich geliebt. Weil, da bist du total im Mittelpunkt. Du kommst zum Flughafen; deine Stewardess wird dir zugeteilt; ich war natürlich ein sehr charmantes, süßes, kleines Kind, + und da hast du eine persönliche Tante; + und die ist irrsinnig nett.« Matti lebte jedes Mal auf, wenn er von der Mutter fort kam. In seinem persönlichen Erleben bedeutete die Distanzierung von der Mutter immer auch eine narzisstische Erhebung. In der Welt draußen wurde er geliebt, mit Geschenken überhäuft. Zu Hause dominierte hingegen die Angst vor der Mutter und ihren unberechenbaren Wutausbrüchen. Als Matti sechs Jahre alt war, trennten sich seine Eltern. Er blieb bei der Mutter, während der Vater ihn alle 14 Tage an den Wochenenden zu sich holte.

An diesen Wochenenden mit seinem Vater besuchten sie zumeist die Eltern des Vaters. Seine Erinnerungen an die dortige Großmutter, einer aparten Grande Dame der »gutbürgerlichen Gesellschaft«, waren, gemeinsam mit ihr »durch ihren Schmuck zu gehen.« Die Großmutter zeigte ihm die Steine, »das ist ein Saphir, das ist ein Rubin« usw; er bewunderte ihre Garderobe; sie zeigte ihm ihre Pelzmäntel und sie legte ihrem Enkelsohn auseinander, wie man für die Damen der oberen Schicht ein Bankett gibt. Diese Dinge faszinierten den kleinen Jungen. Der Schmuck, die Pelzmäntel waren glänzende Objekte, die eine ungeheure Strahlkraft auf ihn ausübten. Dabei ging es niemals um irgendwelche Geschichten, sondern um die Objekte an sich, die den Jungen in Bann zogen. All der Glanz stand also für ein anderes, vielleicht geheimes Leben, das die Großmutter ihrem Enkel zeigte, an dem sie ihn teilhaben ließ und mit dem sich der Enkelsohn identifizierte. Matti bewunderte seine Großmutter, die sich morgens vom Personal das Frühstück ans Bett bringen ließ, wo sie es einnahm. Bezeichnenderweise befand sich auch der Großvater im selben Raum. Aber der

3. Acht Familiengeschichten

Fabrikdirektor nahm sein Frühstück gemeinsam mit Matti an einem kleinen Tisch in der Ecke des Zimmers zu sich. Matti wollte auch, was die Großmutter tat. Er wollte im Bett frühstücken, sich mit glänzenden Dingen umgeben. Sein späterer Antrieb nach Genuss, Wohlbefinden und Bequemlichkeit nahm sich vermutlich das Klischee dieser Großmutter zum Vorbild. Von dieser aparten Grande Dame kam auch eine interessante Geschichte, an die er sich während des Interviews plötzlich erinnerte. Die Großmutter hätte ihm oft erzählt, in welch ärmlichen Verhältnissen sie mit ihren fünf Geschwistern die Kindheit verbracht hatte. Eine der fünf Schwestern besaß eine Puppe, das war das einzige Spielzeug in der gesamten Familie. Die glänzenden Objekte, mit denen sich die Großmutter später umgab und die sie ihrem Enkel so gerne zeigte, könnten einen Ausgleich zu der fehlenden Puppe darstellen, die sie als Kind niemals selbst besessen hatte.[31]

Die Familienhistorie spielte in Mattis Kindheit nur eine untergeordnete Rolle. Er hatte zwar gewusst, dass seine Großeltern fliehen mussten, er hatte gewusst, dass Teile der Familie umgekommen waren, aber es hatte eben geheißen: »die sind im Krieg umgekommen«. Das familiäre Narrativ konzentrierte sich auf die »guten Seiten«. »Wenn man als Jude nach dem Holocaust in Österreich aufgewachsen ist«, meinte er, »muss man irgendwann gegensteuern, gegen die Realität des Antisemitismus«. Erst mit der Pubertät und beginnendem geschichtlichem Interesse begann er zu ahnen, dass das, was er im Geschichtsunterricht hörte, und das, was in seiner Familie passiert war, »die Seiten der gleichen Geschichte waren«. Dann kamen das Jahr 1986 und der damalige Präsidentschaftswahlkampf. Bis dahin war sein »Österreichpatriotismus« ungebrochen gewesen. Er drückte den österreichischen Skifahrern und Fußballern die Daumen. Aber mit der Waldheimaffäre hatte sein positives Österreichbild einen Knacks bekommen. Zum ersten Mal in seinem Leben fühlte er, dass aktuelle politische Geschehnisse direkt mit der schrecklichen Vergangenheit in seiner Familie in Verbindung standen und er wurde affiziert von einer Spaltung im Land »zwischen Juden und nicht jüdischen Österreichern, die im Grunde genauso gedacht haben, und den Österreichern, die nicht so gedacht haben«. Vor allem der Slogan der Waldheimunterstützer: »Jetzt erst recht«, trug zu dieser Spaltung bei. Matti erkannte die politische Bedeutung seiner Familiengeschichte als Teil des öffentlichen Diskurses und fühlte sich selbst als geschichtliches

---

31 Natürlich liegt es viel näher, anzunehmen, dass der Schmuck, sofern Gefahr drohen würde, eine rasche Flucht erleichtern würde.

Subjekt verantwortlich, etwas zu tun. In der Schule waren alle seine »wirklich guten Freunde ganz extrem Antiwaldheim und wir sind auf Demonstrationen gegangen und so weiter«. Ein paar Monate, nachdem im selben Jahr Jörg Haider zum FPÖ-Obmann gewählt worden war, wurde er mit einem Freund in der Öffentlichkeit von »Halbstarken« antisemitisch angepöbelt. Sie flüchteten in einen McDonald's-Laden. Dort waren sie sicher vor den jugendlichen Rowdys. Diese bemerkenswerte Sequenz nimmt seinen Gang nach Amerika vorweg.

Aber der eigentliche Grund, drei Jahre später in die USA zu gehen, um dort zu studieren, war der Wunsch, der Umklammerung seiner Mutter und ihren Verrücktheiten zu entkommen. Er wollte auf einer amerikanischen Eliteuniversität studieren. Um sein Vorhaben zu verwirklichen, begann er, ein Semester lang über sämtliche infrage kommenden Universitäten in Amerika zu recherchieren. Er hatte »<u>unendlich</u> viele Briefe an <u>unendlich</u> viele Unis geschrieben, die haben mir dann unheimlich viel Material zurück geschrieben. Dann habe ich mich an unheimlich viele beworben; viel mehr als üblich ist und so weiter.« Schließlich ging er mit einem konkreten Vorschlag zum Großvater, der sein Vorhaben finanziell unterstützen sollte. Sein Großvater sei ein »cooler Typ« gewesen. »Ich habe ihm das gesagt und sein Gedanke war klar: Das ist eine gute Idee, okay. Machen wir. This makes sense.«

Zwei Dinge ermöglichten Mattis Fahrt über den Atlantik. Zum einen seine ungemein starke Aufstiegsmotivation; die Eliteuni, die ebenso glänzte wie die Rubine der väterlichen Großmutter, sowie das Kapital des Fabrikdirektors. Beide zugegebenermaßen sehr ungleichen Dinge verweisen auf die großelterliche Welt väterlicherseits; Erfolg und Kapital als Narzissmen aus dieser Welt, gegen die sein Vater noch angekämpft hatte; gegen das Phantom des väterlichen Kapitalisten und gegen die bourgeoise Manieriertheit seiner Mutter. Interessanterweise vollzog sich also beim Übergang von der zweiten auf die dritte Generation eine Bindung an jene Aspekte der Großeltern, von denen sich sein Vater noch lossagen wollte. Gleichzeitig trennte er sich auf sehr, wie er sagte, potente Weise von seiner Mutter. Aber, indem er die großelterlichen Narzissmen aufnahm, die sein Vater ablehnte, trennte er sich in gewisser Weise auch vom Vater, wodurch sein Gang nach Amerika als ein autopoietischer Akt erschien.

Irgendwann kurz vor seinem Umzug in die Staaten teilte Matti seiner Familie mit, dass er homosexuell sei. Außer der Mutter hatte niemand in seiner Familie ein Problem mit seinem »coming out«. Die Mutter machte sich hingegen Vorwürfe: »Das sei alles meine Schuld.« Sie verbat ihm, es weiter zu erzählen,

3. Acht Familiengeschichten

da sonst ihre Reputation als Ärztin (Gynäkologin) kaputt sei und zwang ihn – »sie hat angedroht sich umzubringen oder so. Ich kann mich nicht mehr erinnern« –, zu einer Psychoanalytikerin zu gehen. Die Psychoanalytikerin stellte Matti die einzig relevante Frage: »Habe ich ein Problem damit? Ich habe gesagt: ›Nein.‹ ›Dann hat deine Mutter ein Problem damit.‹ Ich bin wieder weggegangen.« Was die Mutter an der Homosexualität ihres Sohnes so sehr entsetzte, bleibt ein Rätsel. Aber warum, so kann man fragen, sei ihre Reputation als praktizierende Gynäkologin davon berührt gewesen? Und warum hatte sie gedroht – zumindest atmosphärisch muss diese Drohung im Raum gestanden sein – sich umzubringen, wenn er sich nicht »behandeln« lasse? Als Matti ein paar Jahre später seinen Freund aus Amerika mitbrachte und ihn seiner Mutter vorstellte, war das erste, »was sie über meinen Freund gesagt hat, als sie ihn kennengelernt hat: Du wirst an einem Herzinfarkt sterben. Das ist das erste, was sie ihm gesagt hat.« Dieser mütterliche Initialsatz, versteckt unter dem Mäntelchen einer ärztlichen Diagnose, offenbarte einen Todeswunsch gegenüber dem Objekt der Liebe ihres Sohnes. Konfrontiert mit dem Liebsten ihres Sohnes entstand eine Sprachverwirrung in der Mutter. Allgemeiner gesprochen kann man sagen, dass die liebenden Äußerungen des Sohnes auf eine destruktive mütterliche Antwort gestoßen waren.

c) Eine problematische Mutterbeziehung – die imaginäre Mutter

M: Sie hat von klein auf, ahm, sie hat eine, eine, eine extreme, (-) ah, ahm, (-) Gewichtsneurose, + hat mich, hat auch auf mich projiziert, hat mich schon als fünf-, sechs-, sieben-jähriges Kind ständig auf Diäten gesetzt. + (-) Ahm. (-) Und das hat natürlich unglaubliche Folgen, also Essensterror, (-) und unglaubliche Angstzustände *und so weiter*.

Der Essensterror, den die Mutter machte, war vor allem in seiner Unberechenbarkeit »ein Wahnsinn« für den Sohn. »An einem Tag kauft sie mir ein Eis nach dem anderen und am nächsten Tag flippt sie aus, weil ich ein Eis gegessen hab.« Wie zu jeder verordneten Diät gehörte also auch ein Essen im Übermaß dazu. Der Umgang mit den einzuverleibenden Objekten spiegelt dabei ein problematisches Nähe-Distanz-Verhältnis mütterlicher Bezogenheit wider. Es gab Zeiten oder Augenblicke, wo ein Übermaß an verschlingender, vielleicht symbiotischer Liebe der Mutter da gewesen war. Zeiten, wo die Mutter mit ihrem idealen Selbst, dass sie auf den Sohn projizierte, verschmelzen konnte. Und es gab auch andere Zeiten und Augenblicke, wo sich die Liebe der Mutter in blinde Wut verwandeln konnte.

M: Ich meine das ging so weit, ich meine kannst du dir das alles vorstellen. Also die dramatischste Szene meiner Kindheit waren vielleicht Besuche in Kleidergeschäften, + wo ich eine neue Größe gebraucht habe+, (-) weil ich gewachsen bin. Sie ist ausgerastet <u>öffentlich</u>: ++ (-) »<u>Wieso tust du mir das an?</u>«

Weil die Mutter die eigene »Gewichtsneurose« in das Wachstum ihres Kindes hineinprojizierte, durfte ihr Sohn nicht größer und nicht schwerer werden. In dieser Szene ihrer narzisstischen Wut über den größer werdenden Körper ihres Sohnes zeigte sich das Unvermögen der Mutter, ihren Sohn als jemand anderen außerhalb von sich selbst zu sehen. Unter günstigen Bedingungen lässt der erkennende und liebende Blick der Mutter einen frühen imaginären Raum zwischen Mutter und Kind entstehen.[32] In ihm findet das Geräuschbad gemeinsamer Laute, des ersten gemeinsamen Kommunizierens statt. Zwischen Matti und seiner Mutter war dieser imaginäre Zwischenraum von den mütterlichen Projektionen (vor-)besetzt. Daraus ergab sich jene Enge, von der Matti Klein in den Interviews sprach. Interessanterweise datierte er die frühen Erinnerungen über den Essensterror der Mutter in jene Zeit, wo auch die Trennung seiner Eltern stattgefunden hatte. Nach dieser Trennung wurde diese psychische Enge naturgemäß verstärkt.

Die Essensszenen zeigten vor allem eines: Mattis Mutter lehnte ihren Sohn als eigenes, wachsendes und sich entwickelndes Wesen ab. Er sollte nicht größer, nicht schwerer werden, so bleiben wie er war. Er sollte nicht aus der Haut schlüpfen, die sie für ihn bereit gelegt hatte. Matti merkte über die Szene in den Kleidergeschäften, dass sein Wachstum von der Mutter als eine gegen sie gerichtete Aggression negiert wurde. Normalerweise sind Mütter stolz auf das Wachstum ihrer Kinder, ganz besonders auf das ihrer Söhne, die über das Größerwerden auch an Potenz

---

[32] Bion beschreibt diesen Vorgang mit dem Begriff der Rêverie (Träumerei). Er meint damit die Fähigkeit der Mutter, das Kind zu träumen. Die Rêverie gilt ihm als eine psychische Leistung der Mutter, die ankommenden projektiven Identifikationen des Kindes aufzunehmen und als verdaubare Inhalte dem Kinde wieder zurückzugeben. Auf diese Weise wandelt die Mutter die kleinianischen Vernichtungsfantasien des Kindes in erträgliche Bahnen um. Aus dem antisozialen Wunsch wird soziale Obligation. So entsteht ein imaginärer Raum zwischen beiden, über den das Kind verfügen kann.

gewinnen. Freud schreibt in seiner Schrift *Zur Einführung des Narzissmus* (1914b, S. 56.): »In dem Kinde, das sie [die Frauen, Anm. M. Z.] gebären, tritt ihnen ein Teil des eigenen Körpers wie ein fremdes Objekt gegenüber, dem sie nun vom Narzissmus aus die volle Objektliebe schenken können.« Aber für Mattis Mutter war die Potenz des heranwachsenden Sohnes eine Bedrohung. Sie musste dieses »fremde Objekt« negieren. Die Mutter wies den anderen Körper ihres Sohnes, vielleicht auch den sexuell männlichen Körper von sich. »Wieso tust du mir das an?« Wenn sie ihn liebte, so tat sie das nicht objektal, sondern narzisstisch verschlingend, wo er dem für ihn vorgesehenen Ideal(-gewicht) entsprach. Was sie negierte und was bedrohlich war, waren das Sexuelle, das andere ihres Sohnes, dessen Körper, dem sie immer wieder die Nahrung entzog. So wurde das Kind zum Opfer einer verschlingenden und das Kind negierenden Mutter.

Unmittelbar im Anschluss an die Szenen über den mütterlichen Essensterror bringt Matti eine andere Geschichte über die Mutter, die ihre ständigen Projektionen nochmals herausstreichen sollte. Seine Mutter hätte ihm, bis er 18 oder 19 Jahre alt war, verschwiegen, dass der Großvater (ihr Vater) nicht sein wirklicher Großvater gewesen sei. Für Matti war diese mütterliche »Offenbarung« »keine große Sache«.

M: Ich war vielleicht 18 oder 19. + (-) Und, und (-) ich mein, ich bin kein biologistisch denkender Mensch, also, ich meine das ist mein Großvater, ich bin ja (-) mit ihm aufgewachsen, das hat überhaupt keine-. (RuW) Ich glaube sie war sehr enttäuscht, dass ich überhaupt nicht in der Lage war, ihr Trauma als Trauma wahrzunehmen ** Es hat mich nur bestärkt wieder einmal (-) in, in dem Bewusstsein, (-) *wie verrückt sie eigentlich ist.* ** Das ist eben für sie so symptomatisch. Da gibt es auch viel größere Sachen. Weil sie, (-) sie hat sich unheimlich geschämt (-) für den Umstand, dass er nicht ihr biologischer Vater war. Sie hat einmal, als, als Jugendliche noch – das sind Geschichten, die mir mein Vater erzählt hat – ihre Geburtsurkunde vernichtet, die den anderen Namen hatte. ** (-) Ahm, (-) sie hat auch dann darauf bestanden, dass, also sie wurde dann formal adoptiert-. (-) Und sie hatte den Namen meines Großvaters und das war ein klassisch jiddischer Name (-) Zimmermann. * (-) Also ein deutsch-jiddischer Name. (-) Sie hat darauf bestanden, dass er hebräisiert wird (-) auf ( ). Sie hat auch ihren eigenen Vornamen gewechselt. Also meine Mutter hatte alle möglichen Identitätsgeschichten.

Dass er ihr Leid nicht hätte nachempfinden können, sei eine weitere Enttäuschung für die Mutter gewesen: »Warum tust du mir das an.« Was Matti Klein als symptomatisch für seine Mutter erachtete, war deren Unvermögen, das fremde Objekt in ihrem Leben zu ertragen. Ihr biologischer Vater, der ihr auf dem Dokument entgegenblickte, war so ein anderes Objekt, das sie zerstört hatte. Indem sie die Spur ihres Erzeugers vernichtete, zeugte sie sich selbst. Dieser Akt narzisstischer Wut sollte den vorangegangenen sexuellen Akt ungeschehen machen. Nur, damit nichtete sie sich selbst. Ihr symbolischer Aktionismus wiederholte sich, in der Hebräisierung ihrer Namen. Sie erschuf sich eine neue Identität und Herkunft und wenn man so will eine neue phonetisch auditive Haut.

Matti nimmt dieses Thema in abgeänderter Form auf, wenn er behaupt, dass an sich nichts Schlimmes daran sei, wenn »sich jemand ein vollkommen fiktives Selbst« schafft. »Das ist total legitim. Jeder soll sich selber neu erfinden. Das finde ich total gut. Aber wenn andere Leute darunter leiden, extrem darunter leiden, dann ist das nicht in Ordnung.« Matti war das Opfer seiner Mutter. Er hatte darunter gelitten, nicht größer, nicht schwerer werden zu dürfen, als die mütterlichen Projektionen es für ihn bestimmt hätten. Sich selbst neu zu erfinden, war auch für ihn eine Möglichkeit, dem Dilemma seiner Victimisierung zu entgehen. Er musste wachsen und hatte das getan. Er musste sein Wachstum vor den mütterlichen Übergriffen schadlos halten, was ihm über eine forcierte kognitive Entwicklung gelang. Als er nach Amerika ging, versuchte er, sein Englisch zu perfektionieren. Es sollte soweit in seinen Sprachgebrauch aufgenommen werden, bis jedes Anzeichen eines österreichischen Akzents daraus eliminiert worden wäre. Es sei ihm auch gelungen, die letzten Zeichen eines Akzents, also seiner Herkunft, daraus zu tilgen. Hier taucht erneut die Narzissisierung seiner Sprache auf. Mit dem perfekten, akzentfreien Englisch hatte er sich in einer neuen sprachlichen Behausung eingerichtet. Sein Englisch ist ein gereinigtes Sprechen, ohne die Spur seiner *Mutter*sprache darin. Die Sprache ist nicht mehr nur das glänzende Objekt, das er hat, sondern er fusioniert damit im Akt des Sprechens. Sie ist die Mutter, die er nie hatte, mit der er gefahrlos verschmelzen kann. Matti schuf sich über die neue akzentfreie Sprache eine neue Herkunft, einen neuen sprachlichen anderen, der ihn gezeugt hatte.

d) Hypothese über den Ursprung der Mutter

In der Erzählung zeigte sich ein wiederholter Angriff gegen alles Väterliche. Die Verbindung zum Mann als Platzhalter des mütterlichen Begehrens wurde auf mannigfache Weise sabotiert. Die Namenstilgung ist nur das schillerndste Symptom dafür, wie an verschiedenen Stellen seiner Erzählung der *Platz des Vaters* außer Kraft gesetzt zu sein scheint. Im Folgenden versuche ich eine Konstruktion über die Ursprünge dieses Geschehens aus dem Geschenk seiner Erzählung zu generieren.

Die Eltern seiner Mutter waren beide polnische Juden. Mattis Großmutter hatte das Ghetto von Lotz überlebt und wurde mit ihrer Familie nach Auschwitz deportiert, »wo auch die meisten Familienmitglieder gestorben sind«. Kurz vor der Befreiung des Lagers durch die Rote Armee wurde sie auf einen Todesmarsch geschickt.

M: Und wurde, dann, nein, ist eine noch, noch interessantere Geschichte. Ahm, Sie war auf dem Todesmarsch, und das ist, ja, (-) dann ist ja dann sehr chaotisch verlaufen natürlich und tragisch, (-) und, ah, (-) sie wurde von, von polnischen Bauern gerettet, + (-) sie hat sich irgendwie versteckt und wurde dann gefunden, und die haben sie, ah, (-) versteckt gehalten, und haben sie auch gepflegt, sie hat schwerste Erfrierungen gehabt, + hat auch ihre Zehen verloren auf einem Fuß, und die haben, (-) ja da gibt es Geschichten in meiner Familie, (-) sie haben ihr einziges Schwein geschlachtet um, um frisches Fleisch auf die Wunde zu geben, weil sie gedacht haben, was glaube ich auch stimmt, dass das helfen würde + +. Das ist so eine von den unglaublichen Geschichten.

Mattis Großvater »war auch ein Überlebender, den meine Großmutter in Polen noch kennen gelernt hat, der sich aber von ihr scheiden hat lassen sehr, sehr früh; ahm, und sie ist dann alleine mit dem Kind, so wie ich das verstehe, nach Palästina gekommen.« Denn

M: nach dem Krieg in Polen war natürlich keine Aussicht auf-; (-) Polen war ja kein, keine, keine lebensmögliche Situation und sie ist dann nach Palästina gegangen + noch vor der Staatengründung. War dann schon schwanger mit meiner Mutter; meine Mutter, das war diese berühmte Geschichte, wo, wo Boote nach Israel, also nach Palästina, damals noch war-; die Briten lassen sie nicht hinein, + und sie wurden dann zurück, ahm, geschickt; kam nach Zypern. Meine Mutter ist in Zypern geboren + in einem Internierungslager. Sie sind dann, ah, das war 1947, und 48, ahm, oder, oder späten 47, frühen 48, noch vor, unmittelbar vor der Staatengründung, glaube ich, sind sie nach Israel, damals Palästina gekommen, und meine Mutter ist in Israel aufgewachsen.

Irgendwo zwischen Schwangerschaft, Emigration und Geburt musste der Großvater verlorengegangen sein. Der Platz dieses ersten Vaters in der Geschichte der Mutter blieb im Dunkel und mit ihm ein Stück des mütterlichen Geworden-Seins.[33] Während der Schwangerschaft der Großmutter gab es weder Vater, Familie, noch Staat, die dem Kind und der jungen Mutter Schutz hätten bieten können. Mattis Großmutter war eine polnische Jüdin, die sich die sprachliche Haut eines neuen Landes, das noch nicht geboren worden war, erst aneignen musste.[34] So wie das Kind in ihrem Bauch war auch das Ideal des neuen Landes, das beide aufnehmen würde, noch nicht zur Welt gekommen. Um an ihre zukunftsgerichtete Utopie zu glauben, musste es ihr gelingen, die Vergangenheit hinter sich zu lassen.[35] Was es gab, war die Fantasie eines zukünftigen Ortes, einer zukünftigen Welt und das reale Trauma der Vernichtung in den Lagern der Nazis, der sie gerade erst entkommen war.

Die Bedeutung der Geburt von Kindern Überlebender muss mit der inneren Repräsentanz des Selbst und des eigenen Körpers der Eltern verstanden werden. Die Körper der Überlebenden waren missbraucht und bis zur Erschöpfung ausgemergelt. Dass eine überlebende Frau so kurze Zeit nach dem Ende ihrer Verfolgung überhaupt schwanger werden konnte, grenzte an ein medizinisches Wunder und zeugte letztendlich von einem existenziellen Überlebenstrieb, der in der Psyche der Überlebenden die physische Versehrtheit ungeschehen machen sollte. Damit ist das Bedürfnis vieler Überlebender gemeint, mit der Geburt der

---

33 Es gibt allerdings eine merkwürdige Erzählung der Mutter, wo das Phantom ihres wirklichen Vaters für einen kurzen Moment aufzublitzen schien. In dieser Erzählung war die Mutter ihrem Vater einmal *zufällig* in Israel begegnet. »Aber ich habe keine konkreten Informationen darüber.« Wie diese Begegnung verlaufen war, woran die Mutter ihren Vater überhaupt erkannt hatte, blieb unklar. Diese Geschichte über die zufällige Begegnung klingt eher wie eine Tagträumerei der Mutter. Der Traumcharakter stammt daher, dass das szenische Bild in der Erzählung einer Wunscherfüllung gleichkommt. Der verdrängte Wunsch, vom Vater gesehen zu werden, erfuhr eine kaum merkliche Entstellung von der Zensur des bewussten Denkens und wurde schließlich als eine zufällige Begegnung, wo zumindest sie den Vater gesehen hatte, als erfüllt dargestellt.

34 Die Wiederkehr einer sprachlichen Haut, die erst gefunden werden muss, findet sich sowohl in der zweiten Generation, wo die Mutter mit ihrem neuen Mann nach Österreich ging, obgleich sie kein Wort Deutsch verstand, als auch in der dritten Generation, wo Matti nach Amerika übersiedelt, und wo sein fehlerloses Erlernen der Sprache zu einem triebbesetzten Objekt geworden war.

35 Vielleicht gibt es hier eine Verbindung zu der charakteristischen Selbstbeschreibung von Matti Klein: »Subjektiv bin ich sehr gegenwarts- und zukunftsbezogen, und nicht extrem vergangenheitsbezogen.«

eigenen Kinder »ihre Einsamkeit zu lindern, ihre Menschlichkeit wieder aufzurichten und verstorbene Verwandte zu ersetzen« (Klein 2003, S. 165). Aber dieses Bedürfnis war ambivalent. Denn hinter dem bewussten (Überlebens-) Wunsch nach dem Kind verbarg sich oft ein unbewusstes Schuldgefühl, das aus der Identifikation mit den ermordeten Familienmitgliedern herrührte. Auch stand dem Wunsch nach einer Wiederbelebung des verlorenen Selbst der Glaube gegenüber, dass das »Konzept, mit sich selbst identisch zu sein, [...] durch die Shoah zerstört worden« (ebd., S. 165) sei.

Die Konstruktion ist, dass diese Ursprünge der mütterlichen Geburt über die Generationen hinaus nachgewirkt und die objektale Liebe der Mutter gegenüber ihrem Kind vergiftet haben. In der ersten Generation bestand eine nicht aufzulösende Ambivalenz zwischen das Leben des Kindes bejahenden und verneinenden Tendenzen. Einerseits gab es die Idealisierung gegenüber dem Kind und dem neuen Leben. Mit der Idealisierung des kommenden Kindes war vermutlich die Wiederbelebung einer zerstörten, humanen Welt in und um ihr verbunden. Diese Idealisierung fand eine Entsprechung in der Utopie des jüdischen Staates, den zu finden sich die Großmutter aufgemacht hatte. Die andere Seite der Ambivalenz bestand aus der Projektion der eigenen Versehrtheit auf das kommende Kind. Den ersten Hinweis lieferte die unausgesprochene Tragödie der Trennung vom Großvater. Das Kind in ihrem Bauch stammte von diesem anderen Überlebenden, den sie nicht mehr lieben konnte. Mit der *Trennung der Liebenden* (Caruso) war erneut der (psychische) Tod in ihr Leben getreten. Der Wunsch nach einer Wiederbelebung des familiären Ichs war also nur zur Hälfte wahr und zur anderen bereits zerstört. Und das Produkt dieses halben Scheiterns befand sich in ihr. Den nächsten Hinweis gab die kurze Anekdote über die polnischen Bauern. Struktur und Zentralität dieser Geschichte – es handelte sich um die einzige Überlebensgeschichte in seiner Familie, die Matti zu erzählen wusste – machten aus den polnischen Bauern Elternfiguren, welche die Überlebende – quasi regressiv, wie ein Kind – bei sich aufgenommen und gesund gepflegt hatten. Dass diese Pflege ambivalent war und eine Vergiftung mit sich brachte, wird mit dem Schlachten des einzigen *Schweins* für die polnische Jüdin angedeutet. Vielleicht deutete diese Überlebensgeschichte ein zentrales Phantasma der Großmutter an, das ungefähr so gelautet haben mochte: »Die Berührung mit dem Tod der meinen hat einen bleibenden Makel in mir und in allem, was aus mir kommen wird, hinterlassen.« Mit anderen Worten: Der Umgang mit dem Tod in Auschwitz könnte sie mit dem Tod infiziert und auf das kommende Kind übertragen haben. Nach diesem Geschehen wäre die Großmutter nicht in der Lage gewesen, aus der Position des Narzissmus heraus – wie Freud sagt – ihre Tochter als *fremdes Objekt* zu lieben. Sie fürchtete die Krankheit, den Makel, der ihr in Gestalt des Kindes entgegentreten würde. Die Ursprungssituation war also das vergangene Trauma, das sich in der Geburt fortsetzte und in das kommende Leben ausstrahlte.

In der zweiten Generation, also bei Mattis Mutter, wiederholte sich diese Dynamik im symptomatischen Essensterror, den die Mutter gegenüber ihrem Sohn ausübte. Der Umgang mit Nahrung spiegelte dabei die nicht neutralisierte Ambivalenz zwischen den bejahenden und verneinenden Tendenzen gegenüber dem Kind wider. Einmal wurde dem Kind die Nahrung entzogen, womit es symbolisch verneint und vernichtet wurde (du darfst nicht größer werden) und ein anderes Mal wurde dem Kind vielleicht kompensatorisch ein Übermaß an süßer Liebe (Eis) gewährt, was es letztendlich wieder vergiften musste. Matti konnte aus diesem Circulus virtiosus aussteigen, indem er seine kognitiven Funktionen narzisstisch besetzte. Die Narzissisierung von Sprache und Denken halfen ihm, die mütterlichen Projektionen zurückzuweisen und ihre Verrücktheit als solche zu dechiffrieren.

Einen letzten Hinweis auf die Zentralität von *Geburt und Trauma* in der zweiten Generation liefert der Beruf der Mutter. Sie war Gynäkologin geworden. Ihre Berufswahl deutete ein Festhalten dieser Ursprungssituation an. In ihre Praxis kämen mittlerweile nur mehr Migrantinnen, da sie Inländerinnen – wie Matti meinte – durch ihr »ärztliches« Vorgehen bereits vertrieben hätte. Auf einer symbolischen Ebene ist die mütterliche Klientel die Großmutter auf der Flucht. Matti schilderte empört das ärztliche Vorgehen seiner Mutter und bezeichnete es als ein »public health risk«.

M: Jede, jede (-) ah schwangere Frau, die zu ihr kommt, die, die-; und ich habe das von mehreren Freundinnen mittlerweile gehört; Leute, die dann weggegangen sind. Das erste, was sie sagt: »Also ich sage jetzt, was du tun musst bei deiner Schwangerschaft, wenn du es nicht tust, (-) stirbst du (I: Oh) + (-) und dein Kind. (-) Das ist einmal die opening line. (-) Das ist doch unfassbar?

M: Ich mein', das Problem ist, wenn du, wenn du, (-) wenn du zu meiner Mutter gehst, (-) und, und das ist ihr Modus, also sie sagt: »Wenn du nicht tust, was ich sage, stirbst du.« Also, (-) sie sagt das vielleicht nicht jeder Patientin, aber oft genug. (-) Und sie sagt, also, du kommst dann rein, und sagst irgendwas; und sie weiß genau, was dir fehlt; (-) sie, überhaupt keine-; (-) hört nicht zu, (-) und so weiter; kann sie ja nicht. (-) + Und dann verschreibt sie dir drei Sachen. +Und wenn du dann sagst: »Brauche ich die wirklich alle?« Dann schmeißt sie dich aus der Ordination raus, + + weil, weil du es wagst, gewagt hast, ihr zu widersprechen. + (-) Oder, ihr, ihre Expertise anzuzweifeln.

In ihrem Beruf kontrolliert Mattis Mutter die schwangeren Frauen, indem sie sie in totalitäre Abhängigkeit leitet. Migrantinnen mögen gegen diese Form der Abhängigkeit wenig gewappnet sein. Die in der Berufswahl seiner Mutter festgehaltene Situation um die Geburt des Kindes wird von ihr nach Maßgabe ihrer Neurose narzisstisch ausgestaltet. Sie, die Ärztin, ist Gott, allwissend und allmächtig. Von der Befolgung ihres Ratschlages würde es abhängen, ob das Kind samt Mutter überlebt oder nicht. Aus dieser Szene drängt sich die Parallele mit der Schwangerschaft der Großmutter auf. Wir wissen nicht, wie die Großmutter die Schwangerschaft tatsächlich erlebte. Es bleibt zu vermuten, dass es eine traumatische Dimension gegeben haben musste. Die Erzählung des Sohnes legt nahe, dass die Mutter das vergangene Trauma der Schwangerschaft in ihrer ärztlichen Praxis erneut in Szene setzen würde. Was die Mutter ihren Klientinnen zufügt, wäre die Vergiftung des kommenden Lebens durch die suggerierte Nähe zum Tod. Bedenkt man, dass gemäß der Konstruktion sich ursprünglich die Mutter in der Position des vergifteten Kindes befunden hatte, so erkennt man in dieser gynäkologischen Inszenierung der Ärztemutter eine Umkehrung der Vorzeichen. Nicht sie – das Kind – wird vergiftet, sondern sie – die Mutter – versprüht das Gift. Stellt sich die schwangere Frau dem ärztlichen Diktat entgegen, stößt die Mutter die Schwangere von sich. »Dann schmeißt sie dich aus der Ordination.« Mit diesem Rausschmiss gibt sie der Mutter und dem kommenden Kind einen symbolischen Todesstoß. Das narzisstische Genießen entstammt dem Triumph, nicht mehr passiv erleidend, sondern aktiv, kontrollierend und zufügend zu sein. Darin folgt Mattis Mutter dem Muster einer perversen Inszenierung, die nach Stoller (1979) darin besteht, das Trauma aus der Vergangenheit nochmals zu durchleben und in der perversen Handlung ungeschehen zu machen.

Interessant scheint, dass Matti in dem zweiten geschilderten Auszug seine Rede mit einem direkten Identifikationsangebot: »wenn du zu meiner Mutter gehst«, einleitete. Er stellte damit eine intime Nähe zu dem Geschehen in der mütterlichen Praxis her. In zugespitzter Weise glich ja auch seine Kindheit diesem

Praxisgeschehen. Er konnte sich also in der Situation der schwangeren Frauen wieder finden, was diesen Exkurs schließt und wieder zu seiner Person führt.

e) Das traurige Kind – oder das Reale

Wie war es aber nach dem geschilderten Entwicklungsverlauf möglich geworden, dass Matti eine so gesunde neurotische Struktur besaß? Wie konnte er unter den Bedingungen des mütterlichen Universums überleben? Der Essensterror der Mutter, der feindliche und vergiftete mütterliche Kosmos und die vielen Doublebind-Situationen würden doch auf eine gewisse Nähe zu einem psychotischen Abgrund schließen lassen, der sich in dem Überlebenstrauma seiner Großmutter aufgetan hatte. Zunächst möchte ich auf die vielen guten Erfahrungen in der Verwandtschaft hinweisen. Die Großmutter in Israel, die ihm als die Alternative zur Mutter gegolten hatte, die Großeltern in Österreich, bei denen er sich wohl fühlte und die ihn offensichtlich mochten und unterstützten, ließen ein alternatives Universum für den Knaben entstehen, an das er sich halten konnte und wo er einen vitalen Ersatz für die fehlende, hinreichend gute, Bemutterung finden konnte. Zu dieser alternativen Welt gehörte auch der Vater. Der aus Mattis Geschichte sprechende Angriff auf die Verbindung zum Vater – die urkundliche Vernichtung seines Namens – war nicht ein absoluter. In unseren Gesprächen spielte der Vater eine zentrale Rolle. Matti empfand eine große Nähe zu ihm. Der Vater war trotz seiner biografischen Absenzen ein wichtiger, vielleicht *der* wesentlichste Teil dieses alternativen Kosmos gewesen. Wenn man Matti Klein genau zuhört, so sprach er von den Ähnlichkeiten und Unterschieden zu seinem Vater, während ihm seine Mutter als eine, fast nur böse, verfolgende Elternimago über die Lippen kam. Vermutlich entstammte diese objektale Sicht auf den Vater einer ersten, objektalen Liebe, wo der Vater seinen Sohn, im Unterschied zur Mutter, als ein anderes Wesen wahrnehmen und aus dieser Position heraus spiegeln konnte.[36]

Vater und Sohn teilten denselben analytischen Zugang, liebten die Wissenschaft, das Denken und in gewisser Weise auch – über einen identitär geprägten Blick – die Historie. Diese Dinge waren so etwas wie gemeinsam geteilte Liebes-

---

[36] Von der existenziellen Notwendigkeit, vom Blick des Anderen gesehen zu werden, erzählt Kafkas Geschichte *Der Hungerkünstler*. Der Hungerkünstler verschwindet in dem Maße, wie die Besucher an seinem Käfig vorbeigehen und seine Kunst des Hungerns nicht mehr erkennen.

objekte des generationellen *Übergangs*. Wobei sich Matti anders als der Vater auf eine Weise mit der Historie auseinandersetzte, die dem Vater gefiel. Matti war im Unterschied zum Vater weniger politisch, weniger links. Während der Vater noch über sein idealistisches, gesellschaftspolitisches Engagement zu einer »minority in der minority« gehörte, also eine doppelte Außenseiteridentität lebte, die seiner Abstiegsmotivation entsprach, erkannte Matti in den marxistischen Idealismen des Vaters, in dessen kritischer Theorie, die Insignien einer vergangenen Zeit, die er zwar kannte und schätze, aber im Wesentlichen hinter sich gelassen hatte. Matti besaß eine ungebrochene, erfolgs- und zukunftsorientierte Aufstiegsmotivation. Damit sind Momente des generationellen *Wandels* angedeutet. Galt die Abstiegsmotivation des Vaters noch als eine unbewusste Identifikation mit den Opfern der Shoah, als geheimes Schuldgefühl der Überlebenden, so trennte sich sein Sohn (dritte Generation) aus dieser unbewussten Fixierung.

Ein weiterer Punkt, der Mattis Position ermöglichte, war die am Beginn angesprochene Narzissisierung seines Denkens. Neben der Abwehrfunktion (gegenüber der emotionalen Nähe zur Familiengeschichte) tritt darin die Funktion seiner Selbstbehauptung (Bewältigung) stärker zu Tage. Die Narzissisierung seiner Gedankenwelt setzte ihn zumindest zeitweise aus den mütterlichen Projektionen frei und schuf eine neue psychisch autarke Haut, ein anderes Liebesobjekt. Er hatte schon sehr früh den Wunsch gehabt, »möglichst schnell erwachsen zu werden«. Sein Gang nach Amerika – den er ja auch als eine Flucht vor der Mutter beschrieb – finalisierte diese psychische Leistung über eine Narzissisierung des Sprechens. In dem phonetisch auditiven Geräuschbad des *akzentfreien* Sprechens, das er sich in mühevollen Stunden des Lernens angeeignet hatte, konnte er seinen autopoietischen Wunsch nach einem identitären Neubeginn als erfüllt erleben. Er erschuf expressis verbis eine alternative Welt zum mütterlichen Kosmos. Es bereitete ihm auch große Lust, auf wissenschaftliche Weise – quasi über soziologisches Eigenstudium – festzustellen, dass die anderen, die nicht wissen konnten, woher er kam, weil er es ihnen nie gesagt hatte, niemals auf den Gedanken gekommen wären, dass er aus Österreich stammen könnte. Ähnlich wie und doch anders als die Mutter löschte Matti die Signatur des Ursprungs aus seiner Sprache und aus seinem Leben. War es bei der Mutter über ihre Namensgebung der Name ihres Vaters, den sie verwarf, so war es bei Matti die Sprache seiner Mutter, die er unter der neuen sprachlichen Haut vergrub.

Über das Denken wurde sich Matti seiner Opferrolle gegenüber der Mutter bewusst. »Ich habe nicht die Mutter als Opfer, sondern mich immer als Opfer der Mutter gesehen.« Dem Begriff des Opfers liegt bereits eine erste Verarbeitung verdrängter Ursprünglichkeit durch die analysierende Vernunft zu Grunde. Die Viktimisierung des Kindes bildete eine zentrale Kategorie in seinem Denken und Sprechen, auf die er immer wieder zurückgriff. Das Bild des Kindes als Opfer war nicht nur im manifesten Text enthalten, sondern auch implizit ständig präsent, so zum Beispiel auch in den Passagen über die Gynäkologen-Mutter. Matti sprach von seinem sehr bewussten Wunsch in der Kindheit, möglichst schnell erwachsen zu werden. »Ich hab' ganz, ganz starke Erinnerungen, ganz, wirklich ganz bewusst unglücklich zu sein, dass ich nicht erwachsen bin.« In gewisser Weise projizierte er dieses Klischee seines erlebten Unglücks – des Opfers – später in kleine Kinder, die noch keine wirkliche Persönlichkeit hätten.

M: Also, ich erinnere mich, weil es gibt da immer so Phasen, »das ist so toll ein Kind zu sein«, man hat keine-; und ich habe mir gedacht: »was ist daran toll?« + Ich bin im ( ), ich bin ( ); ich meine, das ist ein ganz ein ziemlich starker Zufall; ich bin sehr, wie sagt man? Was ist das Gegenteil von kinderliebend? (3) Kinderhassend ist zu stark. Jetzt.

I: Das ist zu stark.

M: Aber du verstehst, was ich meine. ** (-) Ich finde nicht, äh, die meisten Leute finden Kinder irgendwie süß und charmant und so weiter; + (-) ich finde sie (-) traurig. + (-) Für mich werden Kinder interessant, wenn sie, wenn sie, (-) wenn sie ah, Jugendliche werden + und irgendwie eine Persönlichkeit, eine wirkliche Persönlichkeit + sich zu entwickeln beginnt. + (4)

Mit »süß und charmant« beschrieb er sich selbst als kleines Kind, das von der Stewardess begleitet wurde. Aber das traurige an seiner Kindheit war eben, dass seine Mutter ihn nicht sehen konnte. Nach dem letzten Interview sagte er mir, dass seine Mutter sicherlich von sich behaupten würde, ihren Sohn über alles geliebt zu haben. Aber dass sie ihn dabei auch quälte, anschrie, strafte und schlug, ohne dass es einen wirklichen Grund gegeben hätte, sei eben das verrückte an ihrer mütterlichen Liebe gewesen. An dem süßen und charmanten Bild des kleinen Kindes, das die anderen bejahten, haftete also immer etwas, das die Liebe vergiftete, etwas, das das Kind verneinte. Dieses süße, charmante Bild – des kleinen Kindes – zu *sein*, was alle so toll fanden, ist also das Negativbild zum Opfer, das er gewesen war. Heute projiziert er das Klischee des Bildes vom Kind als Opfer in alle anderen Kinder. »Ich finde sie traurig.« Das Bild des Kindes wird zum Symbol für seine traurige Kindheit. Matti trauerte um das, was er als

Kind *nicht* sein konnte. Man könnte es als eine Trauer um das Kind ansehen, das er niemals war.

M: Wir haben viele Freunde mit Kinder, + und es ist, ich mein', mir tun die alle leid; also (-) und es ist natürlich nicht die richtige Einstellung, weil diese Freunde sind ja total stolz auf ihre Kinder * und wollen ständige, (-) und so weiter. (-) Ich versuche mich da fern zu halten. * (-) So weit es geht.

Zum ersten Mal in den Interviews tauchte gegen Ende unserer Gespräche so etwas wie eine Klage auf, also die Mitteilung eines Symptoms. Er litt sicherlich nicht stark unter diesem Symptom, aber »es ist natürlich nicht die richtige Einstellung«. Vor allem gegenüber den Freunden. In seiner Klage ist die reale Dimension seiner Erzählung enthalten. Es ging um die Sache selbst. Es verdichtet sich das Gesagte in dem an sich sinnlosen Bild der bedauernswerten Kinder. Er könne nichts daran ändern, selbst wenn er es wollte, denn er will es auch wieder nicht. Zizek vergleicht den Kern des Symptoms mit der offenen Wunde des Kindes aus Kafkas Erzählung *Der Landarzt*. »Die offene Wunde, die am Körper des Kindes klafft, diese ekelhafte Öffnung ist bloß eine Verkörperung der Vitalität als solcher, der Lebenssubstanz in ihrer radikalsten Dimension, nämlich der eines sinnlosen Genießens« (Zizek 1993, S. 22). In Kafkas Erzählung fleht der Junge dem Arzt ins Ohr: »Doktor, lass mich sterben.« Nachdem der Landarzt die klaffende Wunde des Jungen gefunden hat, flüstert der schluchzend: »Wirst du mich retten«, »ganz geblendet durch das Leben in seiner Wunde« (Kafka 1919). Die bejahenden und verneinenden Tendenzen verschmelzen in dem Symptom der offenen Wunde, mit der es sich nicht leben lässt, aber ohne die es auch kein Leben gibt. Mattis Idiosynkrasie gegenüber kleinen Kindern umfasst seine Geschichte und die seiner Mutter, sie umfasst die schwangeren Patientinnen seiner Mutter, die Kinder seiner Freunde und alle anderen lieben, charmanten kleinen Kinder dieser Welt. Indem er sich von den kleinen Kindern bewusst fernhält, hält er sie – in ihrer Absenz – auch fest.

f) Nachtrag

Im Text über Mattis Geschichte gibt es deshalb keine Anmerkungen zur kommunikativen Validierung, weil kein Nachgespräch stattfinden konnte. Matti kam im folgenden Jahr nur für eine knappe Woche nach Österreich, in der sich kein

Nachgespräch organisieren ließ. Ich bat ihn via E-Mail, den Text zu lesen und mir seine Assoziationen dazu zu schicken. Aber Matti hatte irrsinnig viel zu tun, weshalb ich ihm den Vorschlag machte, nur jenen Abschnitt über das »traurige Kind« zu lesen. So erhielt ich von ihm folgende, kurze Antwort:

> »Ich hab' also das traurige Kind gelesen und finde die Interpretation absolut stichhaltig. Da versuche ich also, so gut es geht, mich von meiner Mutter psychisch nicht tyrannisieren zu lassen, und alle Kleinkinder dieser Welt müssen dafür büßen ... Die Psychoanalysis ist eine unerbittliche Wissenschaft ...«

3.2 Die Geschichte der Familie Mokum

Zu Beginn unseres Forschungsprojektes startete ich einen Aufruf in einer jüdischen Zeitung nach Überlebenden der Shoah als Interviewpartner und erhielt kurze Zeit später die E-Mail einer Theologin aus Deutschland, die mir ihren »gute[n] alte[n] Freund« Max Mokum, »Psychiater, Psychoanalytiker und ein Überlebender von Auschwitz«, empfahl, der mir sicherlich gerne Fragen zu seiner Überlebensgeschichte beantworten würde. Er hätte auch als Analytiker viele Überlebende der Shoah behandelt. Sie gab mir in ihrem Mail seine Adresse und Telefonnummer in Belgien, sodass ich mich mit ihm in Verbindung setzen konnte. Noch am selben Tag wählte ich seine Nummer und Herr Mokum meldete sich am anderen Ende der Leitung. Ich stellte mich vor, berief mich auf jene deutsche Theologin, was gar nicht nötig gewesen wäre, denn er schien sofort zu wissen, worum es ging. Mit freundlicher, langsamer, aber nachdrücklicher Stimme sagte er in niederländischem Akzent, dass er von meinem Ansinnen gehört hätte, und lud mich ein, ihn bei sich zu Hause zu besuchen. Er würde sich freuen, mit mir über seine Vergangenheit zu sprechen, und sagte: »Du bist jederzeit herzlich willkommen.«

Ich lernte also Max und ein Jahr später auch eines seiner Kinder kennen. Vera Rubensteen war eine der beiden Töchter aus zweiter Ehe. Sie war Mitte 30 und lebte mit ihrer Familie in Amsterdam. Ich führte mit Max Mokum im Verlauf von zwei Jahren fünf Interviews und besuchte ihn während dieser Zeit drei Mal. Die beiden letzten Male traf ich auch Vera Rubensteen. Sie erzählte mir die Geschichte aus der Sicht der Tochter eines Überlebenden. Nimmt man ihr Alter, hätte sei auch ein Kind der dritten Generation sein können.

3. Acht Familiengeschichten

I Max Mokum (erste Generation): »Ich habe immer Widerstand gegen das Negative gehabt.«

Das Interview mit Max Mokum war das erste im Rahmen dieses Forschungsprojektes. Der über die deutsche Theologin gestiftete Kontakt gelang so rasch und problemlos, dass ich offensichtlich kalte Füße bekam. Ich verpasste mein Flugzeug und so musste ich den nächsten Flug, der erst am folgenden Tag ging, buchen. Am nächsten Tag ließ ich dann meine gelbe Kappe zu Hause, die wir als Erkennungszeichen ausgemacht hatten. Max hatte mir angeboten, dass er mich gemeinsam mit seiner Frau vom Bahnhof abholen würde. So kam es, dass ich meine Gastgeber finden musste, während sie am Bahnhofsvorplatz vergeblich nach einem jungen Mann mit gelber Kappe Ausschau hielten. Diese Fehlleistungen schienen darauf hinzudeuten, dass ich unbewusst diesem Treffen aus dem Weg gehen wollte.

a) Über das Todesprinzip und einen endlichen Fall

Max Mokum und seine Frau, die den Wagen fuhr, brachten mich noch am selben Abend in mein Hotel. Wir hatten im Auto ein wenig Zeit, uns kennenzulernen. Die Erfahrung, die ich schon nach oder während unseres ersten Telefonats gemacht hatte, schien sich zu wiederholen. Er duzte mich, sprach mich direkt an, scherzte mit mir über seinen Namen und stellte vom ersten Moment unserer Begegnung eine Verbindung her, die bis heute währt. Es sei ihm wichtig, über seine damaligen Erlebnisse zu sprechen, und er würde sich schon auf unser morgiges Gespräch bei ihm zu Hause freuen. Ich blieb vier Tage in A. Während dieser Zeit interviewte ich Max Mokum zweimal. Die übrige Zeit verbrachte ich mit meinen Notizen und ein paar Spaziergängen in der näheren Umgebung. Abends war ich zum Essen eingeladen und den letzten Tag meiner Abreise verbrachte ich mit ihm und seiner Familie. Im Verlauf dieser Tage erzählte mir Herr Mokum die »unmögliche« Geschichte seines Überlebens.

Ich begann unser erstes Interview mit der Bitte um eine Schilderung aus seiner Kindheit, wo die Welt noch intakt gewesen war. Es handelt sich um jene bereits im Abschnitt über die Methode vorgestellte Frage nach einem imaginären, guten Objekt, das für den weiteren Verlauf der Interviews als Sicherheitsanker dienen kann. Auf diese Eingangsfrage antwortete Max Mokum mit folgender kurzen Anekdote:

M: Mein-, meine (-) früheste Erinnerung, ist ein, ist ein- (-) als ich drei Jahre alt war (-) und meine Vater zu Hause kam, (-) dass ich so (-) froh war, dass ich äh die Treppe hinauf-, hinab gehen möchte, (-) aber ich äh, (-) konnte noch nicht gut gehen; + (-) also ich fiel herunter + (-) und mein Vater fasste mich auf und setzte mich auf seine Schulter und (-) brachte mich hinauf.

Diese Geschichte hat die Bedeutung einer Initialerzählung, nachdem sie sowohl strukturell als auch inhaltlich später ohne Nachfragen mehrmals wiederkehrte. Sie stellt eine Verbindung zwischen einer verlorenen Welt aus der Vergangenheit und einer zukünftigen Welt dar, in der Max Mokum immer an dieser Bewegung im Bild festgehalten hatte. Im zweiten Interview sagte er über seinen Vater: »Ich habe ihn nie vergessen, er ist noch immer aktiv in meinem Kopf.« Die Struktur dieser Initialerzählung handelt von einer Bewegung, die in einem szenischen Ablauf festgehalten ist: Das Kind stürzt, als es zum Vater die Treppen hinab steigen möchte, wird von ihm aufgefangen, auf seine Schultern gehoben und die Treppen wieder hinauf gebracht. Runterfallen, Auffangen und Aufsteigen fließen als Bewegungsbilder ineinander. Als ob über das Aufheben des Vaters auch der Sturz des Kindes *aufgehoben* wird. Eine ganz besondere Szene. Der Versprecher zu Beginn zeigte vielleicht die Richtung des Bildes, der Szene an, in die sie sich entwickeln würde: Der Knabe war zwar gefallen, doch am Ende hochgehoben worden. Es ist die Geschichte eines Aufstieges, dem ein Fall vorangegangen war. Der Schmerz über den Sturz wird in den Armen des Vaters aufgefangen und geborgen sein. Ein Akt, eine Szene der Wiedergutmachung. Max machte eine Pause. Er holte Atem und setzte nach einer kurzen Pause diesmal mit etwas leiserer Stimme seine Erzählung fort.

M: Und ein Jahr später ist er gestorben, + (-) wie ich vier war. (-) Und ich fragt meine Mutter, wo ist Vater? + *(-) Da kam sie mit ein Foto von ihm und* ich war so <u>entsetzt</u>, dass ich auf meinem Stuhl herunter fiel, (-) und äh, (-) noch ein Zeichen hier habe. + + (-) von diese (-) Runterstürzung. (-) Das sind meine frühen Erinnerungen.

Max Mokum beantwortete meine Frage nach einer intakten, vergangenen Welt mit einer Erzählung, die zunächst ein Gefühl von Geborgenheit aufsteigen ließ, um im nächsten Moment nach einer kurzen Atempause in einen Abgrund zu stürzen. Es scheint, als würde seine szenische Erzählweise das vergangene Drama wiederholen. Schon in dem Bild, das nach der heilen Welt tasten sollte, war of-

3. Acht Familiengeschichten

fensichtlich der Tod – »ein Jahr später ist er gestorben« – enthalten. Der kleine Junge fiel vor Schreck von seinem Sessel – eine Wiederholung der Bewegung, die ein Jahr vorher stattgefunden hatte –, als er von der Mutter hörte, dass sein Vater gestorben war. Dieser Schock saß tief und Max sollte bis zum heutigen Tage ein Zeichen – er zeigte mir eine kleine, unscheinbare Narbe in seinem Gesicht – davon getragen haben. Eine schmerzende Erinnerung, eingeschrieben in seinen Körper. Es war seine erste bewusste Begegnung mit dem Tod in seinem Leben. Später wird er erzählen, dass dieser Moment das Familienleben entscheidend verändert hatte. Seine Mutter war von diesem Tag auf sich allein gestellt. Sie hatte zwei Söhne zu versorgen. Der kleinen Familie war es bis dahin gut gegangen. Doch von nun an hatte die Mutter allein für das Auskommen der Familie zu sorgen. Sie arbeitete Tag und Nacht in ihrem kleinen Atelier, das sie sich in der Wohnung eingerichtet hatte, als Damenschneiderin. Ihre Anfertigungen waren so gut, dass sie mit der Zeit einen gewissen Ruf erworben hatte. Ihr Atelier wurde von den Damen der besseren Gesellschaft allmählich als eine der wichtigsten Adressen der Haute Couture gehandelt. Die Trauer mochte der existenziellen Sorge um das Überleben gewichen sein. Fürs Erste war es gelungen, aus der Regression zu treten und den Tod zu verdrängen. Diesen Teil über das Leben nach dem Tod des Vaters erzählte Max zu einem späteren Zeitpunkt. Ich fahre mit seiner Erzählung von oben fort.

M: Sechs Jahre später ist mein (-) Bruder, (-) der (-) vier Jahre älter war, wie ich, (-) gestorben. + (-) Er war 14 und ich 10 Jahre alt. (-) Also- (-) bis 43 waren meine Mutter äh und ich zusammen.

Der Bruder war an Leukämie erkrankt. Acht Jahre kämpfte er gegen sein Leiden an, bis er der Krankheit erlag. In der letzten Zeit der Erkrankung waren die Mutter im Krankenhaus und Max bei den Nachbarn seiner Großeltern. Mit diesem neuerlichen Verlust wiederholte sich für die Mutter die Tragödie um ihren Mann. Die verdrängte Trauer kehrte mit doppeltem Schmerz zurück und machte die Mutter ein Jahr lang völlig handlungsunfähig. Von diesem Moment an entstand in ihrem Sohn der Wunsch, seine Mutter für die Verluste und das entbehrungsreiche Leben, das darauf gefolgt war, später einmal entschädigen zu wollen. Er wollte – wie er sagte – wieder gut machen, was sie damals gelitten und entbehrt hätte. Aber auch von dieser Wiedergutmachungsfantasie erzählte er erst später. An der oben wiedergegebenen Stelle des Interviews reihte er auf den Tod seines Bruders die Erinnerung an das Jahr 1943. Damals war er – was er auch erst zu einem späteren Zeitpunkt im Interview erzählte – von seiner Mutter für immer getrennt worden. In unserem Gespräch entstand nun eine bedrückende Pause, die ich nutzte, um zu fragen, ob nach dem Tod des Vaters und des Bruders seine Großeltern noch am Leben gewesen waren.[37]

M: Ja, (-) aber die Große-, die Eltern meiner Mutter, die sind äh (-) bevor, (-) den Deportation schon gestorben (-) und meine Großeltern vom Vater+seite, die sind äh, deportiert worden, als sie 90 Jahre waren. + (RvI) (-) Und. (-) Die sind sofort, äh, (-) im Gaszimmer gestorben. + + (2) Und ich habe eine ganze Familie, die ist äh (-) in der ( ) gestorben. (-) ( ) (-) Meine Mutter, (-) die ist gegangen, (-) im Februar 44 in Auschwitz. Meine Mutter (-) die 6. März, (-) und die ist sofort in, (-) im Gaszimmer gestorben. (-) Das habe ich von Kollegen gehört, + die das überlebt haben. + (-) Und ich noch von meiner Arbeit im jüdischen Krankenhaus äh kannte und (-) da zusammengearbeitet habe. + +

Als wäre Max Mokum in einen traumatischen Sog geraten, reihte er gleich zu Beginn die toten Familienmitglieder aneinander: Zuerst den Vater, dann den Bruder und zuletzt die Mutter und die Großeltern. Max Mokum erzählte von Beginn an nicht chronologisch, sondern er folgte der unbewussten Logik eines inneren Wiederholungszwanges, der aus einem jeden, neu erlittenen Verlust die unbewusste Fortsetzung der vergangenen Verluste machte. Für ihn bildeten die Erinnerungen an den Tod seines Vaters, seines Bruders und die Ermordung seiner Familie durch die Nationalsozialisten Erlebniskomplexe, die aufeinander folgten und sich zu einem einzigen *kumulativen* Trauma verdichtet hatten. Um dieser Sogwirkung zu entgehen, griff ich noch einmal auf das Eingangsbild zurück.

I: (4) Diese Erinnerung mit drei Jahren, ahm, (-) die ist ja auch etwas, wo, wo sehr viel Halt, (-) auch drinnen steckt. (-) Also, wo ihr Vater sie auffängt.
* (-) Also, was ja auch heißt, (-) ahm
M: Eine Band zwischen uns beiden.
I: Genau. (-) Genau.
M: <u>Ein Liebesband</u>. (-) (RvI) (-) Ja. (-) Das war, (-) ich war (-) nur einige Jahre meinen Vater mitgemacht, aber die (-) Erinnerungen an, (-) sind für mich immer <u>positiv</u>. + +

---

37 Diese Frage zielte offensichtlich darauf ab, von den traumatischen Ereignissen, die sich schon am Beginn des Interviews verdichteten, noch einmal wegzugehen, um nach anderen guten Erinnerungen mit den Großeltern zu fragen.

3. Acht Familiengeschichten

I: (2) Woran ist ihr Vater gestorben?
M: Er hat eine (-) Gehirnschädigung bekommen. (-) Vom (ich denke?) vom Fußball, hat er Ball gegen den Kopf gehauen, und (...) + und ähm, so eine neurologische Geschichte war es, (-) + habe ich später gehört. + + (-) Und er ist gestorben am Tag, dass meine Eltern zehn Jahre verheiratet waren.

Das Liebesband zwischen Vater und Sohn war in ihm aufgehoben. Ein inneres Bild, das er wie ein Schild gegen die Schrecken, die er erlebt hatte, immer wieder einsetzen würde, um sein psychisches Überleben zu sichern.[38] Gleichzeitig bildete dieses Bild – der *positiven* Erinnerung – die Matrix für viele seiner späteren Beziehungen. Doch dazu später. Auf die Frage nach der Todesursache seines Vaters kam der Hinweis auf eine »neurologische Geschichte«. Vielleicht hatte dies später mit dazu beigetragen, dass er sich als junger Mann, Arzt und Überlebender von Auschwitz und Buchenwald auf Neurologie und Psychiatrie spezialisieren sollte.[39]

Am Tag, an dem der Vater starb, hätte er eigentlich »als geheilt« aus dem Spital entlassen werden sollen. Zu Hause wartete seine Familie. Seine Frau hatte sich gefreut, gemeinsam mit ihm ihren zehnten Hochzeitstag zu feiern. Doch dann kam die Polizei und die Mutter musste den Beamten ins Krankenhaus folgen. Dort erhielt sie die erschütternde Nachricht vom Tod ihres Mannes. Dieses zufällige und tragische Zusammenfallen eines Jahrestages mit dem Tod, zweier Ereignisse, die gegensätzlicher nicht sein können, wiederholte sich später, als Max Mokum an seinem 24. Geburtstag in Auschwitz ankommen sollte. Dazu sagte er in den Interviews: »Diesen Geburtstag habe ich nicht gefeiert. Das versteht sich. Das habe ich erst viel später mir bewusst gemacht, dass das mein Geburtstag war.« Denn an dem Tag, an dem er nach Auschwitz kam, hatte er sich bereits aufgegeben; seine Geburt vergessen. Dazu später.

In Herrn Mokums Erzählung schien das Leben seit dem Tod des Vaters eine fortgesetzte Begegnung mit dem Tod gewesen zu sein. Und um nicht daran zu zerbrechen, war er immer wieder gezwungen, dieses Wirken des Todes im Leben zu verdrängen und aufzuheben. Denn »wo Leben ist, zumal ein sich selbst bewusstes, wird letztendlich die Aufhebung des Todes in einer neuen Synthese

---
38 Aber auch der Interviewer benutzte dieses Bild, um aus der traumatischen Spur zu kommen.
39 Gegen Ende des zweiten Interviews meinte er, dass der Wunsch nach einer Wiederherstellung der zerbrochenen Welt auch eine medizinisch-neurologische Aufgabe gewesen sei. Auf seine Motive, Arzt zu werden, werde ich später näher eingehen.

angestrebt« (Caruso 1974, S. 224). So könnte die Szene des Kindes, das von seinem Vater aufgefangen wird, als eine rare Gegenerinnerung gewirkt haben, die ihm später vielleicht das Leben retten sollte. Sie ermöglichte ihm, im Angesicht des nahenden Todes seinen Glauben an das Leben zu bewahren.

Das beständige Wirken des Todes im Leben zu verdrängen, ist sicherlich eine ubiquitäre Aufgabe, sofern man den Tod als jene Kraft der Entbindung (*Todesprinzip*)[40] begreift, die das Kind aus der Mutter-Kind-Dyade immer schon gelöst hat. Die Sehnsucht, diese immer schon verloren gewesene Verschmelzung in einem fantasierten oder realen Akt der Vereinigung wiederherzustellen, ist, was Freud in *Jenseits des Lustprinzips* (1920) als Ausdruck des Eros oder der Lebenstriebe verstanden haben mochte. Laplanche erkennt darin die *synthetische Kraft des Ich*, welches nach Vereinigung und Bindung (objektal oder narzisstisch) strebt. In Herrn Mokums Leben drang das *Todesprinzip* (als Kraft der Entbindung) zunächst als von außen kommende, sich alptraumhaft wiederholende, *reale* Erfahrung einer endgültigen Trennung in sein Selbst. Dieser von außen kommende Tod wurde zu einem inneren Es, das sich bis in seine Erzählungen hinein fortsetzte. Der Tod ist zunächst immer die Erfahrung eines toten anderen Bewusstseins. Und die Trauer, dass man selbst in dem gestorbenen Bewusstsein des anderen begraben liegt. Diese Trauer – der Orpheus'sche Gang in den Tartaros – kann, sofern sie sich chronifiziert, das Selbst versteinern. Als nach dem Tod des Vaters der Tod des Bruders folgte, riss für Max auch das Band zur Mutter. Diese wurde krank. Konnte nichts mehr tun. Lag beinahe ein Jahr im Bett. Um dieses Band zur Mutter wiederzugewinnen, musste er versuchen, die realen Erfahrungen des Todes in sein Leben aufzunehmen, sie in eine Synthese mit dem Lebendigen zu führen. Vielleicht gab es für Max Mokum als Kind auch die Frage, warum der Vater ausgerechnet an so einem Tag, der dem Fest des Lebens geweiht war, gestorben war? Und wenn dies geschehen konnte, und Leben und Tod so nahe beieinander lägen, müsste man doch auch umgekehrt dem Tod ein Leben abringen können, als Ausgleich dafür, was er an Leben genommen hatte. Damit wären wir bei der Ausgleichs- oder Wiedergutmachungsfantasie angekommen, die Max schon als Kind nach dem Tod seiner Lieben gehabt hatte. Ich fragte Herrn Mokum, warum er sich 1938 dafür entschieden hatte, Arzt zu werden?

---

[40] Laplanche spricht in seinem Aufsatz »Der (so genannte) Todestrieb: ein sexueller Trieb« nicht wie Freud (1920) von Lebenstrieben (Eros) und Todestrieben, sondern von den zwei unterschiedlichen *Prinzipien* Bindung und Entbindung, deren Gegensätzlichkeit sich in das Innere des seelischen Apparates fortsetzt.

M: Ja, (RvM) (3). Warum ich das gewählt habe? (-) Ich denke, in meiner Studienzeit in der Oberrealschule habe ich mich beschäftigt mit Wiederherstellung von ah, (2) Vögel äh, (-) <u>Gebeine</u>. + Ich habe von den-; dass wieder ein, ein <u>kompletter Vögel</u>, Vögel gemacht wird. + (-) Also, ich war schon interessiert in äh, (-) in die Physiologie + + und in die <u>Anatomie</u>. + Und das hat vielleicht auch (-) mich zum Studium der Medizin gebracht. + + (-) Und vielleicht auch, dass ich, äh, (-) weiter kommen möchte, wie damals meine, mit meinem Vater und meinem Bruder.

Herrn Mokums Versuch der »Wiederherstellung von Vogelgebeinen«, deutet auf den synthetischen Drang in ihm schon während der Oberrealschule das, was – wie er später sagte – »kaputt gegangen ist«, *komplett* wiederherzustellen; eine in Stücke gefallene Welt wieder zusammenzubauen. Seinem Bestreben, die Gebeine eines toten Vogels wieder herzustellen, zusammenzubauen, mochte die Fantasie eines starken Eros zu Grunde gelegen haben, der die zerstörerische Kraft der Entbindung wieder aufheben sollte. Vielleicht ließe sich auch sein Motiv, Arzt zu werden, von diesem inneren Drang her ableiten. In dem Bestreben nach einer Wiederherstellung mag auch das Verlangen enthalten gewesen sein, das nach Kontrolle über die Anatomie und Physiologie des Lebens strebte. Denn würde er darüber genügend Bescheid wissen, wäre er dem Tod nicht mehr hilflos ausgeliefert und käme sicherlich weiter als Vater und Bruder.

Betrachten wir diese Erinnerung an seine Zeit aus der Oberrealschule als eine *Deckerinnerung* (Freud 1899), die sowohl *rückbezüglich* in die Vergangenheit wirkte, als auch *prospektiv* etwas Kommendes vorwegnahm (vgl. Hock 2003). Zum ersten: Seine Erzählung über den Knochenpräparator wies auf die Verluste seiner Kindheit und den Wunsch, über die Wiederherstellung des Verlorenen an die Verbindung mit der Mutter wieder anzuknüpfen. Andererseits wurde diese rekonstruktive, (konservative und) triebhafte Beschäftigung auch zu einem Leitmotiv für das Kommende. Bedenkt man, was Max Mokum in Auschwitz und Buchenwald erlitten hat, wirkt dieses Bild über das Zusammenbauen der Tiergebeine wie eine Deckerinnerung, deren Gehalt sich erst nach Auschwitz bedingt haben würde. Sein Leben nach Auschwitz war wesentlich von dem Wunsch bestimmt gewesen, das, »was kaputt gemacht wurde«, wieder herzustellen. In Gestalt einer wieder aufgebauten Synagoge, in Gestalt des, wie er sagte, »wieder aufgenommenen jüdisch-christlichen Dialogs«, in Gestalt seiner Arbeit mit Überlebenden der Shoah. Demnach war es nicht verwunderlich, dass Max Mokum nach dieser frühen Erinnerung mit der Befreiung von Buchenwald durch die Amerikaner fortsetzte. »Ich habe nach dem Krieg-, war ich fünf Jahre krank. Habe ich fünf Jahre im Bett gelegen. (-) Und (-) das ist ein Wunder, dass ich das überhaupt überlebt habe. Weil ich hatte damals schwere Lungenkrankheit hatte, wie ich zurückkam.« Erst die Medizin, die ihm eine Verwandte seiner Familie mütterlicherseits, die während des NS-Regimes nach Südafrika geflohen war, geschickt hatte, führte zu einer langsamen Genesung.

I: Wer, wer war das von der Familie, die nach Südafrika geflohen ist?

M: Die war damals noch ins Leben, und äh, (-) auch ein Tragik-; (-) meine Tante möchte mich besuchen und das Flugzeug ist, (-) äh, (-) irgendwo in Südafrika hinunter gekommen und sie hat es nicht überlebt. (-) Und so ich bin nachher nach Südafrika gegangen (-) + (-) um auf ihr Grab noch Blumen bringen zu können. (-) + Das war 1960, da war ich in Südafrika. +

Die oben zitierten Auszüge aus dem Interview entstammen alle aus den ersten zehn Minuten des ersten Interviews. Mit dem tragischen Unfalltod seiner Tante war das vorläufig letzte Kapitel des Todes erzählt. Noch einmal verdichteten sich die Momente des Todes zu einer stetig wiederkehrenden Erfahrung; Herr Mokum hatte in Zeitraffer die wiederholte Tragik seines (Über-)Lebens in wenigen Augenblicken von sich gegeben; ein wiederkehrendes Fallen und sein Kampf, wieder ins Leben zurückzukehren. Mit jedem Tod sei symbolisch auch ein Teil von ihm verloren gegangen; jeder Sturz ließ eine Narbe zurück.

b)   Widerstand und Lager: »Ich war sehr stolz, dass ich was falsch gemacht habe.« Der vakante und der intime Körper

Im Mai 1940 besetzten Deutsche Truppen die Niederlande. Zu dieser Zeit war Max Mokum Student an der medizinischen Fakultät in Amsterdam. Eine Professorin setzte sich damals für ihn ein, dass er bis zum Sommer 1942 im physiologischen Laboratorium im Amsterdamer Tiergarten weiter studieren konnte. Max war in dieser Zeit jeden Tag im Tiergarten. In den Interviews verband er die Erinnerung daran mit einer frühen, familiären Szene.

M: Ich erinnere mich noch an eine Geschichte, die war in dem Tiergarten, + (-) und Vater und Mutter saßen nebeneinander, + (-) sehr liebenswürdig miteinander. + (-) Das erinnere ich mich ganz gut. (-) Und mein Bruder

und ich gehen zu den Affen. + (-) An einem Sonntag oder Samstagmorgen. (-) In dem berühmten Tiergarten in Amsterdam.
I: In Amsterdam. +
M: Das ist auch eine <u>sehr wichtige</u> Erinnerung, + die ich immer mit mir trage. + + (-) Das ist das Bild, was ich noch immer mittrage. * (-) Und mein Bruder und ich gehen dann zusammen zu den Tieren. (-) Ich sollte schon, als Dreijährige hat das schon angefangen, meine Liebe zu dem Tiergarten.

Über diese kleine Randerzählung erschuf sich Max Mokum eine Kontinuität in seiner Biografie, die auf einem inneren, guten Bild der vereinten, sich liebenden Eltern basierte. Außerdem erstreckte sich die Liebe zum Tiergarten in seiner Geschichte über mehrere Generationen. Später ging er mit seinen eigenen Kindern zu den Tieren und seine Tochter besucht mit ihren Kindern heute noch beinahe jeden Tag den Tiergarten.

Auch die Professorin ist ein verbindendes Glied in seiner Geschichte gewesen. Sie unterstütze Max auch nach 1945, als er über Jahre krank ans Bett gefesselt war. Während dieser Zeit unterstütze sie ihn bei dem Vorhaben, das Medizinstudium wieder aufzunehmen. Ein ordentlicher Universitätsbesuch wäre für den schwer kranken Mann ausgeschlossen gewesen. Sie ermöglichte ihm, das Doktoratsexamen in Etappen abzulegen, was eigentlich nicht üblich war. Er war dieser Frau besonders dankbar: »Sie hat mich immer begleitet und großartige Stimulans gegeben, mein Studium fertig zu machen.« In den 60er Jahren erhielt er von ihr seine damalige »Studentenkarte« mit dem Foto von ihm aus dem Jahre 1941. »Ein Jahr, nachdem sie mir die Karte gegeben hat, ist sie leider gestorben. Also ich habe noch immer eine große Ehre für sie; was sie für mich für eine großartige Hilfe gegeben hat.« Er zeigte mir das Foto, zeigte auf sein Gesicht und sagte über die Brille, die er auf dem Foto trug: »Und diese Brille hat man mir 1945, als ich in Buchenwald war, vom Kopf geschlagen.« Die Brille auf dem Foto seiner Studentenkarte wurde mehrfach zum Symbol, worüber er nicht sprach. Einerseits hatte er diese Brille verloren, sie wurde ihm vom Kopf geschlagen, und andererseits hatte er die Brille über die Studentenkarte wieder erhalten. Damit ging etwas verloren, wobei das Abbild des Verlustes dank der Professorin zu ihm zurückgekehrt war. Die gewaltsam verlorene Brille steht für das verlorene Objekt, das er in Buchenwald und Auschwitz zurückließ. Die Brille symbolisiert die zerbrochene Welt, vielleicht auch den (niemals wieder gut zu machenden) Verlust von Selbstanteilen. Über das Abbild hat der innere

Verlust ein äußeres Zeichen bekommen; die Signifikanz der Brille entstammt dem Fundus des realen Traumas, über das zu sprechen unmöglich ist. Die Brille auf dem Foto, das da ist, bezeugt, was für immer verloren gegangen ist. Über das Anwesendsein auf dem Foto wird eine Abwesenheit, die bleibt, signifiziert. In seiner Geschichte bedeutet dies die anwesende Abwesenheit seiner Mutter, seines Vaters, seines Bruders, seiner Familie. Das Abbild dessen, was gewaltsam verloren ging, ist wie ein *äußeres Objektiv*. Max sagte an jener Stelle: »Ich habe überhaupt nichts vergessen, aus jener Zeit. Es ist immer noch im Kopf.« *Es erinnert ihn.* Die Überlebensschuld des Häftlings spricht ja auch davon, dass er nicht vergessen kann. Aber auch nicht vergessen soll. Denn das Erinnern, so sehr es auch quält, bezeugt doch eine Verbindung zu dem, was verloren ging, und schafft somit eine Kontinuität und Aneignung der persönlichen Geschichte, die dem Gefangenen in Auschwitz genommen wurde. Wenn ich an dieser Stelle von einer Überlebensschuld spreche, so meine ich ein psychisches Schuldgefühl, welches die Überlebenden mit ihrer Vergangenheit und jenen, die gestorben sind, verbindet. Bergmann und Jucovy machen auf den positiven und lebensbejahenden Aspekt dieser Form der Überlebensschuld aufmerksam. Sie schreiben: »Die Überzeugung, den Toten etwas schuldig zu sein, ist nicht zwangsläufig pathologisch und lebenshinderlich« (1995, S. 54). Sondern sie schafft eben jene lebensbejahende Verbindung zur Vergangenheit und eigenen Geschichte, die verloren gegangen war. In der Geschichte von Max Mokum ermöglichte die Professorin *als Überbringer* jener Studentenkarte diese Verbindung zur Vergangenheit. Damit übermittelte sie ihm symbolisch einen Teil seiner (verlorenen) Geschichte. Das innere Trauma wird über das wiedergekehrte Bild aufgehoben. Dass *es* ihn erinnert bedeutet, dass hier das Bild und die Brille stellvertretend für ihn und das, was nicht zu sagen ist, erinnern, wobei die Professorin diese Verbindung und diese Form des Erinnerns erst ermöglicht hat.

Max Mokum konnte bis zum Sommer 1942 in dem physiologischen Laboratorium des Amsterdamer Tiergartens, wo seine Professorin die Leitung hatte, weiter studieren und arbeiten. Noch im Sommer 1942 wurde es den Juden in den Niederlanden untersagt, ihre akademische Ausbildung fortzusetzen. Es gelang ihm, eine Stelle als Assistenzarzt im jüdischen Krankenhaus zu bekommen, wo auch seine Frau, die er 1943 ehelichte, als Krankenpflegerin untergekommen war. Im Frühjahr 1943 sollte das jüdische Krankenhaus »aufgelöst« werden. Sämtliche Ärzte, Pfleger und Patienten sollten in das jüdische Sammel- und Durchgangslager Westerbork transportiert werden, von wo aus

3. Acht Familiengeschichten

die Häftlingstransporte in die Vernichtungslager im Osten, größtenteils nach Auschwitz-Birkenau und Sobibór, gingen. Herr Mokum befand sich bereits auf dem Weg in sein Zimmer, um das Gepäck zu holen, da begegnete er einer Pflegerin, die vorläufig noch bleiben konnte, weil sie als Mitglied des jüdischen Rates einen speziellen Ausweis mit einer 120.000er Nummer besaß. Max ließ sich von der Frau den Ausweis zeigen und da kam ihm ein Gedanke. Er nahm einen Stift und schrieb in seinen Ausweis ebenfalls eine 120.000er Nummer mit der zugehörigen Signatur des Sekretärs, die er sich eingeprägt hatte. Auch seiner Frau fälschte er die Papiere, sodass beide nicht auf Transport gehen mussten. Als es soweit war und alle Ärzte und Patienten verschwunden waren, wurde er von einem Aufseher angesprochen:

>»›Mensch, was machst du denn noch hier?‹ Sage ich, ich habe eine 120.000er Nummer. ›Lass mal sehen!‹ Ich gab ihm mein Papier, und er schaut, gibt es zurück und sagt: ›Weitermachen!‹ Ich war sehr stolz, dass ich etwas falsch gemacht habe.«

Dies war ein erster Akt seines Widerstandes gewesen. Sein Widerstand gegen die Nationalsozialisten bestand vor allem darin, an der objektiven Realität zu drehen und sie zu seinen Gunsten und zu Gunsten anderer Häftlinge zu verändern. Im Jüdischen Krankenhaus entdeckte er, wie er auf sehr einfache Weise Menschen helfen konnte, vor den Nazis unterzutauchen.

M: Die erste Arbeit bekam (-) ah, ich äh, (-) als ich in der Pharmazie (-) gearbeitet habe + und ich habe entdeckt, dass dort Medizin gab, von dem man Fieber bekommt, + + (-) und, und wo für (-) äh, (-) äh (4) um Beispiel für ( ) war und ( ), + + (-) also, ich dachte damals, wenn ich Leute Fieber gebe, kann ich sagen, dass sie Malaria oder Typhus haben, + + und das hieße transportunfähig; + (-) so wenn Leute (-) ins Krankenhaus gefordert wurden, + mitzugehen, und sie haben eine Injektion von mir bekommen, konnte ich sagen, die sind transportunfähig; + + und nächste Tag sind sie aus dem Krankenhaus gegangen und untergetaucht; + (-) so habe ich <u>systematisch</u> Leuten das Leben retten können.

Max Mokum hielt dem industriellen Massenmord durch die Nationalsozialisten seine systematischen Rettungsaktionen entgegen. Als angehender Arzt war er in die Lage versetzt, sein gerade erst erworbenes Wissen einzusetzen, um anderen zu helfen. Viele Jahre nach dem Krieg sollte Herr Mokum für seine

3.2 Die Geschichte der Familie Mokum

Rettungsaktionen von der königlichen Familie in den Niederlanden einen Orden überreicht bekommen. Außerdem hatte ein Pfleger aus dem Jüdischen Krankenhaus, in dem Max gearbeitet und dem er ebenfalls zur Flucht verholfen hatte, nach dem Krieg veranlasst, dass er ein Widerstandskreuz verliehen bekam. Wieder sind es diese äußeren Insignien, die für die vergangene Zeit stehen, diese stummen Zeugen, die für etwas sprechen, das auszusprechen so furchtbar schwerfiel. Nach Auflösung des Jüdischen Krankenhauses arbeitete Max als Assistenzarzt am Portugiesischen Jüdischen Krankenhaus. Er hätte dort auch Zwangssterilisationen an jenen jüdischen Männern und Frauen durchführen müssen, die mit Nichtjuden verheiratet gewesen waren. Aber Max weigerte sich; er sabotierte die Sterilisationen, »auch das war Widerstand«, weshalb er kurze Zeit darauf gezwungen war, gemeinsam mit seiner Ehefrau und seiner Mutter unterzutauchen, um einer Verhaftung durch die Gestapo zu entgehen. Sie hielten sich in einem »Arbeitshaus« des niederländischen Widerstandes versteckt. Zusammen mit anderen versuchte die kleine Gruppe, Ausweise und gefälschte Papiere für jüdische Flüchtlinge herzustellen. Ein Belgier brachte das Material von draußen und die Gruppe arbeitete unermüdlich daran, die Fotos auf den Ausweisen zu verdunkeln und die notwendigen Stempel der NS-Behörden zu kopieren. Mit Ausnahme von Max' Frau und dem Belgier hatte niemand aus der Gruppe gefälschte Papiere besessen. Seine Frau konnte raus und besorgte Dinge des täglichen Bedarfs. Die Frage, ob er nicht daran gedacht hätte, sich auch gefälschte Papiere zu besorgen oder diese für sich selbst herzustellen, nachdem er doch an der Quelle gesessen hatte, verneinte er. Herr Mokum verwies auf die Unmöglichkeit dieses Unterfangens, »weil ich anders nicht glaubwürdig gewesen war, weil ich für die Deutschen ein zu jüdisches, äh, Gesicht hatte«. »Meine damalige Frau hat einen Ausweis auf einen anderen Namen, einen nicht jüdischen Ausweis. Der Jude hatte ein J. Und sie hat einen Ausweis ohne J.« Es war die Signifikanz des Körpers, der »jüdischen Physiognomie«, die diesen Gedanken nach eigenen gefälschten Papieren gar nicht aufkommen ließ. Weil »an jeder Ecke standen (10?) Leute, die die Ausweise kontrollierten in der Stadt, das war nicht möglich«. Die Nazis besetzten den Körper ihrer potenziellen Opfer. Für Max hatte dies *notwendigerweise* zur Folge gehabt, dass der terroristische Blick der Nazis in sein Inneres gedrungen war und sich dort festgesetzt hatte. Diese Inkorporation des Blicks des (Tod-)Feindes kann man als die Introjektion des Angreifers beschreiben. Über Anpassung versucht das Opfer, diesem Blick gerecht zu werden, bzw. hier dem Blick auszuweichen, sich vor ihm versteckt zu halten. Aus diesem Grunde konnte Herr Mokum nichts riskieren. »Die hätten mich sofort geschnappt.«

Später im Lager hatte sich der Blick der Nazis auf ihre Opfer totalisiert. Dieser Blick war perfiderweise zunächst ein medizinischer an der Rampe. Vor allem im Lager wurde die Signifikanz des Traumas über ein *Objektiv* in der Außenwelt bestimmt. Der Körper der KZ-Häftlinge geriet unter die Definitionsmacht der Nazis, musste vor deren Blick geheim gehalten werden. Denn ein schwacher Körper wurde selektiert. Mit anderen Worten, der Körper war nicht mehr allein Eigentum der Häftlinge, sondern wurde über die Sprache der Nationalsozialisten beschrieben. Darin liegt die Valenz der Einschreibung der Sprache der Täter in die Körper der Opfer. In dem Maße, wie das Opfer der Definitionsmacht nicht entkommen kann und ihr ausgeliefert ist, wie es im Lager auf totale Weise der Fall war, wird der Körper in zwei Teile gespalten. In einen *vakanten Körper*, der funktioniert, und in einen geheimen, *intimen Körper*, den zu zeigen den eigenen Tod bedeuten konnte. Der Prozess der Zerstörung der Geschichtlichkeit der Lagerhäftlinge nahm wohl mit dieser Entkoppelung seinen Anfang. An jener Stelle, an der der intime Körper zu einem Instrument der Scham gemacht wird, einer Scham, die eintritt, wenn er über das *Objektiv* beleuchtet wird, brechen Erzählung und Struktur der erinnerten Zeit. Aus diesem Zusammenbruch (des intimen Körpers) ging im Lager das Gesicht des Muselmannes hervor. Dessen Blick war leer, ohne Scham und ohne Geschichte. Sein Gesicht wollte niemand sehen (vgl. Agamben 2003). Vielleicht auch deshalb, weil der Häftling darin seinen Intimfeind erblickte. Den inneren Muselmann, den der Häftling vor den Nazis verbergen musste. Das Objektiv, das den Häftling aber immer schon erblickt hat, ist nicht mittelbar, weil es sich nicht mitteilen lässt. Es verhält sich ähnlich wie mit der Brille, über die nichts weiter gesagt werden kann. An dem vakanten Körper ist das Subjekt, die Subjektivität verloren gegangen. Insofern wird das, was über das verlorene Objekt gesagt wurde, zu etwas Intimen. Das verlorene Objekt ist das des eigenen intimen Körpers gewesen.

Max Mokum hatte nicht mehr in Erfahrung bringen können, ob ihre Arbeit in dieser kleinen Widerstandsgruppe erfolgreich war und sie Leuten zu gefälschten Papieren verhelfen konnten. Ende 1943 wurde die Gruppe verraten und in jenem besagten Arbeitshaus von der Gestapo entdeckt und verhaftet. Nach endlosen Verhören durch die SS wurden sie am 23. Dezember desselben Jahres in das Transitlager für niederländische Juden nach Westerbork deportiert.[41] In Westerbork wurde er von seiner Mutter und seiner Frau getrennt, konnte sich aber am Vorabend der Deportation noch von seiner Mutter verabschieden. Sie wurde einen Monat darauf nach Auschwitz deportiert und sofort vergast, wie ihm später ein ehemaliger Kollege aus dem Jüdischen Krankenhaus erzählen konnte. Max berichtete auch aus Westerbork, dass Gefangene versucht hätten, hohes Fieber vorzutäuschen, um nicht auf Transport gehen zu müssen.

M: Aber das war auch-, nützte auch nicht. Denn, äh, mit unserem Transport sind alle Kranken damals auch auf Transport gegangen und sofort vergast worden. Weil-, dann sind 1.040 Leute und von diesen 1.040 ungefähr 200 sind selektiert worden; die Übrigen sind vergast. Und von diesen 200 denke ich, dass noch fünf oder sechs am Leben sind. Nein ( ) ( ) vor einigen Monaten ist noch einer verstorben; ich denke vier.

Bringt man diese Schilderung mit jener über seinen Widerstand im Jüdischen Krankenhaus zusammen, was Max explizit *nicht* tut, wird eine Ohnmacht spürbar. Denn, trotz der Manipulation der Körpertemperatur: »[Es] nützte auch nichts.« Ein Zahlensturz spricht als Faktum für die unausweichliche Realität der Vernichtung. 1.040 – 200 – 4. Max befand sich zusammen mit seiner Frau und einer Freundin seiner Frau im Viehwaggon. Die Fahrt dauerte ungefähr drei Tage. Auf die Frage, ob er nicht während der Deportation oder später im Lager an Flucht gedacht hätte, antwortete er mit: »Nein, weil geschlossene Waggone, wo man nicht hinaus konnte.« Und nochmals: »Nein, das konnte man nur, wenn man außerhalb des Lagers Freunde hatte, die dir weiter helfen konnten. Sonst war das nicht möglich.« Hier wird eine erneute *reale* Spaltung zwischen innerhalb und außerhalb der Vernichtungslager ersichtlich. Befand man sich im Lager, war der Kontakt zur Außenwelt, sofern man draußen keine Freunde hatte, verloren. Gleichzeitig war aber auch die Geschichtlichkeit des Subjekts verloren gegangen. Die Geschichtlichkeit des Subjekts existierte nur außerhalb der Lager. Befand man sich also ohne Kontakt zur Außenwelt innerhalb des Lagers, war man symbolisch bereits gestorben. Max Frau, dessen Freundin und er hatten überlebt und sollten sich nach der Befreiung aus unterschiedlichen

---

41 Insgesamt wurden von 1942 bis 1944 mehr als 100.000 Menschen aus Westerbork per Zug in die Vernichtungsstätten der Nationalsozialisten deportiert. Nur etwa 5.000 von ihnen überlebten und konnten zurückkehren (vgl. Broschüre des Herinneringscentrum Kamp Westerbork).

3. Acht Familiengeschichten

Konzentrationslagern wiederfinden. Zu der Freundin seiner Frau knüpfte Max später eine »großartige Freundschaft«. Sie heiratete einen jungen Mann, der ebenfalls die Shoah überlebt hatte. Dessen Vater war Direktor in jenem Krankenhaus, in dem Max in den 1950er Jahren wieder als Arzt zu arbeiten begann. In allen Interviews kam er auf diese Familie zu sprechen. Die Freundin seiner Frau verkörperte gewissermaßen eine Intimität in seinem Leben, die kaum ein anderer mit ihm teilen konnte. Sie war so etwas wie eine Gefährtin gewesen, mithilfe ihrer Freundschaft vermochte er die Zeit vor, während und nach der Vernichtung als eine aufeinanderfolgende Erfahrung zu erzählen.

Max Mokum kam am Tag seines 24. Geburtstages in Auschwitz an, eine unheimliche Verbindung zwischen Geburt und Tod, die er sich erst im Nachhinein bewusst machen konnte, was auch darauf hinweist, dass die Häftlinge mit ihrem Transport den intimen Körper oder die Geschichtlichkeit ihres Seins bereits zurückgelassen hatten. Max war also symbolisch gesprochen ohne Alter mit seinem vakanten Körper in Auschwitz angekommen. Noch vor der Ankunft hatte er sich von seiner damaligen Frau verabschieden können. Er schilderte seine Ankunft im Interview mit folgender Szene:

M: Ich, (-) wenn wir aus dem Zug kamen, (-) mussten Ärzte und Pfleger austreten.
 (-) + bei der (-) Selektion. Ich dachte: »Na, ich bin fast fertig, ich gehe mit den Ärzten zusammen.«

Während er sich bei der Selektion als Arzt gemeldet hatte, tat dies seine Frau als Pflegerin. An anderer Stelle sagte er: »In Auschwitz sind wir auseinandergegangen. Sie hat sich als Pflegerin gemeldet und ich als Arzt. Und sie ist dadurch auch aus der Selektion gekommen.« Somit war es beiden geglückt, innerhalb des Nazi-Terrors einen bedeutsamen Platz für das Überleben einzunehmen. Die Trennung von seiner Frau bedeutete den Verlust intimer, sozialer Nähe mit der letzten vertrauten Person, die ihm noch geblieben war. In den Konzentrationslagern war die Möglichkeit von positiven, sozialen Kontakten und den damit einhergehenden Gefühlen überlebensnotwendig. Dass Max und seine Frau in Auschwitz auseinandergegangen waren, ist an dieser Stelle wörtlich zu verstehen. Er glaubte den Grund für das Scheitern ihrer späteren Beziehung eben darin zu erkennen, dass Auschwitz sie auseinandergebracht hätte. Die Nähe zu seiner ersten Frau und zu ihrer Geschichte, die sie nach seinen Aussagen »nicht gut verarbeiten konnte«, sei für ihn nicht aushaltbar gewesen. Max fuhr mit seiner Schilderung folgendermaßen fort:

M: Und ich bin später von einem SS-Oberarzt gerufen worden. (-) Und er sagte: (-) »Du bist 24, (-) kannst du noch kein Arzt sein. <u>Wird gestrichen.</u>« (-) Also, ich musste wieder auf Kommando gehen. (-) Das war schrecklich. (-) Das überlebte man maximal drei Monate. + (-) Da war eine polnische Schriftsteller, der das gehört hat. (-) Sagt zu mir: »Du sollst zum Lagerarzt, zum Häftlingslagerarzt gehen und wieder, äh, (-) Prüfung anfragen (-) und wenn (-) die Prüfung gut ist, wirst du wieder äh (-) als Arzt eingeschrieben.«

Erneut zeigt sich die Definitionsmacht der Täter. Die Aussage: »Wird gestrichen«, kam nicht nur verbal einem Todesurteil gleich. Das Arbeitskommando würde man nicht lange überleben. Über den polnischen Schriftsteller öffnete sich aber erneut die Möglichkeit einer für das Weiterleben wichtigen Einschreibung. Dieses »Einschreiben« stammte wohl nicht zufällig von einem Schriftsteller, dessen Profession es ist, Geschichten zu schreiben. So könnte das Verb auch eine Nische innerhalb dieses absoluten Systems bezeichnen, in der Geschichte wieder möglich werden konnte. Max hatte das Glück, mit diesem polnischen Schriftsteller ein kurzfristiges Überlebensbündnis eingegangen zu sein. Die Möglichkeit solcher Bündnisse verlieh demjenigen, der helfen konnte, das Gefühl, ein »guter Mensch« zu sein, und trug zur Wahrung von dessen Selbstachtung bei. Andererseits bestand die Nutzung dieser Bündnisse in der Aufrechthaltung eines Selbstbildnisses als Mensch mit einer gewissen Würde. Die Aufrechterhaltung von sozialen Beziehungen und guten zwischenmenschlichen Kontakten innerhalb des Lagersystems war überlebensnotwendig und bewahrte vor dem Verlust des Selbst und der subjektiven Geschichtsschreibung. Es verhalf, ein grundlegendes Gefühl an Menschlichkeit zu erfahren und täglich neu wiederzubeleben. An anderer Stelle sprach Max davon, dass es eine interessante Sache gewesen sei, dass er Menschen helfen konnte, und dass ihm immer wieder geholfen worden ist. »Ein interessantes Wechselspiel.« Dieses Wechselspiel von gegenseitiger Unterstützung, Wertschätzung und Hilfe beruhte vermutlich auf einem wichtigen familiären Phantasma und aktivierte sowohl Gefühle der Geborgenheit und Sicherheit, die innerhalb der eigenen Familie erlebt worden waren, als auch gewisse familiäre Werthaltungen und Ideale, wie zum Beispiel dass sich die Mitglieder der Familie untereinander helfen und füreinander da sind. Später wird dieses Phantasma wiederkehren, wenn Max von den ehemaligen Mithäftlingen spricht und sie als seine *Brüder* bezeichnet. Dort, wo diese gegenseitige Unterstützung von Häftlingen im Lager zusammenbrach, drohten gleichsam der Verlust des Selbstgefühls und eine Depersonalisation. Henry Krystal berichtet von der Aussage eines Überlebenden des Sonderkommandos: »Wir teilten alles. [...] Wenn einer von uns nicht teilte, dann wussten wir, dass er auf dem Weg war, ein Muselmann zu werden« (2000, S. 853). Über diese kurzfristigen oder manchmal auch länger andauernden Bündnisse konnten die Häftlinge in schwersten Situationen insgeheim Liebe, Hoffnung und Glauben an ihr eigenes Überleben bewahren, was zur psychischen Widerständigkeit beigetragen hatte. Auch die weiteren Erzählungen von Max Mokum schienen darauf hinauszulaufen, diese zwischenmenschlichen Nischen außerhalb der Definitionsmacht der Nazis auszuleuchten. Indem sich Max erfolgreich, wie er erzählte, einschreiben konnte, gab er sich wieder eine Geschichte, schuf sich einen Nischenplatz in diesem System. Also auch in Auschwitz war es (innerhalb von engen Grenzen) möglich, ja notwendig, intime Geschichte zu entwickeln, wollte man überleben.

> »Ich habe dir auch erzählt, dass die holländische Ärztin mir noch etwas Informationen über äh, besondere Krankheiten gegeben hatte; und dass sie mich genau das gefragt haben. Ich ( ) ( ) die Prüfung gemacht und äh wieder als Arzt arbeiten können. Und wenn das nicht passiert wäre, säße ich nicht hier.«

Es wird deutlich, wie sein Überleben aus einer zufälligen Kette aus Ereignissen hervorgegangen ist. Ohne den polnischen Schriftsteller und ohne die holländische Ärztin hätte Max vielleicht nicht überleben können. Aber ohne sein Zutun auch nicht. Der Schriftsteller eröffnete einen Raum, den Max betrat. »Dass ich als Arzt arbeiten konnte, war etwas Besonderes.« Denn es war nachträglich wichtig für ihn, dass er

> »während des Krieges als Erste-Hilfe-Arzt *positiv* arbeiten konnte mit meinen Mitme- (-) -gefangenen. Das war wichtig für mich, dass ich auch in dieser schrecklichen Zeit offen war für meine Kollegen und äh, was ich tun könnte, auch getan habe. Das gibt mir ein gutes Gefühl.«

Seine Aufgaben als Arzt, die er vor seiner Deportation und auch danach in Auschwitz erfüllen konnte, erlaubten ihm, die Verbindung zu seinem früheren Selbst teilweise aufrechtzuerhalten. Und Mensch zu bleiben. Seine individuelle Bewältigung war von Anbeginn in eine imaginäre Gemeinschaft von *Mitgefangenen* gebettet, denen er als Arzt und Kollege zur Seite stand. Warum verbesserte er sich aber in dem obigen Auszug aus den Interviews, als er sagte: »mit meinen Mitme- (-) -gefangenen«? Warum blieb er nicht bei den Mit*menschen*, sondern gebrauchte das Substantiv Mit*gefangene*? Die Bezeichnung des Mitgefangenen gibt vor allem den Status wieder, der auch der seine war: Ein Gefangener, ein der totalen Definitionsmacht über seinen Körper Unterworfener. Dagegen sagt das Wort Mitmensch zunächst nichts über den Status. Es ist eine Bezeichnung, die auf ein anthropologisches Sein abzielt, während das Substantiv, dem er hier den Vorzug gab, auf den Status, den man hat, referiert. Warum also vermeidet Max, wenn er über die Lagerhäftlinge spricht, sie über ihr allgemeinmenschliches Sein anzusprechen? Ich denke, dass es sich bei dieser Frage um ein ethisches Aporem handelt. Vielleicht hat auch Primo Levi im Buchtitel seines 1947 publizierten Zeugnisses eine ähnliche unlösbare Frage im Sinn gehabt: *Ist das ein Mensch?* Auschwitz war der Ort, an dem das eigentliche Menschsein der Häftlinge radikal infrage gestellt wurde. Die anonyme Masse der Muselmänner, die nur mehr in ihrem vakanten Körper lebten und aufgehört hatten, das Geheimnis ihrer Subjektivierung zu verbergen, war von allen geschaut und nicht zu sehen. Auf diese Schar, die jenseits jeder Hilfe war, bezog sich Levis Frage, die nicht zu beantworten ist. Vielmehr ist sie eine Aufforderung, die Bedeutung des Wortes Mensch so weit zurückzunehmen, dass sich daraus die Frage selbst ändert. Nachdem die Geschichtlichkeit der Häftlinge im Lager aufgehört hatte, zu sein, lebten sie nicht mehr ihr Leben und starben nicht mehr ihren Tod, sondern sie lebten und starben an diesem Ort grundlos, ohne Geschichte, anstelle eines anderen (vgl. Agamben 2003). In dieser Verwischung der Grenzen zwischen dem eigenen Körper und dem der anderen liegt die Nähe zum Tod des Anderen, der für den Überlebenden genauso gut der eigene hätte sein können. Wenn also Max Mokum anstelle von Mitmenschen von Mitgefangenen spricht, so befindet er sich wieder an jenem (erinnerten) Ort, an dem er selbst aufgehört hatte, zu sein und nur noch eine Funktion des vakanten Körpers war. Dieser vakante Körper konnte jeder Körper sein. In Verbindung mit dem bereits gesagten würde dies bedeuten, dass der vakante Körper, den man hat, gegenüber dem Sein des intimen Körpers, der man ist, im Lager dominierte. Der Verlust des intimen Körpers hat einen symbolischen Tod zur Folge, der mit der Selektion an der Rampe begann.

Gegenüber dem vakanten Körper leistete der intime (symbolische) Körper Widerstand. Für Max Mokum bestand dieser Widerstand in der Behauptung seines symbolischen Körpers, also im Schreiben seiner Geschichte, dass er in Auschwitz als »Erste-Hilfe-Arzt« eine Gegenwelt zur Realität des Alptraumes

3. Acht Familiengeschichten

innerhalb des psychotischen Lagerkosmos schaffen konnte. Konkret sah seine Arbeit als Häftlingsarzt in Auschwitz so aus, dass er eben nicht auf Kommando gehen musste, was überlebenswichtige Vorteile mit sich brachte. »Am Tag müssen wir die Baracke sauber machen und am Abend Leute auf Läuse kontrollieren. Also sind wir die Kleider und die ( ), um zu sehen, ob sie keine Läuse hatten.« Hatte jemand Läuse, »mussten wir wieder zum, äh, Bade gehen und wird man rasiert und gebadet und die Kleider wurden auf hohe Temperatur wieder läusefrei gemacht«. Max war als Häftlingsarzt an den Körpern seiner Mithäftlinge. Seine klinische Aufgabe war einem paradoxen Reinheitsideal unterstellt. An diesem – moralisch gesehen – dreckigsten Ort der Geschichte hatte Max für Sauberkeit zu sorgen: In den Baracken und an den Körpern seiner Mithäftlinge. Dieses Paradox zwischen dem moralischen Schmutz und der körperlichen Reinheit und Sauberkeit in den Baracken diente dem perfid-rationalen Ausbeuten der Lagerhäftlinge. Läuse, Krankheiten und Seuchen konterkarieren seit jeher das System der Ausbeutung durch Arbeit. In der Totalisierung dieses ausbeuterischen Systems war den Nazis an dem vakanten Körper der Häftlinge gelegen, der von jeder Subjektivität rein gewaschen werden sollte. Aus der Klinik kennt die Psychoanalyse diesen Widerspruch zwischen einem moralisch empfundenen, schmutzigen Sein (z. B. einem Inzestgedanken) und der entgegengesetzten Handlung (z. B. sich von diesem Schmutz rein zu waschen). In der Psychodynamik der Neurosen dient der Zwang (z. B. Waschzwang) als Abwehr einer mitunter tiefer gelegenen Angst vor Fragmentierung und Auflösung. In Analogie zu Auschwitz kann man behaupten, dass diese Arbeit von Max Mokum auch einen Bewältigungscharakter dargestellt hatte. Indem er jeden Tag die Baracken säuberte, konnte er vielleicht über eine symbolische Handlung den Schmutz der Nazibarbarei aus den Baracken waschen. Indem er jeden Tag die Körper seiner Mithäftlinge auf Läuse untersuchte und sie, wenn nötig, zum Waschen schickte, war es ihm vielleicht eher möglich, den psychotischen Kosmos der Lagerrealität auszublenden; ähnlich wie der Zwang mitunter ein Bollwerk gegen die psychotische Entgrenzung darstellen kann. Letztendlich dienten die Sauberkeitsrituale in den Lagern der Aufrechterhaltung einer Normalität in der Extremsituation. Wie der Zwang strukturiert und das Subjekt an die äußere Welt bindet, gab es in den Vernichtungs- und Todeslagern der Nationalsozialisten ein System der zwanghaften Routine, mit deren Hilfe der Ausnahmezustand in Gewohnheit umschlagen konnte. Was half, die Grenzsituation zur Regel werden zu lassen. Und noch ein zweites, inneres Motiv könnte mit dieser Arbeit an den Körpern der Mitgefangenen erfüllt worden sein. Die Nähe zum Tod des Anderen, der genauso gut der eigene sein könnte, wurde auf diese Weise auf Distanz gehalten. Und diese Nähe lag in dem Gesicht des Muselmannes, den der Häftling (in sich) selbst zu verbergen trachtete. Henry Krystal schreibt über die Bekämpfung der Läuseplage in den Konzentrationslagern Folgendes: »Die nachdrücklichen Bemühungen zur Eindämmung der Läuseplage zum Beispiel hingen direkt mit den Muselmännern zusammen, denn diejenigen, die in diesen Zustand zu geraten drohten, wimmelten geradezu von Läusen« (2000, S. 845). Also hatte das Waschen vermutlich zu allererst die Bedeutung, am Leben zu bleiben. Denn der, der sich wäscht oder gewaschen wird, kultiviert dadurch einen signifikanten Rest seines Mensch-Seins (vgl. die Geschichten, die Hermann Langbein [1995] in diesem Zusammenhang beschreibt). Der Muselmann repräsentierte eine doppelte Bedrohung: Einerseits symbolisierte er den inneren Muselmann, den jeder Häftling zu verbergen bemüht war, und andererseits ging von ihm auch eine reale Gefahr aus, die mit dessen Sterbeprozess zusammenhing. Gelegentlich wurden diese Menschen in ihren vakanten Körpern unmittelbar vor dem Tod von ungezielter Wut erfasst, die sich unterschiedslos gegen alles richtete, was sich in ihrer Nähe befand (vgl. Krystal 2000).

Max blieb ca. ein halbes Jahr in Auschwitz. Während dieser Zeit konnte er nicht viel für die anderen Häftlinge tun, wie er sagte, außer dass er am Nachmittag von dem Essen, das sie bekamen, etwas aufbewahrt hat, sodass »die Freunde, die auf Kommando waren« und am Abend zurückkamen,

> »etwas zu Essen bekamen, sodass sie etwas, äh, wenig, etwas mehr Kräfte bekommen konnten. Das war wichtig für mich. Das war das einzige, was man dort machen konnte. [...] Diese Erinnerung macht mich ganz glücklich. So eine-, immer gekämpft habe, das Leben von Mitmenschen möglich zu machen. Und auch, denke ich, in meinem Beruf war, äh, für mich das ganz wichtig, dass die Menschen wieder ins Leben zurückkamen.«

Jeder Akt der Sabotage, so gering er sich auch anhören mag, war letztendlich eine Aufrichtung und Behauptung des Selbst, woran er auch im Nachhinein festhalten konnte. Das *Organisieren hinter den Rücken der Nazis* (vgl. Klein 2003) war mit dem Gefühl verbunden, immer noch handlungsfähig zu sein. Einen Rest an Unabhängigkeit, Freiheit und Eigenheit der Selbstbestimmung des Ichs bewahrt zu haben. Diese existenzielle Hilfe, die Max seinen Mitgefangenen zukommen ließ, war Teil jener oben beschriebenen Überlebensbündnisse. Dadurch konnte er einen kleinen Beitrag leisten, um seine Freunde vor einem Muselmann-Dasein zu bewahren. Hermann Langbein (1995) beschreibt den Muselmann als letztes Stadium der Unterernährung, wo die Fantasien der Häftlinge ausschließlich um das Essen kreisten. Nach Langbein hätte es in den Lagern zwei Tabus gegeben, über die nicht geredet werden durfte: Die Krematorien und das Essen. Indem Max das Essen, das für ihn bestimmt gewesen wäre, für seine Freunde, die auf Kommando waren, aufgehoben hatte, könnte er vielleicht auch einen symbolischen Ausgleich für seine privilegierte Position als Häftlingsarzt schaffen. Auch hier war er wieder an den Körpern seiner Mithäftlinge dran gewesen: dass sie ein wenig mehr Kräfte bekommen konnten.

Max sagte auch, dass er immer »gekämpft habe, das Leben von Mitmenschen möglich zu machen«. Dieser Kampf, der im Jüdischen Krankenhaus begonnen hatte und bis nach Auschwitz ging, verband sich mit seinen frühesten Kindheitserinnerungen und -Fantasien. Max' Mutter und Großeltern nahmen bei der Selektion den anderen Weg. Als »besonders traumatisch« bezeichnete er in den Interviews den Verlust seiner Mutter. Er sagte, dass er Arzt geworden war, um über seinen Beruf das entbehrungsreiche Leben seiner Mutter nach dem Tod des Vaters und des Bruders auszugleichen. Ihr sollte es an ihrem Lebensabend an nichts fehlen. Das hatte er sich vorgenommen, es war aber nicht mehr möglich gewesen. Eine offene Wunde, die immer noch schmerzte. Über diesen Verlust seiner Mutter sagte er: »Wenn man sich an die Geliebte wieder erinnern kann, und darüber reden kann, dann holt man sie ins Leben.« Herr Mokum gebrauchte diese Formulierung »ins Leben zurückholen« in den Interviews immer wieder. Vor allem in Zusammenhang mit seinem Widerstand im Lager und der Zeit danach, in der er über 50 Jahre mit Überlebenden und ihren Nachkommen, aber auch mit Kriegsflüchtlingen therapeutisch gearbeitet hatte. Wie wir später sehen werden, war er selbst nach seiner Befreiung ins Leben zurückgeholt worden. Denn der intime Körper der Überlebenden war nach ihrer Befreiung symbolisch gestorben. Er musste sich erst wieder neu ins Leben einschreiben.

c) Die Befreiung aus Buchenwald

Im Mai 1944 wurde Max Mokum krank. Sein Körper fieberte mit über 40 Grad Celsius. Zu diesem Zeitpunkt wurde er zusammen mit anderen Häftlingen in die Schreibstube beordert, um die körperliche Verfassung festzustellen. Es ging darum, den Gesundheitszustand jener Häftlinge zu überprüfen, die in ein Arbeitslager nach Wüstegiersdorf-Tannhausen[42] transportiert werden sollten. Als man die Körpertemperatur der Häftlinge nahm, stahl sich Max auf die Toilette, wodurch es ihm gelang, normale Körpertemperatur vorzutäuschen. Über diese kleine Manipulation hinter dem Rücken der Nazis war es ihm gelungen, nach einem halben Jahr in Auschwitz wieder raus zu kommen. Wieder hatte sich eine Lücke, eine signifikante Nische innerhalb des totalen Lagersystems geöffnet, die Max nutzen konnte. Er hatte zum richtigen Zeitpunkt am richtigen Ort die richtige Entscheidung getroffen. Diese Schilderung verdeutlicht, dass es Max Mokum gelungen sein musste, innerpsychische Widerstandsfähigkeit, Eigeninitiative und den Glauben an sein Überleben zu bewahren. Zum dritten Mal nahm in seiner erzählten Geschichte die erhöhte Körpertemperatur in Zusammenhang mit dem eigenen und dem Überleben der anderen eine signifikante Stelle ein. Im ersten Fall konnte Max Mokum über das Verabreichen von Injektionen bei Häftlingen, die auf Transport gehen sollten, erhöhte Körpertemperatur vortäuschen, was dazu führte, dass die Häftlinge untertauchen konnten. Das zweite Mal nutze selbst das Vortäuschen von erhöhter Körpertemperatur nichts. Es wurden alle Häftlinge unterschiedslos aus Westerbork nach Auschwitz transportiert, wo die Kranken sofort in der Gaskammer ermordet wurden. Die Körpertemperatur und das Manipulieren am eigenen Körper verhalfen also in dem einen Fall zur Flucht, während es in dem anderen Fall völlig nutzlos war und in den Tod führte. In der zuletzt geschilderten Episode ermöglichte das Vortäuschen einer *normalen* Körpertemperatur, aus Auschwitz zu entkommen. Der Körper der Häftlinge führte in den Tod, insofern der vakante Körper gemeint war, während das Festhalten des intimen Körpers, der eigenen Geschichte in Auschwitz zu einem möglichen Überleben beitragen konnte. Das Manipulieren der Körpertemperatur stellte symbolisch das Verfügen über den eigenen (vakanten) Körper dar, wodurch der Körper auch Teil der Geschichtlichkeit des Subjekts bleiben konnte.

Max erzählte, dass er sich von seiner Frau nicht verabschieden konnte, und dass es auch nicht möglich war, ihr eine Nachricht über seinen Transport nach Wüstegiersdorf-Tannhausen zukommen zu lassen. Insofern war sein Weg aus

---

42 In Niederschlesien sollte unter Führung der Organisation Todt ein neues Führerhauptquartier entstehen. Dieses sogenannte »Arbeitslager Riese« war der Deckname für einen größeren Lagerkomplex um Wüstegiersdorf-Tannhausen, der der Verwaltung des Konzentrationslagers Groß-Rosen unterstand. Max musste als Kommandoarzt zusammen mit den Häftlingen helfen, große Flugzeugteile aus dem Zug in Lastwägen zu verladen. Wenn sich jemand verletzte, hatte er als Arzt unter den gegebenen Umständen und den begrenzten Mitteln Erste Hilfe zu leisten.

3. Acht Familiengeschichten

Auschwitz auch ambivalent. Einerseits konnte Max Mokum über sein »Eingreifen« den Glauben aufrechterhalten, dass er über den Verlauf seines weiteren Weges selbst mitbestimmen konnte. Andererseits war er gezwungen, seine Frau in Auschwitz zurückzulassen, nicht wissend, ob er sie je wiedersehen würde. Später sollte es seine Frau sein, die ihn auf den Listen der Überlebenden entdecken und zu ihm zurückfinden würde. In dem neuen Lager hatte Max als Kommandoarzt die Häftlinge bei ihrer schweren Arbeit zu begleiten. Als »Erste-Hilfe-Arzt« konnte er aktiv für seine Mitmenschen etwas tun, wie er sagte (»wenn sie in ihrer Arbeit sich verletzt haben, dass ich erste Hilfe leisten konnte«), was nachträglich wieder ungemein wichtig wurde: dass er selbst »in dieser unmöglichen Zeit helfen konnte«.

Max erzählte über die letzten elf Monate vor seiner Befreiung nur sehr wenig und bruchstückhaft. Sein Körper war entkräftet und es war ein Wunder, dass er überhaupt die letzten Stationen dieses Weges durch das Konzentrationslagersystem der Nationalsozialisten überleben konnte. Eine dieser bruchstückhaften Anekdoten handelte von einer

M: Autorität der Organisation Todt, die zu mir kam. Im Januar 1945. (-) Und er sagte zu mir, was er hier mitmache, »das ist zwar meine Schande. (-) Aber, wie wir nach dem Krieg überhaupt noch (-) in die Welt sehen können«, (-) darüber äh, (-) schämt er sich außerordentlich. (-) Und wenn die SS das gehört hätte, wäre er sofort erschossen worden. (-) Denn solche Leute gab es auch. (-) Und ich denke, dass die Erfahrungen, (-) auch äh, (-) auch Leute, die mir zu Essen gaben, heimlich, + (-) dass äh, die Erfahrungen auch in dieser Zeit es möglich machten, einen Unterschied zu machen, zwischen guten Leuten und SS. (-) + + (-) Und das ist mir Gott sei Dank gut gelungen.

Diesen Unterschied zwischen den »guten Leuten und SS« machen zu können, hatte auch bedeutet, dass die Welt nicht zur Gänze verfolgend und böse geworden war. Es gab selbst in der Umgebung des Lagers Menschen, die bereit waren, ihm heimlich *Essen* zu geben, und ihm von der Schande der Deutschen erzählten. Damit konnte er die eigene Scham, die das nazistische Objektiv bedingt, für einen Moment vergessen, was sicherlich zu seinem psychischen Überleben beigetragen hatte. Das waren für Max Mokum »außerordentlich wichtige Momente«, »dass man diese positive Erfahrung mitnehmen konnte und nicht, äh, vergessen hat«. Über das Mitnehmen dieser »positiven Erfahrung« wurde sein Überleben nachträglich zu einer erzählbaren Geschichte und beleuchtete jene intimen Momente, in denen ein Nischendasein jenseits der Todesmaschinerie möglich war. Zwischen diesen realisierten Nischenerfahrungen gab es nur wenig Worte, die er mir sagen konnte. Über die Spaltung zwischen den guten Leuten und der SS sicherte sich Max einen inneren Bereich, der unversehrt bleiben konnte.

Im Februar 1945 näherten sich die Russen dem Lager in Wüstegiersdorf-Tannhausen und er wurde zusammen mit anderen Häftlingen in das Konzentrationslager Flossenbürg transportiert, das aufgrund seiner geografischen Lage zu einem der letzten Stationen des NS-Vernichtungssystems geworden war. Aber schon nach »einigen Wochen« wurde er aus Flossenbürg in ein Außenlager von Buchenwald gebracht, wo er in Stollen arbeiten musste.[43] Kurze Zeit später wurde dieses Außenlager aufgelöst und die verbliebenen Häftlinge, die noch gehen konnten, wurden auf einen Fußmarsch 80 Kilometer in das nahe bei Weimar gelegene Konzentrationslager Buchenwald getrieben.

M: An die 80 Kilometer haben wir gehen müssen + ohne Trinken und ohne Essen. Einige Tage und Nächte. Das war auch schrecklich. + (-) Und Leute, die nicht weiter konnte(n), die wurden abgeschossen. (-) Also Leute, (-) (Husten v. M.) genau vor unseren Augen hat man, (-) äh, (-) abgeschossen. (-) In den Kopf. (-) Ja. (-) Das habe ich gesehen. (-) Ich habe das geschafft und ich verstehe nicht, immer noch nicht, wie ich das geschafft habe. + (-) Weil ich in einer schlechten Kondition war.

Er erzählte, dass auf diesem sinnlosen Marsch die SS all diejenigen vor den Augen der anderen erschoss, die aufgrund ihrer körperlichen Verfassung den Marsch verzögern hätten können. Man wusste, dass es einen jederzeit selbst treffen konnte. Der vorwärts schreitende, vakante Körper bedeutete keine Garantie für das Weiterleben. Für ihn grenzte es an ein Wunder, diesen Todesmarsch überlebt zu haben. An seine Funktion als Arzt war längst nicht mehr zu denken. Damit hatte er gewissermaßen den Zugang zu seinem intimen Körper verloren. Andererseits war die unmittelbar bevorstehende Befreiung spür- und hörbar gewesen. Auf ihrem Todesmarsch nach Buchenwald waren die Häftlinge deutschen Flüchtlingen mit Karren begegnet, auf denen diese ihr gesamtes Hab und Gut gepackt hatten. Diese Leute befanden auf der Flucht vor den heranrückenden

---

[43] Vermutlich handelte es sich um das KZ-Außenlager Mittelbau-Dora, das bis März 1945 viele Häftlingstransporte aus Auschwitz und Groß-Rosen zum Ziel gehabt hatten.

Russen. Die Häftlinge hörten den Lärm der Gefechte, sie sahen aus der Ferne die Luftangriffe der alliierten Streitkräfte. Diese Szenen mochten Mut gemacht haben, die letzten Qualen zu überstehen.

In Buchenwald angekommen, war Max vermutlich der Grenze zum Muselmann-Stadium zu nah gekommen. Er erzählte in den Interviews wiederholt von einem einzigen Erlebnis aus Buchenwald, unmittelbar vor der Befreiung, an das er sich noch erinnerte. Die Häftlinge mussten am Appellplatz antreten, aber Max war zu entkräftet gewesen, um noch aufzustehen. Er hörte Schritte auf sich zu kommen und den Befehl eines SSlers: »**Du aufstehen!**« Im Interview wurde Max an dieser Stelle laut. Er gab den Imperativ in einwandfreiem norddeutschem Akzent wieder. Dann deutete Max eine Geste mit dem Fuß, die anzeigen sollte, wie der Fuß des SSlers gegen ihn stieß. Max war liegengeblieben. Sein Körper gab dem Tritt nach. Er hörte den SSler »Scheiße« sagen und weitergehen. Max meinte im Interview: »Er hat mich nicht erschossen. Das war auch ein Wunder.« In diesem Bild liegt die Nähe zum Tod im Körper, den der SSler liegen ließ. Entweder weil der SS-Mann glaubte, Max sei schon tot, oder weil er meinte, dass Max ohnehin bald sterben würde. Der Körper der Häftlinge gehörte ihnen nicht und gleichzeitig war der Körper die Signifikanz ihres von den Nazis gestrichenen Daseins. Solange man über seinen Körper verfügt, lebt man. Ohne diesen Körper ist man tot. In dem Fäkalausdruck des SS-Mannes manifestierte sich dessen Glaube, eine weitere Leiche in dieser Produktionsstätte von Leichen vorgefunden zu haben. Max kam im Verlauf der Interviews dreimal auf dieses letzte Erlebnis seiner Gefangenschaft zurück. Und jedes Mal fiel auf, dass er seinen Bericht mit denselben körperlichen Gesten begleitete und dieselben direkten Reden hervorstieß. Dieses schreckliche Erlebnis trat aus seiner Schilderung; es war ihm episodenhaft, in einer zeitlosen Form präsent geblieben. Kaum verändert oder veränderbar. Ein Phänomen seines Körpers und seiner in den Körper geschriebenen Rede, als er beim Erzählen die Gesten produzierte und sein Gedächtnis die direkten Reden des SS-Mannes reproduzierte. Diese Erinnerungsspur schien nicht bearbeitbar. Nicht wandelbar. Vielleicht eine Deckerinnerung, hinter der sich der Abgrund seines nahen, psychischen und physischen Todes aufgetan hatte. Auch kann man in dieser Episode einen Nachklang der Bewegungen aus dem geschilderten Initial zu Beginn des ersten Interviews hören. In dem gefallenen Körper, der aufstehen sollte und doch liegenblieb ...

Seine nächsten Erinnerungen betrafen die Befreiung von Buchenwald. Über ein russisches Volkslied, das auf irgendeinem Radiogerät in seiner Nähe gespielt wurde, wusste Max, dass die Deutschen weg waren. »Ja, sonst kann das nicht sein. Das ist die erste Erfahrung, die ich bekommen habe, dass die Deutschen geflüchtet-, äh, weg waren. Und später hat man mir erzählt, wie die Sachen gegangen sind.« Einer der Häftlinge hatte sich ein Motorrad von den Deutschen Offizieren »geklaut« und war damit zu den Amerikanern geflohen, um ihnen zu sagen,

M: dass sie zuerst Buchenwald befreien mussten, dass die Deutschen im Stande waren, das ganze Lager zu vernichten, + (-) und die Leute, die da waren, (-) kaputt zu machen. + (-) Da haben sie [die Amerikaner; Anm. M. Z.] Flugzeuge über das Lager, äh (-) fliegen lassen, sodass die Deutschen geflüchtet sind. + (-) + (-) Und dann kamen die Amerikaner und, (-) da kam ein Telefon aus Weimar, (-) dass man das Lager vernichten musste. + (-) Und da haben die Häftlinge gesagt: (-) »Schade, aber, äh, (-) Sie sind zu spät, (-) die sind schon alle weg.«

Die meisten Deutschen waren bereits weg, als die Häftlinge das Kommando im Lager übernommen hatten. Max kannte die beiden Versionen über die Befreiung von Buchenwald.[44] Wobei ihm seine Geschichte, so wie er sie gehört hatte, unverändert in Erinnerung geblieben sei: »Das war die Geschichte, die man mir erzählt hat, genau so, wie ich sie jetzt in Worte spreche. (2) Und das habe ich im Lager noch gehört, das ist in meinem Kopf geblieben. Ich habe das nie vergessen.« Um die Zeit seiner Befreiung fiel noch eine andere Erinnerung. Ein (befreiter) Mitgefangener kam zu ihm und sagte:

M: »Du sollst hier nicht liegenbleiben; (-) denn, wenn du überleben willst, versuche ins Krankenhaus zu kommen.« (Max antwortete:) »Ja, aber ich kann nicht mehr gehen.« »Dann gehst«, sagte er, »dann gehst du mit Händen und Füßen dorthin. Und wenn sie dich dort nicht hineinlassen, dann gehst du auf die Wiese. Wenn die Amerikaner kommen und sehen, dass du nicht im Krankenhaus liegst, machen sie Krach, und du kommst hinein.« Und genauso ist es gegangen. Die Amerikaner sahen mich dort liegen, und ich machte das (Max Mokum zeigte mit einer Geste seiner Hand, wie er die Aufmerksamkeit der Amerikaner zu erreichen versuchte),

---

44 Während es in der ehemaligen DDR immer geheißen hatte, dass sich die Häftlinge selbst befreiten, war in Westdeutschland von der Befreiung durch die Amerikaner die Rede.

3. Acht Familiengeschichten

die Amerikaner gaben Bescheid und sofort kamen zwei Leute hinaus, um mich hinein zu holen.

Diese Erzählung erscheint wirr und unverständlich, ganz so, wie die Bedingungen im Lager um die Befreiung herum gewesen sein mussten. Ähnlich wie in der obigen Szene schildert Max seinen am Boden liegenden Körper. Aus eigener Kraft kam er nicht mehr hoch. Nachdem er »Krach« gemacht hatte, sei er aber von den Befreiern hochgehoben und ins »Krankenhaus« gebracht worden. Die Befreier erinnern an die väterliche Figur zu Beginn der Interviews, die kam und den gefallenen Knaben aufgehoben hatte. Max erzählte weiter: »Mit DTT haben sie mich lausefrei gemacht (diese Passage wurde lachend gesprochen). Ich war der Erste, der DTT bekommen hat (abermals lachend)«. Bedenkt man die Bedeutung des Läusebefalls, wie weiter oben angedeutet, kann man vermuten, dass Max von den Amerikanern aus dem Muselmann-Stadium geholt wurde. An anderer Stelle sagte er, wenn die Deutschen noch »einige Tage lang geblieben wären, hätte ich es auch nicht geschafft, (-) zu überleben«. Seine Befreier taten an seinem Körper jene »Arbeit«, die er als Arzt in Auschwitz allabendlich zu tun gehabt hatte. Der symbolische Tod wurde vertrieben. Mit den Läusen, die durch das DTT vernichtet wurden, wurde als erstes sein Körper *symbolisch befreit*.

Aus dieser Zeit gibt es eine Fotografie, in der Häftlinge aus Buchenwald nach ihrer Befreiung abgelichtet worden waren. Max ist zusammen mit anderen Häftlingen auf diesem Foto zu sehen, welches er mir während meines Besuchs zeigte. Dieses Foto war für ihn etwas ganz Besonderes. Es zeigt ihn, zusammen mit anderen Häftlingen – menschliche Skelette, die in die Kamera blicken – in einer Baracke, von der Brust aufwärts auf einer Pritsche liegend, den Kopf – aus dem die Augen treten – zum Objektiv gedreht. Zwei andere Häftlinge, die auf dem Foto zu sehen sind, waren zum Zeitpunkt der Interviews noch am Leben. Max unterhielt zu beiden mehr oder weniger nahe Kontakte. Diese Kontakte wurden viele Jahre später von anderen, die nach Überlebenden auf dem Foto gesucht hatten, initiiert.

Max kämpfte die ersten Tage nach der Befreiung gegen den physischen Tod, denn er war, wie er selbst an anderer Stelle eindrücklich sagte, »praktisch ausgeschaltet« gewesen. Wie nah er in dieser Zeit dem physischen Tod gegenübergestanden hatte, schilderte er in einer weiteren Episode, die er in den Interviews dreimal in etwa folgendermaßen wiederholte.

M: Ja, das ist ein Wunder, weil ich so schwer krank war, dass ich- äh. (-) Ich habe buchstäblich gegen den Tod gekämpft in Buchenwald. + (-) Denn es war in der Nacht, dass ich wusste, wenn ich (-) jetzt einschlafe, werde ich nicht wieder erwachen +. (-) So (-) ich habe die ganze Nacht gegen den Schlaf und gegen den Tod (-) <u>buchstäblich</u> gekämpft, + (-) um zu überleben. + Das war eine Krise. + (-) Ich denke, es muss Überlebende, es muss Leute geben, die <u>Zeugnis</u> ablegen können, was mit uns passiert ist. + + (-) Und wenn ich tot bin, kann ich das nicht mehr schaffen. (-) So einfach war es. + +

Ein aus der Literatur immer wieder hervorgehobenes Motiv der Nachträglichkeit des Überlebenswillens von Überlebenden tauchte an dieser Stelle des Interviews auf. Er wollte Zeugnis ablegen, für die ungezählten Toten, die auf ihm lasteten; deren Geschichten niemals erzählt werden würden. In diesem Gestus liegt möglicherweise ein erster Versuch der Bewältigung seiner Überlebensschuld. Denn welchen Sinn sollte sonst sein Überleben gehabt haben, wenn nicht den, als tragischer Rhapsode an die nicht erzählten Geschichten der Ermordeten zu erinnern. Wenn ich von Überlebens*schuld* spreche, meine ich damit die Nähe zum Tod der anderen (der ebenso gut der eigene hätte sein können. Dass dies nicht so war, dass er überlebte, hatte Herr Mokum auch einer Kette von Zufälligkeiten zu verdanken; Zufälligkeiten, die mehrheitlich außerhalb seiner Mitbestimmung gelegen haben). Diese Nähe trug Max aus dem Lager. Er hatte diesen Tod mit eigenen Augen mehrmals gesehen, wie er in den Interviews am Rande, leise und versteckt immer wieder anmerkte. Beinahe wäre er selbst gestorben und in gewissem Sinne ist er das auch. Dieser tragischen Nähe hielt er ein anderes Bild gegenüber, das von seinem unbeugsamen (Über-)Lebenswillen erzählte. Max betonte wiederholt, dass gewisse positive Erfahrungen während der Zeit seiner Gefangenschaft und danach ihm ermöglicht hätten, seinen Glauben und seine Hoffnung an das Leben aufrechtzuerhalten. In der oben wiedergegebenen Szene entscheidet sich Max ganz bewusst für das Leben. Er kehrt damit »buchstäblich« zurück in die symbolische Welt, in seinen intimen Körper. Denn er hatte gewusst, »wenn ich jetzt einschlafe, werde ich nicht wieder erwachen, sodass ich die ganze Nacht gegen den Schlaf gekämpft habe«. Und der Gedanke, Zeugnis für die Untergegangenen abzulegen, hatte ihm, wie er später schilderte, dabei geholfen. Mit dieser bewussten Entscheidung hat er sich – seinen intimen Körper – selbst befreit. Also auch in seiner Geschichte gab es zwei Versionen: die symbolische Befreiung seines vakanten Körpers durch das DTT, das die Amerikaner ihm als ersten gegeben hatten, und eine innere Selbstbefreiung, als er buchstäblich gegen den Schlaf und den Tod gerungen hatte und der Wunsch, Zeugnis abzulegen, seinen intimen Körper möglicherweise »ins Leben zurückgeholt« hatte. Er fand zurück in die Welt der symbolischen Ordnung, indem er seine Geschichte als eine notwendige Fortschreibung der nicht erzählten Geschichten der anderen begriff. Damit deren Tod nicht namenlos bliebe, wollte er erinnern, was nicht zu vergessen war. Natürlich wirkte diese Nachträglichkeit in die Zukunft seines kommenden Lebens und band ihn auch später an die Untergegangenen der Lager.

Mit den ersten Tagen nach seiner Befreiung setzte auch eine gewisse Ordnung ein, die sich über sein, wieder aufgenommenes, chronologisches Erzählen spiegelte. Die Geschichtlichkeit seines Überlebens und seines intimen Körpers knüpften an verschiedene Erlebnisse an. Die Amerikaner hatten die SS-Leute dazu verpflichtet, die überlebenden Häftlinge in der Krankenbaracke zu versorgen. Außerdem hatten sie auch dafür gesorgt, dass die Überlebenden ein »anständiges Essen bekamen. (8) Kinder-, Kinderernährung. (-) + (-) Weil die Erwachsenenernährung zu schwer war, für unsere geschwächten Leiber.« Ein Freund, der vermutlich kurz vor der geplanten »Auflösung des Lagers« in den Wald flüchten konnte, hatte gehört, dass Max überlebt hatte und war zu ihm gekommen, um sich selbst davon zu überzeugen, »weil er es nicht für möglich gehalten hat, dass ich noch lebe«. Max erzählte aus den ersten Tagen nach der Befreiung, wie er im Krankenlager von Buchenwald gelegen hatte:

M: Ich habe da keine positiven Erinnerungen; man hat uns dort liegen gelassen. Man war überhaupt nicht beschäftigt mit uns. (-) Nur ab und zu etwas zum Essen gegeben. Ich habe das nie vergessen. (-) Auch dass die Leute gestorben sind, an das erinnere ich mich auch.

Mit der Überwindung des inneren Muselmannes und seiner Rückkehr ins Leben öffnete sich wieder ein psychischer Raum, der vermutlich in den Wochen zuvor zusammengebrochen war, und der nun das vergangene und gegenwärtige Elend um und in ihm ermaß. Nachdem er wieder »anständiges Essen« bekam und in einem Bett ohne Flöhe und Läuse lag, kehrte vermutlich der menschliche Schrecken über die unaussprechbare erlittene Not an die Oberfläche seines Bewusstseins, ein Schrecken, der unerträglich gewesen sein musste. Vielleicht dachte er an das ungewisse Schicksal seiner Mutter, seiner Frau, seiner Verwandten? Max Mokum war ungemein geschwächt. Er wog 27 Kilogramm und war schwer lungenkrank. Es sollte fünf Jahre dauern, bis er körperlich wieder genesen war.

3.2 Die Geschichte der Familie Mokum

d) Über die Zeit danach: Sprache und (Wieder-)Aneignung der intimen Geschichte

Endlich kamen Leute vom Roten Kreuz ins Lager, um die Identität der Überlebenden festzustellen. Ein paar Tage später wurde Max vom Roten Kreuz nach Eindhoven in ein Sanatorium geflogen, wo er seine Frau wieder sah. Max erzählte nichts über dieses Wiedersehen, nur wenig über die Beziehung zu seiner ersten Frau und noch weniger über die vier Kinder, die er mit seiner ersten Frau hatte. Das tragische Lebensschicksal beider Überlebenden schien diesen Teil seiner Biografie zu verschleiern. Ich habe bereits darauf hingewiesen, dass Auschwitz die beiden Liebenden getrennt hatte. Im Interview meinte Max Mokum, »dass, (-) dass wir beide im Lager gewesen sind, + (-) und die (2) Traumata nicht verarbeitet haben damals, (-) + (-) dass ah, (-) die Interaktion zwischen uns, für mich zu schwer war. (-) Dass ich das davon zurückgezogen hab.«

Seine Frau hatte – wie er – ihre Familie in den Lagern der Nazis verloren. Dass beide überlebt hatten, war auch ein Wunder. Die Frau hatte auf einer Liste seinen Namen entdeckt und so waren sie wieder zusammen gekommen. Nun begann eine Phase von fünf Jahren, die sein Körper brauchte, um wieder vollständig ins Leben zurückzukehren. Drei Jahre verbrachte er in Krankenhäusern und Sanatorien. Aber keine verfügbare Medizin schien dem Überlebenden wirklich helfen zu können. Ein Arzt aus seiner Heimatstadt, der zusammen mit ihm im Lager gewesen war, hörte, dass Max überlebt hatte. Auch er war ein Freund und Weggefährte und konnte nicht glauben, dass Max tatsächlich noch am Leben wäre. Der Arzt hatte gemeint:

M: Das ist nicht möglich. Der kann unmöglich das überlebt haben. Also nahm er ein Auto und fuhr sofort zum Krankenhaus, um sich zu überzeugen, dass ich das wirklich war (lachend). + (-) Ja. (-) Auch eine schöne Erinnerung.

Zum zweiten Mal taucht eine Erzählung auf, in der ein Freund aus dem Lager Max wiederaufsuchte, um sich von seiner Existenz zu überzeugen. Vielleicht verweisen beide Erzählungen auf jene Problematik, nach der es auch für Herrn Mokum etwas Unmögliches war, diesen Tod überlebt zu haben. Im manifesten Text seiner Erzählung sprachen die anderen aus, was er im Geheimen fühlte: dass er als ein anderer Mensch aus Auschwitz und Buchenwald zurückgekehrt war. Die Lager hätten ihn auf eine unbestimmte Weise zu einem anderen gemacht, womit die Verbindung zu seinem früheren Selbst verloren gegangen wäre. Der endlose, traumatische Alltag im Lager zerstörte die symbolische Ordnung des Subjekts, zerriss die geschichtliche Struktur der internalisierten guten Erfahrungen aus der Kindheit und weckte auf radikale Weise die schlimmsten Alpträume, die im Lager eine Normalität bezeichneten, gegen die man sich psychisch nur mithilfe radikaler Abwehrmechanismen wie Spaltung, Verleugnung oder Verwerfung zur Wehr setzen konnte (vgl. Laub 2000). Reste dieser Spaltungsmechanismen wirkten über die Zeit der Befreiung hinaus, führten zu einer Fixierung an die Vergangenheit (vgl. Krystal 2000) und bestimmten den Umgang des Überlebenden mit dem, was er erlitten hatte. Überlebende berichten in der Literatur immer wieder, dass man glaubt und auch nicht glaubt, was geschehen ist, und sich fragt, wie es so kommen konnte (vgl. Langbein 1995). Diese Spaltung von Wissen und Unwissen, von Glauben und Unglauben bezieht sich auch auf die Selbstrepräsentanz und auf die Ich-Identität. Dies könnte der latente Inhalt von Max' Erzählung über den Unglauben seiner Freunde gewesen sein. Wie sein Freund aus Buchenwald und wie sein Arztkollege aus dem Lager musste Max sich offenbar seiner selbst vergewissern, da er glaubte und auch nicht glauben konnte, dass es er war, der aus dieser Hölle entkommen war. Als ob das Trauma einen Stachel in seine Psyche getrieben hätte, der die Existenz seines Selbst und seiner Identität infrage stellte. Das Reale des Lagers war nicht in Worte zu fassen. Es existierte nicht und war gleichsam das einzig Reale auf dieser Welt. Die Bestätigung durch die anderen war gleichsam eine Vergewisserung, dass er wirklich er selbst geblieben war. »Auch eine schöne Erinnerung«, die er zu seinem Wohl nicht vergessen hatte. Diese Erinnerung gehörte als Deckerinnerung zu dem Komplex der Überlebenden, der eigenen Identität verlustig geworden zu sein. Die Bestätigung von Außen: *Ja, du bist wirklich du,* hilft, später den inneren Zweifel und die Ungewissheit zu ertragen, *ob ich wirklich ich geblieben sein kann.* Jede Wiederanknüpfung an das, *was ich einmal war,* hilft der psychischen Genesung. Und diese Wiederanknüpfungen geschahen zumeist über die Außenwelt. Der von außen auf Besuch kommende Freund aus dem Lager bestätigte seine Existenz und seine Geschichte: *Ja, ich habe wirklich überlebt.*

Diese Bestätigung schaffte sich Max Mokum auch durch die Wiederaufnahme seines Medizinstudiums. Nach seiner Rückkehr in die Niederlande begann er im Krankenbett, sein Studium wieder aufzunehmen. Bevor er 1942 die Universität verlassen musste, hatte er bereits an einem speziellen Thema über den Blutkreislauf gearbeitet. Mit dieser Arbeit hätte er eigentlich vorgehabt, zu promovieren.

Anhand von Tierproben wollte er den Blutkreislauf zwischen Milz und Leber untersuchen.
M: Aber das konnte ich nicht mehr fertig machen. Und als ich zurückkam, war ein anderer Student da, hat das benützt, um zu promovieren. (-) + (-) Mit meiner Arbeit. (-) Hat das geklaut, als ich nicht mehr studieren konnte. Das war dramatisch, (-) dass ich das nicht selbst machen konnte. (-) Der Professor hat das Thema weitergegeben. Der hat das ganz und gar vergessen, dass es meine Idee war, der Schmok.
I: Hast du es dem Professor gesagt?
M: Nein, das hat keinen Zweck. (-) Was geschehen ist, ist geschehen. Das kann man nicht mehr ändern.

Sein Versuch, an das Leben zuvor wieder anzuknüpfen, wurde von der Realität enttäuscht und er musste die Verluste – hier in Gestalt seines Promotionsthemas – beklagen. Das geklaute Thema steht symbolisch für die gestohlene Zeit. Der Professor, der vergaß, dass die Idee ursprünglich Max' geistiges Eigentum gewesen war, vergaß damit auch Max und sein intimes Leben. Die Shoah war die Vernichtung des symbolischen Netzes im Sinne einer Vernichtung des geschichtlichen Textes seiner Opfer. Der Blutkreislauf meint einen Lebenskreislauf, dem Max, als der Professor das Thema weiter gab, schon nicht mehr angehört hatte. Das ist die Tragik dieser kurzen Erzählung. Nicht dass ein Student Max' Thema geklaut hätte, sondern dass der Professor zu dem Zeitpunkt der Weitergabe seinen ehemaligen Studenten bereits vergessen, aus der symbolischen Ordnung gestrichen hatte.

Natürlich konnte Max sein Studium nach 1945 nicht mit derselben Kraft fortsetzen. Er konnte aus den Lerngebieten für die Prüfungen immer nur kleine Abschnitte machen. Was nicht üblich war. Er konnte auch nicht einfach auf die Universität gehen, um Vorlesungen zu besuchen. Die bereits erwähnte Ärztin aus dem anatomischen Laboratorium im Tiergarten war ihm bei all den Schwierigkeiten eine große Hilfe gewesen. »Sie hat mir immer wieder großartige Stimulans gegeben.« Auch sie stellte einen Wiederanknüpfungspunkt an das frühere Leben dar, das sich Max Schritt für Schritt wieder holte. Es mochte eine sehr individuelle Selbstbehauptung gewesen sein, als schwer, ja beinah unheilbar Kranker die notwendigen Prüfungen für den Arztberuf – dank der Ärztin – in kleinen Etappen abzulegen. 1948 erhielt Max Mokum von einer Schwester des Vaters, die in Südafrika lebte, jene rettende Medizin, die ihm wirklich helfen

3. Acht Familiengeschichten

konnte. In der gesamten Zeit besuchte ihn seine Frau regelmäßig. Max wurde später von ihr aus dem Krankenhaus geholt.

M: Meine Frau hat ein Haus in Amsterdam bekommen; und eingerichtet und hat mich aus dem Krankenhaus nach Hause geholt. + (-) Und dort ins Bett gelegt. + (-) Ich war noch so schwach, dass ich nicht, äh, (-) spazieren konnte. (-) Das habe ich später wieder lernen müssen. *

Es sollte noch zwei Jahre dauern, bis Max »völlig wiederhergestellt« war. Wie ein Kind musste er in seinen Körper hineinwachsen, die Funktionen seines Körpers neu erlernen und Schritt für Schritt wieder besetzen. 1950 absolvierte er auf der Universität seine letzte Prüfung. Mit dem Krankenwagen wurde er zu seinem Professor gebracht, wo er erfolgreich das letzte Examen meisterte. Noch im selben Jahr erhielt er eine Stelle als Assistenzarzt in einem Krankenhaus in Amsterdam, »aber ich hatte da von meiner Erfahrung so viel gelernt, dass das für mich kein Problem war«. Es war sicherlich kein Zufall, dass mit dem Abschluss des Studiums und seiner Approbation auch die physische Genesung so weit vorangeschritten war, dass er noch im selben Jahr als Assistenzarzt anfangen konnte. Drei Jahre später erhielt er das offizielle Diplom, von nun an auch als Arzt praktizieren zu können. In den nächsten vier Jahren sollte er sich auf Psychiatrie und Neurologie spezialisieren. Er arbeitete in einem Krankenhaus auf der psychiatrischen Abteilung und machte als erster in den Niederlanden Versuche mit LSD, wie diese damals gerade erst entdeckte Substanz auf das Gehirn einwirken würde. »Ich war der erste, der damit beschäftigt war. Also das war ganz etwas Besonderes damals. Ich habe auch mit Kranken damit gearbeitet. (-) Aber ich war nicht so positiv darüber.« Ein Universitätsprofessor »klaute« diese Arbeit von Max und gab sie später als die seine aus. Zum zweiten Mal schilderte Max die Tragik, dass ihm eine wissenschaftliche Arbeit gestohlen wurde. Für ihn war damit Schluss. Er wollte keine wissenschaftlichen Arbeiten mehr machen. »Zweimal hat man mir eine Arbeit geklaut. Ich habe gesagt, jetzt ist Schluss.« Die beiden Erzählungen über den Diebstahl seines geistigen Eigentums könnten einen Hinweis geben, womit er in dieser Zeit psychisch zu kämpfen hatte. Wie oben angedeutet, ging es um eine psychische Anerkennung der realen Verluste. »Was geschehen ist, ist geschehen. Das kann man nicht mehr ändern.« Die Erzählungen über die gestohlenen Arbeiten sind ebensolche Deckerinnerungen wie die Erzählungen über den Unglauben der anderen, dass Max tatsächlich am Leben geblieben war. Hinter diesen Deckerinnerungen stehen innere Kämpfe um das psychische Überleben nach dem Überleben. Es geht um die Anerkennung von nicht wieder gut zu machenden Verlusten und um die damit einhergehende Trauerarbeit. Diese hatte er mit sich alleine auszumachen, und es gab, wie er meinte, dafür keine Hilfe. »Die ersten zehn, zwanzig Jahre waren schrecklich. Man hat überhaupt keine Hilfe von draußen bekommen. Man musste alles selbst + (-) organisieren.« Selbst »die Familie ist kein Halt gewesen«, da es ja »nur sehr wenig an Familie gab«. Dass er mit den wissenschaftlichen Arbeiten Schluss machte, mag ein Hinweis sein, dass er versuchte, von seiner schmerzlichen Trauer Abschied zu nehmen. Man muss etwas lassen, um dafür mit etwas anderem zu beginnen.

1957 beendete er seine Facharztausbildung zum Psychiater und arbeitete in einer Klinik in Leiden. Kurz darauf begann er seine Ausbildung zum Psychoanalytiker bei einem ehemaligen Schüler Freuds. Seine Lehranalyse sei nicht gut gewesen.

M: Mein ( ) Analytiker war kein guter-; (-) denn die, die Zeit hat man keine Ahnung (-) für (-) die traumatische Erfahrung in den Konzentrationslager. (-) Wir waren nur fixiert auf (-) die ödipale Situation. + Also. (-) Erst später, wenn ich äh, schon fertig war; (-) + (-) Also, (-) wir waren ganz auf Freud fixiert. + (-) Aber über die äh, (-) Nachkriegsjahre und die Kriegsjahre überhaupt nichts weiter gehört. (-) Und da haben wir auch nicht darüber sprechen können. (-) + (-) Meine Analyse war nicht optimal. (-) Also, ich habe das selbst verarbeiten müssen. +

Max Mokum wurde von seinem Psychoanalytiker allein gelassen, wie er erzählte. Sein Satz: »Also, ich habe das alleine machen müssen«, mag auch auf eine Kollusion in seiner Lehranalyse hindeuten. Vielleicht konnte sein Psychoanalytiker als Schüler Freuds über die vergangenen Verluste ebenso wenig sprechen wie Max als Überlebender der Shoah. Was ihm dagegen half, die Vergangenheit verarbeiten zu können, sei, wie er sagte, seine Arbeit mit Überlebenden der Shoah und später auch mit deren Kindern gewesen. Er sei in seinen berufstätigen Jahre (bis weit über 80) ungemein intensiv damit beschäftigt gewesen, »Gefangenen, Exgefangenen wieder das Leben zu ermöglichen. Auch Kinder, die untergetaucht waren, habe ich wieder, äh, geholfen, ins Leben zurück zu gehen.« Max arbeitete im Unterschied zu seinem Psychoanalytiker mit dem Trauma der Überlebenden. Und er nahm seine eigenen Erfahrungen, um ihnen zu helfen, »ins Leben zurückzukehren«, wie er selbst ins Leben zurückgekehrt war. Er erzählt dazu eine beispielhafte Anekdote:

3. Acht Familiengeschichten

M: Und die Leute waren, kamen, (-) gehen zu mir, (-) weil sie das Gefühl haben, ich kann es verstehen, was sie erfahren haben. + (-) * (-) Es gab natürlich viele (-) Ärzte, (-) die überhaupt keine Ahnung hatten, was dort passiert ist. (-) + (-) (...) ausgerechnet ( ) guter Unterstützung. + Zum Beispiel. (-) Ich werde ein schönes Beispiel geben. + (-) Einer dieser Menschen (-) erzählte mir, (-) wenn wir in die (-) Ferien gehen, (-) und ich (-) und mein Gepäck machen muss, hab ich immer ein komisches (-) starkes (-) (Angstgefühl?) (-) und ich konnte sagen, ja ich verstehe das, (-) weil das für dich immer eine Erinnerung ist, dass du damals dein Gepäck machen musstest, um zu flüchten. + + (-) Und das hat geholfen. Verstehst du? So etwas konnte ich mit den Leuten besprechen, weil diese Erfahrung für mich selbstverständlich war. *

Max konnte seine Patienten so gut verstehen, weil er selbst wusste und am eigenen Leib erfahren hatte, was sie erlebt hatten. Er half in seinen Therapien über das Verstehen seiner Patienten sich selbst. »Ich habe auch anfangs Schwierigkeiten gehabt, mit Ferien weg zu gehen. + (-) Und nach dieser Deutung (-) war es für mich weniger schwierig, + weil ich es nun selbst auch entdeckt hatte.« Damit wiederholte er in gewisser Weise seine Arbeit als Häftlingsarzt. Auch im Lager war es die »positive Erfahrung«, seinen Mitgefangenen als Arzt helfen zu können, die ihn am Leben hielt. Später ermöglichte ihm die Therapie mit seinen Patienten, sich die dunklen Seiten seiner eigenen Geschichte bewusst zu machen. Indem er sich und dem anderen half, war es möglich geworden, die Geschichte zu integrieren oder zumindest besser damit leben zu können. Letztendlich handelt es sich um eine Fixierung auf die Welt der Vergangenheit. Und zwar auf einen ganz bestimmten Punkt, an dem ihm sein eigenes Leben zu entschwinden drohte. Indem Herr Mokum sein Weiterleben diesem Thema und dieser Arbeit verschrieben hatte, wiederholte er jene Szene nach der Befreiung, wo er im Krankenlager mit dem Schlaf und dem damit einhergehenden Sterben gerungen hatte. So, wie er sich damals ins Leben zurückgeholt hatte, versuchte er später, seine Patienten ins Leben zu holen. (In gewisser Weise arbeitete er mit den Überlebenden an jener Sache, die er sich für seine Mutter vorgenommen hatte. Denn anfänglich kam die Signifikantenkette »ins Leben holen« aus seiner Klage um die Verluste, die seine Mutter zu erleiden gehabt hatte.) Über diese Arbeit kämpfte er mit der Nähe zum Tod und erfuhr eine wiederholte Begegnung mit dem *Überleben des Anderen*. Vielleicht gibt es an diesem Punkt auch eine

Verbindung zwischen seiner Arbeit und dem Schuldgefühl des Überlebenden, der Zeugnis für jene ablegt, die kein Zeugnis mehr ablegen können.

In den folgenden Jahren seiner beginnenden Arbeit als Psychiater und Psychoanalytiker wurden vier Kinder aus seiner ersten Ehe geboren. Max fühlte sich in der Ehe beengt. Die traumatischen Erfahrungen beider Überlebender standen zwischen ihnen. Manchmal kann gemeinsames Leid verbinden, hier hatte es die Liebenden getrennt. 1967 kam es zu einer Krise. Max hatte sich von seiner Frau getrennt und war mit seiner zweiten Frau nach Belgien gezogen. Die Vergangenheit stieg in ihm hoch. Er meinte, dass der Umzug und der Verlust der vertrauten Umgebung alte Traumen wachgerufen hätten (vgl. oben die Erzählung über seinen Patienten, der sich vor dem Kofferpacken ängstigt). Die Trennung von seiner Frau war folgenschwer und radikal gewesen. Seine erste Frau konnte ihm die Trennung nicht verzeihen und hatte ihm die Kinder entzogen.

M: Ja, (-) und es hat von ihr viele feindselige Gedanken gegeben. Hat auch die Kinder beeinflusst, dass ich keinen Kontakt mit ihnen haben soll. Und das kann ich jetzt gut verstehen. Denn sie muss das Gefühl haben, ich habe ständig gut für ihn gesorgt und aus Dank werde ich äh, (-) weggeschickt.
+ (-) Also, ich habe das Idee, dass ich verstehen kann, weil sie so aggressiv und feindselig gegenüber mich geworden ist.

Max versuchte im Nachhinein, seine Frau zu verstehen, ihren Ärger und die Kränkung, die sein Weggehen für sie bedeutet haben könnten. Seine erste Frau verkörperte neben der Nähe zum Tod des Anderen auch eine Verbindung zur Welt vor der Shoah. Sie hatten vor ihrer Verhaftung und Deportation geheiratet. Diese Verbindung hatte er zeitlebens gesucht. In seiner Arbeit mit Überlebenden hatte er die Risse in den Biografien der anderen verstehbar machen wollen. Aber in der intimen Beziehung mit seiner ersten Frau war diese Verbindung für ihn nicht aushaltbar gewesen. Vielleicht deshalb, weil er über diese Frau die eigenen Verluste gespiegelt bekam. In seiner zweiten Frau fand er einen Menschen, dem er endlich erzählen konnte, was er seiner überlebenden Frau nicht erzählt hatte, vielleicht weil seine zweite Frau von dieser Nähe frei war und keine Erinnerungen evozierte, die er nicht ertragen konnte. Er sagte »dass ah, (-) die Interaktion zwischen uns, für mich zu schwer war. (-) Das ich das davon zurückgezogen hab.« Was so viel heißen könnte wie: Dieser Spiegel war so schwer zu ertragen, »dass ich mich von ihr zurückgezogen hab«. Seine zweite Frau half ihm dagegen, über diese Nähe hinweg zu gehen. Er konnte darüber erzählen und damit vergessen, was nicht zu erinnern war. Er distanzierte sich, indem er darüber sprechen konnte. Es war wohl eine Art Therapie mit seiner zweiten Frau, eine Therapie, über die er sich abermals ins Leben holte.

M: Ich habe zum Beispiel in den 70er Jahren (-) ein (-) auch, äh, (-) (für) (-) schwer gearbeitet, (-) um allerlei traumatische Erfahrungen zu verarbeiten. (-) Und viele Gespräche gehabt mit meiner Frau damals, (-) um das zu verarbeiten.

Neben diesen intensiven Gesprächen mit seiner zweiten Frau[45] half ihm auch, dass er die Erinnerung an seinen Vater wieder aufleben ließ. Seinen Vater hätte er nie vergessen. Er sei immer noch lebendig in seinem Kopf. Aber seit damals hätte er das Gefühl, mit seinem Vater im Gespräch zu sein, was es in den Jahren zuvor nicht gegeben hatte, »also er war wieder lebendig für mich«. Seine Schilderung in der Eingangsszene des ersten Interviews wiederholte sich. Der Vater, der aus den Tiefen der Vergangenheit in ihm hochsteigt und ihn erneut auffängt. Dieses innere Bild bedeutete Max ein Liebessymbol, »dass Vater und Sohn eins sind. Ich bin sehr glücklich damit, diese Erinnerung zu haben.«

Zwei Töchter kamen in den nächsten Jahren zur Welt, von denen ich mit einer sprach und sie interviewen konnte. Zu diesen Töchtern gab es ein besonderes und intimes Verhältnis, worüber Max erzählte. Er war mit ihnen vor ein paar Jahren nach Buchenwald gefahren. Max war seitens einer Gedenkinitiative nach Buchenwald eingeladen worden, um dort seine Geschichte zu erzählen, woraus ein zeitgeschichtliches Dokument gemacht wurde. Auf diesem Film, den er mir zeigte, waren seine Töchter zu sehen, die – beide unabhängig voneinander – beschlossen hatten, den Vater dorthin zu begleiten, als sie von der Einladung erfuhren.

M: Ich denke, dass wir dort zusammen in Buchenwald waren, (-) dass das äh, (-) ein (-) großartige Erfahrung für uns drei war. + + (2) Und, dass wir doch, (-) seit dieser Zeit (-) die Erfahrungen (miteinander?) integriert haben. + + (2) Das hat unser Verhältnis außerordentlich <u>positiv</u> beeinflusst. (-) Ich habe jetzt so ein großartige Liebe miteinander, + + dass wir uns drei (-) da sehr glücklich sind. +

---

[45] Aus einer generationellen Sicht hatte es sich um ein sehr spezielles Aufeinandertreffen gehandelt, auf das ich ansatzweise in der Geschichte der Tochter Vera Rubensteen zurückkommen werde.

Max markierte damit eine positive Zäsur in der Beziehung zu seinen Töchtern. Buchenwald hätte ihre Beziehung *positiv* beeinflusst. Über dieses Adjektiv »positiv« hatte Max von Beginn an ein Band beschrieben, ein Liebesband, das zwischen ihm und den anderen Menschen bestehen würde, die mit ihm in Beziehung treten würden. Grosso modo beschrieb er damit eine intensive, emotionale Liebesbeziehung zu bestimmten, ihm nahestehenden Menschen. Genauer gesagt stand dieses Adjektiv zuerst für die Beziehung zu seinem Vater, später für seinen Widerstand während der Nazi-Okkupation, den Möglichkeiten im Lager, auch dort als Arzt Hilfe zu leisten, und schließlich tauchte dieses Adjektiv in seiner Arbeit mit den Überlebenden der Shoah erneut auf. Insofern stellt das Wort »positiv« den Versuch dar, eine Brücke zwischen den vergangenen Erfahrungen vor, während und nach der Shoah zu bilden. Ein Liebesband, wie er es nannte, das von der synthetischen Funktion des Ichs geknüpft zu sein schien. Indem er mit seinen Töchtern in Buchenwald – dem Ort seiner Befreiung – gewesen war, wurden auch sie quasi initiiert und gehörten nun diesem symbolischen Gewebe an, das er von Beginn an in seine Erzählung geflochten hat.

Ein anderer Ort der Wiederaneignung war seine Arbeit im jüdischen Lehrhaus und am christlich-jüdischen Dialog, in den 80er und 90er Jahren. Sein Unterreicht im jüdischen Lehrhaus richtete sich auch an Nichtjuden, »für Christen, die Gedanken haben, dass ah, Unterricht in der jüdischen Tradition auch für das Verstehen der christlichen Tradition außerordentlich wichtig ist«. »Ich denke, dass eben die <u>Zusammenarbeit</u> in dem christlich-jüdischen Dialog außerordentlich wichtig ist. + Und ah, gegen das <u>negative</u> Vorurteil muss man sich bewusst machen, dass Jesus auch ein Jude war, der in der jüdischen Tradition lebte; denn er kannte keine andere.« In diesem Zusammenhang reiste er auch nach Deutschland, um in Schulen als Zeitzeuge zu den Schülern zu sprechen. Aber das war nicht immer so gewesen. Als er zum ersten Mal nach Deutschland fuhr, um an einer Tagung über den christlich-jüdischen Dialog in der bischöflichen Akademie von Aachen teilzunehmen, »war es für mich noch nicht möglich, Deutsch wieder zu sprechen. Ich konnte das nicht. Später habe ich viele Freunde dort bekommen.« Max verglich diese Sprachhemmung mit einer biblischen Geschichte:

M: Als Moses am brennenden Dornbusch stand, wurde er von Gott aufgefordert, zurückzukehren nach Ägypten. Und er hatte großen Widerstand dagegen. Und endlich sagte er: »Aber ich kann nicht sprechen.« Sagt Gott: »Ist kein Problem, ich werde deinen Bruder Aaron schicken und er wird für

3. Acht Familiengeschichten

dich sprechen.« Du erinnerst dich? Das steht in der Bibel. Was war los mit Moses, dass er nicht, äh, reden konnte, weil er später in der Wüste eine ausgezeichnete Rede halten konnte? Der konnte nicht reden, weil er zurückkehren muss in ein Land, wo er zum Tode verurteilt wurde. Und das war mit mir auch.

Max Mokum hatte sich seine Redehemmung bewusst gemacht. Über die Freundschaften, die er mittlerweile in Deutschland geknüpft hatte, war es ihm möglich geworden, wieder in der Sprache der ehemaligen Täter zu sprechen. »Ich denke, dass äh, dass es wichtig ist, dass man das Negative überwinden kann, und im Stande ist, wieder Freunde zu-, wieder viele Freunde zu machen und doch gut zusammenarbeiten zu können.« In Max' Erzählungen gab es immer wieder eine Polarität zwischen dem Positiven und dem Negativen. Sein Überlebenskampf hatte in dem fortgesetzten Bemühen bestanden, dieses Negative zu überwinden und die zerstörte oder verlorene Spur neu zu beschreiben. Seine Sprachhemmung mag daher rühren, dass die Deutsche Sprache den Tod und die Todesnähe aus dem Lager beförderte. Gegen diese Nähe Widerstand zu leisten und den toten Sprachraum zurückzuerobern, hatte auch bedeutet, selbst in diesen *toten Zonen* an das Leben, an den Eros wieder anzuknüpfen. So wie er während seiner langen Krankheit seinen vakanten Körper neu besetzen musste, so wie er sich und andere ins Leben zurückholte, eignete er sich die Sprache jenes Landes wieder an, in dem er zum Tode verurteilt worden, beziehungsweise in dem er einen symbolischen Tod gestorben war. Mit der Rückgewinnung der Sprache tritt er in die symbolische Ordnung jener Welt, aus der er gestrichen war. Die Kontakte zu seinen Freunden aus Deutschland haben die Sprache der Täter überschrieben und zu positiven Erfahrungen geführt.

e) Fotografien der Wiederholung und Zeitlosigkeit

Während unseres letzten Interviews, ich fragte nach den Kindern aus erster Ehe, holte Max eine Mappe mit alten und neuen Fotografien hervor, um die Bilder für sich sprechen zu lassen. In der folgenden halben Stunde zeigte er mir den Inhalt dieser Mappe, der aus alten Fotos, Zeitungsausschnitten und Texten bestand. Die Präsentation von Fotografien ist häufig Bestandteil in Interviews, welche die intime Familiengeschichte zum Thema haben. Aber bei Max kam etwas hinzu, das die Sache änderte. Während Bilder oft dazu hergenommen werden, um eine Chronologie der Familienhistorie darzulegen, verkörperten jene Bilder, die er mir zeigte, den Bruch dieser Chronologie. Zum einen besaß Max Mokum keine Familienalben. Die waren »von den Nazis alle vernichtet worden«. »Die sind alle geklaut worden« – wie seine wissenschaftlichen Arbeiten. Es gab also nichts Sichtbares aus der Vergangenheit, nichts, das er hätte betrachten und in den Händen halten können. Kein Bild, auf das er zeigen und seinen Kindern dabei sagen könnte, sieh her, so hat deine Großmutter einmal ausgesehen. Max erzählte, dass er es als Kind geliebt hatte, durch die Familienalben zu blättern. Er hatte sich stundenlang die Bilder seines Vaters und seiner Familie anschauen können. Dass diese Bilder für immer verloren waren, belegt die Zerstörung der Geschichtlichkeit der Opfer. Jene Bilder, die er in der Mappe aufgehoben hatte, stammten großteils aus der Zeit danach. Er hatte sie gesammelt, hatte Ausschnitte aus Zeitungen ausgeschnitten, war zufällig auf Bilder gestoßen und hatte nun das Ganze in jener Mappe zusammengetragen. Die Dinge darin erzählten und zeugten von einer zerbrochenen und abgerissenen Geschichte. Herr Mokum blieb während seiner Präsentation sehr schweigsam, um nicht zu sagen stumm. Zunächst zeigte er mir Zeitungsausschnitte von seinen Kindern und deren Familien aus der zweiten Ehe, die als Ärzte und Juristen immer wieder Erwähnung in den Printmedien fanden. Dem Mann einer seiner Töchter, der in den Niederlanden ein »bekannter Jurist und Professor ist, begegnet man viele Male in der Zeitung«. Als nächstes zeigte er mir Fotografien jener Kinder aus erster Ehe. Seine beiden Söhne waren beide anerkannte Mediziner. Der ältere der beiden war Kardiologe in Chicago und der jüngere Sohn Neurologe in Leiden. Die beiden Töchter waren Juristinnen. Während mir Max die Bilder zeigte, ergab sich ein *Phänomen des Schweigens*, das im Akt des Zeigens und Ansehens persistierte.

M: Dies ist der andere Sohn ( ) ( ) der Professor. Und das ist sein Bruder.
I: Der Professor in Chicago. * Genau. (4)
M: Und das ist der Neurologe.
I: Und das ist der Neurologe in Leiden. Mhm. (4)
M: Hier siehst du die drei, auch mit seiner Schwester.
I: Das war Fasching. (-) Aha. (-) (4) Der Neurologe war der älteste? * Mhm. (5) Ein Pirat. + (4)
M: (3) Hier siehst du den Neurologen. (6)
I: Das? * Aha. (11)
M: Hier siehst du die vier Kinder. (2) + (2)

3. Acht Familiengeschichten

I: Und das war deine damalige Frau? * Ja.
M: (5) Hier siehst du ihn auch. (12)
I: Das? +
M: Und hier siehst du die zwei Jüngsten. + (12)
I: Okay. Wie sie sich gegenseitig verarzten. (14)

In den Pausen zwischen den wenigen Worten, die hier gewechselt wurden, kam vermutlich jener Bruch zum Vorschein, der auf die abgerissene Verbindung zu den Kindern aus erster Ehe verwies.[46] Eine innere Distanz oder Zurückgezogenheit wurde spürbar. Seine wenigen Worte ließen kaum Raum für Assoziationen. Als bezeichneten die Bilder den inneren Ort eines abgerissenen Assoziationsweges. Es fällt auch auf, dass Max *seine* Kinder nur indirekt ansprach. »Das ist der Neurologe. Das ist sein Bruder.« »Hier siehst du die drei auch mit seiner Schwester.« Erst auf Nachfrage nennt er ihre Namen. Anstatt *die* Kinder als *seine* Kinder anzusprechen und zu sagen: »Das ist meine jüngste Tochter (aus erster Ehe)«, sagt er: »Das ist seine jüngste Schwester« und meint damit die Schwester seines ältesten Sohnes. Man sieht, wie Max über die Sprache außerhalb der verwandtschaftlichen Beziehungen blieb. Die verwandtschaftlichen Beziehungen schienen nur zwischen den Kindern, aber nicht zwischen dem Vater und den Kindern zu existieren. Seine erste Frau hatte nach der Trennung die Kinder von ihm ferngehalten. Für einen Menschen, der seine Familie in den Lagern der Nationalsozialisten verloren hatte, lag darin eine Wiederbelebung vergangener Verluste. Noch deutlicher wurde diese über seine Sprache vermittelte Distanz, als er mir ein Bild der Schule zeigte, in die er und sein Bruder gegangen waren.

M: Von der Oberrealschule. (6)
I: Was steht da?
M: Gestorben, wegen ernsthafter Krankheit die Schule verlassend, und gestorben. (14)
I: Das war dein? (12)
M: Das ist seine Geburt, + und das war die Schule, wo ( ) gekommen ist.
I: Der Bruder? * (38)

---

46 Mit seinem ältesten Sohn, dem Kardiologen aus Chicago, hatte Max wenige Tage vor unserem letzten Treffen das erste Mal seit 40 Jahren wieder gesprochen. Er hätte berufsmäßig in den Niederlanden zu tun gehabt und war mit dem Vater zusammengetroffen.

Max zeigte mir seinen Bruder zunächst über die Schule und über den dazugehörenden Text »gestorben, wegen ernsthafter Krankheit die Schule verlassend und gestorben«. Das Schweigen der Bilder war unterschiedlich lang, je nach innerem Ort, den das Bild berührte. In dieser Interviewphase wirkte Max abwesend und in sich gekehrt. Als sei er beim Betrachten der verlorenen Welt von ihr aufgesogen. Auch ich glaubte, den Kontakt zu ihm zu verlieren. Das letzte Bild zeigte eine Familie:

M: Und äh, das waren Leute, die neben meinen Großeltern gewohnt haben. (-) + in der ( ) 134. + und meine Großeltern wohnten auf 148. +
I: Und, und diese Leute (-) haben das gemacht?
M: Nein, die haben ( ) den Stern aufbewahrt.
I: Die haben den Stern * Mhm.
M: Und da habe ich da so eine Kopie davon bekommen. + (12)
I: Die Nachbarn deiner Großeltern +, bei denen du gewesen bist +, als deine Mutter krank war +.
M: Wenn mein Bruder krank war, (-) als meine Mutter im Krankenhaus war.
I: Ja, ja, genau. * (18)
M: Du musst jetzt etwas essen.

Wir setzten erst nach einer längeren Pause (Max meinte zu mir: »Du musst jetzt etwas essen.«) das Interview wieder fort. Ich denke, dass in dieser Mappe eine abgelegte Historie mit ihren Brüchen zum Vorschein kam. Max war es nicht leicht gefallen, durch diese Bilder zu gehen. Er hatte viel geschwiegen. Hatte nur indirekt die Personen seiner abgerissenen Geschichte eingeführt, sodass in manchen Fällen erst über Nachfragen die Zusammenhänge erschlossen werden konnten. Vielleicht war das deshalb so, weil das vergangene Trauma die Verbindungen zerrissen hatte und weil es ihm nun Mühe bereitete, durch diese toten Zonen zu gehen, um die alten Verbindungen wieder herzustellen. Vielleicht schlug er mir auch deshalb vor, etwas zu mir zu nehmen, um diese inneren Leerstellen zu füllen. In gewissem Sinne war er in dieser Szene auch um meinen Körper und um mein Wohlergehen besorgt. Er ließ die Bilder an seiner Stelle erzählen. Waren diese Bilder nicht in gewisser Weise die einzige Erinnerung, die ihm geblieben war?[47]

---

[47] Ich möchte in diesem Zusammenhang noch ein anderes Bild nicht unerwähnt lassen, das er mir im ersten Interview gezeigt hatte. Er besaß eine Fotografie von seinem Vater. Diese Fotografie hatte er zufällig in einem Bildband über die Niederlande um die Jahrhun-

3. Acht Familiengeschichten

Manche Bilder, die er mir (auch sprachlich) zeigte, zeugten von Erinnerungsspuren, die vermutlich niemals ganz in seinem Besitz aufgegangen waren. Zumindest sperrten sie sich der Vergeschichtlichung und repräsentierten einen ahistorischen Kern in seiner Erzählung, der sich nicht dialektisieren oder symbolisieren ließ. Diese Erinnerungsspuren, abgelegt und aufgehoben in der Mappe, konnten nicht weiter entwickelt, umgeschrieben oder verändert werden. Ein Stillstand der (inneren) Zeit, der sich über das Phänomen des Schweigens äußerte. Das durch ein Trauma entstandene, abgebrochene Ende einer Assoziationskette, was gleichzeitig das traumatische Ende der Beziehung zu den anderen repräsentierte. Als Gegenstück zu diesen abgerissenen Fäden erzählte Max Mokum von den anderen Überlebenden, zu denen er eine »intuitive Beziehung« hätte, die niemals abreißen könne. Als er zusammen mit seinen Töchtern in Buchenwald war, suchte er in der Gedenkstätte zur Mittagszeit das Restaurant auf, um etwas zu essen.

> **M:** Und ich äh (-) spaziere, um einen Platz zu suchen, (-) da saß ein Mann dort. (-) + Und ich gucke zu ihm und er zu mir, (-) und wir wussten <u>intuitiv</u> von beiden, dass wir in Buchenwald gewesen. + (-) Also, ich stand auf und wir gaben einander die Hand. +

Max schildert noch ein zweites zufälliges Zusammentreffen mit einem ehemaligen Häftling.

> **M:** Es war, dass am Anfang in Buchenwald, äh, ich einen Mann begrüßte und das war ein russischer Offizier; + in der russischen Armee. + Und wir waren kriegsgefangen und nach Buchenwald geschleppt. (-) + Nach dem Krieg ging er zurück. + Hat Stalin wieder verhaftet. Denn kriegsgefangen sein ist eine Erniedrigung für das Heer und Stalin hat ihn nach Sibirien geschickt. (-) Und er ist wieder in Freiheit gekommen nach dem Tod von Stalin. Und jetzt kam er zurück und wir grüßten einander als (-) alte Häftlinge + und er <u>ist den ganzen Tag mit mir herum gegangen</u>. Das war etwas Großartiges. +

---

dertwende entdeckt. Es zeigte den Vater als Diamantenschleifer bei seiner Arbeit in einer Fabrik zu Beginn des 20. Jahrhunderts. Die erste Erinnerung an den Vater, die am Beginn der Interviews gestanden hatte, beschrieb einen starken, liebevollen und beschützenden Vater. Zu diesem Vater kehrte Max zurück. Aus diesem inneren Bild konnte er in der Krise Kraft schöpfen. Der Diamantenschleifer, dessen Hände ihn aufgefangen hatten ... Die einzige äußere Bebilderung seines geliebten Vaters zeigte diesen, wie er ihn als Kind nie zu Gesicht bekommen hatte. Ein an sich fremdes Foto.

Die gemeinsame Erfahrung der Überlebenden verband. Wie sehr zeigt sein Versprecher oben, als er sagte, »wir waren kriegsgefangen«. In diesem Zusammenhang erwähnte Max Mokum nochmals gegen Ende unseres letzten Gesprächs jene beiden Überlebenden, die gemeinsam mit ihm auf dem Foto aus Buchenwald zu sehen waren, das unmittelbar nach der Befreiung von einem amerikanischen Soldaten aufgenommen worden war. Auch in Bezug auf diese beiden Überlebenden galt,

M: Dass man intuitiv ein Bundesgenosse + ist. Der etwas zusammen erfahren hat.
  * Und das habe ich auch mit (den beiden Überlebenden auf dem Foto aus Buchenwald) gehabt. Das wir drei Überlebende, + von diesem berühmten Foto sind + und dass wir (-) wie Brüder miteinander ins Leben stehen. +

Max sprach von einer lebenslangen Verbundenheit, die zwischen ihm und den anderen Überlebenden bestehen würde. Diese spontane, intuitive Verbindung zu den Überlebenden bildete das Gegenstück zu den abgerissenen Fäden von vorhin. Letztendlich gehören beide Seiten zusammen. Während die Verbundenheit mit den Überlebenden die synthetische Kraft des Ich verkörpert, »dass wir wie Brüder miteinander ins Leben stehen«, repräsentiert die andere Seite die tanatoide Kraft der Entbindung. Diese beiden Seiten lassen sich im Leben nicht voneinander trennen. Freud sprach von zwei Trieben, die sich hier in einer Entmischung gegenüberstanden. Darin spiegelt sich das Paradox des Überlebenden, dass man, um weiter zu leben, vergessen muss. Aber weiter zu leben bedeutet auch, zu erinnern. Dort liegt die Ambivalenz des Überlebenden, die Max als ständigen Kampf gegen die Erfahrungen des nahen (eigenen und anderen) Todes beschrieben hatte. »Ich habe immer Widerstand gegen das Negative gehabt.« »Ich habe immer gekämpft und versucht, etwas Positives zu schaffen.«

Max' Erzählung schilderte eindrucksvoll ein Band, das zwischen ihm und seinen Mitmenschen auch in den unmöglichsten und schrecklichsten Situationen nicht abgerissen war. An zahlreichen Stellen der Interviews tauchte die rekonstruierende und bewahrende Kraft dieses Eros auf; das wiederherstellende oder zusammenfügende Prinzip in den Gestalten der jüdischen Lehrhaustradition, des christlich-jüdischen Dialogs, seiner Wiederaneignung der Sprache, des Körpers und seiner Arbeit als Arzt und Psychoanalytiker ebenso wie in den Gestalten der Professorin, seiner Helfer und Freunde.

Gleichzeitig erfuhr Max in diesem Bemühen eine wiederholte Frustration und das Auseinanderfallen von Familie und Beziehungen, die er dann (im Neuen)

wieder herzustellen suchte. In der synthetischen Kraft seines Eros lag auch etwas Trennendes zum Leben hin. So beschrieb Max seine Schwierigkeit im Umgang mit Nähe in seinem Liebesleben mit folgenden Worten:
M: Na, zum Beispiel das Verheiratetsein für mich eine Enge (ist), das ich immer weg muss von einer Gefangenschaft. (-) Das Gefühl, (-) zum Beispiel, (-) dass ich in einer Heirat instabil bin. (-) + (-) Das äh (-) ist eine Erfahrung, die ich erst die letzte Zeit (-) mir bewusst gemacht habe.

Vielleicht ging es um einen Konflikt zwischen der Sehnsucht nach dem verlorenen Objekt und der Enttäuschung, es in der Projektion auf den Anderen nicht gefunden zu haben, der die Liebeswahl so instabil machte. Er trennte sich von seiner zweiten Frau. Aber diese Trennung war nicht so radikal wie die erste. Es bestand noch ein regelmäßiger Kontakt zu seiner zweiten Frau. Vielleicht hatte die helfende Position seiner Frau überhandgenommen, einem Lebenstrieb der Ich-Erhaltung folgend, und somit das sexuelle Begehren verspielt. Auch zu seinen beiden Töchter aus dieser Beziehung bestand ein, wie er sagte, intensiver Kontakt. Mit seiner jetzigen Frau gründete er eine dritte Familie und erlebte im übertragenen Sinn eine erneute *Wiederherstellung von Familie*.

Wie im Text äußerten sich in seiner Erzählung eine auf- und eine absteigende Bewegung. Ein Fallen und ein Auffangen. Verlust und Wiederherstellung. Die Eingangsbilder der beiden Stürze aus seiner frühen Kindheit setzten sich in den sprachlichen Szenen seiner Erzählung fort. Im ersten Fall wurde Max aufgehoben. Im Bild des zweiten Falles trug er eine Narbe davon. In jedem Ding, das ihn berührte und von dem er erzählte, schienen beide Seiten enthalten zu sein. So war sein Bild im Studentenausweis einerseits die Verkörperung von Kontinuität und andererseits signifizierte es eben den Verlust derselben. Über das Detail der im Bild enthaltenen Brille wurde die Anwesenheit des Verlorenen und Abwesenden eingeschleust. Kein Ding, das nicht von dieser doppelten Struktur gekennzeichnet wäre. Gemessen an der inneren, psychischen Zeit seiner Erzählung war in dem ersten Sturz die Narbe schon vorhanden. Sie kam aus der Zukunft und verletzte das Bemühen um eine Wiederherstellung. In all diesen Wiederherstellungsgeschichten lag vielleicht ein Schmerz, der an die nächste Generation weitergegeben wurde; allerdings in einer Weise, die die nachfolgenden Generationen trotz der Teilhabe und der Weitergabe naturgemäß vom Schmerz, den tausend sichtbaren und unsichtbaren Narben und Verwundungen, auch ausgeschlossen hat.

f)   Nachtrag

Ich habe Max Mokum nach unseren Interviews noch zweimal besucht, wobei es während des ersten Besuchs – aufgrund eines plötzlichen Krankenhausaufenthaltes – nicht möglich war, mit ihm zu sprechen. Während meines zweiten Besuchs kam er gerade aus dem Krankenhaus nach Hause. Ich hatte mit ihm nur wenig über die Arbeit, die er gelesen hatte, gesprochen. Er nahm sehr starke Herzmedikamente, was seine Konzentrationsfähigkeit einschränkte. Er war nicht in der Lage, einen längeren Text zu lesen und zu behalten. Trotzdem sprach er mit mir über seine Erlebnisse. Ich blieb drei Tage bei ihm, ging mit ihm spazieren, begleitete ihn zu seinen Untersuchungen ins Krankenhaus und wir sprachen über das, was gerade da war. Als ich mich von ihm verabschiedete, lag er zu Hause auf seinem Krankenhausbett. Er drückte lange meine Hand. Ein halbes Jahr später war er gestorben.

II   Vera Rubensteen (zweite Generation): »Aber es gab immer noch etwas anderes ...«

Ich führte die Interviews mit Vera Rubensteen auf Englisch und Deutsch. Insofern unsere Gespräche zweisprachig, aber nicht in ihrer Muttersprache geführt wurden, bleibt unklar, wie nah diese geborgten Sprachen ihre subjektive Wahrheit treffen konnten. Andererseits bedeutet die Möglichkeit, zwischen mehreren Sprachen zu »switchen«, einen gewissen Mehrwert der stattfindenden Erzählung, eine doppelte Sicht.

Vera Rubensteen erzählte mir ihre Geschichte über eine unmögliche Nähe zu ihrem Vater. In den Interviews bezeichnete Vera diese Nähe als Blasphemie. Es sei Blasphemie, sich vorzustellen, was der Vater erlebt und durchgemacht hätte. In diesem Spannungsfeld zwischen dem Wunsch nach einer Bebilderung der väterlichen Vergangenheit und einem Bilderverbot bewegte sich die Erzählung.

a)   Einstiegsszene, ein erstes Familienbild

Ich besuchte Vera Rubensteen in ihrem kleinen Haus in Amsterdam, wo sie mit ihrem Mann und einer zweijährigen Tochter lebte. Ähnlich wie von Max Mokum wurde ich von Vera Rubensteen und ihrem Mann, beide waren Mitte

3. Acht Familiengeschichten

30, freundlich aufgenommen und zum Abendessen eingeladen. Nach dem Essen kümmerte sich ihr Mann um die Tochter, während ich mit Vera das erste Interview führte. Ich bat sie zu Beginn, einfach zu erzählen, woher sie kam, wer ihre Eltern waren und einige Szenen und Bilder aus ihrer Kindheit zu schildern.
V: Okay. (-) Ahm, (-) ich bin aufgewachsen im Süden des Landes und es war ein kleines Dorf. (-) Sehr klein. + (-) Es waren nur zwei Straßen, (-) mit ah, (-) nur Bauer und uns. + (Lachen) (-) Und, äh, (-) wir waren immer (-) schon da wirklich (-) ähm, (-) diskriminiert eigentlich. + (-) Weil wir von Amsterdam gekommen sind. Und, äh, (-) weil wir-, (-) weil mein Vater Jude ist. + (-) Und ähm, (-) aber es war eigentlich ganz ruhig da. (-) Und sehr schöne Umgebung. (-) Und, weil ich jung war, war das natürlich schön. Ich konnte viel spielen. (-) + Und, ahm, (-) dann, als ich älter wurde, dann von 12 Jahre an, war es natürlich mehr und mehr ein bisschen einsam. (-) Und ich hatte natürlich schon Freunde da, aber, (-) nicht viele, weil es war so klein.

Vera schilderte ein ländliches Idyll, in dem von Beginn an etwas nicht ganz in Ordnung war. Der Ort war klein, es gab nur zwei Straßen und »wir waren immer ( ) wirklich diskriminiert«. Sie spricht davon, dass ihr Anders-Sein in diesem kleinen Ort doppelt auffiel: einerseits über die Sprache. Die Sprache, die von den Eltern her kam, trennte von den anderen Dorfbewohnern. In der Sprache lag die Signifikanz ihres Anders-Seins. Vielleicht ist Vera Rubensteen nicht zufällig nach Amsterdam zurückgekehrt (»hier ist es für mich eigentlich am besten«). Und andererseits kam das Anders-Sein vom Vater, der Jude war. Beides brachte Diskriminierungen mit sich, auf die sie später noch zu sprechen kommen würde. Indem sie sich ausbesserte und sagte: »weil wir-, weil mein Vater Jude ist«, verwies sie möglicherweise auf einen Konflikt zwischen einer jüdischen und einer nichtjüdischen Identität. Sie meinte, dass es in diesem Punkt kein »Wir« gebe, dass ihre Mutter keine Jüdin sei und dass sie sich zusammen mit ihrer Schwester nicht ohne Weiteres als Jüdin bezeichnen würde. In diesem Punkt gab es einen doppelten Ausschluss. Sie war anders als die anderen Kinder und sie war auch anders als ihr Vater, der Jude war.[48] In der Enge des kleinen

---

48 Das gläubige Judentum geht davon aus, dass der Vater die Religion im Sinne der Ausübung (Haben) weitergibt, während die abstammende Signifikanz (Sein) von der Mutter kommt. Legt man dies als Folie über die familiäre Genealogie, war Vera Rubensteen über die Liebeswahl ihres Vaters, der eine Nichtjüdin zur Frau und Mutter seiner Kinder nahm, wirklich keine Jüdin. Dazu später.

Ortes schien dieses Anders-Sein besonders deutlich aufgefallen zu sein. Das vermiedene »Wir« fand aber im Satz zuvor seinen Platz, als sie sagte: »[W]ir sind wirklich immer diskriminiert worden.« In diesem »Wir« lag ein gemeinsam Familiäres; vielleicht eine familiäre Opfer-Identität, die dann doch einen gewissen Zusammenhalt schmiedete.[49] Vera Rubensteen sagte, dass sie sich ab ihrem 12. Lebensjahr, also mit beginnender Pubertät, in dieser dörflichen Enge sehr einsam gefühlt hatte. Trotzdem war »nicht alles böse«. Denn »es war eigentlich ganz ruhig da« und es gab »eine sehr schöne Umgebung. Und weil ich jung war, war das natürlich schön. Ich konnte viel spielen.« Diese Polarität zwischen einem ländlichen Idyll, in dem das Kind sich austoben konnte, und dem verfolgenden und diskriminierenden Habitus seiner Landbewohner bezeichnete eine ambivalente Kindheit, in der es einerseits Übergriffe, aber andererseits auch schöne und friedliche Tage gegeben hatte.

Nach dieser kurzen Einleitung kam sie auf ihre Eltern zu sprechen:

V: Und, äh, (-) ja, ich weiß nicht, (-) meine Eltern sind, sind, (-) ziemlich, äh, (3) seriös. (-) Und, äh,
I: Seriös?
V: Ja.
I: Was meinst du damit.
V: Schwer, und, und wirklich (-) meine Mutter liebt Drama, (Lachen) und mein Vater hat, ah, (-) nie etwas erzählt über den Krieg sondern, (-) geschwiegen mit äh, (-) den ganzen schweren Gefühlen + (-) herum. (-) Und, ähm, (-) mein-, meine Mutter hat immer alle, ja Geschichten, (-) nicht dramatisiert, aber schon mit dem ganzen Gewicht erzählt.
I: Die Geschichten?
V: Von meinem Vater.

---

49 Im Nachgespräch ging Vera differenzierter auf die Ausgrenzung und den Opferstatus ein. Zum einen unterschied sie klar zwischen der Haltung ihrer Mutter, die sich immer als Opfer fühlte. Immer sei ihr von anderen etwas zugefügt worden. Die Mutter hätte sich in einen Opferstatus zurückgezogen, der es ihr erlaubte, persönliche Verantwortung zu delegieren bzw. zu suspendieren. Generell machte Vera darauf aufmerksam, dass vieles aus ihrer Geschichte mehr mit der Neurose ihrer Mutter als den Erlebnissen ihres Vaters in Zusammenhang stehen würde. Was ihren Vater beträfe, könne sie nicht sagen, ob auch er sich als Opfer gefühlt hätte. Zumindest hätte er sich im Unterschied zur Mutter nicht ständig darauf bezogen. Nur, wenn sie daran dächte, was der Vater im Krieg in den Lagern der Nazis alles erleiden musste, könne sie sich vorstellen, dass auch er mit dem Opferstatus – allerdings anders als die Mutter – zu kämpfen gehabt hätte. Dagegen hätte sie schon bald begriffen, dass sie diesen Opferstatus abstreifen müsse.

I: Vom Vater.
V: Und, ahm, (3) ja, (-) in Beispiel. (-) Immer wenn etwas äh über den Krieg am Fernsehen war, war immer jeder um den Fernseher sitzen und schauen und total still. Und meine Mutter, (-) meine Mutter macht immer (-) <u>oh (-) ah,</u> (-) <u>so schrecklich</u>. *So schrecklich*. (-) Und mein **Vater ganz weiß,** (-) oder grau, (-) und nur (ahmt ihn mimisch nach) so total fixiert, + und (-) keine (-) Interaktion + möglich.
I: Mit ihm?
V: Ja. (3) Total verschwunden in seiner eigenen Welt. Und das ist er eigentlich immer. Ganz in seiner eigenen Welt und wenn man ihn erreichen will, muss man wirklich über den Krieg reden, oder über das Judentum.

Der Vater hätte nie aus dem Krieg erzählt, was vermutlich auch besser so gewesen sei, wie sie später sagte, »weil die Wirklichkeit immer schlimmer ist, als man es sich vorstellen kann«. Dieser spätere Satz über die Lagererfahrungen ihres Vaters lässt aufhorchen. Ist man nicht aus dem Alltagsbewusstsein gewöhnt, dass vollkommenes Glück wie Unglück in der Wirklichkeit nie jene endlose Erfüllung umsetzt, die man sich in der Fantasie ausgemalt hatte? Dass also die Wirklichkeit der Fantasie immer hinterherhinkt? Dass die Wirklichkeit nie so schön und auch nie so schrecklich ist, wie sie unseren Wunschfantasien und Alpträumen erschienen sei. Nun, in dieser Erzählung scheint es umgekehrt zu sein. Die Wirklichkeit sei immer schlimmer gewesen, als die Fantasietätigkeit diese hätte imaginieren können. Darin liegt ein impliziter Verweis auf das, was Vera Rubensteen mit Blasphemie, also dem Bilderverbot beschrieben hatte; dass das Leid des Vaters zu groß gewesen wäre, als dass man es sich hätte vorstellen können/dürfen. Einzig die Mutter hätte gewusst, und dieses Wissen dann »mit dem ganzen Gewicht erzählt«. Von hier sei also die Schwere gekommen, von der Mutter als Mittlerin zum Vater. Während die Tochter draußen war, nicht wusste und auch nicht wissen durfte, sei die Mutter Geheimnisträgerin gewesen und hätte ihr Wissen »nicht dramatisiert, aber schon mit dem ganzen <u>Gewicht</u> erzählt«.

Während der Vater beim Betrachten der Fernsehbilder weiß wurde und in sich verschwand, hatte die Mutter ausgerufen: »Oh, so schrecklich, so schrecklich!«, und: »Oh, das ist doch, das ist doch, ah, schrecklich, dass Leute das machen können.« »Aber«, sagte Vera Rubensteen, »das ist alles, nicht-, (-) nicht analysieren, oder so, sondern nur von ihrem Gefühl aus sprechen. + (-) Und ah,

(-) ja, auch so war es nicht möglich, etwas zu relativieren, oder das in eine Perspektive zu setzen.« Diese Fernsehabende waren für das Kind verstörend. Zwar konnte sie nicht verstehen, worum es genau ging, aber sie bemerkte, wie beide Eltern von der Dokumentation überwältigt wurden, wie der Vater verschwand und die Mutter ihren Gefühlen freien Lauf ließ. Das Klagen der Mutter: »Oh, das ist ja schrecklich«, erinnert an die Funktion der Klageweiber, von Frauen, die bestellt werden, um anstelle der Trauernden zu weinen (vgl. Zizek 1993).[50] Hier war der Vater offenbar nicht mehr im Stande gewesen, seine Gefühle zu artikulieren. Seine Frau klagte stellvertretend für ihn, während er, in den Sessel gesunken, psychisch gestorben schien.

Während dieser Fernsehszenen riss der Kontakt zum Vater. Es sei keine Interaktion mehr möglich gewesen. Auch mit der Mutter, die nur noch klagte, war keine Auseinandersetzung möglich. Das Kind mochte mit einer signifikanten Verwirrung über das, was mit den Eltern gerade geschah, allein gelassen worden sein. Das, was aus dem Bildschirm kam, schien stärker als die Eltern zu sein. Beide Elternteile lösten sich auf je eigene Weise auf. Der Vater wurde von seiner inneren Welt verschluckt und die Mutter schien sich in ihren eigenen Klagen aufzulösen. Es gab keinen psychischen Ort, um die aus dem Bildschirm kommende Überwältigung »zu relativieren« oder sie »in eine Perspektive zu setzen«. Es gab keine Perspektive. Das, was das traumatisierte Subjekt kennzeichnet, ist das Fehlen jeglicher Perspektive, was eine nachträgliche Symbolisierung unmöglich macht. Für Vera Rubensteen hatte das Fehlen der Perspektive die Bedeutung, dass die Welt, in der ihr Vater verschwand, mit nichts aus ihrer Welt, in der sie als Mädchen lebte, in Verbindung gebracht werden konnte. Gleichzeitig war diese fremde Welt des Vaters etwas ungemein Reales und Wirkliches.[51]

Vera Rubensteen sprach davon, dass diese Szenen vor dem Bildschirm nichts

---

50 Eine Funktion der Klageweiber wäre hier, dass sie den stumm Gebliebenen ihre Stimme rauben. Indem sie an deren Stelle klagen, nehmen sie die Stimme des anderen, die aus ihnen ja schon geklagt hat. Im Prinzip könnte man das Christentum in dieser Tradition sehen, das ja das Leid eines anderen am Kreuze sich zu Eigen machte.
51 Wobei die Mutter augenscheinlich mit ihren Klagen verschmolz. Vielleicht hatte die Mutter das Leid des Vaters, die Überwältigung des Vaters auch benützt, um ihre eigenen Geschichten in Szene zu setzten. Vielleicht hatte die Frau an der Verwundung des Mannes narzisstisch partizipiert, indem sie ihre Klagen anbringen, also genießen konnte. Vermutlich war es eine andere Grenzüberschreitung, die von der Mutter ausgegangen war, als sie sich das Leid des anderen umgehängt hatte. Im Nachgespräch ging Vera Rubensteen auf die wiederholte Grenzenlosigkeit in ihrer Familie ein, die vor allem das Verhältnis der Mutter zu ihren beiden Töchtern betraf.

Ungewöhnliches darstellten. Es handelte sich lediglich um eine Überzeichnung der allgemeinen Atmosphäre, dass der Vater eigentlich immer in seiner eigenen Welt war. Das Bild des stummen, in seine Welt zurückgezogenen Vaters dominierte in ihrer Kindheit. Wollte man ihn erreichen, musste man in diese Welt gehen. Andererseits war dies tabuisiert. Auch wenn der Vater mit seinen Töchtern über seine Lagererfahrungen nicht gesprochen hatte, beherrschten diese unausgesprochenen Geschichten das Familienleben:

V: Es war überall, und, und (-) ah immer, und (-) ah (2) es hat wirklich alles, alles bedeckt. + Und ich hatte letzte Woche mit meiner Schwester auch (-) ein Gespräch darüber, + (-) dass wir uns erinnern, dass wir auf der Schule in der Geschichtsstunde, + (-) fanden wir das alles nicht interessant, sondern das, was über den Krieg handelte, und über den Rest sagten wir: »Wieso wird das erzählt, das ist doch total nicht interessant. Und wieso müssen wir das wissen? (-) Das ist doch nicht, worum es geht.« (-) + (-) So ein Gefühl haben wir gehabt, und das ist, das ist; (-) ja, so fühlten wir das wirklich. Das, ah, (-) kein Interesse für andere Sachen. + Eigentlich. (-) Sondern nur was meine Eltern interessiert und was, ah, (-) ja, was über den Krieg handelt.

Verglichen mit der unsichtbaren Welt des Vaters schien alles andere nebensächlich und belanglos. Nicht nur der Vater, sondern die gesamte Familie war in der oben geschilderten Fernsehszene auf das Vergangene fixiert. Für die Tochter war diese Welt ebenso groß wie unfassbar. Offensichtlich hatte eine Art *Idealisierung* der Vergangenheit stattgefunden. Damit war eine hohe Wertigkeit und Wertschätzung des vergangenen Leides verbunden. Neben den unfassbaren Schrecken der Shoah schien alles andere nebensächlich. Der Krieg und das väterliche Überleben verschlangen das Interesse für andere Dinge. Alles schien in der Kindheit der beiden Schwestern um diesen toten Punkt ihrer Familiengeschichte zu kreisen. Denn einerseits war es das einzige, was zählte, »was wirklich wichtig war«, und andererseits war es auch verboten, sich dem anzunähern. Freud wies wiederholt auf den Zusammenhang zwischen Idealisierung und Verdrängung hin (1914b, 1915a, 1923a). In seiner Schrift »Die Verdrängung« (1915) führt er die Ideale der Menschen auf ihre verdrängten, gemeinen Triebregungen[52] zurück. Die Idealisierung, um die es in ihrer Erzählung ging, nahm den Vater

---

[52] Eine besondere Schwierigkeit und damit auch Mangelhaftigkeit des Textes bestand in einem Sprach- und Übersetzungsproblem. Vera Rubensteen konnte viele Begriffe aus der Freud'schen Psychoanalyse – wie *Triebregungen* – für sich nicht übersetzen.

und dessen Geschichte zum Objekt, wodurch er in seiner Natur vergrößert und psychisch erhöht wurde.[53]

Vera Rubensteen berichtete weiter über die Schwierigkeit in ihrer Kindheit, über die Vergangenheit ihres Vaters zu sprechen und ihn danach zu fragen.

V: Was, was alles, alles, was man sagen kann, ist, es ist **nie** genug. (-) Man kann sich <u>nie</u> vorstellen, wie das gewesen ist und es ist <u>Blasphemie</u>, das zu versuchen. Verstehst du? (-) Es ist wirklich, **das tut man nicht, das macht man nicht**. <u>Man, man kann es nicht verstehen, und man soll es auch nicht versuchen</u>, und deswegen kann man da auch nicht darüber reden, und (-) ja, analysieren ist überhaupt Quatsch, (-) das, das geht, (-) das geht überhaupt nicht. (-) Und-. Ja, weil <u>das ist so groß</u>, das ist so-. <u>Das ist fast wie eine Religion</u>, (-) das ist nicht zu verstehen, und zu groß, (-) und wirklich Blasphemie, wenn man das versucht, das-; (-) ja, (-) down to earth, (-) to bring down to earth, (-) it will be blasphemy. (-) Ich glaube, es wäre auch zu schwer für meinen Vater. Ich meine, wir sind alle immer darauf sehr gespitzt, ihn, ihn zu ahm, (-) ah, (-) vorsichtig mit ihm zu sein, und ihn nicht zu, ähm, (-) ja, (-) ahm, (-) traurig zu machen. (-) Wir sind immer, (-) wir drei, (-) meine Schwester, meine Mutter und ich sind immer: »Bist du nicht zu kalt, und willst du nicht den Tee?«, + (-) und wirklich, wie drei Mütter mit ihm beschäftigt, um ihn zu, (-) zu, (-) zu bescheren, (-) beschämen, beschämen? (-) beschützen. Beschützen, ja.

Hier wird deutlich, wie die verborgenen Schrecken der väterlichen Vergangenheit psychisch emporgehoben und ikonografiert worden sind. Über den Ausschluss aus der Geschichte, die man sich nicht vorstellen kann/darf, entsteht eine Bindung an das Ausgeschlossene. Es entsteht ein Begehren, genau das, was einen draußen hält, einzuschließen. *Das, was einen fallen lässt, in sich aufzuheben.* Mutter, Schwester und Vera waren um das Wohl des Vaters besorgt. Die Frage, die sich für die Tochter stellte, war: Wie gelange ich in das Blickfeld des abwesenden und in sich gekehrten Vaters? »We always tried, to get his attention.« Vaters Blick war auf eine für die Tochter unsichtbare Welt gerichtet. Neben dem Krieg hätte es für ihren Vater noch das Judentum gegeben, aus dem sie sich aber ebenso ausgeschlossen fühlte. Beides war für

---

[53] Wobei es sehr unklar ist, von wem oder woher diese Idealisierung kam. Vielleicht lag darin eben auch der Anspruch der Mutter, über die Leidensgeschichte ihres Mannes frei zu verfügen, indem sie sie maßlos in den Vordergrund rückte.

sie ein Tabu gewesen. Ihr Vergleich im obigen Abschnitt mit der Religion kommt nicht zufällig. Wie es in der Religion verboten ist, sich ein Abbild Gottes zu schaffen, so sei es in ihrer Kindheit tabuisiert gewesen, die väterliche Vergangenheit zu bebildern und darin einzudringen. Und dieses Tabu wurde eingeschrieben und machte es wiederum – wie alle Verbote – reizvoll. Wobei auch der umgekehrte Weg zu denken ist. Knüpft man an das zuvor über Verdrängung und Idealisierung Gesagte an, stammt die Erhöhung des väterlichen Bildes nicht nur aus dem Verbot, sondern auch aus einer ungenannten, verdrängten Triebregung, die nun in die Idealisierung eingegangen war. Dass es Blasphemie wäre, würde man die Vergangenheit »down to earth« bringen, könnte darauf hinweisen, dass schon die phantasmatische Umsetzung des verdrängten, infantilen Wunsches, der ein inzestuöser gewesen sein könnte, ein wirkliches Sakrileg bedeutet hätte.

b)   Transposition und Symbolisierung

Ihr Vater hätte wenig erzählt, »nur eine Zeile, oder just a word, oder just one thing, just a remark. Das waren immer nur kleine Stücke von der Geschichte und ich habe nie verstanden, wie das alles hintereinander passt.« Vielleicht war, um dem Vater nah zu kommen, in ihrer Kindheit aus diesen kleinen Stücken die Fantasie entstanden, dass irgendwann auch sie ein ähnliches Schicksal erleiden würde.

V: Ich habe auch einmal meine Mutter gefragt, das erinnere ich mich noch. (-) Also es muss gewesen sein, als ich acht war, (-) dass ich gefragt hab im Auto, (-) wann ah, (-) kommen die Deutschen wieder. + (-) Nicht, ob die kommen, sondern, <u>ne</u>, (-) <u>wann</u> die kommen. * * (lachend)

I: Weil, irgendwann werden die kommen.

V: Wann kommen die dann? (-) * (-) Ja. (-) Das war eine, eine Angst, (-) natürlich wird das wieder geschehen, aber ich weiß nicht wann.

Über die Fixierung auf die Bilder aus dem Fernsehen, über die nicht erzählten Geschichten des Vaters, über dessen Anmerkungen und nicht zuletzt über die Mutter, die als Trauerweib die verlorene Emotion des Vaters agierte, war die Vergangenheit des Vaters anwesend. Das meiste, was sie bis zu ihrem 18. Lebensjahr über die Geschichte ihres Vaters wusste, kam von der Mutter. Die Mutter sei so etwas wie die *Wächterin* des Vaters gewesen. In der folgenden Episode spielte die Mutter auch eine entscheidende Rolle als *Überbringerin des Wissens* über die Geschichte des Vaters.

V: Ja, es war noch immer da. (-) Ich erinnere mich auch noch mal, (-) dass wir nach dem Mittagsmahl zurückgefahren sind in die Schule und dass ein großes Hakenkreuz auf der Schule war. (-) So in meiner Erinnerung war es wirklich, (-) zwei Meter. Like total high of the building. + (-) A big black cross. (-) Und meine Mutter hat gesagt, (-) hier gehen wir nicht hin. (-) Und sie hat in der Schule angerufen und gesagt: (-) »Meine Tochter kommt nicht, wenn das Kreuz noch am Gebäude ist.« (2) Und ja, (-) oh ja, (-) ich habe gefragt meine Mutter: (-) »Was ist das Kreuz?« (-) Ich muss im Kindergarten gewesen sein. (-) Weil es war am ersten Gebäude. Und das war mein Gebäude. Und das ist das Kindergartengebäude. + Ich war jung. Und ich war vier oder fünf. Wirklich so jung. Und ich weiß auch noch, dass ich gefragt habe: »Was heißt das Kreuz, ich kenne es nicht, was ist das?« * (-) Und sie hat gesagt: »Das sind Leute, die deinen Vater ermorden haben wollen.« (-) Und ich habe schon dann gefragt: (-) »Nur Papa oder auch andere Leute?« »Ne, das war eine ganze Gruppe.«

Dieses Erlebnis sei ihre erste Erinnerung gewesen »an das Gefühl von Gewicht um meinen Vater, was meine Mutter gebaut hat, und mein Vater vielleicht auch, mit seiner Anwesenheit und seinem Wesen; (-) und sie hat daran gebaut, um es wirklich groß zu machen, oder beschützt, so groß, wie es war.« Die Mutter hatte die Verbindung zwischen Vergangenheit und Gegenwart hergestellt. Aber dieses Hakenkreuz war auch wirklich da. »Es gab also wirklich Leute, die uns hassen und uns was antun wollen.« Dieses Hakenkreuz, das da war, schien die Fantasien zu bestätigen, dass nun die Deutschen *wirklich* gekommen seien. Die Antwort ihrer Mutter reihte sich darin ein. »Die Leute, die deinen Vater ermorden haben wollen«, sind also zurückgekehrt. Veras Frage: »Nur Papa oder auch andere Leute?«, kann in diesem Zusammenhang auch so verstanden werden, dass sich das Mädchen fragte, ob auch sie dazu gehören würde, wenn die Deutschen ... Trotzdem hatte Vera Rubensteen im Interview wiederholt darauf hingewiesen, dass es in dieser Erinnerung, wie auch in anderen Situationen, nicht um sie oder um ihre Schule, ihren Kindergarten etc. gegangen wäre, sondern immer nur um ihn. Sich selbst in die Rolle des Verfolgten zu fantasieren wäre Blasphemie gewesen. Außerdem hatte alles, »was nach dem Krieg kam, kein Gewicht« gehabt. Der Konflikt zwischen dem Wunsch, der Welt des Vaters

– dem Lager und seinem Überleben darin – nah zu kommen, und der Angst vor der Realisierung dieser Nähe (die auch tabuisiert war, weil sie der Mutter gehörte) bestimmte ihren ambivalenten Zugang zur väterlichen Vergangenheit. Trotzdem hatte es diese Fantasien gegeben, wie sie später erzählte. Als Kind hätte sie immer versucht, den Alptraum ihres Vaters zu verstehen, und »sich vorzustellen, wie das gewesen sein muss. Aber man weiß doch immer, dass das nicht geht, dass man sich das nicht vorstellen kann.«

I: Gibt es da ein konkretes Bild, gibt es da eine konkrete Erinnerung?

V: Als Kind, was ich darüber gedacht habe? * (-) Ja, ich hätte immer die Idee, dass man nichts zu trinken hätte. + Habe ich immer gedacht, ich hätte eine Idee, (-) ähm, (-) wie man das (-) auflösen kann. (-) Man muss immer in eine (-) in ein pocket, (-) you had this big pocket and you had to spit in it. (macht es gestisch nach) And then you had to (lachend) save all this spit. That was my idea, how to get water. (-) Aber natürlich kann es nicht, wenn man nichts zu trinken hat, hat man kein, keine, (-) wie heißt das?

I: Spucke?

Dies war einer ihrer ersten Versuche, das Leben im Lager auf eine konkretistische Art zu symbolisieren. Darin suchte sie einen bestimmten Punkt aus den Erzählungen ihres Vaters: *Wie es möglich ist, an diesem Ort des Todes zu überleben.* Die Idee, den eigenen ausgeschiedenen Speichel[54] zu sammeln und wieder zu trinken, verweist auf einen kindlichen Narzissmus, der ein Überleben aus sich selbst heraus imaginiert. Auch ihre anderen kindlichen Fantasien kreisen um den »Mythos of Survival« (Klein/Kogan 1986), um Leben und Tod im Lager, um das Opfer-Sein und um die Täter. Aber die Wirklichkeit war immer schlimmer, als es sich die Fantasie hätte ausmalen können. Sie musste erkennen, dass dieser Weg, aus sich selbst heraus zu überleben, nicht umzusetzen sei.

V: Spucke. (-) Also, wenn ich älter werde, (-) habe ich das realisiert. (-) Und das war wieder eine Desillusion, dass auch (lachend) das nicht helfen wird. * (-) Und ich erinnere mich auch, dass ich immer, ahm, (-) versucht habe, (-) ähm, (-) dass ich den, (-) ahm, (-) Kampfkommandant überreden wollte, + (-) mit logische Argumente, (-) + und »schau auf mich, ich bin ein humaner Mensch, und was machst du denn?« + (-) Immer versuchen zu

---

54 Im Nachgespräch wies Vera Rubensteen darauf hin, ihre Idee sei gewesen, den Speichel von einer ganzen Gruppe zu sammeln und nicht nur ihren eigenen.

überzeugen, dass er falsche Gedanken hat. Und dass er uns gehen lassen muss. (-) +

Sie versuchte, älter geworden,[55] über die ratio den SS-Aufseher zu überzeugen. In der Auseinandersetzung mit den Tätern stieß sie auf ein weiteres Tabu: die Identifizierung mit den Angreifern. Vermutlich war auch diesem imaginierten Bemühen ein Scheitern beschieden.[56] Vera setzte ihre Erzählung folgendermaßen fort:

V: (2) Und ich hatte auch, wir hatten auch ein ah, (-) ganz großen Garten und ah, (-) in Realität wirklich, (-) also zu Hause ...

I: Also, wo du aufgewachsen bist.

V: Ja, genau. (-) Und es gab ganz große, (-) ganz große (-) Bäume, (-) und äh, (-) Sträucher, und es gab ein Gestrüch, wo ich reinklettern konnte, (-) und dass keiner mich finden konnte. + (-) Und wir haben gespielt mit Kindern und haben uns versteckt, (-) + (-) und ah, (-) ich habe da wirklich eine Stunde gesessen und keiner hat mich gefunden, (-) und ich war wirklich verrückt, (-) weil, wenn die Deutschen wiederkommen, könnte ich dorthin, + (-) mich zu verstecken. (-) + (lacht)

---

55 Dieses Überreden mit logischen Argumenten sei zur gleichen Zeit oder etwas später gewesen, wie sie in der kommunikativen Evaluierung betonte.

56 Eine andere Form des leiblichen Nachvollzugs lag darin, dass sie mit ihrer Schwester darum konkurrierte, wer die Dünnste der beiden sei. Das einzige, das in der Familie »wirklich *Gewicht* hatte, (war) das Leid und Weh des Vaters«. Dieser hatte bei seiner Befreiung 28 Kilogramm. Die Konkurrenz mit der Schwester um das geringste Körpergewicht lässt sich auch in diesen Zusammenhang einordnen. Die Dünnste schien dem Vater und dessen Todesnähe am nächsten gekommen zu sein. Diese Dialektik lässt sich mit den Worten ausdrücken, das geringste Gewicht zählt am meisten. Im Nachgespräch ging Vera Rubensteen nochmals auf die Rivalität zur Schwester ein. »Diese Eifersüchtigkeit von meiner Schwester und ich über das Gewicht, das war erst, als wir älter waren. Das war eher als ich 20 war und sie 25. Die Eifersüchtigkeit und das Kämpfen, wer am besten ist, das hat wirklich alle Sachen betroffen. Wer ist am Intelligentesten, und wer ist am Wichtigsten und am besten mit Musik und mit das und das und mit alles eigentlich. Und ich glaube, das kommt eher von meiner Mutter her, weil sie hat das eigentlich von Anfang an einen Vergleich gemacht zwischen uns und hat uns auch vergleicht mit sich selber. Und diesen Streit, immer noch macht sie das. Also, ich glaube, das macht es noch ein bisschen komplizierter, weil sie auch ihre Traumas hat.« Vera beklagte sich im Nachgespräch, dass ich zu viel Gewicht auf ihren Vater gelegt hätte. Ihre Mutter, deren Lebensgeschichte auch aus dem Zusammenhang von Krieg und Gewalt verwundet war, hätte die familiäre Atmosphäre mindestens ebenso stark geprägt. Vor allem auch deshalb, weil es doch die Mutter war, die sich die Leidensgeschichte des Vaters narzisstisch angeeignet hatte, um in den Klagen ihr Genießen zu finden.

3. Acht Familiengeschichten

Für das Mädchen war es gewiss, dass die Deutschen wiederkommen würden (»Wann kommen die Deutschen?«). In ihrem Versteck würde sie nicht gefunden werden und könnte überleben. In der Fantasie versuchte sie, im Lager zu überleben. Ihre identifikatorische Teilhabe an der Vergangenheit des Vaters war real in dem Sinne, dass diese Vergangenheit aus der Zukunft wiederkehren würde. Kestenberg und Bergmann (1998) beschreiben in ihrem Buch diese unbewusste Identifikation als *Transposition*; als ein Leben *in* der Vergangenheit der überlebenden Eltern. Dieser Mechanismus geht über eine einfache Identifikation hinaus. Charakteristisch sind die Absolutheit und der Konkretismus, mit denen versucht wird, das Unvorstellbare zu bebildern. Dieser leibnahe Konkretismus mag mit dem Verlust der Symbolisierungsfunktion der ersten Generation zusammenhängen, für die es nicht möglich war, Metaphern zu finden, um den psychotischen Alptraum im Lager der Nazis zu versinnbildlichen und somit in eine erzählbare, geschichtliche Form zu bringen. Aus diesem Grunde schlägt Grubrich-Simitis (1984) vor, in der Therapie mit Nachkommen vom Konkretismus zur Metaphorik zu gelangen, also das Geschehen vom Körper in die Psyche zu bringen.

Vera Rubensteen erwähnte auch die Geschichte von Anne Frank, die jedes Kind in den Niederlanden schon früh in der Schule kennenlernt. Sie hätte das berühmte Tagebuch selbst nie gelesen, dafür aber ein eigenes Tagebuch zu schreiben begonnen, in der Hoffnung, »so wie Anna Frank, dass mein Tagebuch später wichtig werden würde«. Vielleicht verband sich ihr das Versteck im Gesträuch des elterlichen Gartens mit dem Versteck von Anne Frank in der Prinsengracht 263. Ich fragte Vera, warum sie dieses Tagebuch nie gelesen hatte?
V: Ich glaube, ah, (-) ( ) auch ein Blasphemiegefühl. Es ist wahrscheinlich zu realistisch, um es wirklich zu lesen.
I: Das wäre verboten?
V: Nicht von meinen Eltern.
I: Nein.
V: (11) *Wieso habe ich das Buch nicht gelesen.* Ja, vielleicht war ich schon eifersüchtig, dass sie so, wie eine Heldin, (-) und ihr Buch ist so (-) groß über die ganze Welt, + (-) *und so wichtig,* (-) ja, (-) vielleicht war ich schon eifersüchtig *auf Anna Frank.* + (-) Sie ist tot, sie ist ermordet worden, + (-) ja war es schon ( ) was, ja, es ist Blasphemie, das zu sagen, aber ja, vielleicht ist das, ah, ist man wirklich etwas, ah, wert, *wenn man ermordet worden ist.*

Vera war sich nicht sicher, aber vielleicht sei sie auf die tote Anne Frank eifersüchtig gewesen. Aus der Geschichte ihres Vaters wusste ich, dass eine Tochter des Cousins von Max' Vater eine Freundin von Anne Frank war. Es gibt ein Foto dieses Mädchens, das sie zusammen mit Anne Frank in der Prinsengracht 263 zeigte. Ich weiß nicht, ob Vera Rubensteen dieses Bild kannte, und ich habe vergessen, sie danach zu fragen.[57] Würde die Erfüllung ihres Wunsches, wie Anne Frank post mortem berühmt zu werden, nicht die Aufnahme in die Familienreihe des Vaters bedeuten, also eine tabuisierte Identifikation mit den Toen aus der väterlichen Familie? In den Interviews klagte sie wiederholt, dass die Welt vor (und während) der Shoah für ihren Vater (ge-)wichtiger war als die Welt danach. Vermutlich gab es eine Eifersucht auf die Toten, die in den Augen der Tochter dem Vater näher standen als die Lebenden. Das Tabu (Blasphemie), die Welt des Vaters zu bebildern, schützte somit das Überleben des Kindes. Denn wirklich nah könne man dem Vater erst dann sein, wenn man nicht mehr ist. Der Welt des Vaters *nicht* zu folgen, bedeutet, als Tochter trotz Auschwitz weiterzuleben. Dieser Gedanke verbindet viele Stellen der Interviews, unter anderem auch die Konkurrenz mit der Schwester um den dünnsten Körper.[58] Das größte *Gewicht* schien in dieser Familiengeschichte immer von bestimmten Schatten- und Geistergestalten (der Nicht-Existenz der Anderen) auszugehen, die kein materielles Gewicht mehr besaßen. So auch von der Mutter ihres Vaters, deren Verlust für den Vater nicht nur nach Ansicht der Tochter der schlimmste gewesen sei.

I: Hat er über seine Mutter erzählt? (-)
V: Ja, (-) das ist immer am schwersten für ihn. (-) Er erzählt, so viel ich weiß, dass sie eine ganz kräftige Frau war, (-) und ganz, (-) ahm, (-) just, (-) just-
I: gerecht?
V: Ja. (-) Und sie hat dunkelrotes Haar (-) und weiter weiß ich es nicht. (-) Also,

---

57 Im Nachgespräch sagte Vera Rubensteen, dass sie davon nichts gewusst hätte, aber vielleicht hätte sie das auch gar nicht wissen wollen, oder es auch vergessen. Für dieses Nicht-Wissen-Wollen, das ihr auch ein Schutz war, brachte sie folgendes Beispiel: »Ich vergesse auch wieder viel. Mein Vater ruft mich jedes Jahr wieder an am Geburtstag und Sterbetag meiner Großmutter. Und ich habe mir noch nie aufgeschrieben. Ich kann das gar nicht erinnern, wann die Daten sind. Und er ruft mich jedes Jahr an. Er ruft an, um zu gratulieren oder kondolieren. Also, es kann sein, dass er mir das erzählt hat und dass ich das vergessen habe, das kann sein.«

58 Noch einmal sei darauf hingewiesen, dass für Vera Rubensteen diese Verbindung nicht stimmig war. Die Konkurrenz um den dünnsten Leib ging von der Mutter aus, die den Körper und den Geist ihrer beiden Töchter immer zwischen den beiden und mit ihr selbst verglichen hätte.

das ist auch so eine, ein (-) ghost + für mich immer gewesen. (-) Und ich + noch, ich, (-) ich habe keine Ahnung, (-) und will die Frau kennenlernen, (-) ja, (-) und (-) es gibt keine Bilder, keine Fotos, nichts. (-) Es gibt nichts.

Name und Bild der Mutter waren aus der Geschichte gestrichen. Das Trauma des Vaters, die geschichtliche Spur seiner Mutter verloren zu haben, übertrug sich in gewisser Weise auf seine Tochter. Für die Tochter mochte diese Großmutter das Klischee einer unmöglichen Verbundenheit mit dem Vater abgegeben haben, einer Verbundenheit, die auf ein absolutes Verschwinden gründete. Während der Gespräche kam Vera Rubensteen ein zweites Mal indirekt auf ihre Großmutter zurück:

V: Das einzige Mal, dass er, dass er geweint hat, war in Israel, als er beim ersten Mal die Name seiner Mutter in einem Buch gesehen hat, dass sie in ah, (-) Auschwitz ermordet worden ist. (-) Das ist das einzige Mal, dass ich ihn je weinen gesehen habe als Kind.

c) The forbidden Zone – eine ödipale Trennung

Max Mokum hatte drei Familien gegründet. Vera Rubensteen war die zweite Tochter aus der zweiten Familie. Während Vera zu den Kindern aus der dritten Familie eine intensive Beziehung pflegte, war der Kontakt zu den vier Halbgeschwistern aus der ersten Ehe ihres Vaters niemals zustande gekommen. Auf die Frage, ob sie niemals versucht hätte, mit diesen Halbgeschwistern in Verbindung zu treten, meinte sie:

V: Ja, ja, (-) schon wir haben ah geschrieben und dann sind unsere Briefe sind äh ungeöffnet wieder zurückgeschickt und so. (-) Also, das war wirklich, (-) no way; (-) no entry. (-) Die wollen nicht, (-) wollen nicht-, euch nicht kennen. (-) + Also, das ist auch ziemlich dramatisch natürlich.

Vera erinnerte außerdem noch eine Szene im Alter von elf oder zwölf Jahren, wo der Vater versucht hatte, seinen Sohn anzurufen. Im ganzen Haus war es totenstill. Man hätte eine Stecknadel fallen hören können. Alle warteten auf den Ausgang des Anrufes. Vera konnte nicht sagen, wie dieser Versuch ausgegangen sei; aber nachdem es auch danach keinen Kontakt gegeben hatte, muss davon ausgegangen werden, dass auch dieser Versuch scheiterte. Diese Szene zeigte, wie sehr die gesamte Familie auf die verlorenen Verbindungen aus der väterlichen

Vergangenheit fixiert war, ohne einen Zugang zu finden. »There was no entry, no way to break through.« Letztendlich verwiesen die zurückgekommenen Briefe ebenso wie das gescheiterte Telefonat symbolisch auf den versperrten Weg zum Vater und zu seiner Geschichte, die selbst für den Vater verloren war. Auch Vera war bei jenem Telefonversuch still gewesen, hatte ihr Leben unterbrochen für die Verbindung mit einem anderen Leben, das nichts von ihr wissen wollte.

Im Alter von circa 12 Jahren hatte sie sich ein Geschichtsbuch über die Shoah aus dem Bücherregal ihrer Eltern genommen, um zu erfahren, was mit ihrem Vater geschehen war. Aber sie konnte nicht verstehen, was in dem Buch stand, weil der Text für ein Kind viel zu schwierig war. Auf die Frage, ob die Eltern davon wussten, meinte sie:

V: Ja, ja, ja. (-) Meine Mutter; (-) mein Vater wusste (-) natürlich nie etwas. + (-) Ich habe auch einmal, aber da war ich schon älter, (-) ich wollte auch etwas wissen über das Judentum, und ah, weil ich weiß wirklich kaum-, nichts; (-) und ah, ich wollte ihn fragen, weil (-) er ist doch Lehrer an einer Lehrschule, + und äh, (-) ahm, (-) er muss so viel wissen, und er liest immer, (-) und, äh, (-) erzähl mir. + (-) Und sei mein Lehrer, + (-) und (-) <u>erzähle</u> etwas. + (-) Und er hat mir ein Buch gegeben, (-) von ahm, (-) von <u>William Zuidema,</u> das weiß ich noch. (lachend) Und er hat gesagt: »Lesen, lesen, (-) les du das mal.« + (-) Und ah, (-) natürlich habe ich nichts verstanden und konnte nicht weiter kommen, als eine, eine Seite. + (4) Das ist-, also ah, nicht weiter gekommen als meine Frage, + (-) *habe nie eine Antwort bekommen.* (3)

Die Erfahrung des Ausschlusses wiederholte sich erneut. Der Zugang war versperrt; there was no entry. Vera trauerte in den Gesprächen um das »verlorene Objekt« (Freud 1925), das sie niemals besessen hatte. Mittlerweile hatte sie die Versuche aufgegeben, das verlorene Leben, das das verlorene Leben ihres Vaters gewesen war, verstehen zu müssen. Ein anderes Mal fragte sie den Vater:

V: Erzähle mir zumindest etwas über-; + (-) Zum Beispiel, ich weiß noch, das war, war über die Geschichte von Isaak, und ah, (-) ich wollte wissen, was ist die Geschichte, und ah, (-) + (-) was ist, ah so wichtig, (-) und wie muss man das sehen, und so. (-) »*Das ist zu kompliziert*«, hat er gesagt, »das ist zu kompliziert«. »Das kann ich nicht so sagen.« + (-) (lachend) (-) Und dann hat er nichts gesagt. (-) Ja. (-) Ist doch eigentlich schade, weil er weiß so viel + (-) und er kann das nicht ah, *(-) uns (-) mitgeben* oder so.

Ihr leidenschaftliches Bemühen – sei mein Lehrer – wurde wiederholt frustriert. Es sei zu kompliziert und er könne ihr das nicht sagen. Hier hört man erneut die Trauer um das verlorene Objekt. Vera Rubensteen machte eine mehrjährige Psychoanalyse. Dass sie ihre Trauer in unseren Interviews artikulieren konnte, war sicherlich ein Erfolg dieser Therapie. Auch wenn es darin eine familiengeschichtliche Wiederholung gegeben hatte. Auf die Frage, ob sie in ihrer Psychoanalyse über die Vergangenheit des Vaters sprechen konnte, erwiderte sie:

V: Ich glaube, (-) da bin ich nicht ganz sicher, (-) dass meine Therapeutin war eine Frau, (-) und ich glaube, sie war selbst (-) zweite Generation, + (-) denke ich, vermute ich. * (-) Weil sie hat mir (-) ahm, (-) geholfen mit ah, die, (-) mit meiner, (-) mit allem außer dem Krieg. Sie hat mir nur Bücher gegeben, »lese das«, + und wenn ich dann auf halben Weg des Buches war und wiederkam (-) äh, (-) und ich wollte darüber reden, weil es hat so viel getan mit mir, (-) und äh, (-) so viele Erinnerungen, (-) dann hat sie gesagt: »Ne, du musst erst das Buch auslesen, (lachend) und dann reden wir darüber.« + (-) Und dann hat sie wieder etwas, (-) ich weiß nicht, (-) wir haben wirklich nicht darüber geredet.

Seltsamerweise wiederholte sich in dieser Psychoanalyse zweierlei: Etwas Biografisches und etwas Familiäres. Das Biografische kam vom Vater, der sie ebenfalls, anstatt mit seiner Tochter zu reden und ihre Fragen zu beantworten, mit Büchern fortgeschickt hatte. Die familiäre Wiederholung war hingegen eine Neuauflage der Psychoanalyseerfahrung des Vaters. Auch Herr Mokum konnte in seiner Lehranalyse weder über den Krieg noch über seine Lagererfahrungen sprechen. Vera Rubensteen insistierte in den Interviews, dass sie es immer wieder versucht hätte, aber sie sei von ihrer Therapeutin in diesem Punkt nicht gehört worden. Das Gemeinsame dieser Szenen ist, dass der Ausschluss ein inhaltlicher war, dass sie aus den geheimen Lebensinhalten des Vaters ausgeschlossen blieb. Sie hätte formal die Möglichkeit gehabt, die Bücher zu lesen, sich zu informieren, aber mittlerweile, wo sie viele Bücher von ihrem Vater bekommen und in ihrem Bücherregal stehen hätte, wolle sie das gar nicht mehr.

Der wiederholte Ausschluss durch den Anderen war auch etwas, dass Vera selbst herstellte. In den Interviews tauchten jene Formulierungen auf, die auf einen solchen Selbstausschluss hinwiesen, wie dass die Wirklichkeit immer schlimmer sei, weshalb es auch verboten wäre, sich das väterliche Leid vorzustellen usw. Auch in Bezug auf das Judentum gab es diesen (Selbst-)Ausschluss.

V: Das Judentum, (-) was ah, (-) ich habe immer das Gefühl gehabt, (-) dass das Judentum eigentlich auch nicht für uns ist. Weil wir gehören auch nicht wirklich dazu. Und das Gefühl hat uns unser Vater auch nicht wirklich gegeben. + (2) Vielleicht sind wir nicht so, ah, (-) ja, (-) wert, (-) wir sind nicht, (2) wie sagt man das? (2) Wir sind nicht so wirklich, so-
I: So involviert und eingebunden?
V: Von ihm aus. (-) Er, er, f-, (-) findet uns nicht, er fand uns nicht wichtig genug, oder wirklich genug, + oder jüdisch genug, + um uns mitzunehmen, um uns wirklich das bei zu bringen. Oder uns da mitzunehmen, oder so. (-) +

Die Rede ist von ihrem imaginären Ich, welches glaubt, dass ... Vom Vater aus seien sie, gemeint waren die Schwester und sie, nicht in das Judentum eingeführt worden. Vera vermutet, dass sie (als Mädchen/Frauen) es nicht wert gewesen wären, vom Vater mitgenommen zu werden, eine narzisstische Kränkung, die auf etwas anderes hinweist. Die ödipale Entwicklung des Mädchens war mit der traumatischen Geschichte des Vaters in Konflikt geraten, wodurch sich die inzestuösen Wünsche mit tanatoider Energie vermengt hatten. Der »Überlebendenkomplex«, der an das Mädchen weitergegeben wurde, beeinflusste die ödipale Entwicklung nachhaltig (vgl. Kestenberg 1998b). Dies könnte mit ein Grund gewesen sein, warum die Geschichte des Vaters, die immer auch mit dem sexuellen Vorleben (den anderen Familien) in Verbindung gestanden hatte, die inzestuösen Wünsche der Tochter kontaminierte.[59] Das Tabu, nicht an der Geschichte zu rühren, das sich auch in dem Tabu gegenüber dem Judentum zeigte, bedeutete, *den Vater selbst auf Distanz zu halten*. Und dieses Tabu ging wesentlich von der Mutter aus, die eifersüchtig über die Wunde des Vaters wachte, sie behütete und Acht gab, dass sie nicht mehr blute. Beide Töchter identifizierten sich mit der Mutter, die als eine Art »Superapostel« des Vaters oder Supernanny (beide Charakterisierungen stammen von Vera Rubensteen) alles vom Vater abschirmte, was ihn mit Schmerz hätte berühren können. Somit standen die drei Frauen wie Schwestern oder Mütter zueinander, die um die Aufmerksamkeit desselben Mannes buhlten.

---

[59] Im Nachgespräch gehörte dieses Kapitel zu den für Vera Rubensteen am schwersten zu lesenden Abschnitten des Textes. Vera meinte, dass sie, als sie diese Dinge über kindliche Sexualität, Intimität, Ödipus in Zusammenhang mit ihr als Kind und ihrem Vater las, sich erschrocken hätte. Sie hätte gedacht: »Schon wieder das, verstehst du? Das, was erst so viel später eine wichtige Sache geworden ist, wirklich später; ist das wirklich? Nee, nicht schon so früh!«

3. Acht Familiengeschichten

Die folgende Szene schloss sich im Interview an den oben zitierten Abschnitt über das Judentum an.

V: Und ich habe einmal, war ich auch schon 21 oder so, hat meine Schwester Schabbat gemacht, + (-) ah, (-) mit einer Freundin, und sie ist auch jüdisch, aber hat nie etwas damit getan, (-) nicht so erwachsen und so, aber die war neugierig. (-) Und meine Schwester hat sie gefragt zu kommen mit Schabbat, und hat mich auch ahm, (-) ah, (-) gefragt, ob ich kommen wollte. (-) Und ich habe gesagt: (-) »Ja, (-) wir können keinen Schabbat machen, (-) das, das können wir nicht. + (-) Das ist nicht erlaubt, das ist Blasphemie. + (-) Das ist wirklich Blasphemie. (-) Und wir hatten einen großen Streit, (-) habe ich gemacht, ich (lachend) war wirklich böse, weil sie doch so etwas, (-) sie wollte den Berachah[60] sagen, oder so; + (-) und sie, sie hat Blasphemie gemacht in meinen Augen, ja? + (-) Und ich bin wirklich böse geworden. (-) Und das Haus habe ich verlassen, (-) und ah, total (-) Szene, (-) Szene davon gemacht. (lachen) (-) Und ja, ich, ich, ich, (-) das ist, (-) ha-, (-) wirklich schwer zu verstehen, (-) aber das, das ist nicht für uns, das zu tun. (-) Das ist ah, (-) sein, ah, (-) Le-, Lebens-, ah. (-) His lifeline + (-) with the past or something. (-) I don't know, (-) it's kind, some kind of ritual to connect him with, with the forbidden zone.

In die verbotenen Zonen einzudringen, hätte vermutlich bedeutet, dem Vater (als Tochter) zu nah gekommen zu sein. Diese Zonen kennzeichneten in ihrer Fantasie die exklusive Verbindung ihres Vaters zur Vergangenheit und damit auch zu den Toten. Eine innere zensurierende Instanz (Über-Ich) verwehrte Vera Rubensteen den Zugang zu diesem Sperrgebiet. Nur bestimmte Personen würden Eintritt in diesen Bereich erhalten, Leute, die selbst den Krieg durchgemacht hätten und somit in seiner Welt – his vision – wären. (Und die Mutter, die als Geheimnisträgerin der väterlichen Geschichte fungierte.)[61] Es tat ihr weh, dass sie nicht dazugehören konnte. Sie bezeichnete diesen Ausschluss als »mein Weh, weil es mir weh tut, dass ich nicht wert bin, was, was, ah, die sind,

---

[60] Segensspruch
[61] Vielleicht gab es auch die Fantasie, dass man in diesen forbidden zones von der Nähe zum Tod kontaminiert werden könnte, also eine Art Angst vor dem psychotischen Kosmos des Lagers. Hillel Klein (2003) hat diese Angst vor den intimen Bereichen des Überlebenden als Angst vor dem Überlebenden als *toxisches Objekt* beschrieben, der als Überbringer der schlechten Nachricht von Auschwitz den Tod in sich trägt.

die gegangen sind, oder die tot sind«. Über die Trauer konnte sie aber auch den Verlust akzeptieren, der aus einer Welt stammte, in der sie noch nicht geboren war. Damit löste sie sich aus der unbewussten Konkurrenz mit den Ermordeten und Untergegangenen, um in der Gegenwart anstelle der Vergangenheit zu leben.

Ihre Schwester war noch in einem zweiten Punkt ihrer Erzählung dieser forbidden zone zu nah gekommen. Seit einiger Zeit würde sie jedes Wochenende zum Vater fahren, um mit ihm über ihre psychischen Probleme zu sprechen. Vera Rubensteen konnte zwar den Wunsch ihrer Schwester nachvollziehen, Patientin des Vaters zu sein, da sie auf diese Weise dem Vater endlich nah käme »und das ist natürlich, was wir wollen, ja. Ich will auch, dass er mich so, _so_ viel sieht und mit mir redet, und mich sieht, und ja, mich versteht, aber ich würde es nicht tun.« »Analytisch denke ich, das ist nicht weise, weil er ist ein Teil ihres Problems.«

d)   Vaters Liebe, Vaters Wunde

V: Man kann Fehler machen bei meinem Vater, weil er wird dich (-) immer lieben. (-) + (-) Also deswegen ist er wirklich: (-) More trustworthy. + (-) Als meine Mutter. (-) Mehr, mehr ( ) und wirklich ah, (-) seine Liebe ist merkwürdig, weil es wirklich nur die Person und nicht den Inhalt betrifft, + (-) aber es ist, es ist (-) _klar_, (-) es ist immer das gleiche + (-) und man weiß, was, + (-) wie er ist, + (-) und das ist konstant.

Vera Rubensteen weiß, dass sie als Tochter für den Vater »wirklich wichtig ist, aber als Person mit Inhalt? Tja.« Sie sprach von ihrem Vater als jemandem, der nicht in der Lage war, das Leben außerhalb seiner Wunde zu sehen. Alles, was nicht mit dem Krieg oder dem Judentum zu tun gehabt hätte, sei nicht in seiner »vision«. Insofern seien die Kinder vermutlich über ihre Sehnsucht nach dem Vater von dessen Wunde affiziert worden. Die Gefahr dieser Affizierung liegt in einer Bindung an das Leid. Dieses Leid sei so *groß* und so *schwer* gewesen, dass alles um es herum verblasste. Die Trauer um die verlorene Welt bewirkte beim Vater, dass es ihm schwerfiel, das gegenwärtige Leben zu sehen. Für die Töchter mag dies ein Identifikationsangebot gewesen sein, sich mit den Untoten der Geschichte zu identifizieren, um auf diese Weise dem Vater nah zu kommen. Es geht um eine Form ohne Inhalt. Die Form ohne Inhalt symbolisiert das traumatische Introjekt, das zu lieben eine lebenslange Bindung an den Tod bedeut. Die Form ohne Inhalt hing eng mit dem symbolischen Tod in Auschwitz zusammen;

der Vernichtung der väterlichen Geschichte. Der Vater hatte seine Kinder vor diesem Trauma schützen wollen, indem er nichts erzählte. Aber gerade dadurch kam es zum Vorschein. Seine Liebe zur Form war mit einer Skotomisierung des Inhaltes einhergegangen. Vera Rubensteen brachte ein typisches Telefonat mit dem Vater als Beispiel für dessen Unfähigkeit, den Inhalt der Person zu sehen.

V: Wir haben manchmal viel Kontakt, (-) und dann, (-) und dann (-) wieder (-) ein bisschen weniger. Er ruft mich an, oder ich rufe ihn an. (-) Und das ist immer zwo Minuten (-) max. (-) Und das ist immer: (-) »Wie geht's?« (-) »*Ja, es geht gut. (-) Oh, ich freue mich*, um deine Stimme zu hören. + (-) Ich (lachend) bin so glücklich, dass ich dich wieder höre.« (-) **Und er meint es**, ich weiß es hundert Prozent sicher. Es ist **total**, (-) ah, (-) wahr und er fühlt das wirklich so. (-) Und das ist eigentlich auch das, das einzige. (-) Ich, ich (-) meine, er hat, ich glaube, er hat noch nie gefragt, wie es in meiner Arbeit geht. (-) Oder, + (-) vielleicht fragt er es. Und ich sage: »Ja, es geht gut«, und dann will ich etwas erzählen, aber dann sagt er: »**Okay, bis zum nächsten Mal**.« (Lachen). (-) Also, wir können nicht über ihn reden und wir können auch nicht über ihn reden. + Es ist total keinen, keinen (-) ja, er ist schon, (-) will schon wissen, ob es mir gut geht, (-) aber nicht wie. (-) Oder was passiert. (-) Das ist total nicht wichtig. (-) + Wenn es nichts mit dem Krieg oder mit dem Judentum zu tun hat, ist es <u>total</u> nicht wichtig. + (-) Das ist eine Welt, die er total nicht kennt.

Aber es gab auch ein Gegenbeispiel, eine Gegenfigur zu diesem verschlossenen Vater:

V: Ich weiß noch, wenn ich meine äh (-) Thesen gegeben habe, auf der Universität, + (-) meine Finalexam, + (-) da muss man eine Stunde erzählen, was man gemacht hat. + (-) Und ich habe eine komplizierte Geschichte geschrieben, mit Theorie, ganz philosophisch. + (-) Und, äh, (-) am, (-) er war dabei. Und am Ende kam er, (-) zu mir, (-) und er hat gesagt, (-) genau das (-) in zwei Worten, (-) hat er total präzis gesagt, was ich erzählt habe. (-) Und ich, (-) <u>wirklich</u>, (-) »<u>Was, du hast mich wirklich angehört, und du hast mich so gut verstanden?</u> (lachend) <u>Wie ist das möglich?</u> (-) Also, verstehst du, das war wirklich das einzige Mal, ich glaube, dass er <u>wirklich</u> ah, (-) mich angehört hat und mich verstanden hat, (-) wirklich. (-) + Ja. (-) (Lachen)

Das letzte Beispiel zeigt, dass die väterliche Wunde nicht total das Leben beherrschte. Es gab Momente, wo es der Tochter möglich war, in die Welt des Vaters zu treten und vom Vater *wirklich* gesehen zu werden.[62] Das wiederholte und von ihr hervorgehobene Adjektiv »wirklich« (really) fiel auf.[63] Aber dieses Adjektiv zog sich im Prinzip durch alle Gespräche, sodass man auf die Frage kommt: *Was ist hier wirklich?* In den Interviews bezog sich dieses Adjektiv auf einen schmalen Grat zwischen Wirklichkeit und Fantasie. Zu dem kam, dass die Wirklichkeit der Vergangenheit höher bewertet wurde als jene der Gegenwart, die Wirklichkeit des väterlichen Leidens, seiner Wunde höher als das imaginierte oder tatsächliche Leid und Weh der Töchter[64] und nicht zuletzt erschienen die Untoten aus der Vergangenheit wirklicher als die Lebenden. Die familiäre Fixierung auf die Vergangenheit entzog der Gegenwart ihre libidinöse Besetzung, sodass das wenige, das da war, keineswegs als selbstverständlich genommen werden konnte. Dieses signifikante »wirklich« könnte die Funktion einer zusätzlichen Absicherung und Bestätigung der gemachten Erfahrung einnehmen. Als ob Vera sich doppelt versichern muss. Dies erinnert an eine Figur aus den Interviews mit dem Vater. In Herrn Mokums Geschichte habe ich wiederholt auf das Gefühl der Entfremdung des Überlebenden hingewiesen. Dort waren es die Freunde und ehemaligen Mithäftlinge, die kamen, um zu sehen, ob Max *wirklich* Max sei. Es gab einen hermeneutischen Verdacht, dass dieses Ich des Überlebenden unmöglich überlebt haben könnte. Dieses Gefühl der Entfremdung und Unwirklichkeit kehrt über jenen Signifikant »wirklich« in der Geschichte der Tochter wieder. Sie erzählte eine Geschichte, in der dasjenige am meisten Gewicht zu haben schien, das am wenigsten anwesend war. Es gab immer ein Zuviel an Abwesenheit

---

62 Im Nachgespräch wies sie auf zwei weitere Möglichkeiten hin, mit dem Vater in Kontakt zu treten: »Das ist Gesundheit, wenn ich etwas habe, etwas Medizinisches, das ist natürlich sein Fach. Dann kann er darüber reden, dann berät er mich und schreibt Rezepte, jetzt nicht mehr, aber das hat er getan. Und das andere ist ah, wenn ich mit ihm reden will, so wie, wenn ich, when my relationship was at an end, I could talk to him. When I was feeling bad. Or when I'm in trouble.« Es war also möglich, dem Vater über das Leid, über den Schmerz, über die Verwundung und Versehrtheit nah zu sein.

63 Vera meinte, ihre Verwendung von »wirklich« würde mehr auf ein Sprachproblem als auf etwas anderes zurückgehen.

64 In einer einzigen Szene aus den Interviews hatte der Vater zu Vera über sein Leid gesprochen: Damals hätte der Vater Vera zum Zahnarzt gebracht und Vera hätte über ihre Angst vor den Schmerzen geklagt, die ihr der Zahnarzt zufügen würde. Daraufhin hätte der Vater nur erwidert: »Was weiß du, was Schmerzen sind?«

(der väterlichen Abwesenheit) und gleichzeitig ein Zuviel der Anwesenheit des Abwesenden (der verstorbenen Familie des Vaters). Und doch gab es Momente, die von der Last der Vergangenheit frei waren. Auch wenn diese Momente in ihrer Erzählung nur marginal vorkamen, waren sie dafür umso bedeutender, weil darin ein Jenseits der traumatischen Spur angedeutet wurde.

V: Ich habe immer mit meinen Vater die Schlümpfe angeschaut, (-) und das war ganz toll, (lachen) und ( ) mussten immer lachen + (-) und (-) ahm, (-) und am Sonntagmorgen, (-) haben wir, (-) auch als ich noch klein war, (-) aber haben wir zu Jazz Musik (-) gedreht, (-) und ahm, (-) haben wir getanzt miteinander, + (-) ja.

Im folgenden Abschnitt aus den Interviews erzählte Vera Rubensteen von der gemeinsamen Reise nach Buchenwald, die schon der Vater in den Interviews hervorgehoben hatte. Auch hier nahm der Signifikant »wirklich« jene absichernde Funktion ein. Sie hatte ohne Mutter gemeinsam mit ihrer Schwester den Vater begleitet. Obgleich ihre Eltern damals schon getrennt waren, wäre die Mutter gerne mitgefahren und »sie war auch ganz böse und eifersüchtig, dass wir ohne sie nach Buchenwald gefahren sind«. Die gemeinsame Buchenwalderfahrung sei »super intense« gewesen. Dort hätte sie die Liebe ihres Vaters gespürt:

V: Es ist wirklich der Moment gewesen, wo wir nie so in (-) seine Nähe gekommen sind, wie damals, (-) + (-) weil wir nur mit dem Krieg beschäftigt waren + (-) und mitgegangen sind in seinen Gedanken, und ah, (2) mehr davon verstanden haben. (2) Ja, und, und, (-) was ich sage, wenn er mich anruft – und er meint es, wenn er mir sagt: »Ich liebe dich und du bist so wichtig und ich bin so froh, wenn ich dich höre«, das ist wirklich wahr, + (-) und es war damals auch, als wir in Buchenwald waren, (-) das war wirklich auch ganz, ahm, (-) ah (-) warm und gut, zusammen zu sein. (-) Und, (-) ja das ist auch wirklich (-) und wirklich da. + (4)

I: Dieses: »Das ist auch wirklich da«, also weil da jetzt eine Betonung drinnen ist.

V: Dass es eigentlich nicht da ist? (-) (Lachen) (2) Weil der Rest ist nicht, der Rest ist nicht da. Und alles Weitere ist nicht da. *Vielleicht.* (-) Es ist ( ) da.

Auf der gemeinsamen Reise nach Buchenwald hatte sie zum ersten Mal eine zusammenhängende Geschichte von ihrem Vater gehört. Im Alter von 18 Jahren hatte sie schon einmal den Vater nach dessen Geschichte gefragt.[65] Damals sei die Mutter (als Verwalterin der väterlichen Geschichte) dabei gewesen und sie waren nicht über die Kindheit und Jugend des Vaters hinausgekommen. Damals hatte sie sich zum ersten Mal getraut, die Tür zum Vater aufzustoßen, um nachzusehen, wie es wirklich war. Aber in Buchenwald erhielt sie das Gefühl, in seiner Welt *wirklich* angekommen zu sein.

V: Ich bin so tief gegangen mit ähm, (-) mitgegangen in seine Erinnerungen, (-) und es war so wichtig für ihn, (-) dass wir, dass wir (-) letztendlich (-) wirklich (-) in seine vision hineingepasst + sind und da ein Teil davon bekommen sind, weil wir da waren, + (-) und ahm, (-) ja, (-) es ist gelungen. (lacht) (-) Und das ist genug. Einmal war genug. (9) Ich habe es gesehen, und ich habe es genug davon verstanden und gefühlt, (-) und ähm, (4) ahh, (-) für sein Gefühl, glaube ich auch, genug mitgegangen in seine, (-) in seine Welt, (-) um wert zu sein. + (-) So hab ich es auch gefühlt, denke ich. (3) Und für mich ist ja eigentlich auch den, der ah, (-) Zauberspruch (-) gebrochen worden. (-) Also (-) es ist nicht mehr so geheimnisvoll. (-) Und ich habe jetzt selber (-) ah, (-) kann ich wagen, ob ich mir ein Programm ja, oder nein, (-) anschaue, (-) vorher + (-) war das keine Wahl, + war das (-) obligator? Muss ich anschauen. (-) Äh, ein Programm im Fernsehen über den Krieg, (-) muss ich anschauen. Das musste ich immer sehen, + (-) weil wenn man das nicht (-) anschaut, ist das, ah, (-) uninteressiert, + das, das ist unmöglich, (-) weil es ist so wichtig, wichtiger als alles ist, (-) dafür macht man alles frei und, und (-) man schaut.

Ihr letzter Hinweis verdeutlicht die Freisetzung aus dem Wiederholungszwang ihrer Kindheit und Jugend. Nachdem sie von ihrem Vater dessen Geschichte gehört hatte, verlor das Vergangene seinen Zwang. Mit dem Erzählen der Geschichte wurde die Bedeutung der Geschichte relativiert und in eine neue Perspektive gerückt. Damit wurde die Fantasie von der Wirklichkeit geschieden und die Erzählung, wie es war, von der Fantasie, wie es gewesen sein könnte, getrennt. »Ich habe jetzt mein eigenes Leben, meine eigene Familie und brauche es nicht mehr so, als seine Tochter, ja gesehen zu werden.« Mit der Buchenwaldreise wurde die

---

65 V: Und als ich 18 war und ich habe meine Schul abgeschlossen, dann waren wir Essen gegangen mit der Familie, und dann hatte ich so ein Gefühl, okay, wir sind jetzt am Ende, ich werde das Haus verlassen, ich werde nach Utrecht gehen, und da studieren und jetzt will ich alles wissen.

Geschichte relativiert, ohne das Leid, wie es war, zu relativieren. Aber sie wurde in eine Ordnung gefügt, die etwas von dieser unvorstellbaren Singularität des Schreckens verloren hatte, die früher auf der Geschichte und Veras Leben mit dieser Geschichte lastete.

V: Ja, es hat nicht mehr, das gleiche Gewicht für mich, oder so. (2) Ich weiß es nicht, es ist, was es ist. (-) Es ist natürlich noch immer so schrecklich, wie es war. Aber ich weiß jetzt auch, dass es jetzt passiert, und wir haben nicht allein, (-) das, das, nur, (-) das alleinige (-) Recht, + auf dieses Weh und Schmerz. (-) Ahm, sondern es, es passiert überall, (-) und es gibt so viele Leute, traumatisierte Leute, und ahm, (5) ja, es ist, das ist, (-) mehr das gleiche geworden, oder so. Es ist mir in eine Perspektive-, (-) ich glaube, ich kenne ein bisschen etwas, vom Leid der Menschheit ...

e) »Aber es gab immer noch etwas anderes ...«

Vera Rubensteen konnte sich von der phantasmatischen Geschichte lösen und sie in eine Perspektive bringen (to bring down to earth). Sie konnte sich von ihren infantilen Phantasmen trennen, die ihr eine Nähe zum Tode insinuiert hatten. Den obigen Auszug aus den Interviews setzte sie folgendermaßen fort:

V: (2) aber ich glaube ich habe gewählt, für das, (-) für das Positive, (-) und versuch-, und versuche, ja, (-) ich brauche nicht mehr das Leid und die Weh, um äh, (-) für etwas. (-) Ich brauche es nicht mehr, ich kann es gehen lassen. (-) Wenn es nicht da ist, + dann, dann (-) kann ich es lassen, gehen lassen, (-) verstehst du? (-) + + (-) Und das ist schon glücklich seit Langem nicht mehr da gewesen.

Diese Entscheidung für das Positive verband die Tochter implizit wieder mit dem Vater. In Max Mokums Erzählung habe ich das als seine Entscheidung für den Eros und für die synthetische Funktion des Ichs beschrieben. »Ich habe immer gegen das Negative Widerstand geleistet«, sagte er und beschrieb damit die lebensbejahende und synthetische Funktion seines Ichs. In den Interviews mit Vera Rubensteen gab es eine Stelle, an der sie genau diese Züge ihres Vaters schilderte:

V: Er ist total positiv, + (-) und ahm, (-) er geht immer, immer weiter, (-) er geht nie, (-) er wird nie: (-) He will never give up. (-) + (-) He is really going (-)

on and on and on and on. (-) **And the guy is almost 88,** (-) and he just does not give up. Which is really very impressive? (-) And he is very stubborn.

Dass Vera Rubensteen diese Wahl für das Positive letztendlich treffen konnte, bedeutet, dass in der Familiengeschichte nicht alles von der schrecklichen Vergangenheit kontaminiert war.[66] Es hat – wie erwähnt – ein Jenseits der Geschichte von Auschwitz und Buchenwald gegeben. Immer gab es etwas anderes, auf das der Vater ganz versessen war. Einmal war es eine plötzlich entdeckte Leidenschaft für das Karambolespiel. Dann war es das Interesse am Leben eines ägyptischen Pharaos. Es hätte immer so ein drittes Liebesobjekt des Vaters gegeben, das er dann für sich erobern musste. Diese Objekte seien gewöhnlich bis absurd gewesen. Sie hätten nichts Gemeinsames gehabt mit Ausnahme der väterlichen Leidenschaft, diese Objekte für sich ganz einzunehmen und sie auszufüllen.

V: (Einmal) waren es ahm, (-) gefüllte Kuchen, (-) so mit Stroopwaffeln, aber anders, + (-) gefüllt mit etwas. (-) Und dann musste er das immer essen, essen, essen. (-) Und (lacht) (-) dann hatte er eine große Dose unter seinem Stuhl, wo er immer liest, + (-) eine ganz große Dose, nur mit diesen Keksen, (-) und äh, (-) wir waren einmal einen ganzen Tag weggegangen und der Hund hatte diese Dose gefunden und alles Kekse gegessen und sie war so krank geworden (-) und da war es auch Schluss mit diesen gefüllten Kuchen. + (-) Also, es gibt da immer, immer etwas merkwürdiges, + total, (-) äh, (-) auf, auf-
I: Banales?
V: Ja, (-) ins Blaue hinein, (-) etwas, (-) etwas dazu.
I: So wie die Schlümpfe.
V: So wie die (lachend) die Schlümpfe, genau. (-) * (-) Was ab diesem Moment wieder wichtig ist. (-) Und so kann man auch Momente haben, (-) dass man, (-) äh, (-) in den Tunnelvision hineinpasst, + (-) und dann ruft er auch wirklich jeden Tag an, + + und dann geht man raus, (-) und dann hört man (-) wochenlang nichts mehr. + (-) Ja.

Dass es diese anderen Dinge im Leben ihres Vaters gegeben hatte, war insofern bedeutsam, weil sei einen *Mehrwert* des Lebens *an sich* darstellten, der einen

---

66 Im Nachgespräch meinte sie, dass ihre Positivität letztendlich daher kommen würde, dass, auch wenn ihre beiden Eltern auf ihre je eigene Weise traumatisiert gewesen wären, sie doch von beiden geliebt worden wäre. »I don't know, if it's because of the Schlümpfe.«

sinnlosen Genuss ermöglichte; einen Genuss, der wiederum an das Leben band. Worauf der Vater an dieser Stelle in ihrer Erzählung sein Recht reklamierte, war nicht so sehr der Besitz des Objekts, sondern sein Recht auf einen Mehrgenuss des Objekts, was Lacan la jouissance nennt, als einen Teil der Libido, der hors corps zirkuliert (vgl. Fink 1997). Dieses reine Genießen, das von außen betrachtet als eine stupide Besessenheit erscheinen mag, öffnete aber einen psychischen Raum, den auch Vera betreten konnte. In den Stunden, Minuten oder Sekunden, in denen das Phantasma eines gemeinsamen Genusses verwirklicht werden konnte, war die Matrix für ihre spätere, positive Wahl bereits hergestellt. In den Termini von Winnicott (1974) kann man auch von inneren, guten Objekten sprechen, verinnerlichte Beziehungserfahrungen, die an den Glauben an das Leben banden. Letztendlich erzählte Vera Rubensteen von einem Genießen ihres Vaters, das an den realen Dingen des Lebens festgehalten hatte. Und indem sie davon erzählte, kann man davon ausgehen, dass auch sie dieses Recht für sich reklamierte. Dieses Recht und die Kraft des Positiven kehrten in ihrer Liebeswahl nach dem Klischee aus der Kindheit wieder:

V: Ich glaube auch, was (-) <u>Rick</u> (-) extra für mich gemacht hat, er, er hat ahm, (-) ein großes Gefühl für das Gewicht des Positiven. + (-) Ahm, (-) und das, das (-) hat mich auch ganz, (-) ahm, (-) ahm, (-) attracted me. (-) I like that. (-) I like that. (-) Ah, to find the positive things, ah, (-) to give them weight. (-) And to make them important, (-) because it is much nicer, to enjoy your happiness (lachend) + than to feel painy your losses. But that, das ist wirklich eine, total andere Blick auf die Welt und auf dein Leben und so.

Der Mehrgenuss stellte eine mögliche Antwort auf die Frage dar, *was hier wirklich ist*. In das Poesiealbum, das ihre Mutter zu ihrer Geburt für Vera angelegt hatte, um die Entwicklungsschritte des Neugeborenen Babys zu dokumentieren, schrieb ihr Vater ein einziges Wort. Vera Rubensteen zeigte mir das Album:

V: Das ist das einzige. (-) »So heißt dein Vater«: <u>Max</u>. (lacht). Das ist das einzige, was er selber geschrieben hat, (-) und das ist ja. (-) +

I: (2) Und das hat er, da hat er praktisch mit seinem Namen in deinem Buch sich verewigt.

V: Ja, aber er hat nichts geschrieben, nur seinen Namen, (-) das, das (-) ist total nicht, (-) ich würde wirklich ahm, (-) erstaunt sein, (-) wenn, (-) wenn-. (-) Ja, (-) wenn es auch der Papa geschrieben hätte. (-) Und das hatte er auch nicht. (2) Das ist das einzige. (lacht). Ja.

Vielleicht war dieser minimalistische Ehrgeiz genug, um die Tochter ans Leben zu binden.

f)   Nachtrag

Vera Rubensteen erzählte im Nachgespräch die andere Hälfte ihrer Geschichte. Sie sei am Vorabend des Nachgesprächs noch zwei Stunden wach gelegen und hätte sich Notizen gemacht, um sich vorzubereiten. Zum einen gehörte diese andere Hälfte ihrer Geschichte zur Mutter, hatte mit den Signifikanten Grenzenlosigkeit, Opfer, Ohnmacht und Widerständigkeit zu tun und zum anderen erzählte diese andere Seite von einer Verletzung, die ihr erst viel später, als sie eigentlich schon erwachsen war, zugefügt wurde.

Die Zeit des Sprechens sei ihr nicht leicht gefallen. Sie denke nicht mehr allzu oft an diese Vergangenheit ihres Vaters und an die Zeit ihrer Kindheit und Jugend im Elternhaus. Sie sei froh, dass dies vorbei sei, und sie hätte auf ihre Art ein Auskommen damit gefunden.

V: When I go back there with you, because when we were talking about it, it was quite heavy. When you were last here and we talked about it so much, than I was for few days a bit sad about it, and I was thinking about it, but I recover very fast. And I read this only yesterday. I was really thinking about it. And the first things that I saw about kindliche Intimität und Sexualität und mit mein Vater und das Ödipuskomplex dachte ich huch. (-) Schon wieder das. [...] Ich fand es ganz interessant das zu lesen, was du daraus gemacht hat, außer den beiden Ausnahmen, das, was zu weit geht, wie das dünn sein mit meiner Schwester, aber das meiste verstehe ich schon, ja, ich glaube schon, dass es stimmt. (-) Aber deswegen habe ich gedacht, das Opfer-Sein und die Grenzenlosigkeit, das sind wichtige Sachen, die ich nicht darinnen gefunden habe.

3.3   Die Geschichte der Familie Fried

Um diese Familiengeschichte aufzunehmen, führte ich Interviews in Österreich und in den Vereinigten Staaten. Die Familie war während des Nationalsozialismus aus Österreich bzw. Deutschland über England nach Amerika emigriert. Mehr als ein halbes Jahrhundert später kam der überlebende Großvater der

Familie, der damals noch ein Kind war, über eine Initiative des Militärs erstmals zurück nach Österreich.

I Der General: Benjamin Fried (erste Generation): »Ich wollte nach Deutschland fahren und so viele Nazis erschießen, wie es geht.«

Ich lernte Benjamin Fried anlässlich einer universitären Veranstaltung über die Shoah kennen, wo er als Zeitzeuge sprach. Nach Ende der Veranstaltung kamen wir in Kontakt, ich erzählte von dem Forschungsvorhaben und fragte ihn, ob er teilnehmen wolle. Er war sofort einverstanden und so entstanden zwei Treffen, in denen er seine Lebensgeschichte schildern konnte. Benjamin Fried lebte seit mehr als 60 Jahren im Bundesstaat Oregon. Als Kind war er vor den Nationalsozialisten aus Wien geflohen und mit einem Kindertransport zuerst nach London und zwei Jahre später, nachdem seine Eltern nachgekommen waren, in die Staaten emigriert. Nach mehr als 60 Jahren kehrte Herr Fried erstmals nach Österreich, nach Wien, wo er aufgewachsen war, zurück. Amerikanische Generäle sollten mit österreichischen Generälen zusammentreffen und ihre Erfahrungen austauschen: »Wir lernen von euch und ihr von uns.« Während dieser Reisen konnte ich ihn interviewen. Wir hatten nicht viel Zeit, miteinander zu reden, und der Gesundheitszustand des Generals erlaubte auch keine überlangen Gespräche. Ich führte die Interviews mit Benjamin Fried auf Deutsch, einer Sprache, die er über lange Zeit seines Lebens nicht mehr gesprochen hatte.

a) Die Geschichte des Generals: seine Flucht

Benjamin Fried kam 1926 in Wien als erstes Kind einer assimilierten jüdischen Familie zur Welt. Sein Vater, dessen Eltern vor Benjamins Geburt verstorben waren, besaß ein Herrenmodengeschäft an der Ringstraße. Als bekannter Modemacher reiste er mit einem diplomatischen Pass nach Moskau, um, wie der General berichtet hatte, »denen zu zeigen, wie man Herrenmode herstellt«. Er fertigte auch Kleider und Kostüme fürs Theater an, schrieb Artikel für Modemagazine und war Mitglied in einer Veteranenorganisation, dem Bund Jüdischer Frontsoldaten Österreichs, die an die gefallenen Juden in der Armee der Habsburger erinnerten. Ziel dieser Organisation war das aktive Eintreten gegen den in der Zwischenkriegszeit grassierenden Antisemitismus, indem auf den Patriotismus jener Juden hingewiesen wurde, die für die Habsburger in den Krieg gezogen waren. Herrn Frieds Eltern waren assimilierte Wiener Juden, kulturinteressiert, mehr säkular als religiös (»an zwei Tagen im Jahr gingen wir in die Synagoge, zu Yom Kippur und Rosh Hashana, das war's«) und in der österreichischen Gesellschaft gut situiert. General Wilhelm Zehner, Staatssekretär für die Landesverteidigung während des austrofaschistischen Ständestaates unter Engelbert Dollfuß, gehörte zum engen Freundeskreis des Vaters. General Zehner war für die Modernisierung und technische Weiterentwicklung des österreichischen Bundesheeres maßgeblich verantwortlich, weshalb er als »Vater des österreichischen Heeres« (vgl. Angetter 2006) gilt.[67]

Herr Fried wuchs im Wien der Zwischenkriegszeit auf. Während in den Jahren zwischen 1926, als er geboren wurde, und 1930 antisemitische Pogrome abnahmen und praktisch ganz verschwunden waren, griffen nach dem Beginn der Weltwirtschaftskrise politische Parteien und Printmedien judenfeindliche Parolen wieder auf. Jüdischen Mitbürgern wurde die Schuld an politischen, wirtschaftlichen und sozialen Missständen gegeben. Diskriminierende Gesetze wurden gefordert. Erst unter dem Regime von Dollfuß und später Schuschnigg genoss die jüdische Gemeinde entgegen dem antisemitischen Konsens in der Bevölkerung einen gewissen Schutz durch die Regierung, den sie zuletzt in der Donaumonarchie gehabt hatte (vgl. Bukey 2001). Vielleicht erklärt dies auch die Freundschaft von Herrn Frieds Vater zu jenem österreichischen General, der die Landesverteidigung innehatte und für seine dezidierte antinazistische Position bekannt war. Viele Wiener Juden hofften damals, dass sie der österreichische Ständestaat vor dem Antisemitismus der Österreicher und vor dem Einmarsch des Nazismus schützen würde. Benjamin besuchte ab dem Jahr 1936 die Radetzkyschule im dritten Wiener Gemeindebezirk. Mit elf Jahren nahm er an einer eigens für Kinder geplanten Übung des Bundes jüdischer Frontsoldaten teil. Damit hätte es angefangen. Dies sei seine erste Begegnung mit dem Militär oder mit militärischen Strukturen gewesen: »Ich kann mich nicht mehr erinnern, ich

---

67 In der Nacht vom 10. auf den 11. April 1938 drang die Gestapo in die Wiener Wohnung von Zehner ein. Es ist bis zum heutigen Tage umstritten, ob der General, als die Nazis seine Wohnung stürmten, Selbstmord beging oder von der Gestapo erschossen wurde. Noch Jahre nach seinem Tod wurde seine Schädelkalotte ohne das Wissen der Angehörigen im gerichtsmedizinischen Institut der Universität Wien ausgestellt (vgl. Angetter 2006).

bin hingegangen und die haben uns gelernt, wie man militärische Tricks macht,
+ (-) und Kenntnis hat. (-) + (-) **Dann hat es angefangen, nicht?**«
Wenige Monate später, am 12. März 1938, marschierten die Hitler-Truppen
in Österreich ein. Für das Kind veränderte sich die Welt über Nacht: »Es ist
einfach sehr geschwind gegangen. Hakenkreuzfahnen waren überall. Deutsche
Soldaten waren überall. Und gleich haben sie angefangen, auf die Juden, ah
Geschäfte zu sp-, zu sperren. Es ist sehr geschwind gegangen in Wien.« Noch
in derselben Nacht zog der Pöbel in jüdische Viertel, um Geschäfte zu plündern
und Passanten zu verprügeln. Mit dem Fall des Ständestaates fiel auch die letzte
Hemmung, das antisemitische Ressentiment zurückzuhalten. Eine Welle von
Gewalt entlud sich auf Wiener Juden. Sie wurden aus ihren Häusern gezerrt und
gezwungen, vor dem grölenden Pöbel niederzuknien, um Parolen wie »Heil
Schuschnigg« von den Gehsteigen wegzuschrubben. Ihre Geschäfte wurden
geplündert und zerstört, sie wurden beschimpft und verprügelt. Ein marodierender Mob zog in den ersten Anschlusstagen durch die Gassen, verstopfte die
Plätze und war überall. Er trug Hakenkreuzfahnen und Uniformen und plärrte
die Parolen »Heil Hitler«, »Sieg Heil«, »Juda verrecke«, oder »Juden raus«.
Carl Zuckmayer schreibt:

> »Was hier entfesselt wurde, hatte mit der Machtergreifung in Deutschland, die nach
> außen hin scheinbar legal vor sich ging und von einem Teil der Bevölkerung mit
> Befremden, mit Skepsis oder mit ahnungslosen, nationalen Idealismus aufgenommen wurde, nichts mehr zu tun. Was hier entfesselt wurde, war der Aufstand des
> Neides, der Missgunst, der Verbitterung, der blinden, böswilligen Rachsucht – und
> alle anderen Stimmen waren zum Schweigen verurteilt« (zit. n. Bukey 2001, S. 71).

Der dämonische Jubel war überall, während die anderen, die nicht gekommen
waren, um dem Führer zuzujubeln, still bleiben und sich ruhig verhalten mussten,
damit man nicht auf sie aufmerksam würde. Eine Mehrheit der Straße berauschte
sich an dem Versprechen des Führers. Der antisemitische Konsens, der durch alle
Schichten der österreichischen Bevölkerung zu gehen schien, schuf eine erste und
spontane Bindung zum Führer und ließ den Anschluss an Nazi-Deutschland als
eine spontane und von unten erwünschte, ja sehnsüchtig erwartete Annexion erscheinen. Am Montag, den 14. März 1938, bog in den späten Nachmittagsstunden
Hitlers Mercedes auf dem Weg zur Hofburg in die Ringstraße ein, wo Benjamin
Frieds Vater sein Herrenmodengeschäft hatte. Die Prachtstraße der Kaiserzeit sei
von Zuschauern gesäumt gewesen. SA und Deutsche Polizei mussten entlang der

Strecke für Ordnung sorgen, nachdem die Menschenmenge häufig an verschiedenen Stellen durchzubrechen versucht hatte (vgl. Bukey 2001).

Benjamin Fried ging weiter zur Schule. Nach dem Anschluss wurde eine Reihe von Lehrkräften aus der Schule entlassen. Die Radetzkyrealschule wurde von April 1938 bis zum Sommer desselben Jahres zu einer »Sammelschule« für jüdische Kinder und Jugendliche. Herr Fried erzählte, dass er irgendwann nach dem Anschluss, er wüsste es nicht mehr genau, morgens in die Schule gekommen war und gesehen hatte, dass zwei SA-Männer vor der Schule standen. Er hatte sich gedacht:

F: Das ist komisch. (-) Bin in die Klasse gegangen. (-) Da haben sie alle jüdischen Schüler unten in den Keller gesteckt; (-) ja, vielleicht 50, (-) 40, 50. (-) Und da sind junge Hitlerjugendburschen gekommen, (-) mit (-) <u>Peitschen</u> in Hand, haben jeden zugeschlagen, hingeschlagen; und (-) steht ein Fenster (-) offen; (-) *vielleicht sechs Fuß; (-) ab (-) bin rauf gesprungen und aus dem Fenster gelaufen und zwei andere haben dasselbe gemacht. Bin nach Hause gelaufen und niemand ist mir nachgekommen. (-) Das war das letzte Mal, dass ich in der Schule war.*

Die jüdischen Schulkinder wurden von der gleichaltrigen Generation der Hitlerjugend mit Peitschen geschlagen. Ein Fenster im Keller stand offen und Benjamin erkannte die Möglichkeit, zu entfliehen. Diese schreckliche Szene war die letzte Erinnerung an seine Schule und der Beginn seiner Flucht aus Österreich. Ein radikaler Bruch mit einer Welt, die, von den Nazis besetzt, für ihn zu einer tödlichen Gefahr geworden war. In seiner Erzählung setzte Herr Fried mit den Fluchtplänen seiner Eltern fort. Sein Vater hatte einen diplomatischen Pass besessen. Er war nach England geflogen, in der Hoffnung von dort Papiere für seine Familie zur Ausreise zu erhalten. Aber weil sein Pass bereits abgelaufen war, hatten ihm die Engländer die Einreise verweigert. Der Vater war daraufhin in die Schweiz geflogen, wo er von den dortigen Behörden für die nächsten Monate »in Verwahrung« genommen wurde. Die Mutter blieb mit ihrem Sohn alleine in Wien zurück.

Im Interview folgte auf die Erzählung seiner Flucht aus dem Keller des Schulgebäudes die Erzählung seiner Flucht mit einem Kindertransport[68] nach Lon-

---

[68] Nach den Novemberpogromen hatte eine kleine Gruppe Juden, darunter Chaim Weizmann und Oberrabbiner Josef Hertz, vom damaligen englischen Premierminister gefordert, zumindest jungen Juden aus Deutschland vorübergehend die Einreise nach Palästina, wo die britische Mandatsmacht strenge Einreisequoten für jüdische Einwanderer festge-

3. Acht Familiengeschichten

don und das spätere Entkommen seiner Eltern. Was ihm Hitler in Österreich genommen und verboten hatte, verwirklichte sich für ihn in der neuen Welt. Herr Fried legte vor allem über Schulen den Grundstein für sein späteres Leben. Schon während seiner Zeit in London, die als Ausharren in einem Wartesaal, als ein Übergangsraum beschrieben werden kann, spielten Schulen und elterliche Lehrkörper eine markante Rolle. In Amerika würde er über Bildungsinstitutionen den Grundstein für sein weiteres, erfolgreiches Leben legen. Später unterrichtete Herr Fried selbst an Schulen und Universitäten.

Mehr als 60 Jahre später kehrte Herr Fried in die Radetzkyrealschule zurück, um sich, wie er sagte, umzusehen. Dazu eine Szene aus dem zweiten Interview:

F: Ja, ich war wieder, wie ich das letzte Mal in Wien <u>war</u> (w[69]), <u>vor drei vier</u> (w) Monate, bin ich zur Radetzky Realschule zurückgegangen, die, (-) die muss, ah bombardiert gewesen, (-) weil sie ein bisschen anders + (-) ausgeschaut

---

legt hatte, zu erlauben. Das britische Kabinett hatte abgelehnt, dafür unter dem damaligen Premierminister Arthur Neville Chamberlain beschlossen, jüdischen Kindern die Ausreise aus dem NS-Staat zu ermöglichen und sie vorübergehend in britischen Pflegefamilien und Heimen aufzunehmen. Den Eltern wurde die Einreise verweigert, weil eine Schar von Flüchtlingen befürchtet wurde. Anfänglich war geplant, dass die Eltern nachkommen und dann später mit den Kindern gemeinsam nach Palästina auswandern sollten. Parallel dazu verhandelte die niederländische Bankiersgattin Geertruida Wijsmuller-Meyer mit Adolf Eichmann in Wien, der die »Zentralstelle für jüdische Auswanderung« leitete. Seit den 30er-Jahren arbeitete Wijsmuller für das »Comité voor Bijzondere Joodse Belangen«. Nach den Novemberpogromen reiste sie mehrfach nach Wien, um bei Adolf Eichmann, vorsprechen zu können. Anfang Dezember 1938 erhielt sie schließlich Eichmanns Zusage, dass binnen fünf Tagen 600 Kinder nach England ausreisen dürften, wenn es ihr gelingen würde, einen solchen Transport innerhalb dieser Zeitspanne zu organisieren. So begannen diese Rettungsaktionen mit dem ersten Kindertransport am 11. Dezember 1938 in Wien (vgl. Turner 1994; Drucker 1995). Wijsmuller erwirkte eine pauschale Genehmigung für alle weiteren Transporte, die offiziell bis zum Kriegsbeginn am ersten September 1939 dauerten und im Frühjahr 1940 endeten. Die jüdischen Gemeinden in Deutschland und Österreich verpflichteten sich, für die »Reise- und Umsiedelungskosten« aufzukommen. Die britische Regierung lockerte die Einreisebestimmungen und suchte nach geeigneten Pflegefamilien für die ankommenden Kinder, die das 17. Lebensjahr nicht überschritten haben durften. Die Kinder fuhren mit dem Zug über die Grenze in die Niederlande und von dort per Schiff nach England. Über diese humanitäre Rettungsaktion entkamen zwischen Dezember 1938 und Mai 1940 knapp 10.000 Kinder der Verfolgungs- und Vernichtungspolitik der Nationalsozialisten (vgl. Turner 1994; Drucker 1995).

69 Das in Klammern gesetzte »w« meint, dass Herr Fried die zuvor hervorgehobenen Wörter im Wiener Dialekt gesprochen hat. An späteren Stellen habe ich ein ähnliches Phänomen mit (e) hervorgehoben, was eine englische Aussprache meint.

3.3 Die Geschichte der Familie Fried

hat. + Ich habe mir die Schule angeschaut, auf einmal kommt <u>a Frau</u> (w) zu mir, stellt sich vor, sie ist ah, (-) wie heißt das, (-) Hauptlehrerin, principal.
I: Die Direktorin.
F: Sie hat sich ah, (-) vorgestellt, (-) sehr nett und (-) hat mich gefragt, und hat mir gezeigt, (-) die Radetzky Realschule ist ein ( ) ( ) wie heißt das? (-) Remembering, + the students and their teachers, who were ( ) ( ). und sie hat mir ein Buch über die Schule gegeben; (-) war <u>sehr, sehr nett</u>. + (-) Aber ich habe nicht viel Zeit gehabt, weil ich habe ein Taxi draußen + auf mich warten gehabt. (2) So, wie ich nach Hause gekommen bin, habe ich einen Brief geschrieben, (-) und habe gesagt, <u>nächstes Mal</u> (w), wenn ich nach Wien komme, möchte ich ein <u>bisschen</u> (w) mehr (-) Zeit mit ihr haben. + Ich habe mich bedankt. + (-) Aber dieses Mal bin ich nicht hin gegangen. Weil ich war auf der Maria Theresia ah, (-) Sache da, (-) eure Offiziere sind ah, graduiert worden, + ah, (-) Maria Theresia Kaserne; + so ich war dorten, den ganzen Tag und am nächsten Tag bin ich her gefahren. + (-) Aber ich gehe wieder dort hin. + (-) So, (-) ich will ja wissen noch, was geschehen ist, ob sie gehört hat, Schüler und Lehrer, + + so war das. +

Er wollte wissen, was mit den Schülern und Lehrern geschehen ist. Natürlich war seine Rückkehr nach Österreich von dieser Frage begleitet. Was geschah mit den anderen, die er als 12-jähriger Junge noch gekannt hatte? Was geschah, nachdem er fliehen musste, mit jenen, die geblieben waren? Im übertragenen Sinne könnte man die Frage auch so formulieren: *Was wäre mit mir geschehen, wenn ich geblieben wäre?* Oder: *Was ist aus dem Teil von mir geworden, den ich zurücklassen musste?* Sein Besuch erschien in seiner Erzählung mehr zufällig. Er ließ das Taxi draußen vor dem Schulgebäude warten. Er wollte eben nur einen Blick in die Schule werfen. Dann war ihm diese Direktorin begegnet. Es entwickelte sich ein Gespräch und die Direktorin gab ihm jenes Buch zum Abschied mit auf den Weg.

Zwischen dem Ereignis in der Radetzkyrealschule 1938 und seiner Flucht erinnerte Herr Fried in einem Nebensatz an die Novemberpogrome in Wien, deren Ausmaß an antisemitischer Gewalt weitaus grässlicher war, als in anderen Städten des »Dritten Reichs«. Nirgendwo sonst beteiligte sich eine so hohe Anzahl an Zivilisten an den Verwüstungen, in keinem anderen Ort dauerten die Pogrome bis in den Dezember und darüber hinaus. Für die jüdische Bevölkerung in Wien hatten diese Ereignisse endgültig und unmissverständlich klar

3. Acht Familiengeschichten

gemacht, dass sie in diesem Land in permanenter Todesgefahr schweben würde. Seine Mutter musste in dieser Zeit für ihren Sohn die Abreise vorbereitet haben.

K: Meine Mutter hat mich, hat arrangiert, dass ich auf einen Kindertransport gehe nach England und das ist gegangen; (-) und entweder die erste oder die zweite Woche im Dezember im <u>38er Jahr</u> (w) (-) hat sie mich zum Bahnhof genommen, (-) und auf-, und hat »Auf Wiedersehen« gesagt und ich bin auf der Bahn mit vielleicht 100 anderen Kindern nach England <u>gefahren</u> (w). + (-)

I: Haben sie gewusst wohin?

F: *Ja.* (-) Die SA ist auf den Zug gekommen (-) und hat alle unsere Uhren, oder was immer wir gehabt haben, weggenommen. + (-) Und dann sind wir über die Grenze gefahren nach Holland. (-) Und da waren Frauen auf der (-) Eisenbahnstation + die haben Kakao gehabt und Sachen zum Essen. + (-) Wir haben uns frei gefühlt.

Herr Fried erzählte schnell, eins ging ins andere über. Seine Rückblende zog die Geschehnisse zusammen. An anderer Stelle gab er einen kurzen Einblick in die chaotische Situation unmittelbar vor dem Transport am Westbahnhof. Er berichtete in knappen Worten von einem Korb. Darin lag, in einem Bündel eingewickelt, ein Säugling. Der Korb wurde in den Zug gereicht wurde. Niemand wusste, zu wem das Baby gehörte:

F: Man legt das Kind dorthin. Das Kind ist ein Baby, kann nicht sprechen. »Wo ist die Mama?« (-) Wo ist die Adresse? (-) *Nix.* (-) So geht das eben. (3) Hoffentlich werden wir nie mehr so eine Zeit sehen. (-) *Hoffentlich.*

Entgegen der knappen Schilderung gelingt hier ein sprachliches Symbol, um die stattgefundene Tragödie zu fassen. Das Kind im Korb stand gewissermaßen für die gesamte Kinderschar, die ebensowenig wusste wie das Neugeborene im Korb. Der Knabe, dem dieses Detail in Erinnerung geblieben war, mochte Angst gehabt haben wie dieses Neugeborene, das seine Aufmerksamkeit gefesselt hatte. Was wird geschehen? Wohin wird man mich bringen? Wie wird es weiter gehen? Werde ich meine Eltern je wiedersehen? Dieses Bild vom Kind im Korb erinnert an Moses, der im Korb der sicheren Vernichtung entging. Man kann den biblischen Moses als eine Doppelgestalt lesen. Einerseits begann mit ihm die Diaspora und andererseits verkörperte er den Wegweiser ins Gelobte Land. Dem Ankommen ging also eine Entwurzelung voran. Und die Kinder des Kindertransports ähnelten in gewisser Weise dieser Geschichte. Ihrer Ankunft in London war eine radikale Entwurzelung vorangegangen. Und welche Entwurzelung kann – psychologisch gesprochen – radikaler sein als jene, von den Eltern getrennt zu werden?

Im zweiten Interview kam Herr Fried auf diesen Abschied zurück:

F: Und dann kurz nach dem (gemeint ist hier das Ereignis in der Radetzkyrealschule) (-) habe ich bekommen einen Brief, (-) dass ich, ich glaube zum W-Bahnhof gehen muss, (um sechs Uhr?) und (-) bin zu meinem Großvater gegangen; (-) der hat seine Hand auf meinen Kopf gegeben, (-) und hat mit mir Blessing gegeben; + (-) und dann hat die Mutter mich nach den W-Bahnhof geschickt. + (-) Die haben eine Kordel (-) am Hals an mir herumgebindet (-) mit dem Spagat (-) + (-) Auf Wiedersehen. + (Passage im Flüsterton gesprochen; immer leiser werdend) (-) Ah, (-) SA ist auf den Zug gekommen, haben unsere Uhren weggenommen, wenn jemand einen Ring gehabt hat, weggenommen; + Kette um den Hals; + (-) und dann ah, (-) sind wir über die Grenze von-, nach Holland gefahren; + (-) und dann, dort sind Frauen gestanden mit (-) Kakao und (-) solche Sachen (-) und haben uns was gegeben. +

Der Großvater kämpfte im Ersten Weltkrieg in der Habsburger Armee und wurde dafür ausgezeichnet. Er konnte sich nicht vorstellen, dass die Nazis etwas gegen ihn und seine Frau unternehmen würden. Die emigrierte Familie hatte später im Exil vergeblich versucht, die Großeltern zur Flucht zu bewegen. Benjamin hatte nur diesen einen Großvater. Er hat ihn damals zum letzten Mal gesehen. Die segnende Hand des Großvaters (»hat mir Blessing gegeben«) war ein lebensgeschichtliches Symbol für die schützende Hand, die den Knaben auf der Flucht begleiten sollte. Nach dem Abschied vom Großvater brachte ihn die Mutter zum Westbahnhof. Wieder beschrieb Herr Fried diesen raschen, beinahe übergangslosen Abschied. In seiner Erinnerung tauchten äußere Gegebenheiten, aber keine inneren Zustände auf, wie es ihm damals als Kind ergangen war. Die skizzenhafte Beschreibung dieser beklemmenden Äußerlichkeiten (die Kordel, an der ein Schild mit einer Nummer festgebunden war, denn jedes Kind musste seine eigene Nummer tragen; festgebunden um seinen Hals mit einem Spagat, was Erstickungsängste symbolisierte; der Westbahnhof und das Chaos vor der Abfahrt, das geherrscht haben musste) lässt eine Distanz zur Gefühlswelt entstehen. Vielleicht hatte die Abwehr der Gefühle und der damit einhergehenden

Fantasien das Kind schon damals in die Lage versetzt, seine Aufmerksamkeit auf die unmittelbare Situation zu konzentrieren. Die Verdrängung hätte dem Kind in der damaligen Situation geholfen, nicht von Angst, Ohnmacht und Verzweiflung überschwemmt zu werden und damit handlungsfähig zu bleiben. Man bedenke, dass der Vater in der Schweiz festsaß, dass es gänzlich ungewiss war, wann, wie und ob die Eltern nachkommen würden. Das Kind fuhr mit diesem Transport ins Ungewisse. Zu dieser existenziellen Unsicherheit, die verdrängt werden musste, kam das Faktum, dass es den Eltern der Kinder von den NS-Behörden nicht erlaubt gewesen war, bei der Abfahrt ihrer Kinder den Bahnsteig zu betreten, um Aufsehen erregende Abschiedsszenen zu vermeiden (vgl. Turner 1994; Drucker 1995); ein Faktum, dass die äußere Realität der traumatischen Trennung von den Eltern noch verstärkt haben mochte.

Herr Fried erzählte keine Erinnerungen von der Zugfahrt bis zur Grenze, wo der Transport auf Deutscher Seite noch mal angehalten wurde. Vor dem Verlassen des Terror-Staates betrat die SA den Zug, um den Kindern die Wertsachen zu nehmen. Den Kindern war erlaubt, zehn Reichsmark mitzunehmen, einen Koffer, eine Tasche und eine Fotografie. Bücher und Spielsachen waren nicht erlaubt. Mitgeführte Wertsachen wurden von der SS beschlagnahmt (vgl. Turner 1994; Drucker 1995). Ein letztes Mal verdichtete sich die existenzielle Bedrohung. Würden die Kinder wirklich rauskommen? Ein Aufatmen konnte es wohl erst geben, als der Zug sich wieder in Bewegung gesetzt und die Grenze nach Holland überquert hatte. Die Kinder wurden auf der holländischen Seite von Frauen in Empfang genommen, die mit Essen und Getränken bereits auf sie gewartet hatten. Dieses Bild der nährenden Frauen verkörpert einen Neubeginn. Die Welt war nicht ganz aus den Fugen geraten. Sie war nicht absolut verfolgend geworden. Ähnlich wie die segnende Hand des Großvaters stellten diese nährenden Frauen so etwas wie schützende gute Objekte seiner Biografie dar. Herr Fried setzte seine Erzählung nach dem »Wir haben uns frei gefühlt« mit folgender Schilderung über seine Ankunft in London und dem Leben danach fort:

F: In London (-) hat mich eine Familie abgeholt; (-) ich habe natürlich kein Englisch reden können; (-) die haben ein bisschen Deutsch gesprochen. (-) Die haben mich genommen zu ihrem Haus. + (-) Ah, (-) habe mich sehr fremd gefühlt. (-) Ganz allein. (-) Mit niemand so zum Sprechen. (-) Nächsten Tag, oder zwei haben sie mich in eine Schule genommen. (-) War ganz allein. (2) Und wie ich erst dort hingekommen bin, (-) haben sie mir ein kleines Schlafzimmer gegeben. (-) Und dann nach zwei Wochen

3.3 Die Geschichte der Familie Fried

(-) haben sie das Schlafzimmer zu jemand anderen vermietet. Und ich habe schlafen müssen mit dem Großvater im selben Bett. (-) Aber dann die ah, (-) anglikanische Kirche ist gekommen zu sehen, wie es mir geht. + (-) Und die haben gesehen, was los war. Und die haben mich dann raus genommen aus dieser Familie.

I: Dass da kein Platz für sie gewesen ist.

F: Und haben mich zu einer anderen Familie gegeben. (-) Vielleicht, ah, (-) 40, 50 Meilen von ah, (-) London. (-) + ( ) (-) Ah, (-) er war Lehrer in London und sie war Klavierlehrerin. (-) Die haben keine Kinder gehabt. (-) Sehr, sehr nett zu mir gewesen. Ich bin, (-) die Schule dort gegangen. (-) Wirklich war ganz, ganz nett. + (-) Und dann ist der Krieg gekommen, der Zweite Weltkrieg (-) und die haben nicht mehr Zeit und Platz für mich gehabt. (-) Die sind weggegangen. Evakuiert mit ihre Schüler (-) und dann hat die Kirche mich gesteckt in eine (-) Boarding School, (-) auch draußen von London. Red Hill.

Zunächst ließ der General die Tragweite seiner Vereinsamung nach der Ankunft in England erahnen. Allein, der Sprache nicht mächtig wurde er von einer Familie aufgenommen, die zwei Wochen später sein Zimmer an einen anderen vermietet hatte. Daraufhin musste er das Bett mit dem Großvater der Familie teilen. In der ersten Zeit nach seiner Flucht lebte er in einer Welt, die er nicht verstand, weit weg von den Eltern, über deren Verbleib er zunächst nichts wusste. Eine Ungewissheit, über die der General aber nicht sprach. Stattdessen hob er das englische Lehrerpaar hervor, die keine Kinder gehabt und ihn bei sich zumindest für eine Zeit aufgenommen hatten. Dieses Lehrerpaar vermittelte ihm vermutlich ein Stück Angenommen-Sein in dieser fremden Situation. Im September 1939, also knappe neun Monate später, brach der Krieg aus. Die Schüler wurden evakuiert und die Kirche steckte ihn in eine Boarding School außerhalb von London.

Auf die Frage, ob es Kontakt oder Nachrichten von den Eltern gegeben hätte, erzählte Herr Fried Folgendes:

F: Ah, (-) mein Vater ist aus dem Camp gekommen und meine Mutter ist nach London gekommen, (-) und wir haben uns einmal gesehen. (-) Die haben, (-) irgendwie gelebt in London, ich weiß nicht wie.

I: Hat es Kontakt gegeben zu den Elt-?

F: Bitte?

I: Hat es Kontakt gegeben zu den Eltern?

F: Das nicht. + (-) So, (-) ah, (-) war ich in der Boarding School. (-) Haben mich <u>sehr, sehr nett</u> behandelt. (-) Ich habe Fußball gespielt. (-) Mit (-) Pfandfinder dort herumgespielt. Ah, (-) wirklich ich habe mich sehr zu Hause gefühlt. + (-) Einmal zu Weihnachten hat mich ein Lehrer nach Hause genommen zu seiner Mutter, und die haben auf (-) der (-) Küste gewohnt. (-) Ja wirklich es war <u>sehr, sehr nett</u>.

Wieder gab es in dieser Schule einen Lehrer, der sich scheinbar besonders um ihn gekümmert hat. Der ihn zu Weihnachten mit nach Hause genommen hat. Nachdem das christliche Weihnachten das Hochamt der Familie darstellt, kann man sagen, dass dieser Lehrer dem Jungen einen Familienersatz angeboten hatte. Die wiederkehrende Betonung des »sehr, sehr nett« wies darauf hin, dass diese Erfahrungen zusammengehören könnten. Die schulischen Institutionen und die Lehrenden waren das familiäre Ersatzumfeld von Benjamin Fried. Sie ermöglichten dem Jungen, dass er sich »sehr zu Hause fühlen« konnte. Hinzu kam, dass er zwar keinen Kontakt zu den Eltern hatte, dass er sie aber zumindest einmal sehen konnte. Er wusste sie also in Sicherheit und es war eine Frage der Zeit, wann sie wieder vereinigt sein würden. Trotzdem erscheint an diesen Passagen etwas eigenartig. Gerade diese schematischen und von ihm betonten Wiederholungen des »sehr, sehr nett« lassen darauf schließen, dass sich diese Phrase über etwas anderes gelegt hatte. Im Grunde hatte er auch das Nachfragen über den Kontakt zu den Eltern während dieser eineinhalb Jahre widersprüchlich beantwortet. Zum einen gab es ein Treffen, denn sie hatten sich einmal gesehen. Trotzdem hätte es keinen Kontakt zu den Eltern gegeben. Vermutlich meinte er mit Ausnahme dieses einen Males. Die Frage nach der Lücke, die sich nicht schließen wollte, nämlich was genau in der Zeit zwischen seinem Transport 1938 und der Wiedervereinigung mit seinen Eltern 1940 geschehen war, blieb unbeantwortet. Warum er sie nur einmal sehen konnte und warum es sonst keinen Kontakt gegeben hatte. Stattdessen schilderte er dieses idealisierende Bild einer schulischen Ersatzelternwelt. Dieser Ersatz war für den Jungen wichtig, weil er ihm half, seine Sorgen vorübergehend vergessen und verdrängen zu können.

F: Und dann im <u>40er Jahr</u> (w.), (-) endlich haben meine Eltern die Papier (-) bekommen nach Amerika zu gehen. + Und da waren wir zusammengekommen, der Krieg war schon an. + (-) Und wir sind auf einem kleinen Schiff nach Amerika gefahren (-) Ah, (-) und angekommen in New York. (-) Dort war schon eine Tante und ein Onkel. (-) Und wir haben mit denen gewohnt für drei Monate. (-) ( ) waren zwei Zimmer, (-) ah, (-) mein Vater (-) hat gesucht Posten, hat nix finden können. (-) Ich bin in die Schule auf zwei Monate (-) dort in New York gegangen. (-) War immer sehr schwach in Englisch (-) und dann (-) mein Vater hat gesagt, ah: »New York ist nicht Amerika.« Und das ah Refugee Committee (-) hat uns geschickt auf die Westküste zu einer Stadt, die heißt Seattle. Nordwestamerika. (-) Und dort waren wir zwei, drei <u>Wochen</u> (w) und die haben einen Posten für meinen Vater gefunden, (-) in einer kleinen Stadt, die Aberdeen heißt. 18.000 Einwohner und (-) sie haben ihm dort einen Posten gegeben (-) als ein Helfer auf einem, (-) in einem Möbelgeschäft und er hat Möbel geliefert auf dem Wagen, nicht? + (2) Ja, dann, wie September gekommen ist, bin ich in die Schule gegangen; (-) und ah, (-) wieder, (-) jeder war <u>sehr, sehr nett</u> und ich habe eine Lehrerin gehabt, die großes Interesse gehabt hat in mir.

Mit 12 Jahren gelangte Benjamin Fried nach England. Er war circa eineinhalb Jahre von seinen Eltern getrennt. 1940 kam die Familie zusammen und emigrierte in die Vereinigten Staaten, die Benjamins neue Heimat werden sollten. Sein Englisch verbesserte sich zusehends. Eine Lehrerin der Schule in Aberdeen hatte sich des 14-Jährigen angenommen. Sie hat mit ihm englische Dramen gelesen, sein Interesse für Literatur geweckt und maßgeblich die Integration des Jugendlichen unterstützt. Es ist erstaunlich, wie schnell er in der neuen Umgebung seinen Platz finden konnte. Benjamin spielte in einer Theatergruppe, er wurde Redakteur der Schülerzeitung und nahm für die Schule an den Schwimmeisterschaften teil. Nach nur drei Jahren absolvierte er 1944 erfolgreich seinen Abschluss. Die Familie war 1944 nach Portland umgezogen. Dort begann Benjamin seine Universitätsausbildung. Der Vater arbeitete mittlerweile in der Schmuckbranche und hatte ein eigenes Geschäft aufgebaut. Außerdem war er Redakteur für den in New York erscheinenden *Aufbau*, einer Zeitschrift für jüdische und politische Emigranten aus dem NS-Regime.[70] Manfred George, Chefredakteur des *Aufbaus* wurde ein guter Freund des Vaters. Und über den Chefredakteur des

---

70 Diese Zeitschrift war wohl das wichtigste Organ für jüdische Flüchtlinge in den Vereinigten Staaten. Neben Suchmeldungen des Internationalen Roten Kreuzes erhielt die Zeitschrift alle wesentlichen Informationen betreffend Arbeitsrecht und Einreisebestimmungen für Flüchtlinge. Der *Aufbau* war aber nicht nur Orientierungshilfe, sondern ein essenzielles Forum für das gesellschaftspolitische und intellektuelle Leben der Vertriebenen. Wichtige Autoren wie Hannah Arendt, Max Brod oder Martin Buber publizierten darin.

Aufbaus hatte er an der Emigrantenszene Amerikas teilhaben können. Hannah Arendt weist in ihrem Aufsatz »We Refugees«, der 1943 im *Menorah Journal* erschienen war und im *Aufbau* von Manfred George rezensiert wurde, auf diese Identitätsproblematik der jüdischen Flüchtlinge hin: »In Europa beschlagnahmten die Nazis unser Eigentum, doch in Brasilien müssen wir 30 Prozent unseres Vermögens abliefern genauso wie das allerloyalste Mitglied des ›Bundes der Auslandsdeutschen‹. In Paris konnten wir unsere Wohnungen nach acht Uhr nicht mehr verlassen, weil wir Juden waren, doch in Los Angeles legt man uns Beschränkungen auf, weil wir ›feindliche Ausländer‹ sind. Unsere Identität wechselt so häufig, dass keiner herausfinden kann, wer wir eigentlich sind« (Arendt 1943, S. 15). Hannah Arendt klagt in diesem Artikel an. Aber sie klagt nicht nur gegen den Lauf der Geschichte, gegen das Schicksal des jüdischen Emigranten, der sich wieder und wieder vertrieben sieht, der sich anpasst. Sie klagt an, ob des Schicksals des »einsamen Emigrantendackels, der sagt: ›Damals, als ich noch Bernhardiner war.‹« Ihre Sprache richtet sich auch gegen die Reden des Parvenues, gegen die »150 jährige Geschichte des assimilierten Judentums, das ein Kunststück ohnegleichen vorgeführt hat: obwohl die Juden die ganze Zeit ihre Nichtjüdischkeit unter Beweis stellten, kam dabei nur heraus, dass sie trotzdem Juden blieben.« (ebd., S. 19) Und deshalb fordert Arendt, zu dieser jüdischen Identität zu stehen. Sie beschließt ihren Artikel mit folgenden Sätzen:

> »Die von einem Land ins andere vertriebenen Flüchtlinge repräsentieren die Avantgarde ihrer Völker – wenn sie ihre Identität aufrechterhalten. Zum ersten Mal gibt es keine separate jüdische Geschichte mehr; sie ist verknüpft mit der Geschichte aller Nationen. Und die Gemeinschaft der europäischen Völker zerbrach, als – und weil – sie den Ausschluss und die Verfolgung seines schwächsten Mitglieds zuließ« (ebd., S. 21.).

Die gemeinsame jüdische Geschichte, die Hannah Arendt vorschwebt, ist eine aus der Vertreibung durch den Nazismus entstandene; aber es ist keine Geschichte, die sich exklusiv auf die – nach heutiger Lesart – Shoah bezieht, sondern auf die Gemeinschaft der europäischen Völker, welche die jüdische Vertreibung und Ermordung zugelassen hat. Manfred George schrieb in seiner Rezension über diesen Arendt'schen Gedanken am Schluss ihres Aufsatzes: »Der fast leise geäußerte Satz am Schluss des Arendt'schen Artikels, der den heimlichen schillernden Spott ihres Situationsaufrisses mit politischer Erkenntnis krönt, tippt wie ein Zauberstab an die Tür des Kommenden« (*Aufbau*, am 30. Juli 1943).

3.3 Die Geschichte der Familie Fried

Auch wenn die Familie, wie es aus den Erzählungen von Herrn Fried herauszuhören war, in Amerika gut angekommen war und einen Platz gefunden hatte, war das Wissen um den Krieg und um die zurückgebliebenen Verwandten in Österreich ein ständiger Begleiter. Die Familie hatte – wie erwähnt – vergeblich versucht, Benjamins Großeltern zur Flucht zu bewegen. Dann war der Kontakt abgerissen. Ein Onkel von Benjamin, der ebenfalls in Wien geblieben war, hatte ein Lebensmittelgeschäft in der Währingerstraße besessen. Auch von ihm war nichts mehr in Erfahrung zu bringen. Gleichzeitig war es allgemein bekannt, dass die Nationalsozialisten Juden in Viehwaggons pferchten und in die Konzentrationslager im Osten deportierten. Im *Aufbau* wurden ab November 1942 wöchentlich Namen von deportierten Menschen veröffentlicht. Dieses Wissen um die in Europa stattfindende Vertreibungs- und Vernichtungspolitik und die damit verbundene Angst um die Zurückgebliebenen führten vermutlich zu dem Wunsch, irgendetwas gegen den infernalischen Terror in der alten Welt zu tun. Benjamin war einige Monate auf der Universität, als er sich 18-jährig zum Militär meldete. Er sollte in einem Fallschirmjägerregiment als deutsch sprechender Mann nach Europa gehen: »Sodann komme auf, auf die Ostküste auf das Boot nach Europa zu kommen. Und die schicken mich (-) ( ) von der Ostküste zu der <u>Westküste</u> (lachend) nach San *Francisco (-) und nicht zum (-)* <u>*Pazifik*</u> *(e).*« Benjamin Fried kam auf einem Schiff zu den Philippinen und war bis Kriegsende in Manila stationiert. Auf die Frage nach seinen damaligen Motiven, zum Militär zu gehen, lachte er zunächst und meinte dann:

F: <u>*Jaa*</u>. (-) Meine Großeltern, (-) wunderbare Leute, sind getötet worden hier, in Wien. (-) Mütterlicherseits. (-) Meiner-. (2) Ich wollte nur nach Deutschland fahren und so viele Nazis erschießen, wie es geht. + (2) Leider nicht gegangen. (2) Ich habe das, das werde ich nie vergessen, (-) und ich glaube, (-) darum bin ich in das Militär (-) geblieben, (-) ich ah, (2) da war (-) irgendetwas in meinem Herzen, (-) das ich nicht vergessen kann.

Sein bewusstes Motiv lag auf der Hand. Warum er allerdings beim Militär blieb, dürfte mit einer *Unfähigkeit zu vergessen* in Zusammenhang gestanden haben. Obgleich er in den Interviews kaum darüber sprach, war diese Unfähigkeit zu vergessen evident. Der radikale Bruch, das Trauma der Trennung und das Emigrationsschicksal der Familie sind sicherlich nur die oberflächlich fassbaren Dinge. Jene Dinge, die man benennen kann. Das, was nicht zu vergessen war, lag tiefer, in oder zwischen den Andeutungen seiner raschen Erzählung.

Eine Assoziation zum Namen der Emigrantenzeitschrift *Aufbau*, die vielleicht weiterhilft: Dieser Name spielte auf den Aufbau einer jüdischen Existenz in Palästina an; und gleichzeitig auf den Aufbau einer Existenz in der neuen Welt, dort, wo die Zeitschrift erschien. Und für den General persönlich? Vielleicht meinte sie den Aufbau einer Welt, *die das, was nicht zu vergessen war, vergessen machen sollte*. Ist nicht das Leben nach der Shoah immer von diesem Paradox erfüllt? Ein Leben aufzubauen, welches das Leben davor in gewisser Weise ungeschehen machen sollte? Und ist dieser Versuch nicht ständig begleitet von dem Wissen, dass es sich um eine nicht wieder gut zu machende Tragödie handelt; also um etwas, das nicht vergessen werden kann. Ein Ausweg aus diesem Paradox schien vielen Überlebenden in ihrem politischen Engagement gegen das Wiederaufkeimen des Faschismus, Rassismus und Nationalismus zu liegen. Gleichzeitig steckte in jedem Schritt dieses Engagements, welches als Befreiung, als Aufbau von etwas Neuem gedacht war, eine Reminiszenz an das, was innerlich da und nicht zu vergessen war. Die Reminiszenz an das Geschehene. Man erkennt das psychische Dilemma zwischen dem *Wunsch* zu vergessen und der *Wiederkehr* der Erinnerung. Benjamins erste Lösung hatte mit 18 Jahren darin bestanden, in das Land der Täter zurückzugehen, um so viele Nazis zu töten, wie nur möglich. Er war an das Trauma gebunden, an das, was real geschehen war.

b) Der Auftrag: »Wann wirst du ...?«

Lacanisch gesprochen ist die Frage, wie ein Leben nach dem *symbolischen Tod*[71] möglich wird, eine Frage, die nach Re-Symbolisierungen sucht. Re-Symbolisierung meint die Wiederanknüpfung ans Verlorene, zum Beispiel über sublime lebensgeschichtliche Projektionen. Indem der General sagte: »darum bin ich im Militär geblieben«, führte er eine kausale Begründung für sein späteres Leben beim Militär ins Feld: weil er nicht vergessen konnte. Und in Anbetracht seiner

---

[71] Der symbolische Tod bedeutet die Zerstörung der Geschichtlichkeit der Opfer durch die Nationalsozialisten. Ihnen wurden ihre Namen genommen. Sie gingen als Nummern in die Gaskammer. Dieser symbolische Tod betraf in gewisser Weise alle europäischen Juden. Weil sie alle ermordet werden sollten. Ohne eine Spur, ohne einen Namen, ohne eine Erinnerung. Gegen dieses Hitler'sche Urteil richten sich die Re-Symbolisierungsversuche der Überlebenden: der Versuch, einen Teil der zerstörten Geschichtlichkeit zurückzubekommen. Ihre Suche nach Namen, nach Daten und Fakten aus der verlorenen und entrissenen Geschichte ist immer auch der Versuch, das symbolische Netz ihrer Familie wiederherzustellen.

Rückkehr könnte man sagen, dass ihn das Militär in gewisser Weise auch wieder zurückgeführt hat. Aber diesmal in einer anderen Rolle, in der des Lehrenden und Lernenden.

F: Ich war mit einer Gruppe, die nach Österreich gekommen ist vom Militär, (-) und wir haben hier (-) uns getroffen ah (-) mit euren (-) Home Generäle; (-) und ich habe paar ah, (-) lectures gegeben (-) ah (-) in Wien (-) zu Offiziere, Generäle, und wir haben gelernt von (-) uns-, (-) von euch, und ihr von uns.

Als ob sich eine biografische Schleife schließt. Seine Rückkehr war in gewissem Sinne eine Re-Symbolisierung, eine Anknüpfung an Vergangenes, die für den General vor zehn, zwanzig Jahren noch undenkbar gewesen wäre. Auch hatte er in Wien jene tiefe Freundschaft zu einem österreichischen General schließen können, eine Freundschaft, die an die des Vaters mit General Zehner erinnerte. Diese Art der Wiederherstellung gelang über seine Liebe zum Militär, es sei immer in seinem Herzen gewesen. Das Militär war auch eine Antwort auf den symbolischen Tod in Nazi-Österreich. Auf den symbolischen Tod, den er in Wien gestorben war, als er aus der Schule floh. Eine sublime Projektion seiner Lebensgeschichte auf diese Institution. Eine Re-Symbolisierung als Antwort auf das Urteil Hitlers.

Benjamin Fried musste nach seiner Rückkehr aus dem Krieg seiner Mutter versprechen, die Regular Army zu verlassen. »Wäre nicht meine Mutter gewesen, wäre ich auf der Regular Army geblieben; wäre ich nie weggegangen, weil meine Mutter mich zu Hause haben wollte.« Er nahm sein Studium wieder auf, aber schon nach wenigen Monaten begann er, das Militär zu vermissen. So meldete er sich als Soldat für die Army Reserved[72], Teil der US-amerikanischen Reservestreitkräfte. Dort blieb er neben seinem Studium für die nächsten zwei, drei Jahre. Dann hätte es eines Tages geheißen, er könne kein Offizier werden, was

---

[72] Die National Guard ist eine Reservekompanie der US-amerikanischen Armee und bildet zusammen mit der United States Army Reserved die Reservekomponente der United States Army. Im Gegensatz zu Vollzeitsoldaten in der Regular Army üben die Soldaten in der Army Reserved Dienst auf Teilzeitbasis aus, können aber bei einer allgemeinen Mobilisierung im Krisenfall verpflichtend als Vollzeitsoldat eingezogen werden. Die Soldaten der National Guard werden vor allem bei Kriseneinsätzen innerhalb des Landes eingesetzt. Seine Entscheidung, zur Army Reserved zu gehen, kann man als eine Kompromissbildung ansehen. Zum einen erfüllte er so den Wunsch seiner Mutter, dem Schlachtfeld fern zu bleiben, andererseits blieb er aber dem US-Militär verbunden.

ihn ärgerte. Er wechselte zum Fliegerbataillon der National Guard. Benjamin Fried blieb bis zu seiner Pensionierung beim Militär. Er wurde im Lauf der Zeit über weitere Akademien, die er besuchte, zu einem der ranghöchsten Generäle Amerikas. Rückblickend wies Benjamin Fried auf die militärische Traditionslinie in seiner Familie hin: Wie sein Großvater, der noch im Ersten Weltkrieg kämpfte, waren auch alle seine Onkel und sein Vater als Mitglied des »Bundes Jüdischer Frontsoldaten Österreichs« den militärischen Strukturen und Institutionen verbunden. Somit reihte er sich gewissermaßen in eine männliche Tradition seiner Familie ein. Das Militär war ein generationsübergreifendes familiäres Liebesobjekt, das nicht nur als Symbol für Sicherheit, sondern auch als eine bestimmte Art von Kontinuität innerhalb des familiären Bewusstseins gelten konnte.

Benjamin Fried hatte im Laufe seiner militärischen Laufbahn verschiedene Aufgaben inne. So war er für Fragen hinsichtlich der Gleichbehandlung der Soldaten unabhängig ihrer Herkunft, ihrer Religion und ihrer Hautfarbe zuständig. Er war Direktor einer eigens dafür gegründeten Schule, wo er auch unterrichtete. Zudem wurde er Leiter einer Kommission, die sich um jene Familien kümmerte, deren Väter eingezogen worden waren. Der General war in all diesen Bereichen federführend bei der Konzeption, Ausarbeitung und Umsetzung der besagten Programme beteiligt gewesen. Es ist unschwer zu erkennen, dass die genannten Bereiche entscheidende Punkte seiner Biografie berührten.

In seinem zivilen Leben hatte er zahlreiche bürgerrechtliche Initiativen mitgetragen. Er schilderte dafür zwei wesentliche initiale Erfahrungen, die von seinem Vater ausgegangen waren:

F: Beim Abendessen mein Vater fragte: »Wann wirst du was mit deinen Leben machen?« Sagte: »Du gehst Skilaufen, du nimmst nur die scheiß Mädel aus (w) und du gehörst zu dieser verrückten National Guard. Und sonst machst du nichts. Wann wirst du schon was machen?«

Irgendwann zu dieser Zeit lernte Benjamin Fried eine junge Jüdin kennen, die – so wie er – als Kind vor den Nazis geflohen war. Dass beide ein ähnliches Schicksal teilten, mochte ein geheimes und imaginäres Verstehen des je anderen ermöglicht haben. Sie heirateten 1955, aber nur wenige Wochen nach diesem freudigen Ereignis geschah etwas Furchtbares.

F: So, (-) vor vielen, vielen Jahre, wie ich, ich glaube zwei Monate verheiratet war, (-) ah, (-) *ist der Vater schwimmen gegangen und nie nach Hause gekommen.*

(-) Er hat eine Herzsache gehabt + (-) *und schwimmen war er, und ist gestorben im Club.* (-) *Er war 52 damals.* + (-) *Und ist gestorben am Sonntag.*

Sein Vater war damals im Stadtsenat und in der Bürgerrechtsbewegung aktiv gewesen. Am Tag seines Todes kam ein Anruf von einem Kollegen des Vaters, einem schwarzen Doktor aus der Bürgerrechtsbewegung, der ihn sprechen wollte. Damit begann Herrn Frieds sozialpolitisches Engagement.
F: So (-) Vater (ist) gestorben am Sonntag; (-) (wir) haben ihn begraben am Montag; (-) und am Mittwoch haben sie mich eingeschworen auf meines Vaters Platz (-) Und so hat die ganze Sache angefangen. Eines nach dem anderen. + (-) Und sechs Monate später habe ich dieses ganze Komitee genommen als Vorsitzender; hab die Zeit gehabt, (-) ein paar gute Sachen zu machen. (-) meistens für Schwarze.

Zum zweiten Mal hatte sich die Welt, in der er lebte, von einem Tag auf den anderen radikal verändert. Und abermals war diese Veränderung mit Verlust verbunden. In der Erzählung des Generals war der Hitler-Faschismus über Nacht hereingebrochen. Die Welt, in der er als Kind aufgewachsen war, in der er zur Schule ging, war mit einem Mal ausgelöscht. Seine Schilderungen aus dem Jahr 1938 dokumentierten den szenischen Charakter von radikalen, unvorhersehbaren und nicht wieder rückgängig zu machenden Umwälzungen. Damals traf die innere Welt des Kindes auf die äußere Welt des Hitler-Totalitarismus. Herr Fried erzählte über die Machtergreifung durch die Nationalsozialisten im März 1938, über seine Flucht aus der Schule, über die Novemberpogrome und über den Abschied von der Mutter am Westbahnhof in knappen, kurzen Sätzen ohne Pause und Einhalt. Es war nicht ausschließlich ein stilistisches Moment seiner Rede, sondern zeigte, wie für das 12-jährige Kind keine Zeit zur Verfügung gestanden hatte, die radikalen Umwälzungen emotional zu fassen. Dieser Mangel an Zeit wiederholte sich in dem raschen Tempo seiner Rede. Die schreckliche äußere Realität des Nationalsozialismus zwang den Knaben, ohne Eltern auszukommen, was als Synonym für *erwachsen werden müssen* gilt. Und darin bestand wohl das Trauma – wenn man so will – des 12-jährigen Jungen, dass er zu früh, ohne die Dinge kommen zu sehen, von einem Moment auf den anderen, in eine fremde, erwachsene und verfolgende Welt gestoßen wurde, ohne die Möglichkeit einer damit einhergehenden psychischen Adaption. Dieses Moment des Eintritts einer plötzlichen, unvorhersehbaren, radikalen Veränderung wiederholte sich im viel zu frühen, unerwarteten Tod des Vaters. Knappe zwei Jahrzehnte später hatte dieser den Sohn von einem Augenblick auf den anderen in eine ähnliche Veränderung katapultiert. Herr Fried sagte, der Vater »ist schwimmen gegangen und nie nach Hause gekommen«. Dieses sprachliche Bild vermittelt in besonderem Maße jene radikale und nicht wieder gut zu machende Veränderung[73] und deren psychologische Bedeutung für das Kommende. In jeder Biografie befinden sich Bruchstellen, wo man unweigerlich an frühere Krisen erinnert wird. Das Phänomen der *Nachträglichkeit* besagt, dass das vergangene Trauma aus der Vergangenheit wiederkehrt und seine volle Bedeutung in der Zukunft gefunden haben wird. Benjamin war über Nacht in die Verantwortung genommen. Der schwarze Doktor aus der Bürgerrechtsbewegung nahm den Sohn offenbar in die Pflicht. Benjamin Fried war mit einem Mal gezwungen, sein Dandy-Benehmen aufzugeben – etwas, von dem er berichtet hatte – und den väterlichen Auftrag (*mach was aus deinem Leben*) zu übernehmen. Vielleicht kann man den unvorhersehbaren Unfall des Vaters als einen wiederholten Verlust beschreiben, der dem Sohn seine »Unschuld« ein zweites Mal nahm. So zumindest legte es seine Erzählung nahe. In beiden Abschnitten gab es keine Zeit der Stille und der Trauer. Die äußeren Bedingungen ließen dies nicht zu. Von Sonntag über Montag bis Mittwoch vollzog sich eine Wandlung, die vielleicht ein anderer während seiner gesamten Lebensspanne nicht vollzieht. Herr Fried war fortan an den Platz seines Vaters gebunden. Er übernahm dessen Geschäfte. Er musste etwas aus seinem Leben machen. Etwas, nach dem sein Vater bereits gefragt hatte: Wann wirst du ...?

Neben der Unfähigkeit zu vergessen gab es diese radikale und unvermittelte Veränderung, den *Verlust an Unschuld*, der sich in seinem Leben wiederholte und in weiterer Folge zu einem Motor des Kommenden wurde. Vielleicht lässt sich dieser zweite Punkt an einem bestimmten körperlichen Organ nachvollziehen: dem *Herzen*. Herr Fried führte den Unfall seines Vaters auf dessen Herzschwäche zurück. Sein Vater hätte etwas am Herzen gehabt. Er sei schwimmen gegangen

---

[73] Das sprachliche Bild vom Schwimmausflug, der tödlich endete, erinnert entfernt an Seefahrererzählungen und an deren Klage über die auf See Verstorbenen. Die Tragödie der Seefahrerfamilien besteht eben darin, dass es keinen Leichnam gibt, den man betrauern könnte. Über dieses sprachliche Bild wiederholte Herr Fried das Leid seines Vaters, der um das Abbild seiner verstorbenen Eltern betrogen worden war. Man kann entfernt eine Analogie zwischen den in Auschwitz Ermordeten und den auf See Vermissten sehen, die sich über das Fehlen eines Abbildes der Toten artikuliert.

und nicht wieder zurückgekehrt.[74] Auch in seiner Geschichte tauchte das Herz an hervorgehobenen Stellen in Zusammenhang mit dem Militär und der NS-Vergangenheit in Österreich auf. Das Militär sei immer in seinem Herzen, sei seine erste Liebe gewesen. Und: Das, was damals im NS-Österreich geschehen war, sei in seinem Herzen geblieben, etwas, das er *nicht vergessen* könnte. Seine Rückkehr nach mehr als 60 Jahren schilderte Herr Fried mit dem sprachlichen Bild eines beim Anblick der Stadt plötzlich einsetzenden Herzstillstandes. Wenn das Herz aufhört zu schlagen ... Diese Metapher wiederholte sich in den Interviews und ließ an ein fremdes Herz denken. *An ein Herz, das ein anderer in meiner Brust zum Schlagen bringt. Das weiter schlägt, nachdem mein Herz zu schlagen aufgehört hat.* Eine Entfremdung, die mit jeder Emigration einhergeht. Eine Entfremdung, über die auch Hannah Arndt in ihrem Aufsatz geschrieben hat. Und letztendlich ließ dies auch an den Auftrag denken, das Leben des Vaters fortzuführen. Herr Fried war an die Vergangenheit gebunden. Er konnte nicht vergessen. *Wessen Herz schlug in seiner Brust?*

Im Leben von Herrn Fried gab es nach dem Tod seines Vaters verschiedene Herzschrittmacher – um im Bild zu bleiben –, die ihm halfen, sein Leben nach diesem Verlust zu organisieren. Zum einen gelangte er über einen Freund in das Versicherungsgeschäft. Der Freund hatte ihn damals in den späten 50ern gefragt, warum er nicht in das *Lebensversicherungsgeschäft* einsteigen würde. Aus diesem Geschäft entwickelte sich im Laufe der Jahre ein eigenständiges, großes Unternehmen, das er, nachdem sein Sohn alt genug geworden war, auf diesen übertrug. Ohne Zweifel, der General war ein Macher und alles, was er anpackte, wurde zum Erfolg. Das Geschäft mit Lebensversicherungen sei wohl auch ein Geschäft mit der eigenen Angst gewesen, die Benjamin Fried auf seine Umgebung (hier seine Kunden) projiziert hatte.

Auf den essenziellen Stellenwert des Militärs wurde hingewiesen. Neben der militärischen bekleidete Herr Fried zahlreiche Funktionen, die alle darauf ausgerichtet schienen, Leid und Elend der Menschen zu lindern und Ungerechtigkeiten dort, wo sie aufgetreten waren, zu bekämpfen. In diesem Zusammenhang soll eine sozialpolitische Maßnahme herausgegriffen werden, die stellvertretend für sein weit reichendes Engagement in diesen Bereichen gelten kann. Der General initiierte ein Ferienlager für Kinder an der Schwelle zur Pubertät und zum

---

74 Vielleicht ist es in diesem Zusammenhang interessant, dass der General die »Armed Forces Olympics« im Schwimmen gewonnen hatte?

Erwachsenenalter. Die Zielgruppe der Kinder stammt aus sogenannten Unterschichtfamilien. Seit mehr als 30 Jahren verbringen etwa 160 Kinder aus wenig privilegierten Familien einen Sommer in diesem Ferienlager außerhalb ihrer gewohnten, städtischen Umgebung. Zumeist kommen die Kinder aus Slums und benachteiligten amerikanischen Vorstädten. Die Organisation des Sommerlagers für jene »Risiko-Kinder« verfolgt ein Empowerment-Konzept, wonach die Kinder in dem Ferienlager Erfahrungen sammeln, die ihnen im späteren Leben helfen werden, die richtigen Entscheidungen zu treffen. Den Kindern soll eine alternative Welt geboten werden, um emotional korrigierende Erfahrungen in der Gemeinschaft mit anderen Kindern zu machen. Dieses Kindersommerlager trägt – wie viele andere Dinge auch – den Namen des Generals. Er sagte: »Ich mache das nicht, damit nur mein Name dann drauf steht; ich mache, weil ich glaube, die Welt muss besser werden.«

Der General schuf in seinem Leben viele Dinge, die dazu bestimmt waren, etwas zurückzulassen. Die etwas verändern sollten. Sein Leben war auf die Zukunft ausgerichtet und diese Zukunft wollte er – nicht zuletzt über das Lebensversicherungsgeschäft – auch anderen ermöglichen.[75] Auch in den Interviews interessierte er sich mehr für das, was kommen wird, als für das, was geschehen war. Diese positive und in die Zukunft gerichtete Einstellung schien etwas von einem Herzschrittmacher zu haben, etwas, das ihm half, weiter und weiter zu gehen. Das Sommerlager kann als eine solche positive, lebensbejahende Projektion auf eine ferne Zukunft gesehen werden, die er jenen Kindern ermöglichen wollte, die aufgrund ihrer Herkunft, ihrer Hautfarbe oder der Umgebung, in der sie aufwuchsen, keine ausgesprochen rosige Zukunft prognostiziert bekämen. Aber der dahinter liegende Gedanke ist doch der, dass ein Sommer lang

---

[75] Die Radikalisierung dieses Gedankens findet sicherlich in dem Geschäft mit Lebensversicherungen ihren höchsten Ausdruck. Während Versicherungen per se dazu dienen, vor den Risiken des Lebens zu schützen, und somit helfen, die Angst vor dem Leben einzudämmen, stellt die Lebensversicherung darüber hinaus letzte Sicherheiten her. Sie betrifft die letzten Dinge, die sein werden, wenn wir nicht mehr sind. Was meint, dass man sich in Bezug auf die Risiken, die mit unserem Tod für die Hinterbliebenen entstehen, absichern kann. In Zusammenhang mit der Geschichte der Judenvernichtung gewinnt dieses nicht zu vernachlässigende Detail von Herrn Frieds Geschichte besondere Brisanz. Die Lebensversicherung ist letztendlich immer von dem Gedanken getragen, dass das Geld nach dem Ableben des Subjekts an dessen Stelle weiterlebt und für die Hinterbliebenen zählt. Psychologisch gesprochen geht es also um den narzisstischen Wunsch nach Unsterblichkeit. Neben den Kindern ist in der kapitalistischen Gesellschaftsordnung das Geld das zweitwichtigste Instrument unserer Sehnsucht nach Unsterblichkeit ...

3.3 Die Geschichte der Familie Fried

reichen könnte, um ein Leben umzukrempeln. Also, dass eine – gemessen an dem bisherigen Leben der Kinder – relativ kurze Zeit ihr gegenwärtiges Leben radikal verändern könnte und zwar nachhaltig und zum Positiven. Dieser Gedanke erscheint eine inverse Gestalt zu dem zu haben, was er selbst erlebt hatte: innerhalb kürzester Zeit alle Sicherheiten und Zukunftsperspektiven verloren zu haben. Vielleicht ist das Sommercamp eine Projektion seiner Geschichte auf die heute Erniedrigten, verbunden mit dem Wunsch, gewisse Teile aus dieser Geschichte ungeschehen zu machen. Oder anders: weil der damals Erniedrigte und Verfolgte eine Chance bekommen hatte, wollte er diese Chance vervielfältigen und weiter geben.

Nur, die entscheidende Frage, die sein Vater dem jungen Dandy stellte, war doch die: Wann wirst du ...? Also eine Frage der väterlichen Struktur und Disziplin. Und in gewisser Weise war diese Frage damals schon eine, auf die Zukunft gerichtete, Lebensversicherungsfrage. Und nicht ohne Aggression! Benjamin Fried vervielfältigte diese Frage und gab sie indirekt in den Sommercamps an die Kinder weiter. Wann werdet ihr ...? Aufgrund der Interviews lässt sich nicht sagen, ob die Sommercamps und die anderen sozialpolitischen Engagements ausschließlich auf einer Wiederherstellung der humanen Werte einer Gesellschaft beruhten; was auf bewusster Ebene vermutlich der Fall gewesen war.

In den Arbeiten von Hillel Klein und Henry Krystal, beide selbst Überlebende der Shoah, wird dieser Antrieb immer wieder hervorgehoben. Hillel Klein schreibt davon, dass es für die Überlebenden der Judenvernichtung eine tiefe Sehnsucht nach einer Wiederbelebung des zerstörten und verlorenen familiären Kosmos gegeben habe. Damit verbindet sich auch der Wunsch nach der Wiederherstellung des verlorenen Selbst. Für Krystal ist es die Macht der Liebe des Einzelnen, die ihn dazu befähigt, wieder menschliche Beziehungen aufzunehmen und an die Ideale des Lebens, der Traditionen in der Familie und Gemeinschaft zu glauben. Wir wissen, wie wichtig Ideale – wie Freundschaft, Mitmenschlichkeit und Solidarität – für die Lagerhäftlinge selbst waren. Der Verlust dieser Ideale war oft das erste Anzeichen für den Verlust des psychischen Selbst, für einen psychischen Tod im Stadium des *Muselmannes*. Nach der Befreiung ist es für viele Überlebende der Judenvernichtung essenziell gewesen, wieder in eine Familie zurückzukehren und, wenn die Familie ermordet wurde, eine eigene Familie zu gründen, um eine psychische Kontinuität der Erfahrungen innerhalb eines familiären Kosmos wieder zu beleben. Der Motor dieses Strebens war die menschliche Fähigkeit zu lieben, über die Krystal schreibt, dass diese

Liebe »die Kraft des Überlebenden« repräsentiere, »zur Re-Integration und Heilung des Selbst« (2000, S. 857).

Zurück zum General, der überlebte, weil seine Mutter rechtzeitig für seine Flucht gesorgt hatte. In seinem sozialen und gesellschaftspolitischen Eintreten für eine bessere Welt konnte man viele Teile aus seiner Biografie wiederfinden. Die Verletzungen, die Hitler und die Nationalsozialisten in Österreich ihm und seiner Familie zugefügt hatten, kehrten in gewisser Weise in den Schicksalen der Nomaden und Minderheiten, der Schwarzen und Orientalen, der Slumkinder und der Wohnungslosen Amerikas wieder. Der General setzte sich für deren Leben ein, sein ziviles und militärisches Herz schlug für deren Chancengleichheit und für die Beendigung ihrer Diskriminierung. An einer Stelle des Interviews sprach der General davon, dass er im Prinzip sein ganzes Leben das gemacht hatte, worüber Hitler sagte, dass dies Juden nicht dürften. Benjamin Fried tat, was Hitler den Juden kollektiv *verboten* hatte. Er ging zum Militär. Er betrieb Sport. Er ging in die Schule und auf die Universität. Er wurde zu einem erfolgreichen Geschäftsmann. Und zu einem der ranghöchsten Generäle seines Landes. Und er bekämpfte den österreichischen Diktator, indem er sich für jene einsetzte, die – ähnlich wie er und seine Familie damals – entrechtet, benachteiligt und verfolgt wurden. War es nun Liebe oder auch Aggression, die ihn leitete? Vielleicht gibt der Weg, den die Aggression in seinem Leben genommen hat, eine Antwort auf diese Frage? Denn diese Aggression musste ihm, als er nach knapp 60 Jahren wieder in das Land der Mörder seiner Familie zurückgekommen war, begegnet sein.

c) Rückkehr und Wiederbelebung

Benjamin Fried erzählte über seine »Rückkehr« nach Österreich Angenehmes und weniger Angenehmes. Das Angenehme entstand zunächst aus der Erfahrung mit anderen, das weniger Angenehme dagegen war innerlich und einsam, war etwas, das mit dieser *Unfähigkeit zu vergessen* in Zusammenhang stand. Er kam zurück als General. Über das amerikanische Heer. So viele Jahrzehnte später klappte die Fahrt von West nach Ost, nachdem sie 1944 aus einem Irrtum heraus in die umgekehrte Richtung verlaufen war. Das Militär war sicherlich der Kitt einer Assoziationskette, welche die neue Welt mit der alten verband. Herr Fried sagte: »Ich bin nach Amerik-, ah nach Deut-, ah nach Österreich gekommen durch das Militär.« Es zeigte sich die psychologische Schwierigkeit seiner Rückkehr in der sprachlichen Fehlleistung (Amerik-, Deut-, Österreich). Verständlicherweise gab es einen psychischen Widerstand gegen seine Rückkehr ins Land der Täter, der diese sprachliche Unsicherheit produzierte. Er setzte folgendermaßen fort:

F: Wir haben da irgendeinen Kontakt gehabt, mit ah, (-) verschiedenen Ländern in Europa, äh, (-) National Guard von verschiedenen ah Länder, nach Österreich, (-) nach Deutschland, nach Polen gekommen; (-) wir haben Österreich bekommen; (-) und ah, war sehr interessant für mich natürlich, weil das mein Geburtsort ist. (-) Und irgendwie haben wir den Schallenburg getroffen und (-) sind beste Freunde geworden; (-) und ich bin hergekommen <u>ohne</u> dem Militär manchmal.

Schallenburg war jener österreichische General, den ich bereits erwähnt habe. Herr Fried kam auf diese sehr gefühlsbetonte Verbindung mit Schallenburg wiederholt zurück. Diese Freundschaft war dem General so wichtig, dass er auch ohne Militär die Reise über den Atlantik antrat. Das erste Mal erwähnte Benjamin Fried Schallenburg, als er über den Erfahrungsaustausch zwischen amerikanischen und österreichischen Generälen sprach.

F: Ich habe paar ah, (-) lectures gegeben (-) ah (-) in Wien (-) zu Offiziere, Generäle, und wir haben gelernt von (-) uns-, (-) von euch, und ihr von uns. +

Wieder ein Versprecher, der vielleicht den ambivalenten Charakter seiner Reise artikulierte. Indem er sagte: »Wir haben gelernt von uns-«, strich er sprachlich für einen kurzen Moment das Gegenüber. Vielleicht zeigte sich in dieser Fehlleistung ein Rudiment der Aggression von damals, als er 1944 mit dem Militär nach Österreich gehen wollte. Ein Rest jener Aggression, die er aufgrund eines militärisch logistischen Irrtums 1944 niemals an- und zu Ende bringen konnte.

Auf die Frage, ob er damals erstmals nach Österreich gekommen sei, setzte er fort:

F: Nein, ich war nie vorher hier. (-) Und, ah, (-) so bin ich hergekommen mit zwei, drei anderen Generäle, + + (-) bin sehr, sehr guter Freund geworden mit einem General hier, General Schallenburg; (-) + (-) und er hat die ABC-Schule, atomic, biological and chemic warfare. (-) Wir haben, (-) wir haben zwei Tage mit ihm in Wien jetzt waren wir zusammen. (-) Er kommt her, (-) freitagabends und wir sind wieder sonntags zusammen. (-)

Sind <u>sehr, sehr liebe Leute</u>.[76] + (.) Ich habe das letzt Mal, wie ich hier war, eine Medaille bekommen, (-) von (-) vom chief ( ) hier; vom Militär; (-) sehr schöne Sache gewesen, (-) + vom Militärmuseum. + (-) <u>So</u> jetzt will das österreichische Militär, (-) dass wir wieder zurückkommen, (-) um weiter besprechen Sachen. (-) Wir haben Truppen von Österreich dort bei uns zu Hause gehabt; (-) gelernt für Helicopters (-) + + (-) und solche Sachen. (-) Wir haben Truppen hierher geschickt (e), (-) gelernt, (-) wie auf Berge herumzuklettern.

Die Dinge hatten sich geändert. »Jetzt will das österreichische Militär, dass wir zurückkommen.« *Jetzt*, könnte man hinzufügen, *nach so vielen Jahren des Schweigens*. Eine späte Wiedergutmachung, Versöhnung, Genugtuung? Nein, eher noch ein Neubeginn. Herr Fried hatte vor einiger Zeit versucht, in Erfahrung zu bringen, was mit dem Geschäft des Vaters und dem Besitz seiner Familie geschehen war. In wessen Händen alles gelandet sei. Damit stellte er jene Fragen, die vor ihm keiner aus seiner Familie gestellt hatte.

F: Ich habe einen Brief bekommen, im Jänner von einer Frau, (-) die, die Hauptmacherin ist, von diese Sachen, (-) und sie sagt, (-) sie untersuchen das noch immer und ich werde bald hören; (-) aber das war im Jänner. + + + (-) Ah, (-) that's all. (-) Das ist alles. + (-) Sonst nichts. (-) + + (-) Meine Mutter ist gestorben vor circa zehn Jahre, (-) ich habe keine Schwestern oder Brüder, (-) ah, (-) <u>da bin ich</u>! (Lachen)

Benjamin Fried hatte seither nichts mehr von jener »Hauptmacherin« gehört. Keine Nachricht. Nichts, nur ein Versprechen. »That's all.« Für einen Moment blitzte wieder diese alte Verlassenheit auf. »Meine Mutter ist gestorben (...) ich habe keine Schwestern oder Brüder.« Er war der einzige, der wirklich zurückkam und mit den Leuten sprach: »Da bin ich!« Dieses selbstbewusste »Da bin ich!« steht in einem scheinbaren Kontrast zu den Gefühlen, die all seine Fahrten nach Wien begleitet hatten. Als er davon sprach, wurde der General plötzlich zu einem zerbrechlichen Menschen, gequält und verfolgt von Erinnerungsbildern und Gedanken. Seine Rede verlangsamte sich hörbar, Klangvolumen und Timbre

---

76 Wieder diese sprachliche Verdoppelung des »sehr«, auf die wir bereits bei den Schulen und Lehrkörpern während des Exils in England gestoßen waren. Dort lag die Vermutung nahe, dass es sich bei dem schulischen Umfeld um eine Ersatzelternwelt gehandelt hatte.

seiner Stimme wurden schwach und gebrochen. Mit Ausnahme zweier Cousins sei keiner seiner Verwandten je nach Österreich auf einen Besuch zurückgekehrt.
F: Einer ist Professor, an der Columbia University in New York (e). Ist nach Wien gekommen, (-) ist ihm so schlecht geworden, dass er wieder wegfahren hat müssen. (-) Und mein anderer Cousin war nur hier, hat übernachtet und ist weg. (-) + (-) Ich bin der einzige, (-) der (-) da herkommt, und redet mit Leuten (w), (-) alles Mögliche. (-) Aber es ist nicht leicht.

Die beiden Cousins hatten fluchtartig das Land wieder verlassen. Ihr Unvermögen, in Wien zu bleiben, erinnerte in seiner Erzählung an ein psychosomatisches Symptom. Die Sprachlosigkeit der Cousins, als Charakteristikum einer jeden Psychosomatik, kontrastierte mit dem Sprechen des Generals. »Ich bin der einzige, der (…) redet mit Leuten.« Die Sprachlosigkeit seiner Cousins ließ eine »Wiederannäherung« an das Land der Täter undenkbar erscheinen. Denn Ziel jeder Wiederannäherung ist, eine (neue) Sprache zu finden, die es ermöglicht, das Vergangene mit dem Gegenwärtigen zu verbinden. Gelingt dieser Sprachfindungsprozess nicht, wird die psychische Energie in ein psychosomatisches Symptom überführt. Dann spricht der Körper anstelle des Subjekts.

Wiederannäherung bedeutet in dieser Geschichte, jenen Konflikt, der entsteht, wenn der Vertriebene in das Land der Mörder seiner Familie zurückkehrt, zu artikulieren. Der Konflikt konnte – wie bei seinen beiden Cousins – gar nicht entstehen, weil an seine Stelle das psychosomatische Symptom (Übelkeit) trat. Die archaische Körperreaktion (Overbeck 1984) dient dabei als reflexhafte Antwort des Leibes, der einer Fantasievorstellung, einer sprachlichen Äußerung oder einem Traum zuvorkommt. In diesem Sinne ist das psychosomatische Symptom Substitution von Sprache, aber auch »Sprachzerstörung« (Lorenzer 1986). Es findet eine Regression statt, in deren Rahmen das Psychische in eine archaische Körpersprache rückübersetzt wird. Adaptives Ziel dieser psychosomatischen Reaktion war am Beispiel der Cousins – wie auch 1938 – die Flucht aus dem Land der (ehemaligen) Täter.

In der Rede des Generals fanden sich ebenfalls Teile eines solchen psychosomatischen Modus des Erinnerns. Sehr eindringlich schilderte er die inneren Wahrnehmungen während seiner Wien-Besuche.

F: Vorgestern wie wir in Wien waren, (-) + und fahre mit dem Taxi vorbei an der Ringstraße, wo mein <u>Vater sein Geschäft hat</u>. + (w) (-) + *Mein Herz hört auf.* (-) *Dann sitzen wir dorten im Bristol Hotel.* (-) *Ich schaue über*

> *die Oper, und (-) weiß, (-) meine Eltern und (-) Großeltern sind immer zu der Oper gegangen.* (-) <u>Die Sachen stecken noch immer in meinem Hals</u>. + (-) Gehen nicht weg. (-) Obwohl der (-) General Schallenburg und seine Frau Theresia (e) sind die besten Freunde <u>von hier</u>. (-) Die Nazi-Sache (-) steckt sehr in meinem Hals. + + (6)

Das Wiedersehen mit der Stadt und den Örtlichkeiten der Vergangenheit führte zu Emotionen und Fantasien, welche sich über leibliche Wahrnehmungen schrill und lebendig wieder eingestellt hatten. Die Sprache des Leibes vertrat, ähnlich wie in der Erzählung über die beiden Cousins, einen Konflikt, der, indem er sprach, angedeutet wurde. Die Erinnerung schnürte ihm den Hals. Das Bild aus der Vergangenheit, das auftauchte, mündete in den symbolischen Herzstillstand. Der General schilderte eindringlich und zerbrechlich die Ausdrucksfunktion seines Leibes. Die Vergangenheit steckte gewissermaßen in seinem Körper. Eine abgerissene Zeit, die plötzlich – nach all den Jahren – wieder lebendig wurde. Seine Beschreibung der körperlichen Symptomatik ließ auf eine Überschwemmung von Angst schließen. Der fundamentale Schreck von 1938 wurde durch einen Herzstillstand symbolisiert. Konsequenterweise repräsentiert innerhalb der psychosomatischen Erkrankungen die Herzneurose eine fundamentale Verunsicherung des Selbst. Die Angst vor dem Herzstillstand ist eine auf das Organ projizierte *Lebensverunsicherung*, die mit Fragmentierungsängsten und der Angst vor dem Verlust der psychischen Existenz (vgl. Mentzos 1976) zusammenhängt. In seiner Erzählung war der Herzstillstand gebunden an den Anblick eines kontingenten Stücks äußerer Realität; der Ringstraße, dem väterlichen Geschäft. Herr Fried wiederholte, als er des alten Platzes seines Vaters gewahr wurde, für einen Moment dessen physischen Tod. Herzstillstand. Dieses kontingente Stück äußerer Realität wurde zum Bedeutungsträger der verlorenen Zeit, der verlorenen Geschichtlichkeit. Hinzu trat die Wiener Staatsoper (an der Ringstraße), in die seine Eltern und Großeltern gegangen waren. In seiner zweiten Angsttheorie hob Sigmund Freud (1926) die Bedeutung der äußeren Realität als Träger von Bedeutungen mit Signalfunktion hervor. Diese äußeren Zeichen führen zur Angst und aktivieren jenes Quantum an psychischer Energie, welches zur Flucht oder zum Kampf benötigt wird. Wien und seine Bauwerke als Auslöser für Angst – und damit einhergehender Flucht – wurde schon in Zusamenhang mit den beiden Cousins beschrieben und im Herzstillstand des Generals wiederholt angezeigt. Benjamin Fried kam auch im zweiten Interview darauf zu sprechen:

F: Ich war zwei, drei Tage in Wien, + (-) war im Bristol Hotel; (-) Bristol Hotel ist auf der Ringstraße; (-) ah, (-) selbe Kreuzung, wo mein Vater <u>sein Geschäft</u> (w) hat; und (2) vis-à-vis, schräg vis-à-vis ist die Oper; (-) und ich denke, (-) <u>da unten ist meines Vaters Geschäft gewesen</u> (w); und (-) da ist die Oper und meine Eltern <u>und Großeltern sind da hin gegangen</u> (w); (-) und (-) ich weiß nicht, wie ich mich von dieser Sache wegziehe; (-) weil, (-) es sind <u>meistens (-)</u> schlechte Gedanken; (-) + überhaupt schlechte Gedanken. (-) Und ah, das einzig <u>wirklich gute</u>, ist die Freundschaft, die ich habe, mit dem General ...

Er versuchte, sich von den Dingen wegzuziehen, wurde aber unweigerlich angezogen. Ein Strudel des Erinnerns, dem er nicht Herr werden konnte. Es erinnerte ihn. Sein Leib, die Bauwerke, die Straßen, diese Stadt. Die Unmittelbarkeit seines Erinnerns wurde mithilfe des Wiener Dialektes, der Sprache seiner Kindheit, unterstrichen. Dieser Dialekt tauchte immer dann auf, wenn es um Orientierung im Außen gegangen war. Orte, Namen, Zeitangaben usw. Die Benutzung des Dialektes seiner Kindheit könnte zusätzlich die Zeitlosigkeit des Erinnerns signifizieren. Gewisse Dinge blieben unverändert im *Gedächtnis der Eingeweide* (Devereux 1982), waren nicht zu vergessen. Auch wenn er sie über Jahrzehnte nicht gesehen, nicht in den Mund genommen und nicht angerührt hatte, blieben sie ebenso frisch und unverändert, als wäre es erst gestern gewesen; eine abgerissene Zeit, wiedererweckt mit all ihren Protagonisten. (Die Toten altern nicht. Im Unterschied zu den Überlebenden, die immer eine Geschichte nach dem Überleben haben. Eine Geschichte, die aus dieser Dynamik und Beziehung zu den Toten in Schuldfantasien, imaginärer und symbolischer Natur, verstrickt ist.) Die Folge dieser Wiederbelebung waren »schlechte Gedanken, überhaupt schlechte Gedanken«, wobei er offen ließ, worin diese schlechten Gedanken bestünden.

Noch an einer dritten Stelle beschrieb Herr Fried dieses körperliche Erinnern:
F: Also im <u>38er Jahr</u> (w), da war ich 12 Jahre alt. (-) Ja. (4) <u>Schreckliche Erinnerung</u>, an-. (-) Man verliert das nie; + (-) man verliert das nie. + (-) Und dann, wenn ich jetzt nach Wien gehe (2) fühle ich mich, (-) meine Brust ganz zerrissen. Wenn es nicht so einen guten Freund gäbe, den General ...

Die schrecklichen Erinnerungen schneiden noch heute in seine Brust. Ein zerstörter, zerrissener Erinnerungskörper. Die Erinnerung an das Vergangene erschien feindlich und aggressiv. Der zerrissene Erinnerungskörper lässt an die Emigration denken. An eine Zäsur in seinem Leben, die radikaler nicht hätte sein können. *Der getrennte Mensch.* Der Versuch, die auseinandergerissenen Teile zusammenzubringen, also seine Reise und die unvermeidlichen Begegnungen, führten zur Freisetzung von Angst, zum kurzzeitigen psychischen Tod und zur Flucht (das wartende Taxi vor der Schule). Aber vielleicht waren die schlechten Gedanken, von denen er in diesem Zusammenhang sprach, noch etwas anderes.

Nochmals zurück zur Psychosomatik und zu den beschriebenen Symptomen: Das, was im Halse *steckte*, war nicht nur Angst, weil die Angst, die *schnürt* den Hals. Wir kennen aus der Umgangssprache den Ausdruck, dass »etwas im Hals stecken bleibt«. Zumeist ist es etwas Unangenehmes, dass durch eigenes Eingreifen nicht beseitigt werden kann. Man kann auch »seine Wut hinunterschlucken«, die dann »im Magen liegt« (Cousins). Diese Annäherung aus der Alltagssprache lässt die Vermutung aufkommen, dass die Symptome, die er schilderte, auch aus verdrängten aggressiven Fantasien kommen, dass die schlechten Gedanken Abkömmlinge dieser verdrängten Fantasien seien. Ein moralisches Urteil des Über-Ichs, das den ursprünglichen psychischen Revanchismus brandmarken würde. Eine Wut, die im Halse stecken geblieben war und zumindest bei einem der Cousins Übelkeit erregt hatte. Der Konflikt der Zurückgekehrten bestand wohl auch darin: Ob es möglich sei, in jenes Land, in dem man zum Tode verurteilt und seine Liebsten ermordet worden waren, zurückzukehren – und wenn auch nur für kurze Zeit –, ohne erneut von der Wiederkehr der ohnmächtigen Wut übermannt zu werden.

Es scheint eine psychologische Binsenweisheit zu sein, die sich über lange Zeit nicht klar herleiten ließ, dass dieser psychische Revanchismus, heute verpönt, damals ein ursprünglicher und vielleicht auch überlebensnotwendiger Teil seiner Geschichte war. Wobei ein Teil dieser aggressiven Triebenergie über das Militär gebunden werden konnte, während ein anderer Teil verdrängt werden musste. Das Militär war zu allererst ein legitimes und psycho-*logisches* Mittel, mit dem eigenen Schmerz und den damit einhergehenden Vergeltungsfantasien fertigzuwerden. Nach dem frühen Tod des Vaters hatte sich ein zweiter Weg aufgetan. Über sein Engagement für Gleichheit und Fairness innerhalb der amerikanischen Gesellschaft konnte ein weiterer Teil dieser Energien auf gesellschaftlicher Ebene *sublimiert* werden. Der ursprüngliche Gedanke, sich für die erlittenen Verluste zu rächen und so viele Nazis wie möglich ..., war psycho-logisch und notwendig gewesen und die Frage, was aus diesen Gedanken und Fantasien geworden war, führte letztendlich über seine Erzählung zu jener Antwort. In all den Schilderungen über sein Engagement begegnet man der Vergangenheit und damit vielleicht auch einem unvollendeten, weil in seiner Möglichkeit zur Umsetzung gehinderten, psychischen Revanchismus. Zum einen erfüllte sein Engagement ein Ideal, das vermutlich vom Vater gekommen war. Wann machst du ...? Und zum anderen konnte er aktiv darum kämpfen, dass sich seine Geschichte für niemanden wiederholen würde. Er musste etwas mit dem tun, was in ihm zurückgeblieben und einer Umsetzung beraubt worden war. Vielleicht lässt sich ja die Geschichte des Generals als eine Umkehrung gängiger Victimisierungstheorien lesen.

Noch ein paar Worte zur Bedeutung seiner Freundschaft mit dem General Schallenburg. »*Wenn es nicht so einen guten Freund gäbe, den General...*« Dieser General gehörte als Antipode zu dem Schmerz, den ihm das autonome, leibliche Erinnern beim Anblick der Stadt bereitet hatte. Als ob es keine Beziehung ohne diesen Schmerz geben konnte, der nach dem Judenmord zwischen dem General und den Menschen seiner Stadt, seines Landes bestehen blieb. Und andererseits: Es braucht eine Beziehung, um diesem Schmerz Worte zu verleihen. Erst in der Beziehung zu Herrn Schallenburg, die strukturell an so vieles weiter zurück Liegendes anschloss, wurde ein Sprechen möglich. Es gibt keine Versöhnung. Es gibt nur einen (Neu-)Anfang ohne Vergessen. Und es gibt keine Erinnerung ohne einen Neuanfang. Entgegen seinen Cousins, die keine Beziehung hatten, sondern nur den Schmerz, der aber nicht zur Sprache kam und als Symptom verharrte, sie ein zweites Mal vertrieb. Diese Freundschaft ermöglichte einen intimen, zwischenmenschlichen Ort, um zu sprechen, als eine Wiederannäherung und Re-Symbolisierung der verlorenen Geschichte:

F: Und der Schallenburg und, (-) ich habe vom General Schallenburg dem Sohn einen Posten gefunden zu Hause bei mir + (-) in meinem Club. (-) Und, ah, (-) ist der Schallenburg nach Oregon gekommen. (-) Gute Freunde; (-) so vor circa vier, fünf Jahren; (-) frage ich ihn: (-) »Kannst du finden, (-) herausfinden, <u>was geschehen</u> (w) ist mit meinen Großeltern?«, weil (-) wir haben viel gewusst, und ah, (-) alle, (-) die ganze Familie wollte die Großeltern von Wien heraufbringen, + (-) aber mein Großvater der, (-) schon in die <u>70er war</u> (w), obwohl jünger wie ich bin; anyway; so (-) *gesagt:* »Nein, die werden schon den Hitler hinauswerfen + und alles wird wieder normal sein.« (-) + (-) Natürlich nicht gegangen; (-) und ah, (-) so (-) ah, der Schallenburg ruft mich an einmal, sagt, (-) und sagt er: (-) »Heißt deine Tante so und so?« (-) Sage ich: »Ja.« »Hast du noch eine

Tante, die heißt so und so?« (-) Sage ich: »Ja.« (-) »Du, ich glaube, ich habe die richtigen Papiere.« + (-) So, (-) das nächste Mal wie ich nach Wien gekommen bin, (-) hat er mir die Sachen gegeben. (-) Und ich habe ( ) mein Leben noch nicht gesehen. (-) All die Papiere, was meine Großmutter angehabt hat; + dabei (-) eine goldene Kette und eine Uhr. + (-) Und mein Großvater hat 40 (-) Mark oder was + in der Tasche gehabt. + (-) Und er, das war-; (-) und sie haben, ah am Zug (RuW), wie heißt das? (-) Zug, wo man Tiere drauf gibt? Ah, (-)

I: Viehtrans-, also Vieh-

F: Ja. Ja. (-) In so einen Zug gegeben. Nach Minsk in Polen. (-) Und wie sie dort angekommen sind, *hat man sie erschossen, auf dem Bahnhof.* + (-) Und das habe ich zu Hause. (-) Ich kann Ihnen eine Kopie davon schicken. + (-) Aber, (-) so, (-) das war das Ende meines Großvaters.

Er fand für den Sohn dieses besonderen Freundes einen Posten in seinem Club. Damit hatte er ihn aufgenommen, ihm einen Platz gegeben und zu einem symbolischen Teil seiner (Familien-)Geschichte gemacht. Die Geste des Generals ist als Dank an Schallenburg zu lesen. Dieser hatte aus den Archiven einen verlorenen Teil der Familiengeschichte wiedergefunden. Das Bild der Großeltern. In gewissem Sinne gleichen beide Generäle in dieser Erzählung einem zweieiigen Zwillingspaar. Trotz der Unterschiede sind sie sich unheimlich ähnlich; eine Übertragungsliebe, entstanden aus dem wiedergewonnenen Vermögen, trotz der Vergangenheit ein Begehren zu übertragen. Herrn Frieds Begehren kam mit einer Frage: »Kannst du herausfinden ...? Und sein Freund fand, was geschehen war. Und diese Entdeckung hatte eine überdeterminierte Bedeutung. Das Wesentliche dieser Entdeckung war, dass Herr Fried seine Großeltern wiederfinden konnte. Sein Freund brachte einen wesentlichen und schrecklichen Teil jener Geschichte hervor, die für den General über Jahrzehnte verschüttet gewesen war. »Du, ich glaube, ich habe die richtigen Papiere.« In diesen Papieren fand Herr Fried die letzten Details der Ermordung seiner Großeltern. Reale Stücke einer zufälligen Vernichtungsmaschinerie. Diese Teile brachten Benjamin zum Ort des Todes seiner Großeltern. Es wurde etwas gefunden, das einem Begräbnis annähernd gleichkommen konnte. Damit konnte der General wie der 12-jährige Junge den Großvater symbolisch zu Grabe tragen. Nun hatte er ein Abbild erhalten, etwas, das fehlte, war zurückgekehrt. So schrecklich diese Details auch waren, sind sie notwendig gewesen, um eine Trauer, die am Abbild der Verstorbenen Abschied nimmt, nachträglich erleben und enden zu lassen. Was sein Freund für ihn holte, war der *zweite Tod* seiner Großeltern,[77] der symbolische Tod, den die Nazis geraubt hatten, ihr Sterben an einem Bahnhof in Polen. »Das war das Ende meines Großvaters«, zu dem er eine hervorgehobene Beziehung gehabt hatte. Mittlerweile ist der General selbst Großvater geworden und er hat den Sohn des Generals, der vom Alter her auch ein Enkel sein könnte, bei sich untergebracht. So war mit dem Bild des guten Großvaters (blessings gegeben) etwas wiedererweckt und zu Grabe getragen worden. Damit konnten die Geister der Vergangenheit, die in den Überlebenden weiterleben, Frieden finden. Ein Friede als Voraussetzung für den Neuanfang. Als der General schließlich vom österreichischen Bundesheer geehrt wurde und eine Medaille bekam, waren die Bilder und die Geschichte seiner Großeltern anwesend. Ganz real. So schloss sich eine biografische Schleife im Leben der Familie, die über das Militär in einer Assoziationskette ihren Anfang genommen hatte.

d) Nachtrag

Herr Fried hätte zwar vorgehabt, noch einmal nach Österreich zu kommen, aber die angeschlagene Gesundheit und seine Ärzte hatten ihm diesen Wunsch leider verwehrt. Ich war in die Staaten gekommen, um noch einmal mit ihm über den Text zu seiner Geschichte zu sprechen und um seine Kinder und Enkelkinder zu interviewen. Am Tag meiner Ankunft befand sich Herr Fried im Krankenhaus. Er ärgerte sich sehr, mich nicht am Flughafen empfangen zu können. Am folgenden Vormittag holte Herr Fried, gerade aus dem Krankenhaus entlassen, mich vom Hotel mit dem Auto ab und wir fuhren in seine Firma, die etwas außerhalb der Stadt lag, in der er wohnte. Wir kamen an einer sanft hügeligen Landschaft vorbei, die mit Nadelbäumen bewachsen war. Er meinte, in die Landschaft zeigend, hier sei es schön, die Gegend könne überall auf der Welt sein, aber eigentlich erinnere es ihn an das Umland von Wien, wenn man in den Süden Richtung Baden fährt. In seinem Unternehmen angekommen, führte er mich durch das Gebäude, stellte mich den Mitarbeitern vor und zeigte mir schließlich sein Büro. Die Wände darin waren mit Bildern, Fotografien, militärischen Auszeichnungen und Urkunden so verhangen, dass beinah keine leere Stelle übrig blieb. Überall auf Regalen, auf dem Schreibtisch, auf einem kleinen Abstelltischchen usw. standen kleine Figuren, Pokale, Büsten

---

77 Die Idee eines zweiten Todes, der im Wesentlichen mit dem Begräbnisritual verbunden scheint und den Geist des Verstorbenen aus dem Reich der Lebenden bannen soll, war schon im alten Ägypten gebräuchlich (vgl. Assmann 2000).

3. Acht Familiengeschichten

und sonstige Objekte, die sich im Lauf der Zeit angesammelt hatten. Jedes hatte eine eigene Geschichte, war ein anderes Mitbringsel, ein anderes Geschenk. Die meisten Erinnerungsobjekte hatten mit seiner Laufbahn beim Militär zu tun. Er deutete auf bestimmte Fotografien, gab kleine Geschichten dazu preis, aber das Sprechen schien ihn rasch zu ermüden. Wir hatten nicht genug Zeit, weil er wieder zum Arzt musste. Eine halbe Stunde später, es war kurz vor Mittag, kamen seine Kinder, um mit mir Essen zu gehen. Herr Fried hatte alles vorbereitet. Am Abend sah ich ihn noch einmal, im Kreise seiner Familie beim Abendessen, zu dem ich eingeladen war. Er sprach über das Desaster der beiden Kriege in Afghanistan und im Irak, er sprach vom psychischen Leid der heimkehrenden Soldaten, von deren Versehrtheit und wie man helfen sollte. Ich fand nach dem Essen noch Zeit, mit dem General in einem kleinen Zimmer, das er sich ganz ähnlich wie das Büro in seiner Firma zu Hause als seinen Arbeitsraum eingerichtet hatte, ungestört unter vier Augen zu sprechen. Er war müde, mein Besuch strengte ihn an. Er haderte mit dem Alter und der nachlassenden Belastungsfähigkeit seines Körpers. Er drängte mich, ihn zu fragen, was ich von ihm noch wissen wolle. Ich fragte nach dem Text, den er sehr lobte. Es sei eine große Sache, was ich über ihn geschrieben hätte, er habe den Text an seinen guten Freund in Wien, General Schallenburg, gesendet, ich solle mit ihm Kontakt aufnehmen. Außerdem erkundigte er sich über die Interviews mit seinen Kindern, ob es gut laufen würde. Er war müde. Wir vereinbarten, am nächsten Tag weiterzusprechen. Aber da musste er wieder ins Krankenhaus. Vor meiner Abreise verabschiedete ich mich dort von ihm. Wir vereinbarten, dass ich kommenden Sommer in die Staaten kommen würde. Wir sprachen über Dinge, die in der Zukunft lagen. Was wir gemeinsam tun würden, wofür uns jetzt die Zeit und seine angeschlagene Gesundheit keine Möglichkeit gelassen hätten. Nach meiner Rückkehr blieb ich in telefonischem Kontakt. Wir schrieben uns Mails und Briefe bis ich eines Tages die Nachricht von seinem Ableben erhielt.

II Über die Tradierung auf die nachfolgenden Generationen

a) Lori: Sprechen, Verlust und Ausschluss

Herr Fried hatte meinen Aufenthalt in den Staaten organisiert, indem er dafür sorgte, dass seine Familie, die in unterschiedlichen amerikanischen Städten lebte, bei ihm in Portland, Oregon, zusammenkam. Ich lernte seine beiden Kinder Mark und Lori und seine Enkelin Sara kennen. Seine Kinder interviewte ich in der Firma, dem Versicherungsunternehmen, ein intimer Ort familiärer Wirtschaftsgeschichte. Mit Sara, der Enkelin und Marks Tochter, sprach ich in Marks Haus.

Herr Fried war gesundheitlich schwer angeschlagen. Am zweiten Tag meines ohnehin kurzen, viertägigen Besuchs musste er ins Krankenhaus, wo ich mich auch am Vorabend meiner Abreise von ihm verabschieden konnte. Dies war letztendlich auf die Initiative seiner Frau zurückgegangen, die anscheinend, während ihr Mann im Krankenhaus lag, seine Position zu vertreten hatte. Frau Fried emigrierte als neunjähriges Mädchen zusammen mit ihren Eltern aus Berlin. Lori erzählte, wie sich ihre Eltern in Amerika kennengelernt hatten.

L: They actually met each other through a German (-) ahm (-) group club, a friendship club. + And that were emigrants who came (-) and would support each other. + And (-) it was a social club. + (-) And this is actually how mum and dad met. + * (-) So, (-) ahm, (2) and I remember as a kid, (-) they still had the friendship club. And I remember participating in little plays and stuff, that they were doing. + (-) I ( ) remember that. And I was little. I was – maybe – seven years old. + (-) Ja. *So, that was, you know, that was interesting.*

Für beide Kinder der zweiten Generation war das Emigrationsschicksal ihrer Eltern und Großeltern immer ein bewusster Teil ihres Lebens gewesen. Sie seien mit dem Wissen darüber aufgewachsen, auch wenn sie erst viel später damit begonnen hatten, sich mit Einzelheiten dieser Geschichte auseinanderzusetzen. In dieser Auseinandersetzung schien ein bis in die dritte Generation hineinreichender bewusster Auftrag enthalten gewesen zu sein, zu dem ich später zurückkommen werde. Sowohl Mark als auch Lori betonten, dass sie von der Emigrationsgeschichte immer gewusst hatten. Es hätte also keinen initialen Ort und Zeitpunkt eines ersten Mals gegeben, sondern das Wissen war ein immer schon anwesendes gewesen. Vielleicht war dieses so zeitlos kommende und atmosphärisch geahnte Wissen auch über die *Mutter*sprache der Eltern in die Kinder gedrungen. Lori erzählte über die Muttersprache ihrer Eltern, die ihr fremd und vertraut zugleich war. Die gemeinsame, familiäre Sprache sei immer Englisch gewesen. Lori erinnerte aber Szenen, in denen ihre Eltern mit den Großeltern und manchmal, wenn die Kinder sie nicht verstehen sollten, auch

3. Acht Familiengeschichten

miteinander Deutsch gesprochen hätten. So wurde von Beginn an eine geheime Sprache eingeführt, was die familiäre Atmosphäre prägte. Diese den Kindern fremde Muttersprache ihrer Eltern war ein familiäres Streitobjekt. Denn die Großeltern hätten den Wunsch gehegt, dass ihre Enkel bilingual aufwachsen sollten. Aber die Eltern hätten sich dagegen ausgesprochen, weshalb es mehrmals zu heftigen Debatten zwischen Eltern und Großeltern gekommen sei, wie Lori in den Interviews erinnerte. Als Lori dann in die Mittelschule kam und sich die Frage einer zweiten Fremdsprache stellte, entschied, nach ihrer Erzählung, der Vater, dass sie in eine Deutschklasse kommen sollte:

L: Well when I, (-) we were talking about schools you and I, * (-) and in, in middle school you were required to take (-) language. * A second language. + (-) I wanted to learn French. + (-) Ah, (-) my dad transferred me without my knowledge to the German class.

I: He-

L: He transferred me. He made me take German. + (-) I didn't want to take German. I wanted to learn French. * (-) I stuck with German + all the way to college. (-) + Because I grew up with it, (-) I always got great grades in German. + Because it sounded, (-) it sounded ( ). I always got great, (-) terrific grades in German. Just because I grew up with it, but I didn't really want to learn it.

I: You grew up?

L: Listen, (-) I heard it all the time spoken at home, but it was never spoken directly to us.

I: Your parents spoke German?

L: They didn't want Mark and I to know what they were talking about sometimes they did, (-) sure.

I: Okay, Okay.

L: Or they talked to my grandparents (-) and my aunts and uncles. (-) And they ah, (-) and they didn't want us to learn-. (-) They, (-) they ah, they wanted-, they didn't want us, they want us learn German, but they didn't-. (-) If they wanted, (-) if they didn't want us to know something, they would speak in German.

So hätte der Vater den Willen seiner Tochter überstimmt und veranlasst, dass sie gegen ihren anfänglichen Wunsch, Französisch zu lernen, Deutsch lernen musste. Lori blieb dabei, vermutlich hätte sie später wechseln können, was sie aber nicht tat. Auch Mark besuchte die Klasse, in der Deutsch als Fremdsprache gelehrt wurde. Für die Kinder bedeutete Deutsch eine *Fremd*sprache, die doch zugleich die *Mutter*sprache ihrer Eltern war.

Lori betonte einen offensichtlichen Widerspruch im Verhalten ihrer Eltern. Sie hätten und hätten auch nicht gewollt, dass die Kinder die elterliche Muttersprache erlernen sollten. Vermutlich stand diese vom Kind erinnerte Ambivalenz der Eltern mit dem Trauma der Emigration in Zusammenhang. Die eine Seite der Ambivalenz betonte die Abwehr der ursprünglichen Sprachherkunft, während die andere Seite eine gewisse Sehnsucht nach einer Wiederannäherung derselben darstellte. Mit der elterlichen Muttersprache, die den Kindern nicht gegeben werden sollte, war vielleicht auch die Idee verbunden, die Kinder auf diese Weise vor dramatischen Erfahrungen, die die Eltern in ihrer frühen deutschsprachigen Lebenswelt gemacht hatten, zu schützen. Anderseits hätte der Vater hinter Loris Rücken die ursprüngliche Sprache in der Mittelschule wieder einführen wollen. Nach dem Interview mit Lori fragte sie bei einem Abendessen, wo ich zugegen war, ihren Vater, warum er ihr damals den Deutschkurs aufgebrummt hätte. Doch Herr Fried bestritt Loris Idee und meinte, dies sei allein auf ihren Wunsch hin geschehen. Die Ambivalenz bleibt, mit der Herr Fried auch seine Annäherungen an die Geburtsstadt Wien beschrieben hatte. Indem sie Deutsch als ihre heimliche Sprache nutzten, zeigten die Eltern ebensoviel, wie sie verborgen hielten, ohne dass ihre Kinder ein Wort verstanden hätten.

In der Ambivalenz der Sprache steckte etwas *Ursprüngliches*. Eine ambivalente Suchbewegung nach etwas Ursprünglichem. Die Abwehr der Eltern, mit ihren Kindern Deutsch zu sprechen, könnte einen Vergessens- und Verdrängungswunsch bedeuten. Hört man auf Loris Rede, so erkennt man in ihrer Beschreibung des deutschen Sprachuniversums die Beschreibung von etwas, das ihr ebenso fremd (der Ausschluss durch die Eltern) wie vertraut (»great grades«) gewesen war. Freud arbeitete gerade in dieser Ambivalenz zwischen dem Fremden und dem Vertrauten die Zeichen des Verdrängten und des Unbewussten heraus. Fremd und vertraut ist auch das Unheimliche, das uns eben deshalb in Schrecken zu setzen vermag, weil es uns auf eine *heimliche* Weise vertraut, das Ureigenste unserer Person zu sein scheint (vgl. Freud 1919).

Das Ursprüngliche der Sprache verwies auf die Verwandtschaft, das Leben der Familie, das gewaltsam verloren ging. Die für die Nachkommen unvorstellbare Dimension der Vernichtung, der ihre Eltern und Großeltern entkommen waren, ist eben untrennbar verbunden mit der Muttersprache der Eltern, die gleichzeitig die *Sprache der Täter* war. Die Sprache ist der psychische Ort der gehörten Erinnerung und des Unbewussten. In jedem Wort ist eine sprachliche Szene, eine erinnerte Erfahrung, ein frühes Drama enthalten. Verdrängt das Subjekt einen Teil seiner unerträglichen (Vor-)Geschichte geht damit ein Prozess einher, den Alfred Lorenzer als *Sprachzerstörung* beschreibt (1973, 1986). Dabei geht der Konnex zwischen Wort (*Wortvorstellung*) und Bild (*Ding- oder Sachvorstellung*) verloren; was im Bewusstsein bleibt, ist das Wort ohne die, von Freud so benannte, *Sach- oder Dingvorstellung* als die erste und ursprüngliche Objektbesetzung (vgl. 1915b, 1923a). Diese »nicht in Worte gefasste Vorstellung oder der nicht übersetzte psychische Akt bleibt dann im Ubw als verdrängt zurück« (Freud 1915b, S. 160). Ausgehend von der Idee, dass Eltern immer mit ihren unbewussten Fantasien, Vorstellungen und Wünschen ihren Kindern begegnen, schlägt Laplanche vor, diese vom Unbewussten der Eltern an die Kinder gerichteten Botschaften als Szenen zu begreifen, die in die Kinder etwas Fremdes einschleusen, das die Kinder später zu *übersetzen* versuchen. Damit bindet Laplanche den von Freud beschriebenen Vorgang der Verdrängung und nachfolgenden Übersetzung an familiäre Szenen und legt somit die Idee einer *transgenerationellen Übersetzung* zwischen Eltern und ihren Kindern nahe. Ursprünglich kommt das Unbewusste von den elterlichen Anderen in das Kind und konstituiert sich in einem szenischen Akt als eine rätselhafte Botschaft. Als selbstverständlich wird die *gemeinsame* Sprache zwischen dem Erwachsenen und dem Infans vorausgesetzt.

Dies aber war in jener Familiengeschichte nicht der Fall. Die Emigration der Eltern bedeutete eine überlebensnotwendige Flucht in einen neuen sprachlichen Kosmos, der für ihre Kinder eine *andere* Muttersprache dargestellt hatte. Die Kinder waren von Beginn an in einer Welt groß geworden, die eine andere sprachliche Codierung besaß und in diesem Sinne mit der frühen und ursprünglichen Welt ihrer Eltern nichts mehr gemein hatte. Damit tut sich zwischen der Generation der Eltern und der ihrer Kinder eine sprachliche Kluft auf, die über den Verlust der alten und über die Einführung einer neuen Muttersprache tradiert wurde. Dieser Bruch wird dadurch signifiziert, dass die Eltern manchmal untereinander in einer Geheimsprache *exklusiv* miteinander sprachen. Diese andere, für die Kinder fremde Sprache bewirkte einen *Ausschluss* aus einem sprachlich *intimen* Raum. Ein verbotener Ort, an dem die Kinder niemals ankommen würden. Vielleicht ein Geheimnis, entstanden aus der psychischen Versehrtheit ihrer Eltern und deren Wunsch, die Kinder vor dieser *Wunde* zu schützen.

Es ist das Bestreben der Kinder, das in sie gedrungene Unbewusste und Verdrängte ihrer Eltern zu übersetzen und in ihrem Leben zu ver*geschichtlich*en. Es zu *Wort* kommen zu lassen. Nur dass in der Familiengeschichte dieser Prozess der Übersetzung immer auf einen *Ausschluss* von den ursprünglichen familiären Dingen verweist. Wie sich dieser Ausschluss, der zunächst als ein sprachlicher imponierte, sich in den Interviews zu Wort meldete, soll der weitere Text zeigen.

In diesem Zusammenhang kann auch ein Wunsch von Lori gelesen werden, über den sie in den Interviews gesprochen hatte. Schon als Jugendliche hätte sie immer die Idee gehabt, bevor sie ihr Land bereisen und entdecken würde, zuerst die Herkunftsorte ihrer Eltern, Wien und Berlin, aufzusuchen. So kam es, dass Lori mit ihren Eltern nach Berlin und einmal mit Mark und den Eltern nach Wien gefahren war. Ich fragte sie, was diese Aufenthalte ihr bedeutet hätten.

L: I think, it helps me to understand where they come from; that's important to know, (-) it is your history, your family history. + You know, I think, knowing that they are survivors, (-) and that they had to leave their country to come to freedom, (-) is important. (-) I think being there and actually seeing it and, (-) and (-) experiencing + the places, where they have been lived, and the places where they have grown up + and the stories +, (-) and the school, that they went to. + (2) I don't know, if that brought me any closer to them but it helped me to understand a little bit better, + (-) who (2)

I: the roots?

L: they are and the roots, ja[78], (-) I think, that's important like I said, (-) even before, (-) years I went there I always knew (Kl), I needed to see (Kl) my parents' heritage, + my family's heritage (Kl) + + (-) before (-) I could see the United States. (2) I, (-) I always thought that way.

Der Wunsch, ihre ungeborene Herkunft und damit die familiären Ursprünge (wieder-)aufzusuchen, ist evident. Eine Suche nach etwas Ursprünglichem, bevor man sich dem Gebürtigen zuwendet. Etwas, das eben *davor* lag und in diesem Sinne

---

[78] Dieser zustimmende Laut »ja« ist ein über die Generationen gehendes Relikt der ursprünglichen Muttersprache ihrer Eltern. Über die Bejahung kam die abgelegte Sprache in den Kindern und auch in der Enkelin zum Ausdruck. Im Unterschied zum englischen »yes« oder dem »yea« war dieses »ja« eindeutig nicht englischen Ursprungs. Ein Überbleibsel derjenigen sprachlichen Haut, die fremd und vertraut zugleich von den Eltern bewusst abgestreift worden war.

die familiäre Atmosphäre bildete, in die die Kinder geboren wurden. Ein familiäres *Hintergrundrauschen*, von dem Kinder von Auschwitzüberlebenden sagten, dass sie *dort* auch geboren worden wären. Eine andere, unvorstellbar fremde und doch *unheimlich* vertraute *Herkunft*. Lori hatte bei den Besuchen einen Kassettenrekorder dabei und nahm die Erlebnisse auf Band auf. Diese Aufnahme sollte die unwiederbringliche Vergänglichkeit des Moments festhalten. Die Aufnahme auf Band ist greifbar und hörbar und steht in einem Gegensatz zu all dem, was in der Familiengeschichte verloren gegangen und für die Kinder *unerhört* geblieben war. Lori schilderte in den Interviews den gemeinsamen Besuch der Synagoge in Wien.

L: But I remember sitting in a, in a pew with my mum, looking down at my dad and Mark and dad was crying. *I mean, he was moved.* + (-) *And I have never seen my father like that.* (-) *It really affected him* deeply *to be there.* + (-) This was a synagogue, where he would have been Bar Mitzvahed at, + (-) this was a synagogue that my grandparents were married at, + (-) and (-) this was a synagogue, that he grow up in. + (-) And it was pretty amazing. + (-) I actually, (-) which I shouldn't have done, but I did, (-) I had a little tape recorder and I would record (-) things, (-) as we went on the tour. + (-) And I turned the recorder on. (-) While the, (-) the rabbi and the cantor were chanting + (-) cos' I thought, it was so (-) moving.

Das Band könnte in dieser Szene auch einen Schutz vor der emotionalen Überflutung des Vaters dargestellt haben. Es hätte damit eine Ähnlichkeit zu *Übergangsobjekten*, die sich zwischen die Dinge der Außenwelt und das Subjekt stellen und somit einen *sicheren* Kontakt und kontrollierten Austausch erlauben. Volkan (2004) schreibt über das Übergangsobjekt: »[S]olche Objekte sind januskőpfig, sie gewähren die Wahlmöglichkeit, an ihre Repräsentanz gebunden, oder von ihr distanziert zu sein« (2004, S. 49). In der von Lori geschilderten Szene war über die geschlechtlich geteilte Sitzordnung in der Synagoge eine Distanz zum Vater hergestellt, die möglicherweise über die verbotene Aufnahme des Kantors zu einem imaginären *Einschluss* umgewandelt worden war. Vielleicht hatte der Kassettenrekorder die Illusion entstehen lassen, den Ausschluss, der in dieser Szene und über die Sitzordnung in der Synagoge, aber vor allem auch über das Leid des Vaters anwesend schien, in ein geheimes distanzloses Genießen umzuwandeln. Zumindest konnte Lori etwas mitnehmen, das ihr nicht mehr genommen werden konnte. Sie schien über den Recorder das Partikulare dieser Szene zu *kontrollieren*. Ihr Bruder Mark, der neben seinem Vater gesessen hatte, erzählte ebenfalls von diesem Besuch in der Synagoge Wiens und von dem Ergriffen-Werden seines Vaters.

Bezeichnenderweise hatte Herr Fried, als er über seine Wien-Besuche sprach, niemals erwähnt, dass es noch andere aus seiner Familie gegeben hatte, die mit ihm zurückgekehrt waren. Er betonte sogar, dass er der einzige aus seiner Familie gewesen wäre, der nach Österreich zurückgekommen und länger geblieben sei und mit den Leuten gesprochen hätte. Diese Auslassung in seiner Erzählung war nicht zufällig. Sie verdeutlicht den Ausschluss, von dem Lori zwischen den Zeilen sprach, nur von der anderen Seite her. Herr Fried war gewissermaßen trotz familiärer Begleitung allein mit seiner Wunde zurückgekehrt. Die Verluste aus der Vergangenheit waren *seine intimen* Verluste, von denen die Kinder bestenfalls eine unbestimmte Ahnung hatten, aber doch ausgeschlossen bleiben mussten. Mark meinte, dass er den Schmerz seines Vaters ahnte, aber nicht aufnehmen konnte, weil es gefährlich schien, diesen unbestimmten Schmerzen – der Wunde des Vaters – zu nahe zu sein. Außerdem spürte er, dass er niemals ahnen konnte, was sein Vater, die Mutter oder die Onkel und Tanten der Familie, denen die Emigration gelungen war, verloren hatten. Über diese Verluste, die den Schmerz und die Wut des Vaters ausmachten sagte er: »I just feel ( ) more (-) objective realisation, *I think the* <u>sadness</u>; (-) but an objective realisation *that I just, I don't have it and I never will.**« Diese Traurigkeit die gleichzeitig die Realisierung dessen ist, was er nicht hat und niemals bekommen wird, bezeichnet die familiäre Position der zweiten Generation in dieser Familiengeschichte.

Eine andere Erzählung über den familiären Wien-Besuch brachte die Verluste und Ausschlüsse über etwas Drittes ins Spiel, das als ein Verschiebungsobjekt gesehen werden kann. Lori schwärmte für die Kultur, für die historischen, alten Bauwerke und Plätze Wiens.

L: The history (-) ahm, (-) ahm, (-) the history (-) the culture, (-) all of that is so different, than what we have here in the United States, + there is so much more (-) in Europe (-) and Vienna certainly, + (-) than what's here. + (-) And you feel that, (-) when you are over there. (-) And coming back (-) to the United States, (-) you appreciated that a lot more. + Does that make sense?** Ja?

I: You appreciate-

L: The culture, (-) the history, (-) you know, (-) even when history wasn't always great. + (-) You know (-) the history is still there. (-) You have Mozart, (-) you know, (-) we don't have anything like that.

3. Acht Familiengeschichten

Die familiären Verluste, von denen die Kinder immer schon ausgeschlossen waren, könnten hier über eine Verschiebung in den kulturellen Objekten symbolisiert gewesen sein. Jene Objekte, von denen sie sagte: »We don't have anything like that.«

b)   Mark: generationelles Sprechen, Angst und Wut

Das intergenerationelle Sprechen über die familiäre Vergangenheit hatte vor allem zwischen den Großeltern und den Kindern stattgefunden. Mark und Lori betonten, dass die Geschichten über das Leben in der Vergangenheit in Deutschland und Österreich, über die Emigration und über den Aufbau eines neuen Lebens in Amerika in erster Linie von den Großeltern gekommen seien. Diese hätten im Unterschied zu ihren Eltern viel erzählt. Es war auch der Wunsch der Großeltern, dass ihre Enkel bilingual aufwachsen sollten. Offensichtlich dürften Marks und Loris Großeltern stärker als die Eltern an die verlorene Vergangenheit gebunden geblieben sein. Dies zeigte sich auch in einer kleinen Erzählung von Mark, wo er über seinen Großvater mütterlicherseits berichtete, von dem besonders viele Geschichten über das vergangene Leben gekommen seien. Dieser hätte bis zu seinem Tod ein Bankkonto in Deutschland gehabt. Dieses Konto repräsentierte einen symbolischen Ort in der verlorenen Heimat, den der Mann vordergründig aus geschäftlichen Überlegungen nicht aufgeben wollte. Der Bruch zwischen dem Alten und dem Neuen wurde also von den Eltern radikaler gezogen als von den Großeltern. Dies zeigte sich in vielen Details. Unter anderem auch darin, dass beide Eltern in den Staaten ihre Namen änderten und sich somit symbolisch neu erschufen. Dieser autopoietische Versuch sollte das eigene Sein mit der neuen sprachlichen Umwelt verschmelzen helfen. Gleichzeitig wurde damit die alte psychische Haut abgeworfen. In der Namensgebung von Loris Tochter kehrten phonetische Spuren des alten, ursprünglichen Namens ihrer Mutter wieder zurück. Auch hier zeigte sich die Tendenz der zweiten Generation, ihren Blick auf die verlorenen Ursprünge zu richten und ihren eigenen Kindern die so wieder aufgefundenen Dinge aus der familiären Geschichte zu übertragen.

Wiederholt betonte Mark in den Interviews, dass seine Eltern immer versucht hätten, die Kinder vor den schrecklichen Dingen der Vergangenheit zu schützen (»we were so sheltered«). Zwar hätte man immer um die Geschichte der Eltern gewusst, aber genaue Erzählungen kamen erst viel später. Der Wunsch der Eltern, den Blick in die Zukunft zu richten und nicht über die schmerzvolle

Vergangenheit zu sprechen, korrespondierte mit einer Angst der Kinder, die Eltern nach der traumatischen Vergangenheit zu fragen.

M: Until (-) I was in my twenties, (-) I didn't want to hear about it (-) *in any detail*. + (-) Because (-) the pain (-) that was evident (-) in the family it was so significant, (-) that you really had to build up some (-) ahm, (-) ah, (-) some, (-) some (-) real fortitude (-) in order to insist that + someone talk about it. (-) +

Symbolisch gesprochen hatte es Mark vermieden, mit der Wunde der Eltern in Berührung zu kommen, an ihr zu kratzen. Die Angst, um die es dabei ging, war eine doppelte: Einerseits bezog sich die Angst darauf, die Eltern zu verletzen, und andererseits darauf, selbst verletzt zu werden.

M: It was such a painful topic for them. + (-) You hesitated to bring it up. + (-) Ah, (-) so (-) on my mother's side, (-) my grandfather would talk about (-) having lost (-) 50 relatives. (-) + (-) From his parents to + (2) ahm, (-) aunts and uncles, (-) to cousins, (-) and (-) ahm, (-) and they always want to focus on the life, (-) they created *here*, (-) more than they wanted to go back and revisited, what had happened. + + (-) *Yea. (-) Yea.* (-) Ahm. (-) Yea. (-) And on dad's family side (-) there was one fellow, (-) who, (-) one great uncle of mine, (-) who was a survivor of few of, (-) few of the camps, + (-) and he would never talked. (-) He wouldn't have discussed it at all.

Das Ausmaß der gewaltsamen Verluste innerhalb der Familie war unvorstellbar. Es gab nicht eine, sondern viele Geschichten aus der Shoah, die ihm nur zum Teil über die Großeltern und Eltern, aber zu einem großen Teil niemals bekannt werden würden. Der Großvater mütterlicherseits, dem Mark offenbar sehr nahegestanden hatte, erzählte von 50 ermordeten Verwandten, 50 Geschichten, deren Spuren sich niemals vollständig rekonstruieren lassen würden. Warum sagte er 50? Überlebensgeschichten, die – bereits vor seiner Geburt – immer schon verloren waren. Die Angst, nach der Vergangenheit zu fragen, war auch eine Angst vor der *Nähe zum Tod*, der in der Familiengeschichte durch die Generationen seiner Eltern und Großeltern eine nicht wieder aufzufindende Spur der Vernichtung gezogen hatte. In den Interviews kam diese Angst besonders in Bezug auf seinen Vater zu Wort. Als der Vater zum ersten Mal nach Wien reiste, wäre es für Mark unvorstellbar gewesen, ihn zu begleiten, aus Angst vor dem, was dort in Wien mit dem Vater geschehen könnte.

> **M:** I can remember very clearly. (-) I did, I did not want to be with him the first time he went to Vienna. And I remember thinking, (-) I just, (-) I don't wonna be, I, (-) I don't know, I can handle his anger at that moment. + (-) I remember thinking at the time saying, (-) I'm just, I'm just glad about that, (-) because (3) he is, (-) his emotion and his anger is going to be intense. (-) Completely intense. (-) + (-) And, (-) when I did, (-) when my sister and I went with him to Vienna, this was after he had been there once or twice already, + + (-) ahm, (-) the emotion (-) was still, (-) just still obviously to the stay extreme. (-) Extreme. (-) So I remember been with him at the (-) synagogue (Kl) in Vienna.
> **I:** At the?
> **M:** At the synagogue.
> **I:** Okay.
> **M:** (2) And, (4) dad was just in tears the whole time, (-) he was absolutely in tears. (2) And (-) ah, (-) and (-) what happen with him in this country.

Das Objekt dieser Angst war also nicht der Vater oder die Geschichte, sondern das, was diese Geschichte im Vater hinterlassen hatte. Eine immense Emotionalität und einen fürchterlichen Zorn, der für den Sohn nicht mehr kontrollierbar gewesen wäre. Wenig später sagte Mark im Interview mit Bezug auf den gemeinsamen Wien-Besuch:

> **M:** That was very emotional. (2) He shows where his grandparents lived. (-) It's such a-. (4) It's very, very difficult (-) to (2) attach yourself (-) too closely (-) to such a strong emotion, + because you can <u>dwell</u> there. + It's, (-) as you know-. (-) And, (-) and so growing up, (-) it's always been important at last for me, (-) to try to understand as much, as I can, (-) ahm, (-) but to create some kind of ah, (-) a safe distance between (-) such (-) strong emotion, + ah, (-) in order that (-) ahm, (-) ah, (-) I can ah (3) dwell-, (-) understand, what has happened in the past, but not own so much (-) pain, (-) in such a personal way. + +

In dieser Passage kehrte der Ausschluss als Selbstschutz wieder. Mark musste auf Distanz zu dieser ihn schreckenden Emotionalität des Vaters gehen, da er sonst, wie er sagte, sich darin einrichten und wohl verloren gehen könne. Dieser Punkt erinnert an eine Stelle in *Trauer und Melancholie* (1917), wo Freud darüber schreibt, dass die Melancholie eine bestimmte Art zu lieben sei, nämlich eine Verliebtheit in den Zustand der Melancholie, zum Beispiel in Gestalt der genussvollen Selbstquälereien des solcherart Trauernden. Mark deutete in dem Auszug die Gefahr an, von der Emotionalität des Vaters mitgerissen zu werden, sich darin einzurichten und verloren zu gehen. Damit wäre eine Fixierung an die Vergangenheit beschrieben, die darin bestünde, den Schmerz des anderen sich zu Eigen zu machen (»own so much pain in such a personal way«). Dieser Schmerz symbolisiert stellvertretend das verlorene Objekt des Melancholikers, von dem er nicht mehr lassen kann.

Um die schützende Distanz, eine Art von notwendigem Selbstausschluss, herzustellen, versuchte Mark so viel wie möglich über die Shoah herauszufinden. Über Formen von Intellektualisierung und Rationalisierung konnte der Alp auf Distanz gehalten werden und andererseits war es auch eine Beschäftigung mit den unheimlichen Ursprüngen, die seinem Leben vorangegangen waren.

Im Alter von 24 Jahren war Mark das erste Mal in Israel gewesen. Er besuchte in Jerusalem die Gedenkstätte Yad Vashem und erinnerte im Interview den Aufbau der Ausstellung; die chronologische Erzählung des Massenmordes. Er meinte, dass es das erste Mal gewesen sei, dass er aufgrund der Vergangenheit wirklich wütend geworden sei.

M: I came home from that and I went to my grandfather, not to my parents, but to my grandparents. (-) + (-) And I said: (Kl, Kl) »How did you not know, (Kl) how could you be (-) so naïve, (-) as to watch all these (Kl) laws, all (Kl) these regulations, (-) all your (Kl) liberties being restricted, and not (Kl) know, what is going to happen?« (-) + (-) And I was angry. How could you not know? + (-) And that's when he looked straight in my face and he said: »Mark, (-) this was <u>*unimagined*</u>. + (-) *We were more assimilated in Berlin than you are in United States.*«

Mark schilderte ein initials Erlebnis. Vielleicht einen Wendepunkt? Und erst über dieses Gefühl, über diese Wut vermochte er sich mit den ursprünglichen familiären Dingen aus der verdrängten Familiengeschichte in Beziehung zu setzen. So ging er zu seinen Großeltern mit der vielleicht tabuisierten (An-)Klage, wie sie von all dem nichts hätten wissen können. Er suchte nach den Verantwortlichen und fand eine erschreckende Antwort, die man folgendermaßen übersetzen könnte: *Nichts in deinem Leben ist wirklich sicher. So sehr du dich auch anstrengen wirst, als Teil der amerikanischen Gesellschaft akzeptiert zu werden, es kann immer etwas geschehen, was dir sämtliche Sicherheiten nimmt. Und plötzlich ist alles vorbei. Mit* dieser Antwort machte sich Mark erneut auf die Suche, diesmal mit Fragen, die sich auf das *Böse* selbst bezogen. Im Anschluss an die obige Interviewszene erzählte Mark von seiner weiteren Beschäftigung mit der Shoah:

M: So, (3) as I grew older I try to study this more and more from the context of (3) the degree of human cooperation, that was necessary to commit such a monstrous (-) feat, over such a broad geographic area. + (-) Just (-) how many people were involved, (-) how many people must have known. (-) And what kind of (-) ah, (-) condition has to exist, (-) for (-) human beings (-) to (-) take this kind of action. + (-) That ( ) used to be the monstrous question, that everybody tries to grapple with. (-) But, ah, (-) but as I child, really Markus, (-) I was very sheltered. (-) + (-) Yea. +

»Shelter« ist in diesen Interviews ein Signifikant für eine generationelle Tabuisierung, die stattgefunden hatte. In dem Moment, wo dieser Schutz aufbrach, kam eine existenzielle Unsicherheit zu Tage, die man keinem Kind zumuten kann.
M: The overwhelming issue (-) was (-) one of understanding an experience (-) that was very unique and difficult. (-) And then (-) trying to understand (-) how (3) my grandparents (-) would tell us, (-) that they were more assimilated in (Kl) (-) society then (-) we are in America. (-) And trying to understand (-) + (-) as you look around (-) saying (-) how could all of this end. How could everything that (-) I take for granted now (-) completely turn around? (-) And how (-) were those human relationships (-) in that kind of (-) transition (-) possible? (-) And so you are always aware of the fact, you are very aware of the fact, (-) that + (-) you can't take for grant, what you have. [...] You just have an annoying sense (-) of consciousness. + (-) So I don't run around, looking over my shoulders, I didn't then say, all of this is going to go away. + (-) But I do have (-) a very clear (2) moment, (-) where you say, (-) *yea*, (2) ( ), *you say*, (-) *well, this can all change.* + So, (-) ahm, (5) I have, I have friends, who, when they buy their houses, (-) still consider, (-) well where will I hide, if I needed to. +It is pretty odd. (-) + (-) The generation ( ) two after the ( ).

c) Übertragungsobjekte

Die familiären Verluste traten für Mark und Lori als *Mangel* und Ausschluss beziehungsweise als eine leere Stelle in ihrer Vorgeschichte ins Bewusstsein. Hatten die Eltern noch ein erinnertes Bild der liebsten Verwandten, die ermordet worden waren, so besaßen die Kinder keine Erinnerung, kein Abbild des Verlustes und waren ganz auf ihre Fantasie[79] angewiesen. Als die erste Generation, die in den Staaten zur Welt kam, lag ihre familiäre Position darin, den Anfang und den Beginn eines neuen familiären Lebens, einer neuen Tradition, eines neuen Erbes zu symbolisieren. Vermutlich war ihre Geburt von elterlichen Fantasien eines Neuanfangs begleitet gewesen. Dieser Neuanfang spiegelte sich in der autopoietischen Namensgebung der Eltern, als die sich phonetisch, sprachlich neu erfanden; während Herr Fried seinen ursprünglichen Vornamen nur leicht veränderte und ins Englische übertrug, löste sich seine Frau radikaler vom Alten und gab sich einen völlig neuen, englischen Namen. Dieser Bruch wiederholte sich in der Beziehung zu den Kindern. Die elterliche Abwehr, mit ihren Kindern Deutsch zu sprechen, war eine Entscheidung, die die ursprünglichen familiären Dinge tabuisierte. Die paradoxe Situation der Kinder bestand darin, unter dem Verlust von etwas zu leiden, das sie nicht gekannt hatten und das sie niemals kennen würden, weil ihnen nicht nur die Bilder, sondern auch die Sprache fehlten. Auf dieses *Nichts* zu stoßen war beunruhigend, aber beide Kinder konnten daran nicht vorbei. Mark fasste diese Situation als einen *grundlegenden Mangel* in seinem Sein:

M: So all of their stories (gemeint sind die Geschichten jener, die nicht überlebten), (-) all of the information that can be pass down from one generation to the next is missing, (-) it's gone. (-) But to, (-) to all the people that were lost (-) and ah (Kl), (3) *it's just, (-) it's just a blank slate, (-) it's* **empty** (Kl). + + Ja. + (4)

Die leere Schieferplatte symbolisiert seinen Mangel. Sie ist der leere Platz für die Geschichten, die niemals erzählt, für die Worte, die niemals gefunden, für die Menschen, die für Mark immer schon verloren waren. Diese leere Tafel ist ...

M: ... just an objective (-) realisation that there is just this (-) block; (-) + it is just (-) these stories and this information which all I just won't have. (-) And it is not, that I feel anger about it. (-) It is ahm, (-) it's a wistfulness. It's a wanting (-) of something, that isn't there. +

---

[79] Ein Versprecher von Lori könnte auf eine dieser Fantasien hindeuten: Sie sagte: »... being a surviv-, a child of a survivor, survivors ...« In ihrem Versprecher könnte die verdrängte Fantasie durchgeschlagen sein, sich anstelle der Eltern zu setzen. Diese Fantasie ist, wie in anderen Texten aus der zweiten Generation (Vera Rubensteen) offensichtlich, mit einem Tabu (Berührungsverbot) belegt.

... niemals zu beschreiben. Damit fand Mark ein sprachliches Symbol für den grundlegenden Mangel in seiner Historie. In dieser Metapher konnte der Schmerz und die Traurigkeit, die er darüber empfand, objektiviert und *aufgehoben* werden. Der wiederholt auftauchende Signifikant *Objektivierung* ist beim Wort zu nehmen, was uns zu den *Übertragungsobjekten* führt. Nicht alles ist leer und eine »blank slate«. In dieser Familiengeschichte gab es zahlreiche familiäre *Übertragungsobjekte*, in denen sich die verlorene Geschichte materialisierte.

Das Buch, die Briefe und der Auftrag
Zum einen ist ein Buch zu nennen, von dem Lori und Mark erzählt hatten. Der Großvater mütterlicherseits hatte in einem Buch seine Erlebnisse vom nationalsozialistischen Deutschland über die Emigration und die Ankunft in der neuen Welt bis zur Assimilation in den Staaten niedergeschrieben. Über dieses Buch wurde den nachfolgenden Generationen die Möglichkeit geschaffen, die Geschichte *aus erster Hand*, wie Lori betonte, nachzuempfinden. Auch Sara, Marks Tochter, erwähnte dieses Buch:

S: There is also a book. (-) Do you know about the book, (-) that my omi's dad wrote?
I: I've heard about it.
S: Would you like to see it? * (-) Cos' it's downstairs in my room, I've started reading it, I haven't finished it. +
I: You can show me * later.
S: I haven't finished reading it. My dad won't let me take it to bed, cos' there's only a couple copy. + (-) And he doesn't want me to loose it. I wouldn't, but (-) ja.

Man kann die naive Frage stellen, wie Sara im Bett das Buch ihres Urgroßvaters verlieren könnte. Aber natürlich geht es nicht um eine reale Gefahr, dieses Buch zu verlieren, sondern um den Charakter, den dieses Buch besitzt, der eine – wie es aussieht – würdige Handhabung gebietet. Das Buch ist kein veröffentlichtes Werk, sondern die intime Niederschrift des Großvaters, bestimmt für seine Nachkommen. Es verkörpert stellvertretend die Geschichten, die verloren sind, und fungiert als *Objektiv* für die nachkommenden Generationen, die über das Buch erfahren sollen ... In dem Buch verdichtet sich die Sphäre des Authentischen. Darin schien das, was für Lori das Ursprüngliche bedeutete, zu liegen. In Bezug auf eine andere Lebensgeschichte betonte sie: »Reading first hands accounts of what happened is important to understand.« Die Atmosphäre des Authentischen vermengt sich mit der des Sakrosankten, wodurch ein gewisser Kult um das Objekt entsteht, der in dem szenischen Ausschnitt aus dem Interview mit Sara deutlich wird. Vermutlich entstammt der besondere Charakter des Buches nicht dem Inhalt, sondern der Tatsache, dass es das *einzige* dieser Art ist, wodurch es für die Nachkommen zu einer Art *familiärem Totem* wird, an das die nachfolgenden Generationen gebunden bleiben. Vom Totem geht ein *nachträglicher Gehorsam* (Freud 1913) aus, der an die Szene erinnert, als Mark voller Wut aus Israel zurück gekommen war, zu seinem Großvater ging und ihn fragte: »How could you not know?« Als ob er wirklich mit dieser Frage ein familiäres Tabu berührt hätte. Heute befindet sich das Buch in seinem Besitz, wodurch er zum *Verwalter* der familiären Tradierung und zum *Wächter* über die familiäre Vergangenheit wird. Mit Argusaugen blickt Mark auf den Gebrauch des Buches und sei es auch nur auf das Lesen der Kopien. Jedes Totem ist mit Tabus verknüpft, die seine Handhabung unter bestimmten Bedingungen verbieten oder erlauben.

Weitere Übertragungsobjekte der Familiengeschichte sind Briefe der Urgroßeltern an deren Kinder und Enkelkinder, die zu einem Zeitpunkt geschrieben worden waren, als sich die Kinder und Enkelkinder bereits in Amerika befunden hatten. Mark hatte diese Briefe in Form von Übersetzungen einst von seinem Vater erhalten. Sie fungierten als Zeitfenster und warfen einen flüchtigen Blick auf die Gedanken und Ängste der Zurückgebliebenen und Untergegangenen der Familie. Wie es ihnen ergangen sein könnte, welche Gedanken sie gehabt haben und was für Menschen sie gewesen sein könnten. Aber viel wichtiger noch als die Übersetzungen erschienen die *Originale*, die sich ebenfalls in Marks Haus in seinem »study room« befanden. Über einen Zufall war er auf die Originale gestoßen. Er hatte auf dem Dachboden seiner Eltern Dokumente durchforstet und eigentlich etwas anderes gesucht, als ihm die originalen Briefe in die Hände fielen. Er meinte zu seinen Eltern, »these letters shouldn't be down here« und nahm sie mit in sein Haus, wo sie seitdem hinter Glas in seinem *Studierzimmer* hängen. Über den Besitz der Briefe und des Buches übernahm er die archivarische *Verantwortung* über die Familiengeschichte. Er reglementierte den Gebrauch der Kopien und verwahrte die Originale. Damit machte er sich zum *Wächter* über die familiäre Tragödie. Diese Positionen des Wächters und Verwalters sind in der zweiten Generation häufig gewählte, innere Orte in ihrer Auseinandersetzung mit den Traumen aus der elterlichen Vergangenheit; verbunden mit der Aufgabe

3. Acht Familiengeschichten

und der Verantwortung, das Bestehende zu schützen und es an die zukünftigen Generationen weiterzugeben.

Andere Übertragungsobjekte lagen in einem *Auftrag* gegenüber der Gesellschaft und deren weniger privilegierten Mitgliedern. Ausgehend von einer tiefen Dankbarkeit für die Chancen, die Amerika den Emigranten damals geboten hatte, fühlen die Mitglieder der Familie eine moralische Verpflichtung gegenüber jenen, die Will Eisner als *invisible people* Amerikas bezeichnet. Dieser Auftrag wurde über die familiäre Sprache und über eine gelebte ethische Haltung gegenüber den benachteiligten Mitmenschen der amerikanischen Gesellschaft tradiert. Der familiäre Auftrag, der Gemeinschaft über engagierte Hilfe etwas zurückzugeben, wurde in den Interviews implizit oder explizit mit der Shoah-Vergangenheit in Verbindung gebracht. Dazu ein kurzer Auszug aus den Interviews, diesmal wieder mit Sara:

S: People like that (homeless people), (-) ja, (-) but in dif-. They have their own different holocaust or, (-) you know. Their different life disaster.* (-) Ahm, (-) and in this country, when you are at the bottom, it's hard to get back to the top, + (-) or to get (-) a good education and quality people around you. + It's just hard, once you are at the bottom. + (-) And people need + (-) help to get up. + (-) That's what I've been learning anyway. + I'm extremely fortunate. (-) Fortunate, you know?

Der Auftrag geht von einem Grundgefühl aus, im Vergleich zu anderen *übervorteilt* zu sein. Dieses Grundgefühl könnte möglicherweise von den Groß- und Urgroßeltern (aus Saras Position) her stammen, die rechtzeitig der NS-Tyrannei entkommen konnten. In diesem rechtzeitigen Entkommen steckt eine implizite *Schuldfantasie* gegenüber all jenen, die den NS-Unrechtsstaat nicht mehr verlassen konnten. Hillel Klein (2003) berichtet, wie Überlebende der Shoah nach ihrer Befreiung versucht hatten, anderen Überlebenden zu helfen, indem sie sie über Zonengrenzen schmuggelten und anderes mehr. Klein brachte dieses Verhalten in Zusammenhang mit dem *Schuldgefühl* des Überlebenden (vgl. Keilson), das in dieser Studie mehr in den Emigrationsgeschichten zum Tragen kam als in den Geschichten von Lagerüberlebenden, wo eine *Überlebensscham* im Vordergrund stand. Die Schuldgefühle waren an die verlorenen Generationen geknüpft, die, wie Hillel Klein schreibt, mit »anklagenden Finger auf jene blickten« (2003, S. 151), die in der Emigration überlebten. Über die Hilfe und das Einsetzen für die leidenden Nächsten, konnte auch ein Bezugspunkt zu den verlorenen Generationen hergestellt werden, denen man nicht mehr helfen konnte. Das Schuldgefühl bedeutete einerseits eine *Identifikation* mit der verlorenen Welt. Und andererseits war es auch ein möglicher Weg, in der Welt Sinn und Gerechtigkeit wieder herzustellen.

In dieser Familiengeschichte wirkte das Schuldgefühl in dem Auftrag, der über zumindest drei Generationen tradiert wurde. In der Geschichte vom General nahm seine Schilderung dieses sozialen Auftrags gegenüber den anderen einen großen Teil der Interviews ein. Mark behauptete sogar, dass alles, was sein Vater in dieser sozialpolitischen Richtung gemacht hätte, im Zusammenhang mit seiner Emigrations- und Überlebensgeschichte stand. Über dieses Engagement fand der General eine stellvertretende Wiederannäherung an sein eigenes traumatisches Emigrationsschicksal, das über die anderen, denen er helfen konnte, behandelt werden sollte, während er selbst Hilfe bei einem Psychiater gesucht hatte. In gewisser Weise verhilft das Schuldgefühl auf diesem Wege, »späte Trauer und Gefühle angesichts des Verlustes geliebter Menschen durchzuarbeiten, verlorenen menschlichen Werten wieder Geltung zu verschaffen und das eigene Menschenbild wieder herzustellen« (Klein 2003, S. 227). Indem der General dafür sorgte, dass dieser Auftrag auch an die Kinder weitergegeben wurde, kreisten auch die Fantasien der Kinder um die ursprünglichen familiären Dinge, denen über den Auftrag ein Ausdruck in der Außenwelt gegeben werden konnte. Mark arbeitete zum Beispiel in jungen Jahren bei einer karitativen, jüdischen Organisation. Im Interview beschrieb er seine Tätigkeitsfelder folgendermaßen:

M: This service provides counselling service to (-) survivors + and to (-) all members of the Jewish community (-) for family counselling, (-) social counselling, (-) depression, that type of things. + (-) They also provided social services (-) so, (-) people (-) would coming to your home, (-) to provide care, if you were ill. + Ahm, (-) they also were in charge of immigrant resettlement. So, + any Jewish immigrants, that were coming, that were coming to this community would (-) be set-, resettled by them. + And they also were for a while in charge of all Jewish adoptions ah, for children (-) in ah, community. (-) + (-) So I used to be very, very involved within the Jewish community from a (-) organisational perspective, (-) from very Jewish (-) charities. (-) Ja.

Die Nähe zur Familiengeschichte, zum Emigrationsschicksal der Familienerzählungen ist evident. Außerdem ist dieser familiäre Auftrag auch mit dem in Verbindung zu setzen, was ich als Berührungsverbot bzw. Berührungsangst anklingen lassen habe. Über die Arbeit an dem Auftrag finden ständige Berührungen mit Leidensgeschichten statt, die in gewissen Teilen der eigenen Familiengeschichte unübersehbar ähnlich sind. Insofern wirkt der Auftrag als Spiegel, um etwas zu sehen, mit etwas in Berührung zu kommen, das ansonsten gemieden wird.

Namen
Die Namensgebung und deren Bedeutung im Kontext der familiären Vergangenheit ist ein weiteres über die Sprache vermitteltes, familiäres Übertragungsobjekt. Ausgehend von der Sprache und der formierenden Kraft, die die Sprache für die Ich-Werdung des Subjekts im transgenerationellen Zusammenhang besitzt, nimmt der Akt der Namensgebung für das geborene Kind einen überdeterminierten Stellenwert ein. Hinter diesem Akt, der sich auf eine einzelne Szene, eine Urszene zu beschränken scheint, steckt eine Idee, die in dem Akt transformiert oder materialisiert wird. Das Kind wird in diese Idee geboren. Und dieser Idee wird mit dem Namen Ausdruck verliehen. In den Interviews tauchten mehrere Erzählungen auf, die auf Namensgebungen Bezug nahmen. Zwei dieser Erzählungen möchte ich im Folgenden als Initiale für die Tradierung der Geschichte bringen.

Ausgehend von dem Nichts, von den Geschichten, die für immer verloren sind, kam Mark auf eine generationelle Überlegung zu sprechen. Er meinte, dass die Essenz seiner Beschäftigung mit den elterlichen Dramen aus der Familiengeschichte in der Erkenntnis bestanden hätte, dass sich das eigene Leben seine eigenen Bezugspunkte suche müsse und das vergangene Leid der Eltern nicht als Entschuldigung für gegenwärtige Schwierigkeiten herangezogen werden dürfte. Dann brachte er das Initial über seine Idee, die der Namensgebung seiner Tochter Sara voranging:

M: It is not an excuse. (-) + (...) it's not to happen. (-) And in a way, (2) that's a little bit (-) about (-) my approach to certain aspects of what happen to (-) my parents + (-) and to the information that I don't have. * (-) Is (-) I feel sad about it, I wanna know about it, (-) *but,* (-) *(Kl) you know,* (-) *we'll move on.* + (-) Right? (-) And I'll tell you one another quick story. (-) When my daughter was born whom you'll meet tomorrow, Sara, (-) + (-) remember going to my grandmother, (-) and telling her, (-) *this is my dad's mother,* (-) and telling her, (-) that we wanted to name (-) our daughter Sara. (-) And that I wouldn't do it, if she is objected to it. + (-) Because (-) when she was a young women (-) going down the street, (-) the Nazis would taunt her with: »Here comes Sarah! There goes Sarah!« (-) Because that wasn't her name, (-) but that was-. + (-) So it was a derogatory term. + (3) And she said, (-) she said: »No, if that's what you want to do, (-) that's fine.« (-) And my wife and I at that time felt, (-) that if we didn't name Sara (-) the way we wanted to (-) we would be giving in a generation later to the same problem, (-) right. (-) + (-) So we named her, (-) but when Sara was little, (-) when my grandmother was still living, (-) she would never referred to her by her name. (-) She always referred to her as the little one. The beautiful one, (-) my darling. (-) She never called her Sara. + (-) + (-) Ja.

Indem er seiner Tochter einen Namen gab, der zum symbolischen Kosmos der NS-Vernichtungspolitik gehörte, hatte er wohl einen Tabubruch begangen. Zumindest war Mark damals zur Generation seiner Großeltern und *nicht* zu seinen Eltern gegangen, um die entscheidende Frage zu stellen. Entscheidend insofern, weil er ja den zukünftigen Namen seiner Tochter deren Urteil überantwortete. Die Idee, von der Mark und seine Frau damals ausgegangen waren, bestand darin, die Weitergabe eines Konfliktes an die nächste Generation zu unterbinden. Durch die Namensgebung sollte die entwürdigende und entwertende Konnotation, den der Name unter den Nazis erfahren hatte, aufgehoben werden. Die Idee war die einer Aufhebung durch das Sprechen der Sprache selbst. In gewisser Weise war Marks Vorstoß eine inverse Form zu dem, was seine Eltern mit ihren Namen gemacht hatten. Radikal formuliert kann man sagen, während die Eltern die Spur ihrer Herkunft über den neuen Namen auszulöschen versuchten, verfolgte Mark über die bewusste Nennung eines alten Namens ein ähnliches Ziel: Das Leid aus der vorangegangenen Generation sollte für die kommende Generation nicht mehr in dem Maße nachklingen, in dem er es noch gehört und erfahren hatte. Diese Aufhebung sollte über den Akt der Namensgebung ermöglicht werden. Damit gab Mark seiner Tochter Sara einen unbewussten Auftrag mit auf den Weg. Sara wurde in die Idee ihres Vaters geboren, dass in ihrem Namen die *Aufhebung* der Vergangenheit geschehen sollte. Aufhebung verstanden im doppelten Sinne als Bewahrung und Nichtung zugleich. Die Ambivalenz, die von diesem Namen ausging, ist spürbar und war für die gefragte Großmutter unaussprechlich gewesen. Die Nähe zum familiären Drama und zur destruktiven Geschichte ist ja mit der Nennung des Namens nicht verschwunden. Trotzdem hatte Mark insofern Recht, als seine Tochter Sara nach der Katastrophe

3. Acht Familiengeschichten

der Judenvernichtung namentlich zu einem ersten und neuen Bezugspunkt für die kommenden Generationen geworden ist. Insofern wiederholte sich mit der Geburt von Sara die initiale Fantasie des Anfangs und Neubeginns, die schon Marks Eltern gehabt hatten.

Auch Sara berichtete in den Interviews, als sie über jene Urgroßmutter, die Mutter ihres Großvaters väterlicherseits, sprach, die sie selber noch als »Omi elevator« in Erinnerung behalten hatte, weil sie als Kind immer über einen Fahrstuhl zur Urgroßmutter gekommen war, von dieser, ihrer Namensgebung.

S: My (-) mum and dad had ask her permission, + (-) if they could name me Sara, (-) Because (-) ( ) it was a name that Hitler liked. * (-) So, (-) and she, she (-) never really wanted (-) a name Sara in the family. But, they asked her. And she said, that it was okay. (-) [...] (-) My dad told me this just (-) like a year ago about the name (-) Sara. + (-) So, (-) ahm, and she never called me Sara. + (-) She always called me (-) the pretty girl. (-) »<u>Hi pretty girl</u>.« * (-) You know, (-) she never (-) ( ) what. (-) What ever she would call me, ( ) never be my name.

Saras Assoziationen über ihren Namen führten sie zur Geschichte, die ihr, wie sie sagte, vor Kurzem ihr Vater mitgeteilt hätte. Über ihren Namen war sie mit der familiären und der kollektiven Geschichte verbunden. Sie trug in ihrem Namen symbolisch die Entwertung durch die Nazis wie die Aufhebung ihres Vaters im Sinne seiner Idee. Für die Urgroßmutter, die einst in ihrem jüdischen Pass den Namen Sarah trug, war der Rufname ihrer Urenkelin unaussprechlich gewesen. Sie bedachte ihre Urenkelin mit erdenklichen Kosenamen, aber nannte sie niemals Sara. Als ob sie über diese Vermeidung eine erneute Berührung mit dem persönlichen Leid ihrer Geschichte abwehren könnte. Wobei die Kosenamen als *Gegenbesetzung* dienten, um die *Todesnähe*, die über den Namen erneut ins Leben trat, unbewusst zu halten. Für Saras Urgroßmutter blieb der Rufname Sara unausweichlich mit dem Alp der nationalsozialistischen Judenvernichtung verbunden.

Wobei zu dieser Unausweichlichkeit des Namens eine Einschränkung gemacht werden muss. Der Name (Sara) der Urenkelin schreibt sich ohne stummes »H«, wie er als Name (Sarah) noch im Pass der Urgroßmutter im besetzten NS-Österreich gestanden hatte. Dieser nicht hörbare, aber schreibbare Unterschied gehört zum symbolischen Kosmos der Sprache, also zur *Schrift*. Marks Idee beschäftigte sich mit der Differenz, die über die Schrift unhörbar eingeführt werden sollte. Zusammenfassend ist zu sagen, dass mit der Namensgebung der dritten Generation die ambivalente Idee der Aufhebung in die Welt trat. Aufhebung als Erinnerung und Rückbindung an die familiären Dinge und Ursprünge sowie Aufhebung als Nichtung und Überwindung der alptraumhaften Vergangenheit. Marks Idee der Namensgebung war im Prinzip die einer *Umschrift*, oder Umschreibung des nazistischen Missbrauchs des Namens Sara(h). Dahinter steckte der Wunsch, die zwangsneurotische Wiederkehr (des Leidens) in den kommenden Generationen zu verhindern und im weitesten Sinne auch der Wunsch nach einem Ungeschehenmachen mithilfe eines autopietischen Neubeginns über die Schrift, indem eine nicht hörbare, dafür schreibbare Differenz zum geschichtlichen Missbrauch eingeführt wurde. Dieser kleine schreibbare Unterschied könnte für das Schicksal der dritten Generation bedeutsam geworden sein, weil es etwas Unerhörtes offen lässt und *keine* idente Abbildung dessen ist, was über die Geschichte der NS-Vernichtungspolitik der Familie zugefügt wurde.

d) Die Puppe (dritte Generation)

Wie ist die doppelte Bindung an die familiären Ursprünge bei Sara angekommen? Es gibt eine Spur, die Sara in den Interviews dazu fand. Sie hätte als kleines Mädchen von ihrer Urgroßmutter eine Puppe erhalten mit blondem Haar und blauen Augen. Diese Puppe sei immer noch in ihrem Besitz. »It's in a box. But I still have it.« Diese Puppe war etwas Besonderes und erinnerte Sara an ihre Urgroßmutter, die starb, als das Kind ungefähr sieben Jahre alt war. Sara zeigte im Interview mit ihren Händen die Größe der Puppe, sie beschrieb die Funktionen, was die Puppe alles konnte und so wurde die Puppe zu einem lebendigen Teil einer Assoziationskette, die sich in Verbindung zu ihrer Namensgebung setzte.

S: I just remember different-; (-) I remember like the doll, that she gave-; (-) she gave me (-) a doll for Chanukah. (-) And she was mad, (-) because the dolls, (-) they were all blond, blond hair colour, and she had brown hair. + (-) And she wanted to find one *with brown hair*.
I: She wanted to find a doll with brown hair.
S: Yea, (-) and so she couldn't. (-) *And so she gave me this one with blond hair and she hated it.* * (lachen) She didn't liked it.
I: And you?
S: I liked it.

3. Acht Familiengeschichten

Im Interview folgte nun eine kurze Passage, in der Sara ihre Urgroßmutter als eine genaue und pedantische Frau charakterisierte, die immer alles auf eine bestimmte Art haben wollte. So wie sie eben eine Puppe mit braunem Haar für ihre Urenkelin finden wollte. Auf die Frage, was ihr zur Puppe noch einfallen würde, entwickelte sich jene Passage, die wir oben auszugsweise bereits zitiert haben:

S: Mmm, yea. (-) It would be, (-) well I would just think of her. * (-) Ja. (-) And I do. And I think of (-) how, (-) it has blond (-) hair and she wanted that it has brown hair. * And (-) you know, cos' (-) I think that ah, (4) oh, (-) there is a couple of things, that I'm remembering now. (3) She, (-) my (-) mum and dad had ask her permission, + (-) if they could name me Sara, (-) ahm, (-) because (-) ( ) it was a name that Hitler liked. * (-) So, (-) and she, she (-) never really wanted (-) a name Sara in the family. But, they asked her. And she said, that it was okay. (-) But also the doll, (-) Hitler, I think, (-) he liked blond hair. * (-) And he liked blond hair, blue eyes, you know?

I: And she looked for a doll with brown hair. *

S: But, (-) yea, (-) so I think that has something to do with it. + + (-) Ahm, (-) so, (-) yea, (-) it's interesting, (-) because I never-. (-) I just re-. My dad told me this (just?) like a year ago about the name (-) Sara. + (-) So, (-) ahm, and she never called me Sara. + (-) She always called me (-) the pretty girl. (-) »Hi pretty girl.« * (-) You know, (-) she never (-) ( ) what, what ever she would call me, ( ) never be my name.

Sowohl in der Geschichte über die Puppe als auch in der über die Namensgebung bekam Sara etwas, was von der Urgroßmutter im Grunde abgelehnt wurde. Das Entscheidende war, dass die Urgroßmutter beides zugelassen hatte. Vielleicht hatte der Name, der von der Urgroßmutter ungenannt blieb, wirklich etwas Neues ins *Spiel* gebracht. Ein Spiel als Umschiffung ihres Namens, ein Spiel, das dem kleinen, »schönen Mädchen« gefallen hatte. Das ihr sicherlich schmeichelte. Dieses Spiel setzte sich später mit der Puppe fort. Über das Spiel mit der, vom Mädchen gemochten, Puppe, entstand ja ein anderer Umgang mit den alten Bedeutungen. Eine neue, lebensgeschichtliche Konnotation, in der das Blonde und das Blaue etwas anderes heißen und bedeuten konnten als es für Marks Großmutter noch der Fall gewesen war. Dass der Umgang mit der Historie für das kleine Mädchen als Spiel in ihr Leben trat, ermöglichte eine Lockerung familiärer Fixierungen, wie in Gestalt des Problems, das Buch des Großvaters im Bett zu lesen. Somit konnte die dritte Generation die familiären Objekte aus ihren ursprünglichen Bedeutungen nehmen und in neue Kontexte stellen. Sie wieder zurückgewinnen, aber nicht mehr als das, was sie waren, sondern als das, was sie auch sein können. Es liegt darin ein Mehrwert an den Dingen der Welt, ein Weniger an Tabus und ein Mehr an Freiheitsgraden, die für die Generation von Saras Eltern noch nicht vorstellbar gewesen wäre.

3.4 Die Generationengeschichte von Sophia Schwarz

Frau Schwarz war ursprünglich jemand, von dem ich dachte, dass sie mir helfen könnte, mit Überlebenden in Kontakt zu treten. Bei dem ersten Telefonat entwickelte sich allerdings sehr schnell ein Gespräch, aus dem hervorging, dass sie selbst an dem Forschungsprojekt teilnehmen wollte. Ich vereinbarte mit ihr ein erstes Treffen. Sophia betrat zur ausgemachten Zeit das Restaurant. Ich erkannte sie sofort anhand ihrer Beschreibung, die sie mir gegeben hatte. Ganz in Schwarz hinter ihrer Sonnenbrille erweckte sie einen jüngeren Eindruck. Wir begrüßten uns, Sophia bot mir an, sie zu duzen, und begann sofort zu reden. Sie hätte eine stressige Zeit, es gäbe auf der Arbeit unheimlich viel zu tun, hohe Feiertage stünden bevor und sie sei mit den organisatorischen Angelegenheiten völlig ausgelastet.[80] Aber jetzt hätte sie Feierabend. Sie aß zu Abend, auch ich nahm eine Kleinigkeit zu mir und erläuterte ihr, während wir aßen, nochmals das Projekt. Sie war mit allem einverstanden und auch neugierig auf die Fragen, die ich ihr stellen würde. Das Restaurant war noch wenig besucht, sodass ich, nachdem wir das Essen beendet hatten, das erste Interview machen konnte. Im Verlauf der folgenden Monate führte ich mit Sophia zwei weitere Interviews durch. Ich traf sie immer abends nach ihrer Arbeit in einem Restaurant, wo sie zu Abend aß, bevor wir mit dem Interview begannen. Aus diesem Vorgehen entstanden zwei Gesprächsebenen. Zunächst gab es immer ein Gespräch, das sich an den »Belanglosigkeiten des Alltags« orientierte. Dieser Vortext, der natürlich nicht aufgenommen wurde, ließ eine ungezwungene Atmosphäre entstehen, um nach dem Essen in die intime Familiengeschichte einzusteigen. Ich gab darauf Acht, dass sich die beiden Gesprächsebenen nicht vermischen würden. Nach Ende eines jeden Interviews kam unser Gespräch auf diesen Vortext wieder

---

[80] Im Nachgespräch ging sie nochmals darauf ein, dass sich vor den hohen Feiertagen, wie Neues Jahr und Jom Kippur ihr Zeitproblem deutlich zeigen würde.

zurück, was Sophia Schwarz möglicherweise dabei half, aus den dramatischen Familienszenen aufzutauchen.

Die Erzählungen von Sophia Schwarz über das Schicksal ihrer überlebenden Mutter gehören zu jenen der zweiten Generation. Ihre Mutter hatte als Jüdin in Polen die NS-Zeit in verschiedenen Verstecken überlebt. Die Großeltern mütterlicherseits wurden von den NS-Schergen verschleppt und ermordet. Ihr über 90-jähriger, nicht jüdischer Vater lebte noch in Polen. Ihre Mutter war vor 15 Jahren gestorben. Sophia Schwarz war mit 24 Jahren aus Polen in den deutschsprachigen Raum emigriert. Damit hatte sie einen »Herzenswunsch« ihrer Mutter erfüllt, die zwar immer aus Polen raus wollte, aber aus unterschiedlichen inneren und äußeren Gründen nie konnte. Sophia lebte und arbeitete in einer Großstadt zusammen mit ihrem etwas älteren, nicht jüdischen Mann in glücklicher, vierter Ehe. Sie arbeitete seit über zwei Jahrzehnten in der Jüdischen Gemeinde. Trotzdem hatte sie noch einen zweiten Job, was ihr kaum Zeit für Entspannung und Müßiggang ließ. Wann immer ich sie anrief, um einen Termin zu vereinbaren, klagte sie über Zeitknappheit und Stress auf der Arbeit als auch über gesundheitliche Beschwerden. Sophia hatte keine Kinder. Trotzdem gab es auch in den Gesprächen mit ihr den imaginären Verweis auf die dritte Generation, die namentlich in Gestalt ihrer Nichten, der Kinder ihrer Schwester, auftauchte.

a)   Fragmente der Geschichte: Das Überleben im Versteck

Die im Folgenden wiedergegebenen Interviewausschnitte entstanden in den ersten fünf bis zehn Minuten des ersten Interviews und werden daher zur Eingangsszene gerechnet, in der verdichtet der Gehalt ihrer kommenden Erzählungen bereits steckte.

S:[81] Also ich habe, (-) also eine sehr interessante Familie, also interessante Eltern. (-) Nämlich mein Vater ist kein Jude. (-) Mein Vater ist 1916 geboren, (-) in Borislav, (-) Galizien, damals. (-) + (-) Also Österreich-Ungarn. * (-)

---

81 Im Nachgespräch, das am Text, den ich ihr zuvor gegeben hatte, orientiert war, betonte sie an dieser Stelle ihre Irritation, über das im Lesen Gewahrwerden der transkribierten Rede. »Was verzapfe ich hier eigentlich? Wie spreche ich, (-) aber gut.« Als erschwerend kam noch hinzu, dass ich, als ich ihr den Text schickte, vergaß, ihr die Transkriptionsrichtlinien mitzugeben. Somit war sie mit den von mir verwendeten Zeichensetzungen nicht vertraut, was ihr den Text ihrer gesprochenen Rede noch mehr entfremdete.

Das ist in der Nähe von Lemberg. (-) ( ) Heute ist das Ukraine. (-) Ahm, (-) meine Mutter ist geboren 1921, (-) auch dort, (-) die kennen sich ja seit der Kindheit. (-) Meine Mutter ist (-) Jüdin, (-) Jüdin, (-) und ist ahm, (-) in einer (-) Ölarbeiterfamilie aufgewachsen, (-) das heißt ihr Vater war (-) Ölarbeiter dort auf den Feldern, + (-) *und ihre Mutter war Näherin.*
I: Wie?
S: Näherin. * (-) Und sie war eigentlich, sie war das einzige Kind. + (-) + (-) Also sie hat keine Geschwister mehr gehabt, (-) also überhaupt keine Geschwister mehr gehabt. (-) Ahm. (3) Ah, (3) meine Mutter war eine wunderschöne Frau, (-) eine Menge Verehrer. (-) Sie hatte es wirklich schwiyrig, sich zu entscheiden. (-) Sie hat dann geheiratet, (-) einen (-) Juden. (-) Das war eine große, kurze und heftige Liebe, die aber auseinandergegangen ist. (-) Mein Vater hat aber nie aufgegeben. (-) Mein Vater war-, (-) wollte immer meine Mutter; + + ja? (-) Auch nachdem sie jemanden anderen geheiratet hat. * (-) Immer noch. (-) * (-) War immer (-) beinhart. * (-) Und das hat sich dann doch letztendlich ausgezahlt. (-) Ahm, (-) also die erste Ehe, die war dann nach ein paar Jahren zu Ende. (-) Ahm, (-) meine Mutter ist, (-) als (-) 41 (-) die (-) Deutschen (-) einmarschiert sind, ( ) ( ) ( ), ah, (-) hat sie sich versteckt, (-) bzw. wurde sie versteckt.

Sophias Vater versteckte seine zukünftige Frau, Sophias Mutter, vor den NS-Häschern bei sich zu Hause. Damit brachte er sich in Gefahr, als jemand, der Juden versteckt hält, entdeckt und verraten zu werden. Sophia schilderte, wie knapp er einer Entlarvung, die ein Todesurteil bedeutet hätte, entgangen war.
S: Also, mein Vater war (-) Arzt. + (-) Und dadurch hat er eine Art Schutz genossen. Ja? (-) + Hatte aber-. (-) Seine Mutter war eine <u>wahnsinnige</u> Katholikin, die Juden gehasst hat. + (3) Und mein, mein Vater hat nicht nur meine Mutter versteckt, sondern mein Vater hat sehr, sehr viele jüdische Menschen versteckt, (-) und das Leben gerettet, + (-) hunderten Leuten. + Ob's jetzt am Dachboden, oder im Keller oder hinter einem Schrank. + + (-) Meine Mutter hat zum Beispiel zwei Wochen (-) hinter einem Schrank verbracht. + (-) Also (-) sie sind dann so ein bisschen herumgezogen. + (-) Meine Großmutter,
I: Da-
S: die Mu-, die Mutter meines Vaters, (-) also dort, (-) in diesem Gebiet, (-) die Mutter meines Vaters, hat versucht mehrere Male (-) das Versteck,

die Verstecke zu verraten, * indem sie aus dem Fenster laut geschrien hat. (-) Ahm, (-) mein Vater hat damals eine Aktion gemacht, indem er sie in die Kirche geschleppt hat + und sie schwören hat lassen, (-) dass das nie wieder vorkommt. +

I: Die Mutter.

S: Die eigene Mutter. (3) Ahm, (-) dann war also wirklich Ruhe. (-) Also, der Hass war da. (-) Sie hat wirklich meine Mutter und auch die anderen (-) * (-) Versteckten-. * (-) Das war eine sehr schwierige Situation, weil damals war natürlich mein Vater war-, (-) kein Arzt weit und breit, (-) + hat das alles gemacht. Ja? Er war (-) in ( ), hat das alles machen müssen. + (-) Aber dadurch natürlich (-) und dadurch, dass er kein Jude war, (-) hat er die Möglichkeit gehabt, (-) und das hat er ja ausgenutzt.

Viele Jahre später wurde Sophias Vater für sein mutiges Handeln in Yad Vashem als einer der »Gerechten unter den Völkern« geehrt. »Das hat die Mutter durchgeboxt.« Sophia konnte in den Interviews keine genauen Schilderungen über das Überleben ihrer Mutter im Versteck geben. Sie hätte von ihrer Mutter niemals eine zusammenhängende Geschichte darüber gehört. Ihre Mutter hätte nur in Fetzen erzählt. So sei auch das Wissen der Tochter darüber fragmentiert und wenig zusammenhängend geblieben. Während ein chronologisches Bild über die mütterliche Geschichte ausblieb, gab es kleine Episoden, die die Mutter immer wieder erzählen *musste*. Diese episodischen Erinnerungen hatte auch Sophia verinnerlicht. »Die habe ich bei mir gespeichert.« Sie kannte sie von Kindheit an, weil ihre Mutter schon *sehr früh* damit begonnen hatte, diese Episoden zu erzählen.[82] Vermutlich handelte es sich um *Deckerinnerungen* (Freud), hinter denen das eigentliche Grauen des mütterlichen Überlebens angedeutet, aber

---

[82] Im Unterschied zur normalen lebensgeschichtlichen Umarbeitung von Erinnerungsspuren, was Freud in seiner Arbeit über *die Deckerinnerung* (1899) als Umschrift bezeichnet, schien es hier Erzählungen und darauf beruhende Erinnerungen zu geben, die aus diesem lebensgeschichtlichen Prozess sogar über die Generationen hinweg genommen waren. Wenn Sophia sagt, diese Episoden gespeichert zu haben, möchte ich trotzdem anmerken, dass es sich um phantasmatische Spuren handelt. Die Vorstellung, dass es so etwas wie ein authentisches Abbild des Gewesenen in der Erinnerung geben könnte, ist eine Abwehr von Verlust und erfüllt einen Wunsch nach Authentizität und Erklärbarkeit. So ist es naheliegend, dort, wo dieser Wunsch aufkommt, das Gegenteil davon anzunehmen. Freud widmete sich immer wieder diesen Fragen nach dem historischen Gehalt oder der historischen Wahrheit von Erinnerungen (Freud 1899, 1915a, 1937).

doch verborgen bleiben konnte. Diese Episoden waren, wie es schien, durch einen *Wiederholungszwang* (Freud) gekennzeichnet, der autonom die Mutter zum Sprechen gezwungen hatte. Sofia war mit diesen Episoden aufgewachsen, die sie nicht verstehen konnte. Und sie hatte diese Episoden in ihrem späteren Leben unbewusst reinszeniert. Dazu später.

Sophia hatte später als erwachsene Frau vorgehabt, von ihrer Mutter eine zusammenhängende Geschichte zu erfahren, »aber das hat sie (die Mutter) nie geschafft. Ich habe ihr das auch angeboten, dass ich bei ihr sitze mit einem Tonband, dass wir das einfach alles aufnehmen. Sie konnte nicht. Sie wollte nicht.« »Manche Geschichten hat sie erzählt viele Male, das waren die ärgsten Erlebnisse, die hat sie erzählt viele Male. Andererseits hat sie andere Sachen überhaupt nicht erzählt.« Vermutlich hatte Sophia darunter gelitten, niemals eine zusammenhängende Geschichte zu erfahren. »Es hatte nie eine Kontinuität-, sondern es waren immer nur diese Episoden, das, womit sie nicht fertig wurde. Was sie immer wieder erzählen musste. Das musste immer wieder raus aus ihr.« Waren die Erzählungen der Mutter über ihr Überleben im Versteck für die Tochter eine psychische Überwältigung oder halfen die Erzählungen der Tochter, den Alp, den die Mutter erlitten hatte, in einen übergeordneten Zusammenhang einzuordnen, d. h. zu externalisieren? Im dritten Interview sprach Sophia darüber, wie sie in Kursen Techniken gelernt hätte, sich vor den erzählenden Übergriffen der Anderen zu schützen. »Aber damals als Kind konnte ich das natürlich noch nicht. Das hätte ich gebraucht.« Um herauszufinden, welchen Einfluss die mütterlichen Erzählungen auf das weitere Leben von Sophia Schwarz genommen haben, muss man zunächst festhalten, dass die Mutter schon sehr früh, »zu früh«, wie Sophia in den Interviews sagte, diese episodischen Erinnerungen mitgeteilt hatte. Sophia erinnerte keine initiale »Hörerfahrung« eines ersten Mals, sondern diese Geschichten waren immer irgendwie präsent. So hatte Sophia ein *unbewusstes Wissen* über die geschichtlichen Leiden ihrer Mutter bereits internalisiert, noch lange bevor sie die mütterlichen Episoden in einen größeren Zusammenhang einordnen konnte. Zweitens hatte die Mutter diese Episoden ausschließlich ihrer erstgeborenen Tochter erzählt. Dies bedeutet, dass Sophias Mutter über das Erzählen einen (un-)bewussten Auftrag weitergegeben hatte. Ihre erstgeborene Tochter Sophia war auf eine noch unbestimmte Art an die Schrecken der Vergangenheit gebunden. Sie war mit den Überlebens- und Leidgeschichten exklusiv bedacht worden. Als trüge sie damit eine besondere Verantwortung. Sie ahnte schon als Kind von einer unbeschreiblich grausamen

Erfahrung im Inneren der Mutter, die mit nichts aus der töchterlichen Welt in Verbindung zu bringen war.

Zusammenfassend möchte ich folgende vier Momente des mütterlichen Erzählens festhalten:

1. Die *Episodenhaftigkeit*: Geschichtsfetzen des mütterlichen Erzählens. Diese Geschichtsfetzen standen lose nebeneinander. Es gab keinen größeren Zusammenhang und auch keine Kontinuität in den Erzählungen.
2. Der *Wiederholungszwang*: Die Mutter musste wie unter Zwang stehend immer wieder dieselben Geschichten produzieren. Als würde nicht die Mutter über ihre grausamen Erinnerungen, sondern umgekehrt die Erinnerungen über die Mutter verfügen.
3. Der *Zeitpunkt (zu früh)*: Die Mutter begann zu einem Zeitpunkt zu erzählen, an dem die Tochter die Tragweite der mütterlichen Erzählungen nicht verstehen und nicht einordnen konnte.
4. *Exklusivität*: Die Erzählungen tauchten auf, als seien sie ausschließlich für die erstgeborene Tochter bestimmt gewesen. Damit ging eine (un-)bewusste Auftragsbindung einher. Die Tochter wurde zum *geheimen* Geschichtsträger der Mutter. Tochter und Mutter wurden über die Episoden zusammengehalten.

Diese vier Faktoren haben im Verband mit dem traumatischen Inhalt der episodischen Erzählungen eine Überwältigung für die Psyche des sich entwickelnden Kindes dargestellt. Um sich die Situation zu vergegenwärtigen, wie die frühen Erzählsituationen zwischen Mutter und Tochter ausgesehen haben könnten, gebe ich einen Verweis auf die »allgemeine Verführungstheorie« von Jean Laplanche, die im Prinzip das notwendige Scheitern eines interaktionellen Übersetzungsmodells darstellt (z. B. 1996, 1999, 2004). Laplanches Grundgedanke besagt, dass in der frühesten Interaktion zwischen Erwachsenem und Kind immer ein Teil der elterlichen Botschaft für das Kind nicht zu übersetzen ist. Jener nicht zu übersetzende Teil ist der durch das erwachsene Unbewusste kontaminierte Part. Laplanche nennt dies die *rätselhafte Botschaft des Anderen*. Diese rätselhaften Botschaften entstehen aus der anthropologischen Asymmetrie zwischen Erwachsenen und Infans. Während der Erwachsene ein Unbewusstes hat, über das er aufgrund der Verdrängung aber nicht frei verfügt, hat das Infans noch kein Unbewusstes. Das Infans wird von den rätselhaften Botschaften des Anderen überwältigt. Das nicht zu Übersetzende bildet die Urverdrängung und damit Grundsteinlegung des Unbewussten beim Empfänger. Die Übersetzung der rätselhaften Erwachsenenbotschaften geschieht zweizeitig. Zum ersten Zeitpunkt wird die Botschaft ins Subjekt implantiert, ohne dass sie verstanden wird. Dies ist eine traumatische Einschreibung im Sinne Laplanches. Zu einem zweiten Zeitpunkt wird die Botschaft von innen neu belebt. Sie wirkt bis dahin wie ein innerer Fremdkörper, der erst *nachträglich* Verständnis und Deutung findet. Die Übersetzung der Botschaften stellt im Wesentlichen eine Vergeschichtlichung dar. Laplanche lehnt sich in seiner *allgemeinen Verführungstheorie* an die erste Traumatheorie Freuds in den *Studien zur Hysterie* (1895) an. Dieses Übersetzungsmodell lässt sich sehr gut auf die zu frühe Erzählsituation zwischen der überlebenden Mutter und ihrer nachgeborenen Tochter übertragen. Statt dem Unbewussten ist die alptraumhafte Erfahrung der Mutter einzusetzen. Für die Tochter entstammten diese Erzählungen aus einer anderen Zeit und einer fremden Welt, die an psychotische Abgründe rührte. Die Traumaerzählung der Mutter war für das Kind die rätselhafte Botschaft der Anderen, das radikal Andere. Im Erzählen der Mutter fand eine episodische Wiederbelebung statt. Die hinter den Deckerinnerungen steckende Überwältigung drang in das Kind. Der drohende Kontrollverlust der Mutter konnte zwar über ihr zwanghaftes Erzählen abgewehrt werden, wurde aber, wie in der Theorie Laplanches, als fremder unverstandener Rest in die Psyche der Tochter implantiert. Es handelte sich um einen projektiven Vorgang, wo ein minipsychotisches Erleben der Mutter über ihr Sprechen ins Unbwusste des Kindes drang. Dort wirkte es von innen und verlangte spätere Übersetzung. Die Tatsache, dass sich die immer gleichen Erzählfetzen im Verlauf der kindlichen Entwicklung wiederholten, ermöglichte keine weitere Bearbeitung durch den Sekundärprozess, sondern führte neben der Einlagerung im Unbewussten zu einer statischen Präsenz des *Immergleichen* im Vorbewussten. Diese Geschichten konnten nicht sterben.[83] Die mütterlichen Episoden zeichneten sich gewissermaßen über ihre doppelte Existenz im psychischen Apparat des Kindes aus. Eine Möglichkeit zur Vergeschichtlichung (Sekundärprozess) schien über weite Strecken nicht gegeben zu sein. In den drei Interviews waren diese Episoden wie alptraumhafte Einsprengsel über den Erzähltext von Sophia Schwarz verteilt. Sie tauchten ohne Nachfrage ebenso unwillkürlich und plötzlich

---

83 Im letzten Abschnitt wird ein ähnlicher Vorgang beschrieben, der sich auf die Qualität des großväterlichen Todes bezieht. Weil es *keine Spur vom Tod* des Großvaters gab, war sein Sterben potenziell unendlich, was den Trauerprozess der Hinterbliebenen nachträglich blockierte.

auf, wie sie wieder verschwanden. Als würden diese Fetzen aus der mütterlichen Geschichte wie Schatten in Sophias Rede umhergeistern.[84]

b) Einzelne Episoden

In den Interviews war es nicht gelungen, die Geschichte der Mutter im Versteck zu rekonstruieren. Stattdessen gab es einzelne, kleine Stücke aus dem Leben im Versteck, die lose – manchmal widersprüchlich – nebeneinander standen. Sophia hatte am Beginn des Interviews davon gesprochen, dass ihre Mutter seit dem Einmarsch der Nationalsozialisten 1941 im Versteck oder in wechselnden Verstecken überlebt hatte. Sie hatte in einem Satz erwähnt, dass ihre Mutter »zum Beispiel zwei Wochen hinter einem Schrank verbracht« hatte. Es gab aber keine Erzählungen über das Ausharren in den Verstecken, über das Warten, über verschiedene, gefährliche Situationen. Stattdessen gab es nur diese Einsprengsel. Wie zum Beispiel als die Großmutter versucht hatte, das Versteck zu verraten, indem sie aus dem Fenster geschrien hätte, dass in ihrem Haus Juden versteckt gehalten würden. Gegen Mitte des ersten Interviews entwickelte sich folgende sprachliche Interaktionsszene: Nachdem Sophia über eine eigene Lebenskrise während ihrer Spätadoleszenz gesprochen hatte, schloss sie mit folgenden vergleichenden Worten:

S: Weil, (-) wenn ich daran denke, (-) was sie erlebt hat, (-) auch mein Vater, (-) dann denke ich mir auch eigentlich, wie gut es uns geht. + + (-) Welche, (-) welch bittere Armut (-) und auch die Sache (-) wie meine Mutter wirklich zweimal geflüchtet ist aus einem Lagertransport.
I: Also ist es doch nicht gelungen, dass sie ständig im Versteck überlebt hat?
S: Sie ist-, (-) sie ist-, (-) sie <u>hat</u> <u>überlebt</u> im Versteck.
I: Und sie wurde auch zweimal gefangen und ging auf Transport?
S: Sie wurde (-) nämlich, (-) es ist nämlich so gewesen, (-) dass ihre <u>Mutter</u>, (-) bevor ihre <u>Mutter</u> nach Belz gebracht wurde, abtransportiert wurde, (-) hat sie meine Mutter, (-) selbst versteckt. + (-) Und das war damals nämlich die Geschichte, wo sie sozusagen, wo sie-, *wo sie halt (im Schrank?) (...) darüber sprach*, ja? (-) Das heißt, sie hat sie ganz einfach versteckt, (-) dass sie nicht

---

84 Hier scheint eine Verbindung zum großväterlichen Tod durch. Das Faktum, dass es über den Tod des Großvaters keinen Ort und keinen Zeitpunkt und somit keine Erzählung gab, bedeutet das Ausbleiben seiner Vergeschichtlichung, womit er gewissermaßen zu einem Untoten wurde.

mitgekommen-, ja (-) mitge-, (-) mitge-, (-) weggebracht wurde. (-) Ja? *
(-) Und (-) das war, (-) das ist eine <u>unglaublich</u> bewegende Geschichte.
I: Ah-
S: Und dann später noch, (-) meine Mutter wurde dann noch verhaftet in Krakau. (-) Sie war im Gefängnis. (-) Ahm, (-) sie hat einmal (-) erzählt, (-) sie hat ganz einfach (-) einen Gestapo-Offizier so weit bezirzt, (-) dass er sie frei gelassen hat. + (-) Weil das traue ich meiner Mutter zu. (-) *( ) hat das wirklich getan. + (-) Ahm. (-) Aber da war, (-) (...). (-) Ah,* (-) und einmal ist sie von einem Lagertransport durch den Wald runter gesprungen, + (-) und hat sich versteckt in einem Klo. (-) In einem Waldklo. + (-) Unten. (-) Unten. + + (-) Und sie haben sie gesucht, (-) mit Pferden, (-) haben sie stundenlang gesucht. (-) Weil sie haben mitgekriegt, dass sie weg ist, (-) dass sie geflüchtet ist. (-) Und sie haben sie gesucht. Stundenlang (-) hat sie dort in dieser Scheiße, (-) im wahrsten Sinne des Wortes ausgeharrt. (-) Also, (-) das sind natürlich, (-) das sind natürlich Sachen, (-) die auch irgendwie (-) <u>unheimlich</u> prägend waren, auch für mich. *

An zwei Stellen der Interviews ging Sophia Schwarz detaillierter und ausführlicher auf die mütterlichen Episoden ein. Dies ist eine der beiden Stellen, in der sie drei kurze Szenen aus dem mütterlichen Sprechen wiedergab. Zunächst schilderte sie die Trennung von der Mutter, die später nach Belz gebracht und dort ermordet wurde. Dann erwähnte Sophia, dass ihre Mutter einen Gestapo-Offizier »bezirzt« hätte, um frei zu kommen. Die dritte Sequenz gab eine weitere initiale Überlebensepisode wieder. Alle drei Teile vermittelten inhaltlich dramatische Szenen zwischen Leben und Tod. Die ersten beiden Teile bieten für das *logische Verstehen* (Lorenzer 1986) Schwierigkeiten, nachdem in der Transkription mehrere Worte nicht verstehbar und als Lücken markiert worden waren. Wobei die erste Lücke in jenem Teil, wo es um die Trennung von der Mutter gegangen war, ein Missverständnis im Interview produzieren würde, auf das ich später zurückkommen werde. Wie in anderen Erzählungen von Überlebenden und ihren Kindern wird die Rede an jenen Stellen brüchig und fragmentiert, wo ein traumatisches Moment der Überlebensgeschichte berührt wird. Die Lücken in der Transkription verweisen auf einen möglichen Widerstand aufseiten des Hörers, der sich über das Nicht-Verstehen vor der Traumaerzählung schützt, aber auch auf einen möglichen Widerstand beim Erzähler, der über seine undeutlich werdende Sprache das Phänomen der fragmentierten inneren Welt im

Traumaerleben wiederholt. Die *Sprachzerstörung* (Lorenzer) des Traumas wirkt immer von beiden Seiten, von jener des Sprechers und jener des Hörers, und reproduziert sich – so die These – auch in den Interviews.

Nachdem Sophia Schwarz in der obigen Passage Episode an Episode reihte, kann man davon ausgehen, dass es etwas Gemeinsames in diesen Szenen gab, das sich über ein psychologisches und szenisches Verstehen erschließen lassen müsste. Dieses Gemeinsame wäre dann auch in anderen Szenen ihrer Erzählung enthalten. Das psychologische Verstehen als empathischer Nachvollzug der einen dramatischen Handlung in den anderen dramatischen Handlungen führt nach Lorenzer (1986) zu einem Verstehen des Sprechers. Nun dokumentierte der obige Auszug in dicht gedrängter Form vornehmlich die Erzählungen einer anderen, ihrer Mutter. Sophia betonte die »*unglaublich* bewegende« Geschichte ihrer Mutter, also eine nicht zu glaubende Geschichte, im Vergleich zu der es ihr »gut geht«. Andererseits war diese unglaubliche Geschichte auch eine, die ihr *unheimlich* nahe ging, die also auch *ihre heimliche* Geschichte darstellte. Dieser implizite Vergleich mit dem Überleben ihrer Mutter war etwas, das sich an vielen Stellen des Interviews in unterschiedlichen Gestalten (Reinszenierungen) wieder finden ließ. Und weil all diese Vergleiche vermessen waren, erzeugten sie in dem Maße Scham, wie Sophia diesen unmöglichen Vergleichen nicht standhalten konnte. Sie berichtete, von ihrer Mutter immer unter Druck gesetzt worden zu sein. Die Mutter hätte ihr nicht gelebtes Leben auf die Tochter projiziert. »Ich sollte alles schaffen, was sie nicht geschafft hat, und das war natürlich-. Ich war ja auch schwerst unter Druck.« Dieser Druck könnte aus dem angesprochenen Vergleich und dem daraus erwachsenen Gefühl des Ungenügens heraus entstanden sein. Sophias Vergleiche bezogen sich auf die Schimären und Phantome einer Schattenwelt. Im Grunde waren diese Vergleiche (Identifizierungen) unbewusster Natur und fanden in verschiedenen Reinszenierungen einen szenisch-körperlichen Ausdruck, wie im vierten Abschnitt detailliert beschrieben wird.

Der obige Auszug lässt sich in drei Teile (Episoden) gliedern, wobei jeder Teil eine Situation zwischen Leben und Tod vorstellt. Diese Episoden/Fetzen/Szenen weisen ein gemeinsames szenisches Moment auf, das nach mehrmaligem Lesen durchscheint. Sophias Mutter musste in jeder dieser Situationen etwas überwinden und damit etwas her-geben, um ihr Leben zu retten. Im ersten Teil war es die Trennung von der Mutter. Wäre Sophias Mutter mit ihrer Mutter mitgegangen, wäre sie vermutlich ebenso in Belz ermordet worden. Vielleicht klingt hier das Motiv einer *Überlebensschuld* (Keilson) von Sophias Mutter an.

3.4 Die Generationengeschichte von Sophia Schwarz

Die Versprecher im Erzähltext (mitgekommen – weggebracht) könnten darauf hinweisen. So könnte die Überlebensschuldfrage der Mutter gelautet haben: *Warum bin ich nicht mitgekommen, als man die Mutter weggebracht hat?* In der nächsten Szene taucht ein sexuelles Motiv auf. Sophias Mutter musste den SS-Offizier bezirzen, um freigelassen zu werden. Im letzten kurzen Abriss ging es um Scham und Ekel, die Sophias Mutter überwinden musste, um weiterleben zu können. SS-Offizier und Waldklo symbolisierten denselben braunen Sumpf, in dem Sophias Mutter gefangen saß. Sie musste ihren Ekel überwinden, ihre Scham geben und in dem analen Alp reglos und still ausharren, um weiterzuleben. Nimmt man die Szenen zusammen, so *erzählten die mütterlichen Episoden von dem Preis, den das Überleben kostete.*[85] Sophia erinnerte ihre Mutter zeitlebens als eine kranke Frau mit zu vielen körperlichen und seelischen Gebrechen. Vielleicht waren ihre zahlreichen körperlichen Erkrankungen und seelischen Leiden der symbolische Ausdruck für diesen Preis, den sie entrichtete, um weiterleben zu können?

Bevor ich zur Schilderung von Sophias Kindheit und Jugend komme, werde ich den zweiten, längeren Abschnitt wiedergeben, wo sie einen weiteren Szenenfetzen aus der mütterlichen Überlebensgeschichte brachte. Im dritten Interview beschrieb Sophia die Unfähigkeit ihrer Mutter, Schmerzen oder Leiden mitzuteilen.

S: Meine Mutter hat das nie zugelassen, dass sie einmal schwach sein konnte. + Durfte. (-) Meine Mutter hat, bevor sie geweint hat, (-) hat sie geschwiegen.

I: Das erinnert doch an die Szene, wo sie von ihrer Mutter als der Transport kam, hinter dem Schrank versteckt gehalten wurde? Dort ist sie dann zwei Wochen gesessen.

S: Das war später. (-) Das war später. (-) Ihre Mutter hat sie, (-) als dieser Transport kam, (-) hat sie damals (Kl) nicht hinter dem Schrank versteckt. + Sondern sie hat sie, ah, (-) sie hat sie *weggeschickt.* + Sie wollte nicht gehen, (-) *weil sie wollte natürlich bei ihrer Mutter bleiben.*[86] (-) ( ) *ihre Mutter hat ihr befohlen, wegzugehen.* + + + Sich zu verstecken, (-) aber das war damals nicht *hinter dem Schrank,* das war (Kl) später. + (-) + (-) Aber das war (Kl), (-) weil da (Kl) war (Kl) sie bei Freunden (Kl), und die (Kl) *haben sie versteckt.* + (-) Aber nicht, + nicht ihre Mutter. + (-) Ihre Mutter hat

---
85 In Sophias Erzählung wird diese Frage auch auf den Tod bezogen: Was kostet der Tod?
86 An dieser Stelle betonte sie im Nachgespräch: »Sie war kein Kind mehr, weißt du? Sie war 20. Sie war 20.«

sie – (-) und das ist natürlich dann irgendwo, (-) die ist irgendwo in eine Menschenmenge geraten, die haben sie zurückgehalten. (-) Die anderen Leute, die haben sie irgendwie zurückgehalten, zurückzulaufen. Wäre sie zurückgelaufen, wäre sie mitgefahren. + (-) Und die haben sie zurück (Kl) gehalten. + (-) + (-) Und sie hat nur geschrien: (-) »Rennt weg, geh weg, geh weg.« + (-) Und natürlich, ich meine, das ist ein (-) <u>unglaubliches</u> (-) Trauma.**

Erneut kam der Hinweis auf ein »unglaubliches Trauma«, wobei das Adjektiv *unglaublich* von ihr im Sprechduktus hervorgehoben sonst nur mehr an zwei weiteren Stellen ebenso hervorgehoben auftauchte. Einmal bezeichnete sie damit ihre Mutter: »Sie war eine unglaubliche Frau«, und ein anderes Mal unterstrich sie damit den Hass, den sie trotz der Liebe gegen die Mutter hegte: »Ich hatte einen unglaublichen Hass auf meine Mutter.« Vieles an den Überlebensgeschichten der Opfer der Shoah ist *unglaublich*. Was sie erleben und erleiden mussten, befindet sich außerhalb des menschlichen Vorstellungsvermögens. Angesichts der radikalen Brutalitäten, denen sich die Opfer ausgesetzt sahen, ist es nicht verwunderlich, dass sie nach dem Überleben zu besonders archaischen Abwehrformationen greifen mussten wie Verleugnung, Spaltung, Abkapselung und Dissoziation, um nicht von den Schrecken der Vergangenheit überwältigt zu werden. Dies hatte zur Folge, dass die traumatischen Ereignisse *derealisiert* wurden. Je nach Ausmaß dieser Ent-wirklichung blieben oft nur mehr Fetzen, Episoden als Deckerinnerungen im Gedächtnis. Diese Abwehr hatte auch zur Folge, dass die traumatischen Spuren keinen allmählichen Besetzungsentzug, keine Relativierung und keine Trauerarbeit erfahren konnten, was dazu führte, dass die Geschichte katastrophal unvergänglich bleiben musste. Aber auch das Gegenüber wollte nicht glauben, was Primo Levi in seinem *Erzähltraum* aus Auschwitz bereits vorweg genommen hatte. Die Verwandten und Freunde schüttelten darin den Kopf, nachdem er ihnen über das Lager berichtet hatte, und verschwanden aus dem Raum. Auf komplexen Identifizierungswegen konnten die Derealisationsmechanismen an die Nachgeborenen weiter vermittelt werden. Die Kinder sollten die Entwirklichungsarbeit der Eltern fortführen und vollenden, was einem Ungeschehenmachen der Shoah entsprechen würde. So ist auch für die Kinder ein »double state of knowing and not knowing« dokumentiert (vgl. Laub 1993), was auf Spaltungs- und Dissoziierungsprozesse zurückzuführen ist.

Die obige Geschichte war einer jener szenischen Fetzen, der von der Mutter immer wieder erzählt worden war. Es handelte sich um jene »unglaublich bewegende Geschichte«, die Sophia im ersten Interview angedeutet, aber noch nicht ausgeführt hatte: die Trennung von der Mutter. Dieser Abschnitt ist charakterisiert durch eine ebenso dramatische Bewegung wie Erstarrung von *Zurückhalten, Fortrennen, Mitfahren und Festhalten*. Diese Bewegungs-Erstarrung symbolisierte den unvergänglichen und ständig sich wiederholenden Status der Episode. »Für uns ist die Geschichte stehen geblieben«, sagt Primo Levi (1993). Als Sophia in jenes Alter eintrat, in dem ihre Mutter diese Szene erlebt hatte, hatte die Mutter darauf gedrängt, dass ihre Tochter Polen verlassen sollte. In dem Wunsch der Mutter, dass Sophia fortgehen sollte und damit sie verlassen würde, waren beide Seiten des Bewegungs-Erstarrungs-Konflikts enthalten: Sowohl die Wiederholung des Traumas (Trennung von der Mutter) als auch der Wunsch nach einem Ungeschehenmachen desselben. Denn Sophias Mutter hatte, obwohl sie sich das immer wünschte, Polen niemals verlassen. Selbst als in den späten 60er Jahren abermals antisemitische Beschimpfungen und Übergriffe in Polen virulent wurden und ein jüdischer Exodus einsetzte, durch den die Mutter all ihre jüdischen Freunde verlor, war sie geblieben, gebunden an den Mann, von dem sie mittlerweile getrennt lebte.

c) »Nur Mutter«

Sophia war das erste und spät geborene Kind ihrer Eltern. Die Eltern, Anfang 40, hätten mit keinem Kind mehr gerechnet, weil sich die Mutter unfruchtbar wähnte. Sophia sei aber, wie sie hervorhob, im Unterschied zu ihrer Schwester, die zwei Jahre nach ihr das Licht der Welt erblickte, ein Wunschkind gewesen. Sophias erste Erinnerungen reichten in ihr zweites Lebensjahr, was sie nicht wenig stolz anführte. Damals lebte die Familie in einem Kabinett zusammen mit der Großmutter väterlicherseits und einer Nichte des Vaters und deren Ehemann. Aufgrund dieser beengten Verhältnisse hätte es viele Streitereien gegeben und natürlich vergiftete die katholische Großmutter, welche ihre Abneigung gegen Sophia nicht verhehlen konnte, die familiäre Atmosphäre. Ein Jahr nach der Geburt der Schwester zog die vierköpfige Familie in eine Drei-Zimmer-Wohnung. Im Unterschied zur Schwester, die von der Mutter eher stiefmütterlich[87] behan-

---

[87] An dieser Stelle hakte sie im Nachgespräch ein. »Stiefmütterlich« war ihr unpassend, um das zu sagen, was sie sagen wollte: »Meine Schwester ist nicht wirklich stiefmütterlich behandelt worden. Sie durfte nur alles. * * (3) + Aber ist das stiefmütterlich? (-) Sie hatte alles, was

delt worden wäre, sei Sophia immer die volle Aufmerksamkeit ihrer Mutter zu Teil geworden.

S: Ich war nur die Tochter meiner Mutter. Weil meine Mutter wollte kein zweites Kind. Meine Schwester ist passiert. Sie wollte meine Schwester nicht. + (-) Das heißt, (-) eigentlich, (-) ich war das Liebkind und meine Schwester war das Liebkind meines Vaters. (-) Das war ja natürlich (-) ihr Glück, (-) weil sonst wäre sie voll vernachlässigt worden.

Interessant scheint das »nur« in diesem Absatz. Denn die Einschränkung »nur« lässt vermuten, dass es noch etwas anderes gab, was Sophia nicht bekommen hatte. Vielleicht Liebkind des Vaters zu sein? Sophia setzte jedoch folgendermaßen fort:

S: Meine Mutter, (-) die war <u>voll</u> fixiert auf *mich*. (-) Ja? (-) Und meiner Schwester, (-) die ist eigentlich, (-) die war halt <u>da</u>. + (-) Aber sie hat nie wirklich (-) ihre Liebe-. (-) Und da war es natürlich wunderbar, dass der Vater da war. * (-) Und dass der Vater meine Schwester geliebt hat und sie heute immer noch liebt. Und mein Vater liebt uns beide, ja? + Und da gibt es keinen Unterschied. (-) Er liebt nicht meine Schwester mehr als mich oder sonst irgendwie, ja? *

Folgt man beiden Passagen ihrer Rede, müsste sich das »nur« auf die Schwester beziehen, während Sophia ja von beiden Elternteilen geliebt wurde. In dem »nur« sprach etwas, eine Regung des Unbewussten, die ihre bewusste Rede durchkreuzte und widersprüchlich erscheinen ließ. Man könnte dieses »nur« in Bezug auf ihre Schwester als eine infantile, feindselige Regung deuten. Die Schwester hätte etwas besessen, was Sophia nicht hatte. *Ihr blieb nur ...* In diesem Sinne erschiene auch Sophias Hinweis, dass ihre Schwester nicht erwünscht gewesen wäre, als Relikt eines infantilen Todeswunsches gegenüber der Rivalin. Die stolze Hervorhebung, dass ihre ersten Erinnerungen in ihr zweites Lebensjahr reichten, wäre demgemäß auch nichts anderes als ein weiterer Verweis auf den Ursprung jener intensiven, feindseligen Regungen aus jener Zeit als der Bauch der Mutter, zu groß geworden, nicht mehr zu übersehen war. Aber eine klassische psychoanalytische Erklärung der logischen Inkongruenz ihrer Rede sagt nichts darüber, warum sich dieses »nur«

---

sie braucht. (-) Ihr Talent wurde gefördert, seit dem ( ) Baby war. Man hat ihr Maltalent entdeckt. * (-) Sie durfte die ganze Wohnung bemalen. * (-) Dann würde ich nicht sagen, dass das stiefmütterlich war.«

einschlich und was *es* damit mitteilen wollte. Der Rivalitätskonflikt der beiden Schwestern ist auch aus der transgenerationellen Thematik herauszulesen. Sophia sagte, dass ihre Mutter »voll fixiert« auf sie gewesen sei. Diese angesprochene Fixierung war in allen Interviews, in vielen Aussagen spür- und hörbar. Es machte Sophia zu dem *auserwählten Liebkind* ihrer Mutter aber band naturgemäß das Kind ebenso an die Mutter, wie diese an das Kind gebunden war. In weiterer Folge hütete Sophia diese Bürde wie einen Schatz. Vielleicht kam von daher das »nur«, als Einschränkung an Freiheitsgraden, unter der ihre Schwester nicht gelitten hatte.

> **S:** Ich war-. (-) Meine Schwester war ja eigentlich, (-) ich weiß nicht, meine Schwester ist eine-, einerseits vielleicht <u>freier</u>. + (-) Fr-, sicher viel freier aus-, aufgewachsen. <u>Sie durfte alles.</u> + + (-) Ja, sie hatte, sie hatte Narren-; weil, es hat mich natürlich auch (-) <u>*auf die Palme gebracht*</u>. Weil meine Schwester, obwohl zwei Jahre jünger, hat machen dürfen Sachen, die ich nicht durfte. + + (-) Weil sie (die Mutter) sich an mich die ganze Zeit geklammert hat. + + (-) + (2) + (-) Und meine Schwester war ein freier Vogel, ja. + Das, (-) das ist +. (-) Andererseits hat sie wiederum Probleme, weil sie nicht so geliebt wurde. *

Paradoxerweise bedeutete also das Zuviel der bindenden, mütterlichen Liebe ein Zuwenig (»nur«). So könnte man auch die Vernachlässigung der Schwester als eine Projektion Sophias lesen. Eigentlich sei Sophia vernachlässigt worden. Als Liebkind der Mutter war ihr Leben eingeengt. Dort, wo sich die Idee eines Subjekts entwickeln hätte können, entwickelte sich die Idee des mütterlichen Introjekts in ihr. Schließlich ist es klar, dass ein Zuviel an mütterlicher Liebe mehr einschränkt und ängstigt als der Verlust derselben (vgl. Lacan 2010).

Sophia war ein besonders *früh* begabtes Kind. Sie konnte mit drei Jahren bereits lesen, mit vier schreiben und rechnen, was dazu führte, dass sie mit Schuleintritt die erste Klasse gleich übersprang. Irgendwann in dieser Zeit hatte ihr die Mutter eine Kette mit einem Davidstern gegeben. Sophia zeigte mir die Kette. Ich fragte nach der persönlichen Bedeutung dieses Sterns und Sophia meinte ein wenig brüskiert: »Den trage ich halt. ( ) Manche Leute tragen ein Kreuz und ich trage den, meinen <u>*David*</u>. Das ist ganz einfach ein Zeichen, das ist ein wichtiges Zeichen, * das gibt mir Sicherheit.« Ungefähr in jener Zeit begannen auch in Sophias Erinnerung die Erzählungen der Mutter. Ihre Mutter sei eine »bewusste Jüdin gewesen, zwar nicht religiös, aber doch eine bewusste Jüdin«, und hätte sehr früh damit begonnen,

S: uns irgendwie (-) ahm, (-) darauf vorzubereiten, (-) dass wir Juden sind. (-) + (-) Ja? (-) Ahm. (-) Wir haben natürlich überhaupt nicht gewusst, was das ist, oder was das heißt, *(-) wir haben nur gewusst, wir sind anders.* + (-) Und wir waren noch zu jung irgendwie, das heißt, ich war auch noch irgendwie nicht, nicht so weit, (-) es überhaupt zu verstehen. (-) Ich + habe nur gewusst, (-) wir sind Juden, + (-) und ich habe gewusst, (-) wir sind anders. + Aber wir sind hier eigentlich nicht zu Hause.

Sophia benutze ein »wir«, was ihre Schwester einschloss. Aber im Unterschied zu ihrer Schwester hätte diese identitäre Thematik, die Sophia als eine rätselhafte Botschaft für die Töchter beschrieb (»wir haben überhaupt nicht gewusst, was ...«), lebenslang begleitet. »Ich habe das Jüdische gesucht, (-) ich habe es auch gefunden (-) und ich lebe in diesem-. (-) Das hat schon in Polen angefangen.« Wohingegen ihre Schwester

S: sagt: »Ich bin Jüdin.« (-) Ja, aber sie weiß nichts * (-) darüber. (-) *Sie hat keine Ahnung.* (-) Es ist-, (-) sie weiß es, (-) und eigentlich auch ihre Töchter, * (-) ja. (-) Und das ist natürlich so, (-) weil bei uns gibt es seit über 200 Jahren (-) in direkter Linie immer Töchter, + (-) und das ist jetzt das erste Mal ...

I: Von der Mutter?

S: Von der Mutter, von der Mutter. (-) Und (-) ich habe hier bis vor Kurzem einen Ring gehabt. Den ich dann nicht mehr runter-. (-) Der musste aufgezwickt werden, + (-) weil ich (-) *konnte ihn nicht runter kriegen.* (-) + (-) Weil ich musste ins Spital operieren, und da haben sie, (lachend) (-) da ist er nicht mehr runter gegangen. (-) Ahm, (-) er ist gegangen (-) von Mutter auf die älteste Tochter als die älteste Tochter 18 wurde. (-) Und ich bin die erste, die keine Kinder hat, (-) allerdings meine Schwester hat auch zwei Töchter. + (-) Und die + (-) älteste ist jetzt 18 geworden und hat den Ring geerbt. (-) * (-) Somit ist natürlich die weitere Linie (lachend) ( ). (-) Nur, (-) die haben keine Ahnung, weil meine Schwester interessiert sich nicht dafür.

Ring und *David* wurden zu Symbolen einer initialen Verbundenheit, die Sophia ebenso selbst begehrte: »Weil ich habe mich natürlich auch viel mehr interessiert für das alles. Meine Schwester hat sich da nicht wirklich-.« Von Sophia Schwarz übertragen auf die mütterlichen Überlebensepisoden sagte sie: »Aber meine Mutter hat diese Geschichten nur mir erzählt.« Wieder das »nur«, bezogen auf ein »viel mehr« an Ausschließlichkeiten. Sophia wurde gemäß ihrer Rede von der Mutter ausschließlich geliebt und ergriffen. Eine Liebe, die Sophia von anderen Dingen ebenso ausschloss, wie es sie die mütterlichen Dinge ergreifen ließ. Dinge von denen sie sich, wenn überhaupt, später nur unter Schmerzen oder Gewalt trennen konnte. Der mütterliche Ring, den sie nicht mehr von selbst abstreifen konnte, war nur ein Bild unter vielen, welche diese schmerzhaften Trennungsprozesse symbolisierten.

Denn die exklusive Verbundenheit mit der Mutter hatte, nachdem, wie oben erwähnt, die Mutter wollte, dass ihre Tochter Polen und damit auch die Mutter verlassen sollte, immer einen doppelten Boden. Die mütterliche Liebe war janusköpfig. Ihre Nähe bedeutete immer auch Distanz. Sie inkludierte von Beginn an die Trennung und damit auch eine transgenerationelle Wiederholung der Historie. Dass sie, im Unterschied zur Schwester, die bleiben konnte, gehen sollte, war »ihr Herzenswunsch, den ich erfüllen konnte«. Sophia lebte den unerfüllten Wunsch und bis zu einem gewissen Grad auch das unerfüllte Leben ihrer Mutter. Die Andere in ihr diktierte von Kindesbeinen den Prozess ihrer Subjektivierung. Es sei in diesem Zusammenhang vorweggenommen, dass Sophias erste wirkliche Separierung von der Mutter mit 18 Jahren in eine lebensbedrohliche Katastrophe mündete. Vermutlich verdeutlichte der Ring mehr noch als der Davidstern die Ambivalenz und Janusköpfigkeit des mütterlichen »nur«. Es war gleichermaßen und abwechselnd ein Zuviel und ein Zuwenig. Ein Mangel an Maß und Dosierung.

S: Ich bin extrem ein emotionaler Mensch. + (-) Das war meine Mutter auch. (-) Nur, ich habe gelernt, ah, mit meinen Emotionen (-) umzugehen. Das konnte sie nicht. + (-) Sie konnte es nicht. (-) Und bei ihr sind die Emotionen und auch durch die Erlebnisse, (-) sie hatte eine irrsinnige Wut in sich. + Und diese Wut konnte sie nie rauslassen. (-) Sie hatte sie auf uns rausgelassen. + (-) Allerdings nicht in Form von Wutanfällen, (-) wie man glauben würde, (-) sondern im Gegenteil. (-) + (-) Sie wurde dann eiskalt. + (-) Und das war natürlich so, (-) dass sie diese, (-) diese (-) Wechselbäder, ständige, (-) von erdrückender Liebe, ja, (-) * (-) Eiseskälte, (-) das wurde, (-) das haben wir erlebt, (-) unsere ganze Kindheit. +

In der Bindungstheorie würde man von einer ambivalenten oder unsicheren Bindung der Kinder zur Mutter sprechen. Die Wechselbäder an Liebe und Kälte waren ebensowenig vorhersehbar wie eingrenzbar und hatten zur Folge, dass ein einheitliches Bild von der Mutter durch ein *sowohl als auch* immer wieder auseinanderfiel. Dazu ein Beispiel: Sophia Schwarz sprach sehr viel über die Krankheiten der Mutter, die, solange sie sich erinnern konnte, das Leben mitbestimmt hätten. Die Krankheiten erzeugten eine atmosphärische *Nähe zum Tod*, die unterschwellig präsent war. Nur, auch dieses Damoklesschwert hatte zwei Seiten, wovon die eine den *Wunsch* nach und die andere die *Angst* vor dem Tod verkörperte. Zunächst zur Angst: Sophia sprach davon, dass ihre Mutter immer über ihre Grenzen hinaus gearbeitet hätte: »Weil dadurch, dass sie herzkrank war, (-) * hat sie nicht einmal gewusst, ob sie überhaupt solange lebt, (-) bis wir von ihr weg sind. * (-) Sie hat immer Angst gehabt, (-) dass sie tot umfällt, (-) * (-) und dass wir nicht abgesichert sind.« Der Inhalt »plötzlicher Tod« erschien an anderer Stelle nicht als Objekt der Angst, sondern als mütterlicher Wunsch: Sophia sprach über die symptomatischen Leiden ihrer Mutter:

> »Durch ihre Krankheit vor allem, (-) nicht einmal durch die Erlebnisse, glaube ich, sondern durch (-) das, dass sie ihr ganzes Leben erkrankt-. + (-) Und das hat sich eigentlich-. (-) Sie hat sich nichts sehnlicher gewünscht, als ganz einfach mit einem Herzinfarkt tot umzufallen.«

Diese Ambivalenz, dass ein und dieselbe Sache immer zwei Seiten hatte, sowohl einen Wunsch wie auch eine Angst ausdrückte, charakterisierte Sophias gespaltenes Mutterbild. In diesem Sinne wird verständlich, warum der Herzenswunsch der Mutter, aus Polen wegzugehen, den sie auf ihre Tochter verschoben hatte, ebenfalls zwei Seiten hatte. Neben dem Wunsch gab es auch die Angst, und beide Dinge führten zu einem schier unlösbaren Konflikt.

Fassen wir zusammen: Es gab in Sophia Schwarz' Erzählung eine »Nur-Mutter« im Sinne von wechselseitigem Mangel und Übermaß. Diese unausweichliche Nur-Mutter war ebenso fesselnd wie einschränkend. Sophia war von Beginn an Mutters Liebkind. Als auserwähltes Kind schienen die unheimlichen Geschichtsfetzen aus dem mütterlichen Überleben, mit denen sie wiederholt und »viel zu früh« in Berührung kam, ausschließlich für ihre Ohren bestimmt gewesen zu sein. Diese Geschichtsfetzen transportierten eine rätselhafte Botschaft für das Kind. Die Ausschließlichkeit, mit der Sophia ihrer Mutter Liebe schilderte, könnte einem Mythos entsprechen. Wichtig ist, dass damit die Fantasie des Kindes angesprochen ist, von der Mutter *auserwählt* zu sein. Ring und Davidstern transportierten diese phantasmatische Position und verliehen ihr eine Verankerung im Realen.

d) Zu früh: Wiederholung und Krise

In Sophias Leben sei alles zu früh gekommen. Sowohl ihre kognitive als auch ihre sexuelle Entwicklung sei, wie sie sagte, zu früh passiert. »Überhaupt alles in meinem Leben.« Ihre ersten Erinnerungen würden viel weiter als gewöhnlich zurückreichen. Dieses zeitliche »zu früh« wurde in ihren Erzählungen zumeist von der Mutter eingeleitet. Diese hätte die Kinder zu früh darauf vorbereitet, »dass wir Juden sind«. Aber »ich war irgendwie noch nicht so weit«. Vor allem die mütterlichen Erzählungen aus ihrer Überlebensgeschichte kamen zu früh, trafen unvorbereitet. Diese Beschleunigung der Zeit, des Tempos erzeugte einen inneren Druck und das Gefühl, sich beeilen zu müssen. »Eigentlich bin ich schon in den 80ern«, meinte sie selbstironisch. Es ist anzunehmen, dass die Angst der Mutter vor einem plötzlichen Herzinfarkt mit dem zu früh in Sophias Entwicklung zusammenhing. Mit anderen Worten war die Angst vor dem »zu spät« das Pendant des »zu früh«. Nun in ihren 40ern holte Sophia diese Angst, die von der Mutter rührte, plötzlich ein. Sie sagte, dass sie immer »so viel wie möglich« schaffen müsse, »in kürzester Zeit. Und irgendwann bin ich müde und kann nicht mehr.«

Sophia Schwarz befand sich nicht am richtigen zeitlichen Platz. Es war immer zu früh, egal was sie traf oder wovon sie getroffen wurde. Etwas in ihr war noch nicht so weit. Und umgekehrt waren für die Mutter die Kinder zu spät gekommen. Sie passten nicht in den Lebensalltag der Mutter, die eigentlich glaubte, ihre Zeit, Kinder zu kriegen, sei bereits vorüber.

Sophia befand sich nicht am richtigen zeitlichen Platz, was eine *Irrealisierung* der zeitlichen Erfahrung bedeutet. Als wollte sie ihr Zu-spät-gekommen-Sein aufholen, war sie in allen Dingen des Lebens zu früh dran. Sie begann mit 13 zu rauchen und infolge dessen, weil ihre Mutter diese Sucht nicht finanzieren wollte,[88] auch ihr eigenes Geld zu verdienen. Auch maturierte sie früher als andere Jugendliche und begann früher ein Studium. Heute hat Sophia am jüdischen Friedhof bereits »mein Plätzchen«[89], ein Grab gekauft, womit die zeitliche Irrealisierung von Geburt bis zum Tod reicht.

---

88 An dieser Stelle betonte Sophia Schwarz, dass ihre Mutter selbst kurze Zeit zuvor mit dem Rauchen aufgehört hätte.
89 Im Nachgespräch meinte Frau Schwarz, dass sie beim Lesen des Textes lachen und weinen hätte müssen. Gelacht hätte sie beispielsweise über die Formulierung »mein Plätzchen«.

3. Acht Familiengeschichten

Nach ihrer Matura hatte sich die Situation zu Hause derart dramatisiert, dass Sophia es nicht mehr aushalten konnte.[90]

>»Und ich konnte einfach nicht. Ich konnte nicht. (-) Weil es war wirklich teilweise ein Terror. + (-) Der sich ausgewirkt hat. (-) Und ich, (-) ich konnte nicht, (-) ich wollte <u>weg, weg, weg</u>. Ganz einfach. * (-) Einmal auf eigenen Füßen, dann ist es halt schief gegangen.«

Sie hatte mit ihrer Mutter nur noch Streit. Alles, was sie ohne den Segen der Mutter machte, war in deren Augen »schlecht und eine Katastrophe«. Dies betraf die Freunde, die sie mit nach Hause nahm und vor allem auch »meine Lover«. Mit 18 ging Sophia von zu Hause fort. »Ich bin damals wirklich im Bösen gegangen.« Aber für Sophia war es, wie sie sagte, überlebensnotwendig. Damals erfuhr die Mutter, dass sie an einer schleichenden Form von Leukämie erkrankt war. Zudem erlitt sie einen Herzinfarkt. Der psychosomatische Zusammenhang zwischen Herzinfarkt und Auszug der Tochter liegt nah. Als die Tochter, den (Herzens?)Wunsch der Mutter, möglichst früh auf eigenen Beinen zu stehen, umsetzte, brach es der Mutter das Herz. Die Trennung von der Tochter symbolisierte einen psychischen Tod. Den Abbruch, was meint das Sterben einer Beziehung, einer gegenwärtigen und darin als Wiederholung auch einer vergangenen. Die Mutter wurde unweigerlich mit dem eigenen Verlust aus ihrer traumatischen Überlebensgeschichte konfrontiert. War nicht auch für sie das Fernbleiben von ihrer Mutter überlebensnotwendig gewesen?

Trotz intensiver Schuldgefühle mied Sophia den Kontakt zur Mutter. Sie hätte eine irrsinnige Wut auf die Mutter gehabt. »Ich habe mich müssen trennen. * (-) Ja, (-) weil ( ) diese Aggressionen waren natürlich extrem ( ). (-) * (-) Und die sind-, (-) die haben sich ja alle die Jahre gezogen, (-) vier Jahre eigentlich. * (-) Da haben wir uns (-) monatelang nicht einmal gesprochen.« Sie wohnte damals in einer Souterrain-Wohnung.

S: Eine riesige, (-) riesige unterirdische Wohnung, ja. * (-) Ahm, (-) und den Rest habe ich mir müssen verdienen, mit Maschinschreiben, damals (sie hatte noch zusätzlich als Sekretärin gearbeitet, was nicht so viel Geld einbrachte), (-) habe ich, habe ich mich spezialisiert auf Abtippen von

---

[90] Ihr Vater hatte sich von der Mutter getrennt und war bereits einige Jahren zuvor in eine weit entfernte Stadt gezogen, wo er eine Stelle als Leiter in einer Klink angeboten bekam. Erst 20 Jahre später war er zu seiner sterbenskranken Frau zurückgekehrt, um sie bis zu ihrem Tod zu pflegen.

Diplomarbeiten in allen möglichen Sprachen. + (-) Nachdem das immer ein perfektes Ergebnis war, habe ich da nächtelang gearbeitet. Bis ich dann zusammengebrochen bin. + Also, es war einfach zu viel. (-) Und ah, (-) ja und dann, (-) war es so wie so schon (-) dann (-) bin ich fast gestorben, (-) und dann ein Jahr später (lachend) (-) bin ich ausgewandert.

Die Trennung von der Mutter führte zu einer Reinszenierung der mütterlichen Vergangenheit. Sophia lebte in einer Untergrundexistenz. Die unterirdische Wohnung symbolisierte so etwas wie ihr Versteck. In etwa dem gleichen Alter wie ihre Mutter hatte sie, um psychisch zu überleben, von ihr weg gemusst. Die traumatischen mütterlichen Erfahrungen, die Sophia schon als Kind scheibchenweise mit angehört hatte – Trennung von der Mutter und Überleben im Versteck – wurden von ihr als junge Frau wiederholt. Die mütterliche Vergangenheit, die wie ein Fremdkörper in ihr eingelagert war, wurde nun virulent und brach hervor. Damit verlieh sie der rätselhaften und überwältigenden Geschichte, deren Ohrenzeuge sie zu früh geworden war, eine szenische Gestalt in ihrem Leben. Während der folgenden Jahre ging sie an und über ihre physischen und psychischen Grenzen. In ihrer unterirdischen Wohnung hatte sie jede Menge »seltsamer Menschen« einquartiert. »Ist natürlich auch so etwas wie ein offenes Haus.« Ihr Verweis eines offenen Hauses bezog sich auf jene Zeit, als ihre Eltern noch zusammenlebten und eine Art Künstlersalon bei sich zu Hause führten. Damals seien verschiedenste Künstler bei den Eltern zu Hause ein- und ausgegangen. Dies war solange gegangen, bis in den späten 60er Jahren der jüdische Exodus aus Polen einsetzte und die jüdischen Freunde, die zumeist das offene Haus der Eltern bevölkerten, ausgeblieben waren. Aber Sophias offenes Haus voll mit »Junkies und verkrachten Existenzen« war von gänzlich anderer Qualität. Man könnte sagen, dass Sophia mit den »bunten Vögeln«, die ihrer Mutter ein Gräuel waren und die bei ihr unstet ein- und ausgingen, den elterlichen Lebensstil beschmutzte. Aber mehr noch als dieses Moment schien mir ihr offenes Haus eine unbewusste Reinszenierung des väterlichen Verstecks zu sein.

S: Ach, (-) ja, (-) dort habe ich Junkies (-) beherbergt, * ja, (-) ich habe nie selber (-) irgendwie gedrückt oder was. * (-) Habe einmal geraucht drei Jahre. Gras geraucht. * ( ) gegenüber war die Polizeistation und ich habe einen Garten mit Gras, ja? (-) Ich meine, das war natürlich völlig harmlos, ja? * (-) Ich habe nicht wirklich härtere Sachen probiert. (-) Aber, ich habe so, (-) ich war so, so, so, (-) ich weiß nicht. Ah, (-) halt (-) alle verkrachten

Existenzen sind bei mir auf einmal eingezogen. Und das war natürlich schlecht. (-) + + (-) Ah. (-) Weil ich mein, ich konnte nicht (jedem?) helfen. Ich hab, ich musste arbeiten, ich musste Geld verdienen. Ich hab nächtelang gearbeitet. Ja? + (-) Und dann sind da bei mir Leute gelegen, (-) ( ) Existenzen (-) und irgendwie, war das zwar teilweise interessant. (-) Aber irgendwann konnte ich halt nicht mehr. + + (-) Irgendwann war dann Schluss.

Der vorrangige Ort der Handlung in diesem Inszenierungsskript war die unterirdische Wohnung, welche für das väterliche Versteck stand. Die »seltsamen Menschen«, denen Sophia half, waren gestrandete, ortlose Existenzen. Sie symbolisierten die verfolgten und enteigneten Juden, denen ihr Vater während der NS-Zeit geholfen hatte, indem er sie vor den Nazis versteckt hielt. Die Polizeistation, die sich gegenüber befunden hatte, stellte das permanente Risiko dar, entdeckt zu werden. Dieses Risiko und die Station, die es verkörperte, war die externalisierte Instanz der NS-Verfolger, denen gegenüber Sophia sich sprichwörtlich aus dem Fenster lehnte (vgl. die Großmutter und das Gras im Garten). Sophia richtete sich ihr Leben nach der Trennung von der Mutter unbewusst so ein, dass es einer Wiederholung des mütterlichen Überlebens nach deren traumatischer Trennung glich. Vielleicht war die altersgemäße Separationsbewegung Sophias derart radikalisiert, weil der Trennungskonflikt für die in ihrer eigenen Adoleszenz aufs schwerste traumatisierte Mutter mit Tod, Mord und endgültigem Verlusterleben überschattet war. Das radikale Ausagieren von Sophia aus jener Zeit war ihr wütender Versuch gewesen, sich aus der mütterlichen Umklammerung zu lösen. Und zugleich war dieser Versuch ein unbewusstes Wiederholen von traumatischen Aspekten jener Altersphase im Leben ihrer Mutter, was auf eine intensive, frühe und konkretistische Identifizierung mit ihr schließen lässt. Sophia sagte in den Interviews, dass sie auch in dieser Zeit, die sie nicht missen wollte, etwas gelernt hätte. Ihr radikaler Ausbruch sei etwas *Notwendiges* in ihrer Entwicklung gewesen, anders hätte sie sich nicht von der Mutter lösen können.

Sophia begann in dieser Zeit, exzessiv zu trinken. Sie teilte ihre Wochen in 24-Stunden-Zyklen, in denen sie wach blieb, um zu arbeiten. So blieb sie nächtelang auf, um zu arbeiten, zu trinken oder mit den Leuten zu feiern. Es hätte damals alles anders als zu Hause und anders als von der Mutter erwünscht sein müssen. Wobei es sich um ein interessantes Paradoxon handelt. Auf bewusster

Ebene musste sie alles anders machen, beschmutzte den bourgeoisen Salon der Eltern. Und gleichzeitig hatte sie unbewusst über ihr radikales Enactment auf konkretistische Weise traumatische Einsprengsel aus der mütterlichen Geschichte, die ihr von Kindheit an vertraut waren, hergestellt. Vier Jahre lang behielt sie diese exzessive und radikale Lebensweise bei, bis sie an den Rand der physischen Erschöpfung kommend beinah, wie sie sagte, gestorben wäre.

S: Irgendwann war dann Schluss. (-) Und dann hatte ich (2) in- (-) <u>schwerste</u> Bauchschmerzen bekommen. (-) *Schwerste.* (-) Da hat man, ich weiß nicht was. (-) Ich hab, ich hatte solche Schmerzen, dass ich ins Spital gebracht wurde. Morphium bekommen hab. (-) Dann hat man mir den Bauch aufgeschnitten, (-) *man hat nichts gefunden.* (2) Das war (-) (der?) Warnschuss. (4)

I: Was hast du angenommen, was es war?

S: Nichts, (-) ich habe nicht gewusst, was es ist. (-) Ich war aber irgendwo nicht überrascht, dass nichts war. (-) * (-) Es war nichts. (-) Es war ganz einfach (-) die Art meines Körpers mir zu sagen: Schluss. + + (-) Mein Körper hat mir das machen, sagen müssen, weil im Kopf war das noch nicht. ** Außerdem war ich eigentlich ( ) betrunken damals. (-) Weil ich irgendwie durch musste, ja? *Ich habe damals sehr viel getrunken.* + (-) Das waren Zeiten, *wo ich eigentlich kaum nüchtern war.* (-) Und dann war es irgendwann einmal vorbei. (-) Und dann habe ich wirklich die Entscheidung getroffen, auszuwandern.

Mit diesen überwältigenden Bauchschmerzen endete ihre autoaggressive Episode im selbst gewählten Untergrund. Zuerst hätte ihr Körper gesprochen, wie sie meinte, und wenn nicht ihr Körper gesprochen hätte, wäre sie nicht am Leben geblieben. Der unerträgliche, psychosomatische Schmerz in ihrem Bauch war eine *Organsprache*, um die diffusen Gefühle und Fantasien auszudrücken. Diese Organsprache besaß im Sinne eines Hilfeschreies zunächst eine, ihr psychisches Leben rettende, *kommunikative* Funktion. Sie hatte natürlich auch einen karthatischen Effekt im Sinne der Affektabfuhr, aber vor allem diente sie einer konkretistischen Symbolisierung. Der Bauch als Ort, an dem das frühe Menschenleben heranwächst, als Platz der Gefühle, der Liebe, die durch den Magen geht, und auch der Wut, die uns erzürnen lässt, ist mit den nährenden (aber auch vergiftenden) Funktionen der frühen Mutter und den einverleibenden Funktionen des Ichs verknüpft. Vermutlich war es etwas von dieser frühen

Mutter, das zum Schnitt führte. Das Aufschneiden symbolisierte eine Verletzung und vielleicht auch eine Trennung vom Mutterintrojekt, eine Separation von jener frühen Mutter ihrer Kindheit, mit der sie in ihrem Versteck unbewusst zusammengelebt hatte. Als aber die Ärzte Sophia den Bauch aufgeschnitten hatten, fanden sie nichts.

S: Da hat man dort geschnitten, wo der Blinddarm ist und haben eine riesengroße Narbe dort gemacht. * (-) Und dann haben sie halt den Blinddarm raus genommen obwohl (lacht) <u>das nicht notwendig war</u>. (-) Ich habe gesagt: »Es ist, es ist (-) wurscht, (-) ja, (-) jetzt, wo es sowieso offen ist, dann raus, (-) raus mit dem Blinddarm.« + (-) Aber es war wirklich nicht-. (-) + + (-) Das war ein Hilfeschrei. * (-) Es war nichts anderes. (-) Ganz einfach, (-) ich musste aus diesem, aus diesem Teufelskreis raus. (-) Ich war damals mit meiner Mutter sehr schlecht. Ah. (-) Wir haben eigentlich monatelang nichts gesprochen. (-) Weil meine Mutter hat das nicht vertragen, dass ich ausgezogen bin.[91]

In dieser Szene wird etwas sichtbar, das man eine Erkenntnis nennen könnte. Sophia hatte keine Idee, was hinter ihrer Organsprache liegen könnte, aber sie war nicht überrascht, als da *nichts* war. Fast lakonisch hatte sie die Ärzte aufgefordert, den gesunden Blinddarm herauszunehmen. Als ob sie geahnt hätte, dass es sich um eine symbolische Operation handeln würde. In der Erkenntnis, dass da nichts war, entdeckte sie die *Abwesenheit jeglicher Ursache*. Oder mit anderen Worten, dass die Ursache ihrer Schmerzen in einer Abwesenheit bestand.[92] Dieses Paradox war das Paradox ihrer Mutter, der Nur-Mutter, deren Zuviel an Liebe ein Zuwenig war. In Sophias Schilderungen über diese Nur-Mutter war

---

91 Im Nachgespräch markeirte Frau Schwarz diese Stelle. Sie sei nicht gefragt worden, ob der Blinddarm raus müsse oder nicht. Sie sei im Koma auf dem OP-Tisch gelegen und die Ärzte hätten bei dieser Gelegenheit den Blinddarm einfach rausgeschnitten. »Das heißt, ich hab das erst im Nachhinein erfahren, dass sie den Blinddarm entfernt haben, bei der Gelegenheit, als schon der Bauch offen war. Also, das habe ich vielleicht erst im Nachhinein, später gesagt, (-) es ist eh schon egal.« »Aber, dass dort nichts war, das war dann für mich eigentlich überhaupt nicht überraschend.«

92 Auch in anderen Interviews mit Nachkommen aus der zweiten Generation von Überlebenden der Shoah gab es eine ähnliche Erfahrung der Selbsterkenntnis, dass sich im Zentrum des Subjekts ein Nichts befindet. Dori Laub hat diesem Nichts die Metapher des »leeren Kreises« gegeben. In der kommunikativen Validierung fiel im Zusammenhang mit der Blinddarmgeschichte auch der Satz: »Das war auch in dieser Therapie in dem Sanatorium. Ich war komplett leer. Ich hatte es geschafft, diese innere Leere zu füllen dort.«

es um eine innere Abwesenheit der Mutter gegangen. Es hatte einen *toten Ort* (Nicht-Ort) in der Mutter gegeben, mit dem sich Sophia sehr früh identifiziert hatte. In ihrer Blinddarmepisode war es auch darum gegangen, diesen inneren Ort der Abwesenheit, der von der anderen kam, aufzusuchen. Den Schmerz zu lokalisieren, ihn zu platzieren und dann symbolisch zu entfernen. Diese Begegnung mit dem toten Ort der Mutter in ihr war noch nicht vorüber. Nach der Entlassung aus dem Krankenhaus unterzog sich Sophia einer längeren Therapie in einem Sanatorium.

S: Und dann bin ich das letzte Jahr, bevor ich nach ( ) ausgewandert bin, zu meiner Mutter zurückgekommen. (-) Ich hab das letzte Jahr eigentlich das beste Jahr mit ihr zusammen verbracht. (-) ++ Ich war noch (-) ah, (-) vier Monate (-) im Krankenhaus sozusagen, (-) Gehirnhautentzündung, (-) schwerste, (-) nach Mumps, (-) und dann bin ich zurückgekommen nach Hause, da hat sie mich natürlich aufpäppeln müssen. Ich bin vom Spital gekommen mit 42 Kilo. + (-) Das war damals (-) die Zeit (-) wo (-) nichts zum Essen gab in Polen. (-) + + (-) Also das war schon sehr schwierig jemanden aufzupäppeln, (-) *wenn es nichts gab.*

I: Also nach deiner Therapie bekamst du die Gehirnhautentzündung?

S: Nein, (-) also da war ich schon bei meiner Mutter wieder, + (-) dann kurz darauf habe ich den Mumps bekommen, den ich als Kind nicht hatte, + (-) und dann hat es mich erwischt, + (-) vier Monate im Spital. Wobei ich vom ersten Monat keine Erinnerung. Ich war ein Monat bewusstlos. Also irgendwie (-) weiß ich nicht. (-) Dann hat irgendein Anfänger Lumbalpunktion gemacht, ah, dann war ich zwei Tage querschnittgelähmt, weil ich meine (lachend) Beine nicht bewegen konnte. (-) Mein Vater hatte das Spital zusammen geschrien. (-) Und das war natürlich sehr schwierig, weil das ist eine, eine, eine (Infektions-?)Abteilung gewesen. Keine frische Wäsche, (-) nichts von zu Hause durfte man bringen. Und mein Vater hat wirklich dort all, (-) alles bewegt, (-) damit ich zumindest (-) Einwegnadeln bekommen, (-) die (-) er noch aus England bekommen hat. (-) Das haben die Leute nacheinander ständig mit irgendwelchen ( ). Weil es gab kein (…) Material, es gibt kein Waschpulver, keine Seife, nichts gab es. Kannst du dir vorstellen, vier Monate in derselben Wäsche zu liegen? (-) Gut.

Nach ihrer Therapie kehrte Sophia mit dem Entschluss, in den deutschsprachigen Raum auszuwandern, zur Mutter zurück. Dies sei ihr bestes gemeinsames Jahr gewesen. Trotzdem wurde Sophia nochmals körperlich schwer krank. Ein weiteres Mal durchlebte die junge Frau die *Nähe zum Tod*, die von der Mutter herkam. Die Bedingungen, die in dem Krankenhaus in der Abteilung, auf der sie lag, herrschten, erinnerten abermals an die Überlebensbedingungen im Versteck, über die die Mutter kaum und Sophia gar nicht erzählt hatte. Keine Seife, keine saubere Wäsche zum Wechseln, keine Möglichkeit zum Waschen …Wieder ersetzte eine leibnahe psychosomatische Sprache das Erinnern und das Erzählen. Diesmal war die Reinszenierung des Vergangenen kein über ihr Verhalten herbeigeführter, sondern ein von ihrem Körper diktierter Organmodus (vgl. Overbeck 1984) gewesen. Sophia hatte während ihrer Adoleszenz mehrmals überleben müssen. Sie hatte in einem selbst gewählten Versteck gelebt. Über ihr autoaggressives Verhalten hatte sie sich jahrelang völlig gehenlassen. Ihr damaliger Lebensstil hätte sie beinahe umgebracht. Zwar gab es einen Wendepunkt, aber noch keine Befreiung. Die psychosomatischen Schmerzen und Krankheiten, die – nach der Rückkehr zur Mutter – vermutlich ebenso psychisch mitbedingt waren, ließen sie einen Monat lang ins Koma fallen. Darauf folgten ärztliche Fehlleistungen, gegen die ihr Vater, der schon seine Frau gerettet hatte, anschrie. Erst in jenem Alter, in dem Sophias Mutter die Befreiung Polens von der Nazityrannei durch die Rote Armee erleben konnte, wurde Sophia völlig geschwächt aus dem Krankenhaus entlassen. Mit 42 Kilogramm musste die Mutter ihre Tochter wieder aufpäppeln. Mit Sophias Verweis auf die damalige Lebensmittelknappheit schuf sie eine Referenz auf die unmittelbaren Lebensbedingungen in Polen nach der Befreiung, in der es vermutlich noch viel weniger zu essen gegeben hatte. Die verbleibende Zeit vor ihrer Auswanderung, die Sophia noch bei ihrer Mutter verbracht hatte, sei ihre schönste gemeinsame Zeit gewesen. Vielleicht deshalb, weil Sophia den Todpunkt der mütterlichen Geschichte hinter sich gebracht hatte.

e) Spur und Erinnerung. Ihr Plätzchen oder: »Was kostet der Tod?«

Gleich zu Beginn des ersten Interviews erzählte Sophia von den tragischen Verlusten ihrer Mutter. Nachdem dies zu Beginn, also in der Eingangsszene spontan passierte, ist dem eine *überdeterminierte* Bedeutung beizumessen.

S: Meine Eltern sind dann, (-) also (-) 43 (-) wurden die (-) mm, (-) Eltern meiner Mutter (-) verschleppt. + (-) Wobei (-) ah, (-) die (-) Mutter meiner Mutter (-) wurde (-) nach Belz gebracht. + (-) Eigentlich klarerweise auch umgekommen ist. (-) Gab es ja nicht, (-) gab es ja niemanden, der das überlebt

3.4 Die Generationengeschichte von Sophia Schwarz

hat. (-) Der Vater (-) meiner Mutter wurde durch mehrere KZs geführt. (-) Bis er irgendwo (-) <u>angeblich</u> + (-) nach Mauthausen gebracht wurde, (-) es ist aber nicht bestätigt, + + (-) und es gibt auch keinen <u>Beweis</u>. (-) Ich habe versucht auch, (-) dadurch dass ich sehr viele (-) Leute kenne, (-) die sich mit genealogischen (-) Forschungen (-) + auseinandersetzen, (-) ein bisschen, ein paar Spuren gefunden, + und (-) allerdings ist es nicht mehr auffindbar, (-) das heißt seine Spur verliert sich. + (-) + (-) Und von meinem Großvater gibt es ein Bleistift geschriebenes Briefchen, + an meine Mutter, + (-) das letzte Lebenszeichen, sonst gibt es nichts. (-) Es gibt nicht einmal ein Bild. (-) Und meine Großmutter, da gibt es ein Bild, gibt es ein Foto, (-) + mehr nicht.
I: Hast den du?
S: Er ist ahh, (-) ich habe ihn. Ja. * (-) *Ja*. (-) Ich hab ihn. * (-) Ich hab ihn, das Foto ist in Warschau, in der Wohnung, wo mein Vater jetzt wohnt, lebt. + (2) Ahm, (-) also ich, (-) ich habe auch das Foto, (-) also Foto; * (-) also, ich habe die Bilder, die dort in der Wohnung sind, (-) ich habe das alles fotografiert. * (-) Ahm, (-) meine (-) Mutter hat das mir ( ) noch gegeben, bevor sie gestorben ist; (-) den Brief und das ist eigentlich das einzige, was da noch (-) *übrig blieb*, wobei das Schicksal meines Großvaters wirklich nicht zu eruieren war. * * (-) Er war im Lager Plaszow in der Nähe von Krakau-; (-) in der Nähe von Krakau, dort war er <u>sicher</u>, (-) und von dort ist er weggebracht worden (-) ohne, (-) ohne (-) dass man da irgendwas weiter finden kann. +

Es gab keinen Beweis, keine Spur zur Ermordung ihres Großvaters. Damit ist eine Ungewissheit über den Tod prolongiert, die kein Ende finden kann. Die Nachforschungen, die Sophia betrieben hatte, waren ergebnislos verlaufen, was für die Hinterbliebenen die Ankunft des großväterlichen Todes verunmöglichte. *Jeder Mensch stirbt ja gewissermaßen zweimal* (Zizek 1993). Der erste Tod ist jener der physiologischen Lebensprozesse, von dem niemand als der Sterbende selbst Rechenschaft ablegen könnte. Der zweite Tod ist ein Tod für die Anderen. Er markiert die Ankunft des Todes bei den Hinterbliebenen im Ritual. Der zweite Tod hinterlässt die Spur, indem er von den Hinterbliebenen im Symbol, in Wort und Schrift erfahren wird. Zeugnis des Todes. Über den Tod des Großvaters konnte aber niemand Zeugnis geben. Damit war der Trauerprozess für Sophias Mutter, der über das Ritual ins Leben tritt, blockiert. Der Großvater blieb ein Untoter, solange sein Grab, seine Spur, sein Weg und seine Geschichte nicht gefunden werden konnte. Der zweite Tod wird markiert durch einen festgeschriebenen Zeitpunkt, vergleichbar dem Datum der Geburt, und durch einen Ort, der vom Hinterbliebenen aufgesucht werden kann. Beide Markierungen fehlten, um diesem Tod Raum und Zeit zu geben und ihn in die symbolische Ordnung zu heben. Gibt es keine Ankunft des Todes im symbolischen Netz, bleibt der Tote potenziell lebendig und der Abschied der Hinterbliebenen eine ewige Suche nach Zeit und Ort in der symbolischen Ordnung. Sophia benutzte als Signifikant ihrer Suche die genealogischen Seiten im Internet.

Als Sophia Schwarz von ihrer Mutter vor deren Tod den Brief ihres Großvaters erhielt, wurde sie nochmals von dem psychischen Erbe ergriffen. Die Ankunft des Briefes, den die Großmutter niemals erhalten hatte, in Sophias Händen markierte wie der Ring und der Davidstern die materielle Dimension der transgenerationellen Weitergabe. Mit dem Brief in ihren Händen wird sie zur potenziellen *Überbringerin* der schrecklichen Botschaft der Shoah in ihrer Familie. Einer Botschaft, die ihre Mutter an die Tochter schon als kleines Kind weitergegeben hatte. Der Brief ist die einzige Spur, die von der Existenz des Großvaters zeugte. Denn neben dem grafologischen Abbild gab es kein anderes Zeichen. Das Foto aus der Wohnung des Vaters, das Sophia fotografierte, war dagegen ein fotografisches Abbild der Großmutter, über deren Tod es Gewissheit gab. In der fotografierten Fotografie, also einem Bild zweiter Ordnung, wird der Verlust an Authentizität deutlich. Im Abbild des Originals liegt schon dessen Verlust. Und Sophia besaß nur das Bild des Abbildes. Darin verdeutlicht sich das Problem der zweiten Generation, die, wenn überhaupt, immer nur Bilder zweiter Ordnung erhalten konnte. Diese Abbilder (zweiter Ordnung) waren *materielle Träger unbewusster Botschaften*. Vor allem dann, wenn eine Ikonisierung stattgefunden hatte. Dann haftete an den Bildern der unbewusste Auftrag, den Verlust in irgendeiner Form ungeschehen zu machen oder etwas wiederherzustellen.

Gegen Ende des dritten Interviews kam Sophia nochmals darauf zu sprechen, dass ihre Mutter beide Elternteile verloren hatte:

S: Es war ja nicht nur ihre Mutter, sondern es war ja ihr Vater auch und das im selben Jahr. * (-) *Und ihren Vater hat sie abgöttisch geliebt.* * (-) Er war eigentlich ihr Idol (-) und nicht die Mutter, + nicht ihre Mutter. (-) Sondern sie (mehrmals Kl), sie ist, sie ist, sie hat, sie-. (-) Das, was sie eigentlich extrem (-) schwer, für sie schwer war, das ist nicht (Kl) die Tatsache, dass von ihrer Mutter nur gerade ein Foto existiert. + (2) Von ihrer eigenen Mutter existiert nur ein Foto. + (-) Aber dass von ihrem (Kl) Vater nichts da war, außer + *diesen (-) Bleistift geschriebenen Zettel, den ich habe.* + (-) *Den hat* *sie mir gegeben, bevor sie gestorben ist.* + + (-) Damit ich etwas von meinem Großvater + habe, *weil ich sehe nämlich so aus, wie mein Großvater.* + + (-) Und das hat sie wahrscheinlich auch, (-) deswegen hat sie mich auch so geliebt. ** (-) Weil ich war für sie, obwohl Frau, das Abbild ihres Vaters. *

Offensichtlich war es nicht so sehr der Verlust der Mutter, sondern des Vaters, den Sophias Mutter »abgöttisch geliebt« hatte, der ihre Mutter traf und mit dem sie nicht fertig werden konnte. Die Spuren des Bleistift geschriebenen Zettels, als einzige Hinterlassenschaft des geliebten Idols, mussten inzwischen dünn geworden und nahezu verblasst sein. Die Tragödie, von der Sophia sprach, die Tragödie ihrer Mutter, bestand in diesem Auslöschen und Verblassen der letzten verbliebenen Spur. Psychologisch kommt es mit dem Erlöschen der letzten Erinnerungsspur zur Idolisierung. Die psychologische Dimension des Idols[93] besteht in einer unveränderbar festgeschriebenen »falschen Spur« als eine festgeschriebene Erinnerung, die aus dem lebensgeschichtlichen Wandlungsprozess der beständigen *Umschrift* (Freud 1899) von Erinnerungsspuren herausgenommen worden ist. Das Idol ist ewig, dem Leben entrückt, ohne eine Möglichkeit, es zu verabschieden und zu betrauern. Denn Trauer meint in erster Linie das Durcharbeiten der Ambivalenz des verlorenen Objekts. Werden jedoch die Erinnerungsspuren, die zur Ambivalenz führen, aus welchen Gründen auch immer – wie zum Beispiel wenn der zweite Tod nicht ankommen kann – ausgelöscht, kommt es zur Idolisierung des verlorenen Objekts. Und an die Stelle der Umschrift tritt das eingefrorene Abbild.[94]

---

93 Das Idol ist auch eine creatio ex nihilo.
94 Im Nachgespräch kam Sophia nochmals auf den bleistiftgeschriebenen Brief ihres Großvaters zu sprechen. »Ich habe ihn überhaupt das erste Mal gesehen-; weil ich wusste immer nur von diesem Brief. Meine Mutter hat mir immer nur von diesem Brief erzählt. + (-) Sie hat mir ihn nie gezeigt. (-) + (-) Sie hat ihn mir gegeben, zwei Monate bevor sie gestorben ist. (-) Wo sie eigentlich schon gewusst hat, (-) dass es zu Ende geht. (-) Da hat sie ihn mir gegeben und dann haben wir beide geweint, (-) ich habe ihn eingepackt, (-) und ich habe ihn. (-) Und ich weiß nicht mehr, (-) was drauf steht. (-) Das ist so herzzerreißend, was drauf steht, ich will mich nicht einmal mehr erinnern daran.« Sophia hat den Brief eingepackt, sie hat ihn an einem Ort, den sie kennt, sicher aufgehoben. Sie hat auch vergessen, was darin stand, aber sie weiß gleichzeitig, dass es für sie etwas, wenn überhaupt, nur schwer Aushaltbares ist. Der Brief ist über die Vermittlung der Mutter zu einem doppelten Symbol des Verlustes geworden. Einerseits für den Verlust ihrer eigenen Mutter, die kurz vor ihrem Tod den Zettel übergab, und dann zu einem Symbol für den Verlust des Großvaters, den sie eigentlich nie kannte, also immer schon verloren hatte. Und trotzdem war dieser Großvater jemand, der sie wie ein Geist immer schon begleitet hat.

Sophias Mutter war es gelungen, in ihrer Tochter die verlorene Spur des Großvaters wiederzubeleben. Etwas, das jenseits der Überprüfbarkeit lag, weil es ja außer Sophia und der mütterlichen Erinnerung kein anderes Abbild des Großvaters gegeben hatte. Und dies scheint die eigentliche Tragödie Sophias zu sein. Abbild des verlorenen Objekts zu sein. Eines Objektes, das sie nicht kannte, mit dem sie aber in ihrer und der mütterlichen Fantasie leiblich verschmolzen war. Mit anderen Worten liebte die Mutter nicht ihre Tochter, sondern die Projektion eines Idol auf ihre Tochter. Die leibliche Entsprechung mag da gewesen sein oder nicht. Aber die psychologische Realität der Projektion des Bildes auf die Tochter hatte zur Folge, dass nicht Sophia um ihrer selbst Willen, sondern wegen der Projektion des Idols Liebkind der Mutter war. Jetzt wird auch verständlich, warum es die Mutter nicht ausgehalten hatte, wenn Sophia etwas gegen ihren Segen unternahm. Weil jede Äußerung, die nicht in dieses projizierte Bild passte, von der Mutter negiert und ausgelöscht werden musste. Die phantasmatische leibliche Entsprechung des Anderen in ihr wurde von Sophia auch angenommen. Darin befand sich der Ort ihrer familiären Position und der unbewusste transgenerationelle Auftrag der Mutter, den sie aufgenommen hatte; nicht nur im Ring, im David(-stern)[95], dem Brief oder der genealogischen Suche, sondern über das intrusive Bild eines Anderen, das sie nie gesehen hatte. Als die Ärzte ihren Bauch aufgeschnitten hatten, war da nichts. Das Nichts symbolisierte dieses verlorene Objekt, das Sophia nie besessen hatte und das sie doch innerlich bis an die Grenzen ihrer Leiblichkeit ausfüllte. Ein Loch im Kern ihrer Existenz, eine Nähe zum Tod, eine Verschmolzenheit mit einem raumgreifenden Nichts. Sophias Geschichte enthält insofern eine Unmöglichkeit zu existieren, ein Nichts, um das herum sich alles andere bildet.

Sie war das Kind einer Wiedergutmachung. Ihr Auftrag war, den Verlust ihrer Mutter *aufzuheben*. In ihrem Leib, ihrem Leben, über ihr Fortgehen und ihre Suche. Damit lebte Sophia in gewisser Weise in dem Körper eines Toten. Eines Toten, der niemals den zweiten Tod für die Hinterbliebenen gestorben und somit zum Untoten geworden war. Ein wesentlicher, aus der Literatur, den Mythen und Sagen bekannter Faktor des so zum lebenden Toten gewordenen Verstorbenen ist seine Gier nach dem Leben der Hinterbliebenen. Diese Gier ist ein ubiquitäres Phantasma, das in vielen literarischen Fiktionen anzutreffen

---

95 Bezugnahme im Nachgespräch.

ist. Über die Ritualisierung des Todes soll dem Toten diese Möglichkeit zur Wiederkehr im Leben der Hinterbliebenen genommen werden.

Sophias Rede bezeugte die Wiederkehr des verlorenen Objekts aufgrund einer gescheiterten Vergeschichtlichung und die fortwährende Suche nach einem Ort und einem Platz für den zweiten Tod in der symbolischen Ordnung. Nochmals eine etwas andere Version desselben Themas aus dem dritten Interview:

S: Es ist, es ist so, dass sie eigentlich, (-) ah, (-) weil das ist nämlich auch im selben Jahr passiert. Weil der Vater wurde nämlich früher deportiert. (3) Und, (-) sie hat ihr ganzes Leben versucht, herauszufinden, (-) weil, wo ihre Mutter umgekommen ist, wissen wir. + (2) Ich hab das auch in der (-) Yad Vashem Datenbank, (-) ( ) ( ) *(gestöbert?) da drinnen.* + (-) Nur, (-) die Sache ist, dass (2) die (-) ah, (-) die Großmutter ist nach Belz gebracht worden, und dort sind alle umgebracht worden, (-) dass heißt, sie ist ganz einfach dort gestorben. + (-) Aber das Schicksal, das weitere Schicksal meines Großvaters, + (-) das ist ungewiss. (-) Das heißt, er wurde in ein Lager gebracht, und von dort wurde er wieder weggebracht. + (-) Und irgendwo hat sich angeblich hat meine Mutter mir erzählt, die Spur in Mauthausen verloren. (-) + In Mauthausen gibt es über meinen Großvater nichts. + + (-) *Nichts. (-) (besonders leise) (-) Keine Spur.* (-) Das heißt, (-) er ist wahrscheinlich doch nicht bis nach Mauthausen gekommen, (-) oder (-) es gab dort so ein Boot, das versunken ist. (-) Möglicherweise war er dort (Kl) drauf. Die sind ja noch gar nicht registriert gewesen. + (-) Man weiß nicht, was mit ihm passiert ist. (-) Sie hat ihn Jahre, (-) jahrelang *versucht* (-) zu finden. + (-) Weil sie hat natürlich immer die Hoffung gehabt, dass er vielleicht noch lebt. (-) ** (-) *Nichts.* (-) Und ich hab nachgeforscht. + (2) Ich hab (Kl) nachgeforscht, ich hab (Kl) nur das gefunden (Kl), was in der Yad Vashem- (Kl). (-) Ich weiß zwar jetzt, in welches Lager er gebracht wurde, (-) ich weiß, dass er aber auch dort (mehrmals Kl), von dort weiter gebracht wurde, + (-) und kein Mensch weiß, wohin, (-) wo er um-, (Kl), wo er umgekommen (Kl) ist; (-) niemand weiß es. + (-) + (-) Und ich hab, *bin zumindest an der, ich mein-.* (-) Es gibt kein Grab, es gibt gar nichts. * (-) Ja. (-) Also, (-) es gibt nicht einmal eine Stelle. Ja? + Also, wo man kommen könnte und sagen: »Aha, da (Kl) liegt er!« *Ja?* * Oder: »Da, ist (Kl) er!« * (-) *Ja? (-) Keine Chance.* (-) Und das natürlich war für meine Mutter natürlich ein-, (-) ein (-) Drama überhaupt. *Nicht?* (-) Dass sie nicht gewusst hat, (-) **nie** die Gewissheit gehabt hat, (-) + (-)

ob er lebt oder nicht. (Kl) Und, (-) und, (-) weil (-) bei der Großmutter das war klar. + (-) Das hat man gewusst, + (-) das ist so gewesen. + Aber diese Unwissenheit, + (-) die ist, (-) die ist (-) viel, (-) die ist viel, viel schwieriger + (-) als das Wissen. **

I: (2) Weil mit der Ungewissheit kein Abschied möglich ist?

S: Kein-. (-) Die Sache ist, dass ich (-) nicht genug Geld habe, um irgendwelche Genealogen. (-) Ich meine, (-) ich kenne genug Genealogen. Nicht? + (-) Ich kenne sogar prominente Genealogen, die bei uns ein- und ausgehen. + (-) *Ja?* (-) Nur, ich kann mir das ganz einfach nicht leisten. (-) Ich habe einen Freund, der hat mir durch verschiedene Datenbanken geholfen. (-) Es gibt eine riesige (-) Jewish ( ) Datenbank, wo das ganze (Kl) drinnen ist. + Da ( )-. Da gibt es, da gab es, ich weiß nicht, welche-. (-) Da gibt es eine <u>Unmenge</u> ( ) in Borislaw, ja? + (-) Dort, wo die geboren (-) sind, (-) <u>Unmenge, ja?</u> (-) + (-) Nur aber Gro-, meine, Großeltern <u>müssten</u> eigentlich dort auch sein. + (-) Ja. Nur sind ganz einfach nicht zu finden. Und weiß der Teufel, warum. (-) Weil sie ganz einfach *niemand da rein geklopft hat, bis jetzt*. (-) Weil das ist ein Datenbank, (-) die natürlich dann irgendwie von, (-) von Leuten (-) geführt wird, + (-) die die Daten haben, (die?) dort eingehen. (-) + + (-) Aber von meinen Großeltern ist das einzige, was zu finden ist, und das hat eine Kusine (-) meiner Mutter (-) in den 50er Jahren bekannt gegeben in (Yad Vashem?), (-) das eben, (-) das, was bekannt war. (Kl) (-) Das heißt, es gibt aber dort schon zum Beispiel die falschen Geburtsdaten. (-) In der Datenbank stehen andere Geburtsdaten, als die ich habe. + (-) + (-) Also, (-) das stimmt auch wieder nicht. + (-) Ja? (3) Nur, ich kann, (-) *ganz einfach, (-) ich mein, (-) ich bin auch nicht*, (-) ich kann auch nicht nachvollziehen.

Wieder betonte sie, dass es keine Spur gab. Weder einen Ort noch einen Zeitpunkt, nichts. Sophia hatte die mütterliche Suche fortgeführt, hat aber, aus dem »sie« ein »wir« und dann ein »ich« gemacht, ebensowenig herausgefunden. Schlimmer noch: Je mehr sie darüber erzählte (und danach suchte), desto unklarer wurde die ganze Geschichte. War es am Beginn des Abschnitts die Klage über die Ungewissheit des großväterlichen Todes, so wurde es gegen Ende zu einer Klage, die die Existenz der Großeltern per se betraf. Es sah so aus, als ob die Spur der Großeltern ins sprachliche Netz der Datenbanken niemals Eingang gefunden hätte. Das beängstigende an dieser Passage ist, dass darin das Drama der nationalsozialistischen Vernichtungspolitik durchscheint. Das radikale Verbrechen der Nationalsozialisten bestand gerade in dem diabolischen Versuch des Auslöschens jeglicher Spur seiner Opfer. Dies ging so weit, dass der Deportierte bei seiner Ankunft im Lager bereits aufgehört hatte, als Mensch mit eigener Geschichte zu existieren. Die NS-Vernichtungspolitik zielte nicht nur auf den physischen Tod seiner Feindbilder, sondern auf die Vernichtung ihrer Spur. Somit wurde der Deportierte schon an der Rampe zu einem vakanten Körper, dessen Geschichte aus der symbolischen Ordnung gestrichen war. Die Häftlinge waren in den Augen der Posten und SS-Ärzte schon gestorben, als sie ins Lager kamen. Der Muselmann ist das extremste Bild dieser Zerstörung der Geschichtlichkeit der Opfer. Er war der lebende Tote im Lager, der aufgehört hatte, Mensch zu sein (vgl. Levi 1993, Agamben 2003). Das Leben im Versteck spiegelt vermutlich eine ähnliche Dynamik. Der Versteckte muss für die Augen der anderen unsichtbar werden. Er muss aufhören, ein geschichtliches Subjekt zu sein. Und die Augen der anderen müssen für ihn blind bleiben, mit Ausnahme des einen oder anderen Augenpaares, das mit ihm die Heimlichkeit seiner Existenz teilt.

Es ist, als ob sich der Tod des Großvaters versteckt halten würde, und je mehr sich Sophia in dieses Thema verlor, desto mehr schien das radikale Verbrechen begangen an ihrer Familie durch. Wie eine grausame Fortsetzung der Geschichte waren die Namen ihrer Großeltern nicht an jenem Platz im Register ihrer Geburtsstadt zu finden, an dem sie eigentlich hätten sein müssen. Die potenzielle Ungewissheit bezog sich nicht nur auf den Tod, sondern auf deren Leben bis hin zur Geburt und den falschen Geburtsdaten. Vielleicht ging damit das Gefühl einer Irrealisierung einher, einer erneuten Leere, einem Nichts, welches sich transgenerationell fortgesetzt hatte. Ich habe auf das in der Literatur wiederholt beschriebene Vexierbild zwischen Glauben und Unglauben der Überlebenden und ihren Nachkommen hingewiesen, ein Kippbild, das auf Spaltungsmechanismen und auf eine De-Realisierung der Historie zurückgeführt wird. Hier stand dieses Kippbild in Verbindung mit der verzweifelten Suche nach Gewissheiten, die allerdings Seitens der äußeren Wirklichkeit in größere Ungewissheiten zu führen schien. Das Unheimliche bestand darin, dass die äußere Wirklichkeit eine psychotische Fantasie, die Auflösung im Nichts, zu transportieren schien; eine Fantasie, die vermutlich sowohl das mütterliche Leben im Versteck als auch das der Nachgeborenen verfolgte.

Schließlich tauchte im obigen Abschnitt noch eine andere Fantasie auf, nämlich dass ein Leben mit Gewissheit käuflich wäre, aber dass sie es sich halt nicht leisten könnte. Dass der Preis dafür zu hoch wäre. Wenn sie genügend Geld hätte ... Geld war in den Interviews schon einmal Thema, als es darum ging, dass sie früh ihr Geld verdienen musste, um auf eigenen Beinen zu stehen. Auch dort war das Geld jenes Mittel, um die eigene Existenz zu bestreiten, ein Mittel, um zu sein. Sie musste damals viel zu viel arbeiten und führte ein Leben, an dem sie beinahe gestorben wäre. Der Preis, den die äußere Wirklichkeit abverlangte, schien damals wie heute zu hoch zu sein.

Der Preis zu leben, bedeutet hier, sich von den Toten zu lösen, die Toten ruhen zu lassen, ihnen einen Ort zu geben und sie sterben zu lassen. Sophias Mutter, die in ihrer Tochter das Abbild des verlorenen Vaters gesehen hatte, war in gewisser Weise mit dem *Tod ohne Spur* identifiziert. Insofern schien es nicht verwunderlich, dass sie kurz vor ihrem Ableben den Wunsch geäußert hatte, kremiert zu werden. In diesem Wunsch lässt sich nur unschwer die Identifizierung der Mutter mit ihrem idolisierten Vater erkennen. Da sie nicht wie er in einem Grab sein konnte, wollte sie das symbolische Grab ohne Spur teilen; und die Kremierung käme einem solchen Grab wohl am nächsten; eine Identifizierung mit den zahllosen namenlosen Toten der Shoah, die ihr Grab durch den Schornstein in den Wolken gefunden hatten. Sophia, ihre Schwester und ihr Vater konnten der Mutter aber noch verständlich machen, dass es der Wunsch der Hinterbliebenen sei, dass sie ein Grab erhalten sollte. Sophia hätte zur Mutter gesagt: »Ich will das nicht. Ich will dein Grab besuchen. Und der Papa will auch dein Grab besuchen. Das ist für uns. Du kriegst ein Grab auf dem Jüdischen Friedhof und damit hat's sich.« Die Mutter ließ sich umstimmen und meinte: »Okay, dann geht's und kauft's mir ein Grab.« Sophia, die ihrer Mutter damals besonders zugeredet hatte, ihren Wunsch, kremiert zu werden, aufzugeben, entwickelte nach deren Tod denselben Wunsch. »Ich hatte nämlich dieselbe Paranoia, ich wollte auch kremiert werden. Ich hatte nämlich das geerbt von ihr irgendwie.« Mit der Paranoia meinte sie die Vorstellung, »dass sich mein Körper nach dem Tode zerlegt, irgendwie. Die war mir so zuwider, also diese, diese, diese, dieses, (-) ah, (-) verfaulen, (-) ja? (-) Da habe ich gesagt: Lieber schon Asche.« Auch Sophia wollte den zweiten Tod durchs Feuer gehen, worin sich einerseits die Identifizierung mit ihrer Mutter, aber auch ihre Identifizierung mit den namen- und spurlos Ermordeten zeigte.

Wie bei ihrer Mutter war diese Idee vorübergehend. Sie hätte schließlich eingesehen, dass es ja nicht sie sei, die unter der Erde liegen würde, sondern nur ihr Körper. Diese spirituelle Spaltung zwischen dem toten und verfaulenden

Körper und dem unsterblichen Geist mag auch eine Brücke gewesen sein, mit dem spurlosen Tod ihres Großvaters fertig zu werden. Sophia Schwarz hatte sich also doch dazu entschieden, auf dem jüdischen Friedhof ihrer Stadt begraben zu werden. Und sie setzte ihn um, indem sie sich vor einigen Jahren ein Grab kaufte. Auf meine Bemerkung hin: »Jetzt schon ein Grab«, gab sie mir folgende Antwort:

S: Es hat auch finanzielle Gründe, weil ich jetzt als (-) Mitarbeiterin der Kultusgemeinde den halben Preis zahle. (-) Die Möglichkeit habe, das auf Raten zu zahlen. Das habe ich auch so gemacht. Hab einen Dauerauftrag gemacht und das habe ich (dings?) Fünfte Klasse ganz zum Schluss. (-) Weil mir das, (-) weil (-) <u>nur</u> (Bitte?) egal ist. + (-) Also (-) ganz hinten (-) irgendwo am Billigsten. Und vom Billigsten noch die Hälfte und das auch noch auf Raten. + (-) Und diese Möglichkeit habe ich. Weil (-) bei allen Preisanpassungen (Kl), das heißt, sollte ich (-) in 30 Jahren das Zeitliche segnen, gilt (Kl) der Preis, den ich bezahlt habe, das heißt, sie können nichts mehr nach verrechnen. + + (-) Und auch wenn es drei (Kl) Mal so teuer wird, können sie nichts mehr nach verrechnen. (Kl) (-) Denn, wenn man schon bezahlt hat, die Reservierung der dereinstigen Beerdigung, (-) ist das (Kl) erledigt. (Kl) (-) Und das habe ich natürlich + ausgenutzt, dass ich das auf Raten bezahlen-, irgendwann + auf eineinhalb Jahre, oder so was. + (-) Kleinere Raten. (-) + Somit habe ich das schon lange ausbezahlt. Und so ist das. (Kl) + *Nicht?* (-) Mmm, (-) und den Stein können dann bitte meine Hinterbliebenen stellen, wenn sie wollen. (-) Und das, und das ist es. (-) Und ich bin eigentlich, (RvI) ich bin heilfroh. (-) Nicht, ich habe mein Plätzchen, (-) + (-) für irgendwann. Egal wann. (-) *Ja?* (-) Aber ich habe mein Plätzchen. (-) Ich habe mich damit-; (-) *zufrieden.* (-) *Ich weiß dass, (-) ich weiß nicht, wie lange es noch dauert.* (-) *Es kann lange dauern, (-) es kann morgen aus sein.* (2) *(besonders leise:) (-) Ich habe mein Plätzchen.*

Mit dieser symbolischen Handlung hatte Sophia den Preis für ihr Sterben bereits entrichtet. Sie hatte ihr Plätzchen, ein Bild, von dem eine Ruhe ausgehen mag. Natürlich gibt es auch in diesem Bild die Todesnähe, eine Koketterie mit dem Tod, aber im Unterschied zu den anderen Passagen entbehrte es nicht an Witz. Sie vermittelte das Gefühl, den Tod überlistet zu haben. Ihr Plätzchen kostete nicht viel. Sie hatte den billigsten Platz ganz hinten, zahlte halbe Miete auf Raten. Selbst wenn bis zu ihrem Tode noch 30 Jahre vergingen, könnte man ihr nichts nach verrechnen. Sie vermittelte den Glauben, als wäre ihr der Tod auf den Leim gegangen. Freud sagt, alles im Leben hat seinen Preis, nur der Tod ist umsonst.

f)   Nachtrag

Sophia meinte, dass es beim Lesen vor allem zwei Dinge gegeben hätte, die sie besonders berührt hätten:
S: Vor allem das eine und das ist der Großvater, der untote Großvater. (3) Weil, (-) ich hatte immer schon im Verdacht, dass ich eine Projektion des Großvaters bin. + (-) Meiner Mutter. + (-) Sie hat mir das <u>so oft</u> gesagt. + (-) Dass ich spreche wie er, aussehe wie er, (-) + (-) ah, (5) Diesen Verdacht hatte ich immer. (-) Aber so deutlich-. (3) Und diese Liebe meiner Mutter (-) zu ihrem Vater, (-) die ging auf mich soweit über, (-) ja? (-) Dass ich diesen unbekannten Großvater (-) noch immer irgendwie lieb hab. * (-) Andererseits ist es so, (-) ich habe diesen bleistiftgeschriebenen Zettel * (-) gelesen, als sie ihn mir gegeben hat. (-) Ich habe <u>fürchterlich</u> geweint, (-) ich habe ihn versteckt, (-) ich weiß, wo er ist, (-) ich habe ihn nie wieder angerührt. (-) + (-) Und, ah, (-) ich weiß nicht, was drauf steht. (-) + (-) Ich weiß nicht mehr, was drauf steht. (-) Weil, (-) jedes Mal, wenn ich nur daran denke, (-) fange ich an, zu weinen.

Ihrem Verdacht, den sie immer gehabt, geahnt hätte, der auch von der Mutter auf sehr direkte Weise übermittelt wurde, dadurch, dass sie von der Mutter immer wieder gehört hätte, ihrem Großvater so ähnlich zu sehen, diesem Verdacht also war sie im Text begegnet. Diese Begegnung hätte sie zwar nicht schockiert, aber es hätte sie ...
S: doch schon schockiert, dass du das irgendwie (-) weißt. Dass du das entdeckt hast. Diesen Großvater, der nie gestorben ist. (-) Er ist auch für mich nie gestorben. (-) Ich habe ein Bild von ihm in meinem Kopf. (-) Aber das ist alles. (-) Und das Ärgste ist, dass ich wirklich, ich kann dir nicht sagen, (-) was auf diesem Zettel steht. Weil, (-) ich so (-) zu weinen sofort anfange. (-) Schon alleine, (-) wo ich das gelesen hab. * (-) Habe ich so zum Weinen angefangen, (-) dass ich habe müssen wieder aufhören. (3) Und dann habe ich gelacht, (-) über mein Plätzchen. (lacht)

Dass Sophia diesen Zettel nie mehr anrührte, dass sie ihn – versteckt – an einem sicheren Ort aufgehoben hat, ist, als hätte sie den Großvater damit, als hätte sie dessen Zeilen, seine letzten, mit Bleistift an die Tochter gerichteten Worte begraben. Als gäbe es auch für den Brief, für diese letzte Nachricht ein Plätzchen.

3.5 Die Geschichte der Familie W

Ich war auf die Geschichte dieser Familie über den Sohn eines Buchenwaldüberlebenden gestoßen, der von Herrn W erzählte. Er meinte, dass Herr W Maler sei und dies sicherlich interessant sein könnte. Herr W wurde als politischer Häftling nach Buchenwald und von dort in ein kleines Nebenlager bei Sollstedt deportiert. Er überlebte beide Lager und einen Todesmarsch. Ich führte mit Herrn W, seiner Tochter und seiner Enkeltochter Interviews. Der zentrale Punkt dieser Geschichte lag im Mechanismus der Transposition der erlittenen Gewaltgeschichte aus der ersten Generation eines Überlebenden aus dem Lager auf die nachfolgenden Generationen. In dieser Familiengeschichte wird der Theorie zur Transposition etwas Neues hinzugestellt.

I   Edgar W (erste Generation):
»Ich hab eben lange nichts darüber geredet.«

Edgar W hat mich für ein Vorgespräch, vier Interviews und zwei Nachgespräche sehr freundlich in seiner Wohnung in S. empfangen. Er war Mitte 80, groß gewachsen, schlank und immer noch von stattlicher Erscheinung. Seine Erzählungen waren überaus lebendig und zum Teil mit einem feinen Gefühl für Witz und Ironie vorgebracht. Wir trafen uns zum ersten Mal an einem Freitagnachmittag, weil zu dieser Zeit seine schwer kranke Frau im Krankenhaus war und eine Dialyse bekam. Als ich ihn zum dritten Mal sah, hatte er unseren Termin vergessen. Seine Frau war ein paar Tage zuvor gestorben und er hatte an unser Interview gar nicht mehr gedacht. Ich fragte, ob wir das Gespräch verschieben sollten, was er verneinte. Über den Tod seiner Frau, mit der er 60 Jahre verheiratet gewesen war, kam der Tod als Thema in unsere Gespräche, und ich wusste nicht, inwieweit ich die Arbeit würde fortsetzen können. Sollte ich mich jetzt nicht besser zurückziehen, weil Herr W mit der Trauer um seine Frau Ruhe haben und nicht mit meinen Fragen belästigt werden sollte? Aber er nahm mir über seine

3. Acht Familiengeschichten

direkte und offene Art, über alles zu sprechen, was gerade da war, die Zweifel. Vielleicht wollte er auch nicht alleine sein.

Bereits im Vorgespräch skizzierte er bruchstückhaft seine Geschichte. Er betonte, dass er nie viel über jene Zeit im Lager gesprochen hatte. Außerdem sei er in einem kleinen Nebenlager von Buchenwald gewesen, einem Lager, das gegen Ende des Krieges in die Zuständigkeit von Sachsenhausen Oranienburg fiel. In diesem Lager sei es ihm im Vergleich zu anderen KZ-Häftlingen noch »relativ gut« gegangen. Herr W zweifelte daran, ob er hilfreich sein könnte. »Ich weiß nicht, ob ich Ihnen wirklich helfen kann, mit dem, was ich Ihnen erzähle.« Bis zum zweiten Interview wiederholte er diese oder ähnlich gestellte Fragen. Seine Haltung zur Forschungsfrage »Möchten Sie über ihre Vergangenheit im Lager sprechen?« war naturgemäß ambivalent. Ja, er würde darüber sprechen, aber er hätte das meiste vergessen. Herr W war kein geübter Zeitzeuge. Zwar wurde er seit einiger Zeit in Schulen eingeladen, um zusammen mit anderen Zeitzeugen zu berichten, aber bis zu jenen Einladungen hätte er nie über seine Lagervergangeheit *absichtlich* erzählt. Er hätte diese Erinnerungen immer von sich fort geschoben. Darüber zu sprechen sei nicht einfach. Weil im Erzählen die Erinnerungen wieder auftauchen würden. Während der Interviews dachte ich oft an dieses Vorgespräch. Er konnte sich an bestimmte Dinge nicht mehr erinnern, wusste Etliches nicht mehr so genau und meinte oft: »Da müsste ich lügen, wenn ich was dazu sage, ich weiß es nicht mehr.« Ich hatte das Gefühl, dass Herr W besonders genau auf meine Fragen zu antworten versuchte. Er orientierte sich, so gut es ging, an den Spuren, die die Vergangenheit in seiner Erinnerung hinterlassen hatte. Dass sich diese Spuren überlagern, verändern und mit der Zeit verblassen, wusste er. Manchmal sagte er auch Sätze wie: »Ich weiß nicht, ob ich das bloß gehört oder wirklich selbst erlebt habe. Es scheint mir halt so, als hätte ich das selbst erlebt.« Oder: »Ich möchte da jetzt keinen Blödsinn erzählen. Ich kann das nicht mehr sagen.« Und: »Da müsste ich das Bandl holen, da ist das oben, ich weiß es nicht mehr so genau.« Mit dem »Bandl« war ein Interview gemeint, dass Historiker mit seiner Schwester auf Band aufgezeichnet hatten, die als politischer Häftling zusammen mit der Mutter ins Frauenkonzentrationslager Ravensbrück deportiert worden war. Das Band ist ein Verweis auf die abgelegte und dokumentierte Geschichte, auf das Archiv. Der Zeuge übergibt die Verantwortung, zu erinnern, an das Archiv, das an seiner Stelle Zeugnis ablegt. Dieser psychisch entlastende Prozess der Externalisierung zeugt von einer schrecklichen Vergangenheit in der Zukunft. Gleichzeitig ist das Band selbst ein besonderes Objekt subjektiver Erinnerung und wird zum Gegenstand des Erinnerns. In den Interviews spielten solche *Erinnerungsobjekte* eine besondere Rolle.

a) Die Geschichte des Herrn W

Edgar W wurde 1922 als zweites Kind einer Arbeiterfamilie in Wien geboren. Die Eltern lebten damals noch zusammen mit Edgars knapp zwei Jahre älterer Schwester und den Großeltern mütterlicherseits in einem kleinen Kabinett. Als Edgar drei Jahre alt war, zog die Familie in einen neuen Gemeindebau in eine Zwei-Zimmer-Wohnung. Das sei ein großer Fortschritt gewesen.

W: Der Bau ist im 25er Jahr gebaut worden, nicht? + (-) Also, (-) da war ich drei, vier Jahre, + + (-) kann ich mich noch erinnern an die Eröffnung, (-) wie der Gemeindebau eröffnet-, (-) an die Feierlichkeiten nicht. + (-) Aber der Bürgermeister Seitz (Kl) war bei unserer Wohnung und hat mir die Hand gegeben. + (-) Meine Mutter hat mich am Arm gehabt, nicht? * (-) Und der hat mir die Hand gegeben, nicht? (-) Das war für mich ein (-) Erlebnis, bis heute noch, nicht? * * *(-) Der Bürgermeister Seitz.* (-) Na, ja.

Karl Seitz folgte 1923 Jakob Reumann als Wiener Landeshauptmann und Bürgermeister und blieb bis zu seiner Amtsenthebung und Verhaftung durch die Austrofaschisten im Februar 1934 in dieser Position. Unter seiner Amtsführung entstanden zahlreiche zukunftsweisende Initiativen im Gesundheitswesen, der Schulpolitik und im Gemeindebauwesen, was Wien eine Blütezeit bescherte und die Stadt zu einem internationalen Vorzeigeobjekt sozialdemokratischer Kommunalpolitik (das »Rote Wien«) machte. Der damalige Wiener Bürgermeister kann in dieser Geschichte als eine Symbolfigur für die Sozialisation des Jungen gelten, wobei das Händegeben als Reminiszenz einer vergangenen Wunscherfüllung erscheint. Während der Amtszeit von Karl Seitz ereignete sich als ein Vorspiel der Februarkämpfe 1933 der geschichtlich bedeutsame Justizpalastbrand. Herr W erinnerte eine Szene in der Waschküche des Gemeindebaus, in dem die Familie lebte. Während sich die Mutter mit den Nachbarinnen unterhielt, hätte Edgar die Schüsse gehört, welche, wie er später erfahren hatte, die Polizei gegen die aufgebrachte Menge vor dem Justizpalast abgegeben hatte; Schüsse, die den Tod von 89 Demonstranten zur Folge hatten. Herr W hätte es in seiner Erinnerung schießen hören, wobei er einräumte, dass es vermutlich nur die

3. Acht Familiengeschichten

Stimmen der erwachsenen Frauen gewesen wären, die sich über die Ereignisse des 15. Juni 1927 unterhalten hätten. In Herrn Ws Erinnerung wurde der Inhalt aus den Reden der Frauen derart lebendig, dass er nicht die Worte (Form), sondern den Inhalt selbst (Schüsse) gehört zu haben meinte. In dieser Szene wird ähnlich wie in der Szene über den Hausbesuch des Wiener Bürgermeisters Karl Seitz das familiale Geräusch sichtbar. (Vielleicht war das Händeschütteln mit dem Bürgermeister eine oft erzählte Geschichte in der Familie, sodass über die wiederholten Erzählungen dieses Erlebnis in Erinnerung blieb.[96]) Das Gehörte repräsentiert bei Freud die Vorgeschichte des Subjekts als den ausgesprochenen oder heimlichen familialen Diskurs, der dem Subjekt vorangeht und in das es hineingeboren wird. Wohingegen das Gesehene als selbst Erlebtes von einem wahrnehmenden Ich ausgeht, das Geschichte selbst erlebt. Zwischen dem Gesehenen und Gehörten fungiert die Fantasie als Organisator, der Erlebtes und Gehörtes, Vergangenes mit Selbstgesehenem amalgamiert (vgl Schneider 2004). In Herrn Ws Erinnerung zeigte sich, wie das Wirken der unbewussten Fantasie aus dem gehörten, familialen Geräusch eine selbst erlebte Erinnerung machte. Die Geschichte drang nachträglich über die Fantasie als initiale Hörerfahrung ins Ich des Kindes. Was damals draußen passierte, spiegelte sich im Innen, hatte ihn immer schon mitgetroffen. Der Angriff, die Schüsse auf die Demonstranten wurden zu einer teilnehmenden Hörerfahrung, als ob die Kugeln nachträglich auch ihm gegolten hätten.

Von Kindesbeinen an begleiten den Jungen Erinnerungen an die Arbeiterbewegung. Aufmärsche, Lieder, die Feiern zum ersten Mai, die politischen Ereignisse während der Zwischenkriegszeit, die große Weltwirtschaftskrise, Arbeitslosigkeit seiner Eltern, die Februarkämpfe, seine Mitgliedschaft bei den roten Falken und vieles mehr bestimmte seine Sozialisation. Trotz der Armut der Familie, trotz der politischen Wirren und Unruhen während der Zwischenkriegszeit schilderte Herr W eine glückliche Kindheit. Seine früheste Erinnerung handelte davon, wie er seiner Mutter, die von der Arbeit in einer Schokoladenfabrik nach Hause kam, entgegenlief und von ihr ein Stück Schokolade bekam. »Eine süße Erinnerung«,

---

96 Im Nachgespräch wies Herr W darauf hin, dass diese kleine Szene in der Familie nicht erzählt wurde, nachdem es für die anderen aus der Familie keine hervorgehobene Bedeutung gehabt hätte: »Da wollt ich eigentlich nur betonen, das war für die Familie und so weiter, hat das überhaupt keine Bedeutung gehabt. Für mich als Kind (-) hat das eine Bedeutung gehabt. * Ja? (-) Also, für die Familie, die hat das vergessen oder so. Aber für mich als Kind war das: ›Der Bürgermeister hat mir die Hand gegeben.‹ (-) Und das bleibt in der, in meiner Erinnerung.«

die doch schon in dem Wort »süß« eine Verbindung zu einem anderen Erlebnis signifizierte, das sich viele Jahre später in dem Nebenlager von Buchenwald zugetragen hatte. Eine andere frühe Erinnerung handelte ebenfalls von einem oralen Objekt. Edgar war damals circa zehn Jahre alt und hatte seinem Vater das Essen in das Arbeiterstrandbad zu bringen, wo der Vater als Badewart arbeitete.

W: Und damals hat es ja noch fast keine Autos gegeben. (-) Da sind die Gärtner von draußen mit den, (-) mit ihren Produkte mit (-) Wagen (-) rein gefahren (-) in die Stadt (-) auf die Märkte; + + (-) Und, (-) das war für uns natürlich das Transportmittel. + (-) Ja? Weil hinten war sicher so viel Platz, (-) dass wir uns da rauf sitzen haben können. + (-) Nicht?
I: Auf die Lastwägen.
W: Auf, auf die Pferdewägen.
I: Ach so, das waren Pferdewägen.
W: Alles Pferdewägen.
I: Ach so, ja.
W: Und jetzt muss man sich vorstellen, (-) damals waren ja nur diese (-) Pflastersteine. * (-) Die, (-) die (-) kennen die Leute heute gar nicht mehr. (-) Die Pflastersteine, (-) ja. + (-) Das waren so rund-, (-) so (-) na ja, (-) oben so abgefahren so ziemlich (zeigt die Größe und Form der Pflastersteine gestisch mit den Händen) (-) nicht? (-) Und die Rumplerei (Kl), + das kann man sich heute gar nicht mehr vorstellen. + (-) Weil wenn heute ein kleines Loch ist, regen sich die Leute schon auf. * (-) Und damals war Loch neben Loch. (beide lachen) (-) Und da sind wir, (-) kann ich mich erinnern, (-) (das Folgende schnell gesprochen) habe ich die Tasche mit, mit dem Essen gehabt, (-) haben wir Marillenknödeln gehabt. Ja? Na, + und ich habe die Taschen rauf gestellt auf den Wagen, hab mich an der Blachen angehalten, die Blachen (Planke) hat nachgegeben, (-) die Tasche war auf der Erd, nicht? (-) + (-) Ich geschwind die Marillenknödeln zusammen geklaubt, nachgerannt und wieder rein. (-) Und mein Vater hat gesagt (lachend gesprochen): »Die sind aber heute hart, die Bröseln.« (beide lachen) Die haben gekracht.

Dieses szenische Erinnerungsbild sollte sich Jahre später mit vertauschten Rollen wiederholen. Herr W erhielt im Lager ein Paket seines Vaters. Darin sei ein Sirup gewesen. Ebenfalls ein »süßes Paket«. Nur sei die Flasche mit dem Sirup undicht gewesen und der Sirup über den restlichen Inhalt des Pakets ausgelaufen.

3. Acht Familiengeschichten

Im Februar 1934, als der kurze Bürgerkrieg ausbrach, kämpfte Edgars Vater aufseiten des Republikanischen Schutzbundes gegen die Trupps der Heimwehr, während die Mutter im Bezirk mithalf, für die Kämpfer Tee zu kochen, ihnen Essen brachte und Barrikaden errichtete. Der 11-jährige Edgar war bei diesen Ereignissen dabei, hatte seiner Mutter geholfen, während der Vater in einem anderen Bezirk kämpfte. Der Vater war drei Tage nicht nach Hause gekommen. Tage später wurden beide Eltern ob ihres Widerstandes gegen das austrofaschistische Regime verhaftet und eingesperrt. Für wie lange seine Eltern eingesperrt waren, wusste Herr W nicht mehr. Er erinnerte sich, dass während der Haft der Eltern sich eine Tante um ihn und seine Schwester gekümmert hätte. Die Mutter wurde früher als der Vater entlassen. Nach dem Ende der Kämpfe und der Errichtung des Ständestaates wurden alle Arbeiterorganisationen und alle politischen Parteien verboten. Die Welt, in der Edgar aufgewachsen war, veränderte sich; auch aufgrund der Scheidung seiner Eltern. Sein Vater setzte sich mit seiner neuen Frau nach Berlin ab, während die Kinder bei der Mutter blieben. Edgars Mutter schloss sich in der Illegalität den Kommunisten an und die beiden Kinder wurden Mitglieder des Kommunistischen Jugendverbandes (KJV). Er sammelte gemeinsam mit seinen Kameraden Geld für die Rote Hilfe, die den inhaftierten Regimegegnern und deren Familien Unterstützung zukommen ließ. Er verkaufte auch gemeinsam mit den anderen Jugendlichen aus dem KJV Bilder der damals schon berühmten Kämpferin Dolores Ibárruri, einer Symbolfigur des bewaffneten Widerstandes der republikanischen Truppen gegen das Franco Regime. 1937 wurde seine Schwester für drei Tage eingesperrt, weil sie erwischt wurde, wie sie Arbeiterlieder gesungen hatte.

Als 1938 die NS-Truppen in Österreich einmarschierten, war Edgar bereits zwei Jahre auf Arbeitssuche gewesen. Herr W erinnerte den Zusammenbruch Österreichs mit folgenden Worten:

W: Da haben wir da oben noch auf der Wagramerstraße, habe ich noch Flugblatteln gestreut an dem Tag *und* (-) dann sind sie mit den Motorrädern ( ) mit den Fahnen vorbeigefahren, da haben wir ihnen Steine nachgehauen, (-) net? + Aber, (-) hat ihnen (lachend) nicht weg getan. (-) Net? Ist eh klar. (-) + (-) Haben wir höchstens ein Glück gehabt, dass sie uns nicht erwischt haben. (-) + (lachend) (-) Na ja. (-) Die haben ja gleich angefangen zum, (-) zum Verhaften, + (-) net? (-) Ich weiß, (-) auch da (-) die Funktionäre von der Sozialistischen Partei, die ehemaligen Funktionäre, gell, + (-) was Juden waren und ( ) fort net, + (-) und (-) da haben wir gleich dort, da vis-à-vis hat (-) ah, (-) eine gewohnt ein Jud, (-) und (-) der war sehr gut mit unserer Familie, net, (-) mit meiner Mutter, + (-) na ja, (-) die sind alle geholt worden. (-) Straßenputzen *und was weiß ich*. + *Also es war,* (-) das war für uns furchtbar. + (-) Net. (-) + (3)

Für ihn hatte als junger, klassenbewusster und politisierter Mensch bereits festgestanden, dass Hitlers Politik in die Katastrophe eines Krieges führen würde.

»Für uns, weil wir uns mit Politik befasst haben, war klar, (-) Hitler bedeutet Krieg und + Krieg bedeutet Militär (-) und für den Krieg arbeiten. In jeder Beziehung. (-) Straßenbau, ja? (-) Lebensmittel, Vorräte schaffen, + ja? Auch in der Lebensmittelindustrie.«

Über sieben Ecken bekam er eine Lehrstelle als Verkäufer bei einem Nationalsozialisten der ersten Stunde. Sein Lehrherr war bereits während des Austrofaschismus illegales Mitglied der NSDAP gewesen. Für Herrn W war es ein Rätsel, warum der Lehrherr ihn aufgenommen hatte, obgleich der über seine politische Orientierung im Bilde gewesen sein musste.

Nachdem die ersten Leute des KJV verhaftet wurden, bekamen auch Edgar und seine Schwester eine Vorladung. Die Geschwister wussten, dass sich in ihrer Wohnung noch ein Flugblatt befinden musste, konnten es aber nicht finden. Natürlich fand die Gestapo bei der Hausdurchsuchung dieses Flugblatt, was zu seiner Verhaftung führte. Edgar meinte zu seiner Schwester: »Pass auf, das übernehme ich«, weil er meinte, dass man einem 17-Jährigen nichts anhaben könnte. Obgleich die Gestapo mit Ausnahme des Flugblattes nichts gegen ihn vorbringen konnte, blieb er acht Monate in Haft. Die Leute, »durch die ich hineingekommen bin, sind alle in Dachau gelandet«. Nach seiner Entlassung im Frühjahr 1940 nahm ihn sein damaliger Chef, der illegale Nazi, erneut als Lehrbub auf. Natürlich war dieser von der Gestapo verständigt worden und hatte ihn kündigen müssen. Warum er Edgar trotzdem wieder einstellte, war seltsam. Herr W meinte: »Na, weil er zufrieden muss gewesen sein mit mir.« Trotzdem scheint diese *Nähe* zu einem überzeugten Nationalsozialisten der ersten Stunde ungewöhnlich. Einen Tag nach Abschluss der Lehre erhielt er im Herbst 1941 den Einberufungsbefehl in die Deutsche Wehrmacht.

Er wurde nach Frankfurt versetzt und absolvierte eine Schulung als Horchfunker. Ein Horchfunker hatte die Nachrichten des Gegners abzuhören. Eine delikate Aufgabe, die politisches Fingerspitzengefühl erforderte und in die

3. Acht Familiengeschichten

Agenden des Geheimdienstes fiel. Erneut eine ähnliche Nähe wie zu dem illegalen Nazi-Lehrherrn. Herrn W war es ein Rätsel, warum die Wehrmacht über seine politische Ausrichtung offenbar im Unklaren gewesen war. Aber dafür hätte er später »im 44er Jahr meine Watschen gekriegt, dass ich ihnen damals ausgekommen bin«. Während Herr W zur Horchfunkerausbildung nach Frankfurt und dann nach Russland kam, wurden in Wien die verbliebenen Mitglieder des KJV verhaftet und nach Dachau oder Buchenwald deportiert. Herr W war eineinhalb Jahre an der Ostfront. Zu seinem Glück war er als Horchfunker nicht dazu genötigt, einen Schuss abzugeben. Auch befand er sich nicht an vorderster Front, sondern im Rückzugsgebiet. Trotzdem hatte er die Verbrechen der Wehrmacht gesehen und *gehört*. Über seine Aufgabe war er über den Frontverlauf und die von der Wehrmacht begangenen Verbrechen aus der Sicht der Opfer informiert gewesen. Herr W erzählte wenig von der Front, aber das, was er erzählte, glich in keiner Weise den gängigen Heldenerzählungen ehemaliger Wehrmachtssoldaten.

W: Da ist (-) in einer Ortschaft, (-) wir waren dorten, abkommandiert in einer Ortschaft, (-) und die Einheit, die dort gelegen ist, ja, (-) die ist woanders hingekommen, (-) ja, (-) die haben den Bauern alles weggenommen. (-) Die Viecher, (-) gell, (-) + (-) die Wägen, (-) net? + (-) Haben ihnen alles weggenommen (Kl). (-) Und die haben dann aber f-, fort müssen aus dem Ort, (-) alles zu Fuß gehen und schleppen. Net? + (-) Kleine Kinder und die alten Leute. Net? (-) Das muss man gesehen haben, was da für Kolonnen marschiert sind (-) sich, (-) sich durch die Gegend geschleppt haben, (-) das werde ich nie vergessen. Ja? + (-) Oder ich weiß nicht, (-) irgendwo habe ich es eh einmal erzählt, (-) net, (-) da, (-) da hat uns einer, (-) da hat uns ein Russe, (-) eh in dem Ort, (-) hat uns versprochen, (-) ah, (-) Hendl, (-) zu Weihnachten, (-) war vor Weihnachten war das. + Net? Er, er ah, bringt uns en Hendl. (-) Na, und dann sind die aber fort und haben alle Viecher mitgenommen, was sie erwischt haben, net? + + (-) Und, (-) war grade nur mehr die <u>Nachhut</u> da, (-) kommt der, (-) unterm, unter dem Mantel hat er das Hendl gehabt, (-) + (-) net? (-) Er hat uns ein Hendl versprochen ...

I: Er hat es versprochen.

W: Hat er am Dachboden versteckt gehabt, net? (-) Net? + Na, das muss (lachend) sich <u>vorstellen</u>. (-) Wenn sie ihn erwischt hätten, hätten sie ihn wahrscheinlich umgelegt, (-) net?

3.5 Die Geschichte der Familie W

Im März 1944 kam es während seines Fronturlaubes zur zweiten Verhaftung. Die Mutter hatte zu Hause einen russischen Fallschirmspringer versteckt gehalten, der von der Gestapo gesucht wurde. Während Mutter und Schwester sofort nach Ravensbrück deportiert wurden, kam er als Soldat vors Militärgericht. Gemeinsam mit dem Schwager seines Onkels, der später zum Tod verurteilt und ermordet wurde, fuhr er im selben Wagen zur Verhandlung.[97] Später hatte Herr W seine Verhandlung gezeichnet, »damals konnte ich nicht zeichnen. Da habe ich so gezittert. Net? Ist eh klar. Das waren zwei oder drei Todesparagrafen, wo ich angeklagt war.« Im Oktober 1944 kam es zum Urteil und Herr W wurde zunächst nach Buchenwald deportiert. Der Transport dauerte einen Monat.[98] Schon im Wagen, der ihn zusammen mit anderen Häftlingen aus dem Polizeigefängnis in Wien zum Bahnhof brachte, freundete er sich mit einem Mann an, mit dem er bis zur Befreiung 1945 zusammenbleiben würde. In Buchenwald angekommen wurden die Deportierten in den Zugangsblock getrieben und dort für drei Wochen von den anderen abgeschirmt in Quarantäne gehalten. Nach diesen drei Wochen wurden Herr W und sein Gefährte zusammen mit anderen Häftlingen nach Sollstedt, ein Nebenlager von Buchenwald, transportiert. In Sollstedt arbeiteten etwa 400 KZ-Häftlinge der SS-Baubrigade 1 in einem Kalibergwerk. Im Frühjahr 1945 evakuierte die SS das KZ-Nebenlager Sollstedt und brachte die Häftlinge auf einem schrecklichen Transport nach Mauthausen. Dort kam es zur Selektion. Die Muselmänner kamen nach Mauthausen und wurden dort vergast, während die anderen in das KZ-Nebenlager Steyr-Münichholz gebracht wurden. Dort wurden die Häftlinge von den Amerikanern befreit. Wochen später, nachdem Herr W wieder zu Kräften gekommen war, schlug er sich zusammen mit seinem Freund nach Wien zu seiner Familie durch. Mutter und Schwester hatten das KZ Ravensbrück überlebt, ebenso wie die Frau seines Gefährten, die auch nach Ravensbrück verschleppt worden war.

---

[97] An dieser Stelle aus dem ersten Interview tauchte zum ersten Mal eine *Nähe zum Tod* auf, die sich nachträglich eingestellt hatte. Warum? Weil der Tod des Schwagers seines Onkels im Sinne der Nachträglichkeit aus der Zukunft kam. Später wird diese Struktur an einer zentralen Figur erneut auftauchen.

[98] Herr W verbesserte diese Stelle in der kommunikativen Validierung folgendermaßen: »Das stimmt nicht. Weil wir sind wahrscheinlich in der Nacht gekommen nach Prag, dort sind wir gekommen nach Pangraz, in das Gefängnis, dort haben wir die Nacht verbracht und nächsten Tag sind wir nach Buchenwald gefahren. ›Das Monat‹ hat sich bezogen auf das Nachher. (-) Von Sollstedt nach Mauthausen. Das war das, gell. Weil das ist unbedingt zu korrigieren.«

3. Acht Familiengeschichten

Herr W versuchte, an das Leben vor dem Lager anzuknüpfen. Er suchte und fand den Kontakt zu jenem Mädchen, mit dem er vor seiner Verhaftung liiert war. Schon ein Jahr später heiratete er das Mädchen, das er wiedergefunden hatte. Er gründete mit ihr eine Familie, suchte, das vergangene Leid zu verdrängen und die Zukunft des freien und nun demokratischen Österreichs mit aufzubauen.

Herr W ging auch wieder zur Kommunistischen Partei, deren Mitglied er bis heute geblieben ist. Zunächst wollte er sich um die Jugend kümmern und gründete zusammen mit anderen die Freie Österreichische Jugend (FÖJ),[99] eine Jugendorganisation, in der alle jungen Menschen Österreichs versammelt sein sollten, egal ob sie nun Sozialdemokraten, Kommunisten oder Christlichsoziale waren. Das erklärte Ziel war, über die politischen Grenzen hinaus ein freies und demokratisches Österreich aufzubauen.

W: Ich muss ehrlich sagen, (-) ah, (-) wenn ich daran denke, (-) ist mir (-) ich glaube zumindest, (-) ist mir es viel mehr (-) gegangen (-) ums (-) ah, (-) das Neue aufbauen. (-) * * Ja? + (-) Die Jugend. Ich bin, (-) ich bin heimgekommen, net (-) und ah, (-) ah (-) endlich Österreich, (-) ja? (-) Und ein freies Österreich. + (-) Und (-) ah, (-) die freie österreichische Jugend. (-) Also, dass wir nicht mehr aufgesplittert sind, sondern in einer Jugendorganisation alle beieinander sind. + Nur das war nicht lange, + net? + (-) Dann sind die, (-) ist die ÖVP gekommen, sie will ihre eigene, macht ihre eigene Jugendorganisation, (-) und die Sozialisten machen eine eigene Jugendorganisation. + (-) Und die FÖJ ist übrig geblieben. (-) Also die Kommunisten sind praktisch übrig geblieben. + Darum ist, hat die FÖJ dann den, (-) den (-) Ruf gehabt, (-) es ist eine kommunistische Jugendorganisation. + (-) Ist es aber gar nicht-. (-) Das war gar nicht der Sinn. Sinn war eine gemeinsame Jugendorganisation, net?

Sowohl die Kommunistische Partei als auch die FÖJ waren identitäre Objekte, die halfen, das Vergangene zu verdrängen und den Blick in die Zukunft zu richten. Mit dem FÖJ sollten die Grabenkämpfe zwischen der Arbeiterschaft und dem Bürgertum überwunden werden. Eine Aussöhnung zwischen den verfeindeten Lagern in der österreichischen Gesellschaft schien unabdingbar geworden zu sein, um das gemeinsame Projekt eines freien, unabhängigen und

---

[99] Herr W sagte im Nachgespräch: »Ja, da hast du geschrieben, ich habe die FÖJ gegründet, das ist natürlich ein Irrtum.«

demokratischen Österreichs auf den Weg zu bringen. Die Grabenkämpfe hatten in den Bürgerkrieg geführt und über die Errichtung des autoritären Ständestaates den nazistischen Faschismus mehr oder minder vorbereitet. Aber dieses visionäre Projekt, das Herr W mitgeträumt hatte, scheiterte an dem Unwillen der politischen Kräfte.[100]

Edgar W begann nach dem Krieg eine Ausbildung an der Akademie der bildenden Künste in Wien. Er studierte Malerei und besuchte zusammen mit den späteren Mitgliedern der *Wiener Gruppe*[101] die angebotenen Kurse. Nachdem er aber neben seinem Studium bei den Wiener Trambahnen[102] arbeiten musste, um seine Familie – 1948 kam eine Tochter zur Welt – ernähren zu können, musste er nach einem Jahr das Studium aufgeben. Der Malerei blieb er trotzdem bis ins hohe Alter treu. Erst viele Jahre später begann über das Malen eine erste Auseinandersetzung mit den schrecklichen Erlebnissen während der NS-Zeit. Nach dieser Zusammenfassung der Überlebensgeschichte werde ich im Folgenden anhand von Interviewauszügen die Psychodynamik des inneren Überlebens zu beschreiben versuchen.

b) Über den kreativen Schaffungsprozess seiner Bilder

Edgar Ws Malerei beschäftigt sich mit Abbildungen einer fragilen und zerbrechlichen materiellen Welt, wie zum Beispiel in seinen Landschaftsbildern. Er versucht die Dinge, wie sie sich ihm zeigen, über unterschiedliche Techniken festzuhalten. Er fügt nichts hinzu und lässt auch nichts weg. Insofern haben seine Bilder eine *konservative* und vielleicht auch *restaurative* Funktion, indem sie das, was ist oder

---

100 Den Mitgliedern der sozialdemokratischen Jugend wurde von der Parteiführung der Kontakt mit den Mitgliedern der kommunistischen Jugend und damit auch der FÖJ verboten. Dies sei, wie Herr W im Nachgespräch mehrmals unterstrich, »die bitterste Enttäuschung« gewesen, »das ist nur von den Alten ausgegangen, nicht von den Jungen, diese Trennung. Und das war für mich die bitterste Enttäuschung, dass wieder diese alte Gegensätzlichkeit speziell in der Arbeiterschaft, ja? Das war für mich furchtbar.« Es war, als ob sich die Grabenkämpfe innerhalb der Arbeiterschaft aus der Zwischenkriegszeit wiederholen würden.

101 Eine »Wiener Gruppe« hätte es damals nicht gegeben, präzisierte Herr W im Nachgespräch, aber eine »Wiener Schule«, »das war die Klasse von Gütersloh, gell, wo der Fuchs und Lehmden, und die Leute des fantastischen Realismus waren.«

102 Herr W verbesserte diese Stelle, dass es die Wiener Straßenbahnen oder die Wiener Tramwei, wie es umgangssprachlich hieß und nicht die Wiener Trambahnen gewesen wären, wo er zu Arbeiten begonnen hatte.

3. Acht Familiengeschichten

war, bewahren bzw. wieder zusammensetzen möchten, nachdem es verloren ging. Einerseits malt er aus der Erinnerung, am liebsten malt er aber vor den Objekten (Motiven). Das Motiv befindet sich scheinbar in dem äußeren Ding, das ihn auf eine bestimmte Weise rührt. Er sagt über seine Bilder in einer Ausstellung:

»Am Rande von X[103] gibt es noch Felder, Gärten und Auwälder. Vieles davon könnte bald verschwinden. Häuser, Industriegebiete und Autobahnen drohen die Grünoasen zu verdrängen. Ich möchte mit meinen Bildern darauf hinweisen, was dann unwiederbringlich verloren wäre. Mit verschiedenen Techniken stelle ich Orte, Situationen und Dinge dar, an denen man achtlos vorbeigehen könnte. Es gilt die Schönheit des X zu bewahren. X soll auch nach 50, 100 und mehr Jahren einen wertvollen Lebensraum bieten.«

In diesen Zeilen aus der Ausstellungsbroschüre zeigt sich der konservative und restaurative Wunsch. Das Bild soll helfen, die Verlustangst zu mildern. Indem das, was ist, auf das Bild gebracht wurde, kann es potenziell ewig sein. Es hört nicht auf, zu sein, auch wenn es außerhalb des Rahmens längst schon verschwunden sein wird. Soweit zur konservativen Funktion. Die restaurative Funktion der Bilder besteht in dem aus der Erinnerung zusammengefügten Ding, das in der Außenwelt schon verloren ist. Somit wird über die restaurative Funktion etwas wieder gefunden, das als verloren gegolten hat. Auch die restaurative Funktion dient der Handhabung von Verlust- und Auflösungsängsten. Neben diesen beiden Funktionen spielt noch die *Idealisierung* eine Rolle. Es geht in den meisten seiner Bilder um ideale Objekte. Eine heile Landschaft, ein intaktes Ökosystem, eine ideale Kulisse für unsere Kinder und Nachfahren. Diese idealen, *äußeren* Objekte symbolisieren vielleicht eine Suche nach den idealen *inneren* Selbstobjekten.

Das Abbild der heilen, intakten Welt ist zunächst ein Bild zweiter Ordnung. Es ist ein auf die Leinwand, auf Glas oder Papier gebrachtes Bild einer Erinnerung, auch wenn er vor dem Objekt stehend oder sitzend zeichnet und malt. So ist jeder Blick ein gewesener; das Bild, welches der Blick einfängt, schon ein vergangenes. Auch dieses Bild zweiter Ordnung ist ein Vergängliches. Nun versuchte Herr W, mit diesen unvollständigen Mitteln etwas einzufangen, er versuchte, etwas der Vergänglichkeit zu entreißen. Das Bild und der Blick in dem Bild sollten nicht verloren gehen. Und sie sollten davon zeugen, dass dieser Blick in dem Bild noch ein Möglicher in der Zukunft bliebe. Er möchte eine

---
103 X steht für seine Wohngegend.

3.5 Die Geschichte der Familie W

Welt bewahren. Eine Vision der Welt, wie sie sein sollte. Unberührt, intakt und nicht vergänglich. Die Bedrohung dieser Welt geht vom Eingriff des Menschen aus und zeigte sich auch in den Interviews: Immer wieder beschrieb er kleine, lokale ökologische Katastrophen; wo »Plätze« und »Orte« »niedergerissen« und mit »Wohnhäusern« »verbaut wurden«.[104] Es waren Verluste von architektonischen Plätzen und Örtlichkeiten, die einerseits eine kollektive Geschichte beschrieben und andererseits Wegmarken der subjektiven Geschichtsschreibung waren.

Es gab in den Interviews noch eine weitere Entsprechung für diese idealisierende Funktion seiner Bilder aus einem ganz anderen Bereich. Edgar W sei immer Mitglied der kommunistischen Partei geblieben. Er glaubte an die kommunistische Idee, meinte aber gleichzeitig,

> »dass die beste Idee nichts nutzt, wenn die Leute nicht besser werden. + (-) Das liegt an den Leuten, ja? + (-) Der, der Egoismus der Leute, ja, (-) der Egoismus, ja? (-) Die Geltungssucht, + (-) die Gier nach Geld. (-) Und nach Macht. + (-) Das sind Sachen, (-) die die beste Idee ruinieren. (-) Das kann das sozialistische System auch nicht ändern. (-) Die Geltungssucht (-) und die Gier nach, nach Geld und so weiter, (-) das können, (-) das kann man (-) aus dem Menschen-; (-) wie will man das aus dem Menschen (-) raus bringen?«

Es zeigte sich diese Struktur. Das reine Ideal wird durch den Eingriff des Menschen zunichte gemacht. Der Mensch, seine triebhafte, dunkle Seite, die Gier und das Streben nach Macht verunmöglichen die Umsetzung eines hier politischen Ideals.[105] Neben der konservativen und der restaurativen Funktion wird seine Kunst von der Suche nach idealen Objekten bestimmt. Die psychische Funktion der *Idealisierung* basiert wesentlich auf der *Verdrängung* des Todes. Folgt man

---

104 Unweigerlich denkt man an seinen ehemaligen Studiumskollegen Arik Brauer und dessen Lied *Sie haben' a Haus' baut*.
105 Oft genug hatte Herr W aufgrund seiner politischen Überzeugungen Benachteiligungen erfahren müssen. Auch im Nachkriegsösterreich wurde er als Kommunist ausgegrenzt. So wurde er zum Beispiel nach dem Abzug der Alliierten Truppen als Kulturreferent eines *USIA-Betriebes* sofort entlassen. (Eine weitere Präzisierung aus dem Nachgespräch zu dieser Fußnote war, dass Herr W anmerkte, er sei auch von der Straßenbahn aus politischen Gründen entlassen worden. Erst nach dieser Entlassung wurde er Kulturreferent eines USIA-Betriebes.) Vor allem von sozialdemokratischer Seite wurde er immer wieder als persona non grata behandelt, er wurde verleumdet und seine berufliche Laufbahn wurde immer wieder sabotiert.

der oben beschriebenen Struktur aus den Worten zu seinen Bildern als auch aus den Interviewauszügen, so wird deutlich, dass immer erst mit dem Eingriff des Menschen die idealen Objekte zerstört werden. Der Eingriff des Menschen zerstört die heile, intakte Welt und bringt den Tod. Über seine Kunst fand Herr W einen Weg, an den idealen Objekten festzuhalten. Sie aufzuspüren, einzufangen und zu bewahren.

Erst viele Jahre nach Kriegsende hatte Edgar W begonnen, über seine Kunst Erinnerungsbilder aus der NS-Zeit aufzuzeichnen. Bis dahin hatte er mehr oder minder erfolgreich die schrecklichen Erlebnisse abgespalten. Sie existierten in einer inneren Dunkelkammer, die er gut versperrt hatte. Erst in der Pension, als er zum ersten Mal in eine Schule eingeladen wurde, um vor den Schülern über seine schrecklichen Erfahrungen während der Zeit im Lager zu sprechen, hatte er erstmalig bewusst erzählt. Und damit hatte er auch angefangen, *seine Geschichte in Bildern aufzuarbeiten.*

W: (3) Vor allem ich hab, (-) hab, (-) eben lange nichts darüber geredet. (-) Net? + + (-) Und es (-) ist eben erst dann (-) später, (-) eben mit dem, (-) weiß ich, dass wir in einer Schule waren und mit Kindern geredet haben. (-) Net? + (-) Da ist das erst dann so richtig, (-) das raus gekommen und da habe ich dann auch die Bilder gemacht. +

Vermutlich hatte an diesem Punkt seines Lebens – »da ist das erst dann so richtig ( ) raus gekommen« – ihm seine Kunst die Möglichkeit eröffnet, mit den nicht zu nennenden Dingen, die plötzlich an die Oberfläche drangen, fertigzuwerden. Die eingekapselten, traumatischen Introjekte konnten auf eine Leinwand gebracht werden. Außerdem erzeugen die Produkte des Schaffens eine eigene Geschichte; sie sind gewissermaßen losgelöst von der inneren Dynamik und sprechen anstelle des Subjekts zum Betrachter. Als etwas rein Äußeres zeugen sie von einem Innen, das sterben musste, um nach außen zu gelangen. Jedes Schaffen ist eine Externalisierung, also in Formen der Exkorporation oder Ausstoßung psychischer Inhalte gefasst. Dem Schaffen geht ein kleiner Tod, ein Sterben voraus. Freud macht in einem anderen Zusammenhang darauf aufmerksam, wie die *Verneinung* als intellektuelle Nachfolge der frühen *Ausstoßung* (dem Destruktionstrieb folgend) dem Subjekt einen ersten Grad an Unabhängigkeit von Verdrängung und Zwang beschert (Freud 1925). Ähnlich verhält es sich beim Künstler, der sich über seine kreative Arbeit verdrängter, psychischer Inhalte entäußert und somit einen gewissen Grad an Freiheit und psychischer Flexibilität erhält; was nicht bedeutet, dass diese Inhalte nicht mehr existieren würden, sondern nur, dass das Subjekt damit zu spielen beginnt, die Erstarrung sich löst.

In der Geschichte von Herrn W ging es um Bilder, die Lagerszenen dargestellt hatten, Szenen, über die er lange Zeit nicht sprechen konnte. Über das Zeichnen der Bilder fand sicherlich eine Entäußerung statt, die, im Unterschied zu einem *kathartischen Abreagieren*, langsam, Strich für Strich das eingemauerte Bild aus seiner Seele malte. Über das Bild fand Herr W zur Sprache, oder auch umgekehrt, über die Sprache und das Sprechen (in den Schulen) fand er zu den Bildern. Die Bilder, die Herr W malte, als »es dann so richtig raus gekommen« ist, haben den Rahmen abgegeben, um die Geister, die er rief, aus seiner Erinnerung zu bannen. Dies meint das extrakorporale Leben als *rein Äußeres*, das Zeugnis seiner Bilder, das von der *Unmöglichkeit, Zeugnis abzulegen* (Levi), zeugte.

c) Das eine (Erinnerungs-)Bild: Suchen, Bewahren, Wiederfinden

Von einem dieser Zeugnisse soll nun berichtet werden. Es ist ein Symbol für vieles, was damals geschah und bis heute nachwirkt. Ein besonderes Erinnerungsbild aus der Zeit seiner Gefangenschaft und das einzige Bild, das er für die Interviews gefunden hatte; trotz intensiver Suche konnte er andere Bilder und Zeichnungen über das Lager, über seine Verhandlung, über seine Gefangenschaft nicht finden. Er hatte diesen Teil seines Schaffens verlegt. Irgendwo in seiner Wohnung mussten die Bilder sein. Er hatte sie natürlich aufgehoben. Er hatte auch schon mal eine Ausstellung mit diesen Bildern gemacht. Nur konnte er sie für die Interviews nicht finden, mit Ausnahme des einen. Ähnlich wie mit den Bildern verhielt es sich mit anderen Dingen aus der NS-Zeit, die er aufgehoben hatte, aber nun nicht mehr finden konnte. Er hatte zum Beispiel seine Häftlingsuniform mit der Kappe und seiner Häftlingsnummer mit nach Hause gebracht und aufgehoben. Er konnte aber diese Dinge auch nicht finden. »Hat wahrscheinlich die Schwiegermutter weggeschmissen.« Herr W hatte ein Hemd mit nach Hause gebracht, dass in einem Paket war, das sein Vater ihm nach Sollstedt geschickt hatte (jenes »süße Paket« von oben). Auch dieses Hemd hätte er noch, aber wo?[106] Die Briefe, die er während seiner Gefangenschaft an Bekannte

---

[106] Herr W wollte im Nachgespräch eine Kleinigkeit – die eh nicht wichtig sei – anmerken: »Ein Hemd habe ich zuhaus gebracht, was im Packl von meinem Vater war, ja? Das habe ich nicht gekriegt das Hemd. Das haben sie raus gestohlen, andere Häftlinge, haben das raus gestohlen. Und haben mir ein altes Häftlingshemd rein gegeben. (-) Gestern habe

3. Acht Familiengeschichten

und Verwandte geschrieben hatte, waren ebenso fort. Die Absenz des Materials ist eine Absenz des Zeugnisses. Einerseits spiegelte der Verlust, das Verlegen usw. den Wunsch, diese schreckliche Vergangenheit zu vergessen. Ein Wunsch, der mit dem verdrängten infantilen Wunsch der Analyse nichts gemein zu haben scheint. Herr W wollte vergessen, bestenfalls nicht daran erinnert werden (und gleichzeitig wurde er in die Schule eingeladen, interviewt ...). Wenn es im Außen nichts mehr gibt, dass mich an die schreckliche Vergangenheit erinnert, ist es, als ob es diese Vergangenheit nie gegeben hätte. Andererseits wird die Absenz selbst zum Problem, weil die Dinge bestehen bleiben, an die Oberfläche drängen und dann nach einem externen Ort suchen, einem Platz, wo sie Ruhe finden. *Ja, muss man auch diese Erinnerungen begraben?* Ohne den externen Ort als Bestätigung und Zeugnis dessen, was war, bleibt die Erinnerung als potenziell verfolgende Fantasie uneingerahmt bestehen und kann nicht verabschiedet werden.

Die Szene in dem einen Bild entstammte aus der Zeit nach der Auflösung des Nebenlagers in Sollstedt. Die SS hatte die Häftlinge, mit ihnen Herrn W, auf einem Todesmarsch nach Süden, Richtung Nordhausen und später Richtung Mauthausen getrieben. Das Bild, das er fand, war eine gezeichnete Erinnerung dieses Todesmarsches. Es zeigt drei Männer einen nur schemenhaft gezeichneten Weg entlangschreiten. Sie sind nebeneinander, die beiden außen halten und stützen den dritten in ihrer Mitte. Dieser geht nicht mehr, sein Körper ohne Muskeltonus hängt sich um die Schultern der beiden anderen, die ihn behutsam weiterführen. Die drei Männer sind in Häftlingsuniformen gekleidet. Die Hemden offen, die Kappe auf und die äußeren beiden Männer mit Pantoffeln im selben Schritt auf gleicher Höhe, während die Beine des dritten nackt, nach hinten gekrümmt, im Staub des Weges

---

ich es gesucht, (-) ich habe es nie (-) weggeschmissen. * (-) Gestern habe ich es gesucht, und ich habe es nicht gefunden. Ich weiß nicht, wer da herum geräumt hab, gell, (-) also, (-) aber theoretisch müsste es noch im Haus sein, gell. Da ist eine Häftlingsnummer eingenäht sogar, (-) also mit einem roten Faden eingestickt, ja? (-) Wahrscheinlich von einem der gestorben ist oder was. * (-) Das haben sie mir rein gegeben. (-) Mein Hemd habe ich nicht gekriegt. Das hat wer anderer-. Ich meine, es ist an und für sich belanglos, ja? (-) Es zeigt nur, (-) die Situation im Lager, gell?« Sein Nachsatz, dass es eben die Situation im Lager zeigen würde, ist interessant. Was könne diese kleine Anekdote über das gestohlene Hemd über das Lager sagen? Es wurde ein Objekt durch ein anderes ausgetauscht. Das, was Herr W für das nie gesehene Objekt – das Geschenk des Vaters – erhalten hatte, gehörte einem anderen, den er ebenfalls nie zu Gesicht bekommen hatte. »Wahrscheinlich von einem, der gestorben ist.« Die Nummer dieses anonymen Anderen war in das Hemd eingenäht. Das Hemd trug also eine Spur, die von der Nähe des Todes (des Anderen, der genauso gut der eigene hätte sein können) zeugte.

nachschleifen. Der gesamte Körper des Mannes in der Mitte scheint nach hinten gebogen. Die nachgezogenen Beine befinden sich auf der gleichen nach hinten gebogenen Linie wie dessen in den Nacken gefallener Kopf, während der entblößte und in gleißend helles Licht getauchte Bauch den vordersten Punkt seines Körpers darstellt. So wird das Gewicht dieses Körpers spürbar, das auf den Schultern der beiden anderen liegt. Seine Arme sind um die Schultern der anderen geschlungen und werden von ihnen am Handgelenk gehalten. Bis in die Fingerspitzen der herabhängenden, dünnen Arme hat dieser Körper alle Kraft verloren. Sein Antlitz zeigt nur das Profil, es ist nach links oben gegen einen Himmel gerichtet. Vielleicht sind die Augen geöffnet, vielleicht auch nicht. Während der dritte Mann ohne Tonus, ohne Blick, nur noch als Körpermasse bewegt, zwischen den beiden anderen gehalten wird, sehen sich die Träger an, als würden sie fragen. *Was?* Man sieht in das abgemagerte, ausgemergelte Gesicht des linken Trägers. Eine ausdruckslose Miene, leer, man weiß nicht, ob er den Blick des zweiten Trägers trifft oder an ihm vorbei geht. Er ist in Bewegung, ein wenig nach vorne geneigt, aufrechter und gerader als der andere. Außerdem erkennt man bei genauerem Hinsehen, dass sein Körper nicht so eng an dem Mann in der Mitte anliegt, wie es bei dem rechten Träger der Fall zu sein scheint. Die Körperhaltung des zweiten Trägers ist deutlich unter der Last des Dritten gebeugt. Er sinkt mit beiden Beinen in die Knie. Der Kopf dreht sich, von unten kommend, dem ersten Träger zu. Fragend? Man kann eigentlich nur die Kappe und ein bisschen den Ansatz seiner Schläfe, seines Scheitels und seiner Stirn erkennen.

Diese drei Männer symbolisieren eine initiale Erinnerung aus der Geschichte von Herrn W. Gleichzeitig symbolisiert das Bild die Geschichte, über die er nur wenig erzählte. Die Szene auf dem Bild erschloss sich im Nachhinein. Herr W erzählte verteilt in den Interviews über jeden der drei Männer, wobei er selbst der linke Träger war. Die drei Gestalten auf dem Bild berühren sich von der Hüfte aufwärts, ihre Häftlingsuniformen gehen ineinander über, die Körpergrenzen verschwimmen; *sie sind ein gemeinsames Bild, eine Körperschaft*, eine Erinnerung und das Symbol einer Geschichte, über welche die Geschichte, die die seine war, erzählt werden kann.

Szenen aus den Interviews um das Bild
Das erste Mal erwähnte Edgar W das Bild im zweiten Interview:
W: Na, ja, (-) das war, (-) habe ich nur gesehen, (-) der Marsch hat sicher länger
   gedauert, (-) ja, (-) weil (-) die Leute (-) vom Lager (-) haben alles mitge-

nommen, (-) was unsere eigenen Effekten und Decken, (-) oder was wir halt erwischt haben. (-) Nicht? + Und, (-) unterwegs haben sie es müssen wegschmeißen die Leute, weil sie es nicht mehr tragen haben können. Ja? + (-) Und ein, ah, (-) ein (-) Kollegen, (-) da habe ich, (-) haben wir zu zweit ihn praktisch getragen. (-) Ich weiß nicht, ob-. (-) Habe ich eh so eine Karte gehabt, (-) habe ich oben noch eine-. (-) Den haben wir praktisch getragen, weil er nicht mehr gehen hat können. (-) Nicht? + Und da hat uns dann ein Lastwagen mitgenommen (-) + und in das Lager geführt, (-) wo wir hingehen hätten sollen, nicht? + (-) Und das (-) hat er uns, (-) uns drei hat das Lastauto mitgenommen und dort hingefahren, + (-) also was sich in der Zwischenzeit dann abgespielt hat, (-) + (-) kann ich nichts sagen. + (-) nur der ist in der Nacht dann gestorben. (-) *Der, (-) den man da halb getragen haben, nicht?* (-) +

Der dritte Mann auf dem Bild, den Herr W und sein Freund, mit dem er ein *Überlebensbündnis* geschlossen hatte, zwischen sich genommen und weiter geschleppt hatten, war in der Nacht neben Herrn W gestorben. Im vierten Interview kam Edgar W nochmals auf dieses Sterben des dritten Mannes in ihrer Mitte zurück.

W: Er ist ja dann-. (-) In der Nacht ist er gestorben. * (-) Net? (-) Und drum hat mich eben das Bild, (-) wo war das, (-) da war das, (-) ah dort war es drinnen. (-) Das war nämlich genau das, (-) genau diese Situation, wo wir gelegen sind in dem Heu, nicht? + (-) Na, da ist er neben mir ist er gestorben, net? +

Mit dem Bild meinte Herr W eine Fotografie überlebender KZ-Häftlinge nach ihrer Befreiung. Das Foto war in einem Buch abgebildet, das er zeigte. Die Überlebenden lagen nebeneinander, in zerschlissene Decken gehüllt, auf Stroh am Boden. Ihre abgemagerten Gesichter blickten ausdruckslos und leer in das Objektiv der Kamera. Dieses Bild erinnerte ihn an den Ort, wo der dritte Mann neben ihm gestorben war.[107] Dass Herr W den Ort, wo der andere neben ihm gestorben war, nicht mehr erinnern konnte, könnte ein Indiz auf eine De-Realisierung sein, die nach dem Tod oder um die Zeit des Sterbens eingesetzt hatte.

---

[107] Hier musste Herr W über den Blick auf den verstorbenen Freund der *Materialität des Toten* (Macho 2000) begegnet sein, die sich als Bild von der Anwesenheit eines Abwesenden signifiziert.

I: Und das war von dem Bergwerk nach Buchenwald?
W: Nein, nein, (-) nicht nach Buchenwald. (-) Richtung Nordhausen muss das gewesen-. (-) Ich-. (-) Das ist das, was mir fehlt. (-) Ich weiß nicht, wo-, (-) sind wir in einem Stadel sind wir gewesen. (-) Wo war das? Das habe ich keine Ahnung, ja? + (-) Ich habe nur jetzt in einem Buch ein Foto gesehen, (-) dass praktisch (-) genau das (-) Situation darstellt, (-) die wir dann erlebt haben. (-) Und zwar ist da eine Kaserne, (-) und dort, (-) na ist auch ein Lager eingerichtet gewesen. *Nicht?* + (-) Und genau so war die Situation, die ich erlebt hab. Aber ob das dort war, oder woanders, kann ich ja gar nicht sagen. + (-) *Nicht?* (-) Jedenfalls sind wir dann, (-) ah, (-) haben sie dann, weiß nicht wie viele Freiwillige gesucht, (-) ah nach Mauth-, (-) nach Nordhausen + (-) ein Gleis legen, nicht? (-) So Gleisarbeiten. + (-) Weil Nordhausen ist bombardiert worden, (-) also muss das alles sich in dem Raum abgespielt haben. (-) * (-) Nordhausen ist bombardiert worden (-) und da haben wir dort hin müssen, (-) ah, (-) und haben wir Gleis gelegt, (-) damit der Zug fahren kann, mit dem wir evakuiert sind worden. + + (-) Ah, *(-) na ja, (-) das,* (-) ich will nichts, (-) ah, (-) nichts sagen, (-) was nicht stimmt, (-) ah, (-) aber gerüchteweise hätten wir sollen nach Hamburg kommen, (-) ja? + (-) Derweil sind dort die Amerikan-, (-) die Amerikaner gelandet. + (-) Sind wir nur bis Mittenwalde, ich weiß gar nicht, wo das ist, (-) bis Mittenwalde gekommen, ja? + (-) Und (-) in der einen Dokumentation, die ich gekriegt habe, sind wir nach Berlin gefahren. (-) + (-) Ja, (-) aber in Berlin waren wir nie. (-) Wir sind dann eben bis nach Mauthausen durch die ganze Tschechei nach Süden geführt worden.

Nach dem Tod setzte eine Orientierungslosigkeit ein. Mit dem Tod des nächsten Anderen verlor Herr W die zeitliche und räumliche Orientierung. Über den psychischen Mechanismus der De-Realisierung konnte er sich vor der Endgültigkeit des Todes des Anderen schützen. Schließlich war keine Trauer möglich. Er hatte weiter müssen. Wurde weiter getrieben. Hatte er sich freiwillig zu diesen Gleisarbeiten gemeldet? Jedenfalls schien es, als ob die Häftlinge den Weg für ihren nächsten Transport selbst bauen mussten.

Hier erschien der Tod in seiner Erzählung zum zweiten Mal ohne Ort- und Zeitangabe. Herrn W war es nicht möglich, den Weg zu rekonstruieren. »Das ist das, was mir fehlt.« Etwas war ihm abhanden gekommen, etwas, das er nicht wieder auffinden konnte, selbst wenn er danach suchte. Der Verlust von Ort und Zeit und Weg (wo ist das gewesen?) spiegelte dabei den Verlust des anderen und die Unmöglichkeit, ihn wiederzufinden. Erst Jahre später hatte Edgar W den dritten Mann zumindest in der Zeichnung wiederfinden können. Kurz vor der Räumung des Lagers war der Tod zum ersten Mal in Form eines Leichenberges *anonym* und auf nicht zu nennende Weise ins Lager gekommen.

W: Na, ja, (4) es sind in der letzte, ich weiß nicht, (-) ich könnte auch nicht genau sagen, (-) was für ein Zeitraum, (-) ist ein (-) Judentransport gekommen, (-) ja? + (-) Da sind weiß ich wie viele (-) gewesen, (-) obwohl (-) in unserem Lager praktisch auch kein Platz war, (-) ja? (Kl) (-) Und da sind in ein paar Tage, (-) weiß ich, ist ein ganzer Berg Leichen zwischen den Baracken gelegen, (-) nicht? (-) + (-) Das haben wir vorher überhaupt nicht gekannt. (-) + (-) Und das ist mir irgendwie, (-) na ja, (-) (Kl) (-) weiß nicht, (-) wenn sie die Lager aufgelöst haben, (-) ich weiß nicht, von wo die gekommen sind, (-) das haben wir ja alles nicht erfahren. + (-) Von wo die gekommen sind. (-) Weil die haben ihre eigene Wachmannschaft mitgehabt. + (11) Und da haben wir ja nur, (-) wir haben ja nur einen ganz einen beschränkten Teil gesehen, auch was, (-) was sich abgespielt hat. (-) Nicht? (-) Weil, wenn du da bist in der Kolonne gewesen, da hast du nicht gewusst, was hint und vorne passiert. (-) + (-) Nicht? (-) +

Der entscheidende Satz war jener über die Kolonne: »wenn du in der Kolonne bist ...« Edgar W hatte nichts gesehen und nichts gehört. Und nicht nur, weil er in der Kolonne war, sondern auch, weil das Nicht-Sehen und das Nicht-Hören als Produkt der De-Realisierung das eigene Fortkommen und Überleben möglich machten. Die De-Realisierung meint den Entzug der libidinösen Energie aus der Welt der Objekte. Das Ergebnis der Entwirklichung wird in dem Nichts–gesehen- und Nichts-gehört-Haben deutlich. Mit anderen Worten, Herr W hatte sich in die Masse der Anonymität (Kolonne) zurückgezogen. Die Anonymität ist auch in der Gestalt des Todes enthalten. Die Berge von Leichen, die überall zwischen den Baracken umherlagen, waren ein anonymer Tod, ein Zeugnis anonymen Sterbens. Sowohl Tod als auch Überleben wurden in einer unwirklichen, amorphen Masse produziert. Man hatte seine Identität verloren. Die Beziehungen. Sein Ich. Sein Mensch-Sein. Den Mit-Menschen. Man war anonym, ob am Leben oder im Tod, ohne eigene Geschichte. Gegen diese Szenen des Todes hob sich sein gezeichnetes Bild ab. Gegen die Sphäre der

Anonymität im Leben und Sterben zeichnete Herr W seine Erinnerung an die Geschichte. Auf dem Bild ist ja eine Beziehung, die über die Körperschaft der Szene zu Papier kommt, ausgedrückt.

Die letzte Station des grauenhaften Todesmarsches, der sich genau genommen aus mehreren Etappen zusammengesetzt hatte, war die Ankunft der Häftlinge in Steyr-Münichholz.

W: In (-) Steyr-Münichholz. (-) Ich bin von Mauthausen, nicht, * (-) da haben wir dann-, sind die Muselmänner ausgesucht worden, + (-) ja, (-) + (-) und die sind nach, (-) angeblich (-) nach Mauthausen zum Vergasen gekommen. (-) Gell, (-) und mir haben sie raus, (-) mir hat mein Kapo rausgefischt. (-) Weil da war ich auch dabei. (-) Nicht? + (-) Und da hat mich mein Kapo raus gefischt (-) und ich bin mitgekommen nach Steyr-Münichholz. + (-) Das war am, (-) am 1. Mai waren wir in Mauthausen, (-) nach meiner Berechnung, (-) in der Dokumentation steht auch was anderes, (-) ja? (-) Und, (-) am 5. (-) Mai sind die Amerikaner gekommen. (-) *Also, (-) es waren wirklich die letzten Tage, (-) nicht?*

I: Haben sie noch, haben sie noch Szenen in Erinnerung, wie das war? Ah in Mauthausen, (-) also wo sie gesagt haben, da sind die Muselmänner-

W: Na, ja, (-) ich nehme an, (-) ah, weil wir ja mit dem Zug gekommen sind, (-) dass wir dort am Bahnhof in Mauthausen, dass dort ah, (-) ausselektiert sind worden, (-) ja? + (-) Die nach Mauthausen kommen und die nach Steyr-Münichholz. Vielleicht sind sie woanders auch hingekommen. Ich bin halt nach Steyr-Münichholz gekommen. *Nicht,* (-) dort bin ich gleich ins Revier, (-) also, *(-) ich habe sonst nichts gesehen (-) und gehört.*

Der entscheidende Satz hieß: »Weil, da war ich auch dabei.« Der Kapo hatte ihm, indem er ihn aus der Gruppe der Muselmänner rausfischte, das Leben gerettet. Zuvor war die Gruppe der Häftlinge selektiert worden. Die Teilung zwischen jenen, die nach Steyr-Münichholz kamen, und den anderen, die in Mauthausen vermutlich vergast wurden, spiegelte eine Spaltung zwischen dem vakanten Körper, der einen anonymen Tod in den Gaskammern starb, und dem psychisch sublimen Körper, der noch ein Geheimnis in sich trug. Herr W erinnerte keine Szenen über den Hergang der Ereignisse. Er hatte sich in der Gruppe der Muselmänner befunden, wodurch symbolisch das Todesurteil ausgesprochen war. Vielleicht hatte Edgar W an diesem Punkt seiner Geschichte tatsächlich aufgehört zu leben und war mit den anderen Muselmännern einen psychischen Tod gestorben.[108] In dieser Interviewsequenz wurde die Bedeutung externer Dinge deutlich. Sie ersetzen das, was über den psychischen Tod verloren gegangen ist. Die Erinnerung und die Geschichte. Über die Nennung der Orte war eine Erzählung über die Spaltung von Leben und Tod möglich. Diese Nennung ersetzte die Leerstelle seiner Erinnerung.

Herr W war nach der Selektion nach Steyer-Münichholz ins Revier gekommen. Die einzigen Dinge, die er aus dieser Zeit im Revier erinnerte, waren das Essen und ein Schuss. Im Unterschied zu der leeren Suppe hätte er zum ersten Mal seit langer Zeit »etwas Vernünftige zum Essen« bekommen, »für mich halt; so einen Brei«. Dann erinnerte er noch einen Schuss, »das muss schon nachdem die SS geflüchtet ist, gewesen sein«. Die Häftlinge hätten sich Waffen besorgt und »ein Schuss ist bei mir durch die Baracke gegangen. Daran erinnere ich mich noch.« Ansonsten gab es keine Erinnerung, was um ihn herum geschah. »Was mit den anderen war, weiß ich nicht, ja?« Mit dem bedeutsamen Verlust der Beziehung zu den anderen ging auch die zeitliche *Irrealisierung* der Grenzen und Abläufe der erlebten Ereignisse einher. Was davor war und was später kam, fiel zusammen. Das Lager erstreckte sich in die Zeit nach der Befreiung. Oder das Gefühl des Lagers verbunden mit nicht zu nennenden Affekten der Leere. Wenn Herr W heute seine Geschichte erzählt, so tut er dies aus der Perspektive des Überlebenden. Aber an jenem zeitlichen Ort, den er oben bei der Selektion berührte, befand er sich in einem sprachlichen Jenseits. Jener Moment in der Gruppe zusammen mit den Muselmännern bezeichnete einen signifikanten Punkt, der ein Nicht-Ort war. Ein leerer Platz für die lebenden Toten. Genau genommen hatte sich Edgar W schon einmal in Tuchfühlung mit diesem Nicht-Ort befunden. Und zwar während der Szene, die er in dem Bild später festgehalten hatte. Der dritte Mann, den sie mit sich geschleppt hatten, war, kurz vor dem Sterben, ein Muselmann gewesen. Die Lücken in seiner Erzählung hatten ja auch erst nach dieser Szene begonnen. Nachdem er den Tod des Anderen berührt hatte, von diesem berührt wurde.

Die Frage, die in den Interviews nicht gestellt wurde, wäre gewesen, was mit dem Leichnam des dritten Mannes geschehen war, nachdem die Häftlinge den

---

108 Es gab noch einen zweiten Verweis auf ein Urteil. Herr W erzählte, dass die Häftlinge kurz vor Auflösung des Lagers mehrere Tage im Inneren der Schächte gefangen gehalten wurden. Sie hätten offenbar mitsamt den Gruben gesprengt werden sollen. Dann hatte sich die SS doch dazu entschieden, die Häftlinge auf einem Todesmarsch Richtung Süden nach Mauthausen zu treiben.

3.5 Die Geschichte der Familie W

Ort, wo der dritte Mann neben Herrn W am Boden liegend gestorben war, verlassen mussten. Vermutlich gab es keine Möglichkeit, den Toten zu verabschieden. Ohne eine Möglichkeit zum Abschied und zur Trauer blieb das Sterben des Anderen unabgeschlossen. Das Begräbnis bezeichnet ja die symbolische Ankunft des zweiten Todes für die anderen, die zurückgeblieben sind.

Herrn Ws Bild ist ein Bild *vor* dem Tod, vor dem Verlust von Zeit und Ort. Es ist ein Bild, wo der dritte Mann zumindest physisch noch am Leben war. Vielleicht ist es eine Deckerinnerung, die anstelle des anonymen Todes in der Gruppe der Muselmänner und anstelle der Nähe zum Tod des Anderen erinnert wird. In erster Linie signifiziert das Bild eine nachholende Trauer. Das Bild als Begräbnis. Über das gezeichnete Bild bezeugte Edgar W den Tod des dritten Mannes. Er holte gewissermaßen etwas nach, das er damals nicht tun konnte. Ein Zeugnis über die verspätete Ankunft des zweiten Todes im Leben danach.

Nach Primo Levi besteht das Paradox des Überlebenden darin, dass er Zeugnis ablegt über die Unmöglichkeit Zeugnis zu geben. Levi ging davon aus, dass der einzig wahre und vollständige Zeuge der Muselmann sei. An deren Stelle, die kein Zeugnis mehr ablegen konnten, weil sie ihre Beobachtungsgabe verloren hatten, versuchte Levi immer wieder in seinen Büchern zu sprechen. Die »vollständigen Zeugen«, an deren Stelle Zeugnis abzulegen Sinn hat, sind diejenigen, »die bereits die Fähigkeit der Beobachtung, des Erinnerns, des Abwägens und des Ausdrucks verloren« hatten (Levi 1993, S. 86). Herr W, der vermutlich selbst zu einem Muselmann geworden war, versuchte in den Interviews eben dies. Er versuchte zu bezeugen, was war, ohne den Verlust seiner menschlichen Wahrnehmungsfähigkeit zu verbergen. Darin bestand sein eigentliches Zeugnis; im Unvermögen ein vollständiges Zeugnis abzugeben.

Die *Nähe zum Tod*, in all den Gestalten, die beschrieben wurden, war mit nicht zu nennenden Affekten der Leere und Auflösung, des innerlichen Gestorben-Seins verbunden und musste nach dem Überleben ausgegrenzt oder besser innerlich eingegrenzt werden, um psychisch gesund zu bleiben. So entstand ein toter Ort, in dem das Erinnern an das nicht zu Erinnernde verschlossen blieb. Vielleicht haben Zeit und Alter diesen versperrten, inneren Ort ein wenig gelockert. Vielleicht haben die Schule und die Interviews das ihre dazu getan. Auf jeden Fall hatte Herr W damit begonnen, sich mit den ausgesperrten Dingen zu beschäftigen. Er hatte mit einer zumindest geografischen und damit auch psychischen Suche nach den »Orten, Situationen und Dingen« begonnen. Die nachfolgenden Szenen zeigten eine psychische Bewegung zwischen Suchen,

3. Acht Familiengeschichten

Bewahren und (Wieder-)Finden, die im Zusammenhang mit der Nähe zum Tod, dem psychischen Gestorben-Sein und dem Versuch, sich das tote Leben wieder anzueignen, zu deuten sind.

Edgar W als der linke Träger: das Suchen
Herr W hat nicht das Bild, sondern ein auf Postkartenformat kopiertes Abbild des Bildes gezeigt. Er hatte mehrere Kopien dieses Bildes für seine Zeitzeugenarbeit in Schulen angefertigt. Auf jener Kopie, die er mir schenkte, stand neben dem linken Träger in Herrn Ws Handschrift zu lesen: »Meine Häftlingsnummer 38130.« Nachdem er diese Kopie aus der Hand gegeben hatte, verlangte er sie nochmals zurück, um sich seine Häftlingsnummer aufzuschreiben. Hier zeigte sich die *Ortlosigkeit* seiner Erinnerungen. Nachdem seine Häftlingsuniform abhanden kam – »vermutlich hat sie die Schwiegermutter weggeschmissen« – fehlte ein Ort für diese Zahlenreihe, die auf seiner Häftlingsuniform gestanden hatte und ihn als ehemaligen KZ-Häftling mit der Nummer signifizierte. Eben weil sie keinen festen Ort besaß, geisterte sie überall und nirgends umher, wurde verlegt, verschoben und tauchte plötzlich woanders wieder auf. Zumindest ist es nach diesem Beispiel vorstellbar geworden, wie seine Dinge immer wieder verschwanden, wie die Objekte seiner Erinnerung immer wieder entglitten.

Diese Dynamik fand sich in einer größeren Erzählung wieder. Das Nebenlager, in dem er eingesperrt war, ist heute so gut wie unbekannt. Es gibt wenig Literatur darüber. In den Kalischächten von Sollstedt mussten circa 400 Häftlinge der SS-Baubrigade 1 unter widrigsten Bedingungen Zwangsarbeit leisten. Es war kein großes Lager und damit nicht der Rede wert; zumindest nicht in der Literatur. Wenn man über die Kalischächte, in denen die Häftlinge damals arbeiten mussten, recherchiert, findet man, dass es so gut wie nichts herauszufinden gibt.

I: (Gibt Herrn W einen Ausdruck aus dem Internet mit der Abbildung des Kalibergwerkes in Sollstedt)
W: Ah, Kalibergwerk Sollstedt?
I: Genau.
W: Und das ist auch im Internet gewesen?
I: Ja, das war auch im Internet. (-) Und das ist jetzt (-) sozusagen so eine, (-) noch immer ein Kalibergwerk.
W: Ist es noch immer ein Kali-* (-) ah, das ist interessant.
I: Und das, was mich eben, (-) also auch, was arg war, (-) das einzige, was da

3.5 Die Geschichte der Familie W

erwähnt wird, ist, (-) also wenn das diese Gruben waren, * (liest:) »also die Grubenbaue werden ...«
W: »Wurden in den ...«
I: »Wurden in der kriegswichtigen Produktion« ah, »im Nationalsozialismus einbezogen«. Das ist das einzige, ...
W: Was drüber steht.
I: Also, das ist die Homepage von diesem <u>Werk</u>, (-) und das ist das einzige, was dazu steht, <u>nicht</u>? *
W: Ja, (-) ich habe auch-. Ich habe auch ein Schreiben von dort, (-) und dort steht, (-) dass es umbaut worden ist, (-) auf ein, auf ein-. (-) Also da sind <u>Sachen</u> eingelagert worden, + (-) aber nicht <u>Beutesachen</u>, (-) sondern, (-) ah, (-) <u>von ihnen,</u> (-) <u>weiß ich,</u> (-) Bilder, oder solche Sachen, (-) verstehst? + (-) Aber in Wirklichkeit ist es ein Beutelager gewesen, gell. +
I: Ist ein Beutelager gewesen.
W: Ich muss das raussuchen. (-) Weil ich will denen eh schreiben, (-) ah, (-) eben wegen dem Högelow, (-) <u>nicht</u>? (-) Dass sie wissen ...- (3) Und das ist im Internet?
I: Das habe ich im Internet gefunden, genau.
W: Das ist interessant. (3) Ich weiß nicht, (-) eine Kollegin von mir fährt jetzt nach Buchenwald (-) und unter anderem fährt sie auch nach Sollstedt. + (-) Ich wäre gerne mitgefahren, aber sie macht keine Anstalten. (-) (lachend:) (-) <u>Ich weiß nicht warum</u>.
I: Waren sie da schon mal dort in Sollstedt?
W: Nein, ich war noch nicht dorten, * * (-) und ich wäre gerne hingefahren. *
I: Ich meine, ich weiß jetzt auch nicht, ob das das ist, (-) aber das war halt das, was ich unter Sollstedt und Bergwerk gefunden hab.
W: Ja, (-) das ist es sicher.
I: Genau, (-) Neusollstedt.
W: Ja, es gibt-; (-) es ist sogar Holstedt auch erwähnt worden.
I: Und dann habe ich auch Karten gefunden im Internet, wo Sollstedt eingezeichnet war-
W: Wirklich?
I: Also als Männerlager, ja.
W: Unter was haben sie <u>das</u> gefunden?
I: Eh, (-) also ...
W: Ach so, also, eh da in der- (-) www.hartgruben-

285

3. Acht Familiengeschichten

I: Nein, (-) das ist jetzt die Homepage von diesem Kalibergwerk.

Mit dem Namen der Grube in dem Auszug aus dem Internet und dem Lesen des Textes kam etwas in Bewegung. Herr W interessierte sich für die Ausdrucke. Er wollte mehr wissen. Wollte erfahren, woher die Information kam. Vor allem auf die erwähnte Karte wurde er neugierig. Zweimal sprach Herr W von einem Schreiben, einmal jenes, das er bekommen hatte, und das andere Mal eines, welches er noch aufsetzen wollte. Um eine Geschichte, die expressis verbis noch nicht ausgesprochen war, auszusprechen. Um etwas Unerledigtes, das es weiter gab und das ihn trieb, zu finden. Im vierten Interview kam ich noch einmal darauf zurück:

I: (liest etwas vor)
W: Moment, wie war das? (liest nochmals) »wobei ... Gedenkstein oder Hinweistafel des Lagers gibt es ... im Schacht Neusollstedt nicht.« (-) *
I: Da habe ich ihnen das Bild von dem Schacht, von dem Kaliwerk mitgebracht. Da war nichts-
W: Ja, (-) ist interessant, (-) dass da nichts-. (-) Da in Steyer-Münichholz ist ein Gedenkstein, (-) ja? + (-) Da ist ein kleiner Gedenkstein, (-) ich bin einmal hingefahren, (-) wie ich in Steyer war und habe gefragt, (-) net? (-) Auf der <u>Polizei</u> (-) (lachend) (-) hat kein Mensch <u>was gewusst,</u> * net? (-) Einer ist dann gekommen, (-) hat gesagt: (-) »Ja, (-) da hinten, (-) unten, (-) oben irgendwo auf der Straße ist in den, (-) in den (-) ah in der Hecke drinnen, * (-) ist ein Stein.« (-) Und den habe ich dann gefunden. (-) Ja?
I: Ah, den hat man gar nicht gesehen, (-) der war richtig versteckt.
W: In so einer Hecke drinnen, man sieht ihn fast nicht, ja. * (-) Und, (-) ah, (-) da steht aber hauptsächlich nur (-) von Franzosen (-) und Spanier, mir scheint; (-) Spanier und Franzosen + (-) waren dort hauptsächlich (-) in dem Lager von Münichholz. + (-) Ich glaube, die haben dort in dem Steyr-Werk gearbeitet, + (-) und, (-) also, (-) es steht auf der Tafel auch (-) hauptsächlich (-) ah, (-) Franzosen und Spanier, (-) + (-) Spanier. (7) Eine Kollegin von uns da jetzt, (-) ihr Vater ist im Lager zu Grunde gegangen, (-) ah, (-) der ist, (-) die ist jetzt draußen gewesen und hat gesagt, (-) sie fahrt nach Sollstedt, (-) + (-) ich wäre gerne mitgefahren, aber sie hat keine (lachend) (-) na ja, (-) sie ist vorher noch in Mau-, (-) in Buchenwald gewesen, (-) so verschiedene Stationen, (-) vielleicht hat sie mich deshalb nicht mitgenommen. * (4)

I: Und sie ist schon wieder zurück?
W: Ich habe sie noch nicht gesehen. + (2) Wie wir jetzt Jahresversammlung gehabt haben, da ist sie noch nicht da gewesen. + (-) Kann sein, dass sie noch draußen ist.

Weil es in der Kaligrube von Sollstedt keine Gedenktafel gab, wurde das Schicksal der 400 KZ-Häftlinge in der Grube gewissermaßen »vergessen« und damit auch jenes von Herrn W. Als wäre dieser Teil seiner Geschichte eine Fantasie. Darin spiegelte sich das Phänomen der Ortlosigkeit seiner Erinnerungen. Zwar gab es hie und da, verstreut in der Literatur, Verweise, aber keine Geschichte und damit keine Vergeschichtlichung. Seine damaligen Erlebnisse waren nicht (oder nur marginal) Bestandteil der kanonisierten Erinnerungskultur. Damit waren sie auch nicht Teil einer kollektiven, symbolischen Geschichtsschreibung. Dies wiederholte sich auch in der Erzählung über den Gedenkstein in Steyr-Münichholz, einem KZ-Außenlager von Mauthausen und Herrn Ws letzter Station unterm Hakenkreuz. Dort gab es zwar, wenn auch verdeckt, einen kleinen Gedenkstein, den, mit Ausnahme eines Ortskundigen, niemand kannte – nicht einmal bei der Polizei, der externalisierten Über-Ich und Gewissensinstanz des Ortes. Jener Gedenkstein, *irgendwo da hinten, unten, oben auf der Straße, unter dem Gebüsch*, den Herr W ausfindig machen konnte. Und dieser Gedenkstein zeugte wieder nur von anderen, von Spaniern und Franzosen, die dort in den Steyr-Werken gearbeitet hätten; der versteckte Stein zeugte nicht von ihm und seiner Geschichte. Anstelle einer Bestätigung fand Herr W eine Auslassung. Eine Leerstelle, die beinah unheimlich die *De-Realisierung* seiner Geschichte widerspiegelte. Diese Auslassung fand in den beiden zitierten Textstellen eine Entsprechung in der Erwähnung jener Tochter eines Häftlings, der »im Lager zu Grunde gegangen« ist. Sie, die Tochter, hatte ihn, den Zeitzeugen, ausgelassen. Edgar W wusste nicht, weshalb die Tochter ihn nicht gefragt hatte. Warum er übergangen worden sei.

Edgar W hatte keinen Platz in der Geschichtsschreibung der anderen. Er entdeckte in den Suchbewegungen eine Diskrepanz, ein Auseinanderklaffen zwischen gelesener oder überlieferter Historie und seinen eigenen Erinnerungen. Das Fehlen einer Entsprechung von dieser in jener. Dies wollte er korrigieren. Deshalb hatte er auch die Briefe erwähnt. In den sprachlichen Szenen der Interviews, die um diese Diskrepanzen und um die Wiederauffindung der erinnerten Geschichte in der erzählten und bezeugten Geschichte kreisten, kam eine

3. Acht Familiengeschichten

psychische Bewegung zwischen *Suchen* und *Finden* zum Vorschein, die auch in seinen Bildern angesprochen wurde. Im Unterschied zu den Motiven, die der Maler suchte, waren es hier gewisse *Orte* und *Situationen*, die als Objekte seiner Geschichte verloren und (wieder-)gefunden wurden.

Ich bringe nochmals Auszüge aus den Interviews, die einerseits das Interesse von Herrn W an den Daten der objektiven Geschichtsschreibung bekunden, wobei es andererseits eben diese Daten waren, die Namen und Zeiten, die für Edgar W nicht stimmten. Es waren andere Namen und Zeiten, an die er sich erinnerte:

I: Das Buch über die SS Baubrigade 1 * bei Sollstedt …
W: Sollstedt, ja.
I: Bei Lagerführer Braun.
W: Eben es sind andere Namen für, für ah- * (3) Und sie sind erst im November nach Buchenwald gekommen, (2) ich glaube im November mir scheint. Das ist erst nach oder-? (2) Also gegen Ende 44 sind sie nach Buchenwald gekommen. + (3)
I: Da steht im Dezember 44 waren es 400 Häftlinge in dieser Baubrigade.
W: Ja, (-) das war circa-
I: (3) »Mitte März 45 stieg die Belegungszahl.«
W: Das stimmt auch nicht. (-) Wir sind am vierten April, sind wir weggefah-, weg vom (-) Ding. (-) In dem Schreiben, das ich habe, steht auch ein anderes Datum. Ja? (-) + (-) Am, (-) am vierten April sind wir weg. (2)
I: Aber schauen sie, (-) Mitte März sind 250 »jüdische Häftlinge in das Lager«. Das waren vielleicht, wo sie gesagt haben-.
W: Das waren-, wo ich gesagt habe-
I: Die Leichen. *
W: Genau. (-) Das war die-
I: ( )
W: Aha, aus Nordhausen sind die gekommen, aus der Böckelkaserne? * (9) *Moment* (liest) (-) »Eine größere Zahl jüdischer Häftlinge in das Lager« (Kl), das waren mehr, wie diese 250. + + (8) Aha, (-) da haben wir es, (-) am 5. April 45 ließ die SS das Lager räumen. + Ach so in Rehungen. (-) Aber unseres, (-) unseres ja auch. (3) Ah, (-) da steht das einmal. (-) Wir sind (-) zu Fuß gegangen, (-) wohin habe ich nicht gewusst, (-) ja? + (-) Und dann mit dem, mit dem, (-) wir sind dann ah, (-) ist ein Lastauto gekommen und hat uns drei mitgenommen, weil der hat gar nicht mehr gehen können. Net? +

I: Das ist das Bild? * (11)

Hier nahm er zum zweiten Mal in den Interviews direkt Bezug auf das Bild. Er ging suchend, findend und korrigierend durch die Texte, bis ihm gegen Ende des vierten Interviews etwas Wichtiges einfiel, eine Ortsfindung gewissermaßen:
W: Und jetzt weiß ich auch wieso, (-) Entschuldigung, (-) jetzt weiß ich wieso Sollstedt auf der Tafel war, wie ich in Buchenwald war, ja? (-) Bei der 50-Jahr-Feier + (-) war Sollstedt auf der Tafel drauf, ja? (-) Und bei der 60-Jahr-Feier ist das nicht mehr drauf gewesen. (-) Ist Sollstedt nicht drauf gewesen. (-) Habe ich mir gedacht, (-) wieso, net? * (-) Das gibt es doch nicht? * (-) Ist ah, (-) ein Nebenlager von Ding-. * (-) Aber die haben in den letzten Tagen, (-) haben es die Leute, (-) also, (-) offi-, (-) haben sie das nach Sachsenhausen wieder gegeben, ja? + (-) Aber formlos, (-) net? (-) + (-) Aber wieder nach Sachsenhausen, und darum haben sie es wahrscheinlich da weg genommen.

Bei der 50-Jahr-Feier zur Befreiung des Konzentrationslagers Buchenwald hatte er den Namen des Nebenlagers, in dem er gewesen war, auf einer Tafel mit den anderen Neben- und Außenlagern *gefunden*. Es schien, als ob Sollstedt zu Buchenwald gehört hätte. Aber bei der 60-Jahr-Feier war der Name verschwunden. Die Zugehörigkeit ging *verloren* und damit der Platz in der Geschichtsschreibung. »Wieso?« »Das gibt es doch nicht?« Wohin gehörte das Beutelager in Sollstedt dann? Nun hatte er Sollstedt und die Gründe der Zuschreibung als Nebenlager von Sachsenhausen Oranienburg wieder gefunden. Den Ort und den Namen des Ortes, der zwischenzeitlich aus dem symbolischen Netz der geschichtlichen Ordnung abhanden gekommen zu sein schien. Die Suche nach einem in die Geschichte eingeschriebenen Ort, nach einer Zugehörigkeit ist eine Suche nach Bestätigung der erinnerten Geschichte. Nach einem Aufgehoben-Sein im symbolischen Netz der kanonisierten Signifikanten.

Der rechte Träger: das Bewahren
Der rechte Träger war der Freund, den Herr W auf dem Transport von der Verhandlung in Wien kennengelernt hatte. Mit diesem Freund hatte er gleich zu Beginn ein Überlebensbündnis geschlossen. Die beiden Männer blieben von Anfang bis zum Ende des Lagers zusammen. Nach ihrer Befreiung und nachdem sie wieder zu Kräfte gekommen waren, schlugen sie sich gemeinsam bis in ihre

3. Acht Familiengeschichten

Heimatstadt Wien durch. Zufälligerweise war auch die Frau seines Freundes gemeinsam mit Herrn Ws Mutter und seiner Schwester in Ravensbrück gewesen und hatte auch überlebt. Nach Wien zurückgekehrt, gingen die beiden Männer wieder getrennte Wege.

W: Na mit einem, (-) mit dem Mayerhofer, (-) ah, (-) bin ich von Wien von der Verhandlung weg, (-) bis zum Schluss, (-) mit dem bin ich dann nach Wien gekommen. (-) + (-) Wir waren die ganze Zeit mehr oder weniger beieinander, nicht? (-) Ab und zu war er in einem anderen Kommando. (-) *Nicht? (-) Weil, (-) was weiß ich?* Einmal war er ein paar Tage in einem Waldkommando. (-) + *Nicht?* (-) Und dann habe ich offene Füße gehabt, bin ich im Revier gewesen, *nicht?* (-) Er ist derweil irgendwo anders eingesetzt gewesen. *Nicht?* (-) Also, + innerhalb vom Lager sind wir schon, (-) ah. (-) *Aber wir haben,* (-) sind auf derselben Pritsche gelegen. *Also auf derselben Ding* (-) und waren praktisch immer beieinander. + (-) Und die Mayerhofer Emmi, seine Frau, (-) *hat dann, (-) war dann, (-) ich glaube,* sie hat das, die (-) Lagergemeinschaft Ravensbrück da in Wien geführt. + (-) Die war mit meiner Mutter und meiner Schwester in Ravensbrück beieinander. + + (4)

Die beiden hatten sich das Leben, das im Lager für ein Subjekt zu wenig war, geteilt. Dadurch wurde es mehr. Es entstand ein Geheimnis, als Kern eines jeden Überlebensbündnisses. Ein Mehrwert des Lebens, das im Lager auf ein Minimum reduziert war. Ein Geheimnis, das nicht ausgesprochen werden brauchte. Es gab noch andere Menschen, mit denen Herr W solche Bündnisse eingegangen war. Der dritte Mann und der Kapo, der ihn aus der Gruppe mit den Muselmännern rausgeholt hatte. Diese Bündnisse, die im Lager geschlossen wurden, ließen ein psychisches Leben entstehen, auch wenn es rund um die Gefangenen kein Leben mehr gab. Diese Bündnisse setzten eine Fähigkeit zur Liebe frei, eine Möglichkeit zur Bindung in einer bindungslosen Welt und stärkten somit die psychische Widerständigkeit des Einzelnen. Die Fähigkeit, solche Bündnisse einzugehen, »war außergewöhnlich wichtig für die Stabilisierung des Gefühls, ein guter Mensch zu sein« (Krystal 2000, S. 853). Es ermöglichte die Bewahrung von menschlichen Werten und Idealen auf der Grundlage des Lebens und der Tradition der eigenen Familie und Vergangenheit.

W: Ja. (-) Und ich muss ehrlich sagen, (-) der Transport, das war so schrecklich, (-) dass, darüber zu reden, (-) ist, + (-) fast, (-) *na*, (-) man kann sich das gar nicht vorstellen. (-) + *Ja.* (-) Dass man unter solchen Verhältnissen einen Monat lang ah, (-) überleben kann. (-) Ich meine, (-) es haben sicher viele den Transport nicht überlebt, (-) *nicht?* + (7) War vielleicht (-) unser Glück, dass wir in der Nähe von der Tür waren, da + haben wir wenigstens ein bisschen eine Luft gehabt. + (-) *Net? (-) Der Mayerhoferfranz und ich, na wir haben einen Platz gehabt in der Nähe von der Tür.* + (-) *Net?* (-) Dadurch haben wir wenigstens eine Luft gehabt, + (-) *ja.* (-) Weil, (-) die was ganz hinten im, im Waggon waren, (-) + (-) die sind ja nicht einmal mehr (-) nach vorne gekommen bis zum Klokübel. (-) + (-) Das, (-) das-, (-) ich sage, das ist so schrecklich gewesen, (-) der Transport, (-) ja? (-) Das, darüber zu reden, (-) das ist-. (3)

Das Überlebensbündnis war ein signifikanter Platz, um weiterleben zu können. Etwas Ähnliches wie dieser Platz an der Tür, von dem Herr W erzählt. Es war etwas Geheimes, das zwei oder mehrere Menschen aneinander band. Ein geheimes inneres und äußeres Objekt. Etwas, das man vor der SS versteckt hielt. Die Tatsache, dass es etwas gab, was vor anderen verborgen und geheim gehalten werden musste, stärkte die psychische Widerständigkeit des Einzelnen. Weil der, der ein Geheimnis besitzt, etwas hat, das ihm genommen werden kann. Das Geheimnis korrespondiert mit dem Inhalt, dem sublimen, psychischen Körper, an dem festgehalten wird, wohingegen der geheimnislose Mensch nur noch Hülle eines vakanten Körpers ist. In den vier Interviews gab es viele Referenzen auf geheime Objekte, *Deckobjekte*, die im Rahmen dieser Bündnisse kreisen. Diese Objekte verdeutlichen das Geheimnis, das oft auch ein geteiltes und ein aus der Kooperation und dem Zusammenwirken mehrerer Häftlinge möglich gewordenes war. Die Deckobjekte zirkulierten im Lager, wodurch potenziell jeder Häftling an diesen Dingen teilhaben konnte und potenziell unendlich viele Bündnisse geschlossen werden konnten. Ein Deckobjekt konnte ein paar Schuhe sein, das die Gefangenen aus dem Beutelager der SS auf listige Weise entwendeten. Sie hatten die Lederschuhe mit Dreck beschmiert und die Hosen darüber gezogen, wenn sie die aus dem Beutelager der Nazis entwendeten Schuhe trugen, damit es nicht auffiel und von der SS nicht erkannt werden konnte. Sie trugen das Geheimnis am Körper. Andere Deckobjekte waren neben Kleidung vor allem essbare Dinge oder überhaupt alles, und war es auch noch so klein, unscheinbar und unbedeutend, das der SS oder den Wachmannschaften der Wehrmacht entzogen und selbst genutzt oder an Dritte weiter verteilt werden konnte. Darin lag ein geheimer Triumph, an der SS etwas vorbeigeschmuggelt zu haben. Damit hatten die Häftlinge im Geheimen widerlegt, wofür die Lager als Todesfabriken gestanden hatten. Sie hatten sich selbst bewiesen, dass die Augen der Täter nicht allgegenwärtig waren. Dass es Lücken im Netz der Vernichtung gab und somit auch Hoffnung. Über das Geheimnis war es den Häftlingen möglich, ihr psychisches Leben zu *bewahren* oder ihren sublimen Körper vor dem totalen Zugriff der Täter zu schützen. Weil es da noch etwas gab ...

Der Mann in der Mitte: das (Wieder-)Finden
Die Szene auf dem Bild zeichnet eine *Körperschaft*. Drei miteinander gehende, im Bild ineinander fließende Körper. Man könnte die Überlebensgeschichte von Edgar W aus der Perspektive einer jeden dieser drei Gestalten erzählen. Herr W war gewissermaßen die drei, die er in der Zeichnung aufs Papier gebracht hatte und jeder dieser drei verkörperte ihn. Dies ist die Körperschaft der Szene. Eine symbiotische Verschmelzung vor dem Abgrund des Todes.

Der dritte Mann auf dem Bild war Häftling aus dem ehemaligen Jugoslawien, der angeblich einen Offizier erstochen hatte. Herr W erzählte, dass dieser Mann keine Briefe aus dem Lager geschrieben hätte. Er hätte ihm seinen Namen gegeben, um im Namen des jugoslawischen Häftlings an seine »nachmalige Frau, weil damals waren wir ja noch nicht verheiratet« zu schreiben. Aber »von dem (gemeint sind die Briefe an seine spätere Frau) ist ( ) nichts, nichts erhalten geblieben, nicht? Ich weiß nicht, wieso? *Na, ja.*« Erneut ein Verlust an Substanz.[109] Der dritte Mann, der keine Briefe mehr schreiben wollte, was eine Aufgabe des Kontaktes mit der Außenwelt und damit eine Aufgabe des Geheimnisses meint, gab Herrn W seinen Namen und damit symbolisch auch sein Leben. Herr W schrieb im Namen eines symbolisch Toten. Indem er später diese Briefe nicht mehr finden konnte, hatte er auch den Namen, als Träger der subjektiven Geschichte, verloren. Er hatte den Mann in der Mitte zum zweiten Mal verloren. Über seine Frau, der die Briefe, die verloren gingen, gegolten hatten, gab es durch einen Zufall ein symbolisches Wiederfinden.

W: Im (-) 68er Jahr hat meine Frau einmal gelesen in der Zeitung, in der Eisenbahnerzeitung, dass in, (-) in Jugoslawien ein Malseminar ist, net? + (-) Na, (-) und da hat sie mich eigentlich gedrängt, (-) dass ich hinfahren soll.

---

[109] Im Nachgespräch betonte Herr W, nach diesen Briefen immer wieder gesucht, aber sie nicht mehr gefunden zu haben.

(-) + (-) Na, ja. (-) Und, (-) das war schön. (-) Bin ich geblieben. (-) Drei Mal im Jahr sind wir fort gefahren auf Malseminar. + (-) Ein Salzburger Professor hat das geleitet, (-) ganz prima. + (5)

Der Signifikant ist »Jugoslawien« als Geburts- und Heimatland des Mannes, der im Zentrum seiner Zeichnung stand. Mit dem angesprochenen Malseminar hatte Herr W wieder intensiv zu malen begonnen und sollte Jahre später jenes Bild zeichnen, in dem er dem Mann aus Jugoslawien, den sie damals in ihre Mitte nahmen, wieder begegnet war. Über jene Zeichnung entstand eine Spur von jenem Mann in der Mitte, dessen geschichtliche Spur von den Nazis gestrichen worden war.

Auf Fragen, was er glaubte, warum er überlebt hätte, meinte Edgar W, dass einerseits das Lager, in dem er war, nicht mit einem Konzentrationslager zu vergleichen gewesen wäre. Dass die Bedingungen dort nicht so schlimm gewesen seien, wie in Auschwitz oder einem anderen Todeslager. Aber dass er andererseits die »Transporte mitgemacht (hatte) und ganz einfach ein ungeheures Glück (hatte)«. Natürlich hatten Überlebensbündnisse geholfen, die »Solidarität untereinander«,[110] aber er hätte genausogut der Mann in ihrer Mitte sein können. Dieses unverschämte Glück trug er in sich, in Form einer Scham, die auch das Sprechen erschwerte. Darüber kann man nicht sprechen. Das Zeugnis im Bild ist eine essenzielle Formgebung dieser Scham gewesen.

d) Vom Leben danach: die kommenden Generationen

Herr W hatte nach 1945 versucht, so gut es ging, sich auf ein Leben in der Gegenwart und in Freiheit zu konzentrieren. Er war froh, dass es vorbei war und wollte nicht daran erinnert werden. Der Wunsch und das Vermögen, zu vergessen, waren überlebensnotwendig gewesen. Was ihm sicherlich half, war,

---

110 Zur Solidarität im Lager sagte Herr W im Nachgespräch, dass es natürlich auch eine interne Hierarchie unter den Häftlingen gegeben hätte. Dazu ein Beispiel: »Ich will nur sagen, wie wir in die Waggone verladen worden sind, hat zufällig der (sein Freund) und ich, haben wir in der Nähe von der Tür, haben wir einen Platz gefunden und da sind zwei Russen gekommen, die eben auch zur Hierarchie gehört haben, gell, die haben uns weg gestampert (gescheucht), wir müssen weg, das ist ihr Platz, sie haben ein Recht da zu sein, (-) wir haben müssen fort, gell?« Die beiden Russen waren von Beginn an als Zwangsarbeiter bei dieser Baubrigade und standen deshalb in der Hierarchie oben, um über diesen signifikanten Platz im Waggon zu verfügen.

dass seine Mutter und Schwester das Lager in Ravensbrück überlebt hatten. Dass er wieder Kontakt mit alten Freunden knüpfen konnte und seine damalige Freundin und spätere Frau wiederfand. Herr W gründete eine Familie. Er war nach seiner Rückkehr zu Beginn der Besatzungszeit in der Partei, die ihn als einen Freiheitskämpfer in Empfang nahm, und in der Arbeit als Kulturreferent eines USIA-Betriebes gut aufgehoben. Vermutlich war die erste Zeit nach seiner Rückkehr nach Wien ein Abschnitt, in dem sich die erträumten Ideale zum Greifen nahe befunden hatten.[111] Zum einen gab es seine Arbeit für die Freie Österreichische Jugend. Die Idee, dass alle Jugendlichen und damit eine neue Generation ohne gesellschaftspolitische Spaltungsprozesse im Sinne eines freien und demokratischen Österreichs in einem Verein zusammengefasst und sozialisiert werden würden, für deren Umsetzung er sich einsetzte, war ein sehr persönliches Projekt. Eine Idee, welche einerseits Versöhnung zwischen politischen Grabenkämpfen in Aussicht stellte, unter denen er selbst und seine Familie gelitten hatten. Andererseits war diese Idee verbunden mit der Hoffnung auf ein neues und pazifistisches Österreich, ohne Bruderkriege und Massenmorde. Zum anderen gab es das politische Ideal einer sozialistischen Gesellschaft, das, nach der Befreiung durch die Rote Armee, die nun im Land war und mithalf, dieses neue und pazifistische Österreich wieder aufzubauen, zum Greifen nah erschienen sein mochte. Neben der sozialen Einbindung in die Gesellschaft,[112] neben den Idealen und Zielen war es natürlich seine Kunst, die ihm sicherlich eine kreative Möglichkeit geboten hatte, mit nicht zu nennenden Affekten umzugehen, sie in ein Bild zu rahmen und damit am Leben zu bleiben.

In einer Szene im vierten Interview, wo es um die Namensgebung seiner einzigen Tochter ging, wurde eine Enge spürbar, die es in den ersten Jahren nach der Befreiung gegeben haben musste.

---

111 Herr W war nach seiner Rückkehr von dem Gedanken, »gemeinsam Österreich wieder aufzubauen«, so erfüllt gewesen, dass er sich niemals gefragt hätte, was seine Nachbarn usw. während des Nazismus getan, auf welcher Seite sie gestanden hätten. Er sagte im Nachgespräch: »Die Begeisterung, jetzt haben wir wieder Österreich, ja? Und, vor allem, ah, gleich mit der FÖJ, mit dem Gemeinsamen, der Gedanke, gemeinsam aufbauen das Land, (-) ja? Also diese Begeisterung, die hat alles andere in den Hintergrund gedrängt, ja?«

112 Hierzu gehörte auch sein »freiwilliger Arbeitseinsatz in Kaprun«, auf den er im Nachgespräch hinwies. »Es ging um Strom, Elektrizität, ohne den hätten sie nie was aufbauen können.« Diese Pionierarbeit geschah freiwillig und unentgeltlich für ein modernes und freies Österreich, in dem die Faschisten nie mehr einen Boden unter ihren Füßen bekommen sollten.

3.5 Die Geschichte der Familie W

W: (in lachendem Ton) Damals haben wir ja noch Lebensmittelkarten gehabt, net? + (-) Und, (-) das ist so ein kleiner, kleine (-) Rubrik gewesen. (-) Jetzt von unserem, na das ist eh ganz schön lang gewesen, net? Na, soll ich da noch einen langen (-) Vornamen? (-) Jetzt haben sie mich im Spital gefragt, jetzt habe ich gesagt: »Na, X, so kurz wie möglich.« (-) Net? (-) X. (-) Ich habe (lachend) gar nicht gewusst, dass es den Namen gar nicht gibt. Gibt nur eine Y und Z, (-) und, + weiß ich was; (lacht) (-) und, (-) drum heißt sie eben X.

Die Namengebung seines Kindes, die hier unter so pragmatischen Gründen ausgefallen war, hatte sicherlich noch eine tiefere Motivierung. Symbolisch deutete diese Szene darauf hin, dass es in den ersten Jahren nach der Befreiung wenig Platz gegeben hatte. Dass man sogar mit der Länge des Namens sparen musste. Weil man sich nichts über das Maß Hinausgehendes leisten konnte. Wenig später musste Herr W sein Studium an der Akademie der bildenden Künste in Wien aufgeben, weil es sich nicht mehr mit Arbeit als Broterwerb und Familie vereinbaren ließ.

Herr W hatte immer versucht, die Erfahrungen aus dem Lager aus seinem späteren Leben draußen zu halten. Über lange Zeit war ihm das auch gelungen. In seiner Familie, mit seiner Frau, seinem Kind und den Enkelkindern hatte er so gut wie nie darüber gesprochen. Er wollte sie nicht belasten. Nach der Befreiung gab es eine Latenz seiner Erinnerungen, eine Zeit, in der er vergessen konnte, wo er nicht daran erinnert wurde, wo auch nicht danach gefragt wurde. Die psychischen Energien waren ganz auf den Aufbau eines neuen Lebens nach dem entronnenen Alp gerichtet. Es sei gar keine Zeit da gewesen, um an etwas anderes zu denken als an die Arbeit, an die Familie usw. Erst viele Jahre später sei diese Latenz aufgebrochen. Es hätte mit der Zeitzeugenarbeit begonnen. Seine Einladungen in Schulen. Dazu kam, dass auch die Enkelkinder, nun erwachsen geworden, Fragen stellten.

Es gibt zwei wesentliche Gründe, warum Zeitzeugen im Alter mit ihrer Vergangenheit konfrontiert werden. Zum einen ändert sich die psychische Struktur im Alter. Alte Menschen sind mehr auf ihre Vergangenheit bezogen als junge Menschen. Sie ziehen Resümee und Bilanz, betrachten ihre Kinder und Enkelkinder, deren Ursprung sie sind, vergleichen deren Leben mit dem ihren und erkennen schließlich, dass ihre Zeit und damit ihr Einfluss und ihre Macht an die Kinder übergegangen ist. Dies ist nicht nur eine Kränkung, sondern auch eine

Entlastung, die im besten Fall zu einem glücklichen und ausgeglichenen Alter führen kann, wo man den Dingen der Jugend unbedachter und unbeschwerter gegenübertreten kann. So kann der alte Mensch dem jugendlichen Menschen hinsichtlich einer gewissen Aufweichung der psychischen Struktur näher sein als dem mittleren Alters. Aufgrund der Aufweichung, Veränderung und Regression der psychischen Struktur von alten Menschen erleben sie plötzlich in ihren Erinnerungen Szenen, an die sie seit Jahrzehnten nicht mehr gedacht haben. Dinge kommen hoch, die vergessen waren. Der andere Grund, warum Überlebende im Alter an ihre Vergangenheit im Lager erinnert werden, besteht in einer Veränderung des gesellschaftlichen Bewusstseins. Bis in die frühen 90er Jahre galt in Österreich der Opfermythos als kollektive Entlastung von Schuld- und Schamgefühlen hinsichtlich der während des Nazi-Regimes begangenen Verbrechen (vgl. Zöchmeister/Sauer 2005). Erst in den letzten beiden Jahrzehnten kann man einen kollektiven Bewusstseinswandel in der österreichischen Gesellschaft feststellen. An die Stelle der De-Thematisierung von Auschwitz ist eine, zeitweise über die Maßen gehende, Thematisierung dieses Themas in Schulen, Medien und öffentlichen Veranstaltungen getreten. Diesem Thematisierungsschub konnten die Zeitzeugen ebenso wenig ausweichen wie den Veränderungen in ihrer psychischen Struktur. So wurde die Latenz der Erinnerungen aufgebrochen und sie wurden über äußere und innere Reize mit den abgespaltenen und verdrängten Dingen aus der NS-Zeit konfrontiert.

e) Nachtrag

Ich habe mit Herrn W zwei längere Nachgespräche geführt. Dabei kam er am Beginn auf die Differenzen zu sprechen, die ihm in historischen Dokumentationen immer wieder auffallen würden, die sich auf Namen, Daten und Orte seiner Geschichte bezögen. Die Differenzen zwischen dem, was objektiv zu sein scheint, und dem, was er erinnern würde, seien zwar gering, aber er könne nicht darüber hinweg gehen. Er sagt:
W: Irgendwo waren wir ja zeitlos. Also, es wäre ohne weiters möglich, dass da in meinem Zeitgefühl es anders war, als es da dokumentiert ist. Ich weiß ja nicht, woher die Dokumentation stammt. Ich weiß ja nicht, ob das ah, offiziell ermittelt worden ist, oder, oder, sagen wir aus schriftlichen Unterlagen von damals. Oder von Aussagen von Häftlingen. Weil das eine, das ich bekommen hab, ist kombiniert mit Aussagen von Häftlingen. (-)

Ja? Wo zum Beispiel auch drinnen steht: Holstedt. Wo ich mir denke, der hat sich verhört. Ich habe mir gedacht, das ist dasselbe. Und dann hat sich raus gestellt, dass es wirklich ein Holstedt auch gegeben hat. Also-. (7) Das andere ist alles ok, (-) nur das waren eben ein paar Ungereimtheiten, (3) wenn schon, es soll nichts Falsches drinnen stehen.

Diese Ungereimtheiten, Kleinigkeiten, oft nur Nebensächliches, wenn es um Stunden, Tage, Ortschaften, um Namen und Bezeichnungen geht, sind wichtig. Vielleicht weil sie etwas bezeichnen können, das es im Außen wirklich gibt, im Unterschied zur Todeserfahrung, die jenseits des Mitteilbaren steht. Damit hängt auch die Suche nach signifikanten Markierungen wie Gedenksteinen, Gedenktafeln usw. in der Außenwelt zusammen. Diese externen Manifestationen sind Übertragungsflächen für subjektive Erinnerungen, die sich nicht bezeichnen lassen, die immer in diesem *Jenseits der Bedeutung* bleiben. Ich habe im Text eine Bewegung angedeutet, die sich zwischen Verlieren, Suchen, Wiederfinden und abermaligem Verlieren abspielt. In dieser Geschichte gibt es etwas unwiederbringlich Verlorenes. Etwas, das immer jenseits der Bedeutungen und jenseits der symbolischen Ordnung bleiben wird.

II Erika W (zweite Generation)

Erika hat mich nach anfänglichem Misstrauen zu sich nach Hause eingeladen. Sie würde nicht gerne in der Öffentlichkeit über ihr Leben, ihre Geschichte und über private Dinge sprechen. Nachdem ich ihr zugesagt hatte, dass es sich um ein Forschungsprojekt handelt und dass die Namen anonymisiert werden würden, erlaubte sie mir, zu kommen. Rückblickend war mir ihre zögernde Haltung zu den Interviews klar geworden. Erika sprach nicht zum ersten Mal über ihre Familiengeschichte. Sie hatte dies im Rahmen von Eigentherapien schon getan. Ob man in einem intimen therapeutischen Rahmen über seine Geschichte spricht oder in einem Interview macht einen großen Unterschied. Im Nachhinein war klar geworden, dass gerade die Situation des Interviews eine bestimmte Angst in ihr auslöste, die mit der Vergangenheit ihrer Familiengeschichte in Zusammenhang stand. Insofern kann ich es gar nicht genug wertschätzen, dass sie trotzdem gesprochen hat. Wir trafen uns für die Interviews bei ihr zu Hause, wobei sie beide Male ein wenig verspätet eintraf. Sie war noch einkaufen gewesen und anschließend frühstückten wir gemeinsam in ihrem Garten. Diese ungezwungene Atmosphäre könnte es ihr erleichtert haben, über die Familiengeschichte zu reden.

a) Das Reden über die Vergangenheit: Zwischen Stolz und Angst

Erika begann die Interviews mit einer ihr ebenso vertrauten wie verhassten Familienszene:

E: Mit dem 34er Jahr war das so, also, (-) in meiner Kindheit war ein langer Tisch in der Küche, da ist an jedem End eine Großmutter gesessen, + eine ist Sozialdemokratin, + aufrechte, (-) die andere Kommunistin (-) und die Geburtstagsfeier oder so (-) irgendwann haben sie angefangen zum Streiten über das 34er Jahr. + (-) Und dann ist eine Schreierei losgegangen. (-) Da hat eine die andere angeschrien, (-) ihr habt uns verraten. + (-) Im 34er Jahr. (-) Und der Papa (-) hat sich irgendwann hinter seine Mutter gestellt, (-) hinter die kommunistische, + (-) und meine Mama hat still das Essen serviert. (-) Und mir nonverbal zu verstehen gegeben (lachend) bleib unter dem Tisch, dann kann dir nichts passieren. (-)* (-) Das war so (-) *der Auftritt* von der Mama. + (-) Und auch sonst das war immer (-) da in der Siedlung bin ich aufgewachsen (leiser werdend) und ich habe von dieser Oma, von der sozialdemokratischen immer mitgekriegt, du darfst niemanden erzählen, *dass der Papa Kommunist ist.* + (-) *Also das war Tabu. Darf man nicht erzählen* und auch nicht dass er (-) das war immer (-) unter eingesperrt, (-) darf man auch nicht erzählen. + (-) Während die, die (-) andere Großmutter praktisch voll stolz: (-) »Wir sind Kommunisten, (-) + wir sind politisch (-) aktiv.«

In ihrer Familie hatte es eine Spaltung zwischen Sozialdemokraten und Kommunisten gegeben, zwischen mütterlicher und väterlicher Seite der Familie. Als Kind hatte sie die Streitereien zwischen den beiden Großmüttern gehasst. Instinktiv hatte sie dem 34er Jahr die Schuld an diesen Streitereien gegeben und von diesem Jahr nichts wissen wollen. Auch Jahre später hatte sie in ihrem historischen und politischen Bewusstsein einen blinden Fleck, was das 34er Jahr betraf. Ihr Vater deutete während der Interviews diese Kluft in der Familie zwischen seiner Mutter und der Schwiegermutter an. Angesprochen auf seine Häftlingsuniform, die er aus dem KZ mitgenommen hätte, meinte Herr W

3.5 Die Geschichte der Familie W

ironisch, die hätte vermutlich seine Schwiegermutter weggeworfen. Im Kontext der Rede der Tochter gewinnt Herrn Ws Vermutung an Bedeutung. Es sei die Großmutter mütterlicherseits, also Herrn Ws Schwiegermutter, gewesen, die Erika eingeflößt hätte, zu verschweigen, dass ihr Vater Kommunist sei und im KZ gewesen wäre. Für Erika wurde dieses Schweigegebot noch durch die Worte der Mutter verstärkt: »Bleib unter dem Tisch, dann passiert dir nichts. Das war so der Auftrag von der Mama.« Nach den familiären Erzählungen würde es nahe liegen, anzunehmen, dass die Großmutter mütterlicherseits während des NS-Terrors stillgehalten hatte. Ihre Angst vor der Drohung des Aggressors war so groß, dass sie sich in eine Art innere Emigration zurückgezogen hatte. Sie hatte sich symbolisch tot gestellt und darauf gewartet, dass der NS-Alp sein Ende finden möge. So hätte die Großmutter mütterlicherseits überlebt. Indem sie still gehalten und geschwiegen hätte. Ihre Söhne waren an der Front und die Tochter wurde zum Arbeitsdienst eingezogen. Der Ehemann war kurz vor Ausbruch des Krieges an einer Lungenentzündung gestorben.[113] Diese Großmutter war also ganz allein auf sich gestellt. Um in diesem feindlichen Umfeld zu überleben und um das Leben ihrer Kinder nicht zu gefährden, hatte sie vermutlich versucht, ihre gegen das Regime gerichtete Haltung zu verbergen, zu tarnen. Anders die Großmutter väterlicherseits, die gemeinsam mit ihrer Tochter nach Ravensbrück deportiert worden war. Erika erzählte über diese Großmutter eine Episode aus Ravensbrück, in der die Großmutter einer Mitgefangenen ihren Mantel gab, weil sie nicht mehr damit rechnete, jemals lebendig aus dem Lager zu kommen. Sie hatte nicht mehr damit gerechnet ... Woran sie trotz ihrer aussichtslosen Lage festhielt, war diese solidarische, zutiefst menschliche Haltung; dies war etwas, das ihr die Nazis nicht hätten nehmen können. Diese Großmutter hatte das Lager überlebt und sie war mit dieser Geste aus dem Lager gekommen. Sie war eine stolze Frau gewesen, die nichts verbarg, die anderen Menschen immer wieder erzählte, was sie im Lager erlebt hatte. Sie war auch zusammen mit ihrer Tochter mit einer Wanderausstellung im deutschsprachigen Raum unterwegs gewesen, um zu erzählen, was sie erlebt hatte. Während der Familienfeiern

---

113 Im Nachgespräch ging Erika auf die emotionalen Auswirkungen dieses verheerenden Schicksalsschlages für ihre Großmutter ein. Sie sei »irrsinnig hart geworden, also zu sich selbst und-. Also, ich habe sie ein einziges Mal weinen gesehen, und da ist sie über eine Zeitung gesessen, wo in Polen ein Bergwerkunglück war. Also so über kollektives Leid, da habe ich sie das erste Mal weinen gesehen. Aber über sonstige Schicksalsschläge war sie, (-) *was ist das Nächste*.«

prallten diese unterschiedlichen Überlebensstrategien der beiden Großmütter aufeinander. Stillhalten und Verbergen versus stolzes Hervorheben der eigenen Haltungen.[114] In diesem Spannungsfeld fanden die Familienfeiern statt. Und in diesem Spannungsfeld war Erika groß geworden. Stolz und Angst, Verschweigen und Erinnern prägten den familiären Umgang mit der Historie. Erika hatte sich gewissermaßen zu entscheiden und sie wählte, was ihr von Mutters Seite insinuiert wurde: »Bleib unter dem Tisch, dann kann dir nichts passieren.« Dieses Spannungsfeld bewegt Erika bis heute. Im zweiten Interview stellte sie sich wiederholt die Frage, was jene, die Widerstand gegen das NS-Regime geleistet hatten, tatsächlich bewirkt hätten, außer ...?

E: Also die haben unter Einsatz ihres Lebens, (-) waren sie dagegen, (-) aber was haben sie tatsächlich und de facto bewirkt, (-) außer dass sie ihr Leben riskiert haben? (-) Und das war eigentlich nicht viel, was sie bewegt haben, (-) außer dass sie ihre Haltung dokumentiert haben, sich selbst treu geblieben sind, + (-) und gesagt haben, (-) ich will das nicht. (-) Aber dafür ihr Leben riskiert haben. + + (-) Aber viel mehr haben sie nicht bewirkt.

b)   Langes Schweigen und späte Übersetzungen

Erika brachte zahlreiche Beispiele, wie die Gewalterfahrungen aus der Vergangenheit verschwiegen wurden. Zum Teil von ihren Eltern und später auch von ihr selbst. Erika traf zwei Mal im Jahr mit ihren ehemaligen Klassenkameradinnen zusammen. Eine Mitschülerin hatte vor Kurzem ein zeitgeschichtliches Buch geschrieben, was zum Anlass wurde, dass die Frauen sich über ihre Familienvergangenheit austauschten. Erika erzählte bei dieser Gelegenheit ihren ehemaligen Mitschülerinnen, die sie seit über 40 Jahren bei diesen Treffen regelmäßig sah, zum ersten Mal, dass ihr Vater Kommunist sei und während der NS-Zeit verhaftet und in ein Konzentrationslager deportiert worden war.[115] Ein anderes Beispiel zeigt das Schweigen und Tarnen innerhalb Erikas Familie, als sie noch ein Kind

---

114 Eine Geschichte, die mit dem Jahr 1934 seinen Anfang genommen hatte, als die Sozialdemokratie Österreichs zwischen Eingreifen und Widerstand versus Stillhalten und Ausharren gespalten war.

115 Es hätte zwei weitere Mitschülerinnen gegeben, deren Väter Kommunisten waren. Diese beiden Mitschülerinnen hätten in Diskussionen die Geschichten ihrer Väter immer wieder eingebracht, während Erika, wie sie im Nachgespräch beschrieb, sobald es zu diesem Thema gekommen sei, sich nur klein gemacht hätte. »Nur nicht auffallen.«

3.5 Die Geschichte der Familie W

war: Ihr Vater sei einmal als Zeuge der Anklage zu einem NS-Verbrecherprozess geladen worden.
E: Und für mich war das getarnt als: der Papa macht einen Skiausflug. (-) Also das war von mir auch alles ferngehalten.
I: Wann hast du es dann erfahren?
E: Ich habe das viel später erst erfahren. + (-) Du, ich weiß es nicht, wie alt ich war. (-) Ich weiß es nicht. + (-) Ja, (-) also ich bin so aufgewachsen zwischen Stolz, dass mein Papa und meine Familie Kommunisten sind, (-) also, das ist was Stolzes, (-) und gleichzeitig, (-) (schreckhaftes Einatmen) (-) niemand darf es wissen.

Als Kind waren die Hinweise auf die Gewalterfahrungen *getarnt*[116] gewesen. Ihr Vater hätte nie darüber erzählt. Auch wenn sie immer gewusst hatte, dass ihr Vater, die Großmutter und die Tante in Konzentrationslagern waren, so hatte mit Ausnahme der Großmutter nie jemand aus der Familie darüber gesprochen.[117] Erst viel später hätte sich das langsam und zunächst auch nur über *vermittelnde Objekte* verändert. Erika erzählte von einer Busreise gemeinsam mit dem Vater und ihrer Tochter nach Buchenwald. Bei dieser Reise hätte der Vater viel erzählt, aber nicht ihr, sondern einer Journalistin, die sich im Bus neben den Vater gesetzt und gewusst hätte, wie zu fragen sei.
E: Da hat eine Frau vom Profil ihn interviewt, (-) hat sich neben ihn gesetzt, (-) und wir (die Tochter und sie; Anm. M. Z.) sind dahinter gesessen (-) + (-) und da haben wir Sachen erfahren, (-) die er nie erzählt hat. + (-) Erstens, weil sie gut gefragt hat, und zweitens weil er dann nicht in der Familie das (-) *erzählt hat.* + *Weißt?*

Ihrem Vater war es nicht möglich gewesen, zu seiner Tochter oder Enkeltochter *direkt* zu sprechen. Der Signifikant »Tarnung« könnte unter anderem darauf verweisen, dass die erlittene Gewaltgeschichte nicht mitteilbar war. Erika hatte es gewissermaßen über ein *vermittelndes Objekt* erfahren müssen. Bis Ende der

---

116 Tarnung und tarnen sind familiäre Signifikanten, die sich einerseits mit Szenen der Verhaftung des Vaters, der Oma, der Tante (hier ist die Tarnung aufgeflogen) und andererseits mit familiären Aufträgen (bleib unter dem Tisch …) in Verbindung bringen lassen.
117 Dies sei nicht war, meinte Erika im Nachgespräch. »Meine Tante hat geredet wie ein Wasserfall (-) über das. * (-) Die zwei Frauen haben geredet, (-) nur *der Papa* hat geschwiegen. (-) Und meine Tante hat gesagt, also (-) ihnen ist es schlecht gegangen, aber (-) dem Papa ist es noch *viel* schlechter gegangen. Also er hat kein Wort gesagt.«

3. Acht Familiengeschichten

70er Jahre, Erika war damals in ihren 30ern, hatte der Vater so gut wie nie aus der Vergangenheit erzählt. Dann kam die vierteilige Fernsehserie *Holocaust – die Geschichte der Familie Weiß* (USA, Deutschland 1978) in das Fernsehen.
E: Und da hat er furchtbar geweint.
I: Die Serie?
E: Ja. (-) Und da hat er furchtbar geweint, hat die Mama erzählt, (-) und da hat er angefangen Sache ihr zu erzählen, die er vorher nie erzählt hat. + Und dann hat er gezeichnet. Da hat er drei Zeichnungen gemacht und die hat er dem Dokumentationsarchiv geschenkt.

Der Vater sprach auch hier nicht zur Tochter, sondern zu seiner Frau bzw. über die Zeichnungen, die er machte. Während Erikas Großmutter und ihre Tante mit einer Wanderausstellung über Ravensbrück durch Deutschland und Österreich fuhren, blieb der Vater verschlossen und schwieg.[118] Erikas Vater hatte, als er zu sprechen begann, über Dritte und Drittes sprechen lassen. So zum Beispiel über seine Bilder. Viele Jahre nach der Fernsehserie *Holocaust* hatte er mit seinen Bildern über Sollstedt, die Lagerhaft und die Zeit im Polizeigefängnis eine Ausstellung gemacht. Erika half ihm dabei. Zunächst stellte sich allerdings das Problem, dass Herr W die Bilder nicht mehr finden konnte. Er hatte sie zu gut vor sich selbst versteckt. So riet ihm Erika, die Bilder einfach nochmals zu malen. Erika hatte ihm auch beim Schreiben des Begleittextes zur Ausstellung geholfen.
E: Und wie wir praktisch die Ankündigung geschrieben haben zu dem Thema, (-) haben wir geschrieben, (-) habe ich ihm geholfen, das zu formulieren. (-) Und der Papa hat gesch-, (-) hat gesagt, (-) also: (-) »Da war, (-) also da sind wir«, (-) *ich weiß nicht die Orte jetzt mehr*, (-) » also da sind wir von da dorthin gekommen und dort sind wir so lange geblieben und dort waren wir dann und da waren wir und (-) da waren wir«, (-) und (-) den Ort hat er immer wieder erwähnt. + (-) Und ich habe mir gedacht, das kann ich nicht so aufschreiben. (-) Das, (-) kein Mensch weiß, wo der Ort

---

118 Tante und Großmutter hätten Erika auch einmal mitgenommen nach Ravensbrück, wie sie im Nachgespräch ergänzte, »da war ich 11 Jahre und wie ich 15 war im Jugendlager nach Ravensbrück immer so eine Gedenkfeier. Sodass ich auch die Kinder von den anderen Häftlingen, von diesen ganzen, beso-, also vor allem von den politischen Häftlingen, nicht? + Die waren irgendwo eine Gruppe, die dann immer zusammen gehalten haben. * Und die haben sich, sind auch jetzt noch in Kontakt, soweit sie noch leben. * Und die Kinder von denen habe ich durch diese Jugendlager natürlich auch kennengelernt. Also da haben sich dann Freundschaften ergeben und alles Mögliche.«

ist in Deutschland. (-) + (-) + (-) Das ist auch vollkommen uninteressant. Und da habe ich gesagt, (-) jetzt versuche einmal, (-) also, ich habe versucht, mit ihm eine Formulierung zu finden, wie das in eine, (-) ah, (-) ah, (-) angemessene Form kommt. (-) Und dann (-) habe ich gesagt: (-) »Der Marsch, der lange Marsch, der war das <u>Schlimmste</u>, (-) was du erlebt hast.« + (-) »*Ja*«, (-) hat er gesagt. + (-) Und war so erleichtert. (-) Das heißt, (-) er hat über die Orte sagen können, (-) aber * nicht über sein Gefühl dabei. * * * (-) Und er war, (-) also-. (-) Über den einen Satz, (-) dass ich gesagt hab: »Das war das Schlimmste, was du erlebt hast.« (-) »*Ja.*« (-) Das war wie eine Geburt. *

Erika hatte ihrem Vater geholfen, eine Sprache zu finden, um das Unaussprechliche in Worte zu bringen. Seine anfängliche Sprache war die einer räumlichen und zeitlichen Orientierung gewesen. »Von da dorthin« usw. Das Gefühl für Raum und Zeit gehört zu den ersten Dingen, die verloren gehen, wenn der Mensch in einen psychotischen Kosmos gerät. Gleichzeitig sind es die letzten Bastionen, an die sich der Mensch klammert, wenn ein psychotischer Abgrund droht. Im Prozess des Wiedererinnerns seiner Erfahrungen stand Herrn W seine Tochter zur Seite. Ihr gelang das Finden der richtigen Worte, für die Herr W offenbar keine Energie mehr hatte. Seine Erleichterung mag auch daher rühren, dass es jemanden in seiner Nähe gab, der ihn zu verstehen schien. Der das Unaussprechliche in Worte fasste, etwas, zu dem er nicht in der Lage war. Die Tochter übersetzte für ihren Vater das Unaussprechliche, sie gab den Dingen einen Namen, wodurch das Erlebte eine Form und damit einen ersten Abschied erhielt. Erika verglich den Prozess dieser *Übersetzungsarbeit* mit dem einer Geburt. Über das Übersetzen der Tochter fanden die Gewalterfahrungen aus der Vergangenheit eine erste Vergeschichtlichung. Sie wurden mit-teil-bar und lasteten somit nicht mehr allein auf Herrn Ws Schultern. Sie wurden mitteilbar und konnten damit einem geschichtlichen und lebensbiografischen Zusammenhang zugeordnet werden. Diese Szenen sind ein Beispiel unter vielen, wie Übersetzungsprozesse zwischen den Generationen in einem günstigen Fall ablaufen können. Indem die nachfolgende Generation Worte findet, wo die ihr vorangegangene über lange Zeit sprachlos blieb.

Erst in den letzten Jahren hatte der Vater begonnen, über die Gewalterfahrungen zu sprechen. Und dann über vermittelnde Objekte, die ihm eine Übersetzungshilfe gaben. Bücher, Ausstellungen, Bilder, Filme …

3. Acht Familiengeschichten

E: Das ist, (-) ahm, (-) mein Vater ist jetzt ganz berührt. (-) Also, der arbeitet jetzt eine ganze Menge auf. Mit deinen Interviews, mit dem Film, + und jetzt hat er ein Buch in die Hand gekriegt, wo etliche Leute, die er (-) gekannt hat, + (-) ah, (-) drinnen vorkommen. Und, (-) da hat er jetzt ganz berührt mir erzählt (-) von (-) einem anderen KZ, (-) und da sagt er boah, (-) also irgendwie da war es ja bei uns noch gut. (-) + (-) Also, (-) weißt, (-) wo so, so-. (3)
I: Wo so?
E: Jetzt habe ich es vergessen. (6) Na, wir reden auch jetzt mehr. + (2)

c) Ängste und Sprachlosigkeit

Erikas Ängste diktierten den Beginn der Interviews. Sie hatte Angst, ihren Namen zu nennen. Angst, man könnte sie in den Interviews und den daraus entstehenden Berichten wiedererkennen. Sie hatte Angst, Spuren zu hinterlassen. Tonspuren auf dem Band. Die Anonymisierung ermöglichte erst ein Sprechen, dass ohne diese nie hätte stattfinden können.

Erika war vorsichtig mit Briefen, E-Mails oder sonstigen Kommunikationsmedien. Überall, wo sie Spuren hinterlassen würde, war sie darauf bedacht, an der Oberfläche zu bleiben. Sie hatte Angst, dass das, was sie sagte, schrieb oder hinterließ, umgedreht und zu ihren Ungunsten ausgelegt werden könnte. Dazu brachte sie Beispiele aus ihrem Alltagsleben. Vor Kurzem war sie von der kommunistischen Partei gefragt worden, ob sie bei einer Gemeinderatswahl für die Partei kandidieren möge. Erika war immer parteilos gewesen.[119] Warum in aller Welt sollte sie nun für die Kommunisten kandidieren? Weil, so die Antwort der Partei, sie ein Reißverschluss-System hätten, bei dem immer eine Frau auf einen Mann folgen würde und ihnen fehle eine Frau als Kandidatin für die kommende Wahl. Gut. Das hätte ihr eingeleuchtet. Erika sagte zu und sollte nun formulieren, wofür sie stehe und was sie, würde sie gewählt werden, alles ändern würde. Dies hatte ihr zunächst keine Schwierigkeiten bereitet. Erikas Wünsche waren derart allgemein und über das Parteiprogramm hinaus formuliert, dass

---

119 Sie sei nicht nur immer parteilos gewesen, sondern sie sei auch, wie sie im Nachgespräch betonte, niemals Mitglied irgendeines Vereins gewesen. In diesem Zusammenhang erzählte ich ihr von der FÖJ, die ja mit der Geschichte ihres Vaters, mit dessen Idealen und Träumen sowie mit dem Scheitern dieser Träume verbunden war. Erika war erstaunt, da sie noch nie davon gehört hätte.

sie im Grunde den Wünschen aller entsprachen und keine politisch eindeutige Zuordenbarkeit ermöglichten. Auch darin zeigte sich der Versuch, sich zu tarnen, sich hinter allgemeinen Wünschen zu verstecken, um nicht aufzufallen oder Spuren zu hinterlassen. Schwieriger war es, als die Partei für die Wahlwerbung ein Foto von ihr benötigte.

E: Ja, (-) und wie dieses Foto von mir, dieses Bild, wie der gesagt hat, er braucht ein Bild, (-) da habe ich ein Bild abgegeben, (-) und das war wirklich so, wie wenn ich das erste Mal einen Fußabdruck hinterlasse, oder so. + (-) Also da bin ich wirklich über meine Grenzen gegangen.

Das Foto ließ sich mit dem Wunsch nach Tarnung nicht vereinbaren. Sie würde durch das Foto eine bleibende Spur hinterlassen, etwas, was sie immer vermieden hatte. Erika erzählte, dass sie immer auf Friedensdemonstrationen und Demonstrationen gegen Rechts mitgegangen sei. Allerdings hatte sie sich verkleidet, getarnt, um auf Polizeifotos nicht erkannt zu werden. Ihre Fantasie, die eigene Spur zum Verschwinden zu bringen, ging so weit, dass sie sich, wenn sie einer Polizeikontrolle begegnet, sich vorstellt, sich aufzulösen, um durchs Netz der Fahnder zu gehen. Und sie versicherte mir, dass diese imaginative Technik klappen würde, da sie noch nie eine Polizeikontrolle gehabt hätte.

Ihre Angst, sich zu zeigen und damit gesehen und erkannt zu werden, produzierte einerseits den Versuch, sich zu verstecken, sich zu tarnen, und andererseits eine Sprachlosigkeit, die eintrat, wenn die Tarnung wegfiel und jemand da war, der ihre so entstandene Verwundbarkeit attackierte. Erika erzählte von einer Nachbarin, deren Eltern ehemalige Nazis waren. Einmal sagte sie dieser Nachbarin etwas von ihrer Buchenwaldreise. Die Nachbarin entgegnete nur: »Andere Leute hätten auch Schlimmes erlebt.« Erika wollte sagen, dass man das doch nicht vergleichen könne, irgendetwas in der Art, aber in dem Moment, wo ihr die Nachbarin über den Mund fuhr, war sie sprachlos und konnte gar nichts sagen. Ähnliche Szenen ereigneten sich auch mit anderen Bekannten aus ihrem Umfeld und offenbarten eine sprachliche Paralyse. Wobei die Sprachlosigkeit nicht nur als Überwältigung und psychische Ohnmacht, sondern auch als eine letzte Abwehr verstanden werden kann. Wer redet, gibt preis. Wer zu viel redet, verspricht sich mitunter und verrät, was eigentlich nicht gesagt werden soll. Aus der Familiengeschichte ist bekannt, dass der Vater bzw. die Großmutter und Tante aufgrund eines Verrats verhaftet wurden. Irgendjemand musste sie verraten haben. Irgendjemand musste zu viel geredet haben. Da hatte es Spuren gegeben, die Vater, Tante und Großmutter hinterlassen hatten, Spuren, die zu ihrer Verhaftung geführt hatten. Also redete man besser nicht zu viel.[120]

d) Zwei ursprüngliche Initialszenen

Erika erinnerte so gut wie keine Erzählung des Vaters aus dem Lager oder aus dem Polizeigefängnis. Dagegen gab es zwei familiäre Erzählungen, welche die Verhaftung des Vaters bzw. der Großmutter und der Tante betrafen, die ihr teilweise bekannt waren. Zunächst die spätere Szene mit dem Fallschirmspringer: Herr W hatte erzählt, dass er zusammen mit Mutter und Schwester verhaftet wurde, weil die Mutter einen Fallschirmspringer versteckt hielt, der für den Widerstand gearbeitet hatte. Im Interview mit Erika entstand diese Reminiszenz aus einer Frage, die Erika sich selbst stellte, und die ich bereits oben angeführt hatte.

E: Und (2) was mich beschäftigt hat, war, (2) das <u>ganze</u>, (2) also die haben unter Einsatz ihres Lebens, (-) waren sie dagegen, (-) aber was haben sie tatsächlich und de facto bewirkt, (-) außer dass sie ihr Leben riskiert haben, (-) und das war eigentlich nicht viel, was sie bewegt haben, (-) außer dass sie ihre Haltung dokumentiert haben, sich selbst treu geblieben sind, + (-) und gesagt haben, (-) ich will das nicht, (-) aber dafür ihr Leben riskiert haben. + + (-) Aber viel mehr haben sie nicht bewirkt, (-) weil von dem Fallschirmspringer hat die Gestapo schon vorher was gewusst, dass der kommen wird, (-) da haben sie irgendeinen anderen abgefangen. (-) Und sie haben eigentlich nur noch gewartet, bis der runter kommt, (-) wo wird der versteckt, (-) und dann haben sie die Leute eingesammelt. + (-) Die ihm geholfen haben.

---

[120] Erikas Bemühung nicht zu reden, nichts preiszugeben, ihre Angst vor der Öffentlichkeit, vor der Polizei und vor Observierungsmethoden der Exekutive deutet auf eine unbewusste Identifikation mit den Verfolgungserlebnissen ihrer Eltern- bzw. Großelterngeneration. Als könnte das, was ihre Vorfahren erlebt hatten, auch ihr passieren, so musste sie schweigen und immer auf der Hut sein, nicht zu viel von sich preiszugeben. Folgt man dieser Spur, so ist ihre sprachliche Paralyse in den Kontext von Verhör und Folter zu stellen, der für ihre Eltern- und Großelterngeneration traumatisierende Realität war. Im Nachgespräch brachte sie ein Beispiel von einem Jugendfreund aus der zweiten Generation, den sie mit elf Jahren in diesen Jugendlagern kennengelernt hatte. Nachdem sie ihn aus den Augen verloren hatte, kreuzten sich ihre Wege wieder im Erwachsenenalter. Der Mann war mittlerweile verheiratet und hatte den Namen seiner Frau angenommen, »weil er auch ein Problem damit hatte, Spuren zu hinterlassen und sich zu deklarieren«.

Vater, Großmuter und Tante waren damals in eine Falle der Nazis geraten. Jemand hatte sie verraten und die Polizei auf die Spur zur Familie geführt; weil die Familie jemanden aus dem Widerstand versteckt gehalten hatte, von dem auch andere wussten. Die zweite Erzählung betraf ein Flugblatt, das die Gestapo im Elternhaus von Herrn W gefunden hatte. Aus der Erzählung von Herrn W ist bekannt, dass er, weil er von Verhaftungen in seinem Umfeld gehört hatte, damit rechnete, dass die Gestapo bald auch in ihr Haus kommen würde. Zusammen mit seiner Schwester hätte er das Flugblatt gesucht, von dem sie wussten, dass es noch irgendwo in der Wohnung sein musste. Sie konnten es allerdings nicht mehr finden. Aufgrund dieses einen Flugblattes, das die Gestapo dann später bei der Hausdurchsuchung fand, wurde Herr W mitgenommen und acht Monate lang im Polizeigefängnis gefangengehalten und verhört. Erika wusste von einem Flugblatt, das ihre Tante irgendwo liegen gelassen hätte, sie wusste, dass Vater und Tante danach gesucht hätten, es aber nicht mehr finden konnten. Was sie nicht (mehr) wusste, war, dass dieses Flugblatt, von der Gestapo gefunden, Ursache der ersten Verhaftung ihres Vaters war.[121] Das versteckte Flugblatt war die Spur, die hinterlassen wurde, die zur Verhaftung führte. Beide Erzählungen handeln von versteckten Objekten, von Verstecken, die nicht genug getarnt waren, und von hinterlassenen Spuren, die zum Verhängnis wurden.

Es gab sicherlich noch andere Ursachen und Ursprünge ihrer Ängste so wie den mütterlichen Auftrag: »Bleib unterm Tisch, dann kann dir nichts passieren.« Man kann sagen, dass es unterschiedliche Erzählungen und Szenen gab, die alle zum Themenkreis der verräterischen Spuren und des eigenen Verschwindens führten. Erika entwickelte daraus unterschiedliche Techniken, die sie vor vermeintlichen oder tatsächlichen Angriffen und Übergriffen schützen sollten.

---

121 Obgleich man sagen kann, dass in Erikas Symptom – der Angst Spuren zu hinterlassen – ein geheimes Wissen darüber steckt, dass das Flugblatt von der Gestapo gefunden und also die hinterlassene Spur zum Verhängnis geworden war, meinte sie im Interview, nachdem ich ihr die ganze Geschichte über das Flugblatt mitgeteilt hatte:»Das habe ich ja gar nicht gewusst in der Tragweite. Da brauche ich jetzt wieder Zeit, um das aufzuarbeiten. **Die** haben das gefunden? Jössas!« Haydée Faimberg beschreibt die unbewusste Übertragung einer Geschichte, die nicht die des Patienten ist, über einen identifikatorischen Prozess als Ineinanderrücken (télescopage) der Generationenfolge (1987). Dabei identifiziert sich das Subjekt nicht nur mit dem Objekt, sondern auch mit den Strukturen von dessen innerer Geschichte. Diese Formen der Identifizierungen stellen eine Bindung zwischen den Generationen her, sie sind sprachlos und nicht hörbar.

3. Acht Familiengeschichten

e) Transposition: »Wenn sie uns holen kommen.«

Neben Fantasien des Unauffindbarwerdens und des Verschwindens gab es eine zweite Gruppe von Fluchtfantasien, die sich ebenfalls von Erikas Ängsten ableiten ließen.

E: Die Ur-, (-) also, (-) da bin ich jetzt, jetzt, (-) diese Tage bin ich erst draufgekommen, (-) über das, *dass du da ein Interview machen willst.* Also, irgendwie ist mir da gekommen, dass ich (-) <u>irre Angst hab</u>, (-) zum Beispiel reden kann ich eher. (-) Obwohl es ja blöd ist, weil du kannst es aufzeichnen. (-) Aber (-) einen Fragebogen, oder was <u>Schriftliches</u>, (-) das könnte gegen mich verwendet werden. + + (-) Das heißt, ich schreibe auch keine Briefe und keine E-Mails. Außer Belanglosigkeiten. (-) Ja nur keine Spuren hinterlassen, * (-) wo ich festnagelbar bin. Wobei meine Angst ein Stückel gesunken ist, (-) seit ich in Pension bin. Net?
I: Mit was könnte das zusammenhängen (-) diese Angst Spuren zu hinterlassen?
E: Naja. (-) Pass auf. (-) Wie ich in dieses Haus gezogen bin. (-) Ich habe dort oben gewohnt (Geste) *in dem Haus*, (-) im siebten Stock, (-) da war ich sieben-, vier Jahre verheiratet, und habe zwei Töchter + (-) und habe sieben Jahre dort gewohnt. Und dann bin ich da her gezogen und die Eltern sind dort hingezogen. + (-) Und mein **erster** Gedanke, bevor ich dieses Haus übernommen hab, war, ist das ein Vorteil, dass es zwei Ausgänge hat oder ein Nachteil? Weil, <u>wenn sie uns *holen* kommen</u> ... +. (-) Das habe ich von der kommunistischen Oma immer gehört + von der <u>Großmama</u>. (-) Sie-. »Da kommen sie uns holen.« »Die Gestapo kommt uns holen.« »Es kommt uns holen.« + (-) Und das habe ich in den <u>Nächten</u> (-) herumgewälzt, + wie ich <u>flüchten</u> kann (-) <u>besser</u>. + + Verstehst? Im Alltag hat das keine Bedeutung gehabt. Aber in der Nacht (lachend) *hat mich das beschäftigt*, ob das <u>ein Vorteil oder ein Nachteil</u> ist, wie ich mit den Kindern <u>das Haus verlassen kann</u>, (-) flüchtend.

Der signifikante Satz »wenn sie uns holen kommen« bezeichnete eine initiale Schlüsselszene aus der familiären Geschichte. In Erikas Rede fand der Satz mehrere, in der Wiederholung sich verändernde Abwandlungen: von: »wenn sie ... kommen«, zu: »da kommen sie ...«, zu: »die Gestapo kommt ...«, und schließlich zum: »es kommt ...«. Nicht der Inhalt (holen kommen) des signifikanten Satzes ändert sich, sondern Möglichkeit und Name des Angreifers.

Zunächst wird aus der Möglichkeit (wenn) eine zeitliche Bestimmtheit (da). Dann ändert sich der Name des Angreifers. Er wandelt sich von »sie« bzw. »die Gestapo« zu einem unbestimmten Angreifer »es«, der im Sinne der präsentierten Zeitlichkeit bestimmt kommen wird: »Es kommt uns holen«, scheint das stärkste Motiv zu sein, weswegen Erika in den Nächten an ihre Flucht denken musste. In den Veränderungen des signifikanten Satzes rückt die Bedrohung näher (von *wenn* zu *da*) gleichzeitig wird sie unbestimmter (von die *Gestapo* zu *es*), wobei letzteres eine Anpassung an gegebene Verhältnisse meinen könnte. Mit anderen Worten, der Satz »es kommt uns holen« gewann über seine sprachliche Bearbeitung an Potenzialität und Nähe. Die solcherart konstruierte potenzielle Nähe wurde zum Inhalt einer diffusen Angst.

Nach Erikas Worten tauchte diese Angst immer nächtens auf. Dann wenn die bewusste Zensur über ihre Tagträume nachließ und die Grenze zwischen Wach- und Schlafzustand undeutlich wurde. Vielleicht lebte Erika in diesen Nächten in einer anderen Wirklichkeit, in einer über Identifizierungsprozesse hervorgerufenen *transponierten* Wirklichkeit (vgl. Kestenberg 1998), in der *Verfolgungsrealität* ihrer Eltern und Großelterngeneration. Wenn Erika nächtens in der Welt ihrer Großmutter lebte und sich in ihre Lage und in die ihres Vaters und ihrer Tante versetzte, spielte sie ein historisches Drama aus ihrer Familiengeschichte neuerlich durch. Sie wollte gewappnet sein, für alle Fälle, und plante ihre Flucht. Sie spielte alle Möglichkeiten durch, sah Männer in Stiefeln, die kamen, sich ihrer Wohnung bemächtigten und sie sah sich mit den Kindern im Arm durch einen ihrer Ausgänge verschwinden. Erika fantasierte sich in eine Position, in der sie die Kontrolle behalten würde, im Unterschied zu ihren Vorfahren, die, als es kam, die Kontrolle abgeben mussten. Erika wiederholte im Geiste das familiäre Drama Nacht für Nacht. Die Wiederholung des Dramas drang über identifikatorische Prozesse in ihr Leben. Der signifikante Satz der Großmutter schuf die Verbindung zwischen der Vergangenheit und dem gegenwärtigen (phantasmatischen) Leben der Tochter.

Erika musste sich verstecken, sich immer besser verstecken, um nicht gefunden zu werden. Sie musste ihre Spuren verwischen, unkenntlich machen. Sie durfte kein Zeugnis hinterlassen. Nichts, was sie verraten würde. Vielleicht hatte sie aus diesem Grunde ein Bündnis mit der Unordnung geschlossen. Weil jedwede Ordnung ihr zum Verhängnis werden könnte. Konkret sah dies so aus, dass Erika in ihrer Wohnung, wie sie selbst meinte, beinah wie ein »Messie« lebte. Als Erika über ihres Vaters Schwierigkeiten sprach, die Bilder für die Ausstellung zu finden, kam sie unweigerlich auf die Unordnung zu sprechen, die in ihrer eigenen Wohnung herrschte.

E: Ja, also (-) zum Beispiel beim Schlafzimmer (-) ist ein Wall gewandt. (-) Ein bisschen so aufgehäuft. Den ich zwar ab und zu wieder abtrage, + aber, (-) kaum ist er abgetragen gestaltet er sich neu. (-) Mit neuen Farben. (lachen) (-) Und irgendwann habe ich das in einer-. (-) Also, ich mache jahrelange schon (-) Gestalttherapie habe ich gemacht, jahrelang bei einem Gestalttherapeuten, + (-) und dann habe ich-. + Also, alles mögliche, *NLP und weiß der Kuckuck noch was, Länge mal Breite.* (-) Und, (-) **ah**, (-) und irgendwann (-) habe ich das einmal thematisiert dieses-; (-) und da bin ich auf mein Grundgefühl gekommen. Mein (lachend) <u>*Grundgefühl ist, wie ein Hase*</u>, (-) ich verstecke mich hinter diesen, (-) also, <u>*wenn sie uns holen kommen*</u>-. + Ich habe das natürlich ins Vernünftige gebracht, wenn Einbrecher kommen, glauben sie, es war schon wer da. Oder (lachen) oder (-) mich findet man nicht. Weil (-) (lachend) <u>hinter diesen Bergen, machst die Türe auf, glaubst da ist nichts mehr * und gehst wieder.</u> (-) Das heißt, (-) verstehst? (-) Das (beide lachen) (-) ist irgendwo ein latentes Gefühl <u>*von*</u> (-) <u>*ich muss mich verstecken*</u>. (-) Verstehst? (-) Das schon dem auch zu Grunde liegt.

Erika entwickelte eine Systematik, die Dinge ihres alltäglichen Lebens hinter oder in Haufen und Wällen von anderen Dingen zu verbergen. Erika sprach von Kleidungsbergen; von ihrer Kleidung, die symbolisch als zweite Haut des Subjekts fungiert. Damit findet eine Tarnung statt. Eine neuerliche Verkleidung. Das Subjekt versucht, hinter den Bergen seiner zweiten Haut zu verschwinden. Unkenntlich zu werden. In der obigen Szene fällt der Humor auf, mit dem Erika über ihr häusliches Leben sprach. Das viele Lachen und das Bild des Hasen ironisieren die Dramatik des Geschilderten. Sie verschaffte sich ein Stück Befreiung vor dem *Zwang* alltäglicher Wiederholungen. Auch wenn sie in der gesagten Szene erneut versuchte, zu rationalisieren, zu ironisieren, klingt die Geschichtlichkeit des Ursprungs ihres Symptoms an. »Wenn sie uns holen kommen«, war auch hier der signifikante Auslöser, die ihr Alltagsleben bestimmende Fantasie. Erika versteckte sich hinter Wällen von Kleidern, hinter sich formierenden Bergen gewaschener Unordnung. Die Frage ist, vor wem versteckt sie sich? In den Interviews mit ihrem Vater wurde deutlich, wie dieser systematisch die Dinge aus der Vergangenheit verlegte. Und wie dieses Verlegen auch einer Abwehr entsprach, um etwas Vergangenes für sich selbst unauffindbar zu machen. Ähnlich hier. Auch Erika verlegte Dinge wie den

3.5 Die Geschichte der Familie W

Text zu unseren Interviews. In ihrer über die Fantasie hergestellten Wirklichkeit verschwand sie gewissermaßen selbst.

Warum wollte Erika verschwinden? In einer anderen Geschichte erzählte sie von dem persönlichen Ursprung, als diese Idee in ihrer Lebensgeschichte erstmals auftauchte.

I: Gibt es da auch aus der Historie (-) einen, (-) einen Satz oder ein Bild, was zu diesem »keine Spuren hinterlassen« passen könnte?

E: (4) Stiefel fallen mir ein, wenn ich so frei assoziiere.

I: Stiefel?

E: So Männerstiefel, Soldatenstiefel. (2) Und Männer, die reinstürmen. (-) *Habe ich als Bild.* (-) Aber (-) ich habe es nie erlebt. + (-) Aber ich habe manche Sachen so deutlich (3), weiß eh, (-) so mit dem eidetischen Phänomen. * *Sagt dir eh was, nicht?* (-) Und da habe ich die Vorstellungen so deutlich-. (-) We-, (-) ich war, (-) mit drei Jahre bin ich ins Spital gekommen. (-) Das ist jetzt meine persönliche Geschichte. (-) Den dritten Geburtstag habe ich-. (-) Also ich habe eine TBC gehabt (Kl) und (-) bin am dritten Geburtstag überraschend ins Spital gekommen. + (-) *Und es hat mir keiner* gesagt, warum oder wie oder was. (-) Und ich bin dort sofort (-) mit anderen Kindern isoliert zuerst gewesen in einem Zimmer und dann war ich sechs Wochen Einzelhaft in einer Glaszelle. + (-) Weil ich Keuchhusten gehabt hab. + Das hat man damals so gemacht. (RvI) Und da waren auch andere Kinder, da waren mehrere Glaszellen nebeneinander, sodass eine Schwester durch alle durchschauen hat können, *was die Kinder machen* und alles kontrollieren. + (-) Aber in diesen Glaszellen *war es ganz still.* (-) Also war wie ein-

I: Kein Geräusch-

E: Nein, (-) das war wie ein, (-) ein Aquarium, (-) ( ) so eine Stille. Also es war furchtbar. + Und ich habe auch kein Spielzeug gehabt, weil (2) die haben eh kein Geld gehabt (-) *nach dem Krieg* und (-) ein Kind, wo, (-) wo sie, (-) wo sie hoffen, dass sie es bald raus kriegen und jetzt sollen wir was kaufen, *das kriegen wir nie zurück das Spielzeug,* + also haben wir *auch* eigentlich nichts gehabt, (-) ich kann mich an nichts erinnern. Und da bin in Fantasien-. Also da habe ich die Fantasie so entwickelt.

Zunächst blieb Erika bei dem historischen Skript unseres Interviews, als sie Männerstiefel assoziierte und damit an Gestapomänner erinnerte. Doch dann

3. Acht Familiengeschichten

vollzog sich in ihrer Erzählung ein Wandel hin zu einer Erinnerung aus ihrer eigenen Lebensgeschichte, die zunächst mit der Vergangenheit ihrer Familie nichts zu tun zu haben schien. Sie leitete diesen Wandel mit den Worten »das ist meine persönliche Geschichte« ein. In ihrer persönlichen Geschichte hatte die Erkrankung zu einem radikalen Bruch ihres bisherigen Lebens geführt. Plötzlich und ohne jede Vorrede kam sie ins Krankenhaus. Interessant sind die Worte, mit denen Erika jene Dinge schilderte, die sie im Krankenhaus erlebte: Sie sei *isoliert*, in *Einzelhaft* in einer *Glaszelle* gewesen. Diese Benennungen zeugen von einer *nachträglichen Umschrift* (Freud 1915b) ihrer frühen und sicherlich schrecklichen Kindheitserfahrungen im Krankenhaus. Erika benutze in der Rekonstruktion ihrer persönlichen traumatischen Geschichte Wörter, die ebenso oder besser noch in den historischen Kontext der Geschichte ihres Vaters zu passen schienen. Damit spiegelten sich beide Erzählungen ineinander. Die Geschichte aus dem Krankenhaus wird zu einer Lagererzählung und ihre Zeit in den Glaszellen des Krankenhauses erscheint nachträglich als eine in die NS-Zeit transponierte Wirklichkeit.

In jeder Geschichte der *Transposition* (Kestenberg 1998) hatte es einer (oder mehrerer) realer Begebenheit(en) aus den frühen Kindertagen bedurft, damit eine solche überhaupt wirksam werden konnte. Diese realen Begebenheiten dienen als *Übersetzungshilfen*, um in die familiäre Vorvergangenheit zu gehen. In anderen Lebensgeschichten der zweiten Generation gab es andere, je eigene, signifikante Stellen aus den jeweiligen persönlichen Biografien, die diese Verzahnung erst entstehen ließen. In der Geschichte von Frau Schwarz waren es vermutlich die Krankheiten der Mutter, über die das Kind die beständige Nähe zum Tod aus der Überlebensgeschichte ihrer Mutter quasi eingeatmet hatte. In der Geschichte von Vera Rubensteen waren es Erfahrungen der eigenen Betroffenheit von antisemitischen Übergriffen gewesen, denen sie selbst ausgesetzt war. In jeder Geschichte aus der zweiten Generation, wo diese Transpositionen in die verfolgende Welt ihrer Eltern- und Großelterngeneration stattgefunden hatten, lassen sich solche ursprünglichen Verzahnungen mit der je eigenen Geschichte auffinden. So musste Steven Klein erst über seinen sprachlichen Ausschluss erfahren, was es hieß, Emigrant zu sein. Diese lebensgeschichtlichen Verzahnungen wirken für den intergenerationellen Traumtext (vgl. Schneider et al. 2000) wie die *rezenten Traumgedanken* für die Traumbildung, von denen Freud in seinem Traumbuch berichtet hatte (1900). Sie dienen im Traum dem unbewussten Wunsch, sich in Traumbilder umzusetzen. Nach Freud kann der infantile Wunsch sich erst vermittels dieser rezenten Eindrücke seine Bilder schaffen. In den generationellen Erzählungen der zweiten Generation hatte ihr Wunsch wesentlich bedeutet, den eigenen Eltern, den Ursprüngen nah zu sein. Dieser (tabuisierte) Wunsch nach Nähe, nach authentischem Nacherleben konnte mithilfe der historisch rezenten Erlebnisse aus der persönlichen Biografie zum Ausdruck gebracht werden. Erika war – metaphorisch gesprochen – in ihrem persönlichen Lager gewesen. In ihrer persönlichen Haft. *Nachträglich* stellte sich das so dar.

In Erikas Krankengeschichte *hatte man sie geholt*. Es waren keine Männer mit Stiefeln, sondern Erika wurde von den Eltern hingebracht und eine Krankenschwester hatte sie dann bei der Hand genommen und war mit ihr gegangen.

E: Aber insgesamt dort im Spital. Und wie ich rein gekommen bin, da hat der-. Da ha-. (-) Das haben sie mir erzählt. (-) Da hat die Schwester mich genommen an der Hand und hat gesagt: »Na, komm Erika.« (-) Und ich hab ein Rucksackerl gehabt, und die ist durch eine Pendeltür gegangen, die Pendeltür ist *zugefallen*, ich habe mich nicht einmal umgedreht, weil ich so davon ausgegangen bin, die Eltern gehen eh mit. + + Die Pendeltür ist zugefallen. Und das war's. So hat mir das die Mama erzählt. Was dann drinnen war, weiß ich nicht. (-) Und dann haben's mir erzählt. Also an den Raum kann ich mich noch erinnern. Da war ich mit mehreren drin, Kindern. (-) Da waren die Betten so (Geste) so. (-) Und da war eine Glaswand eine größere. Und da waren dann die Eltern am Sonntag. + (-) Und die haben kommen können am Sonntag, haben rein geschaut, (-) haben die Kinder da drinnen gesehen halt, (-) und wie ich sie beim ersten Sonntag gesehen hab, habe ich mich umgedreht, habe mich aufs Bett gehaut, und habe (-) eineinhalb Stunden so geheult, dass das Bett so gewackelt hat. + + Das haben sie mir erzählt die Eltern. Und dann (-) war das jeden Sonntag dasselbe. + (-) Und irgendwann habe ich mich um sie nicht mehr gekümmert weiters.

Erika wurde von der Schwester geholt und sie folgte im Glauben, dass ihre Eltern mitgehen würden. Es musste ein Schock gewesen sein, als sie merkte, dass sie von den Eltern im Stich gelassen worden war. Ohnmächtige Wut und Verzweiflung mochten in das Kind gefahren sein, als es seine Eltern hinter der Glaswand zum ersten Mal wiedersah. Und zu irgendeinem Zeitpunkt hatte sie sich nicht mehr um das, was hinter der Glasscheibe geschah, gekümmert. Sie hatte aufgegeben,

3. Acht Familiengeschichten

ihren Blick darauf zu richten. Sie lebte in einer stillen Welt ohne Worte, ohne Spielzeug, in einer Welt, in der es nur noch die eigenen Fantasien gab. Dies war der Punkt, an dem die elterlichen Anderen aufgehört hatten, für sie zu existieren. Dies war die verletzte Stelle in ihrer Biografie, wo sie in eine Welt ohne Töne und Geräusche eintauchte und verschwand. Erika erzählte auch, dass sie sich an eine Operation erinnerte und dass sie dachte, als sie die Narkose bekam, dass »ich jetzt sterbe. Man bringt mich jetzt um.«

Diese Krankengeschichte aus ihrer frühen Kindheit mochte die biografische Vorlage für das gewesen sein, was sich später in ihren Ängsten reinszenierte und was in Verbindung mit der Verfolgungsrealität ihrer familiären Vergangenheit als Transposition umschrieben werden kann. Obgleich der Zusammenhang mit der Verfolgungsgeschichte der Eltern vom Kind erst nachträglich hergestellt wird, muss eine atmosphärische Übertragung von den Eltern auf die Kinder bereits zum Zeitpunkt des realen Ereignisses stattgefunden haben. In der obigen Geschichte können das die verdrängten und abgespaltenen Vorstellungsbilder sein, die im Vater für den Bruchteil einer Sekunde hochgekommen sind, als er sein Kind isoliert von ihm in einer Glaszelle so schrecklich weinen sah. Dies wäre einer der Momente einer möglichen Übertragung. Eine solche atmosphärische Übertragung wäre in dem zeitlichen Umfeld vor, während und nach der Krankengeschichte der Tochter anzusiedeln. Sie würde aus den unbewussten Fantasien, Vorstellungen und damit verbundenen Affekten bestehen, die auf das Kind auch ohne Sprache als etwas Rätselhaftes übertragen werden. Als etwas, was das Kind noch nicht versteht, es niemals ganz verstehen kann, weil es dem elterlichen Anderen selbst in dem Moment, wo die Übertragung stattfindet, nicht bewusst ist. Ein solches Muster würde struktural dem entsprechen, was Jean Laplanche als *Urverdrängung* beschreibt (vgl. 1996, 2004).

f) Spuren ihrer Überlebensfantasien

Erika hatte in den Interviews – metaphorisch gesprochen – von zwei Lagergeschichten berichtet. Die eine war die ihres Vaters, von der sie nichts oder nur wenig wusste. Die andere war ihre frühe Krankengeschichte, von der sie verständlicherweise, sie war gerade mal drei Jahre alt, auch nur sehr wenig in Erinnerung behalten hatte; das Gebäude, die Glaswände, die Beschaffenheit und Muster der Fliesen, sowie einige Sequenzen vor der Operation, dem Gang, durch den sie zum Operationssaal gebracht wurde, eine Begegnung mit einem anderen Kind, das krank war und sie vermutlich angesteckt hätte, usw. An die elterlichen Besuche konnte sie sich nicht mehr erinnern. Diese Sonntagsszenen wurden ihr von den Eltern erzählt. Versucht man ihre Krankengeschichte mit der Familiengeschichte der NS-Verfolgung zu verweben, ergeben sich einige Parallelen. Ihre Ängste, die Fantasien des Verschwindens und Flüchtens sowie der signifikante Satz der Großmutter, den sie bis heute im Ohr hat und der zuerst zur Transposition geführt hatte, all diese Dinge scheinen sowohl mit der Lagergeschichte von Vater, Großmutter und Tante als auch mit Erikas Krankengeschichte assoziativ verbunden zu sein. Zufall oder nicht.[122]

Erika war einmal verschwunden gewesen, hatte ihre Spur verloren, wie der Vater psychisch gestorben war, als er sich in einer Gruppe mit den Muselmännern befand, die zum Vergasen nach Mauthausen gebracht werden sollten. Dieses Verschwinden kann als *psychischer Tod* bezeichnet werden und lässt sich auch aus Erikas Krankengeschichte lesen. Irgendwann hatte sie sich nicht mehr um die Welt hinter der Glasscheibe gekümmert. Und indem die Welt hinter der Scheibe verschwand, schien auch sie sich ausgelöscht zu haben; oder zumindest ihre Erinnerungen an ihre Geschichte. Dies ist die Naht, an der sich ihre persönliche Geschichte mit der Familiengeschichte verbindet.

In der Episode über den Mantel ihrer Großmutter, den jene einer Mitgefangenen in Ravensbrück gegeben hatte, sagte Erika, dass die Großmutter dies auch deshalb getan hätte, »weil sie nicht mehr gerechnet hat, dass sie raus kommt, nicht? (2) Also, das ist wieder parallel zu meiner Geschichte im Spital, nicht?« Wieder spiegelt sich das eine in dem anderen und kann wechselseitig gelesen und übersetzt werden. Die Szene mit dem Mantel bezeichnet aber noch etwas anderes: nämlich einen Wunsch, dass etwas von der Großmutter, sollte sie nicht überleben, weitergehen wird. Ein auf den Matel – das Ding – projizierter Überlebenswunsch. Der Mantel wird zur Spur, die weitergetragen wird. Dieser Wunsch oder diese Fantasie scheidet das physische vom psychischen Leben und damit den

---

[122] Viele Jahre später würde eine von Erikas Töchtern als Kind ebenfalls in jenes Krankenhaus kommen und wegen Scharlach in Quarantäne sein und ihre Mutter nur durch jene Glasscheibe sehen. Auch wenn sich bis dahin vieles geändert und die Tochter Spielzeug hatte, so meinte die Tochter im Interview, dass sie sich *verraten* gefühlt hätte, weil ihr nicht gesagt worden sei, dass sie möglicherweise dort, isoliert von der Mutter, im Krankenhaus bleiben müsste. Damit sprach die Tochter aus, was der Mutter nicht über die Lippen kam, nämlich das Gefühl, *verraten* worden zu sein. Ein Begriff, der zu den Verhaftungen der Familiengeschichte ebenso gehörte, wie zu den Krankengeschichten der nachgeborenen Generationen.

physischen vom psychischen Tod. Die narzisstische Kränkung des physischen Todes wird in der Weitergabe des Dings als Symbol für das eigene psychische Leben im Anderen, der sich erinnert, der die Spur weiterträgt, aufgehoben. Eine ähnliche Struktur verfolgte Erika in ihren Reinkarnationsfantasien. Auch wenn sie nicht sagen konnte, ob die Reinkarnationslehre, woran sie glaubten mochte, nun wahr oder falsch sei, so bereitete ihr dieser Glaube eine große innere Ruhe und Stille; einfach anzunehmen, dass sie wieder auf diese Welt zurückkommen würde. Im Leben eines oder einer anderen. Dass es also eine geistige oder psychische Spur gäbe, der der physische Tod nichts anhaben konnte und ein Leben nach dem Leben – also im wörtlichen Sinn – ein Überleben garantieren würde. Die Spuren ihrer vergangenen Leben fand sie in alltäglichen Dingen, die sie hören, riechen, schmecken konnte. Dingen, die aus anderen Leben stammten, anderen Leben, die nicht das ihre waren, aber von denen sie annahm, dass sie einmal die ihren gewesen sein könnten; das Leben in anderen, vermittelt über die Dinge des alltäglichen Gebrauchs wie den Mantel der Großmutter, den die andere an ihrer statt tragen hätte sollen. Erikas Beschäftigung mit Leben und Tod schien damit eine Ruhe gefunden zu haben. »Plötzlich ist es ganz still geworden«, sagte sie, wie sie sich mit dem Gedanken der Reinkarnation angefreundet hatte.[123]

Eine andere Überlebensfantasie, die sich ebenfalls mit den Spuren beschäftigte, war jene, die sie schon als Kind gehabt hatte.

E: Also ( ) habe ich mir immer vorgestellt, ich werde ja einmal leben, und wenn ich das so (-) fantasiert habe, habe ich das wirklich so, so wie ein Eidetiker, weißt, (-) wo die Vorstellungen Wahrnehmungscharakter haben, (-) ganz deutlich, (-) auch mit den Gerüchen vor allem, (-) ah, (-) dass ich in so einem Planenwagen durch die Welt fahre, und habe meine, hab Kinder mit, die gar nicht alle mir gehören, (-) und der, der Hund rennt daneben, (-) und + und wenn ich so fahre, (-) klappert das Reindl und ein Kochlöffel, (-) +

---

[123] Erika hätte sich damit eine vorläufige Antwort auf die Frage gegeben, die sie schon als sechsjähriges Kind ihrem Vater gestellt hatte. (Aus dem Nachgespräch:) »Papa gibt es einen Gott?« »Nein, das ist etwas, was sich die Pfarrer ausgedacht hatten, um die Menschen hinters Licht zu führen.« Mit dieser Antwort geriet das Kind in einen Konflikt. Es war das einzige Kind in der Klasse, das nicht am Religionsunterricht teilnahm. Dieser Ausschluss führte zu intensiven Fantasien über Gott. Wem sollte das Kind glauben: »Meinem angebeteten Vater oder dem Rest meiner damaligen Welt?« Nicht nur auf der Ebene der Politik, sondern auch auf der des Glaubens war das Kind über die Identifizierungen des Vaters und die Liebe zu ihm von den anderen ausgeschlossen. Dieser Ausschluss führte zu einem Selbstausschluss. Sie wollte ihre Spuren verwischen, nicht da sein, verschwinden.

> (-) und (-) ich hab so, so Tücheln um die Haare und so lange Röcke, (-) **
> (-) und, (-) irgendwo war nie die Rede von einem Mann oder von Geld, (-)
> + (-) und mir war klar, das Pferd frisst immer den Grünstreifen zwischen
> Straße und Privatbesitz, Privatgrundstücken. Da sind so Holzzäune, (Kl)
> (-) da dazwischen das Grünzeug, das niemanden gehört, (Kl) frisst das
> Pferd. * * (-) Und so ziehe ich durch die Welt. (-) Es war kein Geld, (-)
> kein, kein nichts so. (-) Wie Pipi Langstrumpf wo keine Rede war, wie viel
> Geld hat sie eigentlich oder so. * (-) Und so geht es mir aber auch oft, so.

Diese Fantasie eines nomadisierenden Lebensstils sichert ein Überleben in einer Welt der Verfolgung.[124] Der, der keinen festen Ort als seine Bleibe wählt, kann weniger leicht aufgefunden werden. Wer weiter zieht, hinterlässt auch kaum Spuren der Sesshaftigkeit. Und wer weiterzieht, kann auch weniger leicht aufgegriffen werden; man kann ihn weniger leicht holen. Das innere Nomadentum ist beständig auf der Flucht. Der Gedanke der Verfolgung und Flucht wird in eine romantisierende Überlebensfantasie umgewandelt. Ihr nomadisierender Entwurf ist ein Entwurf des Verschwindens in einer Nische zwischen Privatbesitz und Öffentlichkeit. Der Grünstreifen, den ihr Pferd frisst, symbolisiert jene Nische, in der sie untertaucht, wo sie Spuren hinterlässt, die keinen kümmern. Spuren, die niemand, weder privat noch öffentlich, weiter verfolgen wird.

III Lisa W (dritte Generation): »Ich muss mich wehren können.«

Lisa ist Herrn Ws Enkelin und Erikas zweite Tochter. Sie ist Mitte 30, lebt in einem kleinen Reihenhaus in einer ehemaligen Arbeitersiedlung aus den 30er Jahren, das ans Haus ihres Großvaters anschließt. Sie arbeitet als Aktivistenbetreuerin in einer großen Umweltschutzorganisation und engagiert sich auch in ihrer Freizeit seit ihrer frühesten Jugend für soziale und umweltpolitische Anliegen als auch für Menschenrechte, Tierschutz und, um es salopp zu formulieren, eine bessere Welt. Lisa lebt allein in ihrem kleinen Häuschen. Sie ist wenig zu Hause, oft ist sie über die Organisation unterwegs. Sie nimmt an großen Demonstrationen teil, marschiert in der ersten Reihe, plant den Protest schon im Vorfeld und

---

[124] Vielleicht liegt in dieser Fantasie auch eine assoziative Verknüpfung zu jener Wanderausstellung ihrer Großmutter und ihrer Tante, mit der die beiden Frauen durch den deutschsprachigen Raum tingelten.

sorgt dafür, dass alles wirklich friedlich abläuft. Im Unterschied zu ihrer Mutter hat Lisa keine Ängste, sich zu zeigen. Im Gegenteil. Sie scheint überall präsent zu sein. Sich hinter Tüchern, Schals, bunten Hauben und langen Mänteln zu verbergen, wie ihre Mutter es tat, ist ihr fremd. Sie ist eine Kämpferin; ohne die Verkleidungen, Hemmungen und Ängste ihrer Mutter. Und doch ist Lisa nicht frei von den historischen Alpträumen aus der familiären Vergangenheit. In den Interviews zeigte sich, wie auch sie unter dem Eindruck der Vergangenheit und der Nachträglichkeit des familienhistorischen Traumas stand und es in unterschiedlichen Szenen und lebensbiografischen Entwürfen umsetzte.

a) Der Auftrag

Beginn
Lisa hatte Anekdoten ihres Großvaters aus seiner Zeit im Polizeigefängnis bereits als Kind gekannt. Von ihrer Mutter hatte sie später mehr erfahren. Auch die Großtante erzählte aus der Vergangenheit. Generell war die politische Geschichte der Familie immer präsent gewesen. Erzählungen aus der Zwischenkriegszeit, aus der Zeit des Austrofaschismus und des Bürgerkrieges, sowie Episoden, die der Großvater über seine Fronterlebnisse erzählte, hatte Lisa früh gehört und in Erinnerung behalten. Aber über das Lager hatte ihr Großvater erst viel später und da auch nur sehr wenig gesprochen. Diese Dinge blieben tabuisiert und Lisa getraute sich nicht, danach zu fragen. Dagegen trat die Politik als etwas völlig Normales und Naturgemäßes in ihr Leben. »Für mich war es einfach normal, dass man am ersten Mai demonstrieren geht und bei einer Friedensdemo demonstriert.« Der erste Mai machte als Kind nur Spaß:

> »Wir gehen spazieren in der Stadt und viele Leute sind da, viele Kinder sind da und man kann ( ) auf der Straße herumtollen, ohne dass man Angst haben muss vor Autos, + (-) und (-) lustige Fahnen, + (-) und manchmal (-) kann man sich anmalen, (-) oder irgendwelche Sachen, was halt ein Kind interessiert.«

Politisches Bewusstsein und sozialpolitisches Engagement waren in ihrer Familie eng mit dem Alltag verwoben gewesen. Niemand hätte ihr je gesagt, dass sie politisch aktiv werden sollte.

> »Sondern es war so, dass mein Großvater und meine Mutter, und mein ganzes Umfeld hat mir eigentlich halt ein, ein Bewusstsein darüber gegeben, was jetzt recht

und was unrecht ist. + + (-) Also ihr Bewusstsein haben sie mir gegeben. Und das habe ich halt schon übernommen und daraus habe ich dann sehr ähnliche Schlüsse gezogen wie sie.«

Lisas Mutter hatte ihre Tochter bereits als kleines Mädchen auf Friedensdemonstrationen oder zu Hausbesetzungen mitgenommen. Für Lisa war das immer »super spannend«. Aber, wie sie mehrmals betonte, »politisch zu denken« hätte sie erst mit Hainburg angefangen. Damals war sie zwölf Jahre alt gewesen; fasziniert von den Menschen, die sich für eine gute Sache einsetzten; begeistert von der Stimmung, die dort herrschte; und irgendwie auch elektrisiert von dem Kampf um den Erhalt der unberührten Natur, den Lebensraum für die Tiere, die sie liebte. Und vielleicht hatte sie auch von der Angst ihrer Mutter etwas mitbekommen. Im Unterschied zur Mutter, bei der auf solchen Demonstrationen immer eine *Angst* mitmarschierte, war es für das kleine Mädchen etwas *Lustvolles*, dabei zu sein. Aus dem initialen Erlebnis in Hainburg leitete Lisa ihre gesamte spätere Entwicklung zur Friedens-, Umwelt- und Tierschutzaktivistin ab.

Die Nähe
Lisa setzte ihr eigenes Tun als Aktivistin für eine bessere Welt mit dem, was ihrer Familie während des Nationalsozialismus widerfahren war, in Verbindung. Sie bezog ihr Selbstverständnis als politische Kämpferin und »Wanderpredigerin« aus der historischen Zäsur der nationalsozialistischen Terror-Herrschaft. »Für mich ist es einfach, dass ich nicht will, dass so etwas noch einmal wieder passiert. Das meint auch, das Gedächtnis wach halten, ja?« Während ihres Studiums der Politikwissenschaften hatte sie einmal eine Seminararbeit über die NS-Zeit geschrieben. Dabei war ihr das Buch von Hanna Arendt *Eichmann in Jerusalem* in die Hände gefallen.

L: Und das war irgendwie sehr erschreckend für mich, dass quasi einer von den Tätern, (-) ein ganz prominenter sogar schreibt von sich, ah, sagt von sich selbst im Zuge des Prozesses, dass er nicht einmal Blut sehen kann. + (-) Und trotzdem war es ihm aber kein Problem da Tausende in den Tod zu schicken und das wirklich auszudenken, + (-) wie man die gescheit ermorden kann, + ohne dass das jetzt große Umstände macht für den Apparat quasi, (-) + (-) und, (-) das, das hat mich irgendwie schwer schockiert. Was für ein mind set der haben muss; das ist ja ein Wahnsinn.

3. Acht Familiengeschichten

Mit der Frage nach dem »mind set« war die Psychologie der Täter gemeint, ihre Frage, wie diese Normopathen gestrickt waren? Lisa versuchte vergeblich, eine Antwort zu finden: »Was für eine Struktur muss wer haben, dass er so denken kann?« Was Hannah Arendt darüber schrieb, war beunruhigend: In der *Banalität des Bösen* wird das Banale in der Gestalt von Adolf Eichmann zur Bedingung der Möglichkeit, den industrialisierten Massenmord überhaupt erst planen, organisieren und vollstrecken zu können. Sauber, angepasst und *wahnsinnig* banal. Anhand dieser Figur wird das Böse, weil banal, Allgegenwart. Auch in ihr. Es entsteht eine beunruhigende Nähe zur Welt der Täter und ein diese Nähe abwehrender *Zwang* zum Unangepassten und Schmutzigen. Die Figur *Eichmann* demonstriert, warum es notwendig ist, gegenüber dem Angepassten, dem getreuen Pflichterfüller skeptisch zu sein. Über dieses Buch konnte Lisa einen flüchtigen Blick auf das, was sie die »mind map« der Täter nannte, werfen. Einen Blick in das Auge des Bösen. Dieser Blick verstört und verfolgt. Vielleicht hatte Lisa diesen Blick *wirklich* gesehen? In den Interviews wies sie darauf hin, dass sie sich in ihrer Fantasie diesen Blick vorstellte. Wie der Täter ihr in die Augen schaut, bevor er ... Diese Fantasie kam an verschiedenen Stellen zum Vorschein und zeigte sich symbolisch gleich zu Beginn, als sie von *Eichmann in Jerusalem* berichtete. Bekanntlich hätte Eichmann kein Blut sehen können, eine Schilderung, die Lisa besonders schockierte. Auch Lisa kann kein Blut sehen. Sie wird ohnmächtig, wenn sie Blut sieht oder sich physische Verletzungen vorstellt. Damit rückt Eichmann als einer der prominentesten NS-Täter in eine verstörende Nähe. In Eichmanns idiosynkratischem Blick, der kein Blut verträgt, begegnete sie ihrem eigenen Symptom.

Zu dieser verstörenden Nähe gibt es aus den Interviews mit ihrer Mutter eine Episode, die ich nicht erwähnt habe. Erika hatte mit 16 Jahren einen Freund gehabt, den sie während eines Skiurlaubs kennengelernt hatte, dessen Vater ein ehemaliger Nazi war. Einmal hätte sie gemeinsam mit ihrem Vater diesen Freund bei ihm zu Hause abgesetzt und dabei seien sich die beiden Väter begegnet. Herr W hätte dem ehemaligen Nazi zum Abschied die Hand gegeben. Seine Tochter fragte bei der Rückfahrt im Auto empört, warum er dem Nazi die Hand gegeben hätte, worauf der Vater meinte, dass man niemanden verurteilen sollte, wenn man nicht wisse, wie er dazu gekommen sei. Diese Antwort und die Art, wie der Vater sie gab, hätten bei Erika einen tiefen Eindruck hinterlassen. Die Bedeutung und generationelle Verarbeitung dieser Geschichte ist nicht ganz klar. Es gab in den Interviews mit Tochter und Enkeltochter aber viele sprachliche

3.5 Die Geschichte der Familie W

Szenen, in denen Menschen mit rechten Ideen und Identifizierungen vorkamen, zu denen eine gewisse Nähe bestand oder gesucht wurde. Aus den bisherigen Interviews, vor allem mit den Zeitzeugen, hat sich gezeigt, dass Begegnungen mit ehemaligen Tätern nach 1945 signifikante Ereignisse waren, über die in den Interviews berichtet wurde. Diese Begegnungen hatten zum einen die Funktion, in der Begegnung nicht mehr Opfer zu sein. Herr Bernstein verprügelte nach seiner Befreiung jenen Mann, der ihn ins KZ gebracht hatte. Frau Harz schrie jenen Passanten auf offener Straße zusammen, der sie antisemitisch beschimpft hatte. Herr Laska, der nach Israel ausgewandert war, träumte von solchen Begegnungen, wo er selbst die Täter verprügelte. In all diesen Episoden ging es um eine *Wendung* vom passiven Ausgeliefertsein hin zu einer aktiven Position. Andererseits wurden diese Begegnungen vermieden. Viele Überlebende haben nach ihrer Befreiung über ihre Erfahrungen geschwiegen. Sie haben, wie Frau Kofka, über Jahre hinweg ihre Erlebnisse vor Behörden und vor der Öffentlichkeit geheim gehalten, aus Angst, entdeckt und erneut gedemütigt zu werden. Beide Seiten gehören zu demselben Konflikt, der um eine ambivalente Nähe zu den ehemaligen Tätern kreist. Die Interviews mit der Tochter und Enkeltochter von Herrn W scheinen nahezulegen, dass es auch in der zweiten und dritten Generation eine intensive phantasmatische Auseinandersetzung mit dieser Thematik gegeben haben musste, die ein Aufsuchen solcher Nahbeziehungen bedingt haben könnte.

Die Umsetzung

Im Unterschied zur Mutter hatte Lisa keine Angst, politisch aktiv zu sein und für ihre Ideale auch öffentlich einzutreten. In den Interviews mit der Mutter zeigte sich, dass die Mutter ihre Tochter dafür bewundert hatte. Lisa lebte gewissermaßen die, von der Mutter abgewehrte, Identifikation mit der offensiven Widerstandsseite der Familie. Lisa lebte das, was die Mutter *unter den Tisch fallen ließ*. Was von der anderen Seite, der Mutter und der Schwester des Vaters her kam. Vielleicht ist es auch der zeitliche, also generationelle Abstand zur dramatischen Familienhistorie, der es hier der dritten Generation erleichtert hatte, diese Identifizierungen wieder aufzugreifen. Lisa blieb nicht still, verkroch sich nicht unter den Tisch und sie versteckte sich nicht. Lisa meinte, da sie keine Kinder hätte und nur für sich selbst verantwortlich wäre, sei es gewissermaßen ihre Pflicht, für eine andere Welt einzutreten. Wobei die Kampfzone, in der sie sich offensiv bewegte, naturgemäß eine andere sein musste als die ihrer Eltern bzw. Großeltern.

3. Acht Familiengeschichten

L: Ich glaube, dass jede Generation ah, (-) ihre eigenen Kämpfe hat, wenn man es so will, + (-) und es ist halt jetzt das (-) aktuell. (-) Weil dieses Klimathema, (-) wenn man da genau jetzt nichts unternimmt, ja? Und Kopenhagenkonferenz ist Ende dieses Jahres, + (-) wenn es da nicht eine totale Wende gibt, von der bisherigen Politik, (-) kann es sein, dass es zu spät ist. + (-) Und es sind sich glaube ich, die wenigsten Leute bewusst. + (-) Und diese Situation (-) erinnert mich schon ein bisschen auch an diese (-) ganze Sache mit NS-Zeit, (-) weil (-) da haben es auch einfach viele Leute nicht wissen wollen. + (-) + (3) Ich mein, der Vergleich ist jetzt vielleicht, (-) ah (3) ein bisschen (-) brutal, ja? Ich möchte jetzt nicht diese ganzen Opfer des Nationalsozialismus klein reden. Aber, (-) ich glaube, wenn jetzt dieser Klimawandel (-) wirklich so weiter geht wie bisher, + (-) und es wird dann wirklich (-) der Meeresspiegel um 50 Meter steigen, und solche Sachen, + also das ist alles nicht so unwahrscheinlich, + (-) dann werden Menschenmengen sich in Bewegung setzen müssen, und in Wirklichkeit ist es jetzt schon, (-) dass es irrsinnig viele Klimaflüchtlinge gibt.

Indem Lisa die Umweltproblematik auch als Menschenrechtsproblematik auffasste, imaginierte sie die jetztzeitige Welt vor einem apokalyptischen Abgrund stehend. Ähnlich wie damals würden die meisten Menschen wegsehen und das Offensichtliche nicht glauben wollen. Ähnlich wie damals gäbe es nur eine kleine und größtenteils unerhörte Minderheit, die dagegen aufbegehrt. Aber im Unterschied zu damals würde sie heute nicht wirklich verfolgt. Darauf werde ich im nächsten Abschnitt noch Bezug nehmen.

L: Ah, (-) es sind ja genau dieselben Parteien, die jetzt eine Autobahn wollen und diesen Wahnsinn haben, (-) das ist auch FPÖ und BZÖ, die freie Fahrt für freie Bürger (-) und alles platt machen, was dazwischen ist. + Und, (-) und diese ganzen Bürgerrechtsbewegungen sagen, (-) das ist ja auch-. (-) Und ich bin ja nicht nur Umweltschutzaktivistin, sondern ich bin auch Menschenrechtsaktivistin und, ah demonstriere + gegen, was weiß ich, (-) verschärfte Ausländergesetze, und alles Mögliche auch. + (-) Also, (-) und das sind ja dieselben Parteien in Wirklichkeit. +

Damit wies Lisa auf eine Kontinuität in ihrem Kampf, die von ihrem Großvater über die Mutter bis zu ihr reichte. Auch wenn sich die Kämpfe verschoben bzw. entradikalisiert haben, so befindet sie sich doch innerhalb des familiären

Rahmens politischer Selbstverortung.[125] Für Lisa lag darin ein Auftrag, der sich auf das zurückführen ließ, was ihre Familie durchmachen musste, ein Auftrag, dem sie nachkommen konnte, nachdem sie keine Bindungen hätte, die sie davor zurückhalten würden.

L: Es ist fast wie, (-) dass ich das Gefühl habe, wie ein Auftrag, ja? Das ich irgendwie (-) schauen muss, dass so was nie wieder passiert. + (-) Das, (-) + (-) so ein Gefühl habe ich schon. (-) Obwohl das jetzt niemand (-) jemals dezidiert + zu mir gesagt hatte, + du musst jetzt das und das machen, ja? (-) Sondern, das ist etwas, was (-) aus mir heraus, + (-) quasi (-) entstanden ist, als die Lehre aus dem ganzen. Also, (3) so was darf einfach nicht mehr passieren. (-) Und (-) insofern gehe ich ja auch auf jede Demo + + (-) gegen rechte Umtriebe und so weiter, + (-) und −

I: Was fällt dir noch zum Auftrag ein?

L: *Es geht schon sehr nahe* * zu mir, weil, *ich mein*, es ist Arbeit, ja? * Es ist anstrengend * auf Demos zu gehen. Es * ist anstrengend irgendwo herum (-) Plakatieren (-) zu gehen. * Es ist * (-) * *nicht einfach*. Und * irgendwie (2) ich kann mich erinnern, dass ich sogar einmal, wie (-) irgendein rechter Typ einen (-) alten (-) Mann (-) hauen wollte (-) am ( )platz, + ich dazwischen gegangen bin. + + (-) *Das ist jetzt* auch schon ein Weile her. + + (-) Also, + (-) (lachend) *ich habe zum* Glück keine aufgelegt bekommen, aber * ich hab damit gerechnet, dass der (-) mich jetzt haut. * Aber das hat er dann doch nicht getan. * * Das hat (-) irgendwie nicht in sein Feindbild gepasst. * In sein Beuteschema. + (-) + (lachend) *Dass ihm eine blonde Frau sagt*: »*Wieso schlägst du einen alten Mann*?« (-) Das hat irgendwie, (-) da war er dann (-) verwirrt * *. (-) *Dann hat er noch herumgeschimpft und ist dann (-) gegangen.* Und ich habe noch den alten Mann begleitet, in die U-Bahn hinein, weil ich sicher gehen wollte, dass der dem nicht irgendwo anders auflauert. * (2)

---

125 Nach den Nationalratswahlen 1999 schaffte es der konservative ÖVP-Parteiobmann durch ein Bündnis mit der rechtsradikalen FPÖ, Bundeskanzler zu werden, obgleich seine Partei bei den Wahlen zum Nationalrat nur drittstärkste Kraft geworden war. International wie national formierten sich Stimmen des Protests und des Widerstands gegen eine Regierungsbeteiligung der Rechtsradikalen. Lisa übernachtete mehrere Nächte in der »Botschaft der besorgten Bürger«, einem Baucontainer vor dem Parlament, um ihrem Protest Ausdruck zu verleihen. Mehrmals haben rechte und konservative Anhänger versucht, nachts in diese Botschaft einzubrechen und sie zu stürmen, was nur durch ein rasches Eingreifen der Polizei verhindert werden konnte.

Das, was sie Auftrag nannte, bestimmt ihren Alltag. Sie arbeitet nicht nur für eine große Umweltschutz- und Menschenrechtsorganisation. Sie hat auch privat ihre eigenen Initiativen gestartet, um geplante Autobahnen zu verhindern und Naturlandschaften zu »retten«. Zudem ist sie stolze Besitzerin eines altersschwachen Pferdes, das sie ihren »Gnadenbrotgaul« nennt und das die Hälfte ihres Einkommens verschlingt. Egal wohin man in ihrem Leben blickt, ihre Identifizierung mit dem, was sie Auftrag nennt, scheint ihr Leben auszufüllen. Dabei folgen ihre Identifizierungen drei Gruppen von Fantasien, die sich in den Interviews in zahlreichen Beispielen wiederfanden. Sich zu wehren, jemanden oder etwas zu retten und jemanden oder etwas umzukehren: Lisa kämpft dafür, dass es eine Klima*wende* geben müsse. Sie kämpfte ganz persönlich in ihrer Schulklasse gegen ein paar rechte Kommilitonen, die zu Beginn die Klasse dominierten, bis sie es schaffte, auch dort das Klima zu wenden.[126] Lisa hatte zwei Affären mit Männern, die beide rechtem Gedankengut nahestanden. Einer davon war sogar ein schlagender Burschenschafter gewesen. Sie hätte beide Freunde solange argumentativ bearbeitet, bis sie anstatt rechte Parteien die Grünpartei wählten. Also auch in der Liebe setzte sie sich für den Wandel oder die politische Umpolung ihrer Geliebten ein. Sie wollte ihnen die Augen öffnen, sie zu politischen Menschen machen. In den Interviews war die Idee des Wandels verbunden mit dem Auftrag aus ihrer Familiengeschichte so etwas wie eine zentrale Leitidee.

b) Lisas Fantasien im Unterschied zur Mutter

Während des ersten Interviews mit Erika war ihre Tochter Lisa anwesend. Nachdem die Mutter von ihren Ängsten erzählt hatte, die mit dem initialen Satz: »Sie kommen uns holen«, verbunden sind, meldete sich Lisa, die, als die Mutter erzählte, immer unruhiger wurde, zu Wort.

L: Ah, (-) mir ist es auch sehr wichtig, bin ich drauf gekommen, (-) also ich habe ein ähnliches Bedürfnis wie du (zur Mutter gewandt), dass ich mich wohl fühle, wenn das Haus zwei Ausgänge hat, + (-) eben auch mit dem Gedanken, dass ich dann flüchten kann. * (-) Ah, (-) und bei dem Haus, was ich jetzt habe, ist es überhaupt noch besser, weil da kann man aus dem ersten Stock auch flüchten. + (-) Und ich habe mir sogar schon ausgemalt,

---

[126] Im Nachgespräch korrigierte Lisa diese Stelle insofern, dass es nicht nur ihr Verdienst gewesen wäre, dass sich dies geändert hätte. Sie hat im Nachgespräch generell auf nur wenige Stellen hingewiesen. Sie meinte, sich gut in dem Text wiedergefunden zu haben.

wenn sie mich jetzt holen kommen, quasi, + (-) könnte ich übers Dach auch flüchten. + (-) Also das, (-) diese Fantasien habe ich ziemlich massiv.

In den folgenden Interviews mit Lisa kamen ihre Fluchtfantasien immer wieder und sehr detailliert zur Sprache. Sie erkannte, dass diese Fantasien mit dem familiären Drama zusammenhängen könnten, auch wenn sie sich nicht bewusst erinnern konnte, den initialen Satz: »Sie kommen uns holen«, von dem ihre Mutter im Interview erzählt hatte, jemals gehört zu haben. Trotzdem war der Satz[127] in ihr und brach immer wieder in den unterschiedlichsten Situationen aus ihr hervor. Wenn Lisa zum Beispiel ein Gespräch ihrer Freunde über deren neue Wohnung mit anhörte, dachte sie sofort an mögliche Fluchtwege aus der Wohnung.

Lisa erinnerte nicht, als Kind ähnliche Vorstellungen gehabt zu haben. Diese Fantasien kamen erst, nachdem sie von zu Hause ausgezogen war und eine eigene Wohnung hatte. Im Unterschied zur Mutter, die an unterschiedlichen mehr oder minder diffusen Ängsten litt, die mit dem ursprünglichen Satz verbunden zu sein schienen, war es bei Lisa eher eine Vorstellung. Die Vorstellung ist reflexiv und geht auf Distanz zum Vorgestellten. In der Vorstellung ist die Angst übersetzt in Abbildungen, die sich gemäß den Vorstellungen auch verändern lassen.

L: In meiner Vorstellung, (-) wenn ich mir vorstelle, sie kommen mich holen, dann stelle ich mir auch vor, *entweder Skinheads,* + ja? + *Also, so richtig mit Glatze + und Springerstiefel,* + *und diese Abteilung,* + ja? (-) Oder + halt irgend so (-) Gestapotypen, (-) irgendwelche ah Staatspolizei, + solche Leute. + (-) + (-) Und da stelle ich mir halt vor, was weiß ich, (-) (lachend) *dass ich den Skinheads ( ) den Kopf hacke.* * (-) Oder halt dass ich eben (-) bei der Hintertür flüchte, oder vielleicht über Dach flüchte, oder (-) *was weiß ich.* * (-) ( ) übers Vordach flüchte (-) * (-) und dann (lachend) *habe ich* (-) einen Tunnel im Keller, (-) also der ist jetzt nicht deswegen entstanden, sondern wegen einen Wasserrohrbruch. + Aber ich habe mir echt einmal ernsthaft überlegt, ob ich den nicht verlängern soll, weil dann könnte ich (-) da auch irgendwo raus. * Aber das ist natürlich schwachsinnig, * ja? Weil dann (-) stürzt das Haus ein (lachend) weil (lachend) (...) (-) *irgendwie,* (-) ich habe mir das ernsthaft überlegt, *oder was weiß ich,* dass ich dort davor einen Vorhang hänge, weil (-) da rechnet keiner damit, dass dort

---

127 Bei Lisa hieß es: »Wenn sie mich holen kommen ...«

ein-; (-) dass es dort weiter geht. * *Ich kann dir das eh zeigen, wenn's du willst. (-) ( )* Loch in der Wand einfach nur und dahinter ist die Erde weg gegraben, weil da ist ein Wasserrohrbruch gewesen, + bei diesem Rohr, wo die ganzen (-) ah, (-) Leitungen zusammen gehen, ja? (-) Und das (-) ist halt jetzt dort ausgegraben. (-) + (-) Und da habe ich mir auch überlegt, ich könnte mich ja dort <u>verstecken</u>, + (-) wenn sie mich holen wollen. (-) ( ) irgendwas davor hängen, dass man da nicht sieht, dass da was dahinter ist. + (-) + (-) Solche Vorstellungen.

Im Unterschied zur Mutter sprach Lisa davon, sich *vorzustellen,* »wenn sie mich holen kommen«, während Erika von ihren Ängsten ergriffen wurde. In den Interviews mit Erika kam auf Nachfragen ein Bild:

»Stiefel fallen mir ein, wenn ich so frei assoziiere. So Männerstiefel, Soldatenstiefel. (2) Und Männer, die rein stürmen. (-) *Habe ich als Bild.* (-) <u>Aber</u> (-) ich habe es nie erlebt. + (-) Aber ich habe manche Sachen so deutlich (2), weiß eh, (-) so mit dem eidetischen Phänomen.«

Erika hat es als Bild und nicht als Vorstellung. Das Bild kommt zu ihr, ein eidetisches Phänomen, während sich Lisa das Bild vor-stellte. Die Vorstellung (re-)produziert Bilder als Abbilder zweiter Ordnung. Sie sind nicht originär, sondern rekonstruktiv. Diese Bilder sind wie alle unsere Vorstellungen Fantasien, mehr oder minder bewusste Produkte aus Wunsch und Gegenwunsch, Tagtraum und Zensur.

Lisa imaginierte unterschiedliche Fluchtwege und Ausgänge. Sie lenkte ihre Vorstellungen und wurde weniger gelenkt. Lisa konnte sich in ihren Imaginationen wehren oder sie flüchtete, wobei ihr unterschiedliche Fluchtwege zur Verfügung standen, oder sie versteckte sich in dem Loch ihres Hauses.[128] In ihrer Vorstellung würde sie den Angreifern entkommen. Oder sie hätte zumindest eine

---

[128] An anderer Stelle beschrieb sie ausgesprochen detailliert ihre Fluchtmöglichkeiten. Ihr Haus hätte zwei Eingänge. Wenn beide Eingänge verstellt sein sollten, würde sie durch die Dachluke auf das Dach ihres Hauses und von dort würde sie robbend weiter über das angrenzende Dach ihres Großvaters auf das übernächste Hausdach kommen: »Und wenn sie jetzt nur vorne sind, würden sie mich dann wahrscheinlich gar nicht sehen. + Wenn sie aber hinten und vorne wären, (-) dann würden sie mich wahrscheinlich schon sehen. Aber ich hätte trotzdem eine Chance. Weil, bis sie oben sind, könnte ich vielleicht einfach durch dieses Reihenhaus ein paar (-) Häuser weiter und dann erst runter + (-) hüpfen. + (-) Und da wären sie vielleicht nicht so schnell. Also ich hätte vielleicht eine Chance.«

Chance, weil sie vorbereitet war. Die Angreifer waren rechte Schlägertypen, »so Gestapotypen« und »die Staatspolizei«. In Lisas Vorstellung erwartete sie die Angreifer. Sie sei vorbereitet. Im Interview rationalisierte sie ihre Vorstellungen, indem sie darauf hinwies, dass sie über ihre Aktivitäten für den Umweltschutz und ihr Engagement für Menschenrechte eine exponierte Position innehätte. Sie sei im Internet tausendfach abrufbar. Sie könne also jederzeit Opfer eines Angriffs von gewaltbereiten Gegnern ihres Engagements werden. Natürlich ist es von außen betrachtet richtig. Lisa ist über ihr Engagement exponiert und auch gefährdet, einem rechtsradikalen Übergriff oder dem eines wahnsinnig gewordenen Autobahnbefürworters zum Opfer zu fallen. Lisa geht nächtens für die Organisation plakatieren, sie rettet einen alten Mann vor einem rechten Schlägertyp, sie ist im Internet tausendfach präsent, mit Namen, Adresse, Losung und Bild. Sie setzt sich ein und sie setzt sich zur Wehr. Überall hat sie Spuren hinterlassen. Lisa setzt sich aus. Sie begibt sich in eine Situation, in der sie tatsächlich verfolgt werden könnte. Als Lisa in der Botschaft der besorgten Bürger übernachtet hatte (vgl. Fußnote 125), waren tatsächlich Leute *gekommen*, um die Botschaft zu stürmen und jene, die darinnen waren, rauszu*holen*. Lisa stellt also Situationen her, die dem historischen Skript aus dem Familiendrama ziemlich nahe kommen.[129] Vielleicht gibt es da auch einen geheimen Kitzel, der mit ihrer Produktivkraft (tausendfach als Aktivistin offensiv tätig zu sein) zusammenhängt. Wie damals in Hainburg: Während Lisas Mutter in solchen Situationen immer Angst hatte, war für Lisa etwas unausgesprochen Lustvolles mit dabei. Eine Lust an der Gefahr, eine Lust an der Angst, an dem Spiel mit der Angst und der Gefahr. Insofern enthielte die zentrale Fantasie und Vorstellung »sie kommen mich holen« auch den Beigeschmack eines Wunsches, dass sie mich holen mögen.[130] Schließlich ist es ein Kennzeichen des Wiederholungszwangs,

---

[129] Lisa geht auch politisch davon aus, dass sich die Verhältnisse im Nationalsozialismus jederzeit wiederholen könnten: »Ich habe schon die Fantasie und die Angst, (-) dass einfach die politischen Verhältnisse sich schon wieder verschärfen werden, insofern dass (-) einfach die Leute, die (-) unangenehm sind, (-) wie der, (-) wie es eben ähnlich im Dritten Reich verfolgt werden von der Staatsmacht. Und (-) aber, (-) wie soll man sagen, der politische Wille, (-) und der zwischen-, der zwischenmenschliche (-) Wahnsinn, + (-) der + eigentlich da dahinter steht, wäre derselbe. + Ich glaube, dass das jederzeit wieder möglich wäre.« Spinnt man ihren Gedanken weiter, würde die solcherart neu formierte Staatsmacht natürlich bald zu ihr kommen, um sie zu holen.

[130] Auf diese Stelle des Textes bezogen meinte sie im Nachgespwräch: »Also ehrlich, wünschen tue ich mir das nicht. [...] Also, bewusst nicht, also, wenn du das unbewusst aus mir herauslesen kannst (lacht), das ist mir zumindest nicht bewusst. (lacht) Und kann ich mir auch irgendwie nicht vorstellen.«

die traumatische Stelle immer wieder aufs Neue aufzusuchen. Die Spule immer wieder laufen zu lassen, sie einzuholen und aufs Neue fortzuwerfen. Freud hat in »Jenseits des Lustprinzips« (1920) dieses Spiel mit der Spule beschrieben, das er bei seinem eineinhalb-jährigen Enkelkind beobachtet hat. Es lag in seinem Bett und ließ über den verhängten Rand seines Bettchens eine Fadenspule von sich fort gleiten, um sie darauf am Faden wieder zu sich her zu ziehen. Dabei sprach es die Vokale O und A. Freud brachte dieses Spiel seines Enkels in Zusammenhang mit den langen Abwesenheiten der Mutter. Im Spiel entschädigte sich das Kind gleichsam dafür, »indem es dasselbe Verschwinden und Wiederkommen mit den ihm erreichbaren Gegenständen selbst in Szene setzte« (Freud 1920, S. 225). Wobei die beiden Vokale einmal das Fortsein der Mutter: O (fort) und das andere Mal ihr Wiedererscheinen: A (da) symbolisierten. In diesem Beispiel zeigt sich der Wiederholungszwang, der auf spielerische Art das Drama mit der Mutter in Szene setzt. Wobei die rudimentäre Sprache des Kindes diese Art der Darstellung nicht nur begleitet, sondern von Beginn an als intermediäre Ebene zwischen dem Subjekt und der Wirklichkeit fungiert. Über die Sprache kann das Fortsein in eine anwesende Abwesenheit transformiert werden. Über diese Ebene wird die Wirklichkeit im Spiegel der Worte virtuell, also vor-gestellt. Zurück zu Lisa. Ihre Spule scheint die Arbeit zu sein. Über die Arbeit kann sie die geschichtliche Gefahr darstellen, ohne wirklich gefährdet zu sein; die Sollbruchstelle ihrer Prähistorie.[131] Sie scheint mit dem, was jenseits dessen ist, was Lust bereitet, zu spielen; transgenerationale *Übersetzungen*, die über ihre Produktivkraft in Szene gesetzt werden. Und im Unterschied zur Mutter kann sie wirklich etwas bewegen.

Mutter und Tochter haben in den Interviews über sehr ähnliche Fantasien berichtet, die aus dem initialen Satz: »Sie kommen uns/mich holen«, abzuleiten

---

[131] Und wie schon bei der Mutter gab es auch bei der Tochter eine biografische Vorlage zu dieser historischen Wiederholung mit rezentem Charakter. Lisa war als kleines Kind wie die Mutter auf der Quarantänestation. Wie bei der Mutter erblickte sie in dieser Zeit den Besuch durch eine Glasscheibe. Lebte in einer abgeschlossenen und sprachlosen Welt. Lisa artikulierte, was ihre Mutter nicht tat, das Gefühl, verraten worden zu sein. Worin der historische Verrat aus der Familiengeschichte seinen Rest aus der eigenen Geschichte verliehen bekam. Die Transponiertheit in die Verfolgungswelt der Ahnen erhielt also auch in Lisas Biografie die auslösende Verstärkung aus dem, was Freud für den Traum den *Tagesrest* nannte. Lisa wurde selbst – wie die Mutter – geholt und weggebracht. War von der Welt abgeschnitten, von der Welt, die in dem frühen Alter über die Sprache der anderen erst erfahren werden will.

sind. Es gab aber einen wesentlichen Unterschied in der Art, wie Mutter und Tochter ihre Fantasien erlebt haben. Während die Mutter von ihren Ängsten getrieben schien und immer wieder Situationen vermied, in denen sie eine Realisierung ihrer Ängste fantasierte, produzierte die Tochter eben das, was die Mutter mied. Diese beiden Positionen verhalten sich spiegelverkehrt; wie das Positiv (offensiv) und Negativ (vermeidend) von ein und demselben Bild. Doch dieses Bild gibt es letztendlich nicht, für keine der beiden. Von diesem Bild sind beide immer schon ausgeschlossen gewesen. Die Transposition stellt in diesem Sinne einen Wiederholungszwang dar, der die Zeitlichkeit der Generationenfolge außer Kraft setzt oder, wie Faimberg (1987) das beschrieben hat, zu einem erlebnismäßigen Ineinanderrücken dreier Generationen, ihrer Erlebnisse und Erfahrungen führt.

c)   Konkretismus: die Äxte

Lisa agierte auf eine sehr plastische Weise ihre Transpositionsfantasie. Als in den Interviews die Rede auf die Kleiderhaufen kam, die die Mutter in ihrer Wohnung zum Schutz bildete, brachte Lisa folgende Sequenz: »Ich stelle mir auch vor, was weiß ich, ich wohne ebenerdig in so einem Haus, ah, und wenn jetzt irgendwelche Skinheads vor der Tür stehen ... Ich tue halt jetzt nicht Wälle bilden wie sie, sondern ich habe bei jeder Eingangstür eine Axt stehen oder mehrere. So hat man seine absurden Vorstellungen. Und da fühle ich mich besser.« Die Äxte in ihrer Wohnung entstanden aus dem Gefühl: »Ich muss mich wehren können.« Daher kam auch die Idee, dass, wenn Skinheads in ihre Wohnung stürmen würden, »da stelle ich mir halt vor, was weiß ich, (lachend) *dass ich den Skinheads ( ) den Kopf hacke.*« Mit den Äxten, die unscheinbar hinter den Türen zu ihrem Haus lehnten, bereitete sie sich vor; erwartete die erlebte Zeit der Anderen. Lisa vergegenständlichte ihre Fantasien. Sie erfand Objekte – die Äxte – zu ihrem eigenen Schutz gegen die Wiederkehr. Damit behandelte sie ihre Vorstellung als Realität. Der Transpositionsmechanismus wird zu einem *Acting-Out*. In diesem Acting-Out aktualisiert sich eine selbst nicht erlebte Zeit, mit dem Zusatz einer *offensiven* Antwort, verglichen mit den Kleiderbergen der Mutter.

Im zweiten Interview antwortete Lisa auf meine Eingangsfrage, ob in der Zwischenzeit etwas geschehen wäre oder ob sie etwas gedacht, geträumt hätte, dass mit dem Thema unserer Interviews in Zusammenhang stehen würde, folgendermaßen:

L: Nicht unbedingt eigentlich. (-) Ich mein, (-) ich denke öfter mal an das Thema. (-) Das mit den, ah, mit diesen Äxten, warum ich die neben der Tür stehen-, ah, ist mir eigentlich gar nicht bewusst gewesen. + (-) Und, (-) dass das schon deswegen ist. + (-) Also ich habe mich irgendwie öfter mal beobachtet, und mich wirklich bei dem Gedanken ertappt, also, wenn sie mich holen kommen. + (-) Also, dass-. (-) *Ich habe durchaus öfter mal solche Fantasien.* + Was ich dann tue. + Oder was ich, wo ich mir vorstelle, wo ich übers Dach klettere, oder so was.

Die Interviews haben etwas angestoßen. Die Objekte haben sich verändert. Sie sind in einen Kontext getreten. Lisa hatte diesen Kontext über die Sprache, über das Erzählen selbst hergestellt. Der Kontext ist die symbolische Ordnung der Sprache. Damit hat sie einen Teil ihres Acting-Out vergeschichtlicht. Sie hat einen Namen gefunden. Mit dem Namen wird es erkennbar, sichtbar. Der Name ist das Dritte, das bezeichnet, was im Spiegel der Transposition abgebildet ist. Sie kann sich nun dabei zuschauen, wenn sie vor-stellt.

d) Nähe und Blick

Die Fantasien zur Transposition gehen auf eine Leerstelle im generationellen Gespräch über die traumatischen Erfahrungen zurück. Das, was der Großvater während den Verhören und später im Lager erlebt hatte, war nicht erzählt. Lisa spürte, ähnlich wie ihre Mutter, dass man den Großvater nicht danach fragen konnte. Sie meinte, dass sie Angst gehabt hätte, ihn mit ihren Fragen zu verletzen.[132] Diese leere Stelle im intergenerationellen Text basierte auf den traumatischen Erfahrungen des Großvaters im Lager, Erfahrungen, deren Wirkung die Fähigkeit, sie zu symbolisieren und ihre Bedeutung zu erfassen, zerstörte. Man kann es als psychisches Loch in der symbolischen Ordnung der Familiengeschichte auffassen,

---

[132] Lisa hatte damals gemeinsam mit ihrer Mutter den Großvater zu einer Gedenkfeier nach Buchenwald begleitet. Die Mutter hatte wie die Tochter über diese eine Szene im Bus erzählt. Lisa sei gemeinsam mit der Mutter während der Fahrt im Bus hinter ihrem Großvater gesessen, als dieser interviewt wurde. Man stelle sich die Szene vor. Mutter und Tochter hatten sicherlich den Atem angehalten. Sie lauschten den Fragen der Journalistin, Fragen, die sie niemals selbst zu fragen gewagt hätten. Und sie hörten die Antworten, Antworten, die der Vater/Großvater niemals seiner Tochter/Enkeltochter direkt gegeben hätte. In allen Interviews kam diese indirekte Art der Erzählung vor, wie die nachfolgende Generation über vermittelnde Objekte Stück für Stück aus der traumatischen Geschichte erfuhr.

ein Loch, das Lisa über die phantasmatische Ebene und über ein konkretistisches In-Szene-Setzen ihrer Vorstellungen zu füllen suchte.[133] In der Literatur wird die zerstörende Wirkung des Traumas der Shoah metaphorisch als ein *schwarzes Loch* (Bohleber 2000), als *leerer Kreis* (Laub 2000), als *Krypta* (Abraham/Torok 1979) oder als *Lücke* in der psychischen Textur (Caruth 1995) beschrieben. Bei all diesen Beschreibungen geht es um ein vergangenes Erleben, dass das Netz der Bedeutungen zerreißt, die symbolische Ordnung zerstört und gewissermaßen als ein anhaltender *psychischer Tod* im Leben begrenzt, eingeschlossen und abgespalten bleiben muss. Bergmann, Jucovy und Kestenberg (1995) haben in ihren Studien die Nachträglichkeit dieses psychischen Lochs als ein radikal fremder Körper, der an die nächste Generation weitergegeben wird, gezeigt.

Es ist ein Schweigen um dieses Loch. Darüber konnte man nicht reden, weil die Frage danach einen Blick in den Abgrund getan hätte, einen Blick auf ein Nichts, auf ein Verschwinden der psychischen Geschichte. Es gab aber Andeutungen, Gesprächsfetzen der ersten Generation, in denen sich dennoch ein flüchtiger Blick auftat. In dieser Familiengeschichte war es vermutlich der Satz: »Sie kommen uns holen.« Bemerkenswert ist, dass keine der Frauen diesen Satz in den Kontext einer elterlichen oder großelterlichen Erzählung stellte. Der Satz kam gewissermaßen lose, entbunden von einer aussagenden Substanz. Er war autonom und zeitlos, wie ein Geist. Die Buchstaben dieses Satzes sind in das Fantasieleben der Nachgeborenen gedrungen und haben dieses besetzt gehalten. Der Satz als Tradierungsobjekt, das weiter gegeben wird von Generation zu Generation, bahnte den Weg in eine transponierte Verfolgungsrealität.

Das Fantasieren hat im intergenerationellen Geschehen einen kreativen Auftrag. Es dient der Bearbeitung dessen, was in der Rede und der Erzählung liegengeblieben, angedeutet oder völlig abgerissen war. Konfrontiert mit Abkömmlingen des psychogenen Todes blickt es auf eine Leerstelle, auf ein Verschwinden, das prinzipiell nicht vorstellbar ist. Diese Schwierigkeit der phantasmatischen Übersetzungsarbeit führt in eine Transposition. Die Transposition ist einerseits ein konkretistisches Agieren, das den Fantasien erst Stoff zuführen soll, in der Hoffnung, dass sich eine Übersetzung finden wird. Andererseits ist die Transposition ein in die Welt der Eltern oder Großeltern transponierter Blick. Dieser Blick ist dann mehr als eine Vorstellung oder eine Fantasie, sondern er

---

133 Um es in Sprache zu setzen, ging es um das Formulieren von Fragen und um das Imaginieren möglicher Antworten.

ist etwas sehr Reales. Es ist, als ob das wirklich da wäre, als ob ich das wirklich sehen würde. Ein eidetisches Phänomen, um mit Erika zu sprechen.
L: Ich habe immer schon ziemlich viel fantasiert. * (RuW) Weil ich, was weiß ich. Ich habe mir nämlich vorgestellt, diese ganzen Misshandlungen, ja? + (-) Ja, und (-) er hat nie erzählt, dass er misshandelt worden wäre. Und erst dann, erst <u>Jahre</u> später hat er zum Beispiel gesagt, dass er im, im in der Gestapo am ( )platz[134] (-) <u>dort</u> schon irrsinnig gehaut haben. + Und (-) das war aber ein Nebensatz, + (-) weißt du, (-) + (-) wo er gesagt hat: (-) »Ja da haben sie mich ganz schön (-) birnt[135]«, (-) oder irgend so einen Ausdruck hat er verwendet. (-) + Also, + + (-) wo man dann eigentlich dann weiß, dass die ihn komplett verprügelt haben. Ja? (-) Nur ist er so der Typ, der sich nicht in den Vordergrund stellt, und (-) eben gerne Sachen verdrängt und vergisst, ja? (-) Und deshalb *hätte er das gar nicht erzählt von sich aus.* + (-) Und es ist scheinbar für ihn auch so selbstverständlich, (-) dass man (-) da, also-. (2) Das solche Sachen passieren. Ja? (-) Dass er das (-) gar nicht unbedingt erzählt hätte von sich aus. + (2)
I: Und was hast du, also was hast du dir vorgestellt?
L: Na, ich habe mir schon vorgestellt, was weiß ich, so (-) <u>Verhörsituationen</u> (2) mmm, (3) oder er hat irrsinnig, (-) irgendwie, ich habe mir vorgestellt, (-) wenn man jetzt so wirklich schwer arbeitet, (-) + (-) die, diese Geschichten, wo sie dann eben nichts zum Essen gehabt haben, (-) *und (2) und so was, also-.* + Und ich, was ich mir immer, (-) was ich mich immer wieder frage, ja? Und was ich mir da auch immer wieder vorstelle in solchen Situationen, (-) ist, (-) wie ist es möglich, ja? (-) Wenn man (-) jemanden in die Augen schaut, den zu misshandeln, ja? (-) Das kapiere ich nicht. Wie m-, wie muss jemand ausschauen, wenn ich mir das jetzt vorstelle, (-) ich schaue einem KZ-Folterer in die Augen, + ja? Wie schafft der das, dass er das macht (-) und (-) *mich dabei anschaut?* + + So, solche Sachen stelle ich mir dann eigentlich oft vor. + (-) Weil ich mir dann denke, (-) + (-) *das ist für mich eigentlich das Unbegreiflichste daran.*

Lisa imaginierte sich an die Stelle des Großvaters, an jene Stelle, über die er nicht sprach, wo es bestenfalls nur Andeutungen gegeben hatte. Und mit diesen

---

134 Lisa wies im Nachgespräch daraufhin, dass es »der Morzinplatz« war, wo »dieses Gebäude gestanden ist, von der Gestapo. Das gibt es jetzt nicht mehr. Da ist jetzt ein Denkmal.«
135 »Birnen« ist umgangssprachlich für schlagen.

Andeutungen arbeitete ihre Fantasie. Zum Beispiel die Verhöre: Lisa fantasierte
– ähnlich wie in der Episode mit ihren Äxten –, wie sie sich hätte zur Wehr
setzen können:

L: Ja. (-) Wenn er nur andeutet, (-) er ist misshandelt worden, (-) dann habe ich
  mir das gleich ziemlich lebhaft vorgestellt, (-) wie man sich drehen muss,
  damit man die Nieren schützt.

Lisa ging in ihrer Fantasie noch weiter: Die Arbeit im Lager, der Hunger, wobei der
Hunger, »nichts zum Essen gehabt haben«, auf eine signifikante Stelle verwies.
Der Großvater hatte nach seiner Befreiung etwas mehr als 30 Kilogramm gewogen.
Lisa imaginierte sich an jene leere Stelle, wo der psychische Tod des Großvaters
saß. Als er die Erinnerung verlor, nur mehr ein wandelndes Skelett gewesen war.
Und plötzlich kam im Interview das Bild, das Lisa sich immer wieder vorstellte:
»Wie ist es möglich, ja? Wenn man jemanden in die Augen schaut, den zu misshandeln,
ja?« Ihre Rede knüpfte an bereits Gesagtes an. Zum Beispiel an Hannah
Arendts Buch über Eichmann in Jerusalem. Den flüchtigen Blick auf Eichmanns
Idiosynkrasie, den sie von dort mitgenommen hatte. Das Blut, was dieser nicht
sehen konnte, worin sie ihr eigenes Symptom erkannt hatte. In ihrer Formulierung
fragte Lisa, wie es möglich ist, Täter zu sein und dem Opfer in die Augen zu sehen?
Was sieht der im anderen ...? Lisa kreiste um »Tod und Leben oder um die Rollen
von Mörder und Opfer« (Bohleber 2000). Ihr erzählter Blick kam im Interview
zunächst vom Täter. Er kam als Frage, wie dieser Blick zustande käme: »Wie ist es
möglich, wenn man jemandem in die Augen schaut, den zu misshandeln?« Dann
wandelte sich die Perspektive: »Wenn ich mir das jetzt vorstelle, (-) ich schaue
einem KZ-Folterer in die Augen, + ja? Wie schafft der das, dass er das macht (-)
und (-) *mich dabei anschaut*?« Mein Nachfragen, was sie sich genau vorstellen
würde, brachte sie erneut in die Situation, wo sie vom Täter, der sie schlug, der
sie quälte, *angestarrt* wurde. Lisa stellte sich diesen Blick vor, sie sah dem Täter
in die Augen, oder anders gesagt, das Augenpaar des Täters starrte auf sie. Dies
war Lisas *realer* Blick, ihr eidetisches Phänomen. Dieser Blick vom Anderen, vom
zufügenden Anderen war gleichzeitig der, der sie traf und den sie auch selbst herzustellen
versuchte. Was auch heißt, dass sie versucht hatte, diesen Blick nach
Außen zu projizieren, sich ihn vom Leibe zu schaffen, zu externalisieren, um nicht
mehr in ihrem Inneren davon angestarrt zu sein. Lisa suchte in der Außenwelt das
Gesicht und die Antwort auf ihre Frage: »Wie muss jemand ausschauen, der ...?«
Es war vermutlich kein Zufall, dass ihre Liebeswahl zweimal auf Menschen fiel, die

einer rechten Gesinnung nahestanden. Beiden war sie begegnet, indem sie sie zu bekehren versuchte, was meint, deren Blick zu entschärfen. Eine andere Szene aus den Interviews war die mit dem rechten Schlägertypen, der den alten Mann mit Krücken verprügeln wollte. Auch dem hatte sie sich entgegengestellt. Hatte ihm in die Augen geblickt. Dazu gehört sicherlich auch die Erzählung über die Botschaft der besorgten Bürger, als die Rechten kamen, um sie von dort rauszuholen. Lisa hatte im Unterschied zu ihrer Mutter nicht versucht, dem Blick auszuweichen, oder unsichtbar zu werden, sondern sie hatte sich dem Blick entgegengestellt oder versucht, den Blick des Anderen zu verändern. Damit verbunden war ihr Auftrag. Etwas zu verändern, einen Wandel in der Einstellung und damit im Blick der Anderen herbeizuführen.

e)   Lisas Symptome

Der Blick war ähnlich wie der Satz, als wiederkehrende transgenerationelle Stimme, ein Objekt, das von Außen in Lisas Innerstes drang und sie anstarrte. Insofern war er wie der Satz autonom, ein geisterhaftes Objekt, das als irreduzibles Moment einen blinden Fleck zeugte. Dieser blinde Fleck lag naturgemäß an der Stelle, von der aus sie von dem Blick angestarrt wurde. Sie konnte nicht sehen, was sich dahinter befand. Lisa hatte somit keine Entfernung zu dem Bild, keine Distanz, um es einzurahmen. Ihr Versuch, es nach Außen zu bringen, sollte diese Entfernung schaffen, es von ihr wegbringen. Der Blick war, wie die Stimme, im Prinzip immer da. Denn immer wenn sie dorthin ging, um nachzusehen, ob er noch da war, wurde sie angestarrt.[136] Gegen den Satz hatte sie sich abgesichert.

---

[136] Lisa brachte im Nachgespräch diese Stelle aus dem Text in Verbindung mit einem anderen körperlichen Symptom: »Da habe ich das sehr interessant gefunden, weil das sehr ähnlich ist ah mit dem Gefühl, was ich habe, wenn ich Migräne habe. + Weil da ist dieser blinde Fleck, um den geht es da. Eben. Und dieser blinde Fleck, von dem man sich beobachtet fühlt. Weil bei mir ist das so, bevor ich Migräne kriege, da ist es so, dass auch ein blinder Fleck ist und wenn man dann mit den Augen schaut, wandert der immer mit. Und das ist so ein Fleck aus Dreiecken, die sich bewegen, so diese typische Migräneaura. Also mit so weiß-gelblichen Dreiecken, die so im Kreis tanzen und sich auch ein bisschen verändern und immer größer wird, dieser Fleck, bis sie dann das ganze Gesichtsfeld einnehmen. (-) Und das fühlt sich für mich irrsinnig ähnlich an, wie das, was du da geschrieben hast. (-) Und ich habe dann immer den Wunsch, mich zu übergeben, weil ich dann das Gefühl habe, ich bringe das dann aus mir raus, diesen Schmerz und diesen Zustand. Und das mit dem, was du da geschrieben hast, dass es ihr Versuch ist, das nach außen zu bringen, das ist dieses Gefühl, um irgendwie eine Entfernung zu schaffen.«

3.5 Die Geschichte der Familie W

Um mit der Stimme zu sprechen: *Immer wenn sie mich holen kommen, habe ich die Axt[137] parat.* Gegen den Blick half vielleicht nur mehr die Ohnmacht, das nicht mehr sehen, das schwarze Bild.[138]

Ohnmacht
L: Wenn ich mir überlege in meiner Fantasie, wenn mich wer misshandelt, (-) ah, (2) würde ich wahrscheinlich bewusstlos werden, weil ich einfach bei Schmerzen immer bewusstlos werde. + (-) Also richtig ohnmächtig.
I: Bist du schon mal ohnmächtig geworden?
L: Uroft.
I: Uroft? * (-) Wie das?
L: Was weiß ich, (-) wenn mir der Schularzt einen langen Schiefer aus dem Fuß holt, (-) dann falle ich um. (lacht)

Der Blick erzeugt eine Angst, der sie nur mehr über ein Schwarzbild entkommt. Es erinnert ein wenig daran, wenn Kinder sich die Hand vor die Augen halten und meinen, dadurch für den anderen verschwunden zu sein. Hier ist der Andere ein Innerer, dem Lisa durch eine psychogen herbeigeführte Ohnmacht entkommt. Sie wird oft ohnmächtig.[139] Im Interview sagte sie, dass sie kein Blut sehen könne. Wenn sie Blut sehe, würde sie ohnmächtig. Aber auch, wenn jemand etwas erzählen würde, etwas über eine Operation zum Beispiel, dann stelle sie sich das so plastisch vor, dass sie auch ohnmächtig werden würde. Auf die Frage, was sie glaube, warum sie »uroft« ohnmächtig werde, meinte sie:
L: Zu niedriger Blutdruck und wahrscheinlich auch, wenn man sich reinsteigert in irgend so eine Schilderung. (-) + *Und ich kann mir das wirklich (-) wild vorstellen.* (-) Und ich habe dann (-) immer (-) auf einmal (-) so den Geschmack von Blut im Mund, ja? + Und dieses Geräusch in den Ohren,

---

[137] Sie meinte im Nachgespräch, dass sich im Zuge der Interviews und auch aufgrund des Lesens des Textes diese Geschichte mit der Axt verändert hätte. Sie hätte sogar über eine gewisse Zeit die Äxte weggeräumt, einfach nur um zu sehen, was dann sei. Etwas sei in Bewegung geraten und das Ding ist nicht mehr allein das, was es vorher war.

[138] »Das ist dieser Wunsch bei der Migräne, dass man dann nur noch schlafen will wie tot. Da möchtest am liebsten nur ausgeschaltet sein, nichts mehr spüren, nichts mehr wissen wollen« (Lisa aus dem Nachgespräch).

[139] Im Nachgespräch korrigierte Lisa, dass sie nur mehr selten ohnmächtig werden würde. Sie sei mittlerweile »stabiler geworden, von meiner ganzen Gesundheit und steigere mich bei Weitem nicht mehr so rein in sowas«.

(-) wenn so sirrend der Kreislauf anfangt, (-) und dann wird halt die ganze Umgebung fleckig und + dann schwarz.

Über ihre Vorstellung begegnet Lisa dem Realen. Eine Begegnung, die unsagbare Angst auslöst. Eine Begegnung mit dem Blut, dass sie dann auch schmeckt. Eine synästhetische Erfahrung, die über das Hören (Stimme) und über das Sehen (Blick) ausgelöst wird. Alle Sinne wirken zusammen und führen in ein Blackout. Über ihr Symptom – die Ohnmacht – kommt sie gewissermaßen dorthin, wo ihre Mutter immer schon war: Sie verschwindet. Sie hört auf, zu sein. Ausgelöst wird die Ohnmacht über die Verletzung, über die Wunde, deren Anblick ihr unerträglich ist. Unerträglich deshalb, weil es sie anstarrt. Das Blut, die Wunde, das Unsagbare in seiner unverhüllt nackten Existenz.

Vergessen
Eine andere Form des Verschwindens stellt das Vergessen dar. Lisa leidet darunter, immer wieder wichtige Sachen zu vergessen. Sie vergisst Namen, Wörter, aber auch Personen, mit denen sie etwas ausgemacht hatte. So verschwindet sie für andere. Man kann die Wiederholung der Krankengeschichte hinter der Glasscheibe erkennen, die Mutter mit Tochter teilten und die das rezente Moment für die Transposition dargestellt hat. Auch ich erfuhr ihr Symptom, was mich auf den Gedanken brachte, dass es eine unbewusste Motivation für die Fehlleistung geben müsste. Ich fragte Lisa, ob sie eine Idee hätte, welche Funktion das Vergessen haben könnte:

L: Gerade so Sachen wie Schmerz zum Beispiel, (-) ist wahnsinnig wichtig, dass man es vergisst. ** (-) Weil sonst würde man ja ständig Angst haben, weil man schon wieder Angst hat, sich weh zu tun.

War das die unbewusste Motivation ihres Vergessens, mich versetzt zu haben? Lisa nannte den Schmerz, bei dem es wichtig und funktional ist, zu vergessen, weil man ja sonst ständig Angst hätte. Hatte Lisa den Schmerz zu vergessen gesucht? Den Schmerz, der in der Familiengeschichte steckte? Zumindest war damit ein Symptom genannt, das durch die Generationsfolge ging und das schon mit dem Flugblatt, das man nicht mehr fand, begonnen hatte. In dieser Lesart wäre das Vergessen auch die wiederholte Wiederkehr einer historischen Fehlleistung in der Gegenwart. Beim Großvater war das Vergessen im Lager und danach sicherlich funktional und überlebensnotwendig gewesen. Er konnte sich nicht mehr an seine Selektion erinnern. Insofern war das Vergessen auch mit dem psychogenen Tod verknüpft. Mit einem Identitätsverlust. Nicht mehr zu wissen, dass man ist. Lisa hatte Angst davor, dass ihr Vergessen eines Tages dazu führen könnte, sich nicht mehr zu erinnern, wer sie sei. Als sie über das Vergessen sprach, erwähnte sie ein Syndrom, über das sie in einer Zeitschrift gelesen hatte: *Stressbedingte Amnesie*:

L: *Und das macht mich wirklich fertig,* (-) also das gehört echt zu meinen Ängsten, (-) dass ich mir in meiner Fantasie vorstelle, (-) ich habe irrsinnige Angst davor, irgendwann dazustehen, (-) völlig (-) ja (-) wie ein Blackout, das (-) endlos dauert, + ja, (-) mich an nichts mehr erinnern zu können. + (-) Das ist wirklich (-) *ein Alptraum für mich.*

Also völlig zu verschwinden in einem Blackout der Erinnerung. Was man in Bezug auf die Familienhistorie mit der Angst, in dem psychischen Loch zu verschwinden, übersetzen kann. Sich in dem Sog des psychogenen Todes endgültig verloren zu haben. Es gab noch ein letztes Symptom, dass mit dieser Gruppe des Verschwindens und Vergessens zusammenhing und das in eine psychische Katastrophe, einen Alptraum führen konnte. Aber anders als bei der Mutter war es bei der Tochter zunächst eher positiv besetzt:

Chaos
L: Also, (-) das Chaos ist eine Unordnung, wo meine Mutter irgendwie Angst hat. (-) Wo es in meinem Haus sicher noch viel ärger ausschaut. * (-) Und, (-) * ich denke mir, naja. (-) So what? (-) Ja? (-) Ich mein-. Ich kann auch wieder (-) gehen, (-) wenn es mir zu arg wird. (-) Ja? (-) Oder, (-) * ich leide, glaube ich, nicht so unter Chaos, und (-) in gewisser Weise ist Chaos für mich einfach auch notwendig, um mich wohl zu fühlen. (-) Weil (-) *in so einem Hotelzimmer, wenn ich reinkomme (-) und alles so sauber ist, (-) ja? (-) Ich fühle mich da überhaupt nicht wohl. Ja?* (-) Und das erste, was ich mache, ist, (-) dass ich mein ganzes Gerümpel so (-) verteile (-) im Raum, und dann setze ich mich gemütlich hin. (-) + (-) + + Weil (-) ich mich so unwohl fühle, (-) wenn das so (schnalzen mit der Zunge), (-) wo ich mich dann irgendwie wie ein Schmutzpartikel selber fühle, + wenn ich da bin. + (lacht) (-) Wie ich halt bin.

Das Chaos und die Unordnung standen als Antipoden zu dem ordentlichen und gewissenhaften Eichmann, zu dem Menschen, der an Lisas Symptom, beim Anblick von Blut in Ohnmacht zu fallen, litt. Von daher könnte dieser Zwang zur Unordnung[140] eine Verstärkung erfahren haben. Aber die häusliche Unordnung, das Chaos, war gewissermaßen der rote Faden, der sich durch diese Familiengeschichte zog. Die Fantasie, mit dem Chaos zu verschmelzen, ist zunächst eine positive. Lisa kann dort *sein*, wie sie ist. In der wohligen Unordnung findet sie sich zurecht und sie findet sich wieder. Sie kann dort auch verschwinden. Mit den Schmutzpartikeln zusammen unsichtbar werden. Zudem kann sie dem Chaos entkommen. Sie kann gehen, wann immer sie will. Wenn es ihr zu viel wird.

Das Chaos ist eine Methode unterzutauchen, zu verschwinden. Nicht nur für sich, auch für andere. Das Chaos, wie es in dieser Familiengeschichte aufgetaucht war, ist auch eine Anhäufung von Spuren, die einen doppelten Boden haben. Einerseits dienen sie dem Vergessen, dem Verschwinden, andererseits birgt es die Gefahr, dass etwas gefunden werden kann. Zwar soll das Chaos zudecken, aber es kann manchmal auch aufdecken. Aufdecken, weil etwas *Verräterisches* liegengeblieben ist. Aufgrund dieses doppelten Bodens muss das Chaos vor fremdem Eingriff geschützt bleiben. Als ich einmal Herrn Ws Haus betrat, machte er mich auf das Chaos aufmerksam und meinte, »dass sie mir nur ja nicht zusammenräumen«. Worin die Angst stecken könnte, etwas zu finden, das schaden kann. Wie damals, als die Gestapo ins Haus kam und das Flugblatt fand.

Das Chaos ist also etwas, was *vor* den Nazis schon da war. Etwas, das sich hartnäckig gehalten hatte, das durch die Generationen ging. Etwas von früher, das schon in dem Haus des Großvaters, in dem er aufgewachsen war, herrschte. Etwas Gutes, wenn man so will, das an zu Hause, an das neurotische Zuhause der Ahnen erinnerte. Nur war es über das Flugblatt, das die Gestapo in dem Chaos fand, auch mit der Geschichte der Verfolgung verbunden. Von da an hatte das Chaos erst den doppelten Boden; nicht nur die Neurose der Familie, sondern auch das Trauma der Familiengeschichte zu transportieren. Insofern war dem Chaos ein Moment eingeschrieben, dass es plötzlich kippen konnte; dass es plötzlich nicht mehr gut war, sondern böse wurde. Für die Mutter war das Chaos

---

140 Lisa bezweifelte an dieser Stelle, ob es wirklich ein Zwang zur Unordnung sei, der in ihr wirken würde. »Ich fühle mich einfach nicht wohl, wenn es zu ordentlich ist. Also wenn ich in ein Hotelzimmer reinkomme, habe ich erst einmal das Bedürfnis, dass ich meinen Rucksack so ausräume, meine ganzen Sachen im Hotelzimmer verstreue, und dann kann ich mich entspannen.«

etwas, worin sie lebte, eine Ansammlung von Dingen, die sie zusammentrug, von denen sie sich nicht trennen konnte oder wollte, etwas, in dem sie sich verbarg, wo sie sich verstecken und sich sicher fühlen konnte. Aber es war auch für sie mit einem wiederkehrenden Unbehagen verknüpft, von dem wiederum die Tochter erzählte, wenn die Mutter ihre quartalsmäßigen Versuche startete, die Kleiderberge abzutragen und das Haus zu schaffen:

L: Ihr Haus insofern schaffen, als dass sie das jetzt schafft, (-) irgendwie eine Ordnung reinzubringen in ihr Haus und * das Haus ist aber riesig und ist voller Zeug und sie schleppt immer neues Zeug her, + + und + (-) also-. + (-) (lacht) (-) Und bei mir ist es so, (-) dass so lange das Chaos sich irgendwie linear bewegt, (-) ist alles super. * (-) Ja, also was weiß ich, (-) wenn-

I: Was heißt, (-) es bewegt sich linear?

L: Naja, (-) was weiß ich, man legt eine Zeitung dahin, dann legt man wieder eine hin, dann legt man wieder eine hin und so weiter und so fort, ja? (-) Das ist einfach wurscht, (-) das ist angenehm, weil (-) man weiß immer, wo die Zeitungen sind. + (lacht) Und man weiß auch meistens, dass die oberste die neueste ist und so weiter. + (-) Also, also man kann ungefähr an den Schichten der Ablagerungen abschätzen, wo was ist. Ja? + Nur, (-) es gibt dann irgendeinen Moment, wo das Ganze exponentiell wächst, das Chaos, (-) *, (-) nämlich zum Beispiel, was weiß ich, (-) das ganze umfällt, oder man schüttet irgendwas drüber + oder man vergisst irgendwas essbares darunter und das fängt zum Schimmeln an und es stinkt dann urböse * und was weiß ich, (-) + (-) kommen Motten oder (-) da gibt es einen Moment, wo dann auf einmal ein Chaos das andere bedingt und das wird dann (-) bösartig plötzlich.

3.6 Die Geschichte der Familie Kofka

Die erste Begegnung mit Katharina Kofka, einer Überlebenden des Frauenkonzentrationslagers Ravensbrück, war einem Zufall zu verdanken. Ich hätte mit dem Sohn eines ehemaligen Buchenwaldhäftlings ein Treffen im KZ-Verband gehabt und wurde von ihm versetzt. So lernte ich Frau Kofka, eine kleine, zierliche Dame Anfang 90 kennen, die sich an diesem Tag alleine in den Räumlichkeiten des Verbandes aufhielt. Nachdem ich ihr kurz das Forschungsprojekt vorgestellt hatte, begann sie, aus ihrem Leben zu erzählen.

3. Acht Familiengeschichten

I Katharina Kofka (erste Generation): »Um nicht zu dem Tier zu werden ...«

Frau Kofka kam aus der tschechoslowakischen Minderheit in Wien. Ihre Eltern waren vor ihrer Geburt in die damalige Reichshauptstadt emigriert und hatten sich erst dort kennengelernt. Nach dem Einmarsch der Nationalsozialisten – Frau Kofka war damals knapp 20 Jahre alt – war sie im »tschechischen Widerstand gegen die braunen Faschisten« aktiv gewesen. Nach ihrer Verhaftung kam sie ins Polizeigefangenenhaus an der Roßauerlände, wurde ein Jahr lang in Isolationshaft gefangen gehalten, verhört und gequält, bis sie 1942 von Wien ins Frauenkonzentrationslager nach Ravensbrück deportiert wurde. Als die Nazis im April 1945 Ravensbrück auflösten und die überlebenden Gefangenen auf die Todesmärsche trieben, gelang Katharina Kofka die Flucht. »Eines habe ich mir geschworen, als ich auf der Flucht vor dem Todesmarsch war, dass ich nicht zulassen werde, dass so etwas wieder passiert.« Damit hatte sie ein Motiv genannt, das in den Interviews mit Überlebenden der NS-Vernichtungslager häufig auftaucht. Der Wunsch zu erzählen und über das Erzählen und Erinnern Zeugnis abzulegen. »Die Welt sollte es erfahren, das war immer unser Ziel gewesen.«

a) Die geübte Rednerin

Ich traf Frau Kofka in den folgenden Monaten für vier Interviews und ein Evaluierungsgespräch in den Räumlichkeiten des Verbandes. Sie war eine geübte Rednerin. Nicht zum ersten Mal wurde sie von jemandem, der sich für ihre Geschichte interessierte, interviewt. Sie ging auch in Schulen, um ihre Geschichte und von der Zeit des Nationalsozialismus zu erzählen. Es fiel mir leicht, ihr zuzuhören, trotzdem war es schwer, aus dem, was sie sagte, die Frau herauszuhören, die sprach. Dies lag wohl auch an der Art ihres Sprechens, ihrem Erzählstil. Frau Kofka schilderte Erinnerungen vornehmlich in der ersten Person Plural oder spiegelte das Geschehen aus der damaligen Zeit über ein unpersönliches »man«. Zu dieser sprachlichen Distanz, die sich über die Wahl der Personalpronomina einstellte, kam hinzu, dass sie merklich bemüht war, eine möglichst genaue und detailreiche Schilderung zu geben. So brachte sie eine *historische Erzählung*, die von der Unmittelbarkeit der persönlichen Betroffenheit Abstand nahm. Frau Kofka sprach zudem sehr schnell und ohne

3.6 Die Geschichte der Familie Kofka

größere Pausen. Es gab kein Schweigen, keine Fragen und kaum einmal ein Versprechen. Dies lässt auf einen hohen Grad an Kontrolliertheit ihres Sprechens schließen. Vermutlich war diese Kontrolle wichtig, um sich überhaupt diesen Dingen anzunähern.

Es gab vereinzelt Stellen, an denen Frau Kofka ihre Emotionen verbal ausdrückte. Einmal erzählte sie von einem Kommunisten aus der Widerstandsgruppe, »der in der ersten Stunde, wie man so sagt, (-) in die Sowjetunion gegangen ist. + (-) Er war Ingenieur von Beruf, (-) um zu helfen, die Sowjetunion aufzubauen. *Mir stehen die Haare – (-) wenn ich noch welche hab – (-) auf dabei, wenn ich das erzähle.*« Gegen Ende des dritten Interviews, als sie von dem Vernichtungslager (Uckermark) in Ravensbrück erzählt hatte, sagte sie: »Aber, (-) es ist, (-) es ist nicht so leicht, + *muss ich auch sagen,* + ja? + (-) Oft (-) würde ich heulen ( ), *aber ich heule nicht.* (-) *Ja, ja.* (-) Nein, nein.« An beiden Stellen wurde Frau Kofka von intensiven Gefühlen ergriffen. Aber »ich heule nicht« bedeutet in diesem Zusammenhang so viel wie, *ich habe meine Gefühle unter Kontrolle und lasse mich nicht gehen.* Die Haare, über deren Vorhandensein sie zweifelte (wenn ich noch welche habe) symbolisierten gewissermaßen ihre Gefühle, die, wenn sie sich darauf einlassen würde, sie mitreißen würden. »Ich heule nicht« spiegelte eine partielle Skotomisierung, die bereits im Lager eine überlebenswichtige Bedeutung innegehabt hatte. Den Grundgedanken dieser Abwehr könnte man folgendermaßen zusammenfassen: Gefühle sind gefährlich. Man darf sich ihnen nicht hingeben. Wenn man schwach ist und sich gehen lässt, überlebt man nicht.

Dieser Gedanke tauchte in den Interviews in Bezug auf ihre Mutter, die zu schwach und zu empfindsam gewesen wäre, um das Lager zu überleben, und ihren Bruder auf, der, weil er zu »schwach« und zu »wenig kämpferisch« war, Mauthausen nicht überlebt hatte. In ihren Worten: »Er war, (-) meine Mutter oder mein jüngerer Bruder, das habe ich sofort geahnt, (-) die waren zu, (-) zu (-) schwach; (-) die waren zu (-) anders geartet also-; (-) die waren so schüchtern (-) + (-) und so; (-) also die waren nicht so kämpferisch, also, (-) ja.« Im Verlauf der Interviews kam sie an mehreren Stellen auf diese Schwäche und auf das »anders geartet« zurück. Diese Andersheit kontrastierte mit ihrer Selbstbeschreibung als »stark, kämpferisch« und aufgeschlossen. Gemäß dieser Selbstbeschreibung war Frau Kofka auch in den Interviews bemüht, die Contenance nicht zu verlieren, stark zu bleiben und sich nicht gehen zu lassen.

3. Acht Familiengeschichten

b)   Kindheit und Jugend (erstes und zweites Interview)

Brotverzicht
Katharina Kofka entstammte einer slowakischen Arbeiterfamilie. Ihre Eltern kamen aus kinderreichen Familien und waren bereits im Jugendalter von ihren Ursprungsfamilien nach Wien geschickt worden. Damals gab es viele Familien aus den Kronländern der Monarchie, die in Ermangelung an Alternativen und beruflichen Perspektiven ihre Kinder in die Reichshauptstadt schickten. Die damaligen Einkommen der Handwerker und Kleinhäusler in Böhmen und Mähren und der Slowakei konnten kaum die Ernährung der meist kinderreichen Familien sicherstellen. In den 60er Jahren des 19. Jahrhunderts setzte im Zuge der Industrialisierung eine Wanderungsbewegung im Vielvölkerstaat Österreich ein, die zur Herausbildung der großen Städte, vor allem auch Wiens, wesentlich beigetragen hatte. Besonders die wirtschaftliche Not in den Kronländern der Monarchie, der Mangel an Arbeit und beruflichen Perspektiven, das soziale Elend, aber auch die Verlockungen der Großstadt führten zu diesem Wachstumsprozess der modernen Großstädte. Die Tschechen und Slowaken bildeten in Wien eine besonders »große Minderheit«. Die Wiener Bevölkerung bestand zu Beginn des Ersten Weltkrieges beinah zu einem Viertel aus Tschechen und Slowaken, die hauptsächlich in schlecht bezahlten manuellen Zweigen eine Arbeit fanden (z. B. Ziegelböhmen).

So kamen auch Frau Kofkas Eltern als junge Leute nach Wien. Ihr Vater wurde zum älteren Bruder, der in Wien bereits ein Schuhmachergeschäft besaß, in die Lehre geschickt. Seine Eltern hatten ihn zur Erlernung dieses Berufes verpflichtet. Frau Kofka meinte im Interview: »Er hat den Beruf aber gehasst. + Und ihn nie ausgeübt. Aber uns hat er die Schuhe gemacht. (lacht) (-) + + (-) Und die Schultaschen aus Leder. (-) Ich hatte einen gold-, (-) einen goldigen Vater. Er war ganz-. (-) + Der Vater war die Mutter.« Später arbeitete der Vater in einer Eisfabrik, wo er sich allmählich hocharbeiten konnte und von seinen Kollegen überaus geschätzt wurde.

Die Mutter von Frau Kofka kam als junges Mädchen zur Großmutter nach Wien, die ihr beibrachte, den Haushalt reicher Familien zu führen. Diese Großmutter ihrer Mutter stand bei ungarischen Lehrerinnen in Dienst und wurde von ihnen dazu verpflichtet, die Kinder in ungarische Schulen zu schicken, sonst hätte sie den Posten verloren. Dies war auch der Grund, warum Frau Kofkas Mutter niemals Deutsch lernen konnte. Aber auch slowakisch schreiben und lesen wurde ihr erst später von ihrem Mann beigebracht. Nach den vier Klassen Grundschule stand Frau Kofkas Mutter – so wie auch ihre Schwestern – als Haushaltshilfe und Köchin im Dienst wohlhabender Familien. Frau Kofkas Eltern lernten sich in einem slowakischen Kulturverein in Wien kennen. 1915 wurde Franziska, die ältere Schwester von Frau Kofka geboren, zwei Jahre später kam Katharina zur Welt.

K: Ja, also geboren bin ich schon 1917, da war noch der Erste Weltkrieg noch nicht zu Ende, (-) in einer (-) Arbeiterfamilie (-) muss ich sagen, mein Vater war Maschinist in der Eisfabrik, + (-) aber (-) vorher natürlich, (-) äh, (-) wie wir geboren wurd-, wie ich geboren wurde noch nicht natürlich. + (-) Nicht? (-) + (-) Wir, (-) <u>ich</u> bin geboren in einem Kabinett, in einem Raum, also wo man gelebt hat, wo man gewohnt hat, und so weiter; + (-) vis-à-vis gleich war, (-) hat die Hebamme gelebt, (-) und auch eine tschechische Hebamme war das. +

Gleich zu Beginn des Interviews antwortete Frau Kofka auf die Eingangsfrage mit der Schilderung der beengten Verhältnisse zu Hause. Interessant scheint die Hebamme nebenan, eine Erzählfigur, die auch später im Konzentrationslager eine besondere Bedeutung bekommen sollte. Die ersten beiden Kinder, Franziska und Katharina, kamen noch während des Ersten Weltkriegs zur Welt. Lebensmittel und Brennstoffvorräte waren nach drei Jahren des Krieges knapp geworden. Aufgrund der mangelnden Deutschkenntnisse muss es für Katharinas Mutter ungemein schwer gewesen sein, sich in all den Verordnungen über die Vergabe von Lebensmitteln, die damals galten, zurechtzufinden. Ihr Vater war an die Front eingezogen worden.

K: Alle, alle Nationen, die zur Monarchie gehörten, da mussten ja die Männer einrücken. Nicht? Also auch mein Vater (-) war unten in Bosnien Herzegowina. Aber er, das (auflachen) hat mir wunderbar gefallen, mein Vater war schon ein Pazifist damals, und er hat gesagt: »Wir haben uns immer mit den Italienern verbrüdert. Wir haben ihnen Zigaretten rüber geworfen und sie uns Polenta.« (Lachen) Also schon ja, (-) das war zu Ende des Krieges. + (-) Niemand wollte-; wer wollte schon kämpfen gegen einen Menschen, der mir nichts getan hat, nicht? (-) Der vis-à-vis? Ich soll schießen auf ihn? (-) Aber zum Glück, sagt mein Vater immer, hat er Malaria gehabt und war sehr oft im Lazarett, + also ist er nicht oft dazu gekommen, dass er schießen musste. Nicht?

3. Acht Familiengeschichten

Als der Vater zurückkehrte, sei er (wie auch die Mutter) aus der evangelischen Kirche ausgetreten. »Wenn es einen Gott gibt, wie kann er das zulassen?«, hätte der Vater gemeint. Er sei zu den Freidenkern gegangen, einer Bewegung, die im 17. Jahrhundert aus England kommend im 19. und 20. Jahrhundert auch im deutschsprachigen Raum Fuß fasste und sich langsam von einer bürgerlichen zu einer proletarischen Bewegung wandelte. Die Ziele der Freidenker waren, neben der Ablehnung kirchlicher Dogmen und einem gelebten Atheismus, ein klares Bekenntnis zum Humanismus und zu ethischen Grundprinzipien wie Toleranz, Gewaltverzicht, Freiheit und Gleichheit. Ihr Vater sei ein Freidenker mit »Leib und Seele« gewesen. »Und er hat uns auch so erzogen.«

Frau Kofka war ein Vaterkind, wie sie sagte. Der Vater sei die Mutter gewesen, bedeutete nachträglich auch, dass die Mutter, die alleine für den Haushalt und für vier Kinder zu sorgen hatte, einfach keine Zeit gehabt hätte, die Kinder in die Arme zu nehmen. Als Kind litt sie darunter. Warum das so war, hätte sich Frau Kofka erst viel später erklären können. Ihre Mutter sorgte »vorbildlich« für die Kinder. Sie sei immer das am meisten gepflegte Kind in ihrer Schule gewesen. Sie und ihre Schwester hätten im Unterschied zu den anderen Kindern aus der Schule oder aus der Nachbarschaft trotz der langen Haare nie Läuse gehabt. Die Mutter führte zu Hause ein strenges Regiment. Sie hätte aber »vorbildlich für uns« gesorgt. »Wir waren die am meist gepflegten Kinder aus der ganzen Schule.« Da sei für die Mutter »keine Zeit geblieben, ihre Liebe zu zeigen«. Dies sei ihr als Kind ein Rätsel gewesen, aber jetzt

> »wie ich dann reif war, und selbst ein Ki-. (-) hab ich es verstanden. Die Mutter war überlastet durch die Haushaltspflichten + (-) und ah, für die Liebe, die sie ja <u>hatte</u>, + (-) und die sie nicht zeigen konnte, oder, (-) weiß nicht, wie ich das ausdrücken soll, blieb die Zeit nicht. (-) Nicht? (-) Weil sie <u>immer</u> beschäftigt war, von der Früh, dass alles sauber ist, + dass gekocht wird, und geputzt wird, weiß nicht. + Und sie war (-) <u>übertrieben</u>, (-) sagen wir, (-) aber Gott sei Dank, nicht? (-) Dadurch haben wir ja, (-) waren wir immer gepflegt und sauber + (-) und, und (-) hatten nie Hunger und so, (-) also das ist schon.«

Frau Kofka rettete nachträglich das imaginäre Bild einer *guten Mutter*. Als Kind erwartete Frau Kofka nicht die vorbildliche Versorgung durch die Mutter, sondern ihr *Anspruch* richtete sich darauf, von der Mutter Liebe zu bekommen. Schließlich richtet sich der Anspruch des Kindes nicht auf das überlebensnotwendige Objekt (z. B. Nahrung), also auf den Inhalt, um sein Bedürfnis zu

3.6 Die Geschichte der Familie Kofka

befriedigen, sondern auf etwas anderes, was das Objekt nicht ist. Hier, sagte Frau Kofka im übertragenen Sinn, hätte es einen Mangel bei der Mutter gegeben, »die diese Liebe, die sie ja hatte, nicht zeigen konnte«. Erst in der Abwesenheit der Mutter konnte sie die Anwesenheit ihrer Liebe finden: »Die Liebe ist gezeigt worden vom Vatern, von der Mutter nicht. + (-) Aber wie wir dann (-) alle von zu Hause weg waren im Krieg, (-) da hat sie sich blind geweint (-) für die Kinder.[141] (-) Also, sie hat ihre Zuneigung nicht gezeigt.«

Indirekt verweisen diese Stellen aus dem ersten Interview schon auf das Überleben im Lager. Frau Kofka sprach über das Unvermögen ihrer Mutter, die Liebe, die sie gehabt hätte, zu geben; dann setzte sie mit den Leiden der Mutter fort, als die Kinder weg waren (»blind geweint«), um schließlich – ihrer Assoziationskette folgend – auf ihre Tätigkeit im Widerstand zu sprechen zu kommen, von der die Mutter nichts geahnt hätte und auch nichts hätte wissen dürfen, da sie ja bei einer Verhaftung der Tochter als Eingeweihte auch ins Lager gekommen wäre und dort nicht überlebt hätte: »Weil zum Überleben hat ja mehr gehört, als, als, als das Stück Brot und den Schöpfer Suppe und so weiter. Es hat auch gehört ein Wille zum Überleben.« Symbolisch hatte Frau Kofka schon als Kind gewusst, dass Brot nicht Liebe ist. Und dass der Mensch nicht vom Brot allein lebt. In Gefangenschaft sparte Frau Kofka ihren Teller Suppe für ihren Zellennachbarn,

---

[141] Katharina hatte drei Geschwister: eine ältere Schwester und zwei jüngere Brüder. Mit Ausnahme ihres jüngsten Bruders fanden die anderen Geschwister in den Interviews nur zu Beginn eine knappe und kurze Erwähnung. Der ältere Bruder wurde nach Ausbruch des Krieges in die Wehrmacht eingezogen. »Nicht jeder ist ein Held, weil für Desertion war ja der Tod, nicht?« Er fiel in Russland. Katharinas ältere Schwester war bereits vor 1938 als Aupairmädchen nach England gegangen. Nach Kriegsausbruch wurde sie vorübergehend als österreichische Staatsbürgerin (enemy alien) auf der Isle of Man interniert. Nach ihrer Entlassung hat sie zusammen mit den Engländern in den tschechischen Brigaden gegen die Nazis gekämpft. Allerdings nicht mit der Waffe, weil es damals keine Frauen mit Waffe in der Armee gegeben hatte. Stattdessen arbeitete sie in der Offiziersmesse und buk Apfelstrudel. »Die haben das nicht gekannt, die Engländer; + und für diese Tätigkeit hat sie eine Auszeichnung bekommen, mit drei Zacken; + und mein Schwager, der gekämpft hat an der Front, hat nur zwei gehabt. Das sage ich immer, weil **da** (auflachen) so wie die Liebe durch den Magen geht (lachend), so bekam sie ihre Auszeichnung durch den Magen.« Von Katharinas Geschwistern überlebte nur diese Schwester, die bis zum Kriegsende in England blieb, den Krieg. Ihr jüngster Bruder, der sich gemeinsam mit Katharina an den Aktivitäten der tschechischen Widerstandsgruppe beteiligt hatte, wurde verhaftet, kam zunächst nach Flossenbürg und später ins Konzentrationslager Mauthausen, das er nicht überlebte. Frau Kofka hatte erst nach ihrer Befreiung aus Ravensbrück vom Tod ihrer beiden Geschwister erfahren.

3. Acht Familiengeschichten

mit dem sie über Klopfzeichen in Verbindung stand und sagte zur Wärterin: »Ich habe keinen Hunger, geben sie die Suppe doch meinem Nachbarn.« Im Lager sammelte und sparte Frau Kofka das Brot für die russischen Mitgefangenen, die im Vergleich zu allen anderen Häftlingen am schlechtesten behandelt wurden. Dabei wiederholte sie, was sie erlebt hatte, und kehrte ihr infantiles Erleben um: Sie machte über ihren Verzicht das Brot zur Liebe; zur Liebe, die sie mit dem Brot nicht bekommen hatte. Erst im Verzicht (auf das Brot) und in der Abwesenheit (der Mutter) entstand eine Befriedigung des Liebesanspruchs, eine imaginäre Bestätigung des Seins (Augen ausgeweint). Vielleicht war Frau Kofka diese Liebe zur Mutter, das innere Bild einer an sich guten Mutter im Lager hilfreich gewesen. *Weil sie etwas besaß, das sie schützen musste.* Nie wäre sie auf den Gedanken gekommen, zu flüchten. Weil sie damit ihre Mutter gefährdet hätte. Nie wäre sie auf den Gedanken gekommen, ihrer Mutter etwas aus ihrer Widerstandstätigkeit zu erzählen oder später im Polizeigefängnis ihr heimlich eine Botschaft zukommen zu lassen. Weil Frau Kofka etwas besaß, etwas wiedergefunden hatte, *ein verlorenes Objekt*, das sie im Grunde nie besessen hatte. Frau Kofka besaß ein Geheimnis, das sie schütze. Und weil es dieses Geheimnis gab, kämpfte sie. An einer Stelle sprach sie über jene Häftlingsfrauen im Lager, die sie um ihren Glauben an Gott beneidete. »Der liebe Gott wird uns helfen.« Um diesen Glauben, den sie nicht hatte, um dieses geheime Objekt, das sie nicht kannte, beneidete sie die anderen. Aber, sagte sie, »ich glaubte an etwas anderes«. Ihr Geheimnis war mehr als eine politische Ideologie, die ihr half.

Frau Kofka beschrieb das Leben in der Zwischenkriegszeit als eine gute Zeit. Sie hatte eine glückliche Kindheit gehabt. Ihr Vater, der in der Eisfabrik arbeitete, war nie arbeitslos gewesen. Aus diesem Grunde war auch immer das Notwendigste vorhanden. Ihre Familie sei zwar arm, aber nicht elend gewesen. Hierzu schilderte sie im ersten Interview eine schöne Initialszene: Frau Kofka hatte von der Volksschule bis zur Matura eine enge Freundin namens Martha, die jeden Tag auf Besuch kam. Marthas Vater war Oberteilherrichter, der die Oberteile der Schuhe hergerichtet hat, bevor sie der Schuster über die Leiste gezogen hat. Obgleich es Marthas Vater bis zum Meister gebracht hatte, verdiente er kaum Geld, denn Oberteilherrichter »war ein Hungerleiderberuf«. Da Martha acht Geschwister hatte, war ihre Familie, wie Frau Kofka unterstrich, nicht arm, sondern elend.

K: Martha ist jeden Tag zu uns gekommen. Sie hat nicht weit ah, (-) von uns gewohnt. Über die Straße. (-) Ist jeden Tag, Nachmittag zu uns gekommen, und hat zwei Schmalzbrote bekommen. + (-) Und wenn ich auch zwei bekommen hab, und noch-, (-) hat sie (gemeint ist die Mutter) gesagt, wenn du noch eins willst, kriegt die Martha nur eins. + (-) Also so war das. + (-) Wir hatten keinen Hunger, (-) aber wir hatten auch keinen Überfluss. (-) Aber Martha kam jeden Tag und einen Malzkaffee bekam sie + und zwei Schmalzbrote. (-) Ja, es war so.

Die Mutter stellte Katharina vor eine Wahl. »Wenn du noch eins willst, kriegt die Martha nur eins.« Und Katharina hatte sich für den Gleichstand entschieden, 2:2. Jeden Tag kam Martha und jeden Tag hatte sie ihre zwei Schmalzbrote bekommen. Frau Kofka wusste als Kind zu verzichten, um etwas anderes zu erhalten. Nicht das Einverleiben des gewünschten Objekts, sondern der Verzicht führt zur Liebe oder zur Befriedigung ihres Anspruchs auf Liebe. Diese Szene kann als ein Initial für die oben angesprochenen Szenen aus dem Lager gelten. Immer wieder teilte sie und immer wieder verzichtete sie. Der Wert des Objekts verwirklicht sich nicht für das Subjekt, sondern liegt in einem *reinen* Da-Sein für andere. Dies mag die psychische Struktur der Nächstenliebe, der Solidarität und der Fairness sein. Wenn also vom Vater die politischen Ideale kamen, so wurden sie über die Mutter praktiziert.

Im dritten Interview erzählte Frau Kofka, dass sie in den letzten Wochen im Lager in einer sogenannten internationalen Stube *Stubenälteste* geworden war. In dieser Funktion hatte sie dafür zu sorgen, »dass man die Stube fegt, gefegt-, fegt, dass man Ordnung hält, schaut, ob die Betten+ (-) in Ordnung sind, (-) man hat das Brot geschnitten, (-) Brot geteilt. Essen ausgeteilt.« Dies für mehr als 200 Häftlingsfrauen. Frau Kofka war die Mutter, eine gute Mutter, verschmolzen mit der imaginären Mutter. Auch hier die Struktur. Der Verzicht geschah unter den Augen des Anderen. Die psychologische Struktur der Nächstenliebe entspricht einem reinen Objektverzicht des Subjekts für einen anderen vor einem unsichtbar goutierenden großen Anderen.

Mit 60 Jahren hatte sich Frau Kofka zusammen mit anderen überlebenden Häftlingsfrauen aus Ravensbrück – »der erweiterten Familie« – für einen Platz in einem Altersheim angemeldet. Es war ein ausgesuchter Ort, »der letzte Schrei, wunderschön gelegen, frische Luft und so weiter«. In den folgenden Jahren sammelte sie ihre Erlebnisse mit dieser Art von Institution. Sie erzählte von einer Kameradin, die sie im Heim regelmäßig besucht hatte, und die gemäß den dort geltenden Vorschriften wie eine Mastgans ausgenommen wurde.

K: Ich habe mich auch eingesetzt für die alte Frau, nicht? (-) + (-) Und (-) sie haben ihr nur den Kaffee gebracht und kein, kein Brot. (-) Und ich bin in die Küche gestürzt (lachend) und habe gefragt: »Warum hat die Frau (-) kein Brot bekommen?« + Nicht? (-) Und dann hat mich der Direktor zur Rede gestellt. (-) Habe ich gesagt: »Na, warum gibt man ihr kein Brot, nur den Kaffee?« + (-) Und so weiter. (-) Also ich habe mich, (-) ja, (-) ich bin halt noch immer, (-) bis heute bin ich ein bisschen eine (-) Kämpfernatur (-) und wo-, und wenn es geschieht und wenn es mir möglich ist, einzugreifen, tue ich es also (lachend). +

Wieder war es das *Brot*, um das ihre Erzählung kreiste, als Signifikant für Armut, Elend, Ungerechtigkeit und für ihren Kampf und ihren Verzicht um der Liebe willen. 16 Jahre nach ihrer Anmeldung, als ein Platz frei geworden wäre, sagte sie: »Also ich verzichte auf meinen Platz und ich will in kein Heim.« Denn »ich hätte ständig rebelliert in so einem Heim, nicht? Alles kritisiert.« Abermals verzichtete Frau Kofka. Im übertragenen Sinne gab sie ihren Platz für eine andere. Wie schon bei den Schmalzbroten oder den anderen überlebensnotwendigen Objekten verzichtete sie, weil sie wusste, dass ihr Anspruch erst in der Absenz des Objekts befriedigt werden konnte.

Identität und früher Widerstand
Während der Zwischenkriegszeit hatte Frau Kofka eine glückliche Kindheit erlebt. Als die Familie noch zusammen war ... Frau Kofka beschrieb ihr Aufwachsen in einer slowakischen Familie, das Lernen in einer tschechischen Schule und das Spielen mit den österreichischen Kindern als ein natürliches und selbstverständliches Verschmelzungsprodukt von drei sprachlichen Universen, die sich nicht im Wege standen, sondern einander ergänzten. »Es war so selbstverständlich, zu Hause Slowakisch, in der Schule Tschechisch, unter den Kindern Deutsch, und so sind diese drei Sprachen so ganz natürlich für mich.« Katharina war in drei Welten zu Hause. Natürlich hätte sie auch in der postmonarchistischen Gesellschaft Wiens der 30er Jahre die antislawischen Ressentiments erfahren.
K: Wir haben ganz einfach mit-, mitgelebt und mitgelernt mit der, mit der (-) ah (-) Bevölkerung. Leicht hatten wir es natürlich <u>nicht</u>. Wir hatten schon Probleme, dass sie uns beschimpft haben. Boem, Boem. Brakts nicht, es wird regnen (in Mundart).
I: Wie?

K: Brakts-, Braken. Braken hieß also tschechisch Regen. Braken, nicht? + + (-)
Wir haben schon Schwierigkeiten und Kämpfe gehabt mit den (-) Kindern,
weil die haben, (-) angestiftet von den Eltern, (-) waren sie der Meinung,
dass die Slawen, also die Tschechoslowaken (-) <u>Schuld</u> waren an, an dem,
(-) dass Österreich so klein geworden ist. + Weil sie sich selbstständig-.
<u>Nicht</u> nur die Tschechoslowakei. Nicht? Unten, die Südslawen, haben sich
ja auch befreit und selbstständig gemacht. + Und so war-, haben sie immer
wieder irgendwie bereut, dass die große Monarchie auseinander gefallen
ist. + Also die Alten. Und die haben natürlich die Kinder aufgehetzt.
Und wir haben Polster-, ahm, (-) Schlachten bei der Kirche mit den, mit
den, ah, (-) Schultaschen haben wir uns beworfen, (-) (lachend) Kämpfe
ausgetragen (lachend). (-) Also ich kann sagen, ich habe schon (lachend)
als Kind gekämpft. * (-) *Irgendwie, ja.* (-) Aber das waren so kindliche *
(-) natürlich von den Eltern angestiftet, nicht?

Neben der Schule ging Frau Kofka von klein an in den Arbeiterturnverein. Dort war sie zusammen mit jenen Kindern, die mit ihr Jahre später in den Widerstand gingen. Die erste große Zäsur in ihrem Leben, an die sie sich erinnerte, waren die Februarkämpfe 1933. Zum Zeitpunkt der Kämpfe war Katharina auf Skikurs. Als sie nach Hause kam, hörte sie von den Ereignissen. »Wir sind dann zu den Plätzen der Kämpfe hingefahren. Es war schrecklich zu sehen, was Österreicher den eigenen Leuten antun konnten.« Ihr Blick war an dieser Stelle ein äußerer. Sie sprach als jemand aus der tschechoslowakischen Minderheit. Hier zeigte sich der Vorteil, einer Minderheit anzugehören. Die Minderheit bietet Schutz. Als sie später über ihre Tätigkeit in der Widerstandgruppe sprach, gab es einen ähnlichen Blick. Sie fühlte sich trotz der vielen Aktionen der Gruppe, an denen sie beteiligt war, sicher, dass ihr nichts passieren würde: »Die Minderheit, wer weiß das schon, wer und so weiter, nicht?« Frau Kofka hatte sich mehr der Minderheit als irgendeiner anderen Gruppe zugehörig gefühlt. Ihr identitärer Ort war die *tschechoslowakische Minderheit Österreichs*.

Für ihren Vater, der immer ein »bewusster Sozialdemokrat war«, war der Untergang der ersten Republik und das Verbot aller Arbeiterorganisationen, Parteien und Vereine eine Katastrophe. Frau Kofka erzählte, dass sie damals mit anderen Kindern drei rote Pfeile, das Zeichen der Sozialdemokraten, auf Wände, in Hauseingänge und auf Verkehrsschilder geklebt hätte. Dies hätte ihr eine große Lust bereitet, »es war ja nicht erlaubt und wir haben das getan

3. Acht Familiengeschichten

(lachend)«. Noch heute ließ sie im Interview die Lust am Verbotenen spüren. Ihr Vater verteilte weiterhin, nun illegal, die tschechische Arbeiterzeitung, die in Brünn gedruckt wurde, in der Fabrik.

K: Also mein Vater war ein Sozialdemokrat mit Leib und Seele (Kl). + + (-) Aber Widerstand (Kl) habe ich in einer Gruppe geleistet, + sondern (-) die Sozialdemokraten haben leider keinen organisierten Widerstand geleistet, sondern, (-) es waren die revolutionären Sozialisten,* die sich abgespalten haben und Widerstand geleistet haben. + Zum Beispiel dazu gehörte die Rosa Jochmann, + die im Lager mit mir war auch, + in Ravensbrück. + (-) Dazu gehörte der Haas Otto. Der Doktor Otto Haas, der hingerichtet wurde als sozialdemokratischer Freiheitskämpfer und ich wohne (-) in einem (-) Haus, wo er gelebt hat. Er war Lehrer. + Volksschullehrer trotzdem er Doktor war, + er hat keinen anderen Posten bekommen. Und das Haus heißt nach ihm, (-) Doktor Otto Haas Hof, in dem ich, in dem ich lebe. Ich wohne im Doktor Haas Hof. Ich wohne in der Vinalskistraße. Das ist ein Sozialdemokrat, ein Deutscher gewesen. + + Der Verband ist in der Lasallestraße, ...

I: Ist in der Lasallestraße.

K: Ja, das war auch ein deutscher Sozialdemokrat. + (lacht) Also alles um mich. + Aber Widerstand habe ich geleistet in der tschechoslowakischen Minderheit; + (-) wo die leitenden Mä-, ah, (-) Männer + Kommunisten waren.

Frau Kofka lebte den Widerstand, den ihr Vater nicht mehr geleistet hatte. Und über diesen Widerstand fand sie eine persönliche Verortung. Ihren Platz. Alles um sie herum war sozialdemokratisch. Haus, Hof und Verband trugen symbolisch *die Namen des Vaters* (Lacan). Immer wieder gelang ihr eine solche Verortung, die Konstruktion imaginärer Kontinuität und Kohärenz ihrer Geschichte und damit auch eine Nähe zum Vater, zum liebenden, »goldigen« Vater.

Nach bestandener Matura ging Frau Kofka auf ein Ausbildungsjahr nach Prag und besuchte dort die pädagogische Akademie. Über einen zinsenfreien Kredit des Schulvereins *Komenský*[142] konnte sie sich den Aufenthalt finanzieren. Sie lebte während dieser Zeit außerhalb von Prag bei einer ihr bekannten

---

[142] Über diesen Verein, benannt nach dem Schulpädagogen Jan Amos Komenský, war ihr auch gleich ein Ausbildungsplatz in einer der Schulen des Vereins in Wien zugesichert worden, um den zinsfreien Kredit zurückzahlen zu können.

Familie, deren beide Töchter sie bereits in den Jahren zuvor Nachhilfeunterricht[143] erteilt hatte. Während der Zeit ihrer Berufsausbildung blieb sie für den Schulerfolg der Kinder verantwortlich. Sie hatte sogar die Kontakte zur Schule der beiden Kinder zu pflegen. Dafür lebte sie im Haus der Familie bei freier Kost und Logis in einem eigenen Zimmer. Und sie konnte dort Dinge tun und genießen, die sie zu Hause niemals hätte machen können (Tennis spielen, reiten etc.) Die täglichen Zugfahrten nach Prag finanzierte sie sich über den Kredit und das Essen bekam sie beim *tschechischen Herz*[144] umsonst. Frau Kofka bewies in dieser Zeit organisatorisches Geschick. Ihre Eltern hätten ihr die Ausbildung niemals bezahlen können. So gab es zum Glück diese tschechoslowakischen Institutionen, die bei der Umsetzung ihres Vorhabens halfen. Nach ihrem Ausbildungsjahr kam sie zurück nach Wien, um zu unterrichten. Aber schon ein Jahr später marschierten die Hitlertruppen in Österreich ein. Mit dem Einmarsch der Nazis wurden alle Vereine, die während des Austrofaschismus noch nicht verboten waren, aufgelöst bzw. gleichgeschaltet und den entsprechenden NS-Organisationen einverleibt. Auch die Komenský-Schulen wurden geschlossen. »Dann haben sie uns die Schulen gesperrt, nicht? Wir wurden auf die Straße gesetzt, niemand hat gefragt, was wir machen werden.« Sie inskribierte an der Universität Wien für Slawistik und arbeitete als Aushilfskraft bei einer Tageszeitung. Damals begann, beinah übergangslos, ihre Arbeit im Widerstand. Ich fragte sie nach einem Schlüsselerlebnis. Frau Kofka meinte ein wenig erstaunt, dass sie schon als Kind in jenen Arbeiterverein ging, über den sie wie von selbst in den Widerstand gekommen sei.

---

143 Seit ihrem 14. Lebensjahr verbrachte Katharina Kofka den Sommer über in tschechischen Familien, um den dort lebenden Kindern Nachhilfe zu geben. Diese Aufenthalte wurden ebenfalls vom Schulverein Komenský organisiert, um den Austausch und Kontakt der Kinder aus der Minderheit mit in der Tschechoslowakei lebenden Familien aufrechtzuerhalten.

144 Frau Kofka hatte über das tschechische Herz, das sich »vorbildlich um die Minderheit in Österreich gekümmert hatte«, seit ihrer frühesten Kindheit die Sommerferien in der Slowakei verbracht. Die Ferienaufenthalte wurden von dieser karitativen Hilfsorganisation für Kinder aus der tschechoslowakischen Minderheit organisiert. Das tschechische Herz diente generell der Armutsbekämpfung der tschechoslowakischen Minderheit und finanzierte unter anderem auch den Arbeiterturnverein, in dem Frau Kofka schon als kleines Mädchen turnen konnte. Auch in Prag nutzte sie die sozialen Wohlfahrtsprogramme der Organisation, um so gut es ging über die Runden zu kommen.

3. Acht Familiengeschichten

Widerstandsgruppe und die Reife
Frau Kofka erzählte nicht ohne Stolz über ihre Zeit im Widerstand. Sie war erst 19 Jahre alt. Ludwig, ihr Verlobter, war auch ein Mitglied der Gruppe aus vorwiegend sehr jungen Leuten. Acht Jahre hatte sie mit Ludwig gemeinsam die Schulbank gedrückt, bis sie sich beim Maturakränzchen ineinander verliebt hätten. Ludwig war kein Kommunist, sondern bekennender Katholik. In ihrer Gruppe fanden sich verschiedenste junge Menschen, die gegen die Nazis Widerstand leisten wollten. Aus allen Parteien und nicht nur Mitglieder aus der Minderheit. Die Widerstandsgruppe der tschechoslowakischen Minderheit war die größte im damals besetzten Österreich. Geleitet wurde sie von »erfahrenen«[145] Kommunisten, Männern, die Frau Kofka auch bewundert hatte.

Sie zeigte ein Foto von Mitgliedern des Turnvereins, die sich später alle im Widerstand wiederfanden, aufgenommen noch vor dem Einmarsch der Nationalsozialisten. Rund zehn junge Leute, Männer und Frauen, waren darauf zu sehen. Das Bild war im Freien aufgenommen, irgendwo in der Lobau, wo sie sich im Sommer zum Turnen getroffen hatten. Es vermittelte die Szenerie eines Ausflugs: Lachende und grimassierende Gesichter waren darauf zu sehen, Hände, die dem Vordermann oder der Vorderfrau hinterrücks Hörner aufsetzten. Sie zeigte das Bild, nannte Namen und in knappen Worten deren Schicksal. Das ist der Soundso. Verhaftet und ermordet am Soundsovielten in Ravensbrück oder Mauthausen. Wir schweigen. Auch ihr jüngster Bruder Hans war auf dem Bild zu sehen, der zwei Jahre nach Katharinas Verhaftung beim Verteilen von Flugblättern verhaftet wurde. Hans kam nach Flossenbürg.

> »Er war ein junger, schüchterner Mann und die Kriminellen in Flossenbürg haben ihm auch das Essen oft gestohlen; und er ist dort krank geworden; (-) offene TBC; (-) und fast sterbend kam er nach Mauthausen und in Mauthausen ist er gestorben. (-) *Also der zweite Bruder.*«

Hans war auf dem Foto 15 Jahre alt. Am Beginn seiner Lehre stehend, eine, wie ihn Frau Kofka schilderte, »schüchterne und introvertierte Natur«. »Er hat keinen kämpferischen Geist gehabt, und deswegen hat er-. Weil zum Überleben hat ja mehr gehört als das Stück Brot ...« Eine Gruppe junger, lebensfroher

---

145 Damit meinte Frau Kofka, dass diese Leute politisiert waren, ihre Erfahrungen als Kommunisten oder Revolutionäre Sozialisten in der Illegalität gesammelt, bereits während des Austrofaschismus Widerstand geleistet hatten oder auch in Russland gewesen waren und von dort ihre Qualifikationen mitgebracht hätten.

Menschen. Zum Zeitpunkt der Aufnahme dürfte keiner wesentlich älter als 20 Jahre gewesen sein. Die Zukunft ungewiss, voller Hoffnung und Lebensmut. »Wir waren uns so sicher, dass uns nichts passieren würde ...«

»Der Kopf und die Seele der Gruppe« war Alois Houdek, ein »erfahrener« Kommunist und Katharinas Turnpartner, der auch auf dem Foto zu sehen war. Katharina, lachend hinter ihm stehend, hielt einen kleinen Reifen über dessen Haupt. Darauf angesprochen, was dieser Reifen zu bedeuten hätte, meinte sie nur: »Das war eine Hetz.« Die Turngruppe traf sich regelmäßig zum Sport. Houdek hatte nach dem Einmarsch damit begonnen, die Leute in kleine Gruppen zu teilen und sie im Sinne der kommunistischen Partei für den Widerstand zu schulen. So sei Frau Kofka ganz natürlich in ihren Widerstand gegen das Terror-Regime »hineingewachsen«. Alois Houdek war die Verbindung zwischen dem Turnverein und der kommunistisch-tschechoslowakischen Bewegung Wiens. Innerhalb kurzer Zeit trafen sich regelmäßig vier bis fünf politisch Interessierte in verschiedenen Wohnungen von Mitgliedern der Bewegung. Katharina Kofka befand sich mit Houdeks Frau, ihrem Verlobten Ludwig und einer weiteren Person in Houdeks Gruppe. Die Mitglieder der Widerstandsgruppe wurden immer zahlreicher und damit auch die kleinen Widerstandszellen. Vorrangiges Ziel war, die österreichische Bevölkerung über die Kriegsziele Hitlers zu informieren. Frau Kofka beschrieb ihr Verhältnis zu Alois Houdek bezogen auf die Signifikanten »reif« und »erfahren« folgendermaßen:

K: Er war jung, (-) aber in unseren Augen, sagen wir, (-) erfahrene, (-) erfahrener. (-) War schon verheiratet und was weiß ich, (-) also, (-) er war schon nicht mehr-, (-) er war ein reifer Mann schon, nicht? (-) Und wir waren gerade am Rande zwischen ganz jung und erwachsen, oder wie man das sagt, ja?

Damit ortete sie den entwicklungspsychologischen Ort des frühen Erwachsenenalters: kein Kind, aber auch noch nicht erwachsen; jene Zeit, in der sich der Heranwachsende aus dem Kosmos der Familie löst und versucht, eine eigene Identität und eine eigene Welt aufzubauen. In dem Wandlungsprozess vom Kind zur Erwachsenen hatte Katharina Kofka neue und eigene Identifikationen gesucht und gefunden, die einerseits in Verbindung zur elterlichen Geschichte (und deren Objekten) standen, aber auch etwas Neues beinhalteten. Sie war keine Sozialdemokratin wie ihre Eltern, sondern Kommunistin geworden. Damit hatte sie den elterlichen Anspruch auf Solidarität, Rebellion und Widerstand radikalisiert. Natürlich war diese Entwicklung eingebunden in das historische

Zeitgeschehen. Vermutlich bedeutete ihre Identifikation mit der Widerstandsgruppe die einzige mögliche Art, das Zeitgeschehen in sich aufzunehmen und selbst zu einem historisch handelnden Subjekt zu werden. Frau Kofka hielt ihre Aktivitäten vor den Eltern geheim. Sie teilte mit den anderen der Widerstandsgruppe Ideale und Ideen, die die Welt verändern sollten.

In der Widerstandsgruppe nahmen die älteren und erfahrenen Mitglieder eine besondere Rolle ein. Diese Personen ersetzten die alten Identifikationsobjekte aus der Kindheit. »Reife« und »erfahrene« Leute kamen in ihrer Erzählung wiederholt vor. Beginnend mit der Mutter, gefolgt von den erfahrenen Kommunisten, denen gegenüber sie ein »politisches Nackerpatzerl« gewesen wäre, bis hin zu Frauen, die ihr später im Lager geholfen hatten (ebenfalls Kommunistinnen oder revolutionäre Sozialistinnen). Vermutlich hatte sie die zu ihrem Schutz auch gesucht, ganz besonders im Lager. Und sie hatte mit ihnen immer wieder vorübergehende *Überlebensbündnisse* (vgl. Krystal 2000) geschlossen. Wie zum Beispiel mit Rosa Jochmann, auf die ich noch zurückkommen werde. Rosa Jochmann hatte in Ravensbrück als Blockälteste dafür gesorgt, dass Katharina und die anderen Frauen aus ihrer Gruppe in Rosas Block gekommen waren.

K: Sie war eine <u>wunderbare</u> Block-; (-) wir hatten das Glück, (-) *wir sind zu ihr gekommen.* + (-) Also nicht auf einem normalen Block, sondern zu ihr. [...] (-) Der, das, das war das sauberste, der ordentlichste, der (-) ah Block, (-) den es überhaupt-. Das war ein Musterblock sozusagen. + (-) Da ist nicht gestohlen worden. [...] Also, es war wirklich ein, ein Block, wo Ordnung herrschte, wo nicht gestohlen wurde, wo nicht gerauft wurde. + (-) Wo nicht, ah, (-) also, (-) <u>alles</u>. (-) Sie hat **das Brot** <u>vor uns</u> geschnitten. (-) Wo es auf anderen Blocks, Blockälteste gegeben hat, die haben Rationen gekürzt-.

Die Signifikanten »reif« und »erfahren« standen in Verbindung mit dem *Brot*schneiden und dem Teilen, jener Wahl, die von der Mutter her kam (»wenn du noch eines ißt, bekommt die Martha nur noch eins«). Die Nähe zu jemandem, der reif und erfahren war, hatte im Lager einen (mütterlich/schwesterlichen) Schutz bedeutet. Es stellte einen äußeren Ort dar, an den verinnerlichte gute Imagines anknüpfen konnten. Auch die Sauberkeit gehörte zu dieser Assoziationskette. Es ging nicht um das Brot an sich, sondern um das Geben und Teilen. Also um einen übertragenen (solidarischen) Verzicht. (Es hatte auch die Gegenfiguren gegeben, Blockälteste, die die Rationen für die anderen Häftlingsfrauen gekürzt hatten.) In den letzten Wochen im Lager war Katharina Kofka selbst Stubenälteste in einer internationalen Stube geworden. Dort hatte sie dafür gesorgt, »dass man die Stube fegt, gefegt-, fegt, dass man Ordnung hält, schaut ob die Betten+ (-) in Ordnung sind, (-) man hat das Brot geschnitten, (-) Brot geteilt. Essen ausgeteilt. (-) + (-) Das war die Aufgabe ...«

Reif und *noch nicht erfahren* stellten ein Gegensatzpaar und einen Entwicklungsverlauf dar. Liest man ihren Erzähltext als einen Entwicklungsverlauf, dann wird sie selbst reif und erfahren. *Sie machte sich zu dem, was sie geworden ist.* Als Erzählerin. Auf dieser Ebene dreht sich das Bild um. Frau Kofka war ein frühreifes Kind. Sie hatte sich schon als Kind, indem sie *immer* Vorzug hatte, die Volksschule finanziert, weil die Eltern so kein Schuldgeld zahlen mussten. Sie hatte ihnen also den Preis erspart; ein Verzicht gewissermaßen, auf die Freiheit, keinen Vorzug haben zu müssen. Aber Frau Kofka beklagte sich nicht. Im Gegenteil. Sie war auch stolz, sich als Schülerin über den Nachhilfeunterricht, den sie gegeben hatte, schon früh ihr erstes Geld verdient zu haben. In ihrem Leben gab es kaum Platz für kindliche Unbeschwertheiten. Sie hatte wenig Zeit, jung zu sein. Im Grunde hatte sie immer schon erwachsen (erfahren) sein müssen. Gewisse Dinge hatte sie niemals erfahren, Dinge, die oft selbstverständlich erscheinen mögen. Vielleicht steckte also hinter dem Signifikanten »erfahren« eine Trauer um die Dinge, die sie *niemals erfahren* hatte, vor allem auch um die verlorenen Jahre, während ihrer Gefangenschaft, um den Stillstand der inneren Zeit, während draußen, vor den Toren des Konzentrationslagers, das Leben weiterging. In ihrer Widerstandszeit schien sie allerdings trotz der politischen Schrecken eine gewisse Unbeschwertheit und Leichtigkeit erlebt zu haben.

K: Man hat ja immer etwas, (-) man will immer etwas damit (-) **be-wir-ken**, wenn man das tut. Und das haben wir auch-. Teilweise ist es uns auch gelungen. Nicht alles, aber vieles, muss ich schon sagen + (-) dieser, (-) Laiengruppe, sozusagen.

Jenes »wir« dieser »Laiengruppe«, das in der Buchstabierung des Wortes »bewirken« auch hervortreten konnte, war der gemeinsame Ankerpunkt in dieser »dunklen Zeit«. Es erzeugte und spiegelte ein Gefühl der Zugehörigkeit und ließ das Gefühl eines neuen, generationellen Bewusstseins entstehen; getragen von der Geheimhaltung, auch vor den Eltern, die nichts wissen durften, und ebenfalls getragen von einer familiären Nähe zwischen den Mitgliedern der Gruppe. Man kann Alois Houdek oder andere erfahrene Kommunisten, welche die Gruppe geleitet hatten, als die neuen, großen Geschwister der Gruppe beschreiben, an denen sich die jüngeren orientiert hatten. Alois Houdek hatte es verstanden, auf frühe Bindungen zurückzugreifen, wie zum Beispiel zu den Turnern aus dem tschechischen Arbeiterturnverein, um sie für die Sache zu begeistern. So schien das eine ganz natürlich in das andere übergegangen zu sein.

c)   Initialerzählungen

Sabotageakte und Verhaftung
Eine wesentliche Zeit ihrer Adoleszenz verbracht Frau Kofka in der Widerstandsbewegung. Bis zu Beginn des Krieges war sie gemeinsam mit ihrem Verlobten für die Reinschrift und Vervielfältigung der Flugblätter zuständig, die man geheim an Arbeiter austeilte. »Das war Vorbereitung zum Hochverrat.« Als der Polenfeldzug begann, hatten sie an die Feldpostnummern der Soldaten Kettenbriefe abgetippt und darin zur Desertion aufgerufen. »Das war Wehrkraftzersetzung.« Und das dritte Delikt, weswegen die Gruppe, deren Mitglieder später nacheinander verhaftet wurden, angeklagt war, bestand in den Sabotageakten.[146] Neben Houdek gab es auch drei erfahrene Österreicher in der Gruppe.

K: Wir haben drei Österreich-, drei Wiener gehabt, (-) die alle drei hingerichtet wurden. + (-) Das war (-) Diasek also, (-) der schon dort (gemeint ist in Russland) alles gelernt hat. + Ah, (-) wie man also Widerstand und Sabotage macht. + Dann war es der Halbkram. + (-) Das war ein Halbjude. + (-) Der hat die gesunden Männer am Blinddarm operiert, + (-) damit sie nicht einrücken, + so schnell einrücken müssen; *das habe ich schon einmal erwähnt.* * (-) Und dann war-; *der Halbkram, Diasek und* (-) Nakowitz, ja. (-) Also drei waren es. Österreicher und alle drei wurden hingerichtet. Nicht? + Also sie haben schon diese (-) drei Männer, die haben schon Erfahrung gehabt; + also, (-) aber (-) ah, (-) Diasek war der Spezialist für die (-) Sabotageakte, nicht? (-) Habe ich schon erzählt von der Konstruktion der Geräte?

---

146 »Die aktivste antinazistische Kraft unter den Wiener Tschechoslowaken bildeten ehemalige Anhänger der sozialdemokratischen und der kommunistischen Partei, sowohl national als auch ideologisch in totaler Gegnerschaft zum NS-Regime. Was die Gestapo vereinfachend als ›KPÖ-Sektion‹ bezeichnete, war die größte Gruppe; ihr gehörten fast 160 Personen an. Viele kamen aus den tschechischen Turnvereinen, etliche waren auch Schutzbündler gewesen« (aus: Der Sozialdemokratische Kämpfer, Nr. 12/2001).

Die drei Wiener repräsentierten den Reife-Pol des Gegensatzpaares erfahren und (»weniger« oder »noch) nicht (so«) erfahren. Diasek, der in Russland gewesen war (vgl. die Szene mit ihren »Haaren, wenn ich noch welche habe«) wurde ebenso wie die beiden anderen verhaftet und hingerichtet. In dieser Szene mündete die Erfahrung der drei Männer in den Tod. Und vielleicht war es Katharinas Unerfahrenheit mit den Dingen, die damals geschahen, die ihr das Leben rettete.[147] Diasek war der Spezialist für die Brandsätze.

K: Habe ich schon erzählt von der Konstruktion der Geräte?

I: Nein.

K: Also, (-) er hat, er war Ingenieur + vom Beruf, was für ein Ingenieur weiß ich nicht; er hat ein kleines Gerät konstruiert, (-) und zwar: (-) Hat er uns Frauen (-) ausgeschickt in verschiedene Bezirke, + um in den Drogerien + Kaliumchlorat zu kaufen. + (-) Kaliumchlorat ist ein Mittel zur Stillung, zur Blutstillung, wenn man blutet. + (-) Also, die Frauen sind ausgeschwärmt, (-) die in der Gruppe waren. Und haben jede ein Packerl gekauft in verschiedenen Bezirken. + Damit es nicht auffällt. (-) Er hat dann dieses Kaliumchlorat in diese kleine Box, die er konstruiert hat, gegeben + (-) Wasser. (-) Und wenn man das umgedreht hat, + durch die Reaktion, durch die Auflösung des Kaliumchlorats ist Wärme entstanden. + (-) Und durch die Wärme hat das Objekt, wo wir es hingegeben haben, + zum Brennen begonnen. Wir haben die Depots ausgekundschaftet, (-) wiederum eine Menge Leute. (-) Und dann sind wir abends als Liebespaare in die Lobau gegangen + (-) und haben in diese Depots (-) + – wo nicht so wichtige Sachen, aber doch für sie vielleicht für * (-) für wichtige – und haben sie angezündet.

I: Mit wem sind Sie gegangen?

K: Ich bin auch mit dem Dirsek gegangen. + Ja, ja. (-) Auch, mit dem, mit ihm

---

[147] »Mit dem Überfall Hitlers auf die Sowjetunion wurden die Aktivitäten auf Sabotageakte – Brandstiftungen und Sprengstoffanschläge – ausgedehnt; die sogenannte ›Terrorgruppe‹ stand unter der Leitung von Ing. Edgard Diasek und Frantisek Nakowitz. Sie stand in enger Verbindung mit der sogenannten ›Tschechengruppe‹, die Kontakte zum Widerstand im ›Protektorat‹ und in der Slowakei unterhielt. Diese Aktivitäten führten schon im Sommer und Herbst 1941 zu zahlreichen Verhaftungen durch die Gestapo. Trotz der ohne Verfahren erfolgten Hinrichtung von 20 ins KZ Mauthausen eingewiesenen Tschechoslowaken ging der Widerstand weiter. Insgesamt wurden allein vom Sommer 1941 bis zum Frühjahr 1943 104 Personen verhafte; 69 davon wurden erschossen, hingerichtet oder starben im KZ« (aus: Der Sozialdemokratische Kämpfer, Nr. 12/2001).

auch, ja. (-) Also immer als Liebespaar, nicht? (-) Getarnt. Wenn uns jemand gefunden hätte, * also, wir, * (-) ja und so weiter.

I: Und wo hat man dieses Ding gehabt?

K: Das ist ja ganz klein, das war so eine kleine Box nur. + Das war ganz klein, das hat er wo ein-; (-) weiß nicht. (-) Das hat immer der Mann gemacht. (-) Die Frau war als Tarnung mit, nicht? *

Frau Kofka erzählte nun von *ihrer* Erfahrung in der Widerstandsgruppe. Diese Passage schilderte sie genau und überaus lebendig. Sie sprach über die Sachen, die sie gemacht hatten, und wie das vor sich gegangen war. Interessant erscheint der wiederholte Bezug auf das Liebespaar. Ihre Arbeit im Widerstand dürfte Freude gemacht haben. Es war etwas Lustvolles dabei. Schließlich war sie auch mit ihrem Verlobten im Widerstand. Was man damit paraphrasieren könnte, ist, dass sie in den Widerstand auch verliebt gewesen sei. In der folgenden Passage machte sie deutlich, dass bei den Brandanschlägen niemals »unschuldige Menschen zu Schaden gekommen« wären,[148] um im nächsten Satz auf ihre Eltern zu kommen, die – zu deren Schutz – von ihren Widerstandsaktivitäten nichts wussten. Sie hatte niemals irgendwelche Flugblätter oder andere Dinge der Widerstandsarbeit bei sich zu Hause gehabt. Im Herbst 1941 wurde Katharina verhaftet. Ein bezahlter Nazispitzel wurde in die Gruppe eingeschleust und ließ einen nach dem anderen hochgehen. Gestapo-Männer kamen zu ihr nach Hause, um sie mitzunehmen.

K: Mich haben sie verhaftet. Bei mir haben, bei mir haben sie kein Blatterl, nichts gefunden. + Weil ich nach der Fertigstellung meinen Teil gleich dem Schipani gegeben hab, und der hat es in der Fabrik verteilt und so. + (-) Also, (-) bei meinen Eltern ist nichts passiert. + Kein Haar gekrümmt, + gar nichts, nicht? + (-) Sie haben mich nur von dort abgeholt, (-) »wir haben einige Fragen für sie« und das hat dann + (-) vier Jahre gedauert. (auflachen) (-) Diese, + also diese, diese einige Fragen, die sie mir stellen wollten, nicht? (-) Da lache ich immer darüber. (-) Einige Fragen wollen sie an mich stellen. + Nicht? (-) Haben mir nicht einmal erlaubt, was mitzunehmen. (-) <u>Nichts</u>. (-) Abgeführt. (-) Erst dann, wenn ich im Gefängnis war, durften meine Eltern (-) mir Zahnbürstel und eine Seife (-) und was

---

148 Warum sagte sie unschuldige? Später erzählte sie über die Henkerinnen in Ravensbrück, Häftlingsfrauen, die für die Nazis töteten. Gegen diese Frauen hatte sie bei den Hamburger Prozessen ausgesagt und sie wurden zum Tode verurteilt.

3.6 Die Geschichte der Familie Kofka

weiß ich, und ein Handtüchel (-) bringen. (-) + Aber abgeführt haben sie mich nur, um einige Fragen zu stellen, na, (-) und die haben dann fast vier Jahre gedauert, (-) *so muss ich immer sagen.*

Noch im Moment ihrer Verhaftung hatte Katharina die Geistesgegenwart, an den Schutz der anderen zu denken. Sie bat ihre Mutter auf Slowakisch, »den Ludwig zu benachrichtigen, dass er das Abziehgerät in die Donau werfen solle.« Mit diesem Gerät hatten sie gemeinsam die Flugblätter vervielfältigt. Allerdings hatte es an diesem Abend eine Ausgangssperre gegeben. Ludwig, der die Nachricht erhalten hatte, vergrub das Gerät in dem Schrebergarten seiner Eltern, wo es von der Gestapo kurze Zeit darauf gefunden wurde. Die Stelle war noch frisch, **K:** sodass sie das gefunden haben. + Also, wie kann er leugnen, er hat nichts gemacht + und nicht abge-. (-) Sie hätten ihn totgeschlagen. + Natürlich. (-) Wenn das Corpus Delikti daliegt, (Kl) + (-) und er sagt, (-) ich habe nichts gemacht, (-) na. (-) (Geste[149]) (-) Sie haben andere Menschen, die haben Geständnisse aus anderen Menschen rausgeprügelt, wo nichts da war.

Katharina kam ins Polizeigefängnis an der Roßauerlände, »das heute noch steht«. Ein Jahr lang blieb sie dort in einer Einzelzelle. Unterbrochen wurden die 365 Tage der Ungewissheit nur, wenn die Gestapo kam, um sie zu den Verhören mitzunehmen. Sie sei bei diesen Verhören niemals physisch geschlagen oder misshandelt worden. »Gedroht schon, an die Wand gestellt und so, um mir Angst zu machen.«
K: Ich wurde nie geschlagen, (-) und die Männer wurden gefoltert, ja? (-) Bis zur Unkenntlichkeit, ja? (-) Blutig geschlagen, (-) aufgehängt, (-) so, (-) so (-) auf den Händen hinten und, und, (-) und, und (-) bis zur Unkenntlichkeit geschlagen und uns gegenübergestellt. Nicht? + (-) Das war ganz, ganz schrecklich, (-) was, (-) was, was, (-) sie mit diesen Verhören angestellt haben. (-) Um die Geständnisse aus den Leuten herauszuprügeln und, und, (-) und so weiter, (-) also. (-) Wir haben niemals einem Menschen zum Vorwurf gemacht, dass er uns verraten hat. + (-) Niemals. (-) *Nie, (-) nie, (-) nie.* (-) Weil, wenn man die Männer, wenn man ihnen gegenüber-

---

[149] In allen Interviews gab es unzählige nonverbale Gesten der Interviewten, die, manchmal anstelle von Worten, manchmal die Worte nur unterstreichend, eine zusätzliche Information für die Gespräche darstellten. Sie stellten das äußere Korrelat zur inneren Erregung dar.

gestellt wurde und gesehen hat, (-) er ist fast wahnsinnig, (-) und dann sollst du sagen, (-) nein, (-) oder er war es, (-) oder so. (-) Das war ja, (-) na. (-) Aber (-) wiederum glaube ich, (-) also von unserer Gruppe wurde, (-) wurde soviel ich weiß, (-) keine Frau geschlagen. Stehen, zur Wand gestellt, bedroht, ja. (-) Alles. (-) Aber ich mit meiner (-) <u>frechen</u> Natur (-) habe immer (lacht), (-) die haben uns immer das Protokoll zum Lesen gegeben. (-) Und ich habe ihm, *ich hab den Namen vergessen; (-) hab gesagt*: (-) »Aber, Herr Referent, Sie haben da Rechtschreibfehler.« Und er hat gesagt: »Na bessern Sie es mir aus.« Und da war ich schon (-) (lacht) wiederum ( ) ( ) (...). (-) Also, + ich wurde nie geschlagen. (-) Nein, das wäre eine Lüge. (-) Ja, so stehen lassen, zur Wand stellen; +

Wieder erzählte sie von einem Glück, einem Vorteil, den sie hatte. Sie wurde nie geschlagen. Vielleicht, weil sie Frau war. Und sie erzählte von ihrer frechen Natur. Trotzdem war es schrecklich zu sehen, was mit den Männern geschah. Einmal war sie auch Alois Houdek gegenüber gestellt worden.
K: Ganz zerschunden, (-) ganz zerschlagen, (-) halb wahnsinnig schon, (-) ach (-) das war schrecklich, (-) ganz arg. (-) Ich würde nie jemandem (-) Vorwürfe machen, *dass er gesprochen hat.* (-) *Nie, (-) nie jemanden*, weil, wenn man die Menschen gesehen hat, wie halb wahnsinnig sie schon waren, vor Schmerz und allem, (-) Folter und so. (-) Die waren ja alle (-) in der Gestapo unten. (-) Haben sie sie gefoltert. Nicht im Gefängnis, *unten im Keller.*

Es ging latent um das psychische Schuldgefühl, das unweigerlich beim Opfer entsteht, wenn es vom Täter in seine Machenschaften hineingezogen wird. Ein Mechanismus, der mit dem Begriff der *Identifizierung mit dem Angreifer* (A. Freud) nicht gefasst werden kann. In jedem Verhör wurde die Antwort auf eine Frage zum potenziellen Verrat. Auch wenn damit niemand tatsächlich verraten wurde, geht es doch um das unbewusste Schuldgefühl, vom Täter zum Teil seiner Machenschaften gemacht geworden zu sein. Der Täter drang damit ins Innenleben des Opfers, um es von dort über das Schuldgefühl zu tyrannisieren. Vielleicht war es Frau Kofka über ihre, wie sie sagte, »freche Natur«[150] gelun-

---

150 Diese Stelle referierte erneut auf den Gegensatz zwischen ihr und ihrer Mutter und ihrem Bruder, die beide »anders geartet waren«. Ihr Bezug auf den Naturbegriff erschien nachträglich als eine unmögliche *Konstruktion*, ihr Überleben aus einer darwinistischen Logik herzuleiten, die jenseits von Glück und Schicksal wirksam gewesen wäre (Survival of the

3.6 Die Geschichte der Familie Kofka

gen, während ihrer Verhöre mit dem Referenten ein anderes Verhältnis als das zwischen Täter und Opfer zu etablieren. Das Schicksal der Opfer des Nazismus hatte ja gerade darin bestanden, mit den Tätern ein soziales Verhältnis eingehen zu *müssen*, indem sie nichts und der andere alles zu entscheiden hatte. Dieser grundlegenden Asymmetrie in den Beziehungen zwischen Opfern und Tätern wurde in der geschilderten sprachlichen Szene über die Rechtschreibfehler im Protokoll eine Tür geöffnet. Frau Kofka entdeckte den Fehler im Protokoll des Täters, also symbolisch dessen Schuld. Der Täter bekannte seine Schuld, indem er sagte: »Na, bessern Sie es mir aus.«[151] Frau Kofka konnte dadurch einen psychischen Raum im Verhältnis zwischen ihr und dem Referenten öffnen, jenseits nazistischer Gewalt. Symbolisch hatte sich ihre freche Natur durchgesetzt. Ein kleiner, aber ungemein wichtiger narzisstischer Triumph, eine Behauptung und Aufrechterhaltung ihres Ichs gegenüber der terroristischen Gewalt des allmächtigen Täters.[152]

Überleben in Einzelhaft: »Um Mensch zu bleiben ...«
K: Erst einmal durften mir meine Eltern also (-) Toiletteartikel bringen und dann erst jede Woche frische Wäsche (Kl). (-) Da habe ich in einen Beutel die schmutzige Wäsche hingegeben und sie haben mir eine Wäsche gegeben. Und (-) das ging also, ja (-) das haben sie erlaubt. (-) Das war nicht verboten. (-) Wir waren ja, (-) erst waren wir ja normale Häftlinge, erst dann wurden wir isoliert in den vierten Stock unsere Gruppe jeder in

---

fittest). Vielleicht zeugten ihre wiederholten Verweise auf die Natur von ihrer Sinnsuche nach dem Überleben. Also: Warum habe ich, im Unterschied zu meinem jüngeren Lieblingsbruder überlebt? Es ist naheliegend, von einem »Mythos of the Survivor« (vgl. Klein 2003) zu sprechen, der in den Erzählungen von Überlebenden häufig anzutreffen ist. Dieser phantasmatische Mythos steht in Verbindung mit der Überlebensschuldfrage und soll als nachträgliche Sinnkonstruktion wirken. Darin steckt immer auch eine partielle, identifikatorische Übernahme des nazistischen Modells einer »natürlichen Auslese«.

151 Bezeichnenderweise verpflichtete der Täter sein Opfer zum Ausbessern seiner Fehler.
152 In der Überlebensgeschichte von Herrn Bernstein gab es etwas Ähnliches. Nach Bernsteins Erzählung, der ebenfalls in einem Polizeigefängnis saß, sei es ihm gelungen, die asymmetrische Beziehung zwischen Täter und Opfer umzukehren. Indem er als gelernter Stenotypist die Bürokratie der Gefängnisleitung übertragen bekam, wurde er unverzichtbar. Nicht er war von ihnen, sondern sie von ihm abhängig geworden. Diese Fantasie der Umkehrung stärkt die psychische Widerständigkeit des Subjekts. Weil es zu dem Glauben verhilft, den eigenen Weg mitbestimmen zu können, also immer noch handelndes Subjekt zu sein. In der Geschichte von Herrn Bernstein konnte er aufgrund dieser Umkehrung seine bevorstehende Deportation um mehrere Monate hinauszögern.

Einzelhaft, ja? (-) + (-) Also, ich war immer in Einzelhaft, (-) ausgenommen ganz zum Schluss, (-) ah, wie es schon, (-) wahrscheinlich, (-) wie sie geglaubt haben, sie haben das schon abgeschlossen mit uns. + (-) Bin ich dann runter gekommen. Da war ich in ah, (-) eine ganz kurze Zeit vor der Deportation nach Ravensbrück (-) war ich mit einer alten Kommunistin, Zeinert hieß sie, verheiratet, ja? Ah, und sie hat, (-) sie war schon unter der Systemzeit eingesperrt. + (-) Sie war schon erfahren.

Die Zeinert hatte ihrer Mutter eine geheime Botschaft aus der Gefangenschaft (Kassiber) zukommen lassen. Aus diesem Grunde wurde deren Mutter verhaftet und nach Ravensbrück deportiert. Frau Kofka bewahrte ihr Geheimnis und schützte damit die Mutter.

K: Aber sie (Zeinert) war eine erfahrene (-) Kommunistin, die schon einiges (Kl) hinter sich hatte, + (-) und erst dann später habe ich erfahren, dass sie zum Tod verurteilt wurde. (-) Und ihre <u>Mutter</u> kam nach Ravensbrück, aber hat überlebt. + (-) Ja. (-) Ihre Mutter kam wegen ihr, (-) + weil sie ihr das Papierl da geschrieben hatte.

Wieder, wie schon bei den drei Wienern aus der Widerstandsgruppe, mündete der Signifikant »erfahren« in den Tod. Wohingegen die Mutter der Zeinert, die keine Erfahrung hatte, Ravensbrück überlebte. Im Subtext ihrer Erzählung ging es um Frau Kofkas Mutter, die sie auch im Gefängnis geschützt hatte, indem sie symbolisch das innere Bild der guten Mutter (ihr Geheimnis) bewahrte.

K: Und ein Jahr (-) haben wir Frauen nicht die Zelle verlassen. (-) Die haben uns einen Lavoir gebracht, dass wir uns (-) waschen +. Damit wir nicht zufällig (-) ah einen Mann sehen, + der (-) ausgeführt wird. + (-) Und eventuell, (-) eventuell – wie soll man sich da verständigen? Also wir drei haben (-) ein Jahr lang die Zelle nicht verlassen <u>dürfen</u>. Die Aufseherin ist auch gekommen (-) und (-) hat uns die Schüssel mit dem Wasser gebracht. + (-) Wir haben (-) <u>ein</u> (-) <u>Jahr</u> (-) nicht (-) gebadet. + (-) Ein Jahr nicht. (-) Auch die Männer nicht, nicht? + (-) Erst bevor wir auf Transport gegangen sind, durften wir duschen. (-) <u>Einmal</u> im ganzen Jahr, sonst nur mit dem Lavoir.

Zwischen den Verhören versuchte sie, sich mit irgendwas zu beschäftigen, um an der Auswegslosigkeit ihrer Situation nicht zu verzweifeln.

K: Wir haben die, (-) die Stückeln Klopapier, was wir bekommen haben, + von den Zeitungen, auswendig gelernt, + (Kl) damit wir irgendeine Tätigkeit haben. + (-) Wir haben unser Ration Brot gekürzt, gekaut und haben (Kl) Buchstaben formiert getrocknet, + und dann irgendwie (Kl) (-) Kreuzworträtseln oder so ge-. (-) Wir haben uns betätigt, damit wir nicht verblöden (-) und verrückt werden, vom Nichts-Machen. * (-) Also man hat geklopft mit dem Nachbarn. + (-) Natürlich und so weiter. Also, man hat alles mögliche-. (-) Wir haben alles Mögliche erdacht, um <u>Menschen</u> zu bleiben, um nicht zu dem Tier zu werden, zu dem sie uns erniedrigt haben, eigentlich. + Ja? Außer das, die Schale Fressen, was wir gekriegt haben, (-) zum Glück gab es keinen Kübel, sondern ein Klo schon auf der Roßauerlände. + (-) Nicht? Es gab ja Gefängnisse, wo sie einen Kübel gehabt haben. + Wo alle gehen mussten, und dann musste eine ah-. (-) Aber zum Glück, vielleicht war das auch ein Glück, dass ich-. (-) Weil in einer Gemeinschaftszelle war das angeblich ganz schrecklich, (-) nicht? (-) + (-) Wo viele Häftlinge (-) nicht nur Politische, sondern Kriminelle, Diebinnen und so, mit ihnen waren. Da sage ich mir vielleicht war das ein Glück, dass ich in Einzelhaft war, *oder so.* (-) + (-) Nicht noch diese Belastung-.

Frau Kofka erzählte über verschiedene Strategien, die menschliche Existenz, das Humane des Mensch-Seins in einer unmenschlichen Situation nicht zu verlieren. Passend zu den bisherigen Brotgeschichten wurde das Brot nicht verzehrt, sondern seine existenzielle Substanz konnte erst über den Verzicht freigelegt werden. Also über das, was es vordergründig eben nicht ist. Das Brot wurde zum Krümel und der Krümel zum Buchstaben und der Buchstabe zum Rätsel. Frau Kofka sprach im Plural (wir) und über das unpersönliche »man«. Vermutlich um Distanz zu halten zur Unmenschlichkeit ihrer damaligen Situation. Aber auch, weil sie damals vermutlich über dieses »Wir« weiter existierte, also an der Welt außerhalb ihrer Zelle teilhaben konnte.

Rückblickend erachtete Frau Kofka die Einzelhaft auch als ein Glück, weil ihr somit andere demütigende Dinge erspart blieben. Alle Dinge hatten in ihrer Erzählung zwei Seiten. Dass sie immer wieder auf Glück und Unglück ihrer jeweiligen Situationen zu sprechen kam, bedeutete, nicht völlig ins Elend und Verderben gestürzt worden zu sein. Es war ihr offenbar möglich, grundlegende Ich-Funktionen aufrechtzuerhalten, wie Realitätsprüfung und Wahrnehmung, wie auch der Zugang zum sozialen Anderen. Es gab zum Beispiel die Gefängnis-

3. Acht Familiengeschichten

aufseherin Frau Hahn, welche ihr und einer anderen Mitgefangenen heimlich Bücher zusteckte, die Frau Hahn, nachdem sie ihren Dienst versehen hatte, wieder abholen kam. Einmal hatte Frau Hahn das vergessen. Frau Graus, die Aufseherin, die den folgenden Dienst innehatte, entdeckte das Buch und nahm es Katharina weg. Daraufhin überfiel Frau Kofka eine unbändige Angst, nicht, dass ihr etwas passieren könnte, sondern eine Angst um Frau Hahn.

> »Ich hab solche Qualen ausgestanden. Nicht nur wegen mir, (-) sondern wegen ihr. Die kommt ins Gefängnis, die kommt ins Lager. *Sie hat immer Püppchen zu mir gesagt* (leises auflachen). Weil ich war so zierlich. Ich hab gezittert, bis sie wieder Dienst hat. (-) ›Aber‹, hat sie gesagt, ›Püppchen, mach dir nichts draus, die Graus ist nicht so, wie sie aussieht.‹ (-) Na, da ist mir ein Stein vom Herzen gefallen.«

Neben Frau Hahn gab es auch den Referenten, dem sie unterstellte, ein Opportunist und kein überzeugter Nationalsozialist gewesen zu sein, womit sie vielleicht Recht hatte. So war die Abschottung in ihrer Einzelhaft nicht total. Der Zugang eines überlebensnotwendigen zwischenmenschlichen Kontaktes zum anderen, auch zu jenem anderen, der auf der Seite der Täter stand, war möglich. Es drang ein Licht durch die Wände in das Dunkel ihres Verlieses, das ihr half, »nicht zu dem Tier zu werden, zu dem sie uns erniedrigt haben«.[153]

Und was erneut zum Tragen kam, war ein Geheimnis, das als Geschenk vermittelt wurde. Das Buch der Frau Hahn symbolisierte eine Heimlichkeit zwischen Häftling und Aufseher, die das asymmetrische Verhältnis zwischen Täter und Opfer konterkarierte. In dieser Heimlichkeit lag das Leben. »Die zwei Stunden, wo sie (Frau Hahn) Dienst gehabt hat, nicht? (-) Das war, das war ein Segen, * das war ein Geschenk, wie wenn ich, weiß Gott, eine Torte bekommen (-) hätte, + (-) Hätte ich lieber gelesen. (lachen)« Geistige, also symbolische Nahrung, ist zum Überleben des Menschen als geschichtliches Wesen unabdingbar. Verliert er diese geistige Nahrung, hört er auf, ein *geschichtliches Wesen*, das bedeutet ein *Mensch mit eigener Geschichte*, zu sein.

Eine andere Erzählung aus ihrer Gefangenschaft, die ebenfalls von dieser

---

153 In der Überlebensgeschichte von Max Mokum gab es ähnliche Figuren wie Frau Hahn oder ihren Referenten. Der Zugang zum Nazi, der auch Mensch ist und dem Opfer sein Menschsein bestätigt, könnte zur psychischen Rettung für das Opfer mitentscheidend gewesen sein. Es ist egal, ob es sich um einen Mythos oder um eine Wahrheit dieser Figuren handelt. In beiden Fällen kann das Opfer eine Verbindung zur Welt aufrechterhalten, indem es aus den Augen des anderen in seinem Menschsein wahrgenommen und bestätigt wird.

geheimen Nahrung handelte, ist jene der Kontaktaufnahme mit ihrem Zellennachbarn Fritz Sterzl. Sie hatte in ihrer Einzelzelle versucht, eine Verbindung zu ihrem Nachbarn aufzunehmen. Ihr erster Versuch, sich mit ihrem Nachbarn zu verständigen, indem sie laut geschrien hatte: »Wer bist du? Und, warum bist du da?«, scheiterte. Der Nachbar gab keine Antwort, dafür wurde Katharina von den Aufseherinnen gehört und in eine andere Zelle versetzt, was, wie sie hervorhob, wiederum ihr Glück gewesen war. Während sie mir das bereits erwähnte Bild ihrer Widerstandsgruppe zeigte, begann sie, diese Geschichte zu erzählen.

K: Also ich bin versetzt worden, in die Nebenzelle. + (-) Und in der Nacht-. + (-) Und es gab immer zwei, (-) zwischen zwei Zellen gab es Schrauben (-) und das Bett wurde dort und da befestigt, + an dieser Schraube. + (-) Und in der Nacht, (-) höre ich, (-) er hat wahrscheinlich mitgekriegt, dass er jetzt einen Nachbarn + (-) oder eine Nachbarin hat. + (-) Und hat immer geklopft, (-) dieselbe Anzahl von (-) (sie klopft) nicht? + (-) Und ich (-) (Kl) (-) und das war K. (-) Die Stelle KP, KP, KP, KP hat er immer-; (klopft) + und dann bin ich (-) drauf gekommen, hab schnell gerechnet, (-) aber man kommt so schnell drauf, (-) * * (-) dann, also KP. (-) Und dann hat er geklopft: »Ich bin Sterzl.« (-) Und ich wieder: »Ich bin Katharina.« Wir haben uns ja gekannt? Ja? (-) * * Nicht, von der-*. (-) Das ist mein Bruder (zeigt auf das Bild im Buch), das bin ich. *

Fritz Sterzl war etwa gleich alt wie ihr Bruder Hans. Auch auf der Fotografie war Fritz, ein lachender Wuschelkopf, hinter ihrem Bruder stehend zu sehen. Über das Klopfen konnte Katharina eine Verbindung zur intimen Welt der Vergangenheit herstellen und mit der Gegenwart verbinden. Die Gespräche der beiden waren auf eine erträumte Zukunft bezogen:

K: Wir haben uns eigentlich nur (-) vorwiegend (-) über die Zukunft unterhalten. + + (-) *Komisch. (-)* Wirklich. + (-) Immer wa-( ) (-) und er hat immer geklopft: (-) »*Wenn ich raus komm*, werde ich mir einen Wecken Brot kaufen, und den werde ich (-) noch in der Straßenbahn essen.« (-) Er hat so viel Hunger gehabt. (-) Und ich hab- (-) als Frau *und (-) ja, (-) hat man nicht so viel Hunger, und weiß ich,* (-) er war ja noch in der Entwicklung, (-) + er war ja noch jugendlich, nicht? (-) Und ich war schon eine Frau, ja?

Plötzlich kehrte sich das vertraute Gegensatzpaar erfahren/nicht erfahren bzw. reif/noch nicht reif um. Nun war es Katharina als Frau, die Erfahrung hatte und reif genug war, um Fritz (»er war ja noch jugendlich«) etwas abzugeben.

K: Und ich habe immer dem-, (-) wir haben ja nicht nur den (-) ah Gestapo-; wir haben eine Gestapomann und einen Aufseher gehabt. (-) Und die Aufseher haben das Essen verteilt. Und ich habe gesagt, er hat es geahnt, warum ich das sage: »Geh, die Suppen schmeckt mir heute nicht, geben Sie es dem Nachbarn.« + + (-) Und er hat immer geklopft, also wie er froh ist, dass ich was schicke, ein Stück Brot oder was. (-) Er hat mir so leid getan, weil er so jung war und so hoffnungsvoll.

Wie in der Szene mit Martha übte Katharina Verzicht auf Nahrung für den/die andere. Ihr Verzicht war *ein Gewinn* an Leben, *an intimem Leben eines anderen in ihr*. Weil es sie schmerzte, wie hungrig Fritz war. Auch Katharina war hungrig und jung, war aller Rechte, Mensch zu sein, beraubt und in quälender Ungewissheit über das Schicksal ihres jüngsten Bruders, der trotz der Verhaftungen weiter machte. In diesen Szenen des Kontaktes zwischen ihr und Fritz konnte für Momente das Unglück ihrer Situation hinter dem Glück, sich gefunden zu haben, vergessen gemacht werden. Es entstand ein dünnes, symbolisches Universum, genährt von durch das Klopfen wund geschlagenen Knöcheln. Ein geheimes Universum, eine neue Geschichte.

K: Wir haben immer nur über die Jugend über die, über die (-) Zukunft, (-) immer nur, was wir tun, wenn-. (-) Und über das Brot, + hat er ja; (-) aber er hat das Brot nie gegessen in der Straßenbahn, (-) niemals ja? (-) So ein schöner, gescheiter Bu-; (-) er war Lehrling, (-) Setzerlehrling war er.

Das Brot, das Fritz Sterzl nie gegessen hat, wurde zum sprachlichen Symbol für eine Zukunft, die nie stattgefunden hatte. Einzig in dem fragilen Universum ihrer beider Verständigung, unter permanenter Gefahr, entdeckt und somit zerstört zu werden, erfüllten sich ihre Wünsche, Mensch zu sein. Sie waren Menschen im ureigensten Sinne, indem sie über das Klopfen eine erträumte, zukünftige Welt entstehen ließen. Eine der zentralen Dinge des Menschseins liegt in der Fähigkeit, eine Zukunft zu erträumen, positiv besetzte Bilder zu fantasieren und in dieser Fantasie ein Refugium zu finden, welches vor der Brutalität einer aus der Fugen geratenen inhumanen Welt schützt. Insofern gehört die Fähigkeit, zu träumen und zu fantasieren, als innerer Rückzug vor der Realität, ohne dabei das

Realitätsprinzip zu suspendieren, zum kreativen Potenzial des Subjekts, um sein psychisches Überleben in der Extremsituation aufrechtzuhalten.

Deportation und Ankunft in Ravensbrück
Der Prozess, den die Nationalsozialisten den Mitgliedern der Widerstandsgruppe machen wollten, wurde auf die Zeit nach dem »Endsieg« verschoben. Die Gruppe sei zu zahlreich gewesen, als dass sie jedem den Prozess machen hätten können. Genau ein Jahr nach Katharinas Festname wurden die Mitglieder der Gruppe aus verschiedenen Gefängnissen Wiens ins Polizeigefangenenhaus an der Roßauerlände überführt. Die Männer kamen in den Männertrakt und alle Frauen in den Frauentrakt. Auch Katharina Kofka wurde in den Frauentrakt verlegt und war die letzten Tage mit jener Frau Zienert in einer Zelle. Aber diese Frau »war eine Hilfe und auch eine Belastung. Weil sie ständig geweint hat.« In den letzten Stunden vor der Deportation erfuhr man, dass die Männer nach Mauthausen und die Frauen nach Ravensbrück gebracht werden würden. Frau Hahn, von der die Frauen die Nachricht erfuhren, wusste aber auch nichts Genaues darüber. Sie hätte nur gemeint: »<u>Na</u>, (-) dann werdet ihr dort sehr lange stehen. (-) Also beim Appell und so. (-) + (-) Aber sonst ist nichts durchgedrungen, überhaupt nichts. + (-) Weil niemand, (-) politische Häftlinge wurde <u>nie</u> entlassen.« Nun, wo alle Mitglieder der Gruppe so nahe zusammen gekommen waren, versuchten sie natürlich, sich zu verständigen:

K: Wir haben aber versucht (-) durchs Fenster, + (-) durchs Fenster zu rufen, * und, (-) und, (-) aber, (-) nicht jede-. (-) Ich konnte nicht hinauf steigen. Weil es war nur in den Eckzellen möglich, + wo man hinaufst-. (-) Und wenn man groß war. + (-) Ich hätte <u>nie</u> (-) aus einem Fenster hinausschauen können, oder rufen können. + + (-) Das, (-) ah, (-) habe ich nicht gekonnt, (-) weil die Frau vom Houdek, habe ich das schon erzählt, (-) hat sich ja erhängt. (-) Die Frau vom Houdek. (-) Die große da (-) (zeigt auf die besagte Fotografie[154]) (-) Sie, + (-) sie hat, (-) sie hat so ein schlechtes Gewissen gehabt, dass sie ausgesagt hat, (-) und hat sich erhängt. + (-) Im, (-) auf dem, auf dem Unterkleid. Aber sie war in der Eckzelle, + (-) und wenn man groß war, hat man sich (-) auf dem Gitter halten können (-) und ah, irgendwie, (-) sie war sehr groß im Verhältnis zu mir. Nicht? +

---

154 Im Verlauf der Interviews erzählte sie die Geschichten von allen auf dem Foto abgebildeten Personen.

3. Acht Familiengeschichten

(-) Sie hat es (-) geschafft, (-) sich auf dem Unterkleid zu erhängen. + (-) Weil sie, also, wenn sich alle erhängt, (-) wenn alle, die ausgesagt haben, sich erhängt hätten, wäre ja niemand übrig geblieben. (-) Wenn-; jeder hat irgendwas sagen <u>müssen</u>, (-) wenn die schon dir serviert haben, (Kl) der hat das gesagt, (Kl) und der hat das.

Frau Kofka verband den Blick aus dem Fenster mit dem Freitod von Marianne Houdek. Im Unterschied zu ihr sei sie eben klein und zierlich gewesen. So hatte es ihr die Natur unmöglich gemacht, aus dem Fenster zu rufen. Dass sie sich in ein Verhältnis zu Marianne Houdek setzte, ließ darauf schließen, dass sich dahinter eine Überlebensschuldfrage verbergen könnte. »Weil, wenn sich alle erhängt hätten, wäre ja niemand übrig geblieben.« Frau Kofka befand sich im Prinzip in derselben Situation wie Marianne Houdek. Auch sie war getrennt von ihrem Liebsten, auch sie hatte etwas aussagen müssen. Man könnte fortsetzen, auch sie sei von ähnlichen Schuldgefühlen geplagt worden.

Der Transport nach Ravensbrück hielt immer wieder an verschiedenen Stationen und dauerte einen Monat. Während des Tages waren sie gefahren, nachts machten sie bei verschiedenen Gefängnissen halt, wo dann neue Gefangene hinzukamen. Manchmal blieben sie ein paar Tage länger an einem Ort, wie zum Beispiel in dem berüchtigten Prager Gefängnis Pankrác, das während der Deutschen Besatzung als Untersuchungsgefängnis der Gestapo und ab 1943 als Hinrichtungsstätte »diente«. Von Wien bis Prag waren sie noch in normalen Waggons unterwegs gewesen.

K: Und dort begann eigentlich schon, die Behandlung, die SS-Behandlung, sozusagen, nicht? + (-) Zur Wand gestellt, bedroht und beschimpft, und so, (-) wie es halt war. Es kommt drauf an, wer gerade abkommandiert wird, zu so einem Transport. + Es gab SS-Männer, also, (-) wenn ich das so quali-, (-) unterscheiden soll: (-) <u>Korrekte</u>, (-) <u>böse</u>-, (-) so wie Menschen halt sind, so waren die. + (-) Und das hat schon in Prag begonnen, nicht, *also diese Bedrohungen, Beschimpfungen.*

Von Prag weg wurden die Häftlingsfrauen in Zellwaggons gepfercht, ohne Trinkwasser, ohne eine Möglichkeit, sich zu waschen, ohne einen minimalen Raum, ungestört die eigene Notdurft zu verrichten. In einer unerträglichen Langsamkeit ging der Transport voran. Frau Kofka, die beinah ein ganzes Jahr in Einzelhaft isoliert gewesen war, erlebte nun in den überfüllten, engen Zellen der Gefängnisse und Zellenwaggons das genaue Gegenteil von dem, woran sie bisher gelitten hatte.

K: Jede Nacht sind wir ausgestiegen an einem Ort. Und ich kann mich nur an Leipzig und an Berlin erinnern, wo wir längere Zeit waren. Wir waren am Alexanderplatz, das ist ein Gefängnis gewesen, das nicht mehr steht. + Das war <u>berüchtigt</u>, ja? + (-) Der Alex-, (-) Alexanderplatz. (-) Und in Leipzig waren wir auch längere Zeit, ich habe gesagt, da mussten wir in der Küche Gemüse putzen und, + (-) und helfen. Und am Alexanderplatz, da waren zu-, zusammen gepfercht in einer Zelle, weiß Gott, wie <u>viele</u>? + Viele haben <u>Läuse</u> bekommen. Und natürlich, man konnte sich nicht so-, (-) wenn die Zellen überfüllt waren + und die Möglichkeiten nicht so waren, sich zu waschen oder sich zu pflegen. Viele Frauen haben Läuse bekommen. (-) Und ah, (-) äh, (-) es wurden jene Frauen zum Beispiel, (-) die mit einem Ausländer ein Verhältnis hatten, das Folgen hatte, (-) diese Frauen waren alle kahl geschoren (-) + (-) ahm, (-) zur Bestrafung und haben (-) 25 Stockhiebe bekommen aufs nackte Gesäß. + (-) Und dabei (-) war (-) ein, (-) ein (-) Arzt, (-) und die Stockhiebe wurden (-) von einem SS-Mann verab-, (-) erst am Anfang verab-, also gegeben. (-) + (-) Und wenn sie (-) ohnmächtig wurde, (-) dann hat man sie (-) mit Wasser beschüttet (-) und den Rest hat man ihr (-) dann gegeben, *damit sie das spürt. Ja?* + (-) Das war schrecklich. + (-) Einige haben das überhaupt nicht überlebt.

Jenen Frauen, die Läuse hatten, wurden die Haare geschoren. Über diese Erinnerung kam Katharina Kofka assoziativ auf die von den Mithäftlingen sogenannten »Polenliebchen« zu sprechen, die ihr eigentlich erst im Lager begegnet waren. Sie beschrieb in der obigen Szene einen der perfiden, sadistischen Mechanismen der NS-Barbarei, der in Ravensbrück allgegenwärtig war. Die Häftlingsfrauen sollten bei vollem Bewusstsein ihre Qualen spüren. Nur im Schlaf sollten sie einen toten Moment der Erleichterung finden. Nach dem traumlosen Erwachen begann die endlose Marter von Neuem. Es war eine beständige und unaufhörliche Induzierung von Ohnmacht, Scham und Minderwertigkeit. Die systematische physisch-psychische Entwürdigung und Zerstörung des Körpers der Gefangenen führte in einer notwendigen Abwehrreaktion zu einer voranschreitenden Spaltung in ihrem Körperbild, zwischen einem *vakanten, leeren Körper* (der den Nazis zur Verfügung gestellt wurde) und einem *sublimen (geheim gehaltenen) Körper* mit eigener Geschichte, den es zu verbergen galt. Bis zu einem gewissen Grad war

3. Acht Familiengeschichten

diese Spaltung lebensrettend. Ab einem bestimmten Punkt jedoch wurde diese Abwehrreaktion selbst tödlich. Diejenigen, die den sublimen Körper zur Gänze verloren hatten, funktionierten nur mehr in einer Art Automatik. Henry Krystal beschrieb dieses Aufgeben des sublimen Körpers als eine katatone Reaktion,

> »die die Selbstaufgabe auslöst und den traumatischen Zustand einleitet. Der Mensch verzichtet auf jede Eigeninitiative und gehorcht nur noch Befehlen. Dieser Zustand ist von kataleptischer Art und hat eine stark hypnotische Wirkung. Je mehr Befehlen man gehorcht, desto tiefer wird die Trance« (2000, S. 843).

Schließlich erreichte der Transport am Tag ihres Geburtstages den Bahnhof von Fürstenberg. Dort wurden die Frauen aus den Waggons in Lastautos getrieben und in diesen stehend zum Eisentor des Lagers gebracht. Erneut hielt das Gefährt und Schläge prasselten auf die Angekommenen. Die Frauen mussten sich sogleich vor dem Bad aufstellen. Sie sollten gebadet werden, nicht für ihre Hygiene, sondern ...

K: Sie haben uns gebadet aus <u>Angst</u>, (-) dass man ansteckende Krankheiten, die es sowieso im Lager gegeben hat, + (-) <u>Typhus</u>, (-) <u>Flecktyphus</u>, + (-) <u>Krätze</u>, (-) alles (-) mögliche (-) gab es schon im Lager. + **Alles**, (-) was man sich nur vorstellen-. (-) Tuberkulose, (-) alles. (-) Und sie haben sich also geschützt, (-) nicht uns, (-) sondern sie haben sich geschützt, (-) vor dem, (-) dass man nicht noch neue Krankheiten einschleppt. (-) Man hat uns die Haare durchgesehen, (-) und wer eine Laus hatte, wurde kahl geschoren. (-) Nicht nur die Polenliebchen, in Anführungszeichen, (-) sondern auch jeder, der eine Laus hatte, dem wurden die Haare geschoren. (-) Und, ah, (-) ja, (-) weil Läuse übertragen ja wieder Krankheiten, (-) *Typhus oder was weiß ich was.*

Man hatte den Frauen bei ihrer Ankunft alles, was sie an Habseligkeiten mitgebracht hatten, genommen. Aber weitaus schrecklicher als das war die entwürdigende und beschämende Prozedur, der sich die Ankommenden unterziehen mussten. Sie mussten mit ihren Habseligkeiten auch ihre Kleider abgeben. Sie standen nackt in einem großen Saal und wurden angeschaut von den zumeist »jungen SS-Männern. Die waren in Uniformen mit Gewehren (-) und wir sind dort gestanden. (-) Vom Kind bis zur Greisin nackt. (-) Nacktheit war nicht so selbstverständlich in meiner Jugend wie heute. + (-) Und man hat nicht gewusst, wo soll man die Hände hingeben.« Mit ihren Kleidern wurde ihnen die symbolische Haut entrissen. Nichts mehr sollte ihnen gehören. Auch das Recht, über ihren eigenen Körper zu verfügen, wurde den Frauen genommen. Nach dem Duschen erhielten die Frauen anstatt ihrer gestohlenen Kleidung Häftlingskleider. Die Haut des Lagers, die sie wie ihre neue, falsche Identität überstreiften. Diese gesamte Prozedur der Ankunft war ein unbeschreiblich schreckliches Initiationsritual der Entmenschlichung. Die entwürdigende Prozedur ihrer Ankunft hatte die Spaltung des sublimen vom vakanten Körper eingeleitet. Von nun an trug jede Häftlingsfrau das Leinenkleid um den vakanten Körper, der marschierte, wenn befohlen wurde, der arbeitete, schlief und wachte, der sang, sprach, schrie und schwieg, wenn befohlen wurde; der stand, stundenlang im Regen bei Kälte und im Schnee, stundenlang, wenn es befohlen wurde, und der sich in Gang setzte, wenn der Appell zu Ende war.

d)   Die Muselmanin

K: Na, und bevor wir in dieses Bad gekommen sind, (-) hat man ja schon die Lagerstraße gesehen, *nicht*? + (-) Da war das Bad und da war schon die Lagerstraße. (-) Wo die Baracken gestanden sind. (-) Und da haben sich *so Ff-*, (-) *so F-*, (-) da haben wir so Frauen gesehen, (-) so verwahrlost, (-) verschmutzt, (-) + (-) unglücklich, (-) halb verrückt schon. (-) *Da haben wir uns gedacht*: (-) »*Mein Gott wirst du auch zu so einer Gestalt wie die*?« (-) Aber dann haben wir später dann erfahren, das sind Frauen, die sich aufgegeben haben. + (-) Die nicht gearbeitet haben. (-) Und wenn man nicht gearbeitet hat, hat man weniger Essen bekommen. Hat man schlechtere Verhältnisse im Block gehabt. + (-) Wir haben sowieso zu zweit und zu dritt auf einer Matratze gelegen. Und so-.
I: Hat man mit diesen Frauen noch sprechen können?
K: Wir haben ja die Frauen dann, wir haben sie ja nur gesehen. + Und wir sind dann auf einen Block gekommen. Am Zugangsblock. Da waren wir einen Monat in Quarantäne. + (-) Da durften wir mit niemand Kontakt haben.

Katharinas erster Blick ins Lager fiel auf diese Frauen. Zunächst zögert sie, diese wandelnden *Figuren* Frauen zu nennen (Ff-, F-). Eines der Bücher von Primo Levi nahm diese Ungewissheit zum Buchtitel: *Ist das ein Mensch?* Levi gab eine Antwort auf diese im Titel formulierte Aporie, indem er sich selbst der Aufgabe stellte, für diese Figuren Zeugnis abzulegen. In seinem Versuch, zu sprechen für

3. Acht Familiengeschichten

jene, die ihre Sprache verloren haben, gibt er zurück, was sie in den Lagern der Nazis verloren hatten. Eine Geschichte. Eine Vergeschichtlichung. Auch einen Namen.[155]

Beim Anblick dieser Frauen, »verschmutzt, verwahrlost, unglücklich und halb verrückt«, wurde sie von dem Gedanken getroffen: »Mein Gott, wirst du auch so eine Gestalt wie die?« Damit formulierte sie eine allgegenwärtige Angst im Lager, die von der Muselmanin ausgegangen war. Die Muselmanin wurde zur *inneren* Instanz. Ihr Anblick war unerträglich. Denn jede Frau, die die Muselmanin erblickte, wurde sofort mit Katharinas Frage konfrontiert. *Werde auch ich ...?* Agamben (2003) beschreibt mit Bezug auf Primo Levi den Muselmann als Nerv des Lagers. Und wie bei jedem Nerv, der einmal getroffen wurde, wird die wiederholte Berührung vermieden. Die Muselmanin zu sehen, hatte bedeutet, den eigenen symbolischen (psychischen) Tod zu sehen. Frau Kofka kam von sich aus auf diese Figuren nicht mehr zurück. Als würde sie den erneuten Blick meiden.

Vielleicht hatte Frau Kofka, als sie die Muselmanin erwähnte, auch über sich, über ein Gefühl in ihr gesprochen, das sie retrospektiv in der Muselmanin fand. Das Adjektiv »unglücklich« passt nicht auf die Beschreibung jener Figuren, die »so verwahrlost, (-) verschmutzt, (-) (ausgelassen) (-) halb verrückt schon« waren. Dieses beschreibende Adjektiv passte in der Tat nicht zu dieser Gestalt, die keine Geschichte mehr hat. Die sich aufgegeben, verloren hat. Jean Améry (1966) beschreibt den Muselmann als einen wandelnden Leichnam, ein *Bündel*

---

155 In *Die Atempause* (1999) erzählt Levi von einem Kind, dem er nach der Befreiung von Auschwitz begegnete, dem die Häftlinge den Namen »Hurbinek« gaben: »Hurbinek war ein Nichts, ein Kind des Todes, ein Kind von Auschwitz. Ungefähr drei Jahre alt, niemand wusste etwas von ihm, es konnte nicht sprechen und es hatte keinen Namen: Den merkwürdigen Namen Hurbinek hatten wir ihm gegeben« (S. 20). »In der Nacht lauschten wir angestrengt: Tatsächlich, aus der Ecke, wo Hurbinek lag, kam von Zeit zu Zeit ein Laut, ein Wort. Nicht immer das gleiche, um genau zu sein, aber bestimmt ein artikuliertes Wort, oder besser artikulierte Worte, die sich leicht voneinander unterschieden. Experimentierende Variationen über ein Thema, eine Wurzel, vielleicht über einen Namen« (ebd., S. 21). Levi transkribierte diese Worte, die niemand verstehen konnte, versuchsweise als »massklo« oder »matisklo«. Er suchte in dem Stottern des Kindes eine Art Sprache zu hören. Zu deuten? Er transkribierte diese Laute als Wortreste oder Vorläufer von Worten. »Hurbinek, der Namenlose – dessen winziges Ärmchen doch mit der Tätowierung von Auschwitz gezeichnet war – Hurbinek starb in den ersten Tagen des März 1945, frei aber unerlöst.« Primo Levi suchte die Geschichte des Namenlosen, die ohne seine Transkription niemals geschrieben worden wäre. Und so ist diese Geschichte Zeugnis, nicht Levis, sondern Hurbineks. Er gibt dem Kind einen Namen, der für es und dieses Leben, das doch war, zeugte.

3.6 Die Geschichte der Familie Kofka

physischer Funktionen in den letzten Zuckungen ohne Bewusstseinsraum, in dem sich die Ambivalenzen des Lebens gegenüberstehen hätten können. Worüber könnte es unglücklich sein, ohne Geschichte. Wenn es keinen sublimen Körper, kein Geheimnis mehr gibt, das es zu wahren gilt. Um Glück und Unglück zu empfinden, braucht es einen inneren Raum im Subjekt, in dem diese Gefühle erlebt werden können. Dieser Raum war lebendig, als Frau Kofka gemeinsam mit den anderen Frauen in Ravensbrück angekommen war. Das »Unglück«, von dem sie im Interview beim Anblick der Muselmanin sprach, kam *nachträglich* aus diesem inneren Raum hinzu. Eine Projektion ihrer Erzählzeit auf die Figur der Muselmanin. Das Unglück dieser Figuren wurde auch von Levi erfasst. Eben nachträglich, als er es zu beschreiben versuchte. Als er nach Worten für das nicht zu Beschreibende suchte. Somit entstand wieder eine Geschichte. Es entstand ein geheimer Körper um das Unglück der Frauen und Männer, die im vakanten Körper lebten. Hermann Langbein schildert in seinem Buch *Menschen in Auschwitz* (1995) diese Empfindungen des Unglücks als nachträgliche. Unglücklich waren zum Beispiel jene, die in den Krankenbau kamen und dort für einige Tage Ruhe fanden, nicht arbeiten mussten, wo sich plötzlich wieder ein Raum auftat, gefüllt von Traurigkeit. Langbein beschreibt im Schicksal von Júlia Skodová, die sich bereits bedenklich dem Stadium einer Muselmanin genähert hatte, einen plötzlichen Wandel. Sie wurde einem Kommando zugeteilt, das im Vergleich zu den anderen Häftlingen unter ungleich günstigeren Bedingungen behandelt wurde und untergebracht war. »Damals konnte sie sich das erste Mal im Keller dieser Unterkunft in der Frühe duschen – man legte Wert darauf, dass Häftlinge, die während ihrer Arbeit mit der SS in Berührung kamen, sauber waren« (Langbein 1995, S. 158). Während der Arbeit litt Júlia Skodová zwar denselben Hunger, wurde aber nicht mehr geschlagen. Bereits der erste Tag während ihrer Arbeit genügte, »dass ich wieder zum Menschen wurde, dass ich die Leiden der anderen erfassen konnte, nicht nur die eigenen« (ebd.). Mensch zu sein bedeutet hier, das Leid des anderen zu sehen, einen psychischen Raum zu haben, um dies zu empfinden. Langbein gab in ihren Worten den allmählichen Wandel wieder:

> »Wir fangen an, uns wieder wie Menschen zu fühlen. Körperlich geht es uns unvergleichlich besser. Umso schwerer und häufiger bedrücken uns die seelischen Depressionen. Meine Augen blieben bei all dem Elend und dem Schrecken, die ich hier erlebt habe, trocken. Wenn ich jetzt in einem Bett liege, werde ich von Weinen geschüttelt« (ebd., S. 158f.).

3. Acht Familiengeschichten

Die nachträgliche Zuschreibung des Unglücks dieser Figuren diente Frau Kofka als Abwehr, machte das Erzählen leichter möglich; eine (Re-)Konstruktion ihrer und deren Geschichte. Die Szene der Muselmanin war in ihrer Rede aus der Wir-Perspektive bzw. über ein »man« geschildert worden. Sie, als erzählendes Subjekt in der ersten Person oder auch als erleidendes Subjekt, kam nicht vor. Frau Kofka hatte sich sprachlich ganz dem »wir« und »man« übergeben. Eine sprachliche Distanz, die auch von den anderen Frauen Erlebtes als gemeinsam Geteiltes mit einschloss. Sie näherte sich ihrem Ich nur über die Frage, die sie formulierte: »*Wirst* du *auch zu so einer Gestalt wie die*?« Diese Frage war irritierend, erzeugte einen hermeneutischen Verdacht und wollte nicht mehr vergehen. Diese Gestalten spiegelten den Häftlingen die beständige Drohung des Verlustes ihrer psychischen Existenz, der dort begann, wo das Subjekt den anderen aus den Augen verlor. Wo es keine Rücksichtnahme auf den anderen mehr gab, und somit das imaginäre Selbst, das ein Wahrgenommen-Sein ist, aufhörte, zu sein. Gegen diesen Verlust kämpfte sie an.

K: Wenn man einen Widerstand hat, so lässt man sich auch durch diese Arbeit nicht brechen. + (-) Natürlich haben wir versucht, Menschen zu bleiben, und nicht zu den Tieren zu werden, + (-) zu denen sie uns machen-. (-) Obwohl, manche sind <u>fast</u> Tiere geworden.

I: Sind das diese Frauen, die man am Anfang gesehen hat, diese Frauen, die sich aufgegeben haben, Mensch zu sein?

K: *Ja, ja, (-) ja. (-) Das waren teilweise diese Frauen auch.* (-) Die haben nicht gearbeitet, die haben weniger Essen bekommen, + (-) *die haben* vorwiegend *nicht überlebt.* (-) Aber das waren nicht weiß Gott wie viele. (-) Man hat auch-

I: Kennen sie-

K: Man, man hat sich gegenseitig geholfen. * (-) Aber das waren halt dann Frauen, die sich isoliert haben, die nicht, (-) die nicht mehr leben <u>wollten</u>, (-) *ganz einfach.* (-) Und so hat man (-) die, (-) also, die <u>Mühe</u>, die man sich geben wollte, einer anderen gewidmet. + Und (-) die haben <u>abgelehnt</u> auch, + (-) sich helfen zu lassen.

Dem anderen zu helfen, hatte bedeutet, selbst am Leben zu bleiben. Mensch zu bleiben. Zu zeugen, auch nachträglich, im Erzählen. Man spürt ein Unbehagen in der obigen Szene. Die Rede ist von der Muselmanin, die sich aufgegeben hatte. Die sich nicht mehr helfen lassen wollte. Das Unbehagen

3.6 Die Geschichte der Familie Kofka

lag darin, dass das Nachfragen erneut den Blick darauf richtete. Vermutlich war es ihr unangenehm. Frau Kofka relativierte: »Die haben vorwiegend nicht überlebt. Aber das waren nicht weiß Gott wie viele.« Und rationalisierte: »Die haben nicht gearbeitet, die haben weniger zu Essen bekommen.« Und sie rechtfertigte sich auch in gewisser Weise: »Frauen, die sich isoliert haben, die nicht mehr leben wollten. So hat man die Mühe einer anderen ...« Damit entschwindet das Antlitz der Muselmanin in einer anonymen Masse von Untergegangenen. Gegen Ende des dritten Interviews fiel, nachdem sie über verschiedene Rettungsaktionen berichtet hatte, ihr Satz: »Man konnte ja natürlich nicht jeden retten, aber man hat also versucht, jene Menschen zu retten, die am meisten gefährdet waren.« Vermutlich hatte sich damals ihr Blick von dieser anonymen Masse abgewendet. Konnte deren leeren Blick nicht ertragen. Niemand konnte vor diesem Blick bestehen (vgl. Agamben 2003). Weil dieses Antlitz – leer und ohne Begehren, ohne Geheimnis, ohne Schuld und Scham – das Gegenteil von dem war, was man als *menschlichen* Blick beschreiben könnte ...

Bezeichnenderweise nannte sie ihre Begegnung mit der Muselmanin gleich zu Beginn ihrer Schilderung über das Lager. Damit erfüllte sie, ohne es zu wissen, Langbeins Forderung, dass der Muselmann als Leitfigur »am Beginn einer Schilderung zu stehen hat, die den Menschen im Vernichtungslager zum Thema hat« (1995, S. 161). Weil niemand daran vorbei kommen konnte, auch wenn keiner diesen Blick ertrug.

Die Dynamik von Annäherung und Abwehr in der Schilderung der Muselmanin, so wie sie hier und in der Literatur auftaucht, verbindet sich mit dem Schuldgefühl der Überlebenden. Das Bild der Muselmanin ist das *Urbild* der *Überlebensschuld*. Weil sie sich nicht helfen lassen wollte. Weil es ihr egal war. Weil das *Interesse* an dem, woran Frau Kofka immer festzuhalten versucht hatte, »um nicht zu dem Tier zu werden« in dem Antlitz, von dem die Rede ist, erloschen war. Insofern ist das Bild der Muselmanin ein Schreckensbild, unangenehm und verfolgend. Hat man es gesehen, wird man es nicht mehr los. Der Nerv des Lagers. Levi schreibt über das Bild des Muselmannes:

> »Sie bevölkern meine Erinnerung mit *ihrer Gegenwart ohne Antlitz*; und könnte ich in einem einzigen Bild das ganze Leid unserer Zeit einschließen, würde ich dieses nehmen, das mir vertraut ist: ein abgehärmter Mann mit gebeugter Stirn und gekrümmten Schultern, von dessen Gesicht und Augen man nicht die Spur eines Gedanken zu lesen vermag« (zit. n. Langbein 1995, S. 161; Hervorh. MZ).

Dieses Bild ohne Antlitz tauchte in der Rede von Frau Kofka nur für einen kurzen Moment auf, um sofort wieder zu verschwinden. Ähnlich wie Levi gibt sie den Frauen einen symbolischen Namen: Unglück.

e)   Das Lager: Todesnähe und Überlebenskampf

Sisyphos
Nach dem entwürdigenden »Bad« kamen die Frauen ihres Transportes sofort in den Zugangsblock. Dort blieben sie einen Monat abgeschottet von den anderen Häftlingsfrauen, »damit sie uns isolieren und damit wir keine Krankheiten einschleppen«. »Sie haben das ja nicht wegen uns gemacht, sondern, ich habe das schon gesagt, wegen sich selbst.« Auch im Zugangsblock mussten die Häftlinge arbeiten.

K: Also, wir waren einen Monat isoliert (-) + im Zugangsblock. (-) Wo wir wohl Essen bekommen haben. (-) Aber wo wir (-) auch arbeiten mussten. (-) Wo wir aber eine unnütze Arbeit verrichtet haben, weil: (2) In Mecklenburg, wo Ravensbrück liegt, (-) da gibt es sehr, sehr viel Sand. (-) In der ganzen Gegend dort. Und da war ein großer, (-) eine große Fläche, wo nur Sand war. (-) So (-) Schienen mit einer Lore, (-) und wir mussten (-) den ganzen Tag, (-) als Zugänge, (-) hat man uns dort hingeführt. (-) Und wir mussten den Sand (-) schippen, (-) so nannten sie das, in diese Lore. (-) Die Lore mussten wir ziehen, (-) zehn Frauen, oder wie viele. (-) Zum anderen Ende. (-) Dort haben wir sie ausgeschüttet, + (-) wieder voll geschippt, (-) und das war das ganz-, (-) den ganzen Tag mussten wir als Zugänge diese Arbeit verrichten, (-) um (-) eventuell (-) einen Widerstand zu brechen, *in dem Menschen*, damit sie sich schon fügen, (-) der Disziplin, die im Lager war. (-) Also unsere, Widerstand, was heißt Widerstand? (-) Und da wurden wir also hingebracht, in diese, (-) das war vor dem Lager, und da mussten Sandschippen, (-) nannten sie das, *ja*? (-) + (-) Schippen, also, (-) den Sand hinein, (-) auf, (Geste) ziehen, ausschütten, und wieder voll machen, (-) und den ganzen Tag (-) + (-) mussten wir diese Arbeit machen, um eben, wie gesagt, wir haben uns das nur so erklärt, dass sie uns vielleicht einen eventuellen Widerstand brechen wollten.

Vielleicht sollte mit dieser sinnlosen Zwangsarbeit tatsächlich der Widerstand der Häftlingsfrauen gebrochen werden, wie Frau Kofka mutmaßte. Nur, wie sie sagte: »Wer einen Widerstand hat ...« Was nichts anderes bedeutet, als dass sie sich ihrer Lage bewusst gewesen war. In dieser Bewusstheit liegt das genaue Gegenteil der Muselmanin, die diesen Bewusstseinsraum aufgegeben hatte. Frau Kofka war sich der grausamen Absurdität ihrer Situation ähnlich wie Camus' Held Sisyphos sich seiner ausweglosen Lage bewusst. In dieser Bewusstheit liegt nach Camus der Triumph über die Götter. Damit straft er deren Wirken mit Verachtung. Die Götter, über die Frau Kofka berichtet hatte, waren SS-Männer (auch Aufseherinnen), ausgestattet mit der totalen Macht über Leib und Leben der Frauen. In dieser ausweglosen Situation gab es nur eines, das diesen SS-Männern nicht gehörte: der Bewusstseinsraum ihrer Objekte. Ich verweise auf die Szene mit den Polenliebchen. Frau Kofka schilderte, wie das Opfer mit Wasser übergossen wurde, damit sie die volle Anzahl der Schläge bei wachem Bewusstsein zu spüren bekäme. Diese Folter verdeutlichte den beständigen Angriff auf den Bewusstseinsraum der Häftlingsfrauen. Dieser Angriff sollte bewusst erlebt und nicht vergessen werden. Analog zu Nietzsches Mnemotechnik: »[M]an brennt etwas ein, damit es im Gedächtnis bleibt: nur was nicht aufhört, weh zu tun, bleibt im Gedächtnis« (1960, S. 802). An dieser Stelle entsteht die beschriebene Abwehr der Spaltung in einen sublimen und einen vakanten Körper, dem die Schläge gelten. Das Ich zieht sich aus dem Körper zurück, macht sich empfindungslos und es verbleibt nur mehr eine Hülle, ein leerer Platz. Von dieser traumatischen Leere geht ein Sog aus, der das Subjekt zur Gänze verschlucken kann. Am Endpunkt steht der psychische Tod. Das Stadium der Muselmanin. Um diesem Prozess, den man auch als eine allmähliche Entpersönlichung und Versteinerung beschreiben kann, Einhalt zu gebieten, muss das Ich wieder zurück in seinen Körper finden. Es muss sich wieder bewusst machen, wer, wo und was es ist. Denn nur in dieser Bewusstheit konnte das Opfer überleben. In der Bewusstheit über seine Lage, über die Absurdität seiner Arbeit, die Ausweglosigkeit der Situation. Diese Bewusstheit »vertreibt aus dieser Welt einen Gott, der mit dem Unbehagen und der Vorliebe für sinnlose Schmerzen in sie eingedrungen war« (Camus 1995, S. 100). Auch wenn sich Sisyphos als literarische Figur nicht für einen Vergleich eignet. Frau Kofka teilte ein wesentliches Moment mit dem tragischen Helden, wie ihn Camus beschrieben hat. Ihr Widerstand und Kampf hatte eben geheißen, trotz der Absurdität, trotz der Ausweglosigkeit und trotz des allgegenwärtigen Leides nicht aufzuhören, Mensch zu sein. »Nicht zu dem Tier zu werden ...« Ihr Bewusstsein zu bewahren und damit auch ihren sublimen Körper, ihre Fantasien, ihre Geheimnisse. Bewusst zu bleiben, hatte im Lager bedeutet, das Einverständnis gegenüber der eigenen Vernichtung zu »verweigern. Sich nicht der Situation – in das scheinbar Unausweichliche – zu fügen.

Stimme und Blick

Die Stimmen der Täter waren überall. Sie waren aus den *Lautsprechern* im Lager zu hören, aus denen die Nazis ihre Propaganda, ihre Lieder und Parolen spielten. »Heute gehört uns Deutschland, morgen die ganze Welt.« Diese allgegenwärtige Lautsprecherstimme war eine Stimme *ohne einen menschlichen Träger*. Hier benutzten die Nazis die Mittel der Moderne, um einen totalen Überwachungsraum zu etablieren, der jeden Gedanken außerhalb der dröhnenden Lautsprecherstimme zunichte machen sollte. Die Lautsprecherstimme geistert durchs Lager auf der Suche nach dem ebenso unbestimmten Empfänger, der potenziell jeder war. Über den Lautsprecher vervielfältigte sich die Nazi-Propaganda ins Nicht-enden-Wollende. Da es mehrere Lautsprecher waren, an unterschiedlichen Orten im Lager angebracht, multiplizierte sich die Stimme ohne Träger. Sie hatte keinen Ort, sondern kam von überall. Und eben weil diese Stimme nicht lokalisiert werden konnte, wirkte sie unerbittlich.

Diese multiplizierte Stimme ohne menschlichen Träger fand Empfänger in Gestalt jener deutschen Häftlingsfrauen, den Prostituierten,[156] die, als sie zum Beispiel in der Kolonne zur Arbeit marschierten, die Deutschen Kampflieder sangen. Diese deutschen Prostituierten, waren die »**besten** Arbeiterinnen, (-) die **besten**, (-) waren diese Frauen. (-) ›*Wir sind Deutsche*.‹ (-) + (-) Ein **Häftling**. (-) Die haben-; (-) alle anderen (-) haben so, so wenig wie möglich gearbeitet.«

Diese deutschen Häftlingsfrauen waren mit der Propaganda-Lautsprecherstimme identifiziert. Frau Kofka meinte, diese Häftlinge hätten sich ja auch als Deutsche gefühlt. Obwohl sie Häftlinge von Ravensbrück waren, sabotierten sie über ihren Arbeitseifer den Widerstandsgeist der politischen Häftlinge.[157] »Sie waren jung und willig, das zu lernen.«

---

[156] Prostituierte aus dem NS-Reich, die auf der Straße ihrem Gewerbe nachgingen und dabei erwischt wurden, sind als sogenannte Asoziale mit einem schwarzen Winkel ins Konzentrationslager nach Ravensbrück transportiert worden. Ab 1942 wurden einige wenige dieser Frauen aus Ravensbrück in andere Konzentrationslager, wie zum Beispiel Mauthausen oder Buchenwald, deportiert. Sie wurden dort in einem Lagerbordell zur Prostitution gezwungen, um die Ausbeutung der Arbeitskraft von männlichen Funktionshäftlingen weiter zu steigern. Viele politische Häftlinge lehnten den Besuch in diesen »Sonderbauten« von vorne herein aus moralischen Gründen ab (vgl. Langbein 1995).

[157] Diese Frauen arbeiteten vorwiegend im Relaisbau in der Halle 3, wo auch Frau Kofka für die Firma Siemens Zwangsarbeit verrichten musste.

K: Und man hat sie dort gehalten, (-) aber (-) sie waren Deutsche. + (-) Und das hat mich ein bisschen gestört. + (-) Aber man durfte ja nichts zeigen. + (-) Weil, man wusste ja nie, (-) wer wem wann anzeigt. (-) + Man hat die Meinungen (-) vorwiegend (-) nur zwischen Freundinnen ausgetauscht + und außerhalb dieses Kreises (-) nie etwas gesagt, (-) denn ein Bunker war gleich da und 25 Stockhiebe auch und so weiter. (-) Also, (-) man hat sich sehr vorgesehen, (-) man wurde schon von den anderen gewarnt. Von den politischen Häftlingen, wie man sich verhalten soll. + (-) Vor, vor wem man Angst haben muss. (-) Es gab Spitzeln, (-) weibl-, (-) also Häftlinge, + die zugetragen haben. Man hat schon gesagt, vor der und der musst du Angst haben. Nichts sagen und so. + (-) Man hat sich schon (-) aa-, (-) man hat schon zu einer Selbsthilfe gegriffen, (-) um sich zu schützen.

Zusätzlich zur permanenten Gegenwart der Stimme ohne Substanz gab es die ständige Bedrohung, dass die eigene Stimme verraten werden könnte. Ohne die »Unterweisung« von anderen politischen Häftlingsfrauen, wann man wo, zu wem, was sagen konnte, lief man Gefahr, den Henkern ausgeliefert zu werden.[158] Damit wurde das eigene Sprechen über die herumgeisternde Stimme der Täter und deren omnipräsentes Ohr in Regie genommen. Frau Kofka zeichnete ein Panoptikum der totalen Herrschaft im Lager. Kaum, dass es einen *Platz zu sprechen* oder *zu hören* gegeben hätte. Der menschliche Raum, der primär ein Sprach- und Hörraum ist, wurde unerträglich eng und verseucht. Überleben war nur möglich, wenn man einen geheimen Sprachraum ausmachen konnte. »Um Mensch zu bleiben«, hatte bedeutet, einen Platz jenseits der Lautsprecher ausfindig zu machen.

Aber die Lautsprecherstimme, auf der Suche nach den Körpern/Empfängern ihrer Botschaft, wurde später von der Masse der Häftlingsfrauen verschluckt. Später, » als das Lager schon aus allen Nähten platzte, hatten sie es dann aufgegeben. Aber wie ich gekommen bin, war das noch so.« Frau Kofka hatte nicht ohne Genugtuung von diesem heimlichen Sieg berichtet. Die anonyme Masse der Häftlinge war so groß geworden, dass die Nazis ihre Lautsprecher-Propaganda

---

[158] In einer späteren Szene wurde Frau Kofka dieses Spitzelsystem zum Verhängnis. Als sie als Stubenälteste einer internationalen Stube an den freien Sonntagen für Unterhaltung sorgte – wir haben uns Luft gemacht (sie sangen Protestlieder, spielten Theater, karikierten die Deutschen usw.) – wurde sie verraten und kam in das an Ravensbrück angrenzende Vernichtungslager.

aufgeben mussten. Die Gier nach Opfern hatte eine kritische Masse entstehen lassen, die ein Hintergrundrauschen produzierte, das alles andere verschluckte. Wenn Frau Kofka in ihren Erzählungen über das Lager immer nur über das »Wir« und das »Man« berichtete, mag dies auch eine unbewusste Reminiszenz an dieses gewaltige Hintergrundrauschen darstellen, welches stärker war als die stupide Propaganda-Kakophonie aus den Lautsprechern.

Neben der Stimme beschrieb Frau Kofka auch einen bestimmten Blick im Lager. Damit meinte sie weniger den Blick des Subjekts als den *auf* das Subjekt im Lager. Sie, die Gefangenen von Ravensbrück, arbeiteten mitten unter den Zivilisten von Fürstenberg. Sie gingen Holzfällen in den nahe gelegenen Wald. Sie mussten zum Bahnhof, um Munition abzuladen. Sie arbeiteten auf den Feldern und im Straßenbau. Und sie arbeiteten, vor allem bei Siemens, unter der Anleitung von Zivilisten. Nur, obgleich die Häftlingsfrauen für die Zivilisten sichtbar gewesen wären, beschrieb Frau Kofka ihre Lagerexistenz als eine unsichtbare. Sie verneinte die Frage, ob sie je an Flucht gedacht hätte. Man hätte Hilfe aus der Zivilbevölkerung um Fürstenberg benötigt. Jemanden, der einem Kleider, Nahrung, einen Pass usw. besorgt hätte. Aber daran sei nicht zu denken gewesen.

K: Die Bevölkerung, (-) manche (-) Bewohner (-) von (-) Fürstenberg (-) <u>negieren</u> sogar, (-) dass sie wussten, (-) dass dort ein Lager war. + (-) Also eine, (-) ein, (-) ein <u>Bewohner</u> von Fürstenberg, (-) dass der einem Häftling geholfen hätte? (-) Ich glaube nicht, + (-) dass das (-) jemand getan hätte. (-) Es müsste vielleicht von weiter her jemand helfen. (-) Die <u>Alten</u>, (-) manche Alten leugnen das bis heute dort, (-) dass sie gewusst haben. + + (-) Gut ahm, (-) Fürstenberg und dann Ravensbrück ist ein kleines Anhängsel von dem Fürstenberg, nicht? (-) Da waren fünf Häus-, (-) Bauernhäuser oder so. + (-) Und weit weg von uns, nicht? + (-) Am See abgeschirmt. (-) Hat <u>niemand-;</u> (-) dorthin konnte niemand kommen. (-) + Aber die Frauen sind ausgerückt. (-) Sie arbeiteten beim Abladen der Munition. (-) Luftmona hieß das. (-) Ah, am Bahnhof. (-) Sie haben auf den Feldern gearbeitet. (-) Sie haben überall (-) + gearbeitet. Baum, (-) Bäume gefällt. (-) Sie haben es ganz einfach verdrängt, *abgeschoben und so weiter.* +

Zeichnet man die geografischen Begebenheiten, die in dem obigen Auszug geschildert wurden, auf, erhält man ein Bild der Abgeschiedenheit der Frauen aus Ravensbrück. Versucht man in dieses Bild den Blick der Zivilisten auf das Lager mit dem Blick der Frauen aus dem Lager einzutragen, ergibt sich eine Art

Einwegspiegel. Während die Frauen alles sahen, zum Teil auch aus dem Lager kamen und vor den Augen der Zivilisten ihre Zwangsarbeit verrichten mussten, gab es keinen Weg ins Lager, war der Blick auf das Lager völlig abgeschieden und versperrt. Die Frauen aus Ravensbrück wurden von den Bewohnern von Fürstenfeld nicht gesehen. Sie wurden »verdrängt, abgeschoben und so weiter«. Alle Zivilisten verkehrten, wenn überhaupt, geheim, hinter vorgehaltener Hand, über eine nonverbale Geste vielleicht, ein heimlich zugestecktes Brot mit ihnen. Keiner hatte *nach ihnen gesehen, ihnen nachgesehen*. Die Frauen von Ravensbrück nahmen gewissermaßen einen leeren Platz im Blick der anderen ein oder einen Platz im toten Winkel. Sie befanden sich hinter (vor) einem Einwegspiegel, durch den sie zwar hindurch sehen, aber nicht gesehen, erkannt werden konnten. Diese Szenerie erinnert an die in Filmen dargestellte Perspektive von Geistern, die von einem leeren Platz aus ihrem eigenen Begräbnis beiwohnen, ohne von den trauernden Hinterbliebenen bemerkt zu werden. Dieser leere Platz ist ein Nicht-Platz, ein Ort, den es nicht gibt; und doch ist er da. Wenn man davon ausgeht, dass eine fundamentale Bedingung unseres Menschseins im spiegelnden Blick des Anderen liegt, so findet in dem Blick auf das Subjekt des Lagers seine Nichtung statt.

Die Situation ist komplexer. Der Einwegspiegel wies Sprünge und Risse auf. Denn »die Frauen sind ausgerückt. Sie arbeiteten beim Abladen von Munition am Bahnhof.« Zivilisten arbeiteten als Vorarbeiter, zum Beispiel in den Siemenshallen in Ravensbrück. Sie zeigten den Frauen, wie sie in der Arbeit vorzugehen hatten. Natürlich war es für die Häftlinge verboten, mit diesen Zivilisten zu sprechen. Das bedeutet, dass die Zivilisten aus der Umgebung von Ravensbrück wussten, dass es dort ein Lager gab, dass dort Frauen unter widrigsten Bedingungen Zwangsarbeit verrichten mussten und dennoch tat man so, als ob es dieses Ravensbrück nicht gäbe. Und manche Alten aus Fürstenberg tun heute immer noch so. Dies ist die Struktur der Perversion. Das: »*Ich weiß zwar* um die Existenz, *aber dennoch* tue ich so, als ob es das, was ich sehe, nicht gibt«, ist die Formel einer Ich-Spaltung, wie sie Freud für die Struktur der Perversion beschrieben hat (1927, 1937).

In Anbetracht des (perversen) Blickes auf das Subjekt in Ravensbrück wird klar, dass an eine Flucht nicht zu denken war. Das bedeutet, dass für die Frauen aus Ravensbrück der Ort zum Überleben nicht außerhalb, sondern paradoxerweise innerhalb des Lagers zu suchen ist. Nach Frau Kofkas Erzählung war dieser Ort nur in dem Wir (der politischen Häftlinge), in der Lagergemeinschaft, in der Solidarität unter den Frauen aus dem Lager zu finden. Wenn sie darüber berichtete und immer in der Wir-Form erzählte, wiederholte sie im Grunde diesen Mechanismus, um sich erneut zu finden, weil sie außerhalb dieser Gemeinschaft weder als Stimme gehört noch als Bild existiert hatte.

Verschiedene Lagerszenen
Frau Kofka schilderte Ravensbrück als einen sozialen Mikrokosmos, in dem es Privilegierte und weniger Privilegierte gab. Manche nutzten ihre privilegierte Position, um andere zu unterdrücken, ihnen etwas wegzunehmen etc. Andere nutzten sie, um den Mithäftlingen zu helfen. In diesem Mirkokosmos »gab es alles. Alles, was draußen geschieht, ist dort auch geschehen. Gestohlen, gerauft, beschimpft. Alles gab es. Alles gab es dort. Menschen aus allen Schichten der Bevölkerung. Aus allen Nationalitäten.« Aber es gab einen sicheren Ort, wohin Frau Kofka zusammen mit den anderen Frauen ihrer Gruppe nach dem Zugangsblock kam: den Block von Rosa Jochmann. Das war ihr großes Glück, von Rosa Jochmann, die sich darum gekümmert hatte, dass die politischen Häftlinge zu ihr in den Block kamen, aufgenommen zu werden.

K: Sie war eine wunderbare Frau, (-) die den Mut hatte, (-) + (-) und die Persönlichkeit hatte, und die Ausstrahlung hatte. (-) Sie hat (-) es geschafft, (-) sich bei manchen Aufseherinnen (-) sogar Respekt zu verschaffen (-) mit ihrem Auftreten, + ja? Und sie hat, ja, sie war eine wunderbare Block-; (-) wir hatten das Glück, (-) *wir sind zu ihr gekommen.* + + Also nicht auf einem normalen Block, sondern zu ihr, (-) wo lauter politische Häftlinge waren, (-) + (-) von allen Staaten Europas. Sie hat eine bestimmte (-) Achtung (-) sich errungen, (-) bei der, bei der, (-) bei den, (-) bei der Leitung *des Lagers.* (-) Weil durch ihr Auftreten, durch ihre s-. (-) Sie war ja schon viel *älter,* nicht? (-) Sie war ja (-) im Jahre (-) ah, zw-, (-) ah, (3) na, sie war schon eine reife Frau, nicht?

Rosa Jochmann war schon eine reife Frau. Eine Frau, die das Brot gerecht teilte. Eine gute Mutterfigur ...

K: Den Ehrgeiz (-) ah, (-) ah, gehabt hatte, ihren Block so zu halten, wie sie sich das vorstellt, + (-) dass Menschen in Unfreiheit leben sollen. Es ist ihr gelungen, nicht? * (-) Aber sie hat dann, (-) *ja,* (-) sie hat dann geholfen. (-) Man ist drauf gekommen, dann ist sie in den Bunker gekommen. Dann wurde sie abgesetzt, (-) und dann war sie ein gewöhnlicher Häftling, (-) und musste in der Schneiderei Uniformen nähen. Aber sie hat am <u>Anfang</u>, wo sie noch Blockälteste war, <u>Enormes</u> geleistet. + (-) Für die, *für die Häftlinge.*

... zu der Frau Kofka gehen konnte; bei der sie symbolisch unterschlüpfen konnte; Mensch sein, bleiben und wieder werden konnte; wo sie mit all ihrer Jugend, in ihrer »Unerfahrenheit« einen sozialen Ort (des Überlebens) fand; aufgehoben unter 400 anderen Häftlingsfrauen, die mit ihr in der Baracke lebten. Von dort kamen das »Wir« und das »Man«. *Man war schließlich niemals allein.* Die Frauen schliefen in dreistöckigen Betten auf Matratzen und ...
K: nicht jede hatte dann, (-) wie ich gekommen bin, (-) habe ich schon mit einer zweiten das Bett geteilt; + (-) die schon lange dort war; die ist gleich gekommen und hat gesagt: »Komm du, du wirst mit mir im Bett (lachend) sein.«
I: Und wer war das?
K: Die Placek. Die ist schon gestorben. Steffi Placek hieß sie. (-) Und sie war auch wegen illegaler Tätigkeit für *die kommunistische Partei* verhaftet. + Und war schon drinnen, wie ich gekommen bin. + Sie hat schon in der, (-) in der Kammer hat sie schon-. Wenn man irgendwo, in ein-, (-) wo war, wo man helfen konnte, (-) das waren vorwiegend politische Häftlinge. + (-) Sie war in der (-) ah, Kammer, (-) also, wo man austeilt, (-) Schuhe und Kleidung und so. + (-) Und die haben schon immer ihren Leuten (lachend) <u>natürlich</u>, haben sie die bevorzugt, * und so weiter.

Damit wurde Frau Kofka zu ihrem Glück erneut von einer erfahrenen Frau erwählt (»Komm du...«), die sich einen privilegierten Platz in der Todesmühle des Lagers hatte sichern können. Frau Kofka arbeitete zu Beginn in den Siemenshallen, die sich einen oder zwei Kilometer außerhalb der Lagermauern befunden hatten. Um dort arbeiten zu können, mussten sich die Häftlinge einer Prüfung ihrer manuellen Fertigkeiten unterziehen. »Und ich habe bestanden.« In ihrer Halle wurden Präzisionsgeräte justiert, die für den Krieg eingesetzt wurden. Damit war die Arbeit körperlich zwar wenig anstrengend, was einerseits ein Glück war. Aber auf der anderen Seite wurden die Häftlingsfrauen mit einem moralischen Dilemma konfrontiert, indem sie für die Kriegs- und Vernichtungspolitik der Nazis (vgl. die Prostituierten) zu arbeiten hatten. Frau Kofka erzählte, dass die Frauen, vor allem die politischen Häftlingsfrauen, so gut es ging die Arbeit verzögert hätten. Als Frau Kofka in den Siemenshallen zu arbeiten begann, hatte es drei dieser Hallen gegeben. Frau Kofka erzählte, dass bis Ende 1944 Siemens die gesamte Produktion von Berlin nach Ravensbrück verlegt hatte. Aus den anfänglichen drei Hallen waren 30 geworden.

K: Aber, (-) der Firma Siemens tat es leid, (-) dass wir die Zeit (-) vom Lager zur Arbeit, (-) von der Arbeit zum Mittagessen (-) und wieder zurück (-) nicht ausnützen. (-) Das war für sie (-) verlorene Zeit. (-) Das war Zeit. (-) Das war ja, wir sind eine Viertelstunde hin gegangen, eine Viertelstunde zurück. Aus dem Lager sind wir raus marschiert + und unter Aufsicht der ( ). Mit Hunden haben sie uns bewacht, nicht? (-) Zum Schluss waren 3.000 Frauen vom Lager haben bei dieser Firma Siemens gearbeitet. Also hat die Firma Siemens dann ein eigenes Lager errichtet, + (-) wo die Frauen (-) nur über die Straße gegangen sind und schon in der Arbeit waren. + Und die ganze übrige Zeit wurde als Arbeitszeit ausgenützt.

Diese Kolonne von am Schluss 3.000 marschierenden Häftlingsfrauen, bewacht von der SS und ihren Hunden, musste ein schreckliches Bild abgegeben haben. Die Gefangenen marschierten im Gleichschritt, »die Deutschen sangen ihre deutschen Lieder«. Wie Roboter mussten sie marschieren, dem Gleichschritt der anderen folgend, begleitet von den Stimmen der Lieder. Primo Levi vergleicht die Arbeitskolonnen aus Auschwitz mit einem Totentanz:

> »Beim Ausrücken und beim Einrücken fehlt nie die SS. Wer könnte ihr auch das Recht verweigern, diesem von ihr gewollten Tanz beizuwohnen, der Sarabande der erloschenen Menschen, Kolonne um Kolonne, aus dem Nebel in den Nebel? Wo gäbe es einen augenscheinlicheren Beweis für ihren Sieg?« (1993, S. 58f.).

Der Kreislauf der immer gleichen Rhythmen aus Arbeit, Marschieren, Arbeit und Marschieren, der Gleichschritt und dazu die immer gleichen Lieder, all dies erzeugte eine Trance, einen hypnotischen Zustand, in dem nur noch der vakante Körper marschierte. Henry Krystal nennt diesen Zustand der Lagerhäftlinge »robot state« (2000), in dem alle Qualen, Schmerzen und leidvollen Gefühle betäubt und eingekapselt wurden. Nahm dieser Zustand überhand, »ging die Fähigkeit ›Nein‹ zu sagen und sich selbst zu verteidigen immer mehr verloren«.

Gegen Ende 1944 hatte Frau Kofka versucht, der Arbeit in den Siemenshallen, die eine Produktion für den Krieg gewesen war, zu entgehen. Direkte Sabotage wurde mit Erschießen geahndet (viele Russinnen hatten sabotiert und wurden erschossen). Also versuchte sie, »weil ich schon so lange bei Siemens war, ob ich nicht Stubenälteste werden kann. Und das haben sie erlaubt.[159] Und ich wurde Stubenälteste, was ein Glück und ein Verhängnis für mich war.« Zum ersten Mal verwendete Frau Kofka in ihren Lagerberichten die erste Person: das Ich. In ihrer Position als Stubenälteste einer internationalen Stube hatte sie ähnlich wie Rosa Jochmann zuvor für die anderen Häftlingsfrauen das Brot zu teilen, Ordnung zu halten ... Bezug nehmend auf den eingangs vermittelten Gedanken einer szenischen Entwicklung in ihrer Erzählung von dem wenig erfahrenen, jungen Mädchen hin zu der erfahrenen, jungen Frau spiegelte sich diese Entwicklung also auch über ihre Wahl der Personalpronomen im Erzähltext; eine Entwicklung vom Wir zum Ich. Als Stubenälteste der internationalen Stube sorgte sie nicht nur für das Austeilen des Brotes (physisches Überleben), sondern vor allem für das, was sie: »Wir haben uns Luft gemacht«, nannte (psychisches Überleben).

K: Und da waren sehr viele Künstlerinnen, Tänzerinnen, Intellektuelle, von allen möglichen Staaten (leicht lachend). + (-) Und ich sage immer, (-) wir haben nicht von der Schnitten Brot gelebt und nicht von dem Schöpfer Rüben, was wir bekommen haben, (-) sondern: Ah, (-) Sonntagnachmittag war die Aufsicht-. Fast keine Aufsicht. (-) + Und ich war ja nicht die einzige. Die Tschechen haben das auch gemacht, die anderen vielleicht auch. (-) Und wir haben also uns Luft gemacht. + In dieser Freizeit. Wir haben <u>die politische Lage</u> interpretiert. Wir haben uns gefreut, wenn ein Flugzeug geflogen ist. (-) Vielleicht vernichten sie wieder Fabriken oder Nazis und so weiter. Also in dem Sinne. + Wir haben, ah, (-) Kampflieder gesungen, (-) + wir haben ah, (-) Scatches haben die Frauen ah. (-) Es waren viele Künst-. (-) Wie ich schon gesagt hab. (-) Und dann haben wir uns lustig gemacht über die <u>SS</u>. (-) Also, (-) wir haben uns Luft gemacht. *

Dieses *Sich-Luft-Machen* hatte im übertragenen Sinne die psychische Widerständigkeit des Einzelnen in der Gruppe befördert. Das Sich-Luft-Machen

---

159 K: Also, ich war Stubenälteste bei Siemens in einer sogenannten internationalen Stube. + Weil ich viele Sprachen kann. + (-) Und die, (-) und dort waren, (-) also Frauen, wo man nicht eine Möglichkeit hatte, für sie eine extra (-) Baracke-. (-) + Es war eine tschechische, eine polnische, eine norwegische. Aber es waren auch aus anderen Ländern Frauen da, (-) wo man sie nicht wo hingeben konnte. Und weil ich also viele Sprachen gesprochen habe, hat man diese Frauen alle (-) in meine Stube gegeben. + (-) Und da war ich Stubenälteste. So nennt man die Funktion.

ist wörtlich zu nehmen. Weil in dieser kurzen Zeit all die unterdrückten Gefühle, Gedanken und Fantasien frei werden konnten. Frau Kofka erzählte davon, sich über die Nazis lustig gemacht zu haben. Das Ich der gefangenen Häftlingsfrauen mochte sich daran festgehalten und emporgehoben haben. In diesen kurzen Momenten behaupteten sie eine Überlegenheit gegenüber dem Überwachungssystem des Lagers. Ihre Gedanken waren frei und funktionierten so weit, um ihre Unterdrücker lächerlich zu machen. Darin lag etwas Großartiges, eine Unverletzbarkeit ihres psychischen Ichs, ihres sublimen Körpers, ein narzisstischer Triumph, indem sie die Anlässe ihrer Qual in einen Lustgewinn mit Bonusprämie umwandeln konnte.[160] Neben den Scatches interpretierten sie die politische Lage, wie Frau Kofka betonte, wodurch sie indirekt an den Geschehnissen in der Außenwelt, von denen sie im Lager abgeschnitten waren, teilnahmen. Das Festhalten an der Politik, an den eigenen politischen Werthaltungen und Überzeugungen ebenso wie der politisierte Austausch untereinander eröffneten eine innere Gegenwelt, über die man mit den anderen Häftlingen in Kontakt und mit der Welt außerhalb der Lagermauern in Verbindung bleiben konnte. Oftmals symbolisierte die Politik für Lagerhäftlinge, die als Kinder in Arbeiterfamilien groß geworden waren, in denen die Politik wesentlich das Familienleben mitbestimmt hatte, einen Zugang zu diesen frühen Erinnerungen aus dem Familienleben. Gefühle der Vertrautheit und Geborgenheit sowie der Kontinuität und Zugehörigkeit konnten entstehen.[161]

---

[160] Jedes autoritäre und faschistische Regime entwickelt, wenn es die Macht ergreift, ein Lachverbot, das sich auf die Karikierung von das System aufrechterhaltenden Mechanismen und Personen bezieht. Dort, wo eine gelungene Karikatur trotz Verbot zu Stande kommt, offenbart sich die vom Regime unterdrückte Wahrheit der abgrundtief bösen Lächerlichkeit ihrer Motive. In dem Lachen über die Infantilität oder Borniertheit des Regimes, der Diktatur, der Tyrannei liegt eine (wiedergewonnene) Freiheit des unterdrückten Menschen, die Chaplin in *The Great Dictator* (1940) zum ersten Mal in der noch jungen Filmgeschichte als ein kollektives Phantasma auf die Leinwand brachte (vgl. Zöchmeister 2007).

[161] In Buchenwald und Dachau war es den politischen Häftlingen sogar gelungen, aus verschiedenen Kleinteilen Radioempfänger herzustellen. Über diese Geräte informierten sich die Häftlinge über die Lage an der Front. Sie steckten auf selbst nachgebildeten Landkarten den jeweils aktuellen Verlauf der Frontlinien ab und konnten somit nachvollziehen, wie die Nazis immer weiter in die Defensive gerieten. Damit nahmen sie indirekt an ihrem Befreiungskampf teil. Sie schmuggelten aber auch Waffen in das Konzentrationslager, versteckten sie und bereiteten sich auf den Tag ihrer Befreiung vor.

f)   Verrat – die Scham der Überlebenden

Dieses Sich-Luft-Machen bedeutete aber auch die Gefahr, verraten zu werden. Frau Kofka hatte bereits erwähnt, dass ihre Funktion als Stubenälteste für sie ein Glück und ein Verhängnis dargestellt hatte:

K: (2) Ja, (-) und (-) Häftlinge sind auch Menschen und manche Häftlinge haben sich gedacht, wenn sie das verraten, gehen sie frei. Da hat mich eine <u>Lettin</u>, (-) eine Lettin war das, hat mich <u>verraten</u>, dass ich das gestatte. (-) Sofort ( ) in der Nebenstube die Tschechin, (-) die Maria Karubosova hat dasselbe gemacht mit ihren Leuten, ja, * (-) auch kulturell gelebt und sich Luft gemacht und so. (-) Und wir zwei sind abgesetzt worden von dieser Funktion (-) und wir sind <u>beide</u> (-) dann ins, (-) ein Lager gekommen, (-) das vorher ein Jugendlager war. (-) Das haben sie aufgelöst. (-) Die Jugendlichen entweder ganz entlassen (-) oder ins alte Lager (-) gesteckt. + Und jetzt war ein Platz, (-) und dann haben sie alte, kranke, gebrechliche Frauen, (-) **alle**. (-) Jeden Tag sind Autobusse gekommen (-) und die haben sie in das Lager gebracht (-) und dort haben sie sie selektiert zum, (-) zum Vernichten im Gas, zum Ersticken im Gas. + (-) Das wussten wir ja nicht.

Frau Kofka kam in das etwas mehr als einen Kilometer entfernte »Jugendschutzlager Uckermark«, das dem Kommandanten des Frauenkonzentrationslagers Ravensbrück unterstand. Bis Mitte 1944 waren dort rund 1.000 Mädchen und junge Frauen unter Bedingungen, die sich von denen im Frauenkonzentrationslager kaum unterschieden, inhaftiert. Ab Dezember 1944 wurde das Jugendschutzlager Uckermark schrittweise »geräumt« und zu einem Tötungs- und Vernichtungslager »umfunktioniert«. Nach dem Verrat verlor Frau Kofka ihre Funktion als Stubenälteste und damit auch alle Privilegien und wurde gemeinsam mit einer Tschechin aus der Nebenstube zu diesem Nicht-Ort gebracht. Uckermark war in den letzten Monaten vor der Befreiung eine Produktionsstätte von Leichen. Von dort kehrte niemand mehr zurück. Frau Kofka setzte ihre Rede folgendermaßen fort:

K: Das wussten wir ja nicht. (-) Erst dann, wenn das Lager wieder aufgelöst wurde, (-) weil die <u>Russen</u> näher gekommen sind, (-) haben wir erfahren, was mit diesen Frauen *geschehen ist, nicht?* + (-) Ich war auch als Zeitzeugin im Hamburger Prozess. Alle Angeklagten wurden zum Tode verurteilt. (-) <u>Leider</u> (-) auch zwei Häftlinge. (-) Häftlinge haben sich auch, (-) ah, (-)

zur Verfügung gestellt, die anderen zu töten. *(-) Gegen die habe ich auch ausgesagt, (-) ja, (-) natürlich.* (2) + (-) Denn dann, wenn sie so ist, (-) ist sie auf einer Stufe mit der, (-) mit der SS. (-) Da ist sie kein Häftling *mehr (-) bei mir. (-) Zwei waren das, ja. (-) Auch.*
I: Was haben diese Häftlinge gemacht?
K: <u>Getötet</u>. (-) Sie haben Injektionen ins Herz gegeben. Sie haben ihnen ah (-) Pulver verabreicht, das Gift war. Unter Vortäuschung, dass es ein Medikament ist. (-) Und die Frauen sind nicht <u>gestorben</u>, (-) dic sind <u>verendet</u>, (-) die haben sie <u>vergiftet</u>, + ja? (-) Also, (-) so ein Häftling ist in meinen Augen kein Häftling. Sie ist auch zum Tod verurteilt worden. + (-) Die, (-) sie und dann eine, (-) die nicht bei mir war dort in dem Lager, (-) sondern die war bei *den Frauen, die verrückt worden sind.* (-) *Und sie hat dasselbe gemacht, (-) hat die Frauen vergiftet, (-) und die ist auch zum Tod verurteilt worden. Ja.* (-) *Warum-?*

Ihr die Passage beschließendes »Warum?« meinte die Frage nach dem Verrat. Katharina Kofka war zum zweiten Mal verraten worden. Das erste Mal aufgrund des Gestapo-Spitzels und das zweite Mal im Lager. Beide Male kam der Verrat einem Todesurteil gleich. *Warum tut das ein Mensch, noch dazu ein Häftling*? Um sich einen Vorteil zu sichern? Der *Verräter* war neben dem Muselmann die verfolgende Figur im Lager. Er nahm die Angst der Häftlinge in Regie. So wie der innere Muselmann das Ich des Häftlings tyrannisierte und der Häftling ständig besorgt war, an seinem Körper die ersten Anzeichen des Muselmannstadiums zu verbergen, so tyrannisierte auch der *innere Verräter* den Häftling. Wobei zu betonen ist, dass die Angst vor dem inneren Verräter eine *unbewusste* war. Dieser innere Verräter war mehr als eine Versuchung. Mehr als ein mögliches Versprechen auf einen Überlebensvorteil, den die SS im Lager ihren Zuträgern machte. Schließlich war das System der nazistischen Konzentrations- und Vernichtungslager so ausgerichtet, dass *alle* Häftlinge an der *Aufrechterhaltung der Grenzsituation* teilnehmen *mussten*. Somit wurden alle Häftlinge potenzielle Räder ihrer eigenen Vernichtung. Sie waren dazu gezwungen, an der Vernichtung durch Arbeit, die irgendwann ihre eigene sein sollte, mitzuwirken. Die Allgegenwärtigkeit des Sterbens um sie herum machte aus dem singulären Tod des Einzelnen einen anonymen, alltäglich und völlig bar jeder Bedeutung. Der Verrat oder die Figur des Verräters bestimmte von Beginn an mehr oder minder deutlich Katharina Kofkas Rede. Nur ein Beispiel: Die Arbeit in den Siemenshallen war für Frau

Kofka, ob man wollte oder nicht, ein Verrat an den eigenen pazifistischen Idealen. Diesem erzwungenen Verrat konnte sie kleinere Sabotageakte entgegensetzen, die wiederum von den deutschen Prostituierten (junge und willige Verräterinnen) unterlaufen wurden. Die Angst, *selbst zum Verräter gemacht zu werden* oder bereits *gemacht worden zu sein*, entstammte einem von den Nazis in ihren Lagern ins Spiel gebrachten diabolischen Skript. Darin wurden ubiquitäre, infantile Todeswünsche des Subjekts aufgegriffen und dem Prozess der Vernichtung durch Arbeit anheim gestellt. Der mit diesen unbewussten und verdrängten Todeswünschen korrespondierende Affekt war eine nicht zu nennende *Scham*. An diesem Punkt trifft die Figur des Verräters auf jene des Muselmanns. Beide Figuren verweisen auf eine Scham des Überlebenden. Muselmann und Verräter scheinen jegliches Schamgefühl (und damit den Kontakt zu den anderen) verloren zu haben, während die Überlebenden an der Scham bis in die Jetztzeit leiden. Frau Kofka sagte später bei den Hamburger Prozessen gegen die beiden Verräterinnen im Lager aus. In ihren Augen waren die Verräterinnen keine Häftlinge mehr. Sie hätten sich auf eine Stufe mit der SS gestellt. Sie sagte:

K: Menschen sind überall Menschen (-) und werden zu (2) *Tieren,* (-) *sagen wir, wenn sie so wa-.* (-) Ein Tier ah, (-) vernichtet nicht jemanden von seiner Gattung. (-) Aber ein Mensch tut das. (-) + (-) Das ist etwas, (-) das ich, das ich nicht, (-) *nie im Leben jemanden* (-) verzeihen kann, (-) ja? (-) Um sich vielleicht-. Sie hat sich ver-. (-) Sie hat sich (-) ah (-) verteidigt (-) beim Prozess, (-) sie wurde gezwungen. + (-) Das zu tun. (-) Wir wurden alle zu irgendetwas gezwungen, nicht? (-) + (-) Und wenn es möglich war, (-) haben wir (-) ein, versucht, (-) einen anderen Weg zu gehen und zu finden, (-) um eben nicht das + alles zu tun, was sie wollten, *nicht?* + (-) Ja, natürlich musste sie sich irgendwie rechtfertigen. (2)

Die Figur der Verräterin erzählt von der *Identifizierung mit dem Angreifer*. In Frau Kofkas obigem Auszug ging es um eine selektive Identifikation mit dessen Aggression, die sie in ihrer Unversöhnlichkeit (nie verziehen) gegen die Häftlingshenker wendete. Dabei handelte es sich nicht um einen Revanchismus, sondern um eine Aufrechterhaltung des eigenen Menschenbildes. Die Mensch-Tier-Dichotomie, die sie in abgewandelter Form immer wieder brachte, signalisierte dieses Festhalten und kam nicht zufällig. Die Verräterinnen waren – aber anders als die Muselmanin – aus diesem Bereich des symbolischen Mensch-Seins gefallen. »Ein Tier vernichtet nicht jemanden aus seiner Gattung, aber ein Mensch tut das.«

3. Acht Familiengeschichten

g)   Uckermark – Verdrängung des eigenen Todes?

K: Ich war, ich war in so einer Gefahr eigentlich in dem, in dem Lag-, (-) <u>Vernichtungslager</u>, wo sie die Frauen jeden Abend geholt haben (-) zum Vergasen. (-) Wir wussten ja nicht wohin, das haben wir dann erfahren, dass sie sie erstickt haben in einer provisorischen Gaskammer. Das wussten wir nicht. Sie haben sie jeden Abend abgeholt. Selektiert. Unter den Frauen. (-) Alt, (-) gebrechlich, (-) versehrt, (-) haben sie noch die Freude sich gemacht zu selektieren, (-) als dass sie gesagt hätten, *von 1 bis 20 gehen sie*. (Kl) (-) Nein, sie haben selektiert, (-) jeden Tag sind sie gekommen, (-) der Arzt, (-) der Kommandant, (-) der Arzt, der Schutzhaftlagerführer, (-) ah, (-) der Arbeitseinsatzführer, (-) warum der dabei war, wenn sie die Frauen raus gesucht haben. (-) <u>Verrückt</u>, (-) <u>verrückt</u>, (-) **verrückt**. (-) Und sie haben sich die Freude gemacht, (-) und ah, die Angst der Frauen zu genieß-. (-) Anders kann ich mir das <u>nicht</u> vorstellen, nicht? + (-) Und abends in der Nacht, wir durften nicht dabei sein, (-) haben sie sie abgeholt von; (-) mit Lastautos; (-) <u>nur im Hemd</u>, (-) <u>ja</u>? (-) Ausziehen mussten sie sich; (-) und, (-) sie haben geschrien und geweint, (-) und sie haben sie raufgezerrt, raufgeprügelt (-) und weggeführt (-) und, und (-) leer wieder gekommen; (-) *drei Mal in der Nacht*. (-) *Das ist, (-) und so weiter.* (-) Also, (-) und trotzdem habe ich <u>keine</u> Angst gespürt, (-) ich weiß es nicht warum. + (-) *Man war so,* (-) *so sicher.* (-) Sicher ist vielleicht blöd. (-) Ich weiß es nicht. + Ich habe nie Angst gehabt, (-) dass (lacht) (-) dass mir was passiert.

Grauenhafte Szenen der Beschämung und des Todes. Szenen, von denen Frau Kofka selbst ausgeschlossen war. Sie hatte nur gehört, war Ohrenzeuge gewesen. Es war, als würde sie stellvertretend die Scham der Ermordeten als Davongekommene durchleiden. »Nur im Hemd, ja?« Als würde sie von dieser Scham der Untergegangenen am eigenen Leibe berichten, als trüge sie das untergegangene Leben, die letzten Szenen deren Scham ad infinitum in ihr. Woher diese Scham? Sie sagte: »Wir waren ja dabei, bei der Selektion.« Die anderen waren an ihrer statt selektiert worden. Vermutlich gab es eine Erleichterung in ihr, nicht mitgenommen worden zu sein. Und vielleicht war diese Erleichterung gleichzeitig ein Grund, sich zu schämen. Natürlich wäre dies eine Scham, die nicht zu sagen sei. Von der nicht zu reden sei. So empfand sie an deren statt die Scham, die die ihre war. Anstelle der Leere, als

die Lastwagen zurück und darauf wieder die ausgesuchten Neuen kamen. Drei Mal pro Nacht. Wie viele Nächte? Wie viele Male?
K: Ja, das Pech war, (-) dass ich, dass ich verraten wurde, (-) denn wenn ich das nicht gemacht hätt, (-) wäre ich nicht in das, (-) in das Vernichtungslager gekommen. (-) Aber zum Glück haben sie ja ihr Werk dort nicht verendet. (-) Denn wenn sie alle Alten, Kranken, Gebrechlichen umgebracht hätten, dann wären ja wir dran gekommen als Zeuginnen dafür, was sie gemacht haben. + Aber. Obwohl wir nicht gewusst haben, was mit diesen Frauen geschehen ist. Aber wir haben es <u>erfahren</u>. Wir haben es dann erfahren. Als wir dann ins Lager, von den männlich-, (-) von den Männerhäftlingen haben wir es erfahren. (-) Und trotzdem. Ich habe (-) so wie ich da sitze, (-) <u>keine</u> Sekunde (-) lang (-) <u>gefürchtet</u>, (-) dass ich nicht überle-. (-) Ich weiß nicht, warum und wieso, (-) *ich habe es nicht gefürchtet.*

Wieder spielte das Alter eine signifikante Rolle. Nirgendwo sonst in den Interviews war das Überleben so deutlich zu einer Frage des Glücks geworden. »Zum Glück haben sie ja ihr Werk dort nicht ...« Und trotzdem betonte sie die vermeintliche Gewissheit, die sie damals hatte, mit dem Leben davonzukommen. Niemals sei der Gedanke aufgekommen, dass sie nicht überleben könne. In keiner Sekunde. Sie wunderte sich auch darüber. »Ich weiß nicht warum.« Aber der Gedanke an den eigenen Tod, »der wurde verbannt, sozusagen«. Ist es zulässig an dieser Stelle von *Verdrängung* zu sprechen? Trotz der Allgegenwärtigkeit des Todes um sie herum, die sie mit keiner Silbe ausgelassen hatte? Nein, sie hatte den Gedanken an den Tod nicht verdrängt. Der Tod traf die anderen. Und ihr blieb die Scham, über diesen Tod zu berichten (der ebenso gut der ihre hätte sein können). Darin liegt im Kern das Symptom, *die Narbe*, die sie aus dem Vernichtungslager mitbekommen hatte: immer nur vom Tod der anderen zu erzählen; Zeugnis abzulegen, über den leeren Lastwagen, der zurückgekommen war.

h) Retten – töten – psychisches Überleben

I: (2) Haben Sie eine Freundin verloren im Lager?
K: Ja. (-) Nicht eine Freundin, (-) ah, (-) von draußen, (-) sondern eine Freundin, (-) mit der ich mich befreundet hab im Lager. + (-) Sie hat dann noch bei Siemens gearbeitet, *aber sie wurde erschossen.* + (-) War eine Jüdin und

3. Acht Familiengeschichten

> eine Kommunistin. + (-) Und diese, (-) entschuldigen Sie, dass ich das sage, (-) *Kombination war-.* (-) *Da hat keine überlebt. (sehr leise) Nein.* (-) Aber wir haben drei Jüdinnen gerettet, die (Kl) Kommunistinnen und, (-) und Jüdinnen waren ...

Ihr Erzählen wechselte von einer möglichen Trauer um die Ermordete zu den drei geretteten Jüdinnen, die wie ihre ermordete Freundin kommunistisch und jüdisch waren. Ihr erzählender Fokus sprang, nachdem sie kurz den Tod der einen berührt hatte, auf die Rettung der drei anderen. Dieser rasche Wechsel war vergleichbar mit jenem Part ihres Erzähltextes, wo sie kurz über die Figur der Muselmanin berichtet hatte, um sofort nach dieser sprachlichen Berührung zurück zur Schilderung über die Verhältnisse im Zugangsblock zu finden. Der Blick auf diesen Teil war wohl am schwersten zu ertragen. In ihrer erzählenden Wendung sagte sie auch, Unmögliches vollbracht zu haben, denn mit dieser Kombination (Jüdin und Kommunistin) »hat keine überlebt«. Der Wendung vom Tod zur Rettung könnte eine unbewusste psychische Tendenz zur *Wiedergutmachung* entsprechen. Um mit den Scham- und Schuldgefühlen des Überlebens fertig zu werden. An anderer Stelle betonte Frau Kofka, dass es ihr ungemein schwer falle, über die Zeit zu sprechen, da jedes Reden ein Erinnern an jene nach sich ziehen würde, die nicht wieder zurückgekehrt waren.

Sie setzte ihre Rede folgendermaßen fort.

K: Aber wir haben drei Jüdinnen gerettet, die (Kl) Kommunistinnen und, (-) und Jüdinnen waren. + + (-) Das werde ich dann auch einmal erzählen, (-) wie, wie wir das gemacht haben. + (-) Ja, das, (-) das ist auch, (-) ah, (-) in der Ausstellung, wir haben eine Ausstellung, (-) jedes Land hat in Ravensbrück eine Koje, im ehe-, ehemaligen Gefängnis. + Wir haben eine Doppelkoje, (-) und da ist es auch dargestellt, (-) die Geschichte der Rettung ...

Dieser kurze Einschub verwies bereits auf die Zeit nach der Befreiung. Frau Kofka ist Mitglied der Lagergemeinschaft ehemaliger Ravensbrückerinnen und die Geschichte der Rettung ist in Ravensbrück dokumentiert. Dort ist die Geschichte der Rettung an einem symbolischen Ort des Erinnerns *aufgehoben,* dort sind auch die Korrespondenzen aufgehoben, die sie während ihrer Gefangenschaft im Polizeigefängnis und später aus Ravensbrück eingeschränkt aber doch führen konnte. Aufgehoben meint in diesem Kontext dreierlei: Einerseits Aufheben als Externalisierung. Dort konnte die Geschichte einen

Ort außerhalb von ihr erhalten. Damit erfüllt die Doppelkoje eine entlastende Funktion; *als Bestätigung* dessen, was war. Dann Aufheben im zeitlichen Sinne. *Aufheben als Bewahren.* Die Geschichten der Rettung, ihre Korrespondenzen und andere Sachen, die in der Doppelkoje einen Ort gefunden haben, wurden in den symbolischen Gedächtnisort aufgenommen und bewahrt. Damit ist die Geschichte der Vergänglichkeit der Zeit und dem Vergessen entrissen. Aufgehoben und bewahrt, als Mahnung für die kommenden Generationen, damit es nicht in Vergessenheit geriete. Und drittens gibt es noch ein Aufheben *als psychisches Emporheben*. Denn es lag etwas Großartiges in diesen Rettungen, wo alle anderen Häftlingsfrauen mitgeholfen haben, damit sie gelangen. Also Aufheben als narzisstische Selbstachtung, als Stolz auf das, was war, was damals *auch* geschah und geschehen konnte. Ein Wunder. Also das Großartige der Gemeinschaft, die trotz der unvorstellbaren Grausamkeiten im Lager eine menschliche Gemeinschaft geblieben war, wodurch das Leben von anderen gerettet werden konnte. Dieses Großartige wurde durch ihr: »Wir haben eine Doppelkoje«, vermehrt also zweifach honoriert.

Frau Kofka kam nach diesem Einschub auf die Umstände dieser Rettungsaktionen zu sprechen.

K: ... und da ist es auch dargestellt, (-) die Geschichte der Rettung. + (-) Da haben wir drei Jüdinnen, die Kommunistinnen waren, die aus Auschwitz gekommen sind, (-) haben wir, (-) ah, (-) sie sterben lassen. Ganz zum Schluss war das möglich. (-) Und haben ihnen, (-) ah, andere Nummern von (-) Lebend-, (-) von Verstorbenen (-) ah, Französinnen gegeben. Weil die wurden dann vom Roten Kreuz abgeholt. Die westlichen Länder. Belgier, Franzosen, Holländer. Aber, (-) Deutschland war ja nicht Mitglied des (-) Internationalen Roten Kreuzes, (-) wurden keine Österreicher oder Deutsche. (-) Und wir haben sie sterben lassen. (-) Und haben ich-, also-. (-) Das war ganz zum Schluss nur möglich. + (-) Nicht nur wir haben das gemacht. (-) In anderen Lagern hat man, ist man auch auf die Idee gekommen. (-) Sie sind gestorben und von lebenden Französinnen haben wir ihnen die Nummern gegeben. Und wie das Rote Kreuz ganz zum Schluss (-) ah, (-) die westlichen Länder abgeholt hat, (-) sind sie als Französinnen ah, + (-) nach Schweden gekommen und haben dann überlebt. + (-) *Das haben wir, also auch.* (-) Das ist (-) auch festgehalten und auch in der Ausstellung in Ravensbrück ah, (-) dargestellt, wie das gemacht wurde. + + (-) Und ich kann mich rühmen, (-) dass ich eine, (-)

eine, (-) Steiermärkerin (-) aus Leoben, (-) die gelähmt war auf, so auf die Art gerettet habe. (-) *Also* ...

Die Schilderung, wo sie die genauen Umstände der Rettung darlegte, wies zwei Versprecher auf. Das erste Mal konnte sie sich noch ausbessern, wohingegen das zweite Mal die Fehlleistung von ihr unbemerkt geblieben war. Beide Versprecher bezeichneten dieselbe Stelle, denselben psychischen Ort, nämlich dass man den bedrohten Frauen die Nummern von Gestorbenen und nicht von Lebenden gab. Die Konfusion zwischen Leben und Tod, die zum psychotischen Kosmos der Lagerrealität gehörte, aktualisierte sich in ihren Versprechern. Aber es gab wohl auch einen inneren Konflikt an dieser Stelle, der zu den Versprechern führte; einen inneren Konflikt, der mit der Konfusion im Lager zusammenhing. Im Grunde war die Situation so, dass erst der Tod der Französinnen das Leben der anderen retten konnte. Diese Struktur lag symbolisch auch ihren Erzählungen über die Muselmanin und über die Selektion im Vernichtungslager zugrunde. Der Tod der einen bedeutete das (Über-)Leben der anderen. Über ihren Versprecher verkehrt sich die Bedeutung des Satzes. Das Leben der einen bedeutete dann den Tod der anderen. Vielleicht wies also ihr Versprechen nicht nur auf den psychotischen Kosmos im Lager, wo Leben und Tod nicht mehr zu unterscheiden waren, sondern deutete auch auf das irrationale, weil unbewusste Schuldgefühl der Überlebenden.[162]

Auch der aus ihrer Rede stammende Satz: »Wir haben sie sterben lassen«, legt eine solche Interpretation nahe. Natürlich war es nicht möglich, alle zu retten. »Man konnte natürlich nicht jeden retten, aber man hat also versucht, jene Menschen zu retten, die am meisten gefährdet waren.« Jede Entscheidung, die getroffen wird, besitzt zwei Seiten: Ein Für und ein Dagegen. Wenn man sich für a entscheidet, schließt man b aus. Diese logische Struktur, die jeder Entscheidung innewohnt (und die Katharina Kofka schon in der Szene mit dem Verzicht auf die zwei Schmalzbrote für Martha von ihrer Mutter gelernt hatte), könnte einen Anteil an dem Entstehen ihres Schuldgefühls haben. Dieses

---

162 Aus der Traumaforschung ist ein ähnliches Phänomen bekannt. Das Opfer eines Missbrauchs oder einer anderen verheerenden Gewalttat schämt sich anstelle des Täters. Hirsch erklärt dieses Phänomen mithilfe des Mechanismus der projektiven Identifikation, wo das Opfer anstelle des Täters dessen abgewehrte Schuld- und Schamgefühle empfindet. Der Täter dringt in die Psyche seines Opfers und setzt darin als verfolgendes Introjekt, das das Opfer über die Schreckenstat hinaus nicht zur Ruhe kommen lässt, die psychische Marter in Form von quälenden Schuld- und Schamgefühlen fort (vgl. Hirsch 2000).

3.6 Die Geschichte der Familie Kofka

Schuldgefühl würde dann nicht heißen: *Warum bin ich davongekommen, während so viele andere ...?* Sondern: *Warum habe ich nicht auch b retten können?* Ein solches Schuldgefühl ist unbewusst. Es zeugte von der Unmöglichkeit, im Lager zu überleben, ohne dabei von dem System des Nazi-Terrors psychisch vergiftet zu werden. An anderer Stelle hörte sich dieser Konflikt aus ihrer Rede folgendermaßen an: »Man konnte nicht alle retten – natürlich nicht –, die wir auch retten wollten.« Schon in der Szene über die Figur der Muselmanin war Frau Kofka darauf eingegangen. Die Muselmaninnen, die jegliche menschliche Ansprache nicht mehr zu hören schienen, »die sich isoliert haben, die nicht mehr leben wollten, ganz einfach-. Und so hat man die Mühe, die man sich geben wollte, einer anderen gewidmet.« Es geht nicht um eine objektive Schuld, sondern um ein unbewusstes, psychisches Schuldgefühl, das sich vielleicht über die Fehlleistung ihres Versprechens mitgeteilt hatte und aus den *toten* Französinnen *lebende* machte (Wunscherfüllung).

Auch wenn die Rettung der anderen Frauen auf einen Konflikt deutet, so standen diese Taten doch in erster Linie für den Stolz von Frau Kofka, Mensch geblieben zu sein. Sie erzählte im weiteren Erzähltext über die Rettung der Mathilde Afferbauer:

K: Und ich kann mich rühmen, (-) dass ich eine, (-) eine, (-) Steiermärkerin (-) aus Leoben, (-) die gelähmt war auf, so auf die Art gerettet habe. (-) *Also ...*

I: Auch mit so Identitätstausch?

K: *Ja.* (-) Nei-, nein, (-) das war aber so. (-) Nicht so mit der Identität. (-) Sondern: (-) Sie war gelähmt, weil sie auf der Gestapo so geschlagen wurde, dass sie nicht gehen konnte. (-) Und, (-) viele, viele, viele (-) Frauen haben ihr geholfen, (-) aber letzten Endes, (-) wie es dem Ende zuging, (-) ah war es so, (-) dass ah, (-) sie Behinderte, (-) also, (-) im Gas erstickt haben und verbrannt haben. (-) Und wir haben, (-) wir haben eine tschechische Ärztin gehabt, (-) die sehr gut war, (-) und wunderschön war, (-) und die hat im Revier gearbeitet. (-) Und auch ahm, (-) Männer, auch (-) SS-Männer (-) sind zugänglich, wenn eine Frau hübsch ist. + (-) Auch, wenn, was kann. (-) Auch wenn sie ein Häftling ist. (-) Und da haben wir sie <u>gebeten</u>, (-) sie soll den Oberarzt bitten, dass er sie <u>nicht</u> (-) auf *Trans-,* (-) *also auf Transport schickt,* (-) *das waren die Transporte.* (-) Und er hat zu ihr gesagt: (-) »Wenn sie <u>drei Schritte macht</u>«, + (-) wenn sie <u>drei Schritte macht</u>, (-) so wird er-. (-) *Ja.* (-) Und wir haben so hineingeredet in sie, (-) Mathilde Afferbauer hieß sie, (-) sie ist schon gestorben. (-) Eine Kommunistin aus

Leoben. <u>Und so geredet</u>, (-) <u>du musst die drei Schritte</u> machen. (-) Und es ist ihr also gelungen, *<u>die drei Schritte</u> zu machen*. (-) *Und er hat sie also nicht verurteilt, (-) vergast zu werden*. (-) + (-) Und wie dann die Transporte waren, (-) mit dem Roten Kreuz, + (-) habe (-) ich sie wieder – (-) wir haben wieder ihre Nummer ausgetauscht für eine Französin (-) – sie hat kein Wort Französin geredet. (-) Ich war damals ( ) ganz gut. (-) Habe ich gesagt: »Mathilde, du hältst den Mund, ich geh mit dir.« (-) Wir haben ihr ein Tüchel gegeben und so. + (-) Und ich habe dann ihre Nummer auf Französisch gesagt. Nicht? (-) Und sie ist so <u>*gerettet*</u> worden, (-) hat überlebt, + (-) und dann sogar ein paar Schritte-. (-) Dann hat sie ein bisschen gehen gelernt. Und so. + Sie war so geschlagen, (-) dass sie nicht fähig war, zu gehen. Von ( ) bei der Gestapo so gefoltert worden.

Eine jede Rettung symbolisierte auch eine Art Wiedergutmachung für jene, die nicht gerettet werden konnten. Und eine gelungene Rettung zum damaligen Zeitpunkt mochte für die Zurückgebliebenen im Lager eine der stärksten psychischen Unterstützungen gewesen sein, um ihren Selbstwert daran aufrichten zu können. Das Gehen symbolisierte hier den aufrechten Gang des Menschen, der bis zuletzt Widerstand gegen die Unmenschlichkeit geleistet hatte. Die drei Schritte in die Freiheit zeugten von einem kleinen Wunder, das stärker als jeder Glaube den Narzissmus der Häftlingsfrauen vor den Demütigungen der Nazis schadlos halten konnte. Dieser Stolz diente als Abwehr und Gegenaffekt zur Scham. Somit nahm die Erinnerung an diese Rettung einen essenziellen Stellenwert für das psychische Leben nach der Befreiung ein.

i) Entkommen und ihr Wunsch, Zeugnis abzulegen

Frau Kofkas Wunsch, Zeugnis abzulegen, war schon während der Zeit im Lager entstanden. »Die Welt sollte erfahren, das war immer das Thema.« Dieser Gedanke sei immer präsent gewesen. Später einmal zu erzählen. Zeugnis abzulegen von den unvorstellbaren Grausamkeiten, die Menschen anderen Menschen anzutun fähig sind.

Als wir an diesem Punkt angelangt waren, erzählte Frau Kofka schließlich von ihrer Flucht aus einem der Todesmärsche, nachdem die Nazis das Lager aufgelöst und alle Frauen, die noch gehen konnten, mit sich fortgetrieben hatten. Mit Hunden und Gewehren hatten sie die ausgemergelten, völlig erschöpften

Frauen durch die deutschen Wälder getrieben, sorgsam bedacht, bewohnte Dörfer zu meiden. Immer noch hatten sie versucht, ihre Verbrechen geheim zu halten. Eigentlich hätte die SS vorgehabt, das Lager zu sprengen, aber da waren ihnen die Russen schon zu nahe gekommen. Überhaupt hätte man die Angst der Nazis vor den herannahenden Russen förmlich gespürt.[163]

K: Wir haben auch beim Todesmarsch gesagt, (-) wie wir raus getrieben wurden, (-) wenn, wie die Russen näher gekommen sind-; (-) haben wir gesagt: »<u>Ohne</u> Rücksicht eine auf die andere, (-) wir sind wohl (-) in einer Gruppe zusammen raus gegangen, + (-) die Freundinnen. Ohne Rücksicht zu nehmen auf jemanden, (-) wird jede von uns versuchen, (-) zu überleben. + (-) Zu flüchten, (-) von diesem Todesmarsch. + + (-) Und so ist jede einzelne <u>allein</u> aus der Kolonne ausgebrochen, + (-) in der Dämmerung. (-) Und wir haben uns in der Früh, wie es gedämmert hat, (-) waren wir <u>acht</u>, (-) <u>am selben Platz</u>. (-) *Ja?* + (-) *Am selben Platz waren wir.* (-) *Am selben Platz.* (-) Ja, (-) und so war die Devise: (-) Ohne Rücksicht eine auf die andere, muss jemand erzählen, + was geschehen ist. + (-) Das war schon eine (-) mm (-) sehr lang (-) ahm, (-) ein gehegter Gedanke, oder wie man das sagt. (-) Ein, ein, (-) <u>gehüteter</u>. *Und so weiter, nicht?*

Der schon lange gehütete Gedanke ist eine Referenz auf das *Geheimnis des sublimen Körpers*, das sie schützte. Hier bedeutete das Geheimnis den Wunsch, zu erzählen.

Gegen Ende des dritten Interviews, in dem sich Frau Kofkas chronologische Erzählung beinah ausschließlich auf die Lagererlebnisse konzentrierte, stellte sich bei mir eine große Erschöpfung ein. Vermutlich war es Frau Kofka nicht viel anders ergangen. Auch sie meinte, müde zu sein. Aber sie erfülle ja gewissermaßen auch einen *Schwur*, den sie damals geleistet hatte; einen Schwur zu erzählen, damit es nicht in Vergessenheit geraten würde.

I: Machen wir Schluss für * heute, Frau Kofka?
K: Ja, machen wir Schluss. (-) Es ist auch, (-) ich sage ihnen, (-) ich erzähle es immer wieder. (-) Aber, (-) wenn ich ganz ehrlich bin, (-) es belastet mich trotzdem immer wieder, weil ich ja immer wieder an jene denke, die nicht überlebt haben. + *Nicht?* (-) Also, (-) es ist schon, (-) ja, (-) ich muss das

---

[163] Ein anderer Überlebender erzählte, dass manche SS-Männer sich sogar Häftlingskleidung übergezogen hätten.

sagen, (-) ich (-) muss das so oft wie möglich sagen, + der jungen, (-) der nachfolgenden Generation. (-) Selbstverständlich. (-) Aber, (-) es ist, (-) es ist nicht so leicht, + *muss ich auch sagen,* + *ja*? + (-) Oft (-) würde ich heulen ( ), *aber ich heule nicht.* (-) *Ja, ja.* (-) Nein, nein. (-) Das habe ich mir irgendwie, (-) ich sage immer, bei dem ersten Schritt in die Freiheit habe ich mir das geschworen (Kl), (-) *das muss,* (-) *muss in die Welt.* (-) Nur zum Glück, je größer der Abstand ist, (-) umso mehr Verständnis hat man bei den Nachfolgegenerationen. + (-) Am Anfang hat man es schon schwer gehabt. *Wenn man mit einem Nazi oder weiß ich konfrontiert wurde und so.* (-) Aber jetzt ist es, sagen wir, kein Problem mehr, (-) überhaupt nicht. + (-) Und die Schüler in den Schulen, die sind so aufmerksam und fragen (-) und nie wird eine, eine Bemerkung gemacht, (-) dagegen, (-) nicht? (-) + (-) Muss ich schon sagen. (-) Also. (-) Die jungen Menschen sind schon-, (-) ah. (-) Es werden viele Filme gezeigt, (-) viele Veranstaltungen gemacht. + (-) Und es ist gut so. (-) Es ist gut so, dass * das gemacht wird. (-) Dass die jungen Menschen (-) auch sich <u>fürchten</u>, dass so was kommt. *(-) Ja? (-) Auch. Auch das wäre wichtig. Nicht?*

j) Vom Leben danach: die erweiterte Familie

In der Früh des 29. April 1945 erwachte Frau Kofka in einem Wald zusammen mit sieben anderen Frauen, die sich abgesprochen hatten, dass jede die erste Gelegenheit nützen würde, um dem Todesmarsch zu entkommen. Bis zum Ende der Kampfhandlungen mussten sie sich in einem selbst gemachten Verschlag im Wald verstecken.

K: Da war noch, also Front sozusagen. (-) Und wir waren so trunken. (-) Und in der Früh haben wir also gesehen, dass wir da in irgendeinem Wald sind. + (-) Und, ah, (-) sind also wie trunken herum gelaufen (-) und von unten sind Fremdarbeiter rauf gekommen, (-) + (-) zufällig. Nicht? (-) Und haben gesagt: *Seid ihr verrückt? (-) Da (-) wird geschossen und die Kugeln fliegen und ihr rennt da herum*?

Nach dem Ende der Kämpfe machten sich die überlebenden Frauen gemeinsam auf den Weg zurück zu ihren Familien. Es dauerte einen Monat, bis Frau Kofka in Wien angekommen war. Manche Frauen fielen von der Gruppe ab, weil ihre Füße wund wurden. Sie hatten versucht, zusammen zu bleiben und sich gegenseitig zu schützen. Rund um sie herrschte das Chaos einer Welt, in der es keine Gesetze gab. Eine Zeit lang haben »uns tschechoslowakische Partisanen unter ihre Fittiche genommen«. Dann kamen sie zu einem Sammellager, das die Russen nur für Slawen eingerichtet hatten. Zusammen mit einer anderen Frau aus der tschechoslowakischen Minderheit wurde Frau Kofka vorübergehend in diesem Sammellager aufgenommen, um wieder zu Kräften zu kommen. Von dort machten sich dann die beiden Frauen erneut auf den Weg über Ostro und Bratislava zurück nach Wien. Nach mehr als einem Monat kamen sie in ihrer beider Geburts- und Heimatstadt an.

K: Wien, teils gebrannt, zerbombt, (Kl) furchtbar (Kl). Wien hat sch-, war, hat schrecklich gelitten. + Durch das *Bombardement*. *Furchtbar*. Also das war ein, eine-, das war für mich auch ein Horror in die Stadt zu kommen, wo ich aufgewachsen bin, und alles liegt da in Schutt und so.

Das einstöckige Haus, in dem die Eltern gewohnt hatten, war vom Einschlag einer Bombe komplett zerstört worden und stand nicht mehr. Neben dem zerstörten Haus war die Eisfabrik, in der der Vater gearbeitet hatte. Dort erhielt Frau Kofka einen wagen Hinweis, wo ihre Eltern hingegangen sein könnten. Während sie ihre Eltern glücklich wiedersehen durfte, war dieses Glück sofort getrübt von den Nachrichten über den Tod ihres Verlobten und ihres Bruders.[164]

Noch in der unmittelbaren Nachkriegszeit hatten ihre Eltern beschlossen, dem Aufruf des Tschechoslowakischen Staates an die Auslandstschechen und Slowaken zu folgen und in die alte Heimat zurückzukehren. Frau Kofka half

---

164 Im zweiten Interview, als Frau Kofka über ihre Widerstandszeit sprach, erwähnte sie die unklaren Umstände, die zum Tod ihres Verlobten in Mauthausen geführt hatten. Dazu gab es zwei Versionen, zwei unterschiedliche Geschichten, die von ehemaligen Häftlingen aus Mauthausen erzählt wurden und keine der beiden Geschichten könne mit Gewissheit behauptet werden. Frau Kofka hatte nach dem Krieg mit überlebenden KZ-Häftlingen aus Mauthausen gesprochen, aber keine letztgültige Sicherheit und Gewissheit erhalten. Sie sagte, es »bleibt vakant, ob so oder so, nicht?« Dass es keine letztgültige Geschichte über das Sterben ihres Verlobten gab, sondern letztendlich zwei, ließ etwas Unabgeschlossenes zurück. Dass der Tod keine (geschichtliche) Besetzung erfahren hatte, machte die Trauer nicht leichter. Es ist für die Hinterbliebenen immer essenziell, zu erfahren, wie der Verstorbene gegangen ist. Mit dieser letzten Geschichte, die erzählt wird, kann der symbolische Tod eintreten. Ohne eine solche Geschichte, bleibt das Sterben unabgeschlossen oder wie bei Ludwig doppelt zurück. Die Vakanz dieses Todes spiegelte sich in dem *leeren Platz*, wo das Elternhaus gestanden hatte. In jenem Interview, wo sie über ihre Rückkehr sprach, hatte sie die Erwähnung der Nachricht vom Tode ihres Verlobten ausgelassen.

ihnen bei der Erledigung der Formalitäten, blieb aber in Wien zurück. Sie hoffte, an alte Kontakte aus der Widerstandszeit und aus der Minderheit von vor dem Krieg wieder anzuknüpfen. In den ersten Jahren nach Kriegsende arbeitete Katharina Kofka in der Kulturabteilung der tschechoslowakischen Gesandtschaft.
K: Das war die schönste Zeit meines Lebens, (-) sage ich immer. * Weil, (-) ahm, (-) der, (-) er war noch nicht Botschafter aber Gesandt-, *war auch ein KZler*, (-) er war auch, (-) und der hat immer ein bisschen die Hand über mich gehalten. (lacht) * (-) Nein, (-) es war nicht notwendig. (-) Aber, (-) nachdem dann alle gewusst haben, (-) am, (-) also, (-) ich wurde ein bisschen die persona grata. (auflachen) + Durch den, durch den Botschafter, (-) nicht? Nicht durch mich allein. Weil er, (-) er hat mich sehr bemuttert. Irgendwie.

Wieder gab es in ihrer Geschichte einen Mann, der sie bemutterte. Unter der schützenden, väterlichen Hand des Gesandten genoss Frau Kofka die Wertschätzung ihrer Kollegen in der Gesandtschaft. Der Gesandte hatte selbst ein Konzentrationslager überlebt, was zu der emotionalen Nähe, die sie mit dieser Vaterfigur verband, beitragen konnte. Neben diesem Mann gab es in dem Haus, in dem Frau Kofka wohnte, eine ältere, sozialdemokratische Nachbarin, die »meine Mutter hätte sein können«. »Ich habe ihr sehr viel geholfen. Bis zu ihrem Tod habe ich mit ihr Freundschaft gehalten. Und das war auch angenehm, nicht? Jemanden zu haben.«

Natürlich war es wichtig, nicht allein zu bleiben. Mit der Nachbarin und dem tschechoslowakischen Gesandten gab es eine dritte, kollektive Familienfigur, wo sie sich aufgehoben fühlte: die Lagergemeinschaft Ravensbrück. Diese Frauen seien so etwas wie »meine erweiterte Familie« gewesen. Im zweiten Interview passierte Frau Kofka ein Versprecher, der auf diese intime, familiäre Nähe unter den ehemaligen Ravensbrückerinnen hindeutete. Als Frau Kofka die 60-Jahr-Feier der Lagergemeinschaft Ravensbrück im österreichischen Parlament erwähnte, sprach sie zuerst von ihrem Geburtstag, der im Parlament gefeiert worden wäre. Über diese Verwechslung, die sie im nächsten Atemzug sofort berichtigte, wurde die familiale Qualität der Lagergemeinschaft deutlich. Diese Qualität war so intensiv, dass sie mit ihrer Fehlleistung Ravensbrück zu ihrem Geburtsort und die Befreiung zu ihrem Geburtstag machte.[165]

---

165 Ich erinnere daran, dass Frau Kofka an ihrem Geburtstag in Ravensbrück angekommen war.

3.6 Die Geschichte der Familie Kofka

Die Lagergemeinschaft Ravensbrück wurde von den überlebenden Frauen in der ersten Zeit nach Kriegsende gegründet. Frau Kofka betonte mehrmals, dass die Gründung ihrer Lagergemeinschaft durch die überlebenden Frauen aus Ravensbrück der Gründung der KZ-Verbände durch die Männer vorausgegangen war.

> »Immer waren die Frauen die ersten. (-) Aber die Männer waren immer so (Geste: hochgezogene Nase). (-) Teilweise bis heute. (lacht) (-) Aber (lacht) (-) Nein, nein, (-) wir haben einen Verein, (-) und rückwirkend sage ich immer, (-) dieser Verein war eine Selbsthilfegruppe.«

Die Funktion der Selbsthilfegruppe bestand darin, dass die überlebenden Frauen einen sozialen Ort erfanden, um sich zu erzählen. Dies erleichterte die psychische Verarbeitung der Traumen, weil sich die Last des Vergangenen auf die Schultern der Gruppe verteilte. Frau Kofka wies auf das Sprichwort »geteiltes Leid ist halbes Leid« hin. In diesem intimen Kreis der ehemaligen Häftlingsfrauen konnte man sicher vor Verwundungen sein. Diese Funktion der kollektiven Aufarbeitung steckt schon im Namen der KZ-*Verbände*. Diese Gemeinschaften waren nicht nur ein Symbol für die lebenslangen *Bindungen*, sondern der Name wies auch auf die kurative Funktion, die seelischen Wunden der ehemaligen Lagerhäftlinge über das Sprechen mit den anderen zu *verbinden*, was an den kathartischen Aspekt einer Redekur denken lässt.

Diese Lagergemeinschaften fungierten auch als externalisiertes Gedächtnis, als materieller Ort: die Gedenkstätte Ravensbrück. Dort hatte Frau Kofka die Briefe aus ihrer Zeit in Gefangenschaft hingebracht. Dort waren auch ihre Geschichte und die der Befreiungen in einer Doppelkoje *aufgehoben*. Zu den Briefen ist nachzutragen, dass sie von Frau Kofkas Mutter gerettet wurden. Während der Fliegerangriffe mussten die Eltern, als ihr Haus noch stand, in einen Bunker flüchten. Die Mutter hatte damals eine Tasche gehabt,

K: ... da hat sie die (-) Fotos gehabt, + (-) die Briefe, von meinen Brüdern und von mir (-) und von der Schwester. + Und das hat sie immer mitgetragen. + (-) Und dann ist, (-) deswegen sind Sachen erhalten. * Briefe und Fotos, (-) weil <u>meine</u> Mutter, das war ihr einziges Gut, das sie hatte, (-) sonst hat sie alles, haben sie alles verloren. Möbel und alles war zerbombt. + (-) Weil ein einstöckiges Haus + bekommt einen *Volltreffer*. (-) Aber es war, (-) also war weg.

3. Acht Familiengeschichten

k) Vom Leben danach: Stolz und Scham

K: Ich war glücklich, dass ich frei war und dass ich arbeite, dass ich was leiste, und dass ich zu allem was beitragen kann. * (-) Es war-, (-) ich war, (-) ich war wirklich sehr glücklich damals. (-) Also, (-) ich sage immer, das war die schönste Zeit meines Lebens, (-) *in der auf der Gesandtschaft, da*. + *Also da war ich wieder* (-) Mensch (-) und, + *und also nicht der Untermensch* (-) *und so weiter mit* (-) *allen möglichen Ausdrücken, mit denen man uns bedacht hat und so*. (-) Also das war, das war für mich das höchste Glück, das mich erreichen konnte. (-) Abgesehen, (-) ah, (-) also ich war frei, (-) und hab liebe Freunde gehabt, (-) eine schöne Arbeit gehabt, (-) und das war für mich das Allerhöchste, (-) *was ich erreichen konnte,* (-) *überhaupt,* (-) *ja*. (-) Also, dieser Abschnitt *meines Lebens war der schö-,* (-) einer der schönsten in meinem Leben. + *Ja*. (2) So war es.

Frau Kofka war wieder Mensch. Und dieses Menschsein definierte sich aus einem Platz in der Gemeinschaft, wo man etwas leisten, arbeiten und etwas beitragen konnte. Und sie war *stolz*, wieder Mensch zu sein, das war ihr höchstes Glück. Dieser Stolz hatte auch bedeutet, frei und unabhängig zu bleiben:

K: Erst haben wir alle eine Sammelstelle gehabt, (-) und ich habe ja eine Wohnung bekommen, von der ein Nazi geflohen ist. + (-) Und ich habe gesagt, ich ziehe nicht in diese Wohnung ein, + (-) nicht? + (-) Solange er die Möbeln drinnen hat. Weil ich weiß ja nicht, (-) mit den Mo-, (Möbel?) wohnen, (-) wo er gehaust hat. + Also war ich da ah, (-) am Wilhelminenberg war so eine (-) ja, (-) war (-) ein kleines Schlösschen oder so. (-) Und da waren diejenigen, die keine Bleibe hatten. + Und dann hat er, nicht er abgeholt, sondern durch einen Frächter hat er seine Möbeln abholen lassen. Und ich habe zwei Jahre in einer leeren Wohnung gewohnt und niemand wusste das. Ich habe das niemand gesagt. * (-) Ich, (-) ich (Kl, Kl) hab bestanden darauf, (-) dass <u>er</u> (Kl) sich das holt (Kl). (-) Ich (Kl) wollte nicht in den Möbeln, die er hatte. * (-) Aber ich bin trotzdem in diese Wohnung eingezogen. + (-) Und <u>niemandem</u> habe ich gesagt, wie ich lebe. +

Die Objekte der Wohnung, die dem Nazi gehörten, verkörperten eine unerträgliche Nähe. Niemals hätte sie auf dem Stuhl eines potenziellen Mörders sitzen oder in dessen Bett schlafen können. Die Wohnung musste leer sein. Nicht eher wollte sie dort einziehen. Der Verzicht auf die Möbel, die sie hätte brauchen können, war wieder ein Gewinn. Erst über den Verzicht konnte sie ihren Anspruch befriedigen, nicht zu dem Tier zu werden ... Sie würde sich nicht an den Dingen eines anderen bereichern, wie die Nazis sich bereichert haben. Erneut ist es der Verzicht unter den Augen des großen Anderen. Ein paar notwendige Dinge zum alltäglichen Gebrauch hatte sie im Lauf der Zeit von Freundinnen erhalten, wie »ein Häferl, ein Besteck, einen Teller« und eine Sonnenliege, auf der sie schlief. So lebte sie zwei Jahre lang in einer an sich leeren Wohnung, und niemand wusste das, bis

K: ich einmal nicht zur Arbeit gekommen bin. (-) Und da hat man einen Chauffeur zu (mehrmals Kl) mir in die Wohnung geschickt.* (-) Da war ich krank, ja? + Und der hat gesehen, wie ich lebe. (-) + Und der hat sich, (leises auflachen) (-) der hat es also dem erzählt, (-) (...), den Botschafter chauffiert. (-) Und (Kl, Kl) es war nichts zu machen. Es gab nichts.* Und bei der ersten (-) ah, (-) Möbelmesse (Kl) in Wien hab ich (Kl), (-) durch ich-, (-) durch den Gesan-, nicht, er war nicht Botschafter, Gesandter war er damals, durch den Gesandten habe ich einen Bezugsschein bekommen. + Für eine Couch, für einen Tisch, für vier Sessel, oder Foteuls. + (-) Und für, (-) für ein, (-) so ein (zwei?) Couch, (-) sodass ich dann gelebt habe, wie alle anderen normalen (lacht) Me- (lacht).

Frau Kofka sagte niemandem, wie sie lebte. Sie wollte sich nicht beschweren. Aber warum? Vielleicht symbolisierte die leere Wohnung auch ihre Trauer (Verlobter, Bruder ...) und ihren Unwillen, sich an Neues binden, solange diese erste Zeit der Trauer nicht vorüber war. Sie wollte auch nicht fragen. Hätte sie gefragt, hätte sie vermutlich über ihre Kontakte und Beziehungen zur Gesandtschaft schon früher Möbel und Hausrat bekommen. Aber sie wollte nicht. Es war ihr genug, was sie hatte. Und ihr Stolz hätte es ihr auch verboten. Erst über den Chauffeur, der die Dinge für sie ins Rollen brachte, wurde ihr ein Leben ermöglicht, das die anderen »normalen Menschen« auch lebten.

Es gab ein anderes Objekt aus den unmittelbaren Nachkriegsjahren, das Frau Kofka ähnlich behandelte, wie die möblierte Wohnung, indem sie keinen Gebrauch davon machte, also darauf verzichtete:

K: Wir hatten eine (-) Amtsbescheinigung (-) und hatten (-) *Vorteil*, (-) sich nirgends anzustellen. (-) Na, was glauben Sie, (-) wenn Sie gesagt haben, (-) ich habe eine Amtsbescheinigung (Kl), (-) ich habe Vortritt? (-) Pff.

3. Acht Familiengeschichten

(-) Die hätten uns <u>gesteinigt</u>, (-) die Menschen, (-) man hat da nie gesagt, (-) ob es jetzt bei, (-) ah, (-) na, (-) bei Behörden, + nicht, bei Behörden hatten wir, (-) das (-) stand drinnen, (-) + (-) dass wir bevorzugt behandelt werden sollen. Na, was? (-) Die hätten uns <u>gesteinigt</u>. (-) Also man hat es nicht ausgenützt, die Rechte, die man hatte. (-) *Man hat sich angestellt. Und ist gestanden und so.* Denn wenn man gesagt hat, ich hab eine Amts- (Kl).»Ja was ist denn das?« Nicht? (-) Eine Amtsbescheinigung. (lachen) Es gab also Stellen, wo man sich anstellen musste. Aber man war jung, (-) und wir haben halt gedacht, (-) werden wir es nicht ausnützen *und so weiter*. (-) Aber das hat mich alles nicht gestört. Das-. (RuW) Dass ich wieder Mensch wurde, (-) und dass ich (-) wieder etwas leisten konnte für die Gesellschaft, (-) dass ich (-) also nicht der letzte <u>Dreck</u> war, (-) ja? (-) Ahm, (-) äh, (-) das war ja das größte Geschenk, das man hat bekommen können. Und die widrigen Umstände (-) hat man so mitnehmen müssen. (-) Nicht? (-) Diese kleinen Anfeindungen (-) und die Sticheleien, (-) und so weiter. +

Frau Kofka war schwer verletzt worden, sodass sie potenziell verletzenden *Berührungen* aus dem Weg gehen *musste*. In diesem Sinne ist auch ihr Stolz zu verstehen. Dieser Stolz diente der Aufrechterhaltung ihrer zerbrechlichen Person. Er war eine Bastion vor dem erneuten Versinken in abgrundtiefer Scham darüber, als Nichtmensch behandelt zu werden. Insofern kann der Verzicht auf den Vorteil, den der Bezugsschein ihr gebracht hätte, ähnlich wie der Verzicht auf die Möbel, als eine psychische Leistung der Selbsterhaltung gesehen werden. Und noch in einem dritten Objekt zeigte sich dieser Stolz als existenzielle Abwehr der Scham, die sie aus dem Lager mitgenommen hatte.

K: Es gab eine Opferfürsorge, (-) eine Abteilung hier, also die Gemeinde (Kl) Wien (Kl) hatte eine Abteilung (Kl) eingerichtet für die Opfer (Kl). + (-) Und wenn man also eine Amtsbescheinigung (Kl, Kl) bekommen <u>wollte</u>, (-) musste man vorher (Kl) zum Arzt gehen. (-) Und ich (Kl) hab (-) (Kl) (-) ungewollt, (-) im Unterbewusstsein (-) so eine Angst gehabt, zu einem-. (-) Ich bin im 51er Jahr erst gegangen. + (-) Und 45 war es aus. (-) Weil ich diese Erniedrigungen und diese, (-) diese (-) Sachen, was sie mit den Menschen-. (-) Sie haben Versuche an den Menschen gemacht, + sie haben (-) ah, (-) alles Mögliche mit den-

I: Die Ärzte.

K: Im <u>Unterbewusstsein</u> war immer (-) die <u>Angst</u> (-) *du kommst zu so einem Arzt*, (-) weil die Ärzte waren nicht alle <u>Nazi</u>. (-) Aber sie sind aus opportunen Gründen, sind viele (-) also am dem Papier Nazi geworden. Aber wie kann ich unterscheiden, (-) war das einer, (-) der aus (mehrmals Kl) opportunen Gründen dazu gegangen ist, oder ist das einer, der überzeugter (mehrmals Kl) Nazi ist? + Und ich habe wirklich eine Hemmung gehabt, (-) *zum Arzt zu gehen*, zum Beispiel, ja? (-) Also, dann im 51er bin ich gegangen. (-) Und das war so (-) eine Hemmung drinnen, nicht? + Jetzt kommst du zu den, (-) und der wird dich vielleicht erniedrigen, *oder irgendetwas*. (-) Also, (-) das Ärgste war ja auch (-) die (-) Be-, (-) Behandlung, (-) aber auch die Erniedrigung. + (-) Diese immer: (-) »Du bist der Untermensch, du bist kein M-.« <u>Das</u>, (-) das war ja oft ärger wie eine Ohrfeige oder weiß ich was. + (-) Also, (-) diese, (-) dieses (-) <u>Negieren</u>, dass du auch ein Mensch bist. (-) Das ist ärger, (-) also bei <u>mir</u> war es ärger, + + (-) *als wenn, wenn er mir das Brot wegnimmt oder so*. (-) Also, + (-) es war (-) schon irgendwie ein Stolz war immer drinnen, (-) ja. + (-) *Drinnen, (-) in mir.* (-) Überhaupt (-) als Minderheit, (-) wir waren ja auch ein bisschen verfolgt nach dem Krieg und so, (-) also man hat immer, (-) immer (-) ah (-) das vermeiden (Kl, Kl) wollen, (-) dass man (-) als Mensch (Kl, Kl) zweiter Klasse hingestellt wird + oder erniedrigt oder beschimpft + oder so (-) wird. (-) Diese Situation hat man (-) ah, wenn man konnte (Kl) meiden wollen, (-) nicht. + (-) Um das nicht immer wieder zu erfahren.

Zum letzten Mal kam der Verweis, dass das Überleben nicht von dem Stückchen Brot, sondern von etwas anderem (Geheimnis) abhing. Die Demütigungen und Erniedrigungen, die Frau Kofka als Frau (die SS-Männer mit den Gewehren vor den nackten Frauen) im Lager erleben musste, zielten auf die Vernichtung des psychischen Lebens, also auf den sublimen Körper ihres Menschseins ab. Diese erlittenen Demütigungen steckten in ihrem Leib und machten die Berührungen mit der Sphäre der Täter, und seien es die banalsten und alltäglichsten Dinge, zu einem lebensbedrohlichen Zusammenprall. Ähnlich wie Frau Kofka zwei Jahre lang die näheren Lebensumstände in ihrer Wohnung *geheim* gehalten hatte, *versteckte* sie sich auch vor der Opferfürsorge. In diesen Beispielen kann man erkennen, wie Scham, Furcht und Stolz in Bezug auf das, was sie gehim halten musste, gemeinsam auftraten. Die Furcht vor einer Wiederbelebung machte ihren Stolz, der sie die Ärzte meiden, die möblierte Wohnung zurückweisen und den

Bezugsschein nicht nutzen ließ, zu einem Schild vor weiteren beschämenden Berührungen. Erst der Verzicht machte sie groß, schenkte ihr mehr, als alle Dinge der Welt ihr hätten geben können. Frau Kofka lebte in den ersten Jahren nach Kriegsende in einem Versteck, das niemand so genau kannte. Sie hielt sich vor den Behörden und vor den Mitmenschen, die ihr auf der Straße begegneten, bedeckt. Woher hätte sie auch wissen sollen, ob der Nebenmensch Mitläufer oder Täter war? Damit führte sie ihr Geheimnis weiter; mit Stolz umhüllt; eine zierliche, zerbrechliche Person.

I)   Vom Leben danach: Reden, Vergessen, Erinnern und Träumen

K: Na, (-) erste Zeit habe ich Alpträume gehabt, (-) geschrien-; (-) dass ich selber wach wurde, weil ich so laut geschrien habe. + Wenn, (-) wenn man-, (-) erlebt ja manchmal die (-) äh, (-) man erlebt es noch einmal. Und ich habe immer geträumt, wenn ich in Gefahr war, (-) dass ich mich abgehoben hab, (-) und in der Luft geschwommen bin. (-) + + (-) Die erste Zeit habe ich immer dasselbe geträumt. + Um zu entkommen, (-) habe ich immer abgehoben, und bin in der Luft geschwommen. (-) Die Träume habe ich nicht mehr. * *Das waren die ersten Träume,* (-) *Entkommen.*
I: Entkommen-
K: *Nicht erwischt werden,* (-) *na und so weiter.* (-) *Also,* (-) *das war schon arg.* (-) *War schon arg.* (-) Aber nein, (-) mit der Zeit, (-) man muss schon sagen, (-) es wird, (-) also vergessen kann man so was nicht, + (-) aber es belastet einen (-) nicht mehr so, (-) weil man sagt, (-) du kannst nichts ändern, (-) es war, + und du kannst es nicht wegwischen, (-) du kannst es nicht vergessen, du kannst es nicht verdrängen, + und willst es auch vielleicht nicht. + (-) Es ist vielleicht auch eine Hilfe, wenn man (-) das weitererzählen kann. +

»Es ist vielleicht auch eine Hilfe, wenn man das weitererzählen kann.« Die Träume, die Leiden, die Erniedrigungen; gewisse Dinge ließen sich erzählen, andere Dinge nicht. In ihren wiederkehrenden Alpträumen wiederholte sie den Wunsch, zu entkommen. Einen Wunsch, der während der Zeit im Lager aufgrund der gefürchteten Konsequenzen für ihre Eltern *tabuisiert* gewesen war. Im Traum, wo sie wieder im Lager war, wurde dieses Tabu gebrochen und sie entfloh in die Luft. Unweigerlich muss man dabei an die Schornsteine und die Gaskammern denken. Vielleicht stellte der Fluchtweg im Traum einen geheimen

Todeswunsch dar, der so angstbesetzt war und so unverhüllt zum Ausdruck kam, dass sie aufwachen musste.

Das Drama, das Frau Kofka in dem obigen Absatz andeutete, bestand nach ihrem Überleben darin, dass sie nicht vergessen konnte. Gegen dieses Nichtvergessenkönnen hatte nur eines geholfen: Darüber reden. An einer anderen Stelle aus dem letzten Interview sagte sie:

K: Ja, (-) man kann nichts anderes als <u>Erzählen,</u> (-) was kann man denn sonst (-) machen? * (-) *Man kann nur erzählen.* (-) Und, äh, ich glaube, (-) bis zu meinem Lebensende vergess ich keine, (-) keine einzige Sekunde meines Lebens. (-) + (-) Überhaupt (-) nicht, also. (-) Das kann man nicht so verdrängen, (-) das man-. (-) <u>Ich denke</u> nicht jeden Tag *natürlich dra-.* * (-) **Nein**, da könnt-, (-) da geht man ja drauf. (-) Aber doch kann ich mich noch (-) ( ) wie wenn es gestern gewesen wäre.

In diesen Worten lag das Drama und das *Paradox des Überlebenden*: *Nicht zu erinnern, heißt, weiterzuleben.* Und *Weiterzuleben heißt, nicht vergessen zu können.* Und weil Frau Kofka nicht vergessen konnte, keine Sekunde ihres Lebens, erzählte sie. Solange sie darüber sprechen, ihre Erlebnisse mit-teilen konnte, gewann sie Kontrolle und Distanz zu dem, was sie zu überwältigen drohte. Aber, nimmt man ihre Worte genau, so hatte sie gesagt, dass man es vielleicht auch *nicht vergessen will.* Warum? Ihr Nicht-vergessen-Wollen bedeutete eine lebenslange Bindung an die Erlebnisse während ihrer Zeit im Widerstand, im Lager und danach. Es gehörte zu ihr, als sei sie immer schon von dort gekommen. Sie wollte nicht vergessen, sie hatte einen Schwur geleistet. Die Lagergemeinschaft der Frauen aus Ravensbrück ist Teil ihrer erweiterten Familie. Wer kann mit seiner Familie brechen, ohne psychotisch zu werden?

Ihrem Sohn hatte sie eigentlich nie etwas darüber erzählt. Er hatte auch nie gefragt. Er kam drei Jahre nach Kriegsende auf die Welt. Frau Kofka hatte sich damals in einen jungen Mann verliebt gehabt, der ihr verschwiegen hatte, dass er verheiratet war und bereits ein Kind mit seiner Frau hatte. Als Frau Kofka von ihm schwanger wurde, verlangte der Mann, dass sie das Ungeborene in ihrem Bauch abtreiben sollte. Als sich Frau Kofka weigerte, dies zu tun, schlug er sie. Frau Kofka trennte sich auf der Stelle von dem Mann und brachte das Kind zur Welt. In dieser kurzen Sequenz erzählte sie zum letzten Mal aus ihrer Geschichte eine beschämende Berührung, die schmerzte. Eine Berührung, die nicht nur gegen ihren physischen Körper gerichtet war und in der sich so viele andere,

3. Acht Familiengeschichten

vergangene, traumatische Berührungen zu wiederholen schienen. Sie trennte sich vom Vater ihres werdenden Kindes. Später verschwieg sie ihrem Sohn, der den Namen ihres ermordeten Verlobten bekam, für lange Zeit, dass es überhaupt einen Vater gäbe und dass dieser noch am Leben sei. Somit standen im Leben ihres Sohnes zwei *Tabus*, die er auch nie berühren sollte: der Vater und die aus dem Lager mitgenommene Wunde seiner Mutter. Und beide Tabus betrafen im Prinzip seinen Ursprung, sein Gewordensein.

Das Motiv, ihrem Sohn nichts aus dem Lager zu erzählen, hatte darin bestanden, dass sie dessen seelisches Gleichgewicht nicht gefährden wollte. Auch die anderen Frauen aus Ravensbrück teilten mit ihr dieses Motiv:

K: Es war nicht nur ich, (-) sondern die Mütter wollten ihre Kinder schonen vor dem Leid, (-) das ihre Mütter mitgemacht haben. (-) Und so haben sie sich Zeit gelassen, ihnen etwas zu erzählen. + Wie es dazu gekommen ist, (-) war er schon so weit, (-) dass er-. (-) Ja, (-) man kann nicht immer die Zeitung oder die Zeitschrift oder das Buch oder das, (-) verstecken, (-) und so hat er natürlich als wiffer (-) Bursch hat er sich halt alles gesucht und gelesen. (-) Ja, (-) er hat sehr viel-

Interessanterweise hatte die Mutter Zeitschriften, Zeitungen, Bücher *offen* liegen gelassen. Ihr Sohn, »als wiffer Bursch«, war nicht über diese *versteckten Botschaften* hinweggegangen, sondern er hatte sie gelesen und war somit zu einem Wissenden geworden, dem die Mutter nichts mehr erzählen brauchte. So nahm der Sohn seiner Mutter die Aufgabe ab. Er sollte die Wunde der Mutter kennen, ohne danach zu fragen. Er sollte sich das Wissen über die Wunde aus den Geschichten und Erzählungen der anderen, mit denen die Mutter immer zusammen war, holen. Der Sohn sollte die Mutter entlasten. Indem er sich das Wissen selbst angeeignet hatte, hatte er dies auch getan. Sie entlastet, in dem er sie mit Fragen (ver-)schonte. Später, als der Sohn bereits erwachsen war, wurde er Mitglied der Lagergemeinschaft Ravensbrück. Frau Kofka hob hervor, dass keine einzige Tochter ehemaliger Häftlingsfrauen Mitglied ihrer Lagergemeinschaft sei. Aber ihr Sohn sei Mitglied. Er würde auch immer helfen, wenn Treffen zu organisieren wären, wenn Frauen vom Bahnhof abzuholen oder zum Flughafen hinzubringen wären. Er sei immer da, um die Arbeit seiner Mutter in der Lagergemeinschaft zu unterstützen. Und gleichzeitig sei er immer da, ohne in der Wunde der Mutter zu wühlen.

m)   Nachtrag

Ich habe Frau Kofka einmal zu einem Nachgespräch getroffen. Wir suchten ein kleines, wenig besuchtes Caféhaus aus, um ungestört miteinander sprechen zu können. Als wir uns gegenüber saßen, meinte sie: »Was möchten Sie mich noch fragen?« Sie hätte den Text gelesen. Soweit sei ihr nichts aufgefallen, was sie beanstanden müsste. Über Inhalt, Stil oder ähnliches möchte sie nicht sprechen, weil es nicht an ihr sei, diese Dinge zu beurteilen. Damit gab sie mir symbolisch den Text wieder zurück. Wir sprachen während dieses Treffens über ihre Geschichte, über Politik, über ihre Arbeit im Verband. Aber der Text und dessen Inhalt blieben außer dem Nachsatz, »dass man ihre Geschichte so erzählen kann«, unkommentiert.

II   Fritz Kofka (zweite Generation): »Das ist halt so.«

Fritz Kofka hatte nach dem ersten Validierungsgespräch den Text mit seinen Kommentaren aus dem Nachgespräch erhalten und darauf bestanden, dass der Text über die Interviews mit ihm aus dem Forschungsbericht herausgenommen werden müsse.

3.7   Die Geschichte der Familie Laska

Über einen anderen Überlebenden, den ich interviewt hatte, kam ich in Kontakt mit der Familie Laska aus Israel. Ruben Laska war als Kind gemeinsam mit seiner Familie nach Auschwitz deportiert worden. Nach der Befreiung aus dem Vernichtungslager emigrierte Ruben gemeinsam mit seinen Eltern und seinem Bruder, die alle die Shoah überlebt hatten, was ein großes Wunder war, nach Israel.

I   Ruben Laska (erste Generation): »Bei mir ist alles offen.«

Ich fuhr im Sommer 2009 nach Haifa, um dort Ruben Laska zu interviewen. Von Österreich aus hatte ich ein paar Mal mit ihm telefoniert, ihm das Forschungsprojekt erklärt und nachdem er bereit war, mir ein Interview zu geben,

3. Acht Familiengeschichten

vereinbarten wir ein gemeinsames Treffen in Haifa. In den fünf Tagen, die ich damals mit meiner Familie in Haifa verbrachte, sah ich Ruben mehrmals, nicht nur für die Interviews. Es war ein sehr persönliches Kennenlernen, woraus sich ein bis heute bestehender Kontakt entwickelte.

a)   Das Buch seiner Geschichte

Ruben Laska hatte eine, wie er sagte, sehr glückliche, aber kurze Kindheit in der Tschechoslowakei. Im Elternhaus war viel Liebe und Geborgenheit zugegen. Die Familie lebte väterlicherseits schon seit mehreren Generationen in Bratislava, war dort eine angesehene, integrierte jüdische Familie, gebildet, weltoffen und kosmopolitisch eingestellt. In seinen ersten sechs Lebensjahren hatte Ruben beinah ausschließlich Deutsch gesprochen, was auch die Muttersprache seiner Mutter und des Kindermädchens war. Herr Laska berichtete im Interview, dass er nach seiner Befreiung aus Buchenwald 60 Jahre nicht mehr Deutsch gesprochen hätte. Erst im Zuge der Einladung zu einer Gedenkveranstaltung anlässlich des 60. Jahrestages zur Befreiung des Konzentrationslagers Buchenwald war er erstmals wieder nach Deutschland gekommen und hatte begonnen, mit Menschen Deutsch zu sprechen. Seitdem wurde Ruben Laska auch von zahlreichen deutschen und österreichischen Schulen eingeladen, um von seinem Überlebensweg zu erzählen. »Und so habe ich angefangen, nach 60 Jahren wieder Deutsch zu sprechen. Weil 60 Jahre habe ich nicht gesprochen ein Wort Deutsch. Trotzdem das meine Muttersprache ist.« Ruben Laska hatte seine Muttersprache, seine erste phonetische Haut, die zugleich die Sprache der Täter, der Mörder seiner Großeltern, Onkeln und Tanten gewesen ist, aus seinem Leben gestrichen und sich im Hebräischen neu gefunden. Für diese zweite Werdung war auch sein Vorname von Bedeutung. Ruben ist nach dem Tanach der Name eines der zwölf Söhne Jakobs und damit auch der Name eines der zwölf Stämme Israels. Nach Tradition jüdischer Familien in der Diaspora wurde dem Kind bei seiner Geburt ein zweiter hebräischer Vorname gegeben, so auch ihm und seinem um zwei Jahre älteren Bruder. Als Ruben zusammen mit dem Bruder nach dem Krieg der jüdisch-zionistischen Jugendbewegung beitrat und die Familie nach Israel auswanderte, nahm er seinen hebräischen Vornamen auch offiziell an.

Sein Vater war wirtschaftlich erfolgreich und sorgte gut für die vierköpfige Familie. Bereits im Herbst 1938, Ruben war sechs Jahre alt, wurde die Familie Laska gezwungen, das Haus, das der Vater »mit seinen eigenen Händen ein

3.7 Die Geschichte der Familie Laska

paar Jahre zuvor gebaut hatte«, aufzugeben. In den folgenden Monaten wurde die Ausgrenzung und Entrechtung der jüdischen Bürger in der Slowakei immer schlimmer. Ruben erinnerte sich, dass er nach dem »Umzug« in die neue Wohnung plötzlich nicht mehr seine Schule besuchen durfte. Der Besuch von öffentlichen Schulen wurde jüdischen Kindern untersagt. Damit verlor er nicht nur die gewohnte Umgebung daheim im Elternhaus, sondern auch die soziale Welt aus Lehrern, Mitschüler und Freunden. Aber die Familie blieb zusammen und das Leben ging weiter. Ruben musste nun zwei Straßenbahnlinien nehmen, um zur jüdischen Schule zu gelangen. Aufgrund von zahlreichen antijüdischen Verordnungen des faschistischen Regimes von Josef Tiso wurden die Juden in der Slowakei ab dem 18 April 1939 aus dem öffentlichen und wirtschaftlichen Leben systematisch ausgeschlossen und ihrer politischen Rechte beraubt. Die Lebensbedingungen änderten sich für die Familie drastisch. Ihr Privateigentum wurde konfisziert und das einst prosperierende Unternehmen des Vaters arisiert. 1942 musste die Familie in das Arbeitslager Sered, von wo die Transporte der slowakischen Juden in die Konzentrations- und Vernichtungslager gingen. Über zwei Jahre lebte die Familie auf engstem Raum in diesem Lager in ständiger Angst, deportiert zu werden. Im Sommer 1944 wurde Ruben zusammen mit seinen Eltern und seinem Bruder nach Auschwitz deportiert. Der Vater versuchte die beiden Kinder – zehn und zwölf Jahre alt – so weit es überhaupt möglich war, auf das Schreckliche, was bevorstand, vorzubereiten. Er befahl den Kindern, er flehte sie an: »Komme, was wolle, wir müssen die Not überwinden. Wir müssen einfach überleben. Wir müssen.«

R: Unser Vater war ein sehr starker Mann. * (-) Auch meine Mutter. (-) Und äh, sie haben uns gegeben, die Hoffnung und die Kraft. * (-) Und ah, auch eine von den Sachen, die ich immer erzähle, (-) vielleicht, (-) warum wir das (überlebt haben?), das wir sind nicht plötzlich (-) von, (-) von der Heimat von der Wohnung * (-) nach Birkenau gekommen. * Wir sind in den, (-) wie sagt man, (-) in den Dreck langsam geschli-.

I: Es ist immer-

R: <u>Schlechter und schlechter und schlechter</u>, <u>schlechter und schlechter</u> geworden. (-) Das, wir waren schon in der Slowakei in einem Lager, wir waren schon in einem drei-, (-) auf drei Meter Zimmer, * (-) wir haben auch schon dort nicht gut gegessen. + Wir sind langsam, langsam. (-) Und das hat für uns, (-) wenn ich zurückdenke, (-) das war eine, (-) das hat uns geholfen. * (-) Weil Menschen, die von einer schönen Wohnung * plötzlich in so eine

Hölle kommen, das ist (-) schlecht, (-) * (-) das glaube ich. ** (-) Und auch die Eltern waren sehr (-) äh, (-) dominant und äh, stark * (-) und äh, (-) große Liebe war in der Familie, * und Vertrauen.

Herr Laska betrachtete es nachträglich als vorteilhaft, dass die Familie Schritt für Schritt und nicht von einem auf den anderen Moment in den Alptraum gestoßen wurde. Vielleicht, weil dadurch etwas übrig blieb, das festgehalten werden konnte. Weil es noch etwas gab, woran man sich klammern konnte, einen Rest, der immer weniger wurde. Außerdem war es ungemein wichtig, dass die Familie so lange wie möglich zusammen bleiben konnte. So konnte innerhalb der Familie immer noch Hoffnung, Menschlichkeit und Liebe erfahren werden. Liest man die Geschichte seiner Familie, setzt sich diese Bewegung der langsamen Verschlimmerung auch nach der Ankunft in Auschwitz fort.

Am Tag der Ankunft in Auschwitz Birkenau war eine neue Richtlinie in Kraft getreten, nach der die allgemeine Vernichtungsmaschinerie eingestellt wurde. Später sollte die Familie erfahren, dass der Transport, mit dem sie gekommen waren, der erste war, der nicht mehr auf direktem Wege in die Gaskammern ging. Aber der Rauch der verbrennenden Menschenkörper stieg noch zum Himmel und der Geruch von verbranntem Fleisch der Menschen, die kurz zuvor ermordet wurden, war überall. »Wir gingen zum Zaun und fragten die Häftlinge auf der anderen Seite, was uns erwarten würde. Sie zeigten nur auf die Schornsteine des Krematoriums und sagten: ›Seht ihr die Flammen? Dahin werdet ihr bald gehen. Es gibt kein Entkommen.‹«

Diese Zeilen stammen aus dem Buch, das Ruben Laska und sein Bruder 50 Jahre nach ihrem Überleben gemeinsam geschrieben hatten. In diesem Buch legten die Brüder Zeugnis für die nachkommenden Generationen ab, damit ihre schrecklichen Erlebnisse niemals vergessen werden würden. Eine Woche nach ihrer Ankunft wurden die Frauen des Transportes von den Männern getrennt und die Mutter wurde weggebracht. Von da an wussten der Vater und die Brüder nichts mehr über sie. Durch einen Zufall waren sie unter den Tausenden Häftlingen in Auschwitz Birkenau einem alten Bekannten der Mutter begegnet, der sich schon zwei Jahre im Lager befand und eine Funktion bekleidete. Er versprach, sich nach ihrer Mutter und Frau umzuhören.

R: Was er hat für uns gemacht, (-) er hat uns gegeben eine kleine Hoffnung, (-) und er hat uns gegeben (-) ein ganzes Brot. ** (-) Ein ganzes Brot, (-) das war alles. * Er hat schon, (-) ich habe ihn nicht getroffen nachdem, (-)

nachdem meine Mutter auch, (-) nachdem wir, (-) wir haben bekommen die Nummer, nachdem habe ich ihn nicht mehr gesehen.

Zwar waren sie dem Bekannten der Mutter nicht mehr begegnet und hatten somit auch nie erfahren, ob er für sie etwas herausgefunden hätte. Aber er gab ihnen einen Laib Brot und somit eine Hoffnung, die in diesem psychotischen Kosmos überlebensnotwendig war. In Auschwitz gab es viele unvorstellbare Begegnungen, die Herr Laska nicht vergessen kann. So hatte er unmittelbar nach der Ankunft in Birkenau ein Mädchen gesehen, dass er schon von seiner Schulzeit her kannte. Das Mädchen war zusammen mit ihren Eltern, die gute Freunde seiner Familie waren, auch im Lager in Sered gewesen. »Sie war ein sehr süßes, rundliches und etwas übergewichtiges Mädchen. Sie war acht Jahre alt und ich mochte sie sehr gerne leiden. Kurz vor unserer Deportation war unsere Freundschaft enger geworden« (aus dem Buch). Sie war mit ihren Eltern vor Rubens Familie nach Auschwitz deportiert worden. Und dort, nach der Ankunft, glaubte Ruben, sie zusammen mit ihrer Mutter gesehen zu haben. Sie gingen zusammen mit anderen Frauen in die entgegengesetzte Richtung. »Ich weiß bis heute nicht, ob sie uns sah, für mich jedenfalls war es das letzte Mal, dass ich ihrer ansichtig wurde und sie blieb mein ganzes Leben lang in meiner Erinnerung« (aus dem Buch).

Die Tatsache, dass er das Mädchen sah, aber nicht wusste, ob sie ihn noch gesehen hatte, könnte auch bedeuten, dass er, ohne es zu wissen, zum letzten Zeugen ihres Weges in den Tod geworden war. Also liegt in seiner Erinnerung auch das Zeugnis des anderen, das den Tod des anderen meint, der nicht mehr Zeugnis ablegen kann. Vielleicht besteht darin eine eigene Qual der Erinnerung. Er kann nicht vergessen, weil sie, solange er nicht vergisst, in seiner Erinnerung weiterleben und das kleine, süße Mädchen bleiben kann, dass sie in seinem Kopf immer sein wird. Hier wird die Unmöglichkeit eines Abschiedes angedeutet, eines Abschiedes, der niemals stattfinden kann, um sie nicht ein zweites Mal (symbolisch) zu verlieren. In diesem Bild liegen vielleicht andere Abschiede, andere Erinnerungen, sodass das Bild vom kleinen Mädchen zur Deckerinnerung wird, die bleibt, die er nicht vergessen kann, weil das Überleben ihn mit Erinnerung, die nicht vergeht, belastet.[166]

---

[166] Vielleicht ist dies eine andere Form der *Überlebensschuld* (Keilson), das Phantasma, dass die Überlebenden es den Untergegangenen schuldig sind, sich ihrer zu erinnern und ihre Geschichten zu erzählen.

R: Das war, das war etwas, (-) das kann ich auch nicht vergessen. * (-) Das macht mich auch immer traurig. + + (4) Aber es sind verschiedene (-) Sachen waren dort. Und äh, ich lese auch verschiedene Geschichten, (-) aber man hat verschiedene (-) Treffen, unglaubliche Treffen <u>waren</u> in Auschwitz, + + auch in der Familie, auch von Kindern und Eltern, und äh, (-) * (-) und auch Katastrophen, (-) dass äh, (-) der Sohn sollte den Vater *zum Krematorium mitnehmen,* + (-) *da waren solche-* (-) +. (-) Und <u>überhaupt</u> dort waren die, die (-) die Trennung war eine, (-) eine *von den schlimmsten Sachen, was man überlebt haben.* (-) Das kann man auch <u>verstehen</u>, (-) auch wenn man nicht Jude ist. (lachen)[167]

Der Trennung von der Mutter folgte Wochen später eine Trennung vom Vater, als die beiden Brüder in den Kinderblock kamen. »Die Trennung vom Vater

---

[167] Der letzte Gliedsatz seiner Rede aus dem Interview über die Bedeutung der Trennungen galt mir als Goi, als wollte er sagen, dass dieses Trauma ein Universelles sei, dass man unabhängig von seiner Herkunft und Konfession verstehen könne. An mehreren Stellen des Interviews wurde ich von Herrn Laska direkt, also auf einer Übertragungsebene, angesprochen.
R: Der Vater hat uns (-) vertraut, + das wir das können machen. (-) Wenn ich sehe, (-) Ihren Sohn, (-) er ist 11 Jahre alt, (-) + (-) wie alt sind Sie?
I: Ich bin 33.
R: (lacht) 33. (-) Mein Vater war älter, (-) er war, (-) er ist geboren 98, (-) er war äh, (-) 44 Jahre alt.
In dieser kurzen Sequenz bringt er mich in die Position seines Vaters, während mein Sohn in dem Alter, in dem er vom Vater getrennt wurde, ihn als Kind symbolisierte. Das dritte Mal tauchte das Moment der direkten Ansprache auf, als er über sich als Zeitzeuge im Kontext von Österreich und Deutschland spricht.
*R: Aber ich treffe die junge Generation, (-) und die Kinder, (-) dass (-) ich fühle (-) das ist (-) ganz andere Generation, + (-) und äh, (-) zu mir sind alle sehr höflich und sehr lieb und äh, + (-) und ich verstehe auch, (-) dass viele von den Leuten, die (-) sich mit dem befassen, (-) dass sie wollen, (-) dass sie wollen (-) bekommen (-) eine (-) Rehabilitation, (-) ich weiß nicht, (-) was vielleicht der Opapa von ihnen gemacht hat. (-) Vielleicht wissen sie nicht, wo war er, (-) ihr Opapa in dem Krieg. * (-) Und viele Leute wollen (-) für, ( ) (-) in Berührung kommen, dass sie kommen, um zu lernen die Shoah und meinen Sachen zuhören. * (-) Das glaube ich. **
Damit hat er mich als Sohn, Vater und Enkel angesprochen und somit eine dreigenerationelle Perspektive entworfen, die jedes Leben bestimmt. Ich habe ausweichende, auf den Text seiner Geschichte bezogene Antworten gegeben. Seine Bezugnahmen auf mein Leben gaben jenen dreigenerationellen Raum an, der von der Shoah nachhaltig zerrüttet wurde. Einerseits lud mich Ruben Laska ein, mich in seine Geschichte zu fantasieren, und andererseits sprach er das Unmögliche an, das in dieser Imagination liegen würde. Aber eigentlich fragte er nach dem Motiv, warum ich ihn interviewte.

3.7 Die Geschichte der Familie Laska

erfüllte uns mit Entsetzen.« Es wurde wieder schlechter … Im Kinderblock »selbst herrschten Gräueltaten und härteste Bedingungen. Es gab nichts zu essen und überall kranke und sterbende Kinder. Jeden Morgen wachten wir neben toten Knaben auf« (aus dem Buch). Eines der schlimmsten Dinge im Lager war, zu warten, nichts zu tun zu haben und nicht zu wissen, was im nächsten Augenblick, in der nächsten Sekunde passieren würde. Und man musste immer mit dem Schlimmsten rechnen. In dieser Zeit hatte Ruben ein entscheidendes Erlebnis, das sein Leben nachhaltig prägen würde. Völlig verzweifelt stellte er Gott auf die Probe:

R: Mein Glaube, (-) das war, war ein spezieller Moment in Auschwitz Birkenau, (-) und ich war sehr, (-) sehr verzweifelt. So bin ich in ein (Klo?) (-) hineingegangen, (-) und ich hab angefangen zu schimpfen den Gott.* Ich hab gemacht eine Probe für mich.* Ich hab geschimpft und ich hab gesagt: (-) »Wenn, (-) wenn es einen Gott gibt, (-) dann wird er mich jetzt schlecht machen, tot machen. * Ich bekomme eine große Strafe.« (-) So etwas. * Und ich hab geschimpft und geschimpft, (-) mit alle, alle schlechten Wörter, die, (lacht) was wir gewusst haben, als Kind, (-) hab ich gesagt. Und ich hab gewartet und gewartet und nix ist passiert. (-) Und äh, (-) das kann ich auch nicht vergessen. (-) Diesen Moment * (-) im Klosett. (-) Ich weiß nicht, wie ich hineingekommen bin, aber (-) meine Gedanken in diesem Klosett (-) * und dieser speziellen Situation-. + + (-) Und so habe ich-. (-) Auch, wie sagt man, hab ich noch etwas an den Gott äh (-) (lacht) etwas geglaubt. Weil (-) mit meinem Opapa war ich auch in äh, Synagogen. + + (-) *Aber seit damals habe ich das (-) aufgegeben.*

»In diesem Augenblick verlor ich meinen Glauben an Gott und fühlte nur noch Einsamkeit und Furcht, als ob die ganze Welt auseinanderbrechen würde« (aus dem Buch). Ruben erzählt vom Verlust seines Glaubens, der der Glaube seines Großvaters war. Damit ging eine frühere Welt verloren, eine Welt, die an sich gut war, eine Welt, zu der der Großpapa gehörte. In der alptraumhaften Welt, in der der 12-jährige Knabe lebte, in der er jeden Tag unter neuen Leichen aufwachte, stellte er den Gott seiner Ahnen auf die Probe und entschied für sich, dass es ihn nicht geben konnte. Ruben kam zu diesem Entscheid über den Bruch eines Gesetzten, das da heißt: »Du sollst den Namen nicht …« Nachdem er Gott, dessen Namen nicht genannt werden darf, mit jedem ihm verfügbaren Schimpfnamen bedacht hatte, ohne das etwas geschehen wäre, musste er die

3. Acht Familiengeschichten

Existenz Gottes verwerfen. Ruben war bereit gewesen, zu sterben, als er Gottes Namen in den Dreck zog. Damit war das Gesetz außer Kraft, es war verloren, was ihn in seinen Grundfesten erschüttert haben musste, »als ob die ganze Welt auseinanderbrechen würde«.

Ein anderes Bild handelt von Frauen hinter dem tödlichen Elektrozaun von Auschwitz Birkenau, mit denen die Häftlinge Brot für Zwiebeln tauschten. »Es jagte uns jedes Mal einen fürchterlichen Schrecken ein, wenn wir unsere Arme zwischen den geladenen Stacheldrähten durchsteckten. Noch heute, über 50 Jahre später, habe ich dieses Bild des Zaunes vor meinen Augen, wenn ich Zwiebeln esse.« Auch dieses Bild mag ähnlich wie das von dem kleinen, süßen Mädchen nicht vergehen. Dieses Bild erinnert an die Szene, in der Ruben die Existenz Gottes auf die Probe stellte. Denn würde es einen Gott geben, hätte der, dessen Namen nicht genannt werden soll, ihn auf der Stelle doch erschlagen. Wie der Elektrozaun. Viele begingen Selbstmord im Lager, in dem sie es nicht mehr ertragen konnten, indem sie »freiwillig« in den Zaun gingen. Rubens Verzweiflung an Gott war etwas ähnliches. Im Klosett prüfte er die Existenz zweier möglicher Welten: Einer Welt, die, trotz der infernalischen und sinnlosen Qualen, an sich gut und von Gott gewollt sei, und weil sie gut und von Gott gewollt sei, ihn, den Zweifler, bestrafen müsste; oder einer gottlosen Welt, in der es weder Frevel noch Aussicht auf eine göttliche Rettung gab. Bei dieser Probe war sein Glaube an Gott gestorben und damit auch der Glaube an das Gesetz des großen Anderen.

Ruben wurde nach der »Evakuierung« des Kinderblocks mit seinem Bruder in ein Außenlager deportiert. Die Brüder konnten sich vom Vater nicht mehr verabschieden und wussten auch nicht, was mit ihm weiter geschehen würde. Sie kamen zunächst in ein kleines Außenlager von Auschwitz. »Dort waren die Lebensbedingungen äußerst brutal, härter sogar als in Birkenau. Die schäbigen Baracken, in denen wir mitten im eisigen Winter lebten, waren alle halb offen, mit Spalten in den Wänden und hunderten von Ratten.« Aber es gab immer wieder kleine Szenen der Hoffnung. In dem Außenlager gab es einen griechischen Juden, der in der Schmiede arbeitete und die beiden Brüder in der Werkstatt auf der warmen Ofenbank sitzen ließ. Neben dem Schmied gab es in dem kleinen Außenlager einen französischen Arzt, der die beiden Knaben mochte. Ruben wurde sehr krank und kam zu jenem Arzt ins Krankenrevier, der sich dann seiner angenommen hatte.

Wichtig war, dass die beiden Brüder zusammenbleiben konnten. Sie waren sich spiegelbildlich, was von der Familie blieb. Sie symbolisierten für den anderen jene Welt, die für sich verloren war, aber im anderen anwesend blieb. Etwas von der Sicherheit aus der Familie, dem Vertrauen, der Liebe und dem Zusammenhalt war im Bruder immer dageblieben. Das Familien-Ich (Hillel Klein) als der integrale Bestandteil dessen, was die Familie nach außen präsentiert und nach innen zusammenhält, ist im Bild des anderen aus der Familie anwesend und im anderen, also hier im Bruder, sind auch der Vater, die Mutter, die gemeinsam geteilte Lebenserfahrung repräsentiert. Über den anderen aus der Familie, mit dem man zusammenbleiben konnte, wurde ein Gefühl für Kontinuität und Verbundenheit mit der Vergangenheit aufrechterhalten. Dieser Zugang zur gemeinsam geteilten Lebenserfahrung aus der eigenen Familie bedeutete in der Extremsituation des Lagers eine essenzielle Quelle zur Aufrechterhaltung des psychischen Lebens. Die Brüder stärkten, stützten und halfen sich, indem sich der eine für den anderen auf je seine Weise verantwortlich fühlte und so die positiven Lebenserfahrungen aus der familiären Atmosphäre mit dem anderen teilte.

R: Wir haben das so besprochen, mit meinem Bruder, * (-) dass wir zwei zusammen waren, das war eine Hauptsache in der ganzen Geschichte. * (-) Weil wir sind äh, <u>überzeugt</u>, (-) dass jeder allein, (-) also das nicht machen könne. (-) Weil wir waren zusammen, einer hat unterstützt den anderen. * (-) Und wir haben (-) zusammen Probleme gelöst. (-) Und Gedanken. * (-) Und wir sind sicher, dass nur, (-) dass wir waren zusammen, (-) ich, (-) ich war der Kleine, (-) ich bin hundertprozentig überzeugt, dass ich nicht hätte können weiter machen * (-) ohne meinen Bruder. *

Mitte Jänner 1945 wurde den Häftlingen des Nebenlagers befohlen, sich auf das Verlassen des Lagers und einen langen Marsch vorzubereiten. Die Brüder wogen ab, ob sie bleiben und sich im Lager verstecken oder mit den anderen den Marsch mitmachen sollten. Nachdem sie gehört hatten, dass die Deutschen nach der »Räumung« die Zurückgebliebenen erschießen und das Lager in Brand stecken würden, entschlossen sie, mit den anderen mitzugehen. Es war ein grausamer Marsch. Viele der Häftlinge waren krank, verwundet, hungrig, schleppten sich tagelang am Ende ihrer Kräfte und ohne Schuhe an ihren Füßen durch den Schnee. Jene, die nicht mehr konnten und aus der Kolonne fielen, wurden erschossen. Ruben erinnerte eine Szene an einem Morgen, als die Häftlinge sich zum neuerlichen Aufbruch sammeln mussten. Es kam ein Mann aus der Gegend und brachte ein Sandwich mit Gänseleber. »Nachdem er uns gesehen hatte, tat er das Menschlichste, das jemand tun konnte. Seine Geste stärkte unseren Glauben an die Menschheit« (aus dem Buch).

Die beiden Brüder erreichten mit der Kolonne Breslau. Dort wurden sie in Viehwaggons nach Buchenwald transportiert.

»Achtzig oder neunzig Personen wurden in jeden dieser Waggons gepfercht. Einige Menschen waren schon beim Erklettern der Waggons gestorben. Männer, die bereits zu schwach waren, um selbst hinaufzuklettern, wurden einfach hineingeworfen. Einige dieser Menschen sanken auf den Boden des Waggons und wurden dann von den Stehenden zertrampelt. Nach kurzer Zeit wurden die Tore geschlossen und der Zug rollte an« (aus dem Buch).

Diese Fahrt mit den Toten dauerte eineinhalb Tage ohne Stopp. »In der Zwischenzeit waren weitere Menschen gestorben und wir konnten uns endlich auf den Boden setzen« (aus dem Buch).

Nach drei Wochen in Buchenwald begannen erneut Selektionen und die beiden Brüder wären voneinander getrennt worden. In dieser Situation trafen sie ein weiteres Brüderpaar mit demselben Problem. Um nicht getrennt zu werden, tauschten sie mit dem anderen Brüderpaar Namen und Identitäten und überließen es ihnen, zu entscheiden, ob sie im Lager bleiben oder es mit dem nächsten Transport verlassen wollten. Nach einigem Hin- und Herüberlegen entschied das andere Brüderpaar, das Lager zu verlassen. »Diese Entscheidung besiegelte ihren Tod und unser Überleben« (aus dem Buch). An dieser Stelle spiegelte sich die *Nähe zum Tod des anderen*, der genauso gut der eigene hätte sein können, über das zweite Brüderpaar. Die Anwesenheit des Bruders war eine Verdoppelung des Ichs, über die der eine im anderen getragen, aufgehoben und weiterleben konnte. Man konnte nicht im Stich gelassen werden, weil der andere darauf vertraute, seinerseits nicht im Stich gelassen zu werden. Die Trennung wäre einem Sterben gleichgekommen, so mussten die Brüder alles daran setzen, zusammenzubleiben. In dieser Situation traf das Paar ein anderes Brüderpaar, das unter denselben Voraussetzungen in derselben Zwangslage einer bevorstehenden Trennung sich befunden hatte. Der Tausch ermöglichte, weiterzugehen, aber gleichzeitig hatte dieser Tausch zur Notwendigkeit einer Entscheidung geführt. Wer bleibt, wer geht? Man wusste nicht, welcher Platz der signifikante Platz zu überleben war. Weil es keine Kriterien gab, weil es absolut nichts gab, worauf man sich verlassen konnte. So legten die Brüder die Entscheidung in die Hand des anderen Paares, was sich nachträglich als ihr Überleben auf – und hier wird es schwierig – Kosten des Überlebens der anderen herausgestellt hatte. Es war die Entscheidung des anderen Paars gewesen. Vielleicht ist es für das Schuldgefühl der Überlebenden nachträglich entlastend, dass es nicht die eigene, sondern die Entscheidung der anderen war, die zum Leben/Tod geführt hatte. Das Brüderpaar war nachträglich, also in der Erinnerung, symbolisch gestorben, wie es ein zweites Leben erhalten hatte. Und eben aus diesem zweiten Leben, aus der Wahl, die damals getroffen wurde, aus dem eigenen Überleben, dass das Sterben der anderen beinhaltete, erwuchs eine Notwendigkeit, zu erinnern, an den anderen zu erinnern, der der andere im Zeugnis ist, der ebenso gut jeder andere oder das Subjekt selbst sein hätte können. Eben deshalb, weil es nichts gab, absolut nichts, woran man diese Dinge hätte festmachen können. Aber der menschliche Geist konstruiert aus den zufälligen Dingen, die damals völlig wahllos und aus einem perfiden Geist über Leben oder Sterben entschieden hatten, eine Schuld, die das Gefühl der Überlebenden nachträglich nicht zur Ruhe kommen ließ.

b) Über das Sprechen danach

Es war die Motivation der beiden Brüder, ihre Erlebnisse und die Geschichte ihrer Familie niederzuschreiben, damit sie nicht vergessen werden würden, aber es brauchte mehr als ein halbes Jahrhundert, das Projekt ihrer verschriftlichten Erinnerung anzugehen. Im Buch wechseln die Erzählperspektiven der beiden Brüder einander ab. Sie erinnern an das, was sie gesehen und erlitten haben, aber auch stellvertretend an die Geschichte der Eltern, an das, was sie später aus dem Sprechen der Eltern erfahren hatten. Denn in der Familie ist darüber gesprochen worden. Die Familie war über lange Zeit der einzige Ort, wo ein Austausch über das, was man erlebt hatte, möglich war. Und dies bezeichnet auch ein Wunder. Als Ruben Laska sechs Jahre alt war, brach die Zeit seiner Kindheit. Schritt für Schritt verlor Ruben alles, was die ersten Jahre seines Lebens ausgemacht hatte. Er wurde von seinem Zuhause, seiner Schule, von den Eltern und in Buchenwald als letztes auch von seinem Bruder getrennt, während er im Lazarett um sein Leben rang. Nach der Niederlage der Nationalsozialisten und der Befreiung der Konzentrationslager kamen Mutter, Vater und die beiden Brüder nach und nach aus den letzten Stationen ihrer Überlebensgeschichte in der Slowakei wieder zusammen. Jeder aus der Ursprungsfamilie von Ruben Laska hatte überlebt. Dies ist vermutlich das größte Wunder seiner Geschichte: das Überleben von Vater, Mutter und Bruder.

3. Acht Familiengeschichten

> R: Ich glaube, dass eine von, von äh, von dem, dass wir ganz normal sind, mein Bruder und-, (-) dass wir-. (-) Die Eltern sind zurückgekommen. (-) Das hat uns sehr geholfen im ganzen Leben. * (-) Weil, (-) wenn wir, (-) wenn wir (-) äh, (-) wie sagt man, (-) ohne Eltern gekommen wären, (-) das wäre sehr schlimm. (-) * (-) Das war ein großes Glück, (-) dass auch die Eltern * (-) sind zurückgekommen. (-) Und ich glaube, das hat eine (-) auf uns, auf die Kinder sehr gut (-) gewirkt, geholfen. Viele sind ja auch ohne Eltern, (-) wie sagt man? Sind Waisen geblieben, ja. Das ist schwer. (-) Bis jetzt suchen sie-. (-) Das ist schrecklich. * (-) Ich glaube, dass wir ganz normal geblieben sind, (-) dass wir das Glück gehabt haben, (-) dass auch unsere Eltern-. * (-) Die Omama (-), die (anderen) sind nicht zurückgekommen, die Tanten, Onkel nicht. * Aber die Eltern sind zurückgekommen. * (-) Und für uns war das (-) ein großes Glück.

Ankunft in und Wiedervereinigung der Familie ermöglichte das Finden von Kontinuität trotz der Brüche und der Verluste. Die Wiederbelebung des familiären Ichs, wie das Hillel Klein nennt (2003), wurde vor allem über familiäre Feste in Gang gesetzt, in denen an die Familiengeschichte und an familiäre Traditionen aus der Zeit vor der Shoah wiederangeknüpft werden konnte. Die familiären Feste sind ein Medium, über das die Mitglieder einer Familie in eine imaginäre Beziehung zu ihren Ahnen treten. In gewisser Weise liegen in den familiären Festen auch die Wahrheiten aus der Familiengeschichte. Im Zelebrieren dieser Feste spiegeln sich die Kultur einer Familie im Umgang mit ihren Traditionen und damit auch der Umgang der Familienmitglieder untereinander wie mit ihrer Geschichte wieder. Ende 1945 organisierten Rubens Eltern seine Bar-Mitzwa. Eines der Geschenke, die er bekam, war feinstes Leder für Schuhsohlen. Jahrzehnte später kaufte Ruben Laska zur Bar Mitzwa seines Enkels ein ähnliches Geschenk, was eine Symbolisierung für diesen Prozess der Wiederbelebung von Kontinuität im Leben der Familie darstellte. Hier im Geschenk war es das Leder für Schuhsohlen, das auch als Symbol für das Überleben im Lager gelesen werden kann. Passende Schuhe konnten in Auschwitz über Leben oder Tod entscheiden. So war es über die Gabe gelungen, eine Wahrheit der Geschichte weiterzugeben, ohne zu verschweigen, wie nah in dieser Geschichte Leben und Tod beieinander lagen. Symbolisch repräsentierte das Geschenk ein Überleben, das Ruben an seine Enkelgeneration weitergab. Ein partikulares Symbol, in dem ebensoviel vom eigenen Überleben wie vom Leben der kommenden Generationen lag.

3.7 Die Geschichte der Familie Laska

Denn indem es nur Leder war, war es *offen* genug, um zu sagen: »Mach etwas daraus.« Das Geschenk legte eben nicht fest, sondern es transportierte etwas, das weiter*gehen* konnte.

Sicherlich war es eine gebrochene Kontinuität, die innerhalb der Familie, in der nichts mehr so war wie vor der Shoah, erlebt wurde. Um mit Ruben zu sprechen: Keiner wurde gerettet. »Ich wurde nicht gerettet. Eine gerettete Person ist jemand, der an den verheerenden Ereignissen nicht teilgenommen hat. ( ) Wir sind Überlebende, die ( ) nicht völlig verbrannt sind.« Diese starke Aussage sollte man zweimal lesen. *Ich wurde nicht gerettet, aber auch nicht völlig verbrannt.* Als Überlebender ist man gestorben im Sinne des symbolischen Todes, der dort in Auschwitz liegengeblieben ist. Aber wir sind nicht völlig verbrannt, was auf den sublimen Körper referiert, dass es da noch etwas gibt. Letzteres ist nicht selbstverständlich, bedenkt man, wie viele sich nach ihrem Überleben – auch Jahre später – oft aus unscheinbaren Gründen das Leben nahmen. Aber etwas war/ist geblieben. Von beidem zeugt der Überlebende. Vom Tod wie vom Leben danach. *Das erste ist sein Schweigen, das zweite, wenn er über das erste spricht.*

Ruben emigrierte vier Jahre nach der Befreiung als erster seiner Familie nach Israel. Die politischen Verhältnisse in der Tschechoslowakei ließen für die Familie keine Hoffnung auf eine Zukunft in einem freien Staat. Sie entschieden nach langem Zögern, ihr Geburtsland endgültig zu verlassen. Ruben war Mitglied der zionistischen Jugendbewegung Hashomer Hatzair, die ihm einen Platz in einem Kibbuz vermittelte. Dort waren ein anderes Leben, eine andere Zeit und andere Leute, die sich, vielleicht auch zu ihrem Glück, nicht um die Traumen der Ankommenden kümmern wollten oder konnten. Sein Bruder emigrierte ebenfalls über die Jugend-Aliya kurze Zeit darauf in einen anderen Kibbuz. Die Eltern folgten als letzte der Familie nach. Für sie war es in der ersten Zeit besonders schwer. Sie lebten zunächst in einem Auffanglager für jüdische Flüchtlinge in der Nähe des Hafens von Haifa. Nach einem Monat nahmen sie sich ein Zimmer in einem Hotel bis sie Ende 1950 in den, von Rubens Bruder gemeinsam mit anderen Kameraden neu gegründeten, Kibbuz übersiedelten. Im Gegensatz zu den Eltern war es Ruben Laska leichter gefallen, sich in die neue Gesellschaft zu integrieren, Hebräisch zu lernen und Teil eines neuen sozialen Netzes zu werden.

R: Wir haben wollen sein wie ein israelischer-. (-) Wie diese-. (-) Wir sind gekommen von Europa (-) und wir sind gekommen mit Anzügen und mit (Pump-?)Hosen. + (-) ( ) war da sehr komisch. (-) Wir wollten sein wie die Sabres.

3. Acht Familiengeschichten

I: Wer sind die?
R: Sabres.
I: Ah, die Sabres, die hier geboren-
R: Die geboren, die da geboren sind, heißen Sabres. (-) Sabres ist eine Frucht von einem, (-) die mit Spitzen so sind. (-) Im Negev, (-) dort, und dort sind die, (-) das Obst ist so (Geste) (-) Das ist von draußen sehr stachelig, (-) und drinnen sehr süß.
I: Sehr süß, (-) ja.
R: (...) Sabres, (-) das heißt Sabres. + (-) Und wir waren äh, (-) <u>weiß</u>, (-) so wie, (-) gebrannt, (-) wie eine, (-) * (-) und wir haben wollen sein auch wie ...
I: Sabres.
R: Ja, (-) Sabres. (-) *. (-) Und darum war ah, (-) damals, es war noch am Anfang der Staat, (-) das war äh ganz neu. + (-) Und ah, niemand hat zudem Zeit gehabt, (-) dass er sich mit der Shoah (-) ah * (3).

Ruben beschreibt ein neues Ideal, das mit der Ankunft in Israel für ihn wirksam wurde. Dieses Ideal verkörperten die Sabres. Sie waren die in Palästina geborenen Söhne und Töchter jüdischer Pioniere, die Ende des 19. Jahrhunderts vor allem aus Osteuropa eingewandert waren. Sie symbolisierten einen realisierten Traum ihrer Eltern bzw. Großeltern, die noch vor den beiden Weltkriegen durch Auswanderung aus der Unterdrückung in der Diaspora zur Freiheit in der historischen Heimat den Übergang von der Stadt aufs Land vollzogen hatten, vom Handel zur Landwirtschaft und von einem veralteten, religiösen zu einem modernen, säkularen Leben der Tat, zusammengefasst die Wandlung vom verweichlichten und assimilierten Parvenues zum Kämpfer und Pionier. Die Sabres stellten eine weitere Stufe der Verwirklichung dieses zionistischen Traumes dar: Ihr phantasmatisches Bild beschrieb »Gesundheit ausstrahlende, sonnengebräunte und blond gelockte, muskulöse Kämpfer, die in einer mystisch erotischen Beziehung zur Erde Palästinas aufwuchsen und ihre heldenhafte Überlegenheit im Kampf mit den ( ) Arabern bewiesen« (Brunner 2005, S. 95).

Ruben Laska war 1949 unmittelbar nach der Gründung und dem ersten Unabhängigkeitskampf des Staates nach Israel emigriert. Seine Identifizierung mit dem Ideal der Sabres hatte diese erotisierte Beziehung mit der Erde aufgenommen; so klang es in seiner Rede, als er von der Kaktusfeige als einer außen stacheligen, aber innen süßen Feldfrucht sprach. Die emotionale Bindung an dieses Ideal half, den entronnenen Alp zu vergessen. Es war eine neue Orientierung, das Symbol eines Neubeginns, um das alte in Gestalt der Sprache, der Herkunft, der Vergangenheit und der Geschichte hinter sich zu lassen. Vielleicht mochte es dieses neue Ideal auch im Unterschied zu den Eltern den beiden Brüdern erleichtert haben, in Israel wirklich anzukommen. Ruben und sein Bruder waren damals 17 bzw. 19 Jahre alt, also am Beginn ihrer Adoleszenz stehend, einem Alter, in dem das Subjekt vor die Aufgabe gestellt ist, sich aus der Vergangenheit der Familie zu lösen und etwas subjektiv (und auch generationell) Neues zu schaffen. Die psychische Struktur ist in dieser Zeit im Umbruch. Alte Bindungen lösen sich, was psychische Energien freisetzt, um einen neuen Entwurf des subjektiven Lebens zu fassen, neue Identifizierungen und Idealisierungen einzugehen. Es ist eine Entwicklungszeit, in der der Adoleszente einen autopoietischen Traum träumt (vgl. Erikson 1979, Bollas 2000). Die in Israel geborenen Söhne und Töchter der Pioniere mochten für Ruben diesen neuen Traum verkörpert haben. Den Neuanfang. Ruben war ja auch von den Eltern, die später im Kibbuz des Bruders lebten, zumindest geografisch getrennt gewesen. Er hatte seinen eigenen Platz in einem anderen Kibbuz eingenommen. Über die Identifizierung mit dem Ideal der Sabres lebte auch Herr Laska die zionistischen Motive der Einwandererkinder. Außerdem ermöglichte ihr Blick auf ihn, den Ankommenden, die eigene Geschichte auszusparen. Ruben Laska beschrieb im Interview diesen Blick der Sabres, der vor allem seine Herkunft und seine Überlebensgeschichte, die ihn aus Auschwitz hergebracht hatte, nicht sehen konnte.

R: Und auch, wenn ich bin nach Israel gekommen, (-) ich war der erste (-) von der Familie, der nach Israel gekommen ist, + und ich (-) war in äh, (-) bin gekommen äh mit einer Kinderorganisation, Hashomer Hatsair. * (-) Und ich war in einem Kibbuz. + (-) Und auch im Kibbuz, (-) das war noch knapp nach dem Krieg in Israel, (-) im Jahre 49, (-) hat man uns <u>überhaupt</u> nicht gefragt, (-) wie es war, (-) vielleicht brauchen wir etwas, + vielleicht brauchen wir eine Hilfe. + (-) Ich kann sagen, dass (-) die (-) Holocaust war (-) wie ein <u>Tabu</u>. + + (-) Und das war keiner, (-) niemand hat sich interessiert auch in Israel. Und auch im Kibbuz, uns zu fragen, (-) wie haben, (-) wie haben wir das überlebt. (-) Sie haben nur uns erzählt, wie schwer (-) war das (-) in Israel. * * (-) Wie haben sie gekämpft, und (-) wie haben sie gehungert. * Und ( ) sie hatten uns erzählt, in der Gruppe, die verantwortliche Frau, (-) sie hat nur ein halbes Ei gegessen. + (-) Lange Zeit. (-) Das war nicht interessant, dass ich hab (lachend) (-) <u>überhaupt kein Ei</u> (-) gesehen. (-) So war das. (-) Und äh, (-) ich kann sagen, dass äh,

3. Acht Familiengeschichten

> (-) lange Zeit hat man überhaupt nichts von dem gesprochen, (-) bis zu dem (-) Prozess von Eichmann. (-) Dann ist es ein bisschen herausgekommen, (-) und äh, das israelische Publikum hat sich interessiert, * (-) von dem. (-) Und äh, (-) ich persönlich hab von dem nicht gesprochen überhaupt. (-) Nur mit meiner Tochter (-) und meiner Familie.

Das »israelische Publikum« bestand in den ersten Jahren nach seiner Ankunft aus den Menschen im Kibbuz und im Weiteren aus jenen, die an der Geburt des Staates mitgewirkt, für den neuen Staat gekämpft hatten. In dieser Atmosphäre zählten die Erlebnisse der Überlebenden nur wenig. Sie waren für das Selbstbild der Pioniergemeinschaft verstörend. Das halb gegessene Ei ist hier die sprachliche Metapher für ein potenziell verzerrendes und ausblendendes Wahrnehmen der israelischen Gesellschaft gegenüber den Ankommenden, auf die der Schatten von Vertreibung, Verfolgung und Vernichtung gefallen war. Während jene, die bereits vor der Shoah hier waren, eine narzisstische Definitionsmacht, einen Anspruch auf das Leben in Israel – es zu repräsentieren – erhoben, blieb die Geschichte der Überlebenden der Shoah ungenannt, unter den Teppich gekehrt. Dies hatte unterschiedliche Gründe. Hillel Klein spricht vom Überlebenden als toxisches Objekt, der die Gesellschaft mit der Ungeheuerlichkeit seiner alptraumhaften Erfahrungen anstecken könnte (2003, S. 112). Zudem konfrontierte der Überlebende die israelische Pioniergemeinschaft mit Schuldgefühlen. Da ihre Familien meist aus Osteuropa stammten, hatten auch die in Israel ansässigen Juden Mitglieder ihrer Familie, Freunde, Bekannte, Nachbarn in der Shoah verloren. Mit der Ankunft der Überlebenden wurden alte familiäre Konflikte, die noch aus der Zeit der Diaspora rührten, wieder virulent. Eine Form, die auftauchenden Schuldgefühle abzuwehren, bestand neben dem Ausblenden der schrecklichen Erfahrungen in dem verbreiteten Mythos, die Opfer der Shoah seien wie die Schafe passiv in den Tod gegangen. Hillel Klein beschreibt das Spannungsfeld zwischen den ankommenden Überlebenden und der israelischen Gesellschaft mit folgenden Worten: »Der Überlebende ist wie der Geist, der aus dem Grab entsteigt, in der Gesellschaft Unbehagen und Schuldgefühle weckt und die Frage unentrinnbar macht: Was habe ich für meine Familie getan, die in Europa geblieben ist?« (ebd., S. 120) Auch in der israelischen Literatur über Traumata und Krieg findet sich in den 50er Jahren dieses Unbehagen. Während die Sabres als vom Zionismus durchdrungene, gegen jegliche Traumata gefeite Kämpfer beschrieben werden, erscheinen die Eigenschaften der Neuankömmlinge als ungeeignet für den neuen

Staat. Ein Neurologe beschrieb das im *Harefuah*, einem psychiatrischen Journal, als ein »eigenes Kapitel«, nämlich dass »viele sich noch nicht von den aus ihrer tragischen Vergangenheit in den Vernichtungslagern in ihren Ursprungsländern stammenden manifesten und verborgenen seelischen Störungen befreit haben, und deshalb nicht fähig sind, den zusätzlichen Erschütterungen standzuhalten, die der Krieg mit sich bringt« (zit. n. Brunner 2005, S. 95).

Im Verhältnis des Überlebenden zur israelischen Gesellschaft in den ausgehenden 40er und 50er Jahren dominierte eine gewisse Empathieverweigerung gegenüber den Opfern der Shoah. Aber es ist nicht gesagt, dass für die Ankommenden ein Darüber-Reden besser gewesen wäre als das Darüber-Schweigen. Vielleicht hatte das öffentliche Wegsehen es auch leichter gemacht, vorerst das zu vergessen, mit dem ein Neuanfang nicht zu machen ist. Die möglicherweise wechselseitige Abwehr von Scham, Schmerz und Trauer mochte es auch ermöglicht haben, das Leben auf ein radikal Neues auszurichten, während das Sprechen darüber erst Jahre später, wie zum Beispiel mit dem Eichmann-Prozess in Jerusalem, begann.

Der Blick der anderen mochte Herrn Laska geholfen haben, sich neu zu erfinden. Gleichzeitig hatte dieser Blick etwas in ihm unberührt gelassen, ein Wissen, an dem die Mehrheitswahrnehmung nicht teilhaben konnte, eben weil sie es nicht sehen konnte. Etwas, dass er damals für sich behalten hatte. Das halbe Ei, das er niemals gegessen hatte, ließ ihn für sich noch stärker erscheinen, als die Pioniere jemals waren.

c)   Der Andere im Zeugnis der Geschichte

In Rubens Überlebensgeschichte ging es auch um ein gestelltes Bild, das um die Zeit der Befreiung des Konzentrationslagers Buchenwald von einem amerikanischen Soldaten aufgenommen wurde. Auf diesem Bild ist er zusammen mit anderen Überlebenden in einer Baracke zu sehen. Ruben Laska war zufällig in dieser Baracke und somit auch ins Bild gekommen. Er erinnerte sich, wie die Menschen, die auf dem Bild zu sehen waren, vor der Aufnahme vom Fotografen positioniert wurden. Das Problem sei gewesen, »was sie sollen zeigen«. Die überlebenden Häftlinge wurden ins Bild gerückt. Sicherlich auch, um der Welt zu zeigen, was hinter den Mauern der Lager Realität war. Eine Realität, die sich nicht in Worte fassen, aber ins Bild setzen ließ? Im Interview hatte Herr Laska mehrmals darauf hingewiesen, dass Worte nur ungenügend wiedergeben könnten, was er und die anderen erlitten hatten.

3. Acht Familiengeschichten

R: Weil mit Worte kann man das nicht (-) ausdrücken. * (-) Ich kann ihnen erzählen, sie glauben nicht, (-) bis sie allein nicht werden so hungrig sein, sie werden es * nicht verstehen. * (-) Und was ist Kälte? (-) Wie kann man es erzählen? Wie jemanden -; dass er das versteht, (-) dass man nach drei Tage zu Fuß geht, + (-) ganz nasse Kleider, (-) hungrig, (-) und dann einwaggonieren in einen offenen (-) Waggon, (-) mit einen Meter Schnee drinnen. + (-) Und der Zug fängt an zu fahren. * (-) Das kann man erzählen, (-) erzählen kann man, (-) aber das kann man nicht äh (-) weitergeben. * (-) Das sind nur Worte, Worte ...

Diese Unmöglichkeit, in Worten, durch Worte das zu sagen, was war, begleitet die Überlebenden. Trotzdem sprechen sie und ihr Sprechen ist für andere, für jene, die nicht überleben konnten, damit sie nicht vergessen werden, aber auch für jene, die nach ihnen in diese Welt geboren wurden. Ruben Laska empfand es als seine Pflicht, zu erinnern. Er sagt:
R: Ich fühle eine Verpflichtung, das weiterzuerzählen. * (-) Weil (-) die Millionen, die gestorben sind, Millionen Kinder haben keine Stimme. * (-) Und für mich ist das äh, (-) ( ) ( ) schwer, (ich) muss das machen, weil, (-) weil wenn ich das nicht mache-. (-) Ich bin, ich fühle, dass ich schon die letzte Generation, die letzte. (-) Ich war schon damals Kind *. Mehrere Leute sind, viele Leute sind nicht mehr, dass sie dort waren und sie können erzählen. * (-) So habe ich eine Verpflichtung zu erzählen. (-) Und äh, (-) mir ist das immer schwer. * (-) Es ist nicht leicht. (-) Immer Mühe, (-) und diese Aufregung. (-) Es ist schwer, (-) sehr schwer.

Es ist schwer zu erzählen, in Worte zu fassen, was sich nicht in Worte bringen lässt. Es ist schwer, weil über das Erzählen, über die Worte, die man in den Mund nimmt, auch die Erinnerung wiederkommt und mit der Erinnerung das Leid, das sich so schwer sagen lässt. Und es ist schwer, weil er der letzten Generation angehört, einer von den wenigen, die noch da sind und erzählen können. Weil er damals noch Kind war und deshalb viele der überlebenden Zeitzeugen überlebt hat. Er ist einer der letzten. Dies macht für ihn sein Sprechen zur Pflicht, auch weil es die anderen, Zeithistoriker oder Psychoanalytiker wie ich, es von ihm fordern.

Zur Aufnahme: Das Bild, das damals gemacht wurde, war schon ein Filter, der sich über die Realität legte. Die Menschen in der Baracke wurden positioniert. Es war schon ein Moment für andere. Ein Bild für die Blicke der anderen. Insofern ist es nicht verwunderlich, dass Herr Laska sich fragte, wohin er schauen sollte. »Zu dem Apparat, oder nicht hineinschauen? Das war meine einzige Sorge. Wohin soll ich schauen?« Wie sollte er seinen Blick, von dem er ahnte, dass es ein Blick für andere sein würde, positionieren? »Und ich habe beschlossen, dass ich werde gerade schauen.« Vielleicht, weil er im Lager gelernt hatte, gerade zu schauen. Nicht in die Augen der Täter, der SS, der Lageraufseher, das durfte der Häftling nicht, sondern in einen leeren Raum, in ein Nichts. Vielleicht lag in diesem Blick, in diesem gerade nach vorne, in eine Leere starrenden Blick ein Rest Ungewissheit, was werden würde. Ein großer Rest. Man wusste nicht, was Morgen kommt. Wie der andere auf das Bild, das hier gemacht wurde, reagieren würde.

Das aufgenommene Bild ist für Herrn Laska nachträglich zu einer kleinen Stütze geworden, zu einem Substitut seiner Erinnerung. Denn es erinnert an seine Geschichte durch die schiere Präsenz als ein externalisiertes Erinnerungsstück. Damit ist der Moment *aufgehoben* in der Zeit wie in dem Buch, das er zusammen mit seinem Bruder über ihre Familiengeschichte geschrieben hatte: ein Dokument, das an seiner statt *zeugen* würde. Neben dem Buch und dem Bild gibt es noch einen dritten Ort, wo sein Zeugnis und der andere darin, wie das Mädchen, mit dem er sich angefreundet hatte, bleiben wird: in Yad Vashem.

d) Nachträglichkeit

R: Noch eine interessante Sache für ihnen, ich glaube für die, (-) was wir machen. (-) Wir haben von meinen Bruder gesprochen, (-) dass wir im (-) Konzentrationslager (-) von Birkenau. (-) Bis zur Befreiung ich habe nicht geweint. (-) * (-) Das ist sehr interessanter Punkt (-) für ein Kind, (-) das äh (-) Hunger (-) und äh, + (-) hat Angst, (-) und es ist ihm kalt, (-) und äh (-) hoffnungslos (-) und es weint nicht. * (-) Das ist ein sehr interessanter Punkt. (-) Und äh, (-) * (-) von dem kann man äh (-) nachdenken, (-) warum ist das? Wir haben geglaubt, (-) das (-) Weinen ist ein Luxus. + + (-) Nicht jeder kann weinen. (-) Und wir haben auch gewiss gewusst, dass, wenn man weint, das wird uns nicht helfen. Vielleicht gegen-
I: Das wird noch schlimmer-
R: Noch schlimmer kann sein, (-) wir müssen stark sein (-) und nicht zeigen, (-) dass wir weinen. (-) * (-) Und ich glaube, dass ist <u>sehr</u> interessant, weil ich, auch jetzt kann ich gleich-. (-) Ich bin sehr äh, wie sagt man-

3. Acht Familiengeschichten

I: Emotional.
R: Emotional. Wenn man spricht von Tochter und der Familie (-) habe gleich bekommen die Tränen. (-) Und dort habe ich die ganze Zeit, (-) ich schreibe in dem Buch, dass wir haben nicht geweint. * (-) Und das ist sehr interessant für (-) äh ( ), äh (-) Kinder, (-) der sich mit dem beschäftigt, (-) dass man. (-) Die Kinder, die nicht weinen.

Sein Nicht-Weinen beschreibt den überlebensnotwendigen, narzisstischen Rückzug auf eine phantasmatische Unverletzbarkeit, etwas, das mit der Abspaltung und Betäubung der Gefühle und affektiven Reaktionen auf die radikal unmenschliche Umgebung von Auschwitz einherging. Henry Krystal vergleicht die Narkotisierung der eigenen Gefühle von Lagerhäftlingen mit einer katatonen Reaktion, die in einer unaufhaltsamen Progression hin zu einem Automaten-Zustand führt. Was anfangs eine überlebensnotwendige Reaktion darstellt, wird zur

> »wachsenden Betäubung der Qualen, Schmerzen und leidvollen Gefühle, gefolgt vom Verlust allen restlichen Selbstvertrauens ( ) und Zuversicht in die eigene Wirksamkeit. ( ) Die traumatische Einkapselung (entwickelt) sich in einen bösartigen Zustand, der alle psychischen Funktionen blockiert ( ) bis zum psychogenen Tod, bei dem das Herz in der Diastole zum Stillstand kommt« (2000, S. 844).

Krystal beschreibt ein Phänomen des affektiven Rückzugs als Betäubung und Abstumpfung, als Selbstaufgabe des Ichs. Die Figur dieser Selbstaufgabe war der Muselman, der, um dem physischen und psychischen Tod zu entgehen, einen symbolischen Tod gestorben ist. In dieser Phänomenologie liegt, wenn auch verdeckt, der Gedanke, dass die emotionale Betäubung zunächst den Schutz eines letzten, inneren Platzes des Subjektes bedeuten kann, zu dem die Außenwelt keinen Zugriff haben soll. Ein Kind, das absolut hoffnungslos ist und nicht weint. Ruben fragt: Warum ist das so? Ein Kind, das beschließt, nicht zu weinen, ist ein Kind, das nicht aufgegeben hat. Im Prinzip enthält der nach vorne, ins Leere starrende Blick etwas Vergleichbares. Der Entzug des Subjekts aus der Welt, einer Welt, die es in dieses Verderben, in diese Verwundbarkeit ohne Ende stürzte, einer Welt, der es sich nicht gibt. Mit der Frage: »*Warum weint das Kind nicht?*«, wird ein Geheimnis angedeutet, welches das Kind, das nicht weint, in seinem Inneren nicht preisgibt. Rubens Weinen kam später. Die Trauer und die emotionale Reaktion auf das, was nicht zu nennen war, kam nach der Befreiung an einem Ort, der sicher war, in einer Zeit, die diesem Weinen gegenüber offen stand.

R: Nach dem Lager habe ich (lacht) (-) viel geweint. (lacht) (-) Ja, geweint und sehr, sehr äh-. (-) Am Anfang, wann ich angefangen hab, angefangen habe von den, (-) erzählen, von der Shoah + (-) jedes Mal (-) vor dem Publikum habe ich auch geweint. + Jedes Mal. + (-) In Yad Vashem. * (-) (lacht) (-) Ich habe mich geschämt, (-) aber ich konnte mich nicht (-) zuhalten. (-) Aber jetzt habe ich schon viele Male erzählt, (-) * (-) jetzt bin ich schon ein bisschen, (-) ein wenig (-) äh, (-) (lacht), (-) wie sagt man?
I: Cooler?
R: Cooler, ja. (-) Auch jetzt wenn sie sehen gut, (-) ich habe auch jetzt (-) ah, (-) nasse Augen (lacht) *.

Sein *nachträgliches* Weinen, das sich immer wieder, wenn er vor anderen über die Shoah sprach, einstellte – er sagt: »Ich konnte mich nicht zuhalten«, was an einen Krug mit tausend Löchern denken lässt – klingt, als seien die Tränen jenes zurückgehaltene Salzwasser des einstigen Kindes, das, um weiterzuleben, sich verboten hatte, zu weinen. Es ist Freud, der in den *Studien zur Hysterie* (1895) von der Trauer als dem Nachholen einer Träne schreibt. Ruben erlebte in seinem Sprechen etwas, das nachträglich jene emotionale Gestimmtheit herstellte, die damals keinen Ausgang finden durften. Wenn er sagt, er hätte nach dem Lager geweint, sehr viel geweint, so ist es dieses Nachholen der unterdrückten Gefühle, das im Sprechen lebendig wurde.

Diese Form der Nachträglichkeit, die über den Ausgang seiner Augen die Außenwelt findet, hat wieder und wieder, viele Male gesprochen, sich aus ihm gearbeitet. Jetzt ist er ein bisschen »cooler« geworden, was meint, dass die Trauer keine unendliche Arbeit darstellen muss. Es bricht nicht mehr aus, sondern macht seine Augen feucht. Reste von Tränen um die Tode der anderen, um Tode, die er in seinem Sprechen bezeugt.

Dass Ruben tut, was er tut, dass er spricht, so wie er darüber spricht, setzt eine *Offenheit* voraus, eine Offenheit des Subjekts, die er im Interview mehrmals mit seiner Familie in Verbindung setzte; eine Offenheit, sich immer wieder neu dem *Darüber-Sprechen* auszusetzen. Das ist und war auch in seiner Geschichte keineswegs selbstverständlich und immer so. Ursprünglich kam diese Offenheit vom Bruder, der in die Schulen ging, um darüber zu sprechen.

R: Ich persönlich hab von dem nicht gesprochen überhaupt. (-) Nur mit meiner Tochter (-) und meiner Familie. + (3) Äh, (-) mein Bruder, (-) er war älter wie ich. (-) Und er war mehr offen. Offener Mann, (-) wie sagt man? Offener?

3. Acht Familiengeschichten

I: Offen, offen. Ja.
R: Offen. Und er war, äh, (-) manchmal ist er in Schulen gegangen und auch in die Armee von dem erzählen, (-) aber ich hab das nicht gemacht.

An dieser Stelle des Interviews deutete Herr Laska einen möglichen Beginn seines Sprechens an, nämlich nachdem sein Bruder gestorben war.
R: Mein Bruder ist gestorben vor fünf Jahren. + (-) Und nachdem er ist gestorben, (-) ich habe mir, äh, (-) genommen ein, (-) eine Gedenken, (-) dass man das sollte weiter erzählen * und äh, (-) weiter machen. (-) Und so habe ich angefangen (-) nach 60 Jahre + (-) auch wieder Deutsch zu sprechen. Weil 60 Jahre habe ich nicht gesprochen ein Wort Deutsch ...

Ruben Laska hat etwas von seinem Bruder übernommen, er hatte den Gedanken gehabt, seinen Bruder *weiterzusprechen. Im Zeugnis ist das Zeugnis des anderen.* Die Offenheit bildete dabei eine Brücke, den Signifikanten, der die Brüder, die Familie und im weitesten Sinne Ruben Laska mit der Welt, die zunächst die Welt seiner Familie war, immer schon verbunden hatte. Und »offen« war auch der Signifikant, mit dem Herr Laska die Beziehungen innerhalb seiner Familie, sowohl zu den Eltern als auch zur Tochter beschrieb.
R: ( ) Ich habe meiner Tochter keine (Grenzen?) gegeben. + Ich war äh, ( ) und auch unsere Eltern nach dem Krieg (-) waren sehr (-) äh, (-) offen. (-) Wir haben, (-) ich kann sagen, (-) dass äh, (-) wir sind ganz normal von dem hinaus gekommen. (-) Weil auch unserer Eltern haben uns nicht verboten, + (-) nicht zu fahren, und nicht äh, (-) alleine sein. * (-) Ja. (-) Ich glaube, (-) ja, (-) meine Tochter ist auch stolz auf das, (-) dass ich (-) alles-; (-) Möglichkeiten gehabt, dass sie nicht-. (-) Wie sagt man?
I: Behütet.
R: So behütet (-) und beschützt, (-) und äh, (-) nicht gestopft, (-) mit Essen und äh, (-) * (-) und äh, (-) das wird sie schon erzählen, morgen, (-) wie sie sich hat gefühlt. (-) Aber ich kann sagen, dass unsere Eltern, (-) zum Beispiel ich bin auch allein nach Israel gekommen. ** (-) Und nach dem Bruder mit ihnen zusammen. (-) Aber auch in der Tschechoslowakei bin ich gefahren. (-) Nein, (-) ich habe nicht gefühlt, (-) dass sie-. (-) Wir waren sehr glücklich, dass wir zusammen sind. * (-) Ich glaube, dass wir äh, (-) ich <u>glaube</u>, (lachend) dass wir als ganz normale Menschen hinaus gekommen sind. ** (-) Dass wir haben keine (-) speziale äh, (-) Traumatisierung. (-) Wir

können das nicht vergessen.* (-) Und wir haben das drinnen, (-) alle.* (-) Aber, (-) ich glaube, dass ich äh, (-) wenn man sieht nicht (-) die Nummer und wenn man nicht fragt mich, (-) und so kann man nicht so sehen, dass ich ein äh (-) wie sagt man Überlebender?* (-) Ich glaube so. (lacht)* Was würden sie sagen, wie ein (lacht) Spezialist? (lacht)

Hier gibt es eine Offenheit, in der, nach seiner Rede, die Verletzbarkeit zu Gunsten des Belegs seiner und der familiären Unversehrtheit zurücktritt. Es gab im Unterschied zu anderen Familien von Überlebenden keine Enge, keine Grenzen und keine übermäßige Fürsorglichkeit. Dabei gibt in seiner bewussten Rede der Signifikant »offen« eine bestimmte Seite des Inhalts wieder. Nämlich die einer offenen Tür. Du kannst immer durch diese Tür gehen und dir wird nichts passieren, weil *es schon passiert ist*. Diese Seite zeigt sich unverletzbar. Die andere Seite von »offen« ist eben die Verletzbarkeit, die, um im Bild zu bleiben, von dem *mit der Tür ins Haus fallen* getroffen wird. Grenzenlos. Offen im Sinne der offenen Wunde. Diese eine, verletzbare Seite bleibt unbewusst zugunsten der anderen, heroischen Seite der Unversehrtheit. Gibt es aber nicht auch Stellen im Interview, wo die andere, verdrängte Seite des Signifikanten zum Vorschein kommt?

Eine der unerträglichsten Sachen war, wieder mit dem *Signifikant* gesprochen, die Ungewissheit, also die Offenheit, nicht zu wissen, was morgen, in der nächsten Stunde, Sekunde sei, ob man noch am Leben sein würde oder nicht. Es gab Stellen im Interview, wo der Signifikant »offen« nicht für die Familie, den Bruder oder die Beziehung zur Tochter sprach, sondern wo der Signifikant die andere Seite zum Vorschein brachte, jene andere Herkunft aus dem Lager, wo auch alles offen war, aber offen im Sinne der unendlichen Verletzbarkeit.

R: Und wir sind hoffnungslos, (-) wir waren äh, (-) wir haben nicht gewusst, was wir tun nach einer Stunde, und nicht nach morgen, übermorgen. + Das war alles offen. Das war alles wie eine (-) Explose, Exploseplatz.

Die beiden Seiten von »offen« weisen zunächst auf unterschiedliche Kontexte. Die erste, bewusste Seite spricht von einer phantasmatischen Unverletzbarkeit, *weil es schon passiert ist*. Der kursive Gliedsatz verweist auf eine Vergangenheit in der Zukunft. Nicht im Sinne der Tränen, dem Schmerz, der zurückgehaltenen affektiven Reaktion, die sich nachträglich entluden. Die Tränen beziehen sich auf das, was war, sie sind nachträglich, *retrospektiv*. Offenheit im Sinne der

3. Acht Familiengeschichten

Unverletzbarkeit bezieht sich auf Ereignisse, die in ihrer Grauenhaftigkeit nicht mehr zu steigern sind. Die als nachträgliche *Prospektive* in ein unbestimmtes Futur wirken, das ohne Angst sein wird.

R: Die Überlebenden, ja; (-) die sparen <u>Essen</u> und für <u>Brot</u>, * oder etwas, (-) weil sie damals fast verhungern, und jetzt haben sie Angst. (-) Mein Zuhause ist ganz leer. (-) * Ich, (-) ich äh, (-) sammle gar nichts. * * (-) Und ich äh, (-) ich hab keine Angst, (-) ich äh, (-) was kann ich ihnen sagen, (-) dass meine Lebens- (-) äh, ...

I: Einstellung, (-) oder Philosophie

R: Einstellung, (-) Philosophie ist anders wie ein (-) andere Mensch. * * (-) Ich schaue auf die Sachen anders, anders auf, (-) wie andere israelische, oder vielleicht auch Sie, oder-. * (-) Ich bin sehr äh, (-) glücklich, dass ich hab kaltes Wasser. + (-) Vielleicht glauben ganz normale Menschen, glauben nicht, dass Wasser ist etwas Kostbares. Ja? + (-) Für mich ist Wasser <u>viel</u>. * (-) (...) (-) Oder <u>Angst</u>, (-) ich bin äh, (-) ich bin äh, (-) wie sagt man, (-) wenn man eine Injektion bekommt, (-) dann ( ) ( )-

I: Wenn man eine Injektion bekommt-

R: Wegen einer Krankheit.

I: Geimpft.

R: Ich bin geimpft gegen, äh, (-) gegen Angst.

I: Gegen Angst, (-) ja.

R: (lacht) (-) Auch wann der Krieg war da und als Haifa hat Bomben-; (-) ich habe keine Angst gehabt. * (-) Ich weiß nicht, das ist so-. (-) Ich bin-. (-) Tova hat mehr Angst wie ich. * (-) Sie macht alles zu. Und macht äh (-) Alarm. (-) Nicht? * (-) Bei mir ist alles offen. * (-) Ich habe keine Angst. ** (-) Vielleicht ich bin nicht normal in dem. (lacht) (-) Aber ich äh, (-) auch wie ich da war mit dem Gas in Israel (-) von die irakische äh, (-) Raketen (-) sind gekommen nach Israel, (-) * (-) alle sind gegangen mit Gasmasken. (-) Ich war ohne Gasmaske. (-) + (-) Ich habe niemals aufgesetzt die Gasmaske. + + (Das ist so ein) Glaube, (-) schlechter kann es schon nicht sein, als was ich dort mitgemacht hab.

Lacan spricht im *Seminar X* über die Angst als das, was nicht lügt. Es ist jener letzte Punkt im Erleben des gespaltenen Subjekts, der unverfälscht einbricht. Als die Menschen in Haifa Gasmasken trugen, tat Herr Laska, als ob es ihn nicht beträfe, obgleich es ihn als Bürger wohl betroffen hat. Vielleicht weil er weiß, dass man sich nicht wirklich schützen kann. Dass weder die Gasmaske vor dem Gas schützt, wenn es denn kommt, und dass es auch keinen Sinn macht, sich zu verbarrikadieren, das Haus abzusperren, abzudunkeln, weil es immer diese Offenheit gibt, der man nicht entgeht. Eine Offenheit, die sich einstellt, wenn die Angst spricht. Eine Offenheit, die sich eingestellt hat, als er seinen Gott auf die Probe stellte. Weil ab dem Moment, als er den Glauben an Gott verlor, wieder alles offen war. Dies könnte die Wahrheit sein, die aus der Probe sich ergab.

Auschwitz sei so etwas wie seine Impfung gegen Angst gewesen. Er weiß, schlechter kann es nicht werden, *weil es schon passiert ist*. Vielleicht, fragt er im Interview, sei er nicht normal, mit dieser Abwesenheit von Angst, wenn er im Unterschied zu all den anderen Aliens auf den Straßen Haifas keine Gasmaske trägt? Vielleicht ist es aber gerade das signifikante Gas, das aufgehört hatte, die anderen zu töten, als er mit dem Transport in Auschwitz ankam, das ihm keinen Schrecken mehr einjagen kann. In der Schilderung dieser Szene zeigt er sich im Unterschied zu seinen Nächsten als ein radikal anderer, als das eigentliche Alien unter den Gasmaskenträgern Haifas. Und erinnert diese Sequenz seiner partikularen Abgeschiedenheit nicht auch an das halbe Ei, das er niemals aß, weil er als Überlebender in gewissem Sinne immer schon anders war als die anderen Pioniere Israels?

II   Elena Laska (zweite Generation): »But it always was there.«

Wir machten uns zusammen auf den Weg nach Tel Aviv, wo Elena Laska in einem Studio, das sie mit anderen Künstlern teilt, als freischaffende Designerin arbeitet und bereits auf uns und den Interviewtermin wartete. In ihrem Atelier angekommen, stellten wir uns einander vor, Frau Laska führte uns durch das Studio und sprach über ihre Arbeit. Nachdem Ruben aus ihrem Atelier gegangen war, begann ich nach kurzen Erläuterungen zum Forschungsprojekt mit der Aufnahme unseres Interviews.

a)   Sprechen, Fragen und (Nicht-)Wissen

Ich wollte zu Beginn des Interviews von Elena Laska wissen, wann sie zum ersten Mal mit der Shoahvergangenheit ihres Vaters in Berührung gekommen sei.
E: He did not speak about the shoah, when I was a kid. * I just remember (-)

once (-) or twice (-) at night, (-) he was shouting and yelling from the (-) dreams. + (-) And I remember my mother stop (-) and told (-) him (-) everything is ok. * (-) I think, (-) this was the <u>first</u> (-) memory for me * (-) from (-) this story. + (-) And (-) then (-) I think when I was eleven or twelve or something (-) we drove at night. (-) And (-) in a free-, (-) in the (-) highway (-) here in Israel. + (-) And he said: (-) »You see the lights over there? + (-) When I walk with my, (-) my (-) brother (-) in the death walk (-) + + (-) we always (-) tell ourselves, (-) the next light, (-) we will stop.« + + (-) And I think it is the first two memories that I have from + (-) the holocaust. +

Beide Szenen stammen aus dem Alltag der Familie. Sie spielen in der Nacht, in der Dunkelheit, die etwas zum Vorschein bringt: Ein böser Traum des Vaters, aus dem dieser schreiend aufwachte, und eine nächtliche Fahrt der Familie auf der Autobahn. Vermutlich ist das Autofahren ähnlich wie das Träumen etwas, wo die Grenzen zwischen den psychischen Instanzen durchlässig werden. Wo es sich mitteilt, weil etwas offen ist. Noch während Elena weitersprach, klopfte es an der Tür und ihr Vater kam ins Atelier und damit ins Interview. Er hatte sich von außen in den Raum ihres Sprechens *geschlichen*. Somit war er, ob er wollte oder nicht, neben dem *inneren* (imaginären) auch zum *äußeren* (realen) Mitproduzenten ihres Textes geworden.

E: My mother speaks (-) more (-) freely. + (-) But just, I think (-) in the (-) (knocking on the door) (-) last (-) six years (-) it became (-) very, very (-) äh, a big space (-) in our life. (-) But it (-) always was there. +
I: But it always?
E: Was there.

Die Vergangenheit der Familiengeschichte war immer schon anwesend. Diese Aussage relativiert das erste Mal, von dem oben die Rede war, macht es zu einer *Deckerinnerung*. Damit hätte es angefangen, was im übertragenen Sinn bedeutet, dass sich etwas nachträglich als erinnerbare Substanz ins Gedächtnis eingeschlichen hatte, etwas, woran man festhält, weil es Orientierung gibt, weil es den Wunsch nach einem Anfang der Geschichte erfüllt, eine persönliche Markierung, einen *ersten Zug* (Lacan 1962–63). Weil das, was ohne Anfang und damit ohne Ursache ist, auch Angst macht.

I: It always was there. Ja.

E: Yes, (-) here. * (-) You understand? * (-) Even if we don't speak about it, (-) it's, it's, (-) ah, (-) was ahm, (-) (Ruben betritt den Raum und seine Tochter beginnt, mit ihm auf Hebräisch zu sprechen.)
R: Es war da, (-) es war äh, (-) in der Atmosphäre.
I: Ja.
E: It was, yes.
I: An atmospheric feeling.
E: Yes, yes. (-) I always (-) somehow, somehow know about it. * * (-) You understand?

Der Satz: »Es war immer da«, beschreibt nicht nur die *Präsentierung* des Vergangenen, sondern auch, was szenisch geschieht. Indem ihr Vater ins Atelier kommt, sich ins Gespräch einschreibt, um zu sagen, was sich abgespielt hat, stellt er szenisch dar, worüber seine Tochter spricht. Etwas ist offen. Die Tür, der Raum, das Gespräch. Es ist ein Mangel an Grenzen, etwas, das spricht. Eine Atmosphäre, die sich darüber legt, unausweichlich.

Elena fährt fort. Sie hätte nie nach der Shoah gefragt, weil sie aus unbestimmten Gründen davor zurückgeschreckt sei. Vielleicht weil es da ein Tabu gegeben hätte, vielleicht aus Angst vor dem, was die Fragen in ihrem Vater auslösen könnten. Sie sagte: »I can't ask anything. Maybe I felt: Don't go there.« Damit wurde die Vergangenheit zur verbotenen Zone; zu einem Ort, wo ihre Angst sitzt. Es sei ein Land »full of fear to me«. Diesem Land, der verbotenen Zone, war sie als Kind ausgewichen.

E: I, (-) I'm (-) not asking questions. (-) I always kept something (-) äh, (-) I don't want to go near that. * (-) I remember every year in the school. * (-) They show you movies about it and everything. (-) And I never, never get in the class to see the movies. + I think it is because I'm so empathetic. + (-) I feel like I was there. * * And it is very, (-) it was very difficult for me (-) to, (-) to confirm every time ( ) (-) it. (-) I don't know. It, (-) I just-; (-) <u>now</u> I understand my behaviour. + (-) I can't say, I can't-. (-) I never read a book about the holocaust. + (-) And I know everything. * (-) You know?
I: Even * when you * ...
E: I know every detail.

3. Acht Familiengeschichten

Über lange Zeit hatte Elena eine Auseinandersetzung mit der Shoah vermieden. Erst in den letzten Jahren war zusammen mit dem Sprechen des Vaters[168] auch ihr Fragen (»I never ask till the last years.«) leichter geworden. Sie sagt: »Now I know every detail.« Nimmt man das oben Gesprochene dazu, so zeigen sich *zwei Arten zu wissen*. Einerseits das aus dem Sprechen und ihren Fragen in der Familie gewonnene Wissen sowie das, was man darüber sieht, liest, hört und sich aneignet. Daneben gibt es ein anderes Wissen, das von woanders kommt. Ein Wissen, auf das sie in dem Satz: »I never read a book about the holocaust. And I know everything«, Bezug nimmt. Sie weiß, ohne gefragt, ohne etwas darüber gelesen zu haben, ohne dass man es ihr gesagt hätte. Für dieses Wissen scheint es keine Herkunft, keine Überbringer zu geben. Ist es nur in ihr? In ihrer Imagination? Ein Mythos, eine Vorstellung? Oder gibt es eine Herkunft, einen Sender für die Transmission dieses Wissens? Und was ist (neben dem »I know everything«) dessen Inhalt? Elena sagt: »I feel like I was there.« Ist der Inhalt also eine Erfahrung, die sie selber nie gemacht hat? Eine Erfahrung der anderen? Ihres Vaters, der Mutter, Großeltern, die Erfahrung der Menschen in der Shoah? Eine Erfahrung der anderen, die auf unbestimmte oder besser *unheimliche* Art die ihre ist? Es ist nicht leicht, den Status dieses atmosphärisch bestimmten Wissens zu klären. Im Unterschied zu dem Wissen, das man sich aneignet, verändert es sich nicht, ist zeitlos und von einer absoluten Gewissheit durchdrungen. Es scheint, obgleich paradox, keinen Zweifel, keine Widersprüche aufzuweisen und zeugt von einer unmittelbaren Evidenz. Gleichzeitig ist es auch fremd, etwas, das sich auf keine Quelle, keinen Überbringer und keine eigene Erfahrung berufen kann. Es ist ein Wissen über Erfahrungen, die sie nicht gemacht hat, über (familiäre) Erfahrungen vor ihrer Zeit, und gleichzeitig ist es ein Wissen als Erfahrung der anderen, die das Ureigenste ihrer Person ausmacht.

E: (When at first?) take a chance to read a book about the holocaust (-) it was »Sophie's Choice« and I was ahm, (-) I was, (-) I have (-) my, (-) my, my baby, (-) he was two years. The first time I read something about this. * I remember. You know about this book? * Sophie's Choice. (-) She must choice between a little (-) boy a little girl. Ahm. + + (-) And I, I scream. (-) I really screamed. (-) I don't know, but (-) I feel like it happened to me.

---

168 Während der letzten Jahre hätte ihr Vater angefangen, über die Vergangenheit zu sprechen. Elena bringt dies mit dem Tod seines Bruders in Zusammenhang: »But after he died, (-) I think (-) he came, (-) he came to this place, (-) + and started to speak about it (-) and make lectures and everything.«

Dieses präverbale Wissen in ihr ist wie ein Sog. Etwas, das stärker ist als sie, das sie hineinzieht und überwältigt. Es ist als gespaltenes Wissen zwischen dem Subjekt und der Außenwelt situiert. Es ist fremd und gleichzeitig das Eigenste des Subjekts. Die wenigen Kriterien wie die Unbedingtheit, Zeitlosigkeit, Widerspruchs- und Zweifelsfreiheit, die dieses Wissen beschreiben, führen einerseits zum *Unbewussten*, wie es Freud beschrieben hat (1915) und andererseits, indem es eine *Wiederkehr* von etwas Fremden darstellt, das gleichzeitig das Ureigenste der Person ausmacht, zu dem, was Freud das *Unheimliche* (1919) nannte. Ein weiterer Aspekt liegt in der Unklarheit über die Herkunft dieses Wissens, eine Unklarheit, die zu Phänomenen führt, die in der Literatur als *Transposition* (Kestenberg 1998) oder *Telescopage* (Faimberg 1987) beschrieben werden. Dieses Wissen – als eine Erfahrung über die Erfahrung der anderen, die sich nicht über das Gespräch, sondern atmosphärisch von außen kommend in ihr Innerstes eingeschlichen hat – führt zu der Schwierigkeit, das eigene von dem des anderen zu trennen.

E: It was (-) <u>always</u> like I, (-) I didn't ask questions, (-) I just heard when + it came, (-) here and there, + (-) but I never ask. + (-) I never ask. + (-) Till the last years.

R: (Spricht zu seiner Tochter auf Hebräisch)

E: (Zunächst antwortet Elena ihrem Vater auf Hebräisch, um alsdann wieder im Englischen fortzusetzen) (-) I speak about (-) <u>my</u> (-) <u>memories</u>. Maybe you (-) feel <u>different</u>. (But?) it's not secret or something, but I speak about my memories. And I remember that you, (-) you (-) not speak about it. But that's what I remember. *

R: Okay (-) (fährt fort, Hebräisch zu sprechen)

E: (Hebräisch)

R: (Hebräisch)

E: Well. (-) ( ) If I'm not asking you about (-) ah ...

R: Ich, ich erinnere mich ( ), aber ich sage, (-) wie bei der Polizei. Jeder sagt anderes. (lachen)

E: I don't remember that I ask. *

I: You don't remember?

E: No. * (-) Maybe I ask him, but I don't remember it.

Ausgehend von dem paradoxen Status des *Wissens als Erfahrung um die Erfahrung der anderen* verwischen sich die Grenzen zwischen Träger, Sender und

Inhalt der Botschaft. Ob tatsächlich gefragt wurde, erscheint in diesem Kontext irrelevant. Vielleicht hat Elena nie gefragt, aber unabhängig davon hat sie Antworten bekommen, die Ruben vielleicht niemals gegeben hat, zumindest nicht auf bewusster Ebene.

b)   Generationelle Objekte

Das Wissen als Erfahrung um die Erfahrung der anderen ist etwas, von dem man sagen kann: Elena weiß, dass sie nicht wissen kann, was sie weiß. Es gibt in jeder Familiengeschichte dieses Wissen, das sich an bestimmten Objekten materialisiert und vielleicht ist es auch ursprünglich von diesen Objekten ausgegangen. Vielleicht wurden diese Objekte über die Handhabung in alltäglichen Szenen zu dem eigentlichen Träger des Wissens. Zu diesen Objekten zählen unbelebte wie belebte, materielle wie nicht materielle, Gedanken wie Wörter, ein Satz ebenso wie ein einzelner Ton, ein Buch, ein Haus, ein Mythos ebenso wie ein Schaukelpferd. Alles, was sich im Austausch befindet und geeignet ist, als Symbol zu fungieren, eine Verdichtung der Familiengeschichte, der Erfahrung zu transportieren. Auch eine Situation kann Objekt der Transposition oder Tradierung sein. Elena erzählt im Interview über diese Dinge in ihrem Leben, die sie an die Shoah-Geschichte ihrer Eltern erinnern.

E: The little things, you know? * (-) If you go to a movie, (-) I always look, where is the door that I can go out. * (-) Or every time when there is a line, (-) I look, what line is better to stand. + (-) And all little things, (-) *you know*. + (-) And I always äh (-) think about (-) doctors, (-) or anything, (-) I don't ( ) small things, you know-.

Die kleinen, alltäglichen Dinge seien es, die sie träfen. Die Dunkelheit eines Kinosaals, Menschenreihen vor Supermarktkassen, Situationen, die in ihrer Alltäglichkeit allgegenwärtig sind. Situationen, denen man nichts ansieht, wenn man nicht hinsieht. Aber über bestimmte auslösende Details, bestimmte Qualitäten und Eigenschaften in der Szene wie die Dunkelheit, die Enge eines Raumes, eine Menschenschlange, das Wartenmüssen, setzen sich die alltäglichen, kleinen Dinge assoziativ mit dem Leben im Lager in Verbindung. Denn auch dort, in der *Extremsituation* (Bettelheim) des Lagers kamen diese Dinge vor und gerade sie waren es, die das Alltägliche des Lagers ausmachten, diese unfassbare Tendenz der Grenzsituation, in Normalität umzuschlagen, die Agamben sagen lässt: »Auschwitz ist genau der Ort, an dem der Ausnahmezustand vollkommen mit der Regel zusammenfällt und die Extremsituation zum Paradigma des Alltäglichen selbst wird« (2003, S. 43). Elena Laska fuhr im Interview fort, nach Situationen und Dingen aus ihrem Alltag zu suchen, die sie unweigerlich mit ihrer Familiengeschichte verknüpfte.

E: I even don't think about it. But it-.
I: It's just inside.
E: Yes, (-) yes, (-) what else? (-) Yes, (-) I always (-) äh, (-) if I have (-) an (-) example a (count?) in the bank, (-) I always must ( ) my daughter or my son (to) know about this. * (-) Because if something happens to me, (-) they must know about it. ** (-) You know. Or if äh, * something happens, I must run away, I don't know. (...) (-) They must know if something happens to me, (-) they must, they must know about it. (-) A bank account. And everything. If something happens to me. (-) + But, why is something happens to me. (-) Do you understand? (-) If I must run away for example (lachend), (-) but it's funny.
I: But you think maybe this is related to the past?
E: Yes. And also, I very, very want all the time my children be together. (-) And one for each other, like the three muscatels.

Ihre Großmutter hatte sich in dieser Situation befunden, wo die Ängste, die Elena zum Ausdruck brachte, realisiert wurden. Die Großmutter wurde von den Kindern getrennt und sie hatte sie erst nach der Befreiung wiedergesehen. Für sie sei es eines der schlimmsten Dinge gewesen, dass sie nicht wusste, ob sie ihre Kinder noch einmal sehen würde. Vielleicht kommt aus dieser familienhistorischen Verknüpfung Elenas Angst und der Wunsch, ihren Kindern immer Bescheid zu geben: »They must know.« Sie müssen wissen, was ihr Vater und ihr Onkel nicht wussten, sie, ihre Kinder, müssen wissen, wo sie wäre, wenn ... Eigentlich geht es in diesem Beispiel nicht um die Situation sondern um eine mit dieser Situation verknüpfte Vorstellung. Diese Vorstellung ist vage genug, um sich das Schlimmste auszumalen. Hier erzwingt das Wissen als Erfahrung um die Erfahrung der anderen eine die Vorstellung abwehrende Handlung. Die Kinder müssen wissen, denn es könnte ihr etwas passieren.

Ähnliches gilt, wenn sie ihren Kindern sagt, dass sie füreinander da sein sollen. Sie selbst bringt dieses Beispiel später in Verbindung mit der symbiotischen Beziehung ihres Vaters zu seinem Bruder während der Zeit im Lager.

3. Acht Familiengeschichten

Vor allem ihren beiden jüngsten Söhnen, die drei Jahre auseinander liegen, sage sie immer wieder: »Be together«, und: »Help each other«. »That I tell them all the time. (-) You have just äh, (-) you have, (-) for you (-) it is your brother and it is the same story like (-) *theirs*. (-) Two brothers. (-) And they help each other.« So macht sie ihr Wissen aus Erfahrung über die Erfahrung der anderen zur Regel für die nächste Generation. Es sind vor allem die Kinder, *ihre Kinder*, und *Krankheiten*, die idiosynkratische Momente einer Tradierung der Erfahrung der anderen herstellen.

E: I'm not afraid from (-) anything like (-) I have no (-) food, or I have no job, I have no money, because, I tell myself, all the time you can do something. *
I: There is a big trust in life.
E: I think it's second gener-, (-) people of second generation. (-) I think, (-) that you can manage in all the (-) places. +
R: (Sagt etwas auf Hebräisch zu seiner Tochter)?
E: ( ) children is different. Kids or illness, or something is *different*. (-) But ah, for myself I know I can survive.
I: What do you mean, kids and illness is different?
E: I'm, (-) I'm afraid about my kids. (-) You know and illness is very frightening.
 * (-) But you know, (-) managing life, I'm not frightening.

Kinder und Krankheiten sind die Signifikanten, auf die ihre angstfreie Lebenseinstellung nicht anwendbar ist. Elena Laska kennt keine Angst, außer jener um ihre Kinder sowie vor Krankheiten. Beide Signifikanten, als Träger der Erfahrung über die Erfahrung der anderen, sind mit einem symbolischen Tod verbunden. Den der Kinder, als sie von den Eltern getrennt wurden, und den ihres Vaters selbst, nachdem er im Lager von Buchenwald vom Bruder getrennt, schwer erkrankt, beinah gestorben wäre. In beiden Signifikanten liegt diese Nähe zum Tod, zum symbolischen Tod des anderen, und beide signifizieren das, was aus ihrer Haltung fällt. Diese Dinge, die von einer Generation auf die nächste tradiert werden, liegen im Bereich des sprachlich Fassbaren. Elena stellt selbst die Verbindungen zur Familiengeschichte her. Über das Darüber-Sprechen wird es für sie zu einer Erfahrung mit dieser Nähe zum Tod, die sie den anderen mitteilen kann. Im Interview erwähnt sie zwei Beispiele für eine generationelle Transmission von Erfahrung, die ihr erst später über ihren Vater bewusst gemacht wurden.

E: My profession, (-) I'm potter. You know what it is potter?
I: Töpfer.

E: Ceramic. (-) And I always stayed on the pots ( ) (-) and (-) once he tells me, you know your grandmother in the camp she painted on pots and everything. + But (-) she had very good hands also. * (-) She had very good hands to do everything. My father had very good (-) hands also.

Die begabten (good) Hände symbolisieren das, was in der Familie an guten Dingen weitergereicht wurde. Mit diesen Händen schien Elena wie von selbst zur Töpferei, zur Arbeit mit Keramik gelangt zu sein. Sie hatte erst im Nachhinein von ihrem Vater erfahren, dass die Großmutter im Lager mit Töpferei zu tun gehabt hatte. Ähnlich verhält es sich in dem folgenden Beispiel.

E: Years ago I started to collect rocking horses, you know, what is rocking horse? * (-) But small one. (-) And after he told me (sie spricht Hebräisch zu ihrem Vater).

R: Ich war auch im Lager in Slowakei + (-) ich habe gearbeitet in der Tischlerei, ich habe auch ge( ) die, die Pferde, (-) damals war Eichmann, ich habe ihn getroffen dort, + ( )

I: Er ist neben dir gestanden.

R: Ja, ja. (-) Er hat auch mich angeschaut, wie ich das gemacht hab. (-) Sie sagt, sie hat es gemacht auch.

Herr Laska musste im Lager von Sered in einer Tischlerei arbeiten. Dort machte er unter anderem Schaukelpferde. Einmal war Adolf Eichmann, der Organisator des Judenmordes, in Sered und auch in der Tischlerei gewesen. Erst später, nachdem Elena bereits eine Sammlung von Miniaturschaukelpferden besaß, erzählte er ihr davon. Das Schaukelpferd wie die Töpferei sind nachträglich familiäre Objekte der Tradierung geworden. Über das Sprechen und die Erzählung wurde eine Verknüpfung hergestellt, die zuvor nicht bestanden hatte. Eine Symbolisierung der Geschichte. Als Miniaturabbild.

Mit dieser Sammlung der Miniaturschaukelpferde ist es, als ob sie jenen Augenblick aus dem Leben ihres Vaters in zahlreichen kleinen Abbildern, die alle anders sind, festgehalten hätte. Eine Tendenz zu Vervielfachung, zu Multiplikation und Diversifikation. Man muss an die kleinen Dinge (the little things) denken, von denen Elena spricht, die sie treffen. Sie hat in ihrem Atelier ein Regal, auf dem viele kleine Miniaturen stehen. Nicht nur Schaukelpferde. Es ist neben der Vervielfachung auch eine Tendenz zum Kleinen und Kleinsten. Beschreiben nicht beide Prozesse – die Vervielfachung und die Verkleinerung –

etwas, das einer Erinnerungsarbeit sehr nahekommt? Ist Erinnern, Wiederholen und Durcharbeiten (Freud) nicht immer auch mit der Verkleinerung des Gewesenen, der Zerlegung in Einzelheiten und einem ständigen Wiederholen, also Vervielfachen dessen, was war, verbunden?

c)   Ein offenes Haus vs. »a holocaust house« – unterschiedliche Identifizierungen

E: But I can tell you that I never felt (-) that I grow up in a (-) house, (-) in holocaust house. * I don't know if you understand. * (-) (...) (-) A different house is a holocaust house. You know? * (-) In one house the food was, (-) every, (-) all kind lot of food * in their refrigerator. * (-) Or (-) they never allow their children to go (-) away. * (-) I grow up like a free spirit. (-) My ( ) was very free. (-) No subject about the food. + (-) No hiding things. (-) + (-) Äh, (-) it was, (-) I think because they were young. + + (-) *I think that was the reason.* + + (-) I always go to (-) ( ) with my friends. (-) And never, (-) never tell me: »Come at nine o'clock home.« * (-) »Come when you want.« * (-) They trust me, you know? + (-) I always I felt that they trust on me.
R: Das habe ich dir auch gesagt. * *
E: (Hebräisch)?
R: (Hebräisch)
E: Nothing, nothing about the typical things about the (-) survivors.
I: Has there been difference to your grandparents?
E: No. (2) The grandparents (-) ( ) the same. + (-) And I can tell you, that I think, äh, (-) I'm optimistic, because of his, because he is very (-) optimistic, (-) and it comes, it comes to me, (-) ++ to me.

In dem offenen Haus, von dem ihr Vater gesprochen hatte, war die Tochter wie ein freier Geist aufgewachsen. Im Unterschied zu den typischen Dingen in einem »holocaust house« gab es in ihrem Elternhaus ein großes Vertrauen und keine Einschränkungen. Ruben hatte von diesem Vertrauen auch in Bezug auf seinen Vater und einer Szene aus der Shoah gesprochen.[169] Es zeigt sich eine Konti-

---

[169] Als Ruben Laska im Interview von Sered erzählte, als man die Familie suchte und abtransportieren wollte, sagte er: »Große Liebe war in der Familie, * und Vertrauen, (-) und wir sind auch von ( ) weggelaufen. + (-) Der Vater hat gesagt, geht dorthin, und geh über den (-) Wagen, + (-) er hat uns (-) äh (-) vertraut, + dass wir das können machen.«

nuität in den *bewussten Identifizierungen* vom Vater zur Tochter. Elena spricht von ihrem Optimismus, von ihrer Angstfreiheit und darüber, überall leben zu können. Mit Ausnahme ihrer Ängste um die Kinder und vor Krankheiten hat sie keine Angst vor dem Leben (»managing life is not frightening«). Diese Eigenschaften kämen von ihrer Familie und in diesem Sinne war ihr Zuhause auch anders als ein typisches »holocaust house«. Das »typisch« (»the typical things about the survivors«) meint ein bestimmtes Bild, etwas Imaginäres, eine Verallgemeinerung und Hypostasierung, der gegenüber sie sich anders, als die Tochter eines anderen, eben nicht eines typischen Überlebenden erlebt. In gewissem Sinne hat sie das Gefühl der Andersheit ihres Vaters übernommen. Frau Laska spricht auch von ihrer Mutter und deren Eltern, die im Budapester Ghetto überlebten.

E: So I know story about the ghetto and all the things. + (-) But they survive also, (-) and her family also, (-) in the ghetto.
I: So there were quite ah, similar ah, experiences-.
E: Yea, (-) the survivor.
I: Survivor.
E: Yes. (2) The survi<u>ving</u>.
R: Du weißt, dass man, in Budapest hat man die Leute (-) genommen zu der Donau, * (-) hat man hineingeschießen.
I: Erschossen in der Doanu, ja.
R: Erschossen. * (-) Und die Mutter von Elena war auch auf dem Weg. Dorthin.
E: Yea. (-) But she had (-) a very strong grandfather. * (-) She (Hebräisch) an (Hebräisch) like his father. (-) * And he tell them, all the family: »When we go to the Danuba they, (-) they äh (-) tell the word äh, (-) with äh ...
R: Schießen.
E: Recall, (-) and, you, (-) when you hear the word, recall you drop to-, you jump to the water. + + (-) And it was, (-) they were in the line, and it was too dark and go home. * * (-) But, (-) he, (-) he was a survivor also. (-) * Not go to dying. * * (-) Help yourself.
I: Help yourself. * And there will be a way *
E: Help yourself. + And this is a story, that (-) I know. * * And I know this story from ( ) side. (-) It's, (-) you feel strong.

Man kann auch hier diese Eigenschaften hören. Vielleicht sogar deutlicher. Es sind vor allem Eigenschaften der Stärke (»the power«), die nicht im Gegensatz zur Shoah stehen, sie sind das phantasmatische Substrat daraus. Die Stärke, nicht in den Tod zu gehen, zu leben, sich selbst zu helfen, das Vertrauen, nicht aufzugeben, an sich selbst zu glauben und daraus die Stärke zu ziehen, dies sind die Eigenschaften ihrer bewussten Identifizierung. Diese Eigenschaften scheinen doch aus einem »holocaust house« zu stammen und zwar in dem Sinne, dass sie ihre partikularen Erfahrungen mit den Erfahrungen der anderen transportieren. Wohingegen jenes »holocaust house«, von dem Elena Laska spricht, das typisierte Bild einer Überlebendenfamilie darstellt.

In der Gegenüberstellung des offenen Elternhauses mit den typischen Dingen in einem »holocaust house« zeigen sich zwei unterschiedliche Identifizierungen als Identifizierungen der anderen. Zum einen sprach Ruben in den Interviews von seiner starken Identifizierung mit den Sabres, den in Palästina geborenen Töchtern und Söhnen jüdischer Pioniere. Ausgehend von dieser Identifizierung wurde das ambivalente Bild, das sich die Sabres und die Pioniergemeinschaft von den Überlebenden der Shoah, auf die der Schatten der Vernichtung gefallen war, machten, über den Vater von der Tochter übernommen. Zu den typischen Dingen würde demnach der verbreitete Mythos gehören, dass die europäischen Juden wie Schafe zur Schlachtbank geschritten, also in den Tod gegangen wären, ohne sich gewehrt zu haben. Kein »help yourself«. Das wäre – als Überzeichnung – eine der typischen Eigenschaften – wie Angst, Feigheit, Passivität und Schwäche – der Überlebendenfamilien, so wie sie von der israelischen Gesellschaft in den 50er und frühen 60er Jahren sehr oft gesehen wurden (vgl. Klein 2003; Brunner 2005).

Die positiven, optimistischen Eigenschaften hingegen, die als »mythos of survival« (Klein/Kogan 1986) beschrieben werden können, bezeichnen die partikulare Überlebensgeschichte ihrer Familie und die Atmosphäre des offenen Hauses. Blickt man genau hin, dann sind diese positiven Eigenschaften, die Elena von zu Hause mitgenommen hatte, auch jene der Sabres selbst: deren Stärke, ihre Angstfreiheit, ihr grenzenloser Optimismus sowie das Vertrauen, aus dem eigenen Tun etwas schaffen zu können. In diesem Sinne wäre Elena nicht nur ein »survivor« (»but for myself I know, I can survive«), sondern vor allem auch ein wirklicher Sabre, die Verkörperung dessen, was der Vater nie war, aber damals zu sein erträumt hatte.

d) Ihre Kunst: »Everything is under.«

Beide Identifizierungen sind letztendlich grobe Abstraktionen und stellen den interpretativen Versuch dar, der notwendigen Abwehr der traumatischen Shoaherfahrungen über die Generationen hinweg zu folgen. Im Interview mit Elena traten neben ihren großteils positiven und optimistischen Identifizierungen auch Risse auf, die vermuten ließen, dass darunter noch etwas anderes stecken könnte. Eine Symbolisierung dieser Risse findet sie in der Kunst, die als ein Transformator für die Schattenseiten fungiert, um das zu sagen, was sich jenseits der Sprache befindet.

E: I just think now about my arts, + and, (-) let me tell you, that äh, I never ask, but I know that it (-) is there. + If you see my art, you see something, but everything is under. + (-) + (-) And it's something (-) äh (interesting?) (-) for me now, (-) I just connected something. + ( ) thought.
I: What do you mean everything is under, also?
E: Okay, (-) this lady (sie zeigt auf eine Skulptur) (-) she is very nice, historic, + (-) and everything, (-) but in her skirt there are lots of little demons. * (-) * (-) Something like this. (-) If you are not looking about the little figures, (-) the little devils and demons and everything, (-) * (-) she looks like very nice (-) and quiet. (-) Something like this. *
R: (Er spricht Hebräisch zu seiner Tochter.)
E: (Sie antwortet mit einem Wort auf Hebräisch.)

Das Thema ihrer Kunst, die Skulpturen, die sie herstellt, wurde von mir gegen Ende des Interviews nochmals eingebracht. Ihr Gedanke im Interview war nun, dieses andere prähistorische Wissen ohne Träger und Herkunft mit dem zu verknüpfen, was sie in ihrer Kunst produzierte;[170] dass dieses Wissen um die Erfahrung der anderen über das Medium ihrer schaffenden Kunst einen symbolischen Ausdruck finden konnte. In all ihren Werken ist etwas versteckt, das dem ersten Anschein widerspricht. Etwas anderes als der schöne Schein, den eine oberflächliche Betrachtung verspricht. Eine Spaltung zwischen dem äußeren Bild und dem darunter. Zwischen der Oberflächenfigur und dem, was im Bild nicht sofort zum Vorschein kommt. Als Beispiel nimmt sie die von ihr geschaffene Skulptur einer schönen Frau: »she is very nice, historic and everything«, aber blickt man genauer hin, erkennt man die kleinen Teufel und Dämonen, die in ihr Kleid eingewebt sind.

Der Prozess ihres Schaffens legt das Eigentliche unter die Fassade. Man sollte

---

[170] Was ein neuer Gedanke war, nachdem sie zuvor mehrmals betonte: »But my art is very different, it is not connected with the story« und nun sagte sie: »I just connected something ...«

»everything is under« richtig hören. Sie sagt nicht, dass neben dem Schönen auch ein Abgrund existiert. Nicht etwas, sondern *alles* befindet sich darunter. Es handelt sich also nicht um eine Spaltung, ein Vexierbild, ein Abbild der Janusköpfigkeit. Sondern das Entscheidende ist eben das, was darunter ist.

Die Präsentierung der Vergangenheit in Form von Wissen ohne Herkunft und Träger ist auch ein Mangel an Distanz, sowohl zeitlicher als auch räumlicher Art. Wenn sie sagt: »It always was there«, scheint nichts zwischen ihr und dem Wissen zu sein. Die Distanz ist aber ein produktiver Faktor, indem sie einen Mangel ins Subjekt einschreibt zwischen dem Bild und dem Betrachter, dem Namen und dem Benannten, dem Symbolischen und dem Realen. Diese Distanz beginnt mit dem Sprechen. Solange sie nicht fragt und trotzdem weiß, also solange sie nicht spricht und alles versteht, gibt es weder Distanz noch Mangel. Das *Unheimliche* an diesem atmosphärischen Wissen liegt genau in dieser Abwesenheit von Distanz, Mangel und Sprache. Für Lacan (1962–63) liegt das Wesen der *Angst* in einem mangelnden Mangel, in einer Offenheit, wo sich nichts (kein Wort) zwischen das Subjekt und den Anderen schiebt.

Dieser Mangel an Mangel kommt auch in Bezug zur Sprache ihrer Kunst vor. Die oben zitierte Szene über das Darunter in ihrer Kunst setzte sich nach einem kurzen, hebräischen Wortwechsel zwischen Vater und Tochter folgendermaßen fort:

E. And if I mean (-) ever the surviving, + that I go to study a art teacher, (-) in the beginning that I-, (-) the reason was, (-) that I can work (-) without the words. (-) Without the words I can do art teacher. * (-) I can do (-) teach art. + + (-) It's not so correct now, but we thought it.

I: But there is, maybe, also, (-) to be, (-) you are secure, when you can go everywhere. (-) * (-) And you are not-

R: Man, man braucht nicht die language. You don't know the ...

E: The language. * (-) *

R: Es ist praktisch. (-) Es kann praktisch sein.

E: But you must know the language. (-) (Lachend) (-) We thought no, (-) but (-) ( ) you must know.

Es zeigt sich, dass Elena Laska selbst mit dem Gedanken einer universalen Sprache, der nichts mangelt, spielt. Es wäre eine Sprache, mit der man, ohne zu sprechen, unterrichten hätte können, die alles ohne zu sprechen sagt. Dies lässt an das Wissen ohne Träger und Herkunft denken. Sie hat aber erkannt, dass es nicht ohne Worte gehen würde. »You must know the language« bedeutet im übertragenen Sinn soviel wie eine nachträgliche Einsetzung der Sprache als Ort des Anderen.

3.8 Die Geschichte der Familie Tann

Frau Prohazka war als junge Frau schon während des Austrofaschismus gegen den österreichischen Ständestaat und während des Nationalsozialismus gegen die NS-Diktatur im Widerstand. Sie wurde zwischen 1934 und 1945 immer wieder für mehrere Monate inhaftiert. In den ersten Jahren nach der Befreiung war sie politisch aktiv und spielte eine gewisse Rolle im Nachkriegsösterreich bis zum Abzug der Alliierten Truppen. Dann war ihre Person, ihre politische Person, für die nächsten 35 Jahre in Vergessenheit geraten. Im hohen Alter wurde sie medial wiederentdeckt. Herumgereicht. Eine Königin, wie ihre Tochter empfand. Nur hatte die Tochter dies niemals vor ihrer Mutter gesagt. Das sei nicht möglich gewesen. An so etwas hätte sie nie gedacht. Zum Zeitpunkt des ersten Interviews lebte ihre Mutter, als eine hoch betagte Dame, noch. Sie zu interviewen, wäre allerdings undenkbar gewesen. Vor dem abschließenden dritten Interview mit der Tochter war die Mutter verstorben. Die Tochter hatte mir im kommunikativen Validierungsgespräch untersagt, ihren Text in irgendeiner Form zu veröffentlichen. Denn, so argumentierte sie, »irgendwann stößt wer drauf und macht was draus«. Das wolle sie nicht. Man würde sie sofort wiedererkennen, nachdem sie sich im Text sofort erkannt gefühlt hatte, was den Text an sich umso spannender machte. Aus diesem Grunde erscheint ein anderer Text, von dem ich im Schreiben noch nicht wissen konnte, ob er jemals erscheinen, die Zensur der Tochter passieren wird.

**I   Erna Tann (zweite Generation):
»Damit mich ja keiner anschaut.«**

Nach einem langen Telefonat mit Frau Tann, das mir die generationelle Dynamik der Familiengeschichte aus Sicht der Tochter vor Augen führte, trafen wir uns trotz ihrer Bedenken zu einem ersten Interview. Dass sie kam, lag an einer Klage, der ich am Telefon zuhörte: Niemand hätte sich bis jetzt dafür interessiert, was die politische Geschichte der Mutter für die Kinder bedeutet hatte.

3. Acht Familiengeschichten

E: Wen interessiert das schon? Alle Autoren schrieben alleweil das Gleiche. + Sie wiederholen ja nur <u>ihre</u> Erzählungen, nicht? Aber außer ihnen hat überhaupt noch nie ein Mensch gefragt: »Was war mit dir? + (-) + Was war mit dem Rest der Familie?«

Über diesen Rest, den ihre Geschichte mit der Geschichte der Mutter ausmachte, erzählte Frau Tann in den Interviews. Diese Familiengeschichte soll einen zentralen Aspekt der generationellen Dynamik zum Vorschein bringen. Es geht dabei um das Moment der *historischen Überhöhung*, etwas, das für die Kinder mit einem Schamgefühl, dem Gefühl des eigenen Ungenügens belegt sein kann. Die historische Überhöhung findet sich in Familien, wo die Kinder dem Ruf der Eltern nicht entkommen. Zum Beispiel, wenn der Vater ein berühmter Komponist ist, geht sein Ruf als Stimme der anderen über das idolisierte Bild vom Vater dem Leben des Kindes uneinholbar voraus. Wohin immer sie auch kommen, der Name des Vaters, der Mutter, der Familie ist schon dort. Die historische Überhöhung erschwert zahlreiche generationelle Dynamiken. Es kann zu einer unauflöslichen Rivalität kommen, zu einem fortgeschriebenen Scheitern der Kinder, die sich am Ideal der Eltern abarbeiten, ohne es jemals hinter sich zu lassen, etwas Eigenes daraus zu machen. Die historische Überhöhung meint, dass der Ruf, der Name des Vaters, der Mutter etwas Unzerstörbares wird, indem er sich in die kollektive symbolische Ordnung eingeschrieben hat. Dieser Name wird zu einer Vorstellung der anderen, an der prinzipiell jeder partizipiert. In der Vorstellung der anderen ist das Kind schon gesehen, schon gedacht als das Kind des berühmten Komponisten, der berühmten Schriftstellerin usw. In Zusammenhang mit Nationalsozialismus und Holocaust ist etwas Ähnliches mit manchen Namen der Überlebenden, der Widerstandskämpfer und ehemaligen Lagerhäftlingen passiert. Ihre Geschichten fanden nach Jahren des Schweigens einen Platz im öffentlichen Gedächtnisraum. Diesem Platz kann das Kind nicht entgehen. Egal wohin es geht, es passieren Dinge, die es eben immer wieder auf die Geschichte der Eltern reduziert. So führt auch die historische Überhöhung zu den Phänomenen der Transposition. Ob die Kinder wollen oder nicht, sie leben über den Namen und die Einschreibung des Namens in das kollektive Gedächtnis der Bücher und Bibliotheken des öffentlichen Erinnerns in der Geschichte der Eltern. So wird die historische Überhöhung zu einer symbolischen Kastration. Sie können dieser Geschichte nicht entgehen. Werden von außen immer wieder darauf zurückgeworfen. In vielen Interviews mit Kindern der

Überlebenden kam dieser Aspekt schon allein dadurch zum Ausdruck, dass sie sich nicht als Opfer der Geschichte und der Erfahrungen ihrer Eltern verstanden wissen wollten. Sie wehrten sich gegen die Vorstellung der anderen, als Fortschreibung der Geschichte ihrer Eltern zu existieren. Weil diese Fortschreibung das partikulare ihrer eigenen Geschichte verleugnen würde. Ein weiterer Aspekt der historischen Überhöhung, der in dieser Familiengeschichte vielleicht nicht so stark im Vordergrund stand, liegt in der unvorstellbaren Gewalttätigkeit der historischen Ereignisse selbst. Nämlich jener Gewalt, die aus den Überlebenden der Lager symbolisch Gestorbene machte. Schon im Wort des Überlebens steckt dieser Superlativ, dieses Über-Leben, an dem die Kinder zerbrechen können. Dieses Über-Leben macht die Eltern unendlich stark wie unverwundbar, aber ebenso unendlich schwach und versehrt. Bei der historischen Überhöhung ist der Ruf der Eltern etwas, das von außen ins Leben der Kinder dringt und das Leben der Kinder selbst überleben wird. Etwas, was die Eltern gewissermaßen unantastbar, unüberwindbar macht. Es ist ein Leben der Kinder im Schatten dieser Überhöhung als eine symbolische Kastration.

a)   Geschichtliches zur Mutter: Vorwurf

Erna Tann erinnerte im Interview an den Primiereabend eines Filmes über ihre Mutter, zu dem sie gemeinsam mit ihren Geschwistern und der Mutter gegangen war. In diesem Film hätte die Mutter auch ihre damalige Sexualaufklärung für die Arbeiterinnen (in der Ersten Republik) erwähnt, was für die Tochter grotesk klang, war sie doch wie auch ihre Schwester von der Mutter niemals in diesen Dingen aufgeklärt worden.

E: Also, also wir haben uns geniert, meine Schwester und ich, also echt wahr, wir sind den ( )-. Sie hat den Frauen erklären müssen, was ein Orgasmus ist. Erstens einmal hat sie das Wort schon so verdreht ausgeredet gesprochen gehabt, ich habe mir gedacht, ich verschwinde unter den Kinosesseln. [...] Und in ihrem Film hat sie das eben gesagt, dass sie die Frauen fast alle aufge-, (-) aufgeklärt hat, was + + das Gehabe zwischen Mann und Frau. + + Ich habe mir gedacht, ich versinke. +

Frau Tann sah im Kinosaal eine doppelte Mutter: Zum einen jene, die sie mit dem Auto hergebracht hatte, also die Mutter als Zuschauerin ihres eigenen Films, und jene andere, die von der Leinwand zu einem anonymen Publikum sprach. Diese Verdoppelung der Mutter, jene vor und jene hinter der Bühne, empfand die Tochter als etwas Widersprüchliches. Ihr Bild der Mutter und das inszenierte Bild klafften auseinander. Was in den Erinnerungen der Tochter die Mutter porträtieren würde, war eben das, was im Film unausgesprochen blieb. So hatte es Frau Tann im Prinzip mit zwei Müttern zu tun. Einer öffentlichen und einer privaten, einer inszenierten und einer intimen. Diese Verdoppelung vergegenwärtigt einen Konflikt, der von der Tochter aber niemals offen zur Sprache gebracht wurde. Es ist, als hätte die Mutter zwei Leben gelebt, wobei sich die Tochter von der politischen Seite, die medial inszeniert wurde, immer ausgeschlossen fühlte. Als würde dort von der Bühne eine andere Frau sprechen, nicht die Mutter, sondern eine politische Kunstfigur. Frau Tann schämte sich, sie wollte »versinken«, unter dem Kinosessel »verschwinden«, um der empfundenen Peinlichkeit zu entgehen. Woher diese Peinlichkeit? Warum diese Scham? Wofür? Es gab einen unausgesprochenen Vorwurf, den Erna Tann ihrer Mutter machte, ohne ihn jemals offen gesagt zu haben. Damals während des Kriegs, als der Vater in die Wehrmacht eingezogen wurde, musste die Mutter ihrem Mann versprechen, während seiner Abwesenheit stillzuhalten und den Widerstand gegen die Nazis aufzugeben, um die drei kleinen Kinder nicht zu gefährden. Die Mutter hatte es versprochen, aber nicht gehalten. Der Vater kam aus dem Krieg nicht mehr zurück. Immer wieder kam Frau Tann in den Interviews auf diesen Punkt zurück und damit auf die Ambivalenz, die mit der politischen Figur ihrer Mutter immer schon verbunden war. Das, wofür die Mutter nachträglich bekannt wurde, wofür sie im hohen Alter zahlreiche Ehrungen und Auszeichnungen erhalten hatte, verkörperte gleichzeitig dieselbe Handlung, die Erna Tann ihrer Mutter immer vorgeworfen hatte: dass die Mutter, indem sie sich für die KZ-Häftlinge einsetzte, das Leben der Kinder *aufs Spiel* gesetzt hätte. Die töchterliche Klage verkörperte den Schuldvorwurf an die Mutter, dass diese dem letzten Willen ihres Mannes nicht entsprochen hat. Dies ist eine symbolische Schuld.[171]

T: Naja, aber die Kinder hat sie hinten gelassen. + Ohne dass sie gewusst hat,

---

[171] Frau Tann erzählte im Interview, dass ihre Mutter einmal gesagt hätte, dass sie nach schwierigen Entscheidungen, die zu treffen gewesen wären, im Geiste immer ihren gefallenen Mann fragen würde, ob er ihre Entscheidungen für richtig befinde. Dieses zwanghaft anmutende Zwiegespräch mit dem Geist des Gefallenen deutet auf jene symbolische Schuld, die sich aus dem gebrochenen Versprechen nährte. Aus der Literatur kennt man auch das Motiv der untoten Geister, die solange nicht zur Ruhe kommen, bis ihr letzter Wille umgesetzt und damit die symbolische Rechnung beglichen wurde.

was mit ihnen passiert. + Sie hat ja nicht gewusst, was mit uns passiert ist. + (-) Und damals haben sie sie ja in der Nacht verhaftet und weggebracht und wir sind allein gewesen.

I: Das war ...

T: Das war während des Krieges.

I: 43, 44

T: So herum, nicht, haben sie sie verhaftet in der Nacht. Meine Schwester hat Lungenentzündung gehabt und ich war noch so ein Botscherl.

I: Haben Sie das noch vor Augen?

T: Nein. Ich habe das nicht mehr, (-) also nicht mehr v-; (-) nicht mehr so direkt vor Augen. Ähm (-) ich weiß nur, ich weiß das nur aus Erzählungen, + weil die Nachbarin, die uns dann genommen hat, auf Deutsch gesagt, nicht? + Damit sich wer sorgt um die Kinder, die habe ich sehr gern gemocht. + Nicht? (-) Aber sie selber hat ja nie gewusst, was mit uns passiert ist, über Monate hinweg, (-) + ob wir überhaupt noch leben oder ob sie uns mitverhaftet haben. + + (-) Ich meine, ich will ihr nichts absprechen, in keiner Beziehung absprechen, insofern, dass sie schneidig war und die Leute da herausgeholt hat. (-) Das war eine persönliche Mutprobe, aber das war **ihre** persönliche Mutprobe, ohne Rücksicht auf Verluste. (-) Das muss man schon auch sagen, und wenn sie ganz ehrlich wäre, müsste sie das selber sagen, + dass sie auf die Kinder vergessen hat. (-) + Das hätte auch anders werden können, das hätte auch anders sein können. (-) Und sie hätte uns genauso ins KZ bringen können und: »Auf Wiedersehen, vielleicht kommt ihr wieder einmal.« + (-) Es war, die Gefahr war immer da. + (-) Nur ist uns das nicht so bewusst geworden, weil wir einfach noch so klein waren. (-) Wir, wir waren ja noch keine Anne Frank, (-) die ein Tagebuch führen hat können.

Das Leben der anderen schien der Mutter wichtiger als das ihrer Kinder. Hinter diesem *Phantasma*, das niemals vor der Mutter ausgesprochen wurde, steckten viele lebensgeschichtliche Erinnerungen von Erna Tann. Auch in anderen Bezügen aus der Nachkriegszeit tauchte dieser Vorwurf auf, dass die Mutter der Tochter etwas anderes vorgezogen hatte. KZ-Häftlinge, Geschwister, Politik, Karriere. Sie sei dabei leer ausgegangen. Andere hatten sich um sie gekümmert wie eine Nachbarin oder die ältere Schwester und später sei sie ein Schlüsselkind gewesen. Dieser Vorwurf spricht auch von einer Rivalität und Eifersucht gegenüber den anderen, für die die Mutter da war, während sie ihr Kind links liegen gelassen hätte.

b) Theater

Ich möchte die Formulierung »aufs Spiel gesetzt« aufgreifen und der Konnotation von Spiel als *Schauspiel* nachgehen. Dies folgt signifikanten Formulierungen ihrer Rede, die eine ähnliche Konnotation aufweisen. Vor allem wenn sie über die Mutter sprach, gebrauchte sie oft Wörter wie »Bühne, Stück, Publikum, Talent« oder Formulierungen wie »zweite Geige spielen«, »das ist mir von der Bühne gegangen«, »sich präsentieren« usw. Geht es also in ihrer Erzählung um ein Schauspiel? Eine erste naheliegende Antwort ist rasch gefunden. Sie liegt in ihrer Rede selbst, wenn sie den Rummel, der in den letzten zwei Jahrzehnten um die politische Figur ihrer Mutter herrschte, als ein Schaustück beschreibt, in dem die Mutter ihr und ihren Geschwistern die Rolle des Publikums zugeschrieben hätte. Sie sagte:

> »Wir waren nur Anhängsel, die hat man halt. Wir waren zwar, man kann uns, man kann es herzeigen, dass wir dazugehören, irgendwo wie ein schöner Koffer. + + Aber ansonsten, das hat sich bis ins hohe Alter-. Aber wehe wir wären nicht bei der Verleihung dabei gewesen, als Publikum (+, +) Das haben wir uns alle nicht getraut.«

Frau Tann brachte die Abwertung und Kränkung zum Ausdruck, die sie empfunden hatte, als Publikum, als Anhängsel, als ein schöner Koffer mit, aber nicht wirklich dabei zu sein. Keine Rolle zu spielen. Gegenüber der politischen Figur der Mutter in der Bedeutungslosigkeit zu verschwinden. Sie betonte das Anliegen der Mutter, ihre Kinder als Publikum bei all den Ehrungen dabei zu haben. Warum? Für die Kinder seien diese Anlässe in der Öffentlichkeit immer mit einem großen Unbehagen verbunden gewesen.

E: Meine Schwester war mit ihr unten in Wien und hat mit ihr das Goldene Ehrenzeichen der Republik Österreich übernommen. Wir haben keine Freude gehabt, wie sie diese Ehrung bekommen hat, diese Ehrung. Von einer Schule zur anderen, die, die Kinder waren **immer**, nicht weil wir im Hintergrund gestanden sind, das war, das waren wir eh schon gewohnt, sondern das war uns irgendwo allweil suspekt. Plötzlich überhäufen sie sie mit Ehrungen, das war uns, das war zwanghaft direkt bei den Kindern. + + Meine ältere Schwester hat sie nicht leiden können, + meine jüngere Schwester schon gar nicht + (-) und ich auch nicht.

Die historische Überhöhung in der Öffentlichkeit war suspekt. Es gab einen Widerspruch zwischen der öffentlichen »Lobhudelei« und dem, was Erna Tann persönlich mit dem Widerstand der Mutter verband; zwischen der öffentlich inszenierten Mutter und der Frau, die sie daheim privat gewesen sei. Dieser Widerspruch lag im Imaginären, zwischen dem Bild, das sich Frau Tann von ihrer Mutter machte, und dem, das in der Öffentlichkeit zelebriert wurde. Die Mutter wurde von der Öffentlichkeit idolisiert, sei Abziehbild, wie man sich damals hätte verhalten sollen. Indem man nicht wegschaut. Dagegen meinte die Tochter, dass man in dieser Glorifizierung die Kinder, deren *Leben auf dem Spiel* stand, übersehen würde.

Frau Tann vermutete, dass auch ihre Schwester ähnliche Gedanken hätte, aber sie hätte sich nie mit ihren Geschwistern darüber ausgetauscht. Die Ambivalenz blieb unausgesprochen. Auch zur Mutter hätte sie darüber nie ein Wort verloren. »Das hätte nichts gebracht. Sie hätte es sowieso widerlegt.« Damit hatte sie sich an eine wesentliche Regel des Schauspiels gehalten. Im Schauspiel existiert so etwas wie ein notwendig falscher Glaube an die Helden auf der Bühne, dass sie, wenn sie umfallen, echt gestorben sind usw. Das Wissen, dass sie nicht wirklich sterben oder sich nicht wirklich lieben, bleibt unausgesprochen, es würde sonst das Stück verderben. Im Theater geht es um Illusionen, an die wir trotz besseren Wissens für den Moment des Spiels glauben wollen. Wobei das bessere Wissen überhaupt erst die Vorraussetzung bildet, um an dem Schauspiel seine Freude haben zu können (vgl. Pfaller 2002).

In einem anderen Auszug aus den Interviews beschrieb Frau Tann dieses Unbehagen mit dem Schauspiel zunächst auch lustvoll. Sie erzählte von jenem Premiereabend, als der Film über das Leben der Mutter im Kino der Öffentlichkeit vorgestellt wurde:

E: Dann hat sie im Foyer im Foyer hat sie praktisch Hof gehalten. + So, meine Schwester und ich haben uns das so zugeflüstert, so war es aber auch: »Majestät halten Hof.« (-) + Und uns war das so viel zu blöd. + (-) Peinlich, direkt peinlich, aber warum? (-) Ein anderer freut sich, wenn, wenn ein Elternteil eine Auszeichnung bekommt, wir nicht. + (-) Das glaube ich geht alles zurück auf die ewige äh Beschämung, die wir als Kinder erlebt haben, und nicht, dass wir es ihr nicht vergönnt hätten, aber gefreut haben wir uns gar nicht. Und sie war der King und die Majestät hat eine Auszeichnung gekriegt. Nur Theater. Sie <u>genießt</u> dieses Theater. (-) Ja, was glauben Sie, wie das war, wie sie den Film gebracht haben, in ( ), wie der vom Fernsehen da gewesen und der Herr ( ) geschrieben (-) hat. Und, und, und der Regisseur, da ist sie drinnen gesessen in dem Foyer wie die Gräfin Putzdich, (-) echt wahr. Aber wir waren wirklich niemand. Wir haben ihr den Mantel gebracht, sie gefragt, ob sie was zum Trinken will, ob es zieht oder sonst irgendwas. (-) Sie hat uns nicht einmal vorgestellt. + + Ich habe allweil zu meiner Schwester gesagt: »Geh, mir langt es, bitte gar schön, da wen interessiert es?« Dann habe ich gesagt: »Ich bin doch nicht der Chauffeur ewig und drei Zeiten, dann darf ich sie holen, dann darf ich sie abholen, + dann darf ich sie hinbringen und wenn sie dann mit irgendwem redet, dann deutet sie mir als wie einem ( ).« (2) + + Schließlich und endlich war ich ja, (-) bin ich die Tochter, hätte sie ja sagen können: »Darf ich bitten? (-) Darf ich vorstellen? + Meine Tochter.« (-) So und so war's, nichts. (-) + + Da, da fragst dich dann schon. (-) + Da waren wir nichts.

Warum aber ist Erna Tann geblieben? In ihrer Erzählung ging es die ganze Zeit darum, dass sie sich nie aus dieser, von der Mutter zugeschriebenen, Rolle gelöst hätte. Warum verließ sie die Bühne der historischen Überhöhung ihrer Mutter nicht? Vielleicht deshalb: Erna Tann verließ das Kino nicht, weil sie selbst in dem Stück der Mutter spielte. Weil sie für die Mutter die eigentliche Akteurin im Schauspiel war. Von ihrem Spiel ging die Illusion aus, die für die Mutter bestimmt war.[172] Sie spielte die Rolle ihres *persönlichen, leidvollen Mythos*, wo immer wieder die anderen ihr vorgezogen wurden. In dem sie wertlos war, ein Nichts, abgegeben, links liegen gelassen. An diesem Kinoabend kapitulierte sie gewissermaßen vor der historischen Überhöhung. Und diese Kapitulation war vielleicht ihr Skript. Während die Mutter das Schauspiel genoss, litt die Tochter in einer Weise, die an das Lampenfieber der Schauspieler erinnert. Sie sprach von Scham, darüber, dass sie am liebsten unter die Kinosessel gekrochen, also zu dem Nichts geworden wäre, zu dem Loch, das ihr die Mutter zugewiesen hätte.

Auch an anderen Stellen der Interviews tauchte dieses Rollenspiel auf, als wäre sie in ihrer eigenen Rolle für die Mutter gefangen. Früher, als die Mutter noch nicht im Altersheim war, musste sie zum Beispiel jeden Samstagmorgen bei der Mutter zum Frühstück erscheinen. Sie tat dies nie gerne, aber sie tat es bis zuletzt. In vielen anderen Beispielen handelte sie ähnlich. Sie folgte dem Willen der Mutter, weil sie es als ihre Pflicht erachtete. Erna lehnte sich nie wirklich auf.

---

172 Zum Teil galt die Illusion natürlich auch dem inneren Beobachter (Über-Ich).

Sie handelte nie gegen den despotischen Willen der Mutter. Je älter die Mutter wurde, desto zahlreicher und vielfältiger wurden die Spielarten ihrer Unterwerfung. So getraute sich Erna Tann in den letzten Jahrzehnten nicht mehr, länger zu verreisen, weil es der Mutter nicht recht gewesen wäre. Denn es könnte ja in ihrer Abwesenheit der Mutter etwas zustoßen. Sie könnte ja auch sterben. Aber wie stand die Tochter *wirklich* dazu?

E: Sagen wir mal so: Ich springe ein, ich springe ein, es ist mir gleich: Ich fahre sie zum Zahnarzt. (2) Ich fahre sie Dings-. (-) Es ist alles eine Mühe und so weiter. Ich gehe auch in der Nacht raus, wenn es sein muss und so wie-. (-) Ich bringe sie ins Krankenhaus, alles. Ist, ist alles nur äh eine Verpflichtung, + aber ansonsten steht bei mir nichts dahinter. (-) + + Sie tut mir nicht einmal leid. + (2) Äh es tut mir schon leid, wenn wer körperliche Schmerzen hat, verstehen Sie mich? * (-) Aber es geht nicht tief.

Frau Tann wusste, dass ihre Rolle falsch war. Im Theater geht es darum, dass die Illusion, von der man weiß, dass sie nicht echt ist, geglaubt wird. Deshalb muss man so tun, als hätte man das Wissen, dass es ja nur eine Illusion ist, vergessen. Ein Spaltungsphänomen, zwischen einem Wissen und einem Glauben, die nebeneinander existieren, wobei die Libido von dem einen ganz zum anderen fließt. In der Hysterie gibt es ein ähnliches Phänomen. Nur dass die Spaltung da eben nicht bewusst ist. Zusätzlich kommt es zu einer Verwechslung. Der Hysteriker behandelt seinen Glauben (Wunsch) als Wissen (Realität). Frau Tann hingegen weiß, dass sie eine falsche Rolle spielt und kann deshalb nicht daran glauben. Ihre Rolle ist die der Konvention. Also eine reine *Rolle für andere*, für das Publikum, das das Publikum der Mutter ist. Trotzdem änderte sie nichts, als würde sie die Vorstellung des falschen Spiels für die Mutter, wie der Hyteriker sein Symptom, genießen. Der Wunsch zu verschwinden, der mit der Erwähnung ihrer Schamgefühle auftauchte, ist wörtlich zu nehmen. Als sei es ihr peinlich, selbst in ihrer Rolle gesehen zu werden. Ein Lampenfieber, weil sie wusste, wie schlecht sie darin war, diese Rolle gut zu spielen.

c) Scham und Sichtbarkeit

Peinlichkeit und Schamgefühle sind für die Tochter von Beginn an mit dem Phänomen der historischen Überhöhung verknüpft gewesen, das eine ging aus dem anderen hervor. Als kleines Mädchen wurde sie von den Leuten in ihrer

Umgebung das »Prochazka-Mädl« gerufen. In diesem Ruf steckte einiges an Verachtung und manchmal sogar Hass, den gewisse Menschen aus ihrer Umgebung gegenüber ihrer Mutter hegten, die, wie diese Leute meinten, eine Verräterin gewesen wäre. Erna litt unter dieser historischen Last in ihrem Nachnamen, den sie tragen musste wie ein lästiges Anhängsel – »Das ist wie ein Anhängsel, wie wenn du Akne hättest.« –, das sie loswerden wollte, aber nicht konnte. Sie empfand das Stigma ihres Namens an ihrem Körper haftend wie einen Aussatz, wie ein Geschwür, das ihr Bild für die anderen hässlich machte. Auch hier mag der Wunsch (in einem Loch) zu verschwinden entstanden sein.

E: Aber i-, gerade so um die die Pubertätszeit, also die hat ja bei mir relativ spät eingesetzt, (-) also wirklich, (-) das habe ich Ihnen eh schon einmal gesagt; (-) aber freilich waren Freunde da von allen anderen Familien, die sie äh kennt hat und so; aber mich hat man eigentlich als Prochazka-Mädl immer ausgegrenzt. ++ (-) Ich habe mir später andere Freunde suchen müssen, nicht von ( ). (-) + Und mit mir hat man sich ja leicht getan. Verstehen Sie mich? Ich war das Prochazka-Mädl (-) und mit mir hat man nicht tanzen gehen können. + (-) Und mich hat man auch oft sitzen lassen, weil wenn, (-) da war ich schön angezogen und, und wie es halt so ist. (-) Und wartest auf den, der dich abholt und dann war nichts. + + (2) Das ist mir alleweil, ob das jetzt genau und präzise das war oder ob es ein bisschen einen anderen Grund gehabt hat, Schminke drauf oder nicht Schminke drauf, es war ja letzten Endes habe ich das Gefühl gehabt ich selber. (2) Jetzt hat es mich wieder getroffen.

Etwas Entscheidendes änderte sich, als Erna ihre Lehre in einer entfernten Stadt aufnahm, wo man sie nicht kannte. In der anfänglichen Anonymität, die sie dort genoss, fand sie Sicherheit. Sie sagte, dass sie nie Schwierigkeiten gehabt hätte, sich in der Fremde unter fremden Leuten zu bewegen. Weil sie in der Fremde eben nicht aufgefallen sei, weil dort ihr Stigma unbemerkt blieb. Sie konnte untertauchen, unentdeckt bleiben und die historische Überhöhung im Schein der Anonymität verbergen. Bis zu einem gewissen Grad lässt dieser Zug an die Mutter denken, die sich während des Nationalsozialismus verstecken, ihre wahren Aktivitäten hinter einem Schein verbergen musste.

E: Ich weiß nur, dass ich, dass ich während der Lehre, nach der Lehre sehr wenig daheim erzählt hab von mir, von mir hat man eigentlich nie was gewusst. Äh, dass ich, dass ich mir eigentlich alles selber ausgetragen habe. (-) Ich bin auch oft überhaupt nicht heimgegangen. + (4) Das ist, das hat sich, ja, ich hab ein Zimmer daheim gehabt und ich habe natürlich Essen daheim gehabt und alles, aber dass wir richtige, dass ich gern heim gegangen wäre, das war es eigentlich nicht.

Vom Abgegebenwerden über das Alleinsein, dem Verschwinden in der Fremde bis zum Verkriechen hinter den Kinosesseln. Überall gab es diese Tendenz unterzutauchen, der Beschämung, dem Stigma, dem Bild irgendwie zu entgehen. Eine andere Art mit Schamgefühlen umzugehen, als der Wunsch, unsichtbar zu werden, läge in dem genauen Gegenteil: der ostentativen Sichtbarkeit. Frau Tann erzählte, dass sie als Schülerin immer die besten Noten nach Hause gebracht hätte. Und später im Beruf hätte sie sich von ganz unten nach ganz oben gekämpft. Es hätte immer diesen Zwang gegeben ...
E: Irgendjemand anderem außer mir zu beweisen, dass ich wer bin. Ich bin immer vorwärts gestürmt. Ich habe mich immer beweisen müssen. Das hat schon begonnen mit meiner wahnsinnigen Sucht nach, wie soll ich sagen, nach Erfolg am Eislaufplatz, in der Schule, in der Lehre, im späteren Beruf, immer habe ich mir beweisen müssen, (-) dass ich wer bin.

... im Guten aufzufallen, zu glänzen. Und dies ohne die Mutter, ohne die Hilfe von anderen, sondern völlig auf sich allein gestellt. »Wenn ich ein Zeugnis gehabt habe, das war eine Laudatio und kein Zeugnis.« Sie hatte von ganz unten als Lehrling angefangen. »Ich war null, null, null.« Und hatte sich von der Arbeiterin in die oberste Etage der Wirtschaftsunternehmen gearbeitet, denn »das hat alles genau hineingepasst in mein Schema, wo auch mein Talent gelegen ist«. Sie war in der Geschäftsleitung als einzige Frau »unter sieben Männern gesessen. Das ist mir von der Bühne gegangen. Das war mein, das war das, was ich können habe. Da war nicht die Person gefragt, sondern die Kraft.« Und mit diesen Erfolgen war sie zur Mutter gegangen. In der Hand die Wirtschaftsnachrichten, wo ihr Name drinnen gestanden ist, der nach der Heirat ein anderer geworden war. »Also ich habe ihr relativ wenig erzählt. Und das habe ich ihr halt präsentiert, so, als persönlichen Erfolg. So, jetzt bin ich doch irgendwer geworden.«

Man hört, wie sie getrieben wird, von einer *Sucht*, der Mutter zu gefallen, vor ihr zu strahlen, es ihr zu zeigen; aus eigenen Kräften; nicht als Person, sondern als Kraft war sie jemand. Als wollte sie sagen, *ich brauche dich nicht, um wer zu sein; auch ohne dich bin ich wer und habs auf der Bühne zu was gebracht.*

E: Vielleicht war ja das kränkend für sie, dass ich dann so wenig heimgekommen bin. Ich habe auch keine Zeit gehabt. Bei mir haben die Tage oft 17 Stunden gedauert. + Das hätte ich nur machen können, weil mein Mann sich um die Tochter gekümmert hat und einverstanden war, dass er sich (...) + + (-) Aber auf der anderen Seite sagt er natürlich auch, dass er mit dem Geld zufrieden war, nicht? + (-) Aber allweil war irgendwo die treibende Kraft da, irgendwo war allweil, wie wenn, als wie wer einen anschiebt, und das musst noch tun und das musst noch tun und das musst noch leisten (+) Und, und das kannst auch noch.

In dieser Getriebenheit war sie selbst zur Mutter geworden. Frau Tann hatte ihr privates Leben der Karriere untergeordnet. Der berufliche Erfolg überschattete – wie bei der Mutter die politische Sache – alles andere. Sie lebte jenen Aspekt aus dem Leben ihrer Mutter, der an der Wurzel ihrer narzisstischen Kränkung rührte und den sie in den Interviews am stärksten an der Mutter kritisiert hatte.

Ihre Vorstellung über die Mutter war, dass die Mutter für die Vorstellung der anderen lebte, woraus sie immer schon ausgeschlossen war. Dieser Ausschluss ist ein Moment der symbolischen Kastration, die nicht über das Bild, das Schauspiel auf der imaginären Ebene aufgehoben werden kann.

II   Andrea Tann (dritte Generation): »Das ist wie im Film.«

Über Frau Tann erhielten wir die Telefonnummer ihrer Tochter, Andrea Tann, einer viel beschäftigten und in ihrer Arbeit sehr erfolgreichen Frau Anfang 40. Andrea Tann erzählte im Interview von der Beziehung zu ihrer Großmutter, zu der sie immer schon ein ambivalentes Verhältnis gehabt hätte. Gleich zu Beginn des Interviews schickte sie vorweg, dass sie »zwei komplett verschiedene Großmütter« gehabt hätte und in diesem Sinne auch »vergleichen« könnte.

A: Ich habe ich sicherlich mehr Zeit bei der Großmutter väterlicherseits verbracht, (-) die ja sehr herzensgroße, ein absolut herzensguter feiner Mensch war. + (-) Eher ein bisschen einfache Frau, aber mit sehr, (-) sehr viel Hausverstand und Liebe und da hat es einfach nur die Familie gegeben, sonst gar nichts. + + (-) Und dann gab es das absolute Konträr + dazu: + (-) Der Megastar der Familie.

a) Held und Opfer

A: Die Großmutter mütterlicherseits, die ich ja, doch immer so als oder schon als Kind als absolut dominante Persönlichkeit empfunden habe, jetzt nicht mir gegenüber als Enkel, weil zu den Enkelkindern war sie wie Großmütter zu Enkelkindern halt immer sind + +, sondern ich habe schon aus frühester Kindheit einfach gespürt, (-) diese, (-) diesen Respekt, jetzt ganz harmlos ausgedrückt, den meine Mutter und auch ihre beiden Schwestern vor dieser Person hatten + wo immer, also fast teilweise bis zur Furcht. + + (-) Äh und da Sachen abgehandelt wurden mit dieser Person, die eigentlich in, (-) im Privatleben meiner Eltern und, und, und Erziehung der Kinder uns so weit reingespielt hat, also das habe ich sehr wohl schon als kleines Kind mitgekriegt: (-) Halt einmal, wenn die sagt, das ist grün, dann ist das grün für die Familie, + + (-) auch wenn alle anderen wissen, dass es rot ist. (-) + (-) Und das hat mich schon von, von Kindheit an geprägt, noch dazu weil ich das absolute Konträr gehabt habe, (-) + nämlich die nette (-) Großmutter.

Dieser Einfluss der familiären Heldin ging bis ins elterliche Schlafzimmer und mischte sich in die Erziehung der Kinder. Ihr Diktat setzte sich über das Offensichtliche hinweg. Es war stark genug, um die Realitätswahrnehmung (in) der Familie zu verzerren, zu verfälschen oder zumindest zu spalten. Die Formulierung »Megastar der Familie«, von dem die Farbenlehre auszugehen schien, gehört bereits dem Genre des Theaters und Schauspiels an und lässt erahnen, was die historische Überhöhung im Rahmen der familiären Verflechtungen bedeutet haben könnte.

A: Also Mitte der 70er Jahre + ist es dann einmal schön langsam, hat das reingetröpfelt, warum. (-) Was meine Großmutter eigentlich damals geleistet hat. + + (-) Dann ist da sehr wohl die, der Respekt von mir gekommen, vor dieser tollen Leistung + (-) dieser Frau, keine Frage, aber ...

Der Respekt als Signifikant, der vieles in dieser Geschichte erschwerte. Andrea unterstrich die »Leistungen« ihrer Großmutter, »die ich in <u>keinster Art und Weise schmälern möchte</u> + + ganz im Gegenteil; (-) etwas, also ich hoffe, (-) man, man kriegt da nicht den falschen Eindruck. (-) Tolle Leistung, + keine Frage, aber ...« Es ist die Schwierigkeit, etwas zu sagen, das zum stilisierten Bild der

3. Acht Familiengeschichten

Großmutter als Heldin, als Megastar der Familie nicht passt. Bei allem Respekt vor den Leistungen der Großmutter, sie, die Enkelin habe immer schon intuitiv gefühlt, »dass da irgendwas auf der Strecke geblieben sein muss«.

A: Sie war, wie gesagt, zu mir als Großmutter, wie man sich eine Großmutter vorstellen kann, + (-) zwar nicht so herzensgut wie die andere, bei der war ich auch viel öfters, + aber es hat die Geschenke gegeben, es hat Weihnachten gegeben, es war alles nett und schön. (-) Aber es war mir schon immer a-, (-) als, als, als Kind und auch in der Hauptschulzeit dann schon irgendwie immer bewusst, diese, diese, dieses Heldentum hat Opfer gebracht, (-) + O-, (-) Opfer verlangt. (-) Ich habe zwar wieder nicht ganz feststellen können, wo die waren. (-) Inwieweit das jetzt aber wirklich dann so für, für meine Mutter oder für meine Tanten relevant war, das habe ich erst, erst ein bisschen später dann verstanden, aber das war mir schon klar, dass das, das, das äh (-) Opfer erfordert hat.

Das Heldentum der Großmutter hatte Opfer verlangt. Heldentum und Opferung sind auf einer phantasmatischen Ebene über das Idealbild miteinander verbunden. Das Heldentum beruht zumeist auf einem Opfer, was den Helden erst zu einem macht. Weil er verzichtet. Im radikalsten Fall verzichtet der Held auf sein Leben. Das Opfer ist der Preis für seine Liebe zum Ideal, den der Held entrichtet. Im Unterschied zu dieser vielleicht klassischen Lesart von opferbereitem Heldentum sind in der Erzählung von Andrea Tann Held und Opfer an unterschiedliche Träger gebunden. Sie sagt, dass der Preis für das Heldentum der Großmutter auf Kosten ihrer Kinder ging. Während die Großmutter der uneingeschränkte Star bleiben durfte, mussten andere dafür bezahlen.

Andrea spürte als Kind den ungeheuer starken Einfluss, den die Großmutter auf ihre Mutter ausgeübt hatte. In Gedanken wollte sie ihre Mutter verteidigen, sie vor deren Mutter in Schutz nehmen. Oft erlebte sie, wie die Mutter nach Besuchen bei der Großmutter während der Heimfahrt im Auto unvermittelt in Tränen ausbrach. Diese Dinge nahm sie ihrer Großmutter sehr übel. Sie war wütend, weil sie nicht verstand, was da eigentlich mit ihrer Mutter geschah.

A: Ich würde sagen, sie (die Großmutter) hat sich nicht eingemischt jetzt in eine Sache, die mich betrifft, (-) sondern sie hat einfach so viel Zeit oder so viel Energie wie ein Vampir meiner Mutter abgezogen + +, (-) die natürlich für ihre eigene Familie + dann nicht mehr + vorhanden war. + + Das kann man sehr wohl so sagen. + + Beziehungsweise diese Dominanz

dieser Großmutter ist so drüber gestülpt über meine Mutter gewesen, dass, dass einfach, (-) ja wie, wie diese, wie sagt man diese Menschen, die wie Vampire Energie absaugen.
I: Also die Großmutter als Vampir und, und die Mutter ein bisschen so, (-) so als das Opfer von einem Vampir?
A: Also, als Vampir kann man sie absolut bezeichnen + und jetzt nicht auf eine sehr laute offensichtliche Art + +, sondern auf eine subtile Art. + + Wie gesagt, sie saß da, Samstag Frühstück, wenn die Schwestern gestritten hatten und der Enkel eine auf die Milch gekriegt hat und so weiter, sie hat nur geschaut, nichts gesagt. Hauptsache, sie waren alle da und dann sprach sie ein Machtwort. (2) Ach, wie im Film. Schlimm.

Vielleicht trifft diese Beschreibung der Großmutter als Vampir, als Untote, die sich über das Leben der anderen am Leben hielt. Sie hätte das Leben der anderen um sich geschart, hätte stumm zugesehen, deren Lebendigkeit als ein Schaustück genossen, es aufgesogen. Sie hätte genossen, zu sehen, wie sie wie eine Puppenspielerin an deren Nerven zog, die da vor ihren Augen, vielleicht um ihretwillen, blank gelegen waren. Ich erinnere an die ritualisierten Samstagmorgen, wo sich ihre Kinder zum Frühstück hätten einfinden müssen. Und an die täglichen Besuche der Schwestern im Altersheim und an die gestrichenen Urlaube, die sich Erna Tann nicht erlaubte, um nicht aus der Rolle zu fallen. Dieses Leben der Großmutter, das aus dem Leben der anderen zu bestehen schien, nährte sich immer wieder von dem Schauspiel, von einem ihrem Blick dargebotenen und inszenierten Bild. Dazu gehörte auch das Publikum, die anonyme Masse der anderen, die ins Kino gingen, um ihren Film zu sehen. Es ging darum, die Wirkung des eigenen Bildes in den Augen der anderen zu sehen. Und über dieses doppelte Sehen nährte sich vielleicht der Vampir, von dem Andrea sprach.

Andrea Tann meinte, dass sie sich schon sehr früh aus dieser Gefangenschaft gelöst hätte.[173] So hätte sie im Unterschied zur Mutter, die abwechselnd mit ihrer älteren Schwester jeden zweiten Tag im Altersheim Stellung bezog, sich dort noch nie blicken lassen. Sie hätte sich ihrer Großmutter verweigert, sie hätte gewissermaßen mit ihr und dem Stück gebrochen.[174]

---
173 Was ihr dabei gelegen kam, war, dass sie Samstagmorgens in die Schule musste und auf diese Weise nicht an dem ritualisierten Frühstück bei der Großmutter teilnehmen konnte.
174 Im Nachgespräch wies sie darauf hin, dass sie bis zum Tod der Großmutter nicht mehr in diesem Altersheim auf einen Besuch bei ihr vorbeigekommen sei.

3. Acht Familiengeschichten

A: Ich habe irgendwie überhaupt kein Bedürfnis, + + weil mir reicht das, wenn meine Mutter jeden zweiten Nachmittag da sitzt und sagt: »Ma, jetzt ist es halb drei, ich muss rausfahren.« + Allein schon das nervt mich, dass ich mir denke: »Jetzt saugt sie ihr wieder die Energie aus.« + + Ich meine, nicht mehr so, aber wer weiß, der wievielte letzte Besuch das im Altersheim ist.

Der Gedanke, dass es tatsächlich ein letztes Mal geben könnte, wird über das Besuchsritual beschwichtigt und gleichzeitig wird dieses letzte Mal in den täglichen Besuchen inszeniert. In diesem ritualisierten Besuchszwang stecken sowohl die Erfüllung der Todeswünsche als auch die Abwehr derselben. Wie bei einem jeden zwanghaften Tun werden beide Seiten des Konflikts, Wunsch und Abwehr, im Symptom (Zwang) zum Ausdruck gebracht. So hatte die Enkelin ihre Großmutter schon vor vier Jahren sterben lassen, weil sie sich diesem Zwang nicht fügte.[175]

Andrea Tann beklagte, dass ihre Mutter aufgrund der Verstrickung mit deren Mutter zu wenig da gewesen wäre. Dass die Großmutter ihr etwas von ihrer Mutter entzogen hätte. Der Vampir, der von dem Leben der anderen nimmt, nimmt auch dritten, die – vor allem als Kinder – von diesem anderen abhängig sind. Im Kleinen zeigt sich eine partielle, generationelle Wiederholung der Geschichte. War es bei Erna Tann die Politik, so war es bei Andrea Tann die Großmutter, die jeweils der Tochter die Mutter nahm.

b) Zwischen den Stühlen: ein Initial

Andrea Tann hatte das Interview damit eingeleitet, dass sie auf die beiden Großmütter und damit auf die beiden *Ursprünge* ihrer Familie deutete. Später kam sie in einer »story« darauf zurück, diese beiden Ursprünge miteinander zu verknüpfen.

A: Ich weiß nicht, ob sie die Story kennen. (Was nun folgt, ist aus Diskretionsgründen nicht wiederzugeben. Die familiären Erzählungen der väterlichen und der mütterlichen Linie verknüpfen sich für die Enkelin an einer unheilvollen Stelle, nämlich da, wo die Familie väterlicherseits

---

[175] Diese Stelle aus dem Text las sie während des Nachgesprächs laut vor und kommentierte es abschließend mit:»Das hört sich schon hart an. (-) Naja, (-) auf der anderen Seite haben Sie eh recht.«

3.8 Die Geschichte der Familie Tann

der Großmutter mütterlicherseits die Schuld gibt daran, dass die Familie väterlicherseits aufgrund der politischen Agitationen der Großmutter auseinandergerissen wurde.) Verstehen Sie? Das ist wie in einem Hollywoodfilm, aber das ist so. Und jetzt hat meine Mutter immer, da ist die Familie von meiner Mutter gewesen, und da die Familie von meinem Papa, von-, (-) mit meiner Großmutter, die ein ganz ein lieber feiner Mensch war und das nie so empfunden hat + (...) Tante oder Schwägerin in dem Fall, die zehn Jahre älter ist, wie mein Papa, die ihr das immer spüren hat lassen äh. Mein Papa, ja, hat auch oft einfach, wie halt ein Mann ist, oft nicht versteht, wie man sich von seiner Mutter oder von seiner Schwester nur so viel sagen lassen kann oder so jeden Samstag dort ist. + (-) Und jetzt ist die immer zwischen zwei Sesseln gesessen. Und das ist eine Diskrepanz bitte, ich meine seit über 40 Jahre, das ist ja ein Wahnsinn.

Ein politischer Akt der Großmutter mütterlicherseits wurde von der Familie des Vaters mit einem hartnäckigen Schuldvorwurf konfrontiert. Wieder eine Schuld, die nicht vergehen mag. In den Interviews mit Andreas Mutter gab es auch eine große Schuldfrage in Bezug auf das Versprechen, das die Großmutter ihrem in den Krieg ziehenden Mann gegeben hatte. Ein Versprechen, das die Widerstandskämpferin gebrochen hatte. Also ein Schuldgefühl gegenüber dem Toten, der niemals zurückgekehrt war. Und Erna Tann wiederholte in unterschiedlichen Spielarten diesen alten Vorwurf, dass die Mutter das Leben ihrer Kinder für ihre Ideale, die Politik, für das Leben der anderen aufs Spiel gesetzt, also geopfert hätte. Mit der von der Enkelin erzählten Geschichte wird zielsicher der Finger in die familiäre Wunde gelegt. Deshalb sei die Mutter auch zwischen den Stühlen gesessen, weil ihre eigene Anklage mit der Anklage von der anderen Seite immer schon sympathisiert hatte.

Auch Andrea saß manchmal zwischen den Stühlen, wenn sie die Mutter vor ihrem Vater für deren Loyalität gegenüber ihrer Familie verteidigte.

A: Wir sind vor zwei oder drei Jahren mal Weihnachten ausnahmsweise kurz drüben gewesen. (-) Äh, warum eigentlich, was ich gar nicht mehr, das hat sich so ergeben und dann habe ich gesagt: »Komm, gehen wir rüber.« Dann habe ich vor ihm vor der Tür gesagt: »Reiß dich zusammen, ich schwöre es dir.« Ich meine, weil ich kann so mit ihm reden, weil er genau weiß, wenn er es sich mit mir verscherzt, seine einzige Tochter, ist-, (-) war äh-, (-) ich bin da schon-. Habe ich gesagt: »Hör auf. Und ich will

> keine blöden Meldungen hören, weil sonst-. (2) Die zwei Stunden halten wir aus und das tun wir jetzt der Mama zuliebe.« + + Und das sage ich ihm schon. Weil er ist, er teilt ja gern aus: Die ( ) die blöde und die ( ), die Tante heißt so und hin und her und die sind alle so blöd und dann sage ich: »Ach, das finde ich unfair, (-) das ist unfair meiner Mama gegenüber.« (-) Weil sie kommt immer in die Situation, sich verteidigen zu müssen, auch wenn sie seiner Meinung ist. (-) Es ist einfach ihre Familie. + + Und da fahre ich ihm schon drüber. Wir sind uns zwar einig, was das betrifft. (-) Aber ich sage dann: »Du, (-) das tun wir jetzt der Mama zuliebe und bitte halte jetzt deinen Mund oder ich mag das jetzt von dir nicht hören. (-) Denke dir das, aber sage es nicht.«

Andrea wusste um die widersprüchliche Situation der Mutter, die der Großmutter zu Liebe ein Stück aufführte, an das sie selbst nicht glaubte. Was die Mutter zu Hause auf der Hinterbühne durchscheinen ließ, musste sie in der Rolle für die Großmutter, also wenn sie auf der Vorderbühne spielte, verleugnen. Und aus diesem Wissen um die gespaltene Stellung ihrer Mutter befahl Andrea dem Vater, auf der Vorderbühne schweigend – der Mama zu Liebe – Platz zu nehmen. Damit machte sie ihr ein Geschenk. Andreas Spiel, ihre Rolle war auch ein Spiel für die Mutter. Sie wollte keine Spielverderberin sein und das ganze Stück sausen lassen.

c) Familienfeste: alles Theater?

A: Allein dieses Muss dort hinzugehen (zu den Samstagsfrühstücken). + + Und dann ist auch bei diesen, dann ist sie (die Großmutter) dagesessen, da hat jeder seinen Platz gehabt. (-) Ich meine, ich war vielleicht ein paar Mal dabei, keine Frage, aber das war-. (-) Und dann wurden da bitte Familienprobleme diskutiert, wie, wie bei der Mafia. Also, ich kenne das aus »Dem Paten« solche Situationen.

Wiederholt verglich Andrea Tann die ritualisierten Zwänge um die Person ihrer Großmutter mit theatralischen Skripten,[176] um die Künstlichkeit und Lächerlichkeit der beobachteten Szenen zu unterstreichen. Und es wäre wohl

---

[176] »Wenn das einmal verfilmt wird, wissen 80 Prozent in ( ), um wem es da geht« (Andrea Tann aus dem Nachgespräch).

vielfach zum Lachen gewesen, hätte hinter dem Zwang der Ritualisierung und Heldenverehrung nicht diese tragische Schuld gestanden, die immer wieder neu das Opfer verlangte. Besondere Anlässe, um die Heldenverehrung zu zelebrieren, waren neben dem alltäglichen Besuchsritual und dem allwöchentlichen Frühstück die Familienfeiern und im Besonderen war es das Weihnachtsfest, die weihnachtliche *Bescherung*.

A: Weihnachten ist halt einfach die Zeit, da wird halt einfach auch so viel gestritten, weil so die Nerven so blank sind. (-) Nicht? Und das ist, also die paar Mal, wo ich noch da dabei war, hat sich das auch immer gleich abgespielt; Weihnachten. (-) Die Großmu-. Eine lange Tafel wurde aufgebaut, da ist schon vorher einmal drei Stunden vorher gestritten worden, zwischen den drei Geschwistern, wer wie wann was macht + egal. Dann haben wir alle Jahre, war dasselbe Thema: Wer macht die Würstel, die es alle zerrissen hat. (-) Und dann hat es immer dieselbe Diskussion, heute lache ich darüber: »Nein, ( ) jetzt sind schon wieder die Würstel zerrissen.« (-) Ich hätte auf die Stunde sagen können, wann der Satz fällt. Und Großmutter ist da gesessen und hat kein Wort gesagt und hat die Situation genossen, wie im Kabarett. (-) Die saß da auf dem Tisch da vorn und hat genossen, dass ihre Kinder hektisch sind und miteinander schon die fünfte Flasche Prosecco wahrscheinlich zu dem Zeitpunkt getrunken haben, weil sie ja schon seit Mittag vorbereiten müssen. Und jedes Jahr dasselbe. Und wo wir (-) in späterer Zeit einfach dabei waren, wo wir gesagt haben: »Wir machen jetzt der Mama eine Freude und gehen die zwei Stunden rüber, wenn es so ist. Der Mama zuliebe.« (-) + (-) Also, wenn der Vater und ich gemeinsam in der Höhle des Löwen waren, dann war das immer der Mama zuliebe. (-) Das haben auch alle sehr wohl gewusst da drüben, das habe ich ihnen aber auch verkauft. Und das war halt einfach, da sind wir so dagesessen und haben das alles über uns ergehen lassen, dann hat es Bescherung gegeben und dann gemeinsam, dann haben wir immer singen müssen, Packerl aufreißen, von den Kindern Blockflöten spielen, ich nicht, weil ich war das einzige missratene Enkelkind, das kein Instrument kann, das habe ich auch jedes Jahr gehört, und dann war ich auch noch die Einzige, die zum Rauchen angefangen hat und am Samstag nicht beim Frühstück war. Totalemanze. Und dann hast du jedes Jahr dasselbe und wie gesagt, wie immer die Großmutter dagesessen und, und das hat so viel Nervensubstanz von meiner Mama schon gekostet, die hat Weihnachten

3. Acht Familiengeschichten

nie genießen können. Ich genieße Weihnachten. Ich mag Weihnachten total gern, weil mir das taugt. Ich tu gern einkaufen, ich tu gern schenken, ich mag gern Weihnachtsdeko. (-) Ich liebe Weihnachten. Meine Mama, die hat einen Monat vor Weihnachten schon einen Nervenkrise gehabt. (2) Weil einfach zu diesem Heiligen Abend (-) sich so viel staut. + Angefangen von: wer schenkt wem was und hin und her und die Großmutter und die Mama, meine Mama hat dann auch noch die ganzen Geschenke für die Großmutter organisieren müssen, die die Großmutter herschenkt + + und so weiter und so fort und Packerl machen und was da noch alles zum Organisieren war.

Alles Theater? Ein Schaustück für die Großmutter? Aber warum diese Qual, wenn es doch einem Spiel, einem Kabarett nicht unähnlich war? Eine sonderbare Art von Wettstreit, dem sich die drei Geschwister aussetzten. Diese alljährlichen Inszenierungen waren nicht falsch, sondern stellten vielmehr die Wahrheit der Familie offen zur Schau. Als eine Wahrheit für wen? Für die Großmutter, die dasaß und das Schauspiel genoss?

Die historische Überhöhung, die Idolisierung der Großmutter und das Idealbild einer Familie zu Weihnachten führten zu einem Schaustück, an das vielleicht niemand in der Familie wirklich glaubte. Das Idealbild war eine Illusion nicht für die Großmutter, die Kinder oder Enkelkinder, sondern für ein anonymes Publikum. Dieses zusehende Publikum ist nicht substanziell anwesend. Es besteht nicht aus realen anderen, aus einer bestimmten oder unbestimmten Anzahl von Subjekten. Dieses anonyme und beobachtende Dritte schert sich einen Dreck um die Geschichte, um die Vergangenheit, um das, was werden wird. Es handelt sich um eine völlig amoralische, beobachtende Instanz; diese Instanz ist nicht im Inneren des Subjekts wie das Ich-Ideal oder das Über-Ich, sondern *objektiv* außerhalb. Es handelt sich um den Lacan'schen *großen Anderen*. Diesem großen Anderen galt das Stück, an dem sich die anderen zerfleischten. Dieser große Andere, als symbolische Autorität, ist der beobachtende Teil in der symbolischen Ordnung aller Dinge. Eine symbolische Ordnung, in der die historische Überhöhung der Großmutter eingeschrieben stand. Warum, könnte man fragen, sollten sich die Familienmitglieder vor diesem unsichtbaren, nicht substanziellen großen Anderen abmühen? Weil es darum ging, dass vor den Augen dieses anonymen Dritten das Idealbild der Großmutter intakt bleiben musste. Solange das Spiel, das familiäre Theater über die Bühne ging, ohne dass jemand wirklich störte, ohne dass jemand gesagt haben würde: »Jetzt reicht es aber, hört auf mit dem Theater, wir wissen doch alle, wie sehr wir unter dem Diktat der Inszenierung leiden«, solange konnte das Spiel im Spiel mit je unterschiedlich verteilten Leidensprämien verborgen bleiben.

d) Nachtrag

Das Nachgespräch mit Andrea Tann war kurz. Im Prinzip stimmte sie dem Text insofern zu, als dass sie an ihm nichts auszusetzen gehabt hätte.
A: Na, an und für sich eh-, (-) es ist eh, (-) das ist eigentlich alles, (-) passt eigentlich alles. (3) Na, passt, (-) ich bin an und für sich einverstanden.
I: Wo sind Sie gerade?
A: Mit dem von meiner Mutter, also dass sie bei der Mama wirklich die Kraft ausgesaugt hat. (-) Stimmt, (-) als Vampir. (-) Mhm. (-) Mhm. (4)

Das Lesen des Textes war für sie eine seltsame Erfahrung:
A: Schräg, den Text zu lesen, (-) wie wenn man seine eigene Stimme hört. Das ist beim Film auch so.
I: Fremd?
A: Es ist ein anderer Blickwinkel. Fremd ist es nicht. Es ist sehr vertraut, aber aus einem anderen Blickwinkel gesehen, und da hat man einen anderen Spiegel vorgehalten, von, (-) ja ein anderer Blickwinkel, von einer sehr vertrauten oder (-) ja bekannten Situation.

4. Analyse der Texte und Interviews

In den vorangegangenen generationellen Geschichten habe ich versucht, manche der beobachteten Phänomene aus den Texten der ersten Generation im Zusammenhang mit der *Nähe zum Tod* zu beschreiben. Diese Nähe zum Tod meint einen *symbolischen Tod*, der gestorben wurde, während das physische Leben weiter ging. Dieser Tod ereignete sich nicht einmal, sondern in vielen Situationen und in unterschiedlichen Graden über einen Prozess schleichender Derealisierung und Depersonalisierung, der das psychische Leben vor dem Grauen, in dem die Lagerhäftlinge lebten, anfangs schützen sollte. Das Körperbild wurde gespalten in einen vakanten Körper, der marschierte, wenn befohlen wurde, der stundenlang stand, wenn Appell war, und der die Kälte und die Schmerzen nicht fühlte, und in einen sublimen Körper, der das *Geheimnis* des Subjekts barg, der nicht da war, wenn der andere Teil marschierte, der immer weniger da war, bis er im *psychischen Tod* endgültig verschwand. Die hierfür in der Literatur oft gewählte Metapher des »Lochs« (Cohen 1985), der Lücke (Caruth 1995) in der psychischen Struktur ist über die Funktion dieser Nähe zum psychischen Tod zu beschreiben. Je näher an diesem Tod, umso größer das Loch, das Nicht-Sagbare. Es ist der Teil, über den die Überlebenden nicht erzählten, ihren Kindern und Enkelkindern nichts sagen konnten, um sich und ihre Kinder davor zu schützen. Es ist jener Teil, über den die Nachgeborenen nichts wissen konnten. Aber obgleich sie darüber nichts wissen konnten, hatten sie doch ein atmosphärisches Wissen, eine geheime Ahnung davon. Es war ein *unheimliches Wissen*, das auch für die Nachkommen nicht zu hinterfragen und nicht zu sagen war. Keiner aus der zweiten Generation hatte wirklich seine Eltern gefragt.

4. Analyse der Texte und Interviews

4.1 Zur ersten Generation

4.1.1 Diese Nähe hat einen Namen

Die Nähe zum Tod hat einen Namen: der »Muselmann«. Die Häftlinge in Auschwitz hatten jene Figuren damit bezeichnet, die aufgehört hatten, mit den anderen zu sprechen. Dieses Aufgeben der Sprache ist ein Aufgeben des sprechenden Subjekts, der Sprache im Subjekt, das somit aus der Welt der Worte gefallen ist, die nicht nur den Zugang zum sozialen anderen, sondern auch zur eigenen Geschichte bringen. Ich möchte hier auf ein bereits gewähltes Beispiel aus den Interviews mit Frau Kofka Bezug nehmen.

K: Na, und bevor wir in dieses Bad gekommen sind, (-) hat man ja schon die Lagerstraße gesehen, *nicht*? + (-) Da war das Bad und da war schon die Lagerstraße. (-) Wo die Baracken gestanden sind. (-) Und da haben sich *so Ff-,* (-) *so F-,* (-) da haben wir so Frauen gesehen, (-) so verwahrlost, (-) verschmutzt, (-) + (-) unglücklich, (-) halb verrückt schon. (-) *Da haben wir uns gedacht:* (-) »*Mein Gott wirst du auch zu so einer Gestalt wie die*?« (-) Aber dann haben wir später dann erfahren, das sind Frauen, die sich aufgegeben haben. + (-) Die nicht gearbeitet haben. (-) Und wenn man nicht gearbeitet hat, hat man weniger Essen bekommen. Hat man schlechtere Verhältnisse im Block gehabt. + (-) Wir haben sowieso zu zweit und zu dritt auf einer Matratze gelegen. Und so-.

I: Hat man mit diesen Frauen noch sprechen können?

K: Wir haben ja die Frauen dann, wir haben sie ja nur gesehen. + Und wir sind dann auf einen Block gekommen. Am Zugangsblock. Da waren wir einen Monat in Quarantäne. + (-) Da durften wir mit niemand Kontakt haben.

Frau Kofkas Zögern, ihr Stottern bei dem Versuch, diesen verwahrlosten und halb verrückten Gestalten einen Namen zu geben, ist eine sprachliche Fehlleistung. Diese Fehlleistung erinnert an eine Stelle aus den Interviews mit Max Mokum, als er sich ausbesserte und von »meinen Mitme- (-) -gefangenen« sprach. Auch hier sprang in der Rede des Überlebenden etwas zurück. Eine sprachliche Bezeichnung wie »Mensch« oder »Frau«, die nicht das, um was es ging, bezeichnen konnte. Die sprachliche Unsicherheit, wie das, um was es ging, zu nennen sei, steckt auch in jener Aporie, die Primo Levi im Titel eines seiner Bücher aufwarf: »Ist das ein Mensch?« Levi meinte damit die »Muselmänner«, die den Nerv der Lager ausgemacht hätten. Und wie bei jedem Nerv, der einmal getroffen wurde, wird die wiederholte Berührung vermieden.[177] Den Muselmann zu *sehen*, hatte bedeutet, den eigenen *symbolischen Tod* zu sehen. Jede Wahrnehmung hinterlässt ein Bild des Wahrgenommenen im Subjekt. Eine Erinnerungsspur. Für Freud war Wahrnehmen ein *Wiederfinden,* insofern es der Realitätsprüfung dient. »Der erste und nächste Zweck der Realitätsprüfung ist also nicht, ein dem Vorgestellten entsprechendes Objekt in der realen Wahrnehmung zu finden, sondern es *wiederzufinden*, sich zu überzeugen, daß es noch vorhanden ist« (Freud 1925, S. 375). Aber das, was die Überlebenden im Lager in Gestalt des Muselmannes gesehen hatten, war etwas, das jenseits der Realitätsprüfung lag, etwas, das man nicht im Subjektiven wiederfinden konnte, weil es kein Bild, keine Vorstellung und vor allem auch kein Wort gab, um das, was man sah, zu bezeichnen. Insofern ging von diesem Bild ein Grauen aus, eine Angst, die bei Frau Kofka mit der Frage: »*Mein Gott wirst du auch ...?*«, schon Abstand von dem Bild genommen hat.

Der Muselmann ist ein Name, der dort in Auschwitz den Menschen, die aufhörten zu sprechen, gegeben wurde. Ein Name, der als letztes Stadium der Unterernährung beschrieben wurde, wie eine Krankheit, die des erzwungenen Hungertodes, der absoluten Aus-schöpfung des Menschlichen im Lager; ein Name für den Ausfluss, der übrig bleibt, nachdem etwas anderes aufgehört hat, zu sein, wesentlich dass das Subjekt spricht, dass es (uns) sieht und (zu uns) spricht.[178] Der Muselmann ist das Symbol für den in den Lagern lebenden Toten. Er war physisch lebendig, aber symbolisch (und psychisch) gestorben. Er war den symbolischen Tod im Lager als die Vernichtung seiner symbolischen Spur, seines geschichtlichen Textes bereits gestorben, ehe er in die Gaskammern getrieben wurde. Um diese Figur drehen sich die Zeugnisse der Überlebenden, so Levi, die nicht umhin konnten, es zu sehen. Die mit diesem Bild weiterleben mussten. Mit diesem Bild, das zu einem Inneren geworden ist.

---

177 Frau Kofka kam auf diese Gestalten, außer auf Nachfragen an späteren Stellen der Interviews, nicht mehr zurück. Als würde sie den erneuten Blick meiden.

178 Frau Kofka sagte über diese Frauen, dass man ihnen nicht helfen konnte, weil sie keine Hilfe mehr angenommen hätten, also hätte man die Hilfe, die man zu geben fähig war, anderen, die noch Mensch waren, mit denen man sprechen konnte, die zu nehmen bereit waren, gegeben.

Ruben Laska erzählte als eine der »Absurditäten« seiner Geschichte, dass er als Kind in Auschwitz niemals geweint hätte. Weinen sei ein Luxus gewesen, den er sich nicht leisten konnte. In dieser Paralyse gegenüber den eigenen Affekten lag etwas Muselmanisches, das Henry Krystal für die Menschen im Lager als eine Art zu überleben beschrieben hatte, eine Art zu überleben, die in den eigenen psychogenen Tod führen konnte. Er verglich die Narkotisierung der eigenen Gefühle mit einer katatonischen Reaktion, die in einer unaufhaltsamen Progression hin zu einem Automatenzustand führte. Was anfangs eine überlebensnotwendige Reaktion darstellte, wird zur

> »wachsenden Betäubung der Qualen, Schmerzen und leidvollen Gefühle, gefolgt vom Verlust allen restlichen Selbstvertrauens […] und Zuversicht in die eigene Wirksamkeit. […] Die traumatische Einkapselung [entwickelt] sich in einen bösartigen Zustand, der alle psychischen Funktionen blockiert[e] […] bis zum psychogenen Tod, bei dem das Herz in der Diastole zum Stillstand kommt« (Krystal 2000, S. 844).

Der vakante Körper des Häftlings ist ein geschichtsloser Körper, ein sprachloser, ein funktionierender Automatenkörper, aus dem das symbolische Universum gestrichen ist. Der vakante Körper ist der Körper, der in den psychogenen Tod, wie Henry Krystal es nennt, marschiert.

Die Figur des *inneren Muselmannes* ist der *leere* Platz im Zeugnis des Überlebenden. Im Zentrum des Zeugnisses steht ein symbolischer Tod, dem jeder auf eine unsagbare Weise begegnet war. In den Erzählungen nach dem Überleben ging es auch darum, diesen leeren Platz zurückzugewinnen, die verlorene Geschichte und Geschichtlichkeit zu rekonstruieren.

4.1.2 Die Nähe zum Tod des anderen

Diese Nähe zum Tod war eine zum symbolischen Tod des Anderen, eine Wahrnehmung, die *jenseits* des bisher Wahrgenommenen lag, eine Wahrnehmung, die eine Spur in der Struktur des Subjekts hinterließ, für die es zunächst keinen Namen gab, ein leerer Platz. Über diese Spur wurde sie zu einer Frage, die Frau Kofka mit den Worten: »*Mein Gott wirst du auch zu so einer Gestalt wie die?*«, im Interview wiederholte. Die Nähe zum Tod des Anderen wurde zur *inneren Instanz*, die im Lager einen Verdacht produzierte: »Werde auch ich …?« Überlebende haben beschrieben, wie sie ihren Körper nach Anzeichen des Muselmannes absuchten, wie sie

darum bemüht waren, diese Anzeichen zu verbergen (vgl. Krystal 2000; Langbein 1995; Agamben 2003), um damit dem eigenen symbolischen Tod zu entkommen, der eintrat, wenn das Sprechen aufhörte. Der Kampf, Mensch zu bleiben, war ein Kampf um die eigene Geschichtlichkeit, um das Sprechen im Subjekt.
Der leere Platz ist Platzhalter für die anderen im Zeugnis des Überlebenden.
Dies ist eine Möglichkeit, von der viele Überlebende berichten, wie sie mit dieser Nähe weiterleben konnten. Ruben Laska erzählte beispielsweise von dem süßen und etwas übergewichtigen Mädchen, das er kannte und das er zusammen mit der Mutter noch einmal gesehen hatte, wie sie in die entgegengesetzte Richtung gingen. Es sei das letzte Mal gewesen, dass er dieses Mädchen sah, und er wusste nicht, ob auch sie ihn gesehen hätte. Aber bis heute könne er dieses Bild nicht vergessen. Ich habe diese Erinnerung als einen unmöglichen Abschied beschrieben. Herr Laska kann nicht vergessen, weil, würde er vergessen, dieses Mädchens endgültig sterben würde. Solange er erinnert, lebt das Mädchen in seiner Erinnerung. Sie, die andere, lebt in seinem Zeugnis.

Die Schwierigkeit solcher Abschiede liegt darin, dass es keine Gewissheit gibt. Es gibt auch keine Gewissheit über den Blick des Muselmannes, ob er noch sieht oder ob sein Blick nichts mehr hält. Es hat im Lager wieder und immer wieder dieses Bild gegeben. Diesen Abschied ohne Abschied. Das System der Lager war ein System, das die Geschichte der Häftlinge ohne Abschied nichtete. Die Klage der Hinterbliebenen und Zurückgebliebenen ist immer eine Klage um die Namenlosen, um die Grablosen, um die, wie Levi sagt, »Untergegangenen«, was an die auf hoher See ertrunkenen Matrosen denken lässt. Ohne Grab und ohne Namen (vgl. Hirsch 2005).

Darin liegt auch eine Schwierigkeit für die Nachkommen, die sich in der unabgeschlossenen, nicht abzuschließenden Trauer der Hinterbliebenen angekündigt hat. Eine nicht zu nennende Trauer um jene anderen aus der eigenen Familie, für die es kein Grab, keine Gewissheit, keinen Abschied gab. Frau Harz, die als Jugendliche rechtzeitig Dank ihrer Eltern fliehen konnte, hat immer noch nicht den Ort gefunden, an dem ihre Mutter sterben musste. Aber sie hat eine symbolische Geste gefunden, um den Tod ihrer Mutter zu verabschieden. Nach ihren Recherchen musste die Mutter in Auschwitz umgekommen sein. So fährt sie dorthin, um für ihre Mutter und für sich selbst den Kaddisch zu beten. Immer wieder in unregelmäßigen Abständen, weil sie auch ein Datum misst, an dem ihr die Möglichkeit eines Abschiedes, eines Grabes und eines Zeitpunkts genommen wurde. Diese quälende Ungewissheit wird weitergegeben von einer Generation zur nächsten.

4. Analyse der Texte und Interviews

Herr Fried erzählte von der Geste des Großvaters, seine letzte Erinnerung, als der Großvater ihn segnete, also ein Abschied, von dem er damals noch nicht wusste, dass es ein letzter Abschied sein würde. Erst über seinen Freund, den General aus dem österreichischen Heer, fand Herr Fried den letzten Weg und damit symbolisch das Grab seiner Großeltern. Er fand etwas, das sich wiederfinden lassen würde. Etwas, das der Suche nach einem letzten Ort ein Ende setzt. Ohne diesen Ort prolongiert sich die Ungewissheit ins Endlose. Denn Abschied inkludiert ein Wiedersehen. Auch wenn es das Wiedersehen des Namens, des Steins, der letzten Ruhestätte ist. Auch diese Abschiede zeugen von der Nähe zum Tod des Anderen, auf der Suche nach (s)einem Grab. Die erzählten Geschichten stellen den Versuch dar, über das Sprechen diesen Abschied zu fassen.

Herr W zeigte das Bild von jenem Mann in ihrer Mitte, den sie – er und sein Freund – während des Todesmarsches aufhoben und weiter trugen. Herr W erzählte von der folgenden Nacht, als dieser Mann in ihrer Mitte, neben ihm liegend, starb. Seine Erinnerungen wurden dann bruchstückhaft. Es gab für den zurückgelassenen Mann keine Erzählung, kein Grab, keinen Abschied, kein Ritual, keinen wie auch immer begangenen *symbolischen zweiten Tod*, der die Ankunft des Todes für die Hinterbliebenen signifiziert. Erst über das Bild, das Herr W sehr viel später zeichnete, wurde die Geschichte des Mannes in ihrer Mitte erneut gefunden. Das heißt, dass es ein Zeugnis für den anderen, ein Grab, ein symbolischer Ort für den Tod des anderen war. Als seien die Überlebenden es den Untergegangenen und Ermordeten schuldig, immer wieder davon zu zeugen. Dies ist eine Art der *Überlebensschuld. Wir haben es doch gesehen*. Eine Schuld, die aus der Berührung mit dem Tod des Anderen kam, der genauso gut der eigene hätte sein können. Der Wunsch zu erzählen, aus dem Lager zu berichten und Zeugnis abzulegen, ist aufs Innigste damit verbunden. Um das Leben der anderen, die nicht mehr sind, in der Erinnerung nicht sinnlos sterben zu lassen, wie sie sinnlos gestorben sind. Dies bezeichnet auch den leeren Platz, das Zeugnis als Platzhalter für die anderen.

Frau Kofka erzählte von Uckermark, dem Vernichtungslager in Ravensbrück. Dort mussten die Häftlingsfrauen immer wieder zur Selektion antreten. Danach wurden jene Frauen, die nicht ermordet wurden, in die Baracken getrieben. Dann kamen die Lastwagen und Frau Kofka hörte die Schreie der Selektierten. Sie hörte, wie sie in die Lastwagen gezerrt wurden. Sie hörte, wie sie geschlagen wurden. Ohne es gesehen zu haben, wurde sie Ohrenzeugin der Vernichtungsindustrie. Dieser Vorgang der Selektion und des darauf folgenden Transportes mit den Lastwagen wiederholte sich mehrmals am Tag und in der Nacht. Zuerst sollten die Alten und Gebrechlichen vernichtet werden, dann erst die Jungen, was ihr Glück war, weil die Nazis ihr Vernichtungswerk nicht zu Ende brachten. Als Ohrenzeugin legte sie Zeugnis ab über die leeren Lastwagen, die immer wieder kamen, um die Neuen mitzunehmen. Diese Szenen aus den Interviews verbanden sich mit einer *Überlebensscham*, die etwas anderes ist als die Schuld. Eine Scham ob der Erleichterung, die Frau Kofka (nachträglich) empfunden haben mochte, dass sie nicht dabei gewesen war. Dass es sie *nicht* traf. Der Tod traf die anderen. Und ihr blieb die Scham, über diesen Tod zu berichten. Darin liegt im Kern das Symptom, *die Narbe*; immer nur vom Tod der anderen zu erzählen, Zeugnis abzulegen über den leeren Lastwagen, der zurückgekommen war.

4.1.3 Die Nähe zum Tod als psychischer Tod

Die Nähe zum Tod ist zunächst eine Nähe zum Tod des Anderen, ein unerträgliches Bild, wie wir es in der Rede von Frau Kofka, in ihrem Zögern um einen Namen für Figuren, die keinen Namen haben, gefunden haben. Dieses äußere Bild wird über die Frage: »Wirst auch du …?«, zu einem inneren, zu einer Instanz, die zunächst einen leeren Platz einnimmt. Dieser leere Platz wird im Zeugnis für die anderen sprechen, er bezeichnet einen symbolischen Tod, wesentlich deshalb, weil er auf die Zerstörung der geschichtlichen Spur der in den Lagern Ermordeten verweist. Der symbolische Tod ist der Tod des Sprechens in Gestalt des Muselmannes. Es ist aber auch der zweite Tod, das Begräbnis, das in den Lagern nicht stattfand, als Ende der Geschichte und Anfang der Vergeschichtlichung. An dieser Nähe zum symbolischen Tod des anderen litten auch jene, die emigrieren konnten, während ihre Angehörige ermordet wurden sowie auch die zweite Generation, auf die die Suche nach einem letzten Ort, nach einer letzten Gewissheit, übertragen wurde. Diese Übertragung ist eine leibliche, wie die Mutter von Sophia Schwarz ihren ermordeten Vater im Leib des Kindes wiederfand, und beginnt manchmal schon mit dem Namen. Es gibt noch eine andere Nähe zum Tod, die in den Erzählungen von Herrn W und vielleicht auch von Max Mokum anklang: die Nähe zum eigenen *psychischen Tod*. Der eigene psychische Tod bezeichnet den Verlust des Sprechens, des Geheimnisses, des sublimen Körpers sowie den Zugang zum sozialen anderen. Es ist der Punkt, wo nur noch der vakante Körper ist und außer diesem nichts. Herr W hat einen signifikanten Bruch in seinem Zeugnis. Dort, an jener Stelle, nachdem der andere neben ihm liegend starb, wurde seine Erzählung bruchstückhaft, bis zum völligen Verlust jeglicher Erinnerung. Er hatte keine Erinnerung mehr, sondern hat das, was er wusste, aus Erzählungen von anderen erhalten, die an seiner Stelle für ihn berichteten. Herr W wusste nicht mehr, dass er mit der Gruppe der Muselmanen nach Mauthausen gebracht werden hätte sollen. Er wusste nicht mehr, dass der Kapo ihn aus dieser Gruppe der lebenden Toten rausholte. Ohne ein Sprechen gibt es kein Erinnern und Herr W hatte aufgehört, zu sprechen, und damit auch, sich zu erinnern. Herr W war gewissermaßen verschwunden. Er war zum Muselmann geworden. Auch in der Erzählung von Herrn Mokum gab es einen ähnlichen Punkt unmittelbar vor der Befreiung. Auch er hatte einen Zeitraum, an den er sich nicht mehr erinnern konnte. Auch er wusste darüber nur noch das zu erzählen, was die anderen im Nachhinein ihm darüber berichtet hätten. Aber in seiner Erzählung gab es diesen Kampf um sein Leben, diese bewusste Erinnerung, als er in der Nacht schon nach der Befreiung im Krankenbett lag und sich sagte, wenn er jetzt aufgeben würde, müsse er sterben. Er war dem Tode, dem psychischen Tode bewusst entgegengetreten. Er erinnerte etwas. So wie in der Szene, die er während des Interviews auch leibhaftig reproduzierte, als der SS-Posten mit dem Fuß nach seinem am Boden liegenden Körper trat und Herr Mokum das Wort »Scheiße« vernahm. Da gab es noch etwas.

Ich werde nun aus den Interviews mit der ersten Generation die gemeinsamen Momente des Überlebens im Lager herausgreifen. Was hatte geholfen, den Zugang zum sublimen Körper nicht aufzugeben, was hatte geholfen, nicht zu diesem Automaten zu werden, von dem Henry Krystal schreibt? Aber zunächst ist zu sagen, dass es nichts gab, das ein Überleben in den Konzentrations- und Vernichtungslagern der Nazis ermöglicht hätte. Es gab Dinge, die halfen, »Mensch zu bleiben und nicht zu dem Tier zu werden, zu dem sie uns ...«, wie Frau Kofka sagte, aber es gab keine Gewissheiten, keine Sicherheiten, keine Garantien, wonach man sich hätte richten können. Alles, was dazu in den Interviews gesagt wurde, kam nachträglich, eben nach dem Überleben hinzu.

4.1.4 Was half

a)   Erinnerungen an eine schöne Kindheit

Alle Interviewten aus der ersten Generation erzählten von Erinnerungen an eine schöne Kindheit. Die Erinnerungen zeugten von einem Gefühl der Geborgenheit, der gegenseitigen Wertschätzung und von einer tiefen Verbundenheit mit der eigenen Familie. Es hätte einmal eine Zeit gegeben, die von dem Alp, der später über sie hereinbrach, unberührt war. Diese unberührten, heilen inneren Landschaften mochten geholfen haben, an fundamentalen menschlichen Werten festzuhalten, an Liebe, Menschlichkeit, Hoffnung und Glauben (vgl. Klein 2003), sowie die Fähigkeit unterstützt haben, Bindungen einzugehen und menschliche Kontakte aufrechtzuhalten. In diesem positiven Erfahrungsschatz steckt ein Stück infantiler Narzissmus, der zu einer wichtigen Triebkraft werden konnte. Frau Kofka hatte in den Interviews mehrmals betont, dass sie niemals auf den Gedanken gekommen wäre, das Lager nicht zu überleben. In dieser (Überlebens-)Fantasie steckt der Glaube an die eigene Unverletzbarkeit, der aus dem frühkindlichen Narzissmus und dem damit einhergehenden Glauben an die infantile Allmacht sich herleitet (vgl. Krystal 2000).

Besieht man die einzelnen Schilderungen über eine glückliche Kindheit, stellt man fest, dass sich diese zumeist auf Szenen bezogen, in denen Nahrung vorkam. Herr W berichtete von der Erinnerung, seiner Mutter, die gerade aus der Schokoladenfabrik nach Hause kam, entgegengelaufen und von ihr in die Arme genommen worden zu sein. Herr Bernstein schilderte als eine seiner ersten Erinnerungen, wie während des Ersten Weltkrieges seine Mutter in ihrer Schürze einen Laib Maisbrot nach Hause trug, damit es nicht zerfiele. Frau Kofka schilderte die Szenen mit den Schmalzbroten, die ihre Mutter für die Kinder strich. In diesen erinnerten Szenen war das Essen ein Signifikant, der bereits auf das Lager verwies. So verband sich in der Erzählung von Frau Kofka das Teilen der Schmalzbrote mit dem Schneiden des Brotes in den Baracken, oder das Maisbrot in der Schürze der Mutter verband sich mit dem Laib Brot, den Herr Bernstein von einem politischen Häftling geschenkt bekam, als er nach Buchenwald kam. In der Schilderung der Nahrung steckte symbolisch das immaterielle Brot, dessen man auch im Lager bedurfte. Frau Harz erzählte nicht von Nahrung, sondern von einem Teppich, den sie als sechsjähriges Mädchen zusammen mit ihrer Mutter webte. Eine Szene, die sie anführte, um ihre behütete Kindheit zu beschreiben. Sie war mit ihrer Mutter verwoben. Nach der Befreiung Österreichs und der Rückkehr von Frau Harz sollte sie sich diesen Teppich wiederholen, den Teppich, den die SS damals, als sie ins Elternhaus stürmte, gestohlen hatte. Wenn die Zeitzeugen über ihre gute Kindheit sprechen und dabei Signifikanten benützen, die sich mit dem Lager oder der Emigration verbinden, so weisen diese Verbindungen auf den eminent wichtigen Stellenwert dieser Erinnerungen für das psychische Überleben hin.

4. Analyse der Texte und Interviews

b)   Einen signifikanten Platz einnehmen

Herr Bernstein war, als er nach Buchenwald kam, durch Zufall und Beziehungen in die Schreibstube des Lagers gekommen. Dort war *sein* signifikanter Platz, zu überleben. Die Funktionshäftlinge in der Schreibstube von Buchenwald hatten zahlreiche Vergünstigungen, die das Überleben keinesfalls sicherten, aber den Alltag in diesem Konzentrationslager erträglicher machten. So hatten sie eine eigene Baracke und mussten nicht zusammen mit den anderen Häftlingen in den überfüllten Baracken schlafen. Sie mussten nicht Appell-Stehen, hatten eigene Essensrationen usw. Herr W erzählte davon, wie er zusammen mit seinem Freund im Waggon ihres Transportes einen Platz in der Nähe der kleinen Fensterluke einnehmen konnte. Dieser Platz während des Transportes war ebenso ein signifikanter Platz zu überleben, wie es für Herrn Mokum seine Stellung als »Erste-Hilfe-Arzt« gewesen war, die ihn von schweren körperlichen Arbeiten befreite. Herr Bernstein beschrieb mehrmals, wie er immer ganz hinten in der Kolonne als letzter den Überblick behalten konnte. Er hätte sich klein und unscheinbar gemacht und darauf acht gegeben, dass er immer ganz hinten der Letzte sei, von wo aus er alles beobachten konnte. Der signifikante Platz ist jene Position, die das Subjekt in Bezug zu seiner Umwelt einnimmt, eine Position, die einen imaginären und manchmal auch einen ganz realen Vorteil verschafft. Für Frau Kofka hatte nach ihrer Ankunft in Ravensbrück der Platz in der Baracke, wo Rosa Jochmann die Funktion als Blockälteste innehatte, diese Signifikanz bedeutet. Es sei der gepflegteste und sauberste Block unter all den anderen Baracken gewesen, wo Rosa Jochmann in ihrer Funktion darauf acht gab, dass jeder seine Ration Essen erhielt, dass nicht gestohlen, nicht betrogen und nicht geschlagen wurde. Ihre Beschreibungen der Atmosphäre in diesem Block nahmen jene Worte zu Hilfe, mit denen Frau Kofka zuvor das durch ihre Mutter geprägte atmosphärische Elternhaus beschrieben hatte. Nicht zufällig wiederholt sich in der Beschreibung des signifikanten Platzes etwas aus der Geschichte, etwas aus dem, was früher war, denn der Platz, um den es hier geht, ist ein signifikanter Platz nur für dieses eine Subjekt, das ihn aufgrund seiner Geschichte findet und einnimmt. Aus der Geschichtlichkeit des Subjekts erhält der Platz die Signifikanz und stärkt die psychische Widerständigkeit. Dieser Platz kam oft zufällig, wie bei Herrn Mokum, der erst über den polnischen Schriftsteller als »Erste-Hilfe-Arzt« sich einschreiben konnte. Für Ruben Laska war dieser Platz an der Seite eines anderen, der in Auschwitz bis kurz vor der

Befreiung immer bei ihm blieb. Der signifikante Platz ist kein Ort im gewöhnlichen Sinne, sondern es ist ein innerer Ort, der im Außen seine Verankerung findet. Selbst in den Höllen der Vernichtungswelten gab es für Menschen diese Plätze, die notwendig waren, um den Glauben an sich und die Welt nicht zu verlieren. An diesem Platz befindet sich zumeist eine Verbindung mit der Welt hinter dem Stacheldraht, mit der Geschichte des Subjekts, die es hinter sich lassen musste, als es in die Konzentrations- und Vernichtungslager deportiert wurde. Der Platz erhält seine Signifikanz aufgrund dieser Verbindung. Er entsteht oft zufällig, wird aber aufgrund der Initiative des Subjekts gesehen und gehalten. Dieser Platz kann für den Bruchteil eines Augenblicks währen oder sich über die Zeit des Lagers erstrecken. Für Ruben Laska gab es einen Moment, der sich wiederholte, wo er zusammen mit seinem Bruder sich an der Ofenbank in der Schmiede wärmen konnte. Dies war ein kurzer, aber wiederkehrender Moment, der ihn an etwas aus vergangenen Zeiten band. Diese Momente beförderten die psychische Widerständigkeit der Häftlinge und setzten neue Kräfte frei.

c)   Überlebensbündnisse

Ich habe auf den anderen an der Seite von Ruben Laska hingewiesen, womit sein Bruder gemeint war, über den Ruben den abgerissenen Kontakt zur Familie, zu den Eltern und zur Kindheit wieder aufnehmen oder aufrechterhalten konnte. Dabei verkörperte Herr Laska spiegelbildlich das, was sein Bruder für ihn war. Die Verbindung zur abgerissenen Vergangenheit. Herr Laska war mit seinem Bruder ein *Überlebensbüdnis* eingegangen. Auch das Überlebensbündnis ist ein signifikanter Platz. Diese Überlebensbündnisse bedeuteten im Lager, den Zugang zum sozialen anderen nicht zu verlieren. Es konnte zum Beispiel wie bei Frau Kofka bedeuten, jemanden nach Kräften zu helfen, was außergewöhnlich wichtig für die Stabilisierung des Gefühls, ein guter Mensch zu sein, war, und somit zur Wahrung einer gewissen Selbstachtung beitragen konnte (vgl. Krystal 2000). Die Solidarität, das Mitgefühl und die gegenseitige Fürsorge stabilisierten ein lebensfähiges Selbstbild als Mensch mit einer gewissen Würde (vgl. Virág 2000) und konnte partiell das Gefühl von Wärme und Geborgenheit innerhalb eines sozialen familienähnlichen Nahraums wiederbeleben.

Vor allem dann, wenn man das System der Lager in Betracht zieht, das die Häftlinge zu Rädern im Getriebe ihrer eigenen Vernichtung machte, bedeutete die Hilfe für den anderen, sich diesem Getriebe entgegengestellt zu haben und somit, wie Frau Kofka sagte, Mensch geblieben zu sein. In den Interviews mit Frau Kofka trat dieses Moment besonders hervor. Immer wieder betonte sie die Rettungsaktionen, die sie zusammen mit anderen Häftlingen für zum Tode verurteilte Frauen unternommen hatte. Das entscheidende Moment, das sich in diesen Überlebensbündnissen zeigt, ist, dass erst über das Sprechen das Bündnis mit dem anderen sich zeugte.

Das Bild vom Todesmarsch, das Herr W zeichnete, deutete auf ein solches Überlebensbündnis der Häftlinge. Das Bild zeigte drei Häftlinge auf einem Todesmarsch. Die Figur links war Herr W, die rechte war sein Freund, mit dem Herr W von Beginn der Deportation ins Lager bis zur Befreiung und Rückkehr nach Wien zusammen war. Die beiden hatten sich das Leben, das im Lager für ein Subjekt zu wenig war, geteilt. Dadurch wurde es mehr. Es entstand ein *Geheimnis*, als Kern eines jeden Überlebensbündnisses. Ein Mehrwert des Lebens, das im Lager auf ein Minimum reduziert war. Diese Bündnisse, die im Lager geschlossen wurden, ließen ein psychisches Leben entstehen, auch wenn es rund um die Gefangenen kein Leben mehr gab. Sie setzten eine Fähigkeit zur Liebe frei, eine Möglichkeit zur Bindung in einer bindungslosen Welt und stärkten somit die psychische Widerständigkeit des einzelnen.

Der dritte Mann auf dem Bild in ihrer Mitte, den sie aufgehoben und getragen hatten, war jener Mann, in dessen Namen Herr W Briefe an seine Frau schreiben konnte. Auch dies war ein spezielles Bündnis gewesen. Indem man dem anderen half, etwas gab, für ihn ein Stück Brot sparte, ihn stützte, stützte man sich selbst. In diesen Bündnissen fand ein reger Austausch von Objekten statt, die ich *Deckobjekte* nenne, weil es nicht um das Objekt, sondern um das, was das Objekt eben nicht ist, geht. Das Deckobjekt ist das Geheimnis, das der Häftling vor der SS verbarg. Die Deckobjekte zirkulierten im Lager, wodurch potenziell ein jeder Häftling an diesen Dingen teilhaben konnte und unendlich viele Bündnisse geschlossen werden konnten. In der Erzählung von Herrn W war ein solches Deckobjekt ein paar Schuhe, das die Gefangenen aus dem Beutelager der SS auf listige Weise entwendeten. Sie hatten die Lederschuhe mit Dreck beschmiert und die Hosen darüber gezogen, wenn sie die entwendeten Schuhe trugen, damit diese von der SS nicht erkannt werden konnten. Sie trugen das Geheimnis am Körper. Andere Deckobjekte waren neben Kleidung vor allem essbare Dinge oder überhaupt alles, und war es auch noch so klein, unscheinbar und unbedeutend, das der SS oder den Wachmannschaften der Wehrmacht entzogen und selbst genutzt oder an Dritte weiter verteilt werden konnte. Darin lag ein geheimer Triumph, an der

SS etwas vorbeigeschmuggelt zu haben. Somit hatten die Häftlinge im Geheimen widerlegt, wofür die Lager als Todesfabriken gestanden hatten. Sie hatten bewiesen, dass die Augen der Täter nicht allgegenwärtig waren, dass es Lücken im Netz der Vernichtung gab und somit auch Hoffnung. Auf diesem Wege wurde nicht nur der *Narzissmus* der Häftlinge gestärkt, sondern auch die Allmacht der Täter, die über introjektive Prozesse in die Opfer als Ohnmacht gedrungen war, widerlegt. Über das Geheimnis war es den Häftlingen möglich, ihr psychisches Leben zu *bewahren* oder ihren sublimen Körper vor dem totalen Zugriff der Täter zu schützen. Weil es da noch etwas gab.

d) Zugang zum sozialen anderen auf der anderen Seite

Jeder Zeitzeuge hatte in der einen oder anderen Situation einen menschlichen Kontakt zum sozialen anderen auf der anderen Seite. Sie berichteten von dem Mitgefühl, das ihnen vom anderen entgegengebracht wurde. Ruben Laska erzählte von einer Szene während des langen Todesmarsches. Kurz vor Aufbruch war plötzlich ein Mann aus der Umgebung erschienen und hatte den Häftlingen Brote mit Gänseleber zu Essen gegeben. Diese Geste mochte klein und unbedeutend sein, aber für die Häftlinge durchbrach es ihre Abschottung von der Welt außerhalb ihres Urteils, außerhalb ihrer von den Nazis gegebenen Bestimmung zur Vernichtung. Max Mokum berichtete ähnliche Szenen von Menschen aus der Zivilbevölkerung, die den Häftlingen im Geheimen etwas zu Essen oder Kleidungsstücke zusteckten. Herr Mokum erzählte von »einer Autorität der Organisation Todd«, die kurz vor Ende des Krieges im Lager von der Scham sprach, die die Deutschen aufgrund ihrer Verbrechen auf sich geladen hätten. Herr Mokum meinte im Interview, dass diese Szene ihn gelehrt hätte, »einen Unterschied zu machen, zwischen guten Leuten und SS«. Die Welt innerhalb/außerhalb des Stacheldrahtes war somit nicht total verfolgend und vernichtend. Dort gäbe es auch gute Leute, wie jene Autorität der Organisation Todd. Diese wenigen zufälligen Erfahrungen, die Zeitzeugen machen konnten, zeugten von Nischen in der Vernichtung, aus denen neuer Glaube an eine Welt und eine Zeit nach der Befreiung geschöpft werden konnte. In der Erzählung von Frau Kofka war es zum Beispiel die Aufseherin im Polizeigefängnis, die ihr immer ein Buch zum Lesen brachte. In dem einen Jahr, in dem Frau Kofka in einer Einzelzelle eingesperrt war und nur während ihrer Verhöre zu anderen sprechen konnte, bedeutete ihr diese Geste der Aufseherin mehr als jedes Stück Brot.

4. Analyse der Texte und Interviews

e) Veränderung der Asymmetrie

In den Interviews mit den Überlebenden gab es Schilderungen von Situationen, wo es gelungen zu sein schien, zumindest für kurze Momente die starre Asymmetrie zwischen Opfer und Täter zu durchbrechen. So konnte Frau Kofka während ihrer Verhöre im Polizeigefängnis mit dem Referenten ein anderes Verhältnis als das zwischen Täter und Opfer etablieren. Frau Kofka sollte nach jedem Verhör das Protokoll des Verhörs lesen. Dabei sagte sie immer wieder zum Referenten: »Aber Herr Referent, Sie haben da Rechtschreibfehler.« Frau Kofka entdeckte den Fehler im Protokoll des Täters, also symbolisch dessen Schuld. Der Täter bekannte seine Schuld, indem er sagte: »Na, bessern Sie es mir aus.«[179] Frau Kofka konnte dadurch einen Raum jenseits nazistischer Gewalt im Verhältnis zwischen ihr und dem Referenten öffnen. Symbolisch hatte sich ihre freche Natur durchgesetzt. Ein kleiner, aber ungemein wichtiger narzisstischer Triumph, eine Behauptung und Aufrechterhaltung ihres Ichs gegenüber der terroristischen Gewalt des allmächtigen Täters. Herrn Bernstein war es im Polizeigefängnis aufgrund seiner Bürokenntnisse gelungen, sich für seine Bewacher unentbehrlich zu machen. Die hätten ihn »gebraucht, um den Schreibkram zu erledigen«. Auf diese Weise sei es Herrn Bernstein gelungen, seinen Transport nach Buchenwald um Monate hinauszuzögern. Diese Anekdoten, mögen sie sich so oder anders abgespielt haben, zeugen letztendlich davon, dass es für das Subjekt wichtig war, an dem Glauben, seinen Weg irgendwie mitzubestimmen, festhalten zu können. Dies gelang eben dadurch, dass die Asymmetrie im Verhältnis zwischen Täter und Opfer irgendwo leck war, einen Spalt aufwies, worin auch eine Möglichkeit zu überleben lag.

f) Widerstand und Bewusstheit

Auch der Widerstand ist ein signifikanter Platz, der die Asymmetrie aufbricht und das Ich narzisstisch stärkt, wie in den Überlebensbündnissen und den darin zirkulierenden Deckobjekten. Widerstand im Lager reichte von kleineren Sabotageakten bis hin zu Rettungsaktionen. Widerstand war das Manipulieren hinter dem Rücken der Nazis oder auch nur das Sparen des Brotes für jemand anderen. Max Mokum rettete als Arzt in Westerbork systematisch Menschen, indem er

---

179 Bezeichnenderweise verpflichtete der Täter sein Opfer zum Ausbessern seiner Fehler.

jenen, die mit dem nächsten Transport deportiert worden wären, eine Injektion verabreichte, die sie transportunfähig machte. So verhalf er ihnen zur Möglichkeit unterzutauchen. Er hatte, als er im Jüdischen Krankenhaus arbeitete, sich geweigert, Zwangssterilisationen vorzunehmen. Später im Lager nutzte er die Möglichkeiten als Arzt, um Mithäftlingen zu helfen. Vor allem die politischen Häftlinge wie Frau Kofka, Herr Bernstein oder Herr W erzählten von kleineren und größeren politischen Widerstandsaktionen, in denen mehrere Häftlinge zusammenwirkten. Die Zusammenarbeit mit den anderen, das Gemeinschaftsgefühl, das Wir, das Frau Kofka immer voranstellte, bedeutete im Lager ein Aufgehoben-Sein. Herr Bernstein hatte diesem Wir seine privilegierte Position in der Schreibstube zu verdanken gehabt. Dort konnte er die Transportlisten manipulieren und politische Freunde von der Liste nehmen. Auch berichtete er davon, wie gefährdete Häftlinge versteckt wurden. Es wurden in der Schreibstube Identitätswechsel vorgenommen, wo die Funktionshäftlinge dafür sorgten, dass Gefährdete die Namen der Toten erhielten und die Toten die Namen der Gefährdeten. Auf diese Weise konnten die gefährdeten Freunde untertauchen. Zugleich aber bleiben diese Rettungen moralisch angreifbar, weil der Gerettete stets ein Mitglied der eigenen Gruppe war. Die Funktion des politischen Häftlings im Lager war mit einem moralischen Dilemma konfrontiert. Die Nazis brauchten diese Funktionshäftlinge, damit das System der Vernichtung durch Arbeit funktionieren konnte. Ohne die Delegation der Macht hätte sich das System der Disziplin und Überwachung umgehend aufgelöst. Im Prinzip ist dieses Dilemma nicht auflösbar und gilt in gewisser Weise für alle Häftlinge, die gezwungen wurden, über ihre Arbeit die Tötungsindustrie der Nazis aufrechtzuhalten. Herr W berichtete, wie die Häftlinge die Gleise für ihren nächsten Transport selbst legen mussten, was meint, dass die Häftlinge aktiv an ihrer Vernichtung teilhaben mussten. Frau Kofka versuchte die Arbeit in den Siemenshallen von Ravensbrück für die Kriegsindustrie der Nazis zu verzögern. Man versuchte über viele kleine Schritte, die Arbeit zu sabotieren. Dabei riskierte man, erwischt und sofort getötet zu werden. Jene russischen Häftlingsfrauen in Ravensbrück, die die Arbeit in den Siemenshallen verweigerten, wurden, wie Frau Kofka berichtete, sofort ermordet. Bei diesen Sabotageakten ging es darum, die Integrität der eigenen Person aufrechtzuhalten. Das Subjekt musste versuchen, irgendwo einen Raum für sich zu sichern, der dem totalen Zugriff der Nazis verwehrt blieb.

Frau Kofka war über ihre privilegierte Position als Subenälteste in die Lage versetzt, in ihrem Block an den Sonntagnachmittagen, wo es fast keine Aufsicht

4. Analyse der Texte und Interviews

gab, ein kulturelles und politisches Programm für die Häftlingsfrauen zu ermöglichen. Es wurde die politische Lage diskutiert, es wurden Sketches aufgeführt, in denen man sich über die SS lustig machte, es wurde gespielt und gesungen. Sie hätten sich Luft gemacht. In dieser kurzen Zeit konnten all die unterdrückten Gefühle, Gedanken und Fantasien frei werden. Ihre Gedanken waren frei und funktionierten so weit, um ihre Unterdrücker lächerlich zu machen. Darin lag ein narzisstischer Triumph, indem sie, wie Freud das beschreibt (1905), die Anlässe ihrer Qual in einen Lustgewinn mit Bonusprämie umwandeln konnten.

Dieser Widerstand geht mit einem hohen Grad an Bewusstheit einher. Widerstand hatte geheißen, trotz der Absurdität, trotz der Ausweglosigkeit und trotz des allgegenwärtigen Leides nicht aufzuhören, Mensch zu sein. »Nicht zu dem Tier zu werden ...« Das Bewusstsein zu bewahren und damit auch den sublimen Körper, die Fantasien und Geheimnisse nicht preiszugeben. Bewusst zu bleiben, hatte im Lager geheißen, das Einverständnis gegenüber der eigenen Vernichtung zu versagen. Sich nicht der Situation zu fügen. Für die Funktionshäftlinge hatte es bedeutet, sich des moralischen Dilemmas bewusst zu sein und, auch wenn es nur in Gedanken war, dagegen zu arbeiten. »Nein« zu sagen und das Einverständnis gegenüber der eigenen Vernichtung zu versagen, war in den kleinen alltäglichen Dingen, die in Auschwitz sinnlos erschienen, vielleicht eine der wichtigsten Sachen, um die psychische Widerständigkeit zu wahren:

> »Wir müssen uns also selbstverständlich das Gesicht ohne Seife waschen und uns mit der Jacke abtrocknen. Wir müssen unsere Schuhe einschwärzen, nicht, weil es so vorgeschrieben ist, sondern aus Selbstachtung und Sauberkeit. Wir müssen in gerader Haltung gehen, ohne mit den Holzschuhen zu schlurfen, nicht als Zugeständnis an preußische Disziplin, sondern um am Leben zu bleiben, um nicht dahin zu sterben« (Levi 2002, S. 46).

Für Max Mokum hatte es eine Nacht gegeben, in der er bewusst mit dem Tod gerungen hatte. Wo er sich immer wieder sagen musste, *wenn ich jetzt einschlafe, werde ich sterben.* Er hatte sich im Kampf um das Bewusstsein für sein Leben entschieden, auch wenn der Körper keine Kräfte mehr hatte. Immer wieder tauchten in den Interviews mit den Überlebenden diese entscheidenden Momente von Bewusstheit und Widerstand auf. Herr Laska hatte sich bewusst gegen das Weinen im Lager entschieden, denn das Weinen hätte eine Verletzbarkeit offenbart, die er in seinem Inneren verstecken wollte. Bewusstheit und Widerstand bedeutet, dem Täter vor Augen zu führen, dass seine Macht über den Körper des Opfers nicht total sein kann. Dass es immer noch etwas gibt, das dem Subjekt eigen sein wird, etwas, das es sich nicht nehmen lassen oder das zu geben es niemals bereit sein wird. Widerstand und Bewusstheit halfen, nicht in die Identifizierung mit dem Angreifer zu gehen. Sie halfen, den eigenen vakant gewordenen Körper immer wieder neu zu besetzen, weil es noch etwas anderes gab, an das man denken konnte.

g)   Der sublime Körper, das Geheimnis des Subjekts

Dieses andere, das es gab, jenseits des totalitären Zugriffs, ist nicht zu nennen. Es hat ebenso viele Spielarten wie der Widerstand und ist aufs Innigste mit demselben verknüpft. Es ist etwas, das mit dem sublimen Körper, mit dem Sprechen und dem Unbewussten, dem Geheimnis des Subjekts zu tun hat. Ruben Laska erzählt von sich als Kind in Auschwitz, das absolut hoffnungslos ist und nicht weint. Er fragt: »*Warum ist das so?*« Sein Nicht-Weinen hat auch den Schutz einer Hoffnung dargestellt, eine verbliebene vitale Widerständigkeit symbolisiert. Ein Kind, das beschließt, nicht zu weinen, ist ein Kind, das nicht aufgegeben hat. Mit der Frage: »*Warum weint das Kind nicht?*«, wird ein Geheimnis angedeutet, welches das Kind, das nicht weint, in seinem Inneren festhalten kann. Das Geheimnis ist das Motiv für den Widerstand. Es sagt: *Jetzt nicht.* Es taucht auf in Gestalt eines Verzichts. Wenn Frau Kofka darauf verzichtet, ihrer Mutter eine geheime Nachricht aus dem Polizeigefängnis zu schicken. Im Verzicht auf die geheime Botschaft liegt die Liebe, das Nicht-Gesagte. Vielleicht war Frau Kofka diese Liebe hilfreich gewesen. Weil sie etwas besaß, das sie schützen musste. Nie wäre sie auf den Gedanken gekommen, zu flüchten. Weil sie damit ihre Mutter gefährdet hätte. Auch im Verzicht auf das Brot liegt dieselbe Struktur. Das Brot, auf das sie verzichten, das für die anderen nicht gegessen wird, ist ein *Geheimes für andere,* worauf die Nazis keinen Zugriff hatten. Wenn Ruben Laska nicht weinte, so symbolisiert das zurückgehaltene Wasser den Verzicht auf etwas, das er nicht gibt. Der Verzicht bewahrt das Geheimnis und das Geheimnis ist das Motiv, weiterzuleben, ein *geheimes Verzichten für andere*. Weil es noch etwas gibt, für das ich die Tränen, das Brot, die Liebe, die Botschaft spare. Ruben Laska war nach dem Revier, wo er schon im Sterben lag, ins Lagerbordell gekommen. Dort waren die Bedingungen unbeschreiblich viel besser. Er bekam erstmals genug zu essen und legte für seinen Bruder, was er bekam, unter sein Kopfkissen. Das Geheimnis ist etwas, das man verborgen hält. Es ist der Gedanke an eine Zukunft, die *Übertragung einer Liebe auf eine Zukunft,* die es noch nicht gibt.

4. Analyse der Texte und Interviews

Aber in dem Moment, wo man verzichtet, ist die Zukunft bereits geschehen. »Nicht Jetzt« verweist auf ein Später, um dessen Willen man weitergeht. Die politischen Häftlinge wie Frau Kofka oder Herr W hatten im Lager von dieser Zukunft geträumt. Sie hatten darüber gesprochen, wie die Gesellschaft nach ihrer Befreiung aussehen könnte. Sie haben Pläne geschmiedet. Damit sind sie über ihr Sprechen und Fantasieren aus der Realität des Lageralltags ausgestiegen und haben eine noch nicht geschehene Welt vor ihr geistiges Auge projiziert, die zum Zeitpunkt ihres träumenden Sprechens bereits Wirklichkeit annahm. Jene Träume und Fantasien verweisen auf den sublimen Körper, das Geheimnis des Subjekts.

Herrn Röders Vater hatte im Lager wiederholt eine bestimmte Fantasie imaginiert. Er sei in der überfüllten Baracke auf der Pritsche gelegen und hätte sich vorgestellt: »Jetzt gehe ich mit einem Buch unterm Arm hinaus auf die grüne Wiese, die Sonne scheint, und lese das Buch.« Diese Imagination wiederholte er in den unerträglichsten Situationen und entwischte dabei der Alltagsrealität im Lager. Er schuf in seiner Fantasie ein inneres Ausland, geschützt vor dem Zugriff der Nazis, das er immer betreten konnte. Seine Fantasie symbolisiert auch den Widerstand des Subjekts. Die Bücher, die er dabei las, waren die von den Nazis verbotenen und verbrannten Bücher. Dieser fantasierte Triumph hätte ihm, wie er seinem Sohn später erzählte, das Leben gerettet.

In jeder Überlebensgeschichte tauchten solche geheimen Fantasien auf. Auch der Wunsch, später von den Geschehnissen zu zeugen, bezeichnete diesen inneren Ort psychischer Widerständigkeit. Max Mokum und Frau Kofka hatten diesen Wunsch schon im Lager gefasst. Natürlich verpflichteten sie sich somit auf eine schon gedachte Zukunft nach ihrer Befreiung.[180]

4.1.5 Was später kam und half

a) Eine Antwort geben

Herr Fried sagte rückblickend, dass er eigentlich alles in seinem Leben gemacht hätte, was Hitler den Juden verboten hatte. Er ging zur Schule, studierte und

---

[180] Der Schwur von Buchenwald, den die Häftlinge nach ihrer Befreiung gaben, bezog sich auf diesen geheimen Wunsch.

4.1 Zur ersten Generation

lehrte an der Universität, ging zum Militär und wurde ein erfolgreicher Geschäftsmann. Dies sei seine Antwort auf das Urteil der NS-Diktatur gewesen. Jene, die rechtzeitig aus dem Nazi-Regime flüchten konnten, blieben über die (aus der eigenen Familie), die zurückgeblieben waren, mit diesem Urteil verbunden. Das Urteil Hitlers war der symbolische Tod als Zerstörung der Geschichtlichkeit der Opfer. Dieser symbolische Tod betraf in gewisser Weise alle Juden. Weil sie alle ermordet werden sollten. Ohne Spur, ohne Namen, ohne Erinnerung. Gegen dieses Hitler'sche Urteil richten sich die Antworten der Überlebenden, zum Beispiel in Form von Re-Symbolisierungsversuchen, um einen Teil der zerstörten Geschichtlichkeit zurückzubekommen. Die Suche nach Namen, nach Daten und Fakten, die Suche nach Anhaltspunkten aus der verlorenen und entrissenen Geschichte ist immer der Versuch, das geschichtliche Gewebe der Familie wiederherzustellen. Eine andere Antwort war der Wunsch zu zeugen, zu erzählen und über das Zeugen zu erinnern. Denn das Vergessen der Geschichte wäre letztlich die Realisierung des Urteils gewesen.

b) Zur Bedeutung der Familien

Alle Überlebenden berichten darüber, wie sie zunächst nach der Befreiung versucht hätten, nach Hause zu gelangen. Oft waren sie dabei auf sich allein gestellt und machten sich zu Fuß mit nicht mehr als dem, was sie am Leib trugen, auf einen gefährlichen Weg durch ein Land ohne Gesetz. Der erste Gedanke galt den Menschen aus der Familie. Man hatte sich, sofern Zeit vor der Trennung war, einen Treffpunkt ausgemacht, wo man sich wiederfinden würde. In der Geschichte von Frau Kofka war es das elterliche Zuhause, von dem nur ein Haufen Schutt und Steine übriggeblieben war. Die Zeit zwischen der Befreiung aus dem Lager und der Ankunft in einem (provisorischen) Zuhause war geprägt von unerträglicher Ungewissheit über das Schicksal der Liebsten, von Unsicherheit und Furcht über die Zukunft einer noch unbestimmten Welt. Zunächst wussten die Überlebenden nichts über den Verbleib ihrer Nächsten. In manchen Familiengeschichten, wie bei Frau Harz oder bei Sophia Schwarz erstreckt sich diese Ungewissheit bis zum heutigen Tag. Aus Herrn Mokums ursprünglicher Familie hatte niemand überlebt. Nachdem Max fünf Jahre später aus dem Krankenhaus entlassen wurde und körperlich wieder völlig genesen war, gründete er zusammen mit seiner überlebenden Frau eine Familie mit drei Kindern. Ihre Ehe scheiterte nach der Geburt des dritten Kindes. Während seine

Ehepartnerin anfangs die Normalität des Lebens vor der Shoah darstellte und ihm die Möglichkeit bot, in diese Normalität zurückzukehren, wurde sie später zum projizierten Symbol der Shoah selbst, woran ihre Ehe zerbrochen wäre. Sie seien sich in ihren Verletzungen zu nah gewesen.

Oft war es ein Wunder, dass noch jemand da war, wie bei Ruben Laska, wo alle aus dem intimsten Bereich der Familie überlebt hatten. Auch in der Familie von Herrn W hatten Mutter und Schwester überlebt. Die Widervereinigung mit (Teilen) der Familie ermöglichte ein erstes Ankommen. *Der erste Weg zurück von dem Alp in die Gesellschaft war der Weg über die Familie, über übrig gebliebene familiäre Bande bzw. über einen imaginären Familienersatz.* Das familiäre Umfeld eröffnete den Raum für zwischenmenschliche Beziehungen und die Möglichkeit, das verlorene Ich in der Liebe des anderen wiederzufinden. Innerhalb dessen, was Familie war, konnte eine Kontinuität zwischen Vergangenheit, Gegenwart und Zukunft wiederhergestellt und erlebt werden. Dies ging manchmal mit der Verleugnung von stattgefundenen Verlusten über die Gründung einer neuen Familie bald nach der Befreiung einher. Frau Harz erzählte, wie sie nach ihrer Rückkehr einen emigrierten Juden heiratete, der ebenfalls seine Eltern in der Shoah verloren hatte. Sie sagte, dass in der unmittelbaren Nachkriegszeit gar kein Platz für Trauer gewesen wäre. Man hätte sich ganz auf das tägliche Überleben konzentrieren müssen. Nach ihrer Heirat kamen in rascher Folge ihre drei Kinder zur Welt. Das erste Kind erhielt den Namen jenes Mannes, dem sie ihre Flucht in die Schweiz (und von dort nach England) zu verdanken gehabt hatte. Von diesem Mann sprach sie als ihren Retter, dem sie ihre zweite Geburt zu verdanken gehabt hätte. Die Namensgleichheit sei ihr damals gar nicht bewusst gewesen, zeigt aber, wie sehr sie darum bemüht war, nicht an die Verluste zu denken. Die Geburt der ersten Kinder nach der Shoah symbolisierte einen Neubeginn sowie den Wunsch nach Aufhebung der Verluste. In der Geschichte von Sophia Schwarz und der Emigrationsgeschichte der Familie Klein war etwas davon zu hören. Die Ambivalenz, die der Geburt der ersten Kinder in Überlebendenfamilien vorausging, steht in Verbindung mit der Nähe zum Tod, die in diesen Kindern einerseits bewahrt und andererseits auch aufgehoben im Sinne von überwunden werden sollte.

c) Kontinuität, Wiederbeleben und Wiederholen

Die Shoah bedeutete einen nicht symbolisierbaren Bruch mit der Welt vor der Shoah. Die Geschichten der Überlebenden zeugen von ihren Versuchen, an diese Welt zuvor wieder anzuknüpfen, um eine Kontinuität des Bewusstseins, der Geschichte und Geschichtlichkeit ihres Gewordenseins herzustellen. Als Herr Fried nach einem halben Jahrhundert zurück nach Österreich kam, entwickelte sich eine intime Freundschaft zu einem hochstehenden General des österreichischen Heeres. Diese Freundschaft spiegelte eine familiäre Tradition, die zu seinem Großvater zurückreichte. Herr Fried besuchte die Plätze von damals, er begegnete den Verletzungen, die ihm zugefügt worden waren und trotzdem sei er froh, diese Reise getan zu haben. Das Wiederanknüpfen ist ein Wiederholen und in dem Sinne auch die Gefahr, vom Alp erneut schrecklich berührt zu werden. Herr Fried stellte aber schon zuvor, in den USA, eine Wiederanknüpfung an die verletzten Stellen seiner Geschichte her. Indem er sein Leid auf die Welt, in der er lebte, aufteilte, es projizierte und dort stellvertretend zu lindern versuchte, behandelte er sich auch selbst. Aber auch in der Liebe suchte er sich und die alten Wunden, indem er eine jüdische Frau zur Partnerin nahm, die wie er als Kind aus dem NS-Staat fliehen konnte.

Max Mokum war über seine psychoanalytische Arbeit mit Shoahüberlebenden auf sich und seine wunden Stellen gestoßen. Erst über den anderen in seiner Praxis konnte er sich und sein eigenes verwundetes Verhalten verstehen. In seiner Geschichte war von Beginn an eine triebhafte, synthetische Kraft zugegen, die ihn immer wieder zur Wiederbelebung des Toten, des Vergangenen, des Verlorenen trieb. »Wenn man sich an die Geliebte wieder erinnern kann und darüber reden kann, dann holt man sie ins Leben.« Mit der Geliebten war seine Mutter gemeint, der er nach dem Tod des Vaters und dem darauf folgenden entbehrungsreichen Leben der Familie innerlich versprochen hätte, sie, wenn er erwachsen sein würde, für diese entbehrungsreiche Zeit zu entschädigen. An diesem Traum oder an diesem Versprechen hatte Max auch im Lager festgehalten. Vielleicht war es Teil seines Geheimnisses, das ihn weiterleben ließ. Aber die Mutter war aus Auschwitz nicht mehr zurückgekehrt und er hatte sein Versprechen niemals einlösen können. Dass er trotzdem immer am Leben festgehalten und versucht hatte, etwas Positives zu machen, hatte vielleicht mit diesem Versprechen zu tun. So trug er auch dazu bei, dass eine zerstörte Synagoge wiederaufgebaut wurde, er setzte sich für den christlich-jüdischen Dialog ein und er hatte in seiner täglichen Praxis mit Shoahüberlebenden versucht, »meine Patienten ins Leben zurück zu holen«. In all diesen Wiederanknüpfungs- und Wiederbelebungsversuchen spiegelte sich die Bearbeitung seiner eigenen Tragödie.

Trotz der vielen Brüche in seinem Leben gab es bestimmte Objekte und Figuren, die eine Kontinuität in seinem Leben symbolisierten. Zum einen war dies sicherlich sein Beruf als Arzt, den er vor, während und nach der Shoah ausübte; er hatte auch Freunde, die er schon über sein Studium der Medizin kannte, die wie er die Shoah überlebten und mit denen er bis zuletzt Kontakt hielt. Diese Objekte und Figuren ermöglichten, die eigene Geschichte entlang der Dinge, die durchgängig waren, zu erzählen. Sie bestätigten von außen die Wahrheit des selbst Erlebten. Max wurde von überlebenden Freunden aus dem Lager im Krankenhaus aufgesucht, die nicht glauben konnten, dass es wirklich er war, der überlebt hatte. Diese Objekte und Figuren, die eine Kontinuität der Geschichte repräsentieren, können das Subjekt vor Fragmentierung und Auflösung schützen.

Ich möchte hier die deutsche Sprache als zweiseitiges Objekt der Wiederanknüpfung und Wiederbelebung nennen. Max Mokum hatte nach der Befreiung über lange Zeit kein Wort Deutsch gesprochen. Erst während eines Deutschlandbesuchs hatte er die Sprache der Täter wieder in den Mund genommen. Das Wiederanknüpfen an die abgerissene Sprache war natürlich auch ein Wiederbeleben traumatischer Erinnerungen. Gewisse Szenen aus dem Lager hatten sich über deutsche Worte in das Gedächtnis der Eingeweide (Devereux 1982) eingebrannt. Indem er über Jahrzehnte die deutsche Sprache mied, hatte er gleichzeitig die mit den deutschen Worten verknüpfte Erinnerung versperrt gehalten. Zumindest kam sie nicht von Außen als Gehörtes zu ihm. Erst über das Sprechen traten ihm wieder Szenen in Erinnerung, wie jene, als der SS-Mann mit dem Fuß gegen seinen am Boden liegenden, leblosen Körper trat und »Scheiße« sagte. Ähnliches berichtete auch Ruben Laska, dessen erste Sprache (Mutter/Kindermädchen) das Deutsche war. Mit über 70 Jahren kam Ruben mit seiner Muttersprache erneut in Kontakt und damit auch mit dem Sprechen und den Erinnerungen, die in dieser Sprache konserviert waren.

Man sieht, dass jene Objekte und Wege, die eine Wiederanknüpfung und Wiederbelebung des Verlorenen bedeuteten, gleichzeitig eine Wiederbelebung und Wiederholung der traumatischen Erinnerungen nach sich ziehen konnten. Max hatte versucht, aus diesen Wiederbelebungen etwas Positives zu ziehen. Die Versuche der Überlebenden, eine Kontinuität in ihrer Geschichte herzustellen, waren in diesem Sinne immer zweiseitig. Auch die Überlebensschuld ist zweiseitig. Während sie sich zum einen in quälenden und immer wiederkehrenden Fragen äußern kann, wie: *Warum bin ich und nicht meine Mutter zurückgekehrt?*, oder: *Warum konnte ich sie nicht retten?*, so wird andererseits der Tod der Liebsten nicht verleugnet. Die Überlebensschuld ist auch eine Verbindung mit der untergegangenen Welt aus der eigenen Familie, mit den ermordeten Freunden und Bekannten. Und sie verbindet auch den Schmerz wie eine Bandage die offene Wunde als Erinnerung an die Geliebte und holt sie damit zumindest symbolisch über das Sprechen in die Welt zurück.

Gesellschaftliche Institutionen und Vereine, die vor der Shoah existierten und in die sich die Überlebenden wieder eingliedern konnten, unterstützen diese nach ihrer Rückkehr ins alltägliche Leben. Frau Harz erzählte von dem jüdischen Sportverein, der nach ihrer Rückkehr von ihrem Mann zusammen mit anderen Rückkehrern und Überlebenden wieder ins Leben gerufen wurde. Der Verein hatte zu Beginn seiner Wiedergründung naturgemäß weniger die sportlichen Agenden als die Versorgung der Rückkehrer und Displaced Persons im Sinne. Manche Überlebende wie Herr Röders Vater gingen ganz bewusst zur Polizei, um ein demokratisches Österreich aufzubauen und vor allem auch absichern zu helfen. Über die Teilhabe an jenen Institutionen, die ein externalisiertes gesellschaftliches Über-Ich repräsentierten, konnte an den Glauben der eigenen Stärke und an eine gerechte Welt wiederangeknüpft werden. In diesem Zusammenhang sind auch politische Parteien zu nennen. Vor allem in der kommunistischen Partei wurde es über gewisse Rituale – zum Beispiel anhand des großen Chors der Partei – für die ehemaligen politischen Häftlinge möglich, eine institutionalisierte Verarbeitung der erlittenen Traumen (vgl. Mentzos 1976) zu erleben. Im großen Chor wurden nicht nur Arbeiterlieder eingeübt, sondern es wurden auch die Lieder der Lager, wie das Buchenwaldlied oder das Dachaulied, gesungen. Über das kollektive Singen im Chor der Partei wurden Erinnerungen wiederbelebt. Gleichzeitig war diese Reinszenierung entlastend. Das traumatische Erleben im Lager wurde über den Akt nicht nur veräußerlicht (externalisiert), sondern diese Veräußerlichung wurde gleichzeitig *delegiert*. Die Partei erinnert stellvertretend für das Subjekt. Herr W, der immer Mitglied der kommunistischen Partei geblieben war, erzählte in den Interviews, dass er erst vor Kurzem herausgefunden hätte, was es zum Beispiel mit dem Moorlied (die Moorsoldaten) auf sich gehabt hätte, was zeigt, wie gut dieses Prinzip der Delegation funktionierte.

Andere gesellschaftliche Institutionen wie die KZ-Verbände mussten erst ins Leben gerufen werden. Schon im Namen steckt das *Verbindende* aus der Vergangenheit wie der Wunsch, über das Kollektiv die Wunden und Verletzungen in irgendeiner Form *verbunden* zu haben. Dass dies im Rahmen einer Gemeinschaft von »Wissenden« geschehen kann, scheint naheliegend zu sein und lässt heutzutage an Selbsthilfegruppen denken. Eine Funktion dieser Gemeinschaften ist, gegenseitig die Geschichten auszutauschen, die die Lücken in der eigenen Geschichte zumindest mit dem Text der anderen füllen können. Für Frau Kofka stellte die Gemeinschaft der überlebenden Frauen aus Ravensbrück als ihre erweiterte Familie dar. Sie arbeitet täglich im Verband, an den sie ihr Leben nach der Befreiung geknüpft hatte. Bis zu einem bestimmten Grad stellten diese Verbände auch eine *Fixierung* an die Vergangenheit dar. Aber für diese Fixierung bedurfte es nicht unbedingt eines Vereins. Herr Bernstein war zusammen mit einem anderen Überlebenden aus Buchenwald in T gestrandet. Dort hatte er sich mit seinem überlebenden Gefährten eine doppelte Pazelle Grund gekauft. Bis heute sind die beiden Überlebenden Nachbarn geblieben. Sie sehen sich beinah täglich und sprechen immer wieder über das Vergangene.

d) Symbolisierung und Externalisierung – geschichtliche Objekte und Trauer

Die Orte der Vernichtung, Dokumente und Archive zeugen von der Vergangenheit. Relikte aus diesem Fundus nahmen in den Interviews eine signifikante Bedeutung ein. Wobei nicht nur der Fundus der öffentlichen Archive und Dokumentationszentren gemeint ist, sondern auch das private Archiv, die spärliche Hinterlassenschaft aus der Welt vor und während der Shoah, wie zum Beispiel Briefe, die geschrieben wurden, Karten, Ausweise, die Häftlingskappe oder auch die Häftlingsnummer. In den Interviews mit den Zeitzeugen waren die aufbewahrten Relikte aus den eigenen Archiven eine wichtige Stütze in den Erzählungen und verhalfen den erzählten Geschichten oft erst über ihre Präsenz zur Darstellbarkeit. Henry Krystal erwähnt den charakteristischen, kognitiven Stil, der sich in den mündlichen Zeugnissen von Überlebenden finden lässt (2000). Ein wesentliches Merkmal dieses kognitiven Stils liegt in einer stark reduzierten Art zu erzählen, worin sich der Sprecher auf *reine Tatsachen* beschränkt. Dieses Phänomen könnte nach Krystal in Zusammenhang mit der Schaffung von traumatischen Deckerinnerungen stehen, die vor Retraumatisierungen schützen sollen. Vermutlich war ein vergleichbarer Mechanismus schon während der Zeit im Lager notwendig, als eine »lebenserhaltende, psychische Operation zum Schutz vor dem Undenkbaren« (ebd., S. 850). Die Betonung der Fakten mag aus einer überlebensnotwendigen Besetzung der äußeren Realität herrühren (vgl. Klein 2003), die im Lager oder auf der Flucht über Leben oder Sterben (mit)

4.1 Zur ersten Generation

entschieden hatte. In der Rede von Herrn W waren diese äußeren Signifikanten oft das Einzige, was er sagen konnte: die Namen der Orte, der Lager, der Aufseher, der SS und Zeitpunkte, wann er mit den anderen von da dorthin gebracht wurde. Aber auch diese äußeren Markierungen waren bruchstückhaft. Immer wieder fehlte ein Zeitpunkt, eine Ortsangabe, um das Bild, das er zu entwerfen wünschte, vollständig zu machen. Selbst die Äußerlichkeiten seiner Überlebensgeschichte spiegelten den Riss in der Wahrnehmung, den diese Zeit nachhaltig in ihm hinterlassen hatte. Herr W war in einem kleinen Nebenlager, das in der Literatur über die NS-Verbrechen kaum Erwähnung fand. Manchmal entdeckte er während seiner Privatrecherchen Angaben und Daten, die im Widerspruch zu seinen eigenen Erinnerungen standen. Dies war eine Qual, da er keine äußere Bestätigung für das finden konnte, was er spärlich, aber doch erinnerte. Das Nebenlager, in dem er war, wurde in den letzten 60 Jahren mal dem einem mal dem anderen Konzentrationslager zugeschrieben. Somit spiegelte das äußerliche Verschieben seine innere Unsicherheit, die er mit der Vergangenheit verknüpfte. Ständig verlegte und verlor er die Dinge, die ihn an seine Vergangenheit erinnerten. Er fand keinen Platz für das, was er erlebt hatte. Das äußere Zeugnis wäre eben dieser Platz, um endlich ruhen zu können. Aber dieses äußere Zeugnis war für Herrn W kaum vorhanden. Er klagte über Gedenksteine, die er nicht fand, die es nicht gab oder die versteckt waren. Worüber er klagte, war auch eine innere Unfähigkeit, den schrecklichen Dingen aus der Vergangenheit einen Platz, einen Ort, ein Grab zu geben. In der verzweifelten Suche des Herrn W nach äußeren Bestätigungen und Wegmarken für seine erinnerte Geschichte erweist sich die Bedeutsamkeit externer Zeugnisse für den Überlebenden.

Das externe Zeugnis fungiert als Bestätigung für das erinnerte Leid. Es erinnert stellvertretend für das Subjekt. Indem es bezeugt, kann es die unbewussten Fantasien des Subjekts begrenzen und die verheerenden Erfahrungen von Verlust und Tod bestätigen und beschränken. Diese Bestätigung und Beschränkung bedeutet, dass es sich bei den Erinnerungen nicht um individuelle und subjektive Imaginationen handelt, sondern um ein kollektives Schicksal, das dem Subjekt über das externe Zeugnis entlastend entgegentreten kann. Das externe Zeugnis *bewahrt* vor der verfolgenden Fantasie, indem es die Erinnerungen des Subjekts als etwas *Objektives aufhebt*. Dieses *Aufheben* hatte in den Interviews die Bedeutung von *bewahren als konservieren*. Etwas, das der Vergessenheit entrissen werden und für alle Zeit das, was war, bezeugen soll, wie die Gedenkstätten. Frau Kofka insistierte in ihrer Erzählung, dass das, was sie berichtet hatte, in der Gedenkstätte von Ravensbrück in einer Doppelkoje dokumentiert sei. Dort seien ihre Erinnerungen an die Rettungstaten für immer aufgehoben. Diese Kojen würden zeugen, wenn sie nicht mehr sei. Aufheben hieß auch *emporheben*, etwas dem Profanen entreißen und in die Höhe hieven. Hier könnte man die Ehrungen und Auszeichnungen anführen, die den Überlebenden oft viele Jahre nach dem überstandenen Alp verliehen wurden. Herr Mokum war besonders stolz auf die Medaillen, Auszeichnungen und Ehrenbekundungen, die er von der niederländischen Königin für seine Rettungsaktionen während des Nationalsozialismus erhalten hatte. Diese Medaillen hatten für ihn eine narzisstische Funktion, sich in einer Weise an die Lager erinnern zu können, die seinen Selbstwert stärkte. Bewahren als emporheben gehört auch in den Zusammenhang der historischen Überhöhung, wie in der Familie Tann beschrieben. Und schließlich tauchte das Aufheben noch im Sinne der *Nichtung*, des Auslöschens auf. In diesem Sinne gilt der Gebrauch von historischem Material in den Interviews, wo das Material aus dem Archiv *anstelle* des Zeitzeugen sprechen soll. In vielen Interviews mit Zeitzeugen trat ein Moment auf, wo nicht sie, sondern an ihrer Stelle das Archiv sprechen sollte, weil das Archiv, das Bild, der Brief, das Zeugnis die Funktion einer *Delegation* erfüllte, die darin bestand, anstelle des Zeugen und besser als der Zeuge es könnte, zu sprechen. Herr W hatte ein Videoband zusammen mit einer Historikerin aufgenommen, die ihn vor Jahren zur Zeitgeschichte und seinen Erlebnissen interviewt hatte. Immer wieder verwies Herr W auf dieses Band, da er mittlerweile nicht mehr wisse, was er damals auf Band gesprochen hätte. Er hatte gewissermaßen seine Erinnerungsfähigkeit an jene Aufnahme abgegeben. Das externe Zeugnis füllt die Leerstelle im Zeugnis des Zeitzeugen, aber es schafft auch diese Leerstellen, nachdem es diesem seine Verpflichtung zu zeugen abgenommen hat. Die Delegation über das externe Zeugnis (im Sinne von bewahren als nichten) kann (im Unterschied zu bewahren als konservieren) das Vergessen stützen, was im Zusammenhang der erlebten Grausamkeiten und Entwürdigungen als produktives und überlebensnotwendiges Vergessen gesehen werden muss.

Das externe Zeugnis besteht aus Objekten als Träger der Geschichte, die diese tradieren und weitergeben. In ihnen verdichtet sich etwas jenseits des Erzählten. Sie sind von persönlichem und kollektivem Wert. Die Objekte sind mehr als die Summe der Projektionen, die aus den Dingen sprechen. Sie vermitteln einen Wert an sich, den man auch Authentizität nennen könnte. Zum Beispiel jener letzte Brief, den Sophia Schwarz erwähnte. Ihr Großvater hatte diesen Brief

4.1 Zur ersten Generation

an seine Familie geschrieben, bevor er nach Auschwitz gebracht wurde. Es ist die einzige und letzte Spur, die Sophia von ihrem Großvater besitzt. Nichts ist erhalten geblieben, kein Ort, kein Zeitpunkt, keine Gewissheit über seinen Tod. Und auch nichts über sein Leben. Sophia hatte nicht einmal seine Geburtsdaten im Melderegister seiner Geburtsstadt ausfindig machen können. Als hätte es ihn nie gegeben. Das Verschwinden jeder Spur. Was sie hat, ist dieser Brief, der ihr von der Mutter gegeben wurde, und die Bemerkungen ihrer Mutter, dass sie ihrem Großvater so ähnlich sehe. Und ein paar Erinnerungen von der Mutter, Erinnerungen aus zweiter Hand. Sophia hatte diesen Brief nur einmal gelesen, zusammen mit der Mutter, als sie den Brief kurz vor deren Tod bekam. Sophia erinnert nichts von den Worten, die sie damals gelesen hat. Sie erinnert nur ein Gefühl, eine unbeschreibliche Traurigkeit, die damit verbunden ist. Sie hat diesen Brief versteckt. Sie weiß, wo, aber sie kann damit nicht in Berührung treten. Dieser Brief ist die letzte Spur, eine Spur, die zusehends vergilbt. Ein authentisches Zeugnis, das einzige, das ihr blieb. Der versteckte Brief ist wie ein symbolisches Grab. Es ist wichtig zu wissen, dass es ihn gibt. Man muss ihn nicht hervorholen.

Die geschichtlichen Objekte sind Symbolisierungen und sie sind als *Objektiv* in die Vergangenheit *real*. An ihnen haftet oft etwas wie ein Tabu, ein *Berührungsverbot*. In der Geschichte der Familie Fried wurde über die familiäre Handhabung der Aufzeichnungen des Großvaters dieses Berührungsverbot deutlich. Nicht jeder durfte, wie er wollte, diese Seiten lesen, und vor allem – wie die Enkelin es vorgehabt hätte – nicht im Bett. Und schließlich stellen die geschichtlichen Objekte im Zeugnis des Überlebenden wichtige Deckerinnerungen dar, über die sich eine Trauer formulieren kann, die an anderer Stelle nicht zu sagen wäre. Ich erinnere an den Teppich, den Frau Harz mit ihrer Mutter webte. Über dieses Stück Vergangenheit konnte sie mit ihrer Mutter verbunden bleiben. An diesem Teppich haben Mutter und Tochter gemeinsam gewebt. Er wurde gestohlen und Frau Harz hatte ihn von den damaligen Dieben zurückgeholt. Damit symbolisierte der Teppich *durch das, was möglich war, das, was nicht mehr möglich ist*. Im Teppich wurde die Geschichte aufgehoben, auch für die folgenden Generationen. Ein anderes, aber ähnliches Beispiel ist das Studentenfoto, das Max Mokum nach der Shoah von seiner Professorin erhalten hatte. Auf diesem Bild trug Max jene Brille, die man ihm später in Auschwitz aus dem Gesicht geschlagen hatte. Max zeigte im Interview das Bild seiner Studentenkarte. Über das Bild waren die Brille und die Erzählung zur Brille zurückgekehrt. Über das Abbild hat der (innere) Verlust ein äußeres Zeichen bekommen; die Signifikanz der Brille entstammt dem Fundus des realen Traumas, über das zu sprechen unmöglich ist. Die Brille auf dem Foto, das da ist, bezeugt, was für immer verloren gegangen ist. Über das Anwesendsein auf dem Foto wird die Abwesenheit signifiziert. Also auch hier ermöglicht das Bild, das externe Zeugnis, dass etwas zurückkehrt, *ein Symbol für das, was nicht mehr zurückkehren wird*. Eine Deckerinnerung. Etwas, das man wie einen *Wechsel* behandeln kann. Ein anderes Beispiel, das auch aus der Geschichte von Max Mokum stammt, sind seine gestohlenen wissenschaftlichen Arbeiten, die für das andere, was gestohlen wurde, standen. Über diese Objekte wird eine Trauer möglich, die an anderer Stelle nicht möglich wäre. Zumindest nicht im Rahmen der Interviews. Diese Objekte ermöglichen zu trauern über etwas Drittes, das diese Trauer symbolisiert. Ich nenne diese Objekte *Symbolobjekte*, sie bezeugen das Paradox des Überlebenden, wie es von Primo Levi formuliert wurde: Sie zeugen von der Unmöglichkeit, ein Zeugnis abzulegen, indem sie diese Unmöglichkeit in eine Metapher setzen.

Eine eindrucksvolle Schilderung eines solchen Symbolobjektes war in den Interviews mit Frau Harz der gemeinsam gewebte Teppich, der Verlust und Trauer um die Mutter symbolisierte und in Grenzen hielt. Auch in Herrn Bernsteins Geschichte gab es ein ähnliches Symbolobjekt: Er besaß eine Liste mit jenen ehemaligen Lagerhäftlingen, die am Leben geblieben waren. Über die Liste mit den Namen der anderen führte Bernstein seine Arbeit in der Schreibstube fort. Beide Objekte verbanden auf je unterschiedliche Weise mit jenem Teil der Historie, der traumatisch und nicht zu übersetzen war. Das Symbolobjekt ist eine lebendige Metapher für das Reale des Traumas und für den erlittenen Verlust. Über dieses Objekt wird das Trauma in die Sprache übersetzt. An diesen Objekten findet sich eine »kleine Spur des Realen« (Zizek 1993). Es ist bedeutsam, dass die Überlebenden einen metaphorischen Ausdruck für das fanden, was sich nicht in Sprache fassen ließ. Die Metapher setzt etwas in Bewegung. Sie bringt eine neue Gedankenverbindung hervor. Sie schafft eine neue Ordnung um das Loch des realen Traumas. Die Metaphernbildung muss als schöpferischer Akt des Subjekts gelten (vgl. Fink 1995). Ohne die Bildung einer Metapher, eines Symbolobjektes bleibt das Subjekt der Herrschaft des realen Traumas unterworfen, einem Kreislauf der Wiederholung und Wiederkehr des Traumas in Träumen und in minipsychotischen Erlebnissen. Über die Metapherbildung entsteht eine Vergeschichtlichung. Das Subjekt ist nicht mehr länger dem Symptom seiner Sprachlosigkeit ausgeliefert, sondern setzt sich anstelle dieses Symptoms. Es beginnt, sich und das Es in ihm zu dialektisieren (s. unten).

Vom Trauma zum Symbol
Trauma des Überlebens (verworfen/verdrängt; nicht symbolisierbar) → Fakten und darauf aufbauende Metaphern (zwischen dem Nichts und dem Etwas) → Dialektisierung (neue Assoziationen, Ersatzbildungen, Deckerinnerungen, Symbolobjekte) des Subjekts

e)   Wendung vom Passiv zum Aktiv

In allen Überlebens- und Emigrationsgeschichten gab es berichtete Szenen einer Wiederbegegnung mit ehemaligen Tätern oder deren Nachkommen. Sowohl Herr Bernstein als auch Frau Harz erzählten Episoden, in denen sie später den Tätern von gestern *anders* gegenübertraten. Den Tätern von damals zu begegnen und sich nichts mehr gefallen zu lassen, spielte dabei eine phantasmatische Rolle. Wesentlich war diesen Erzählungen eine Wendung vom Passiv ins Aktiv. Indem Frau Harz die Täter von damals aufsuchte und das gestohlene Eigentum zurückverlangte, entkam sie der Ohnmacht aus der Vergangenheit und konnte sich selbst wieder wirksam erleben. Damit gelingt es, das Erleben der Ohnmacht und Sprachlosigkeit an den Tätern loszuwerden und selbst wieder ins Handeln zu gelangen. Frau Harz erzählte, wie sie vor einigen Jahren von einer Passantin angerempelt und als »Saujüdin« beschimpft worden war. Sie echauffierte sich lautstark über diese Unverfrorenheit. Sie war so aufgebracht, dass die Passantin sich schließlich bei ihr entschuldigen musste. Die Begegnung mit den Tätern von damals und den potenziellen Tätern von heute nicht nur zu überleben, sondern sich ihnen gegenüber zur Wehr zu setzen, sich also *nie wieder* passiv zu verhalten, bedeutet auch, der psychischen Erstarrung des realen Traumas eine wirksame Gegenwelt entgegenzuhalten. In diesen Begegnungen wurde immer eine *symbolische Rechnung* beglichen. Etwas, das mit der Nähe zum Tod der anderen, der genausogut der eigene sein hätte können, zu tun hatte.

4.1.6   Über Schweigen, Erinnern und Sprechen

Sprechen und Schweigen waren Phänomene, die in der Familie oft unterschiedlich verteilt und je unterschiedliche Adressaten gehabt hatten. Während Max seiner zweiten Frau erzählte, schwieg er gegenüber den Töchtern. Aber die Erzählungen kursierten über die Mutter, die als Art Drehscheibe fungierte,

4. Analyse der Texte und Interviews

in der Familie. Jedes Reden, das auch ein Schweigen ist, und jedes Schweigen, das auch etwas sagt, richtet sich mit einem besonderen Begehren an bestimmte andere aus der Familie. Aus dieser bewussten und unbewussten Gerichtetheit entstehen die Aufträge an die zweite Generation. Sophia musste etwas mit den Episoden der Mutter machen, sie musste einen Platz finden für all diese Dinge, die sie nicht einordnen konnte. Reden und Schweigen über die Vergangenheit waren kommunikative Phänomene, die auch vom anderen mitbestimmt wurden, der bereit war, zu hören, zu fragen, zu wissen, bzw. vom anderen, der davor zurückschreckte.

Reden und Schweigen waren nebeneinander einhergegangen. Sicherlich hat auf *bewusster* Ebene ein Schweigen dominiert. Alle Zeitzeugen meinten, dass sie mit ihren Kindern, solange die noch klein waren, nicht über ihre Vergangenheit gesprochen hätten, auch um sie vor den schrecklichen Ereignissen in ihrer Erinnerung zu schützen. Dass in der einen oder anderen Szene des familiären Alltagslebens trotzdem etwas durchschimmerte, ein Erinnerungsfetzen, eine Szene, ist der Dynamik des Verdrängten geschuldet. Frau Harz sprach explizit über diese Verdrängung in der unmittelbaren Nachkriegszeit. Es sei kein Platz und auch keine Zeit gewesen, um sich mit den schmerzvollen Erlebnissen und Verlusten auseinanderzusetzen. Die existenzielle Notwendigkeit, für das unmittelbare Auskommen zu sorgen, gerade dann, wenn die Überlebenden eine Familie gegründet hatten, half, nicht an das zu denken, was nicht zu vergessen war. Die traumatischen Erlebnisse aus der Vergangenheit wurden verdrängt und abgespalten. Erst nachdem die Kinder groß und die Pflichten und Kämpfe ums alltägliche Überleben einem saturierten Ruhestand gewichen waren, kehrten die Ereignisse von damals zurück. Alle Zeitzeugen beschrieben, dass ihre Erinnerungen an den Alp aus der Vergangenheit im Alter wieder lebendiger wurden. Man kann von einer Zeit der *Latenz* sprechen, die nach dem Überleben einsetzte. In dieser Zeit der Latenz versuchten die Zeitzeugen, zu vergessen, was sie erlebt hatten. Sie waren, jeder auf eine bestimmte Weise, über Ideale, über das Gründen einer Familie, auf die Zukunft bezogen. Für Ruben Laska war es das neue Leben im Kibbuz, das Ideal der Sabres, für Herrn W war es neben der Familie auch die Gesellschaft, an deren Wiederaufbau er mitwirken wollte. Die Ideale unterstützten das Vergessen und banden das psychische Leben an die Gegenwart. In diesem Zusammenhang möchte ich auf eine These in den gängigen Traumatheorien in Bezug zur Shoah hinweisen, wonach für die Opfer der Shoah Reden statt Schweigen besser gewesen wäre. Diese Theorien setzten a priori voraus, dass das Trauma zunächst verdrängt und dass diese Verdrängung auf lange Frist zu einem hohen seelischen Preis führen würde. Es gibt keine Studien, die belegen, dass Shoahüberlebende, die schon in den 40er oder 50er Jahren über ihre Erlebnisse sprachen, später ein besseres Leben geführt hätten als jene, die schwiegen (vgl. Lomranz 2000). Demgegenüber zeigten die Interviews, dass es für das Subjekt sehr spezifische soziale und zeitliche Orte ihres Sprechens und Schweigens gegeben hatte und legen nahe, dass ein zu frühes Sprechen einen hohen seelischen Preis nach sich ziehen konnte. Man kann sagen, dass das Schweigen in den ersten Jahren nach dem Überleben auch Platz schaffte, um an etwas Neues anzuknüpfen.

Das (bewusste) Schweigen der Überlebenden war auch ein gesellschaftliches Produkt. Es gab in der Gesellschaft kaum jemanden, der hören hätte wollen. Wobei das Schweigen in den Gesellschaften ein je anderes war. Aber in allen Gesellschaften, egal ob in Österreich, in den USA, in Israel oder in Holland, wurden die Zeitzeugen im Alter über die Gesellschaft wieder mit ihren Erinnerungen konfrontiert. Viele der interviewten Überlebenden waren ja auch als Zeitzeugen aktiv gewesen. Sie gingen in Schulen, wurden zu Gedenkveranstaltungen eingeladen, ihre Geschichten wurden von Historikern dokumentiert, sie wurden interviewt, es wurden Filme über ihr Leben gemacht usw. Für manche Zeitzeugen bedeutete dies einen wichtigen und auch entlastenden Wandel, im öffentlichen Bewusstsein endlich gehört zu werden. Es deckte sich auch mit ihrem Wunsch, zu zeugen, zu erzählen und ihre Erlebnisse an die kommenden Generationen weiterzugeben, wie dies in der Geschichte von Frau Kofka angedeutet wurde. Außerdem werden auf diese Weise neue externe Gedächtnisorte geschaffen, die jene entlastenden und externalisierenden Funktionen übernehmen. In manchen Geschichten hatte es sich angehört, als würden die Zeitzeugen damit ein wenig überrumpelt. Herr W betonte in den Interviews, dass manche der schrecklichen Erinnerungen erst über das Reden in den Schulen wieder in ihm hochgekommen wären. Dann hätte er erst zu zeichnen begonnen und hätte die verfolgenden Bilder aus seiner Seele gemalt. Die Erinnerungskultur der globalisierten Welt ist in diesem Zusammenhang sicherlich auch ambivalent zu sehen. Die mediale Übermittlung der Shoah als populärwissenschaftliches Zeugnis in der Alltagskultur *trifft* auch die Überlebenden. Die Wiederkehr der Erinnerungen nach einer längeren Phase der Latenz war nicht allein der im Alter abnehmenden psychischen Abwehr und Aufweichung von psychischen Strukturen, sondern eben auch dieser intensivierten gesellschaftlichen Thematisierung geschuldet.

4.1.7 Das zweiseitige Trauma

Die traumatischen Erfahrungen im Lager waren an Szenen gebunden, an sinnliche Qualitäten wie die Farbe eines Gegenstandes, den Klang eines Wortes, das Geräusch eines Tones, das Bellen eines Hundes, den Geschmack eines Brotes, den Geruch in der Baracke usw. Diese sinnlichen Qualitäten aus erlittenen Gewalterfahrungen können später die verdrängten und abgespaltenen Erinnerungen transportieren und wiederaufleben lassen. So kann der Anblick eines gewissen Farbtons, der Klang einer Stimme, der Geschmack im Mund plötzlich etwas hervorrufen, das sich dem Subjekt ansonsten entzogen hätte. Aus dieser Wiederkehr der traumatischen Gewalterfahrungen entsteht ein bestimmter Platz für die erste Generation: Sie war vom traumatischen Erleben der Shoah eingeschlossen. Bildlich würde sich das folgendermaßen darstellen: Einerseits war der Blick auf die Vergangenheit durch das »radikale Verbrechen« (Zizek 1998)[181] der Nazis verstellt. Der erlittene Alp aus dem Lager war nicht zu erzählen, nicht zu nennen. Man konnte sich dem nur annähern. Die unterschiedlichen Facetten im Zusammenhang mit der Nähe zum Tod lassen sich nur zum Teil in Worte fassen. Die leere Stelle im Zeugnis des Überlebenden zeugte immer wieder von der Nähe zum Tod des anderen, von dem der Überlebende ausgeschlossen war. Aber vor allem die Nähe zum eigenen psychischen Tod, die Auslöschung der eigenen symbolischen Spur, des sublimen Körpers, blieb als nicht zu sagendes Loch in der symbolischen Textur zurück. In den Interviews mit den Überlebenden verwiesen die Zeitzeugen selbst auf diese Unmöglichkeit, auf die Grenzen in ihrem Erzählen. Das traumatische Erleben aus der Vergangenheit wurde so gut es ging in einem innerpsychischen Sperrbezirk verschlossen und die psychische Abwehr sollte diese Sperrbezirke absichern helfen, damit der darin ruhende psychotische Kosmos des Lagers nicht ausfließen konnte. Andererseits drang das Reale ihres Traumas von Außen (über die Fakten) ins Subjekt, affizierte es erneut und verlangte erneute Abwehr. Daraus ergibt sich, dass die erste Generation von dem Trauma der Shoah eingeschlossen war und dass jede Botschaft, die

---

181 Nach Zizek war Auschwitz in dem Sinne ein radikales Verbrechen, ein »diabolisch Böses«, als es einerseits banal in dem von Arendt beschriebenen Sinne war (*Die Banalität des Bösen*), allerdings war es nicht frei von pathologischer Motivation: »Eichmann handelte nicht ›der Pflicht wegen‹, sondern für sein klar als das herausragende Gut im ideologischen Naziuniversum deklarierte Deutsche Vaterland« (Zizek 1998, S. 120).

4.1 Zur ersten Generation

von ihr ausging, durch dieses Trauma hindurch musste. Die erste Generation befindet sich auf einem Platz, der von zwei Seiten (über das Trauma) bedroht ist. Der doppelte Angriff des zweiseitigen Traumas rührt aus der Struktur der Shoah als ein paradoxes Ereignis ohne Zeugen, über das Zeugnis abgelegt wird. Wobei die Ununterscheidbarkeit (und Gleichzeitigkeit) von innerhalb und außerhalb der Vernichtung nachträglich wesentlich wird.[182] Das Sein innerhalb der Vernichtung wird in der Abbildung 1 als (vergangenes) Trauma gezeigt,[183] das Sein außerhalb der Vernichtung (Todesnähe) im Sinne des retroaktiven Traumas als Faktizität. Trauma als Faktizität meint, dass das Verworfene dem Subjekt in der Außenwelt gegenübertritt. Die beiden Pfeile zwischen dem (vergangenen) Trauma und dem Trauma als Faktizität, also zwischen dem Sein innerhalb und dem Sein außerhalb, verdeutlichen ein Wechselspiel (und eine Aufhebung) zwischen innerer und äußerer Realität der Überlebenden.

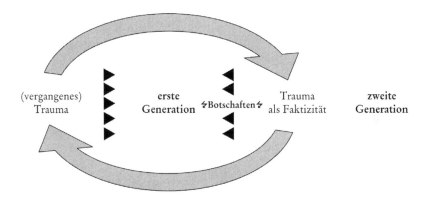

Abb. 1: Zweiseitiges Trauma

---

182 Diese Ununterscheidbarkeit von Innen und Außen ist ein wesentliches Charakteristikum für das Zeugnis der Überlebenden. Der Überlebende hat gesehen, was er niemals hätte überleben sollen und gleichzeitig hat er nicht gesehen, weil er eben überlebt hatte. Er ist außerhalb der Gaskammer geblieben, auch wenn er sich innerhalb der Todesmaschine befunden hatte. Das Paradox des Überlebenden nach seiner Befreiung hatte geheißen, zu vergessen, um weiterleben zu können. Gleichzeitig bedeutete weiterzuleben, nicht vergessen zu können. Der Überlebende blieb nicht (allein) außerhalb der Vernichtung, sondern die Vernichtung blieb eingeschlossen in seinem Inneren.

183 Die Klammer steht dafür, dass es im Unbewussten keine Zeit und schon gar keine Vergangenheit gibt.

4.2 Zur zweiten Generation

Die Erzählungen aus der zweiten Generation glichen sich darin, dass aus unterschiedlichen Gründen über lange Zeit und manchmal bis zum heutigen Tage über die Vergangenheit nicht oder kaum oder nur sehr bruchstückhaft gesprochen wurde. Die Kinder der Überlebenden, die zum Zeitpunkt der Interviews zwischen 35 und 60 Jahre alt waren, hatten es vermieden, ihre Eltern dort aufzusuchen, wo sie ihnen am verletzbarsten erschienen waren. Deren Erfahrungen während der Shoah waren den Kindern verbotene Zonen gewesen, die jenseits des familiären Diskurses zu liegen schienen. Es gab einerseits die Angst, ihre Eltern über das Fragen zu verletzen und andererseits selbst über die Wunde der Eltern verletzt zu werden. Damit korrespondierte der von den Eltern geäußerte Wunsch, ihren Kindern nichts aus der Vergangenheit zu erzählen, um sie nicht mit diesen alptraumhaften Dingen zu belasten. Das bewusste Schweigen zwischen der ersten und der zweiten Generation sollte eine vom Alp der Vergangenheit möglichst unberührte Entwicklung ermöglichen. Trotzdem zeigte sich, dass die Kinder, auch wenn nicht bewusst über die Vergangenheit gesprochen wurde, sehr konkrete Fantasien entwickelt hatten, die bestimmte Aspekte aus dem Überleben ihrer Eltern beinhalteten. Man kann von einer schrecklichen Nachträglichkeit der Shoah im Leben der zweiten Generation sprechen. Die Erfahrungen ihrer Eltern wiederholten sich auf phantasmatischer Ebene und über ein teils sehr konkretistisches Agieren im Leben der Kinder, als sollte die Leerstelle im Zeugnis der Eltern über das Leben der Kinder neu beschrieben werden.

4.2.1 Zur Transposition

Die Nachgeborenen spürten einen leeren Platz als innere Abwesenheit des Vaters bzw. der Mutter – in Form eines Lochs in der symbolischen Struktur und Ordnung ihrer Ahnen –, was nachträglich über die Generationen wirkte. Dieser leere Platz, den man auch in Verbindung mit dem Konzept von Bollas über den *Ungedachten Bekannten* (Bollas 2005) als das unbewusst tradierte Vermächtnis unserer Vorfahren bringen kann, blieb den Kindern tabu – eine Tochter meinte, es sei Blasphemie, da hinein zu gehen –, fremd und gleichzeitig *unheimlich* vertraut. Judith Kestenberg war in ihren Analysen mit Kindern von Überlebenden über dieses *Unheimliche* an Nähe und Vertrautheit auf etwas gestoßen – das sie mit der Reise des Spiritisten ins Reich der Toten verglich –, dem sie den Namen *Transposition* gab. Ich werde ausgehend von den Ergebnissen der Interviews mit der zweiten (und dritten) Generation diesen Begriff der Transposition näher zu bestimmen versuchen.

a) Das unbewusste Wissen der Transposition

Es gibt keinen bestimmten Ort der Tradierung, keinen dafür vorgesehenen oder besonders empfänglichen Zeitpunkt in der Entwicklung des Subjekts innerhalb einer Familie. Das Wissen um die Shoah war für die Kinder, deren Eltern die Konzentrations- und Vernichtungslager überlebten, *immer anwesend*. Elena Laska sagte zu diesem Wissen: »It always was there«, und: »I feel, like I was there«. Es gab keinen Moment in ihrer Erinnerung, an dem es bewusst geworden wäre. Vera Rubensteen meinte: »Es war immer da«, und: »Es war überall«. In der Fallgeschichte Mika I., einem Kind von Überlebenden-Eltern, beschreibt Grünberg das Gefühl dieser Tochter, die von sich als einem »Kind des Holocaust« spricht (Grünberg 2000, S. 1009), so als sei sie dort geboren worden. Obgleich ihre Eltern zu sensibel gewesen wären, um darüber zu sprechen, lag das Trauma der Nazi-Verfolgung immer in der Luft. Die Tochter hätte keine Erzählungen ihrer Eltern über deren Überleben gebraucht, um über den Schmerz und die Zerstörung, die sie erfahren hatten, Bescheid zu wissen. Als hätte sie diese Schmerzen selbst erlebt. Elena Laska brachte ähnliche Gefühle und Gedanken zum Ausdruck. Als sie das Buch *Sophie's Choice* gelesen hatte, fühlte sie sich, als sei sie selbst vor diese Wahl gestellt. Dieses Buch sei das einzige gewesen, das sie über die Shoah gelesen hätte. Sie meinte, dass sie kein objektives Wissen darüber brauche, um zu wissen, was geschehen war. Auch sie fühlte, als sei sie ein Kind der Shoah.

Das Wissen der Kinder der Überlebenden ist ein *atmosphärisches Wissen unbewusster Natur*. Es ist da, ohne dass man sich darüber Rechenschaft ablegen könnte. Im Gegenteil: Sobald die Kinder damit begonnen hatten, dieses Wissen zu konkretisieren, schien es sich zu verändern. *Um diesen Kern des unbewussten Wissens kreiste die zweite Generation.* Dieses Wissen saß ihnen im Nacken und stellte den Urgrund ihrer Angst dar. Dieser Kern wirkt als eine *leere Form*, die sich als leerer Kreis (s. Abb. 2) im Zentrum des Subjekts befindet und ursprünglich vom Anderen kam. Ein atmosphärisches Wissen, zeitlos und jenseits der Sprache. Es ist der zweiten Generation über die Beziehungserfahrungen mit ihren

Eltern eingeschrieben. Aus dem Versuch der zweiten Generation, dieses Wissen einzufangen, ins Leben zu integrieren, entstand die Tradierung der elterlichen Vergangenheit. Einerseits mag diese leere Form aus identifikatorischen Mechanismen entstanden sein, andererseits ist es jenseits jeder Identifikation. Denn es war schon da, bevor die Kinder dies wussten und dem einen Namen geben konnten.

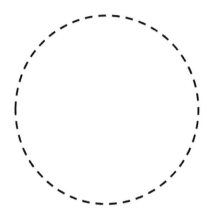

Abb. 2: Das unbewusste Wissen um die Shoah als leerer Kreis im Zentrum des Subjekts

Dori Laub (2000) verwendet den Begriff des »leeren Kreises«, um das Gefühl von fehlender Struktur und Repräsentation im Inneren des Ichs bei Kindern von Überlebenden zu beschreiben. Es handelt »sich um eine trauma-induzierte, vom Todestrieb vermittelte Ich-Regression in einen Zustand innerer Objektlosigkeit« (ebd., S. 865). Der leere Kreis bezeichnet einen *inneren Einschluss des abwesenden Anderen*, verstanden als der symbolische Tod des Überlebenden. Die Schwierigkeit für die zweite Generation hatte darin bestanden, dass dieses Wissen, das von Anbeginn da war und die Essenz des Subjekts auszumachen schien, von *anderswo* herkam. Es kam aus einer Welt, die dem Kind absolut fremd war und die es mit nichts aus der Umgebung seiner Welt in Verbindung setzen konnte. Die *radikal andere* Erfahrung der Eltern aus der Shoah, deren *Nähe zum Tod*, blieb für die zweite Generation ein psychisches Loch[184], eine *Form ohne Inhalt*.

---

[184] Kogan beschreibt diese Form ohne Inhalt als »psychisches Loch [...] dessen eine Seite ein bewusstes Ignorieren des Holocaust und das unbewusste Wissen darum seine andere Seite darstellt« (2003, S. 95f., vgl. auch 1997).

4.2 Zur zweiten Generation

In allen Interviews artikulierte sich, dass die Nachgeborenen immer schon gewusst hätten, was da war. Elena Laska meinte, nichts darüber lesen oder hören zu müssen, um trotzdem zu wissen, was da war und wie es war. In allen Interviews tauchte dieses unbewusste Wissen auf, das im Unterschied zu dem Wissen, das man sich aneignen kann, keinen Träger, keinen Vermittler, keine Quelle und keine Herkunft zu brauchen schien. Es war das Wissen um die Erfahrung der anderen, die erlebt wurde, als sei es eine genuin eigene Erfahrung. Also *ein Wissen als Erfahrung um die Erfahrung der anderen* in der Familie, die gezeugt hatten. Das scheint paradox. Wie soll das Subjekt ein Wissen als Erfahrung über die Erfahrung der anderen haben, ohne jemals selbst diese Erfahrungen gemacht zu haben? Vielleicht ist dieses Wissen auch ein psychischer Rest der Abwehr, wie Kogan (2003) meint, wenn sie von bewusstem Ignorieren der Kinder in Bezug auf die Vergangenheit ihrer Eltern schreibt. Auch Rosenthal (1999) weist auf die Abwehr der Kinder hin, die gehörten Informationen der Eltern immer wieder zu vergessen, um sich dadurch psychisch vor einer Überwältigung und Ansteckung durch das elterliche Trauma zu schützen. Diese Abwehr gibt es auch. Aber sie ist nicht alles. Neben der Abwehr steht dieses atmosphärisch unbewusste Wissen, das über die Transmission und Transposition, deren Wege ich im Folgenden noch beschreiben werde, entstanden war.

Ich habe in den Interviews Kriterien gefunden, die dieses atmosphärische und rätselhafte, unbewusste Wissen signifizieren. Im Unterschied zu dem Wissen, das man sich aneignet, verändert es sich nicht, es ist gewissermaßen zeitlos. Es verblasst nicht, sondern bleibt in voller Intensität erhalten und von einer unbedingten Gewissheit durchdrungen. Es gibt kein Begehren nach diesem Wissen, sondern dieses Wissen steht *vor* jedem Begehren. Keiner der Interviewten war besonders scharf darauf, etwas über das Leben seiner Eltern zu erfahren. Das unbewusste Wissen kennt keine Zweifel, ist ohne Widersprüche und zeugt von direkter und unmittelbarer Evidenz. Es stellt aber auch einen Sog dar, etwas Gefährliches, in das man hineingezogen werden könnte. Daher auch die Notwendigkeit, sich dieses Wissen vom Leib zu halten. Indem nicht klar ist, woher das Wissen kommt, ist auch nicht klar, wer der Träger dieses Wissens war. Es ist ein gespaltenes Wissen zwischen dem Subjekt und der Außenwelt situiert. Es ist fremd und gleichzeitig das Eigenste des Subjekts, das, was das Subjekt ausmacht. Die Kriterien wie die Unbedingtheit, Zeitlosigkeit, Widerspruchs- und Zweifelsfreiheit, die dieses Wissen beschreiben, führen einerseits zum *Unbewussten*, wie es Freud beschrieben hat (1915), und andererseits, indem es eine *Wiederkehr* von etwas Fremden beschreibt, das gleichzeitig das Ureigenste der Person ausmacht zu dem, was Freud das *Unheimliche* (1919) nannte.

Es gab noch etwas, das damit verbunden war und zunächst wie ein Widerspruch erscheint. Die Kinder der Überlebenden fühlten dieses Wissen als Erfahrung um die Erfahrung der anderen und gleichzeitig war dieses Wissen eine verbotene Zone, der man sich nicht annähern durfte. Vera Rubensteen umschrieb es mit den »forbidden zones«, die für sie tabu gewesen waren. Für Vera sei jeder Versuch, sich vorzustellen, was der Vater in der Shoah erlebt hatte, einer Blasphemie gleichgekommen. Es gab also dieses Berührungsverbot, die elterliche Vergangenheit zu bebildern. Blasphemie ist in diesem Zusammenhang ein starkes Wort, das die Dynamik gut beschreibt. Elena Laska meinte, dass die Überlebensgeschichte ihres Vater für sie wie ein »land full of tears« gewesen wäre, ein Land, von dem ein »don't go there« ausgegangen wäre. Es gab also eine Ambivalenz, die mit diesem Wissen einherging. Einerseits bedeutete es diese Gewissheit, andererseits war es radikal fremd und tabu. Einerseits waren die Kinder von der Erfahrung ausgeschlossen und andererseits war es so, als hätten sie diese Erfahrung selbst erlebt. Der Einschluss von etwas Fremdem im Subjekt, von dem es selbst immer ausgeschlossen bleiben würde. Die Shoah war einerseits das einzige, das im Leben der Familie wirklich zählte, wie Vera Rubensteen sagte, und andererseits war es eben das, zu dem sie sich niemals zählen könnte. Die Ambivalenz zwischen Einschluss und Ausschluss, zwischen vertraut und fremd, zwischen wissen und nicht wissen können bezeichnen den Umgang und die Erfahrung mit der Erfahrung der anderen.

Von diesem Platz – der immer schon eingenommen, nicht eingenommen werden durfte – ging der Urgrund ihrer Angst aus. Diese Angst vor einer Berührung mit dem Alp der Elterngeneration saß der zweiten Generation im Nacken. Es ist eine Angst vor dem unheimlich Realen. In diesem Zusammenhang ist zu sagen, dass die Angst der zweiten Generation eine Angst *vor* der Sprache war. Es zeigte sich, dass sich die Dynamik in dem Maße veränderte, wie der Alp tatsächlich zur Sprache gebracht wurde. Solange die Kinder mit ihren Eltern nicht sprachen, nicht fragten, konnte das Phantasma, zu wissen, ungefragt bestehen bleiben. Die Angst steht im Zusammenhang mit einem grundlegenden Mangel an Worten, um das Unbeschreibliche zu sagen. Sie gründet sich auf ein Verstehen ohne Worte, ein Verstehen *vor* der Sprache. Das bedeutet die unheimliche Nähe zu dem, was war. Erst die Sprache, das Wort schafft Distanz und Vergeschichtlichung. Erst über die Sprache wird fassbar, dass es nicht zu fassen ist. Dass immer etwas bleibt, ein unverstandener Rest. Solange dieses Wort nicht fällt, das Sprechen nicht stattfindet, ist das Subjekt zu nah, zu direkt in seinem Verstehen vor der Sprache an der Erfahrung der anderen. Erst das Sprechen durchbricht den mangelnden Mangel im Verstehen, also die grundlegende Illusion dieses Wissens, das vor der Sprache wirkt.

Ausgehend von dem Status des unbewussten Wissens als Erfahrung um die Erfahrung der anderen zeigt sich, dass es darin eine starke Tendenz zur räumlichen und zeitlichen Ausdehnung gibt. »Es war immer da« und »es war überall«. Dieses unbewusste Wissen vor der Sprache konnte sich über jede Alltagserfahrung legen und aus dem Unscheinbaren etwas Unheimliches machen. Hier trifft dieses Wissen mit dem, von Kestenberg beschriebenen, Mechanismus der Transposition zusammen, als das Leben der Kinder in einer doppelten Realität: in einer gegenwärtigen und in einer in die Zeit der Shoah transponierten.

b)   Das Akzidentielle aus den je eigenen Geschichten

In der Geschichte der Familie W zeigte sich das Moment des Akzidentiellen aus der Lebensgeschichte der zweiten Generation. Das Akzidentielle bezeichnet zufällige Momente in der Lebensgeschichte der Nachgeborenen, die nachträglich als realisierte Übersetzungen aus der Familiengeschichte gelten können. Eben weil das, was in der Literatur als Transposition, als Verdoppelung der Realitäten beschrieben wird, sich zu jedem zufälligen Zeitpunkt ins Subjekt einschleichen kann, gibt es diese Momente, die als Pendeltüren, als Öffnungen und Verbindungen zwischen den Zeiten fungieren. Dieses akzidentielle Moment macht es möglich, die Erfahrung nachträglich von zwei Seiten her zu beleuchten. Es fungiert als eine Übersetzungshilfe, um die eigene Geschichte als Gewordensein aus der Geschichte der anderen zu lesen. Ein Phänomen der Nachträglichkeit. In jeder Geschichte der *Transposition* gibt es mehrere reale Begebenheiten aus den frühen Kindertagen, die diese auf den Weg bringen. In der Geschichte der Familie W waren es die Krankenhausaufenthalte der Tochter und Enkeltochter, die eine doppelte Lesart ermöglicht hatten. Erika konnte ihre Krankenhausgeschichte als ihr persönliches Lagererlebnis erzählen und andererseits konnte sie damit die Lagererfahrung ihres Vaters in ihrer Krankengeschichte *wiederfinden*. In jeder Geschichte aus der zweiten Generation, wo diese Transposition stattgefunden hatte, lassen sich solche ursprünglichen Verzahnungen mit der je eigenen Geschichte auffinden. Zum einen entstehen diese Verzahnungen vermittels des unbewussten Wissens, das so zur Triebkraft der Transposition wird. Dem im Subjekt existierenden Wissen wird somit ein Platz außerhalb geschaffen, wodurch im Moment des Erlebens etwas wiedergefunden wird. Andererseits ist es ein Akt der nachträglichen *Umschrift* des Subjekts. Weil sich in Nachhinein die Geschichte der Eltern aus der eigenen Geschichte schreiben lässt. Diese lebensgeschichtlichen Verzahnungen wirken für den intergenerationellen Traumtext (vgl. Schneider et al. 2000) wie die *rezenten Traumgedanken* für die Traumbildung. Sie dienen im Traum dem unbewussten Wunsch, sich in Traumbilder umzusetzen. Nach Freud kann der infantile Wunsch sich vermittels dieser rezenten Eindrücke seine Bilder schaffen. In den generationellen Erzählungen der zweiten Generation hatte ihr Wunsch wesentlich bedeutet, den eigenen Eltern, den Ursprüngen nah zu sein. Dieser (tabuisierte) Wunsch nach Nähe, nach authentischem Nacherleben konnte mithilfe der historisch rezenten Erlebnisse aus der persönlichen Biografie zum Ausdruck gebracht werden. Erika war – metaphorisch gesprochen – in ihrem persönlichen Lager gewesen. Sophia Schwarz hatte wirklich in ihrer Kellerexistenz sich und die anderen versteckt gehalten, bis sie fast gestorben wäre. Die Übersetzungshilfen aus der je eigenen Geschichte der zweiten Generation ermöglichen, sowohl die Geschichte der Eltern als eigene als auch die eigene als unbewusste Fortsetzung der elterlichen Geschichte zu lesen.

c) Transpositionsfantasien und Agieren

Das unbewusste Wissen um die Shoah als Erfahrung um die Erfahrung der anderen tritt über Fantasien und Ängste ins Leben der zweiten Generation. Die Fantasien haben im intergenerationellen Geschehen einen kreativen Auftrag. Sie dienen der Bearbeitung dessen, was in der intergenerationellen Erzählung liegen geblieben, angedeutet oder völlig abgerissen ist. Dann setzen diese Fantasien die Rede der anderen fort, setzen sich anstelle der anderen, um das zu imaginieren, was aus der Rede gefallen niemals zu Wort kommen konnte. Man kann zwei Arten der Fantasiebildung unterscheiden. Zum einen gibt es die Fantasie, die das Subjekt hat, wenn es sich etwas vor-stellt. Und im anderen wird das Subjekt zur Vorstellung seiner Fantasie. Jene Fantasien aus den Interviews mit der zweiten Generation gehörten mehrheitlich der zweiten Gruppe an. Ich nenne sie *Transpositionsfantasien*. Erika berichtete, dass sie in ihrem Haus nächtelang wach gelegen war und sah, wie man sie holen würde. In ihrer Fantasie flüchtete

4.2 Zur zweiten Generation

sie aus einem der beiden Hauseingänge. Sie konnte diese Fantasie nicht kontrollieren, sondern die Fantasie holte das Subjekt Nacht für Nacht erneut ein. Es geht von ihr ein Zwang zur Wiederholung aus. Die Fantasie überfällt das Subjekt. Als Erika in ihre neue Wohnung zog, war sofort der Gedanke da, ob es einen zweiten Ausgang zur Flucht gäbe. Die Fantasien, die das Subjekt haben, sind unkontrollierbar, zwanghaft, repetitiv und vermitteln eine fremde Qualität.

Die Transpositionsfantasien reproduzieren signifikante historische Szenen aus der Familiengeschichte und versetzen die Verfolgungs- und Lagerrealität der Eltern in das Leben der nachfolgenden Generationen. Diese historisch signifikanten Szenen aus der Familiengeschichte sind in den Interviews auffindbar gewesen, weil sie aus den Interviews mit den Zeitzeugen bekannt waren. In der Geschichte der Familie W war es interessant festzustellen, dass die historisch signifikanten Szenen zwar dem Interviewer, aber nicht den Interviewten in voller Tragweite bewusst waren. Die Zusammenhänge, die ich herstellte, bewirkten infolge eine Veränderung der Ausgestaltung der phantasmatischen Szenen, wie im Nachgespräch deutlich wurde. Die Fantasien werden in ihrer zwanghaften Wiederkehr flexibler und veränderbar. Die phantasmatische Wiederholung bezog sich auf Szenen, die aus dem intergenerationellen Dialog teilweise bekannt waren, die angedeutet wurden oder die von den Kindern nur geahnt wurden. In diesen Szenen war eine Spur des realen Traumas der Eltern enthalten.

Die Transpositionsfantasien sind teilweise sehr konkretistische und leibnahe Ausgestaltungen von bestimmten Einzelaspekten aus der Überlebensgeschichte. Vera Rubensteen fantasierte als Kind unterschiedliche Möglichkeiten, wie sie und die anderen im Lager ohne Essen und ohne Trinken überleben würden. Sie wollte Speichel sammeln, um zu Trinken zu haben. Für sie war es als Kind klar, dass die Deutschen wiederkommen würden, deshalb hatte sie schon ein Versteck ausgesucht, wo sie die Nazis sicher nicht finden würden.

Die Transpositionsfantasien haben die Tendenz, sich auf sehr konkretistische Weise in ein Handeln umzusetzen. Vera Rubensteens Schwester fastete als junge Frau, nur um zu sehen, wie das wirklich ist, wenn man nichts zu essen hat. Lisa hatte in ihrer Wohnung Äxte hinter den Eingangstüren, damit sie vorbereitet sei, wenn jemand kommen würde, um sie zu holen. Sie hätte diese Angst, dass man sie holen würde, vor den Interviews nicht mit der Geschichte ihrer Vorfahren in Verbindung gebracht. Das Agieren ist eine spezifische Form der Transposition, wo das Handeln die Erinnerung oder die Erzählung ersetzt. Das agierte Stück der Historie ist dem Wiederholungszwang unterworfen. Es wird eine Szene hergestellt, die aus einem unbewussten Wissen um die Shoah kommt und im Außen über die Wahrnehmung wiedergefunden wird. Somit schafft sich das Subjekt über das Agieren auf konkretistische Weise die Vergangenheit in der Gegenwart. Diese Form der Externalisierung verschafft dem Subjekt Erleichterung. Lisa, die den Blick der Täter imaginierte und aus den Augen des Täters sah, wie sie selbst geschlagen wurde, fand Erleichterung darin, in ihrem Alltag jene Begegnung mit potenziellen Tätern herzustellen, um nicht mehr in ihrem Inneren davon angestarrt zu werden. Sowohl jene Fantasien, die das Subjekt nehmen, als auch das Agieren folgen einem unbewussten Wiederholungszwang und einer nachträglichen Wirksamkeit historisch signifikanter Szenen aus dem Lager, aus dem Versteck, aber auch aus der Emigration der Elterngeneration. Es ist ein transgenerationelles Wiederfinden der Historie in der Gegenwart.

Wird das Fantasieren über die eigenen Ursprünge mit Abkömmlingen des symbolischen Todes konfrontiert, blickt es auf eine Leerstelle, auf ein *Verschwinden*, das prinzipiell nicht vorstellbar ist. Diese Schwierigkeit der phantasmatischen Übersetzungsarbeit führt in eine Transpositionsfantasie oder in ein Agieren. Ich habe in den Interviews mit den Nachkommen bestimmte Transpositionsfantasien gefunden, die sich über die vermittelte Nähe zum Tod sehr ähnlich waren. Dazu gehörte eine intensive phantasmatische Beschäftigung mit den Themen Tod, Überleben, Täter und Opfer. In vielen Interviews tauchten auch Themen des Verschwindens, des Auslöschens von Spuren sowie der Versuch, für andere unsichtbar zu werden, als auch die entgegengesetzte Bewegung, die Suche nach einer ostentativen Sichtbarkeit, auf. Frau Tann suchte den Schutz der Anonymität, wo sie nicht erkannt wurde, wo sie gefahrlos untertauchen konnte. Erika war zwanghaft damit beschäftigt, keine Spuren, vor allem keine schriftlichen zu hinterlassen. Nichts, das zeugt und zum Verhängnis werden könnte. Sophia verschwand in ihrem Versteck für ihre Mutter und vor allem auch ließ sie die Drogenfreunde vor der Polizei verschwinden. Auch Steven Klein war mit dem Thema seiner Sichtbarkeit und der damit verbundenen Scham beschäftigt.

d) Transmission und ihre Objekte

Das atmosphärische Wissen um die Erfahrung der anderen führt zu den Transpositionsfantasien, die das Subjekt ergreifen, es beschreiben, Fantasien, von denen man annehmen kann, dass es ursprünglich Erfahrungen der anderen waren. Für die Transposition gibt es bestimmte akzidentielle Momente aus der Biografie der

4.2 Zur zweiten Generation

Nachgeborenen, die als Pendeltür die elterliche Vergangenheit mit der Gegenwart der Nachgeborenen verbinden. Solche Momente können ein Katalysator sein, um Transpositionsfantasien in Gang zu setzen. Das Agieren und die Transpositionsfantasien stellen die Doppelung der Realität her. Sie sollen letztlich eine Wiederholung historisch signifikanter Szenen in der Gegenwart bilden. Vergleichbar mit der psychotischen Wahnbildung werden Wahrnehmungsmöglichkeiten geschaffen, die den Erinnerungsspuren der anderen (in den signifikanten historischen Szenen) entsprechen. Nur wie gelangen die Erinnerungsspuren der anderen ins Subjekt? Woher weiß der Nachgeborene, obgleich die Eltern nicht geredet haben? Wie kommt es zu diesem Wissen, wenn wir es nicht allein als Produkt der Verdrängung von Erzähltem verstehen wollen? Ich meine, dass es bestimmte, zufällige Träger dieses Wissens, die eine Transmission der Erfahrung herstellen, gibt. Objekte, die im Alltag der Familie auftauchen und über eine spezifische Qualität in eine assoziative Verbindung mit der Shoah treten. Diese assoziative Verbindung wird in dem Moment, wo sie auftaucht, für die Nachgeborenen als ebenso überwältigend wie fremd erlebt. Ein Beispiel: Elena Laska konnte eine erste Erinnerung datieren, die sie mit dem Überleben ihres Vaters verband. Sie war noch ein kleines Kind gewesen und eines Nachts zusammen mit Vater und Mutter im Auto auf der Autobahn unterwegs gewesen. Da hätte der Vater plötzlich auf die Lichter einer herannahenden Stadt gezeigt und gemeint: »You see the lights over there? When I walk with my brother in the death walk, we always tell ourselves, the next light, we will stop.« Man kann aus diesem Satz, den uns die Tochter erzählte, den Signifikanten »lights« herausnehmen, der sich für ihren Vater in eine assoziative Verbindung mit einer Erfahrung aus der Shoah setzte, die für die Tochter unheimlich und fremd klingen musste. Erst nachträglich hätte sich diese Erinnerung in einen Zusammenhang gefügt, der aber schon damals intuitiv erfasst wurde. Vielleicht hat in der Szene im Auto das Kind vorher gefragt: »Wann sind wir endlich da?« Und dem Vater ist beim Anblick der herannahenden Lichter diese Erinnerung gekommen. Die Tochter hat verstanden, ohne zu wissen, aufgrund ihrer Frage und der Antwort, die sie bekommen hat. In eben diesem Moment ist die Tochter über die Antwort des Vaters in eine doppelte Realität eingetreten, in eine gegenwärtige, die von ihrer ungeduldigen Frage ausgegangen war, und in eine vergangene, die in der gegebenen Antwort des Vaters lag und die beiden Realitäten miteinander verschweißte. Dieses Spiel von Frage und Antwort ist eine Konstruktion, um zu sagen, wie sich diese Dinge zeigen. Die damalige Realität im Auto mag sich auch ganz anders abgespielt haben. Was bleibt, ist die Szene, in der sich über das, was der Vater sagte, zwei Realitäten ineinander verschränkten. Ein besonderer Moment, der über das Objekt, das zufällig am Wegrand aufgetaucht war, und den Signifikanten des Vaters, der das Objekt benannte, die Transmission des *Wissens als Erfahrung* um die Erfahrung der anderen herstellte. Das Kind hatte diese Verschränkung *erlebt*. Es hatte in dem Moment gewusst, ohne zu wissen, wovon der Vater da sprach, weil es doch selbst diese Lichter sah. Diese Momente wiederholen sich in der familiären Atmosphäre über zufällige Objekte, die über bestimmte Qualitäten jene assoziative Verbindung als Brücke zwischen den Zeiten bilden. Ein anderes Beispiel stammt aus den Interviews mit Vera Rubensteen. Sie sei zusammen mit ihrem Vater ebenfalls im Auto auf dem Weg zum Zahnarzt gewesen. Vera hätte als Kind immer schreckliche Angst vor dem Zahnarzt gehabt. Sie hätte sich gefürchtet vor den Schmerzen und hätte im Auto darüber geklagt. Darauf hätte ihr der Vater geantwortet: »Was weißt du schon, was wirkliche Schmerzen sind?« Nachträglich konnte Vera mit dieser Erinnerung etwas anfangen, konnte sie in den Zusammenhang mit den Shoaherlebnissen ihres Vaters stellen. Aber in der Szene, als der Vater diese wenigen Worte sagte, präsentierte er über den Signifikanten »Schmerz« seine Erfahrung aus der Vergangenheit. Auch hier entstand aus dem Wechselspiel aus Rede und Gegenrede eine in die Vergangenheit des Überlebenden transponierte Gegenwart. Ähnlich wie in dem oben gegebenen Beispiel war unklar, was vorher und nachher geschah. In Erinnerung blieb eine Episode selbst erlebten Geschehens, eine erinnerte Interaktion zwischen dem Kind und dem Erwachsenen. Diese *Intermission* zwischen Vergangenheit und Gegenwart ist ein Riss im Zeitkontinuum, ein Moment, wo sich die Erfahrungen der Generationen über ein signifikantes Objekt kreuzen.

Im Alltag der Familien gibt es zahllose Szenen, in denen einfache und zufällige Objekte zum Träger der Transmission werden. Vermutlich sind diese Objekte über ihre Handhabung die *eigentlichen Träger des Wissens*. Zum Satz als Objekt: In der Geschichte der Familie W zeigte sich, wie ein Satz – »Sie kommen uns holen« – zum Träger dieses Wissens als Erfahrung um die Erfahrung der anderen werden konnte und sich im Leben der nachgeborenen Generationen als wiederkehrende Fantasie und als konkretistisches Ausgestalten der äußeren Realität inszenierte. Dieser Satz war dem Leben der nachgeborenen Generationen auf eine Weise eingeschrieben, die ihn losgelöst vom Sprecher zu einer geisterhaften Stimme im Kopf der Kinder und Enkelkinder werden ließ. Weder Mutter noch Tochter erinnerten konkrete Szenen, wo dieser Satz gesagt worden wäre. Dieser

Satz war, wie das Wissen vor der Sprache, immer da gewesen. Und plötzlich hatte er sich im Leben der Nachgeborenen zu Wort gemeldet, auf eine Weise, die ihre Realitätswahrnehmung dermaßen unter Druck setzte, dass sie begannen, diese entsprechend dem Satz, der als Prophezeiung wirkte, umzugestalten.

Die kleinen, alltäglichen Dinge seien es, die die nachfolgenden Generationen träfen. Für Elena Laska war es die Dunkelheit eines Kinosaals mit den vielen Menschen darin. Menschenreihen vor Supermarktkassen. Situationen, die in ihrer Alltäglichkeit immer und beinah überall vorkommen können. Situationen, denen man nicht ansieht, wenn man nicht hinsieht. Aber über bestimmte auslösende Details, bestimmte Qualitäten und Eigenschaften in der Szene wie die Dunkelheit, die Enge eines Raumes, die vielen Menschen, eine Menschenschlange, das Wartenmüssen, setzen sich die alltäglichen, kleinen Dinge assoziativ mit dem Leben im Lager in Verbindung. Auch dort, in der *Extremsituation* (Bettelheim) des Lagers, kamen diese Dinge vor und gerade sie waren es, die das Alltägliche des Lagers ausmachten.

Noch ein Letztes zu den Transpositionsobjekten, nämlich zum Namen. Manchmal kann das Objekt der Transposition der Name für ein Kind sein, das geboren wurde. Steven trug diesen Namen vom Bruder seiner Mutter, der im Konzentrationslager ermordet wurde. Eine Tatsache, die er aufgrund der Anglisierung seines Namens erst in seinen 40ern entdeckt hatte. Seine Eltern hätten noch nicht gewusst, ob sie in England bleiben sollten, wohin sie während des Nationalsozialismus aus Österreich geflohen waren, oder ob sie wieder zurückkehren sollten. Vielleicht war dies ein Glück für Steven Klein, anstatt der Tonspur des Ermordeten in seinem Namen jene anfängliche Ungewissheit seiner Eltern durchs Leben zu tragen, die seiner Geburt vorangegangen war. Sein Name wurde in tausenden von kleinen Alltagsszenen zu einem wiederkehrenden Objekt der Transmission der Erfahrung der anderen, die ihn im Wissen um die Bedeutung gerufen hatten.

4.2.2 Vermittelnde Objekte und ihre Vergeschichtlichung

In den Geschichten der zweiten Generation tauchten immer wieder *vermittelnde Objekte* auf, die Teile der elterlichen oder großelterlichen Geschichte transportierten und die für gewisse Aufträge standen, die aus der Geschichte kamen. In der Geschichte von Sophia Schwarz waren es der Ring, der Davidstern oder der letzte und einzige Brief ihres Großvaters, Dinge, die ihre Mutter an sie weitergegeben hatte. Diese Dinge waren mit Botschaften verknüpft, die die Tochter phantasmatisch ausgestalten konnte. Ein anderes Beispiel sind die *Symbolobjekte* der ersten Generation, die auch für die zweite Generation von zentraler Bedeutung sein können. Sie dienen als *Objektiv* und Zeugen, als materielle Relikte, die das Phantasma eines authentischen Nachvollzugs der Historie ermöglichen. Sie bedienen den Wunsch der zweiten Generation, den eigenen Ursprüngen nah zu sein und die Historie, aus der sie sonst ausgeschlossen sind, über etwas Drittes in ihr Leben einzuschließen. Im Unterschied zu den Objekten der Transmission sind diese Objekte in ihrer Handhabung geregelt. In der Familie Fried waren es die Briefe der (Ur-)Großeltern vor deren Deportation, die Übersetzungen der Briefe ins Englische, die Aufzeichnungen des Großvaters, in denen er über sein Leben in der Shoah berichtet hatte, und die Kopien dieser Aufzeichnungen. Die vermittelnden Objekte befanden sich im Besitz von Mark, der sie in seinem Arbeitszimmer aufbewahrte. Die Originalbriefe hatte er gerahmt und an die Wang gehängt. Die Handhabung dieser Objekte war etwas Spezielles. Zu besonderen Anlässen wurden sie hergezeigt. Ansonsten durften sie nicht mit dem Profanen des Alltags in Berührung kommen. Es bestand so etwas Ähnliches wie ein Tabu, ein Berührungsverbot, das nur unter bestimmten Bedingungen aufgehoben wurde. Die Objekte ermöglichen einen Einstieg in historisch signifikante Szenen über die Distanz, die von ihnen ausgeht. Denn diese Objekte sind immer Bilder zweiter Ordnung. In ihnen gibt es nur den (An-)Schein von Nähe und Authentizität. Im Grunde sind sie ähnlich wie ein Fetisch nur das Bild eines Bildes. Sie ersetzen das, was fehlt, über das, was sie eben nicht (mehr) sind. Vergleichbar mit dem Fußabdruck im Sand bezeugen diese Objekte die Anwesenheit des Abwesenden.

In allen Interviews mit der zweiten Generation gab es historische Quellen, aus denen die Kinder das Leben ihrer Eltern rekonstruierten. Diese Quellen konnten im Prinzip jedes historische Material sein, wie Dokumentationen, Bücher, Berichte von anderen Zeitzeugen. Sie ermöglichen einen flüchtigen Blick auf das, was die Eltern erlebt hatten, ohne sie selbst fragen zu müssen. In der Geschichte der Familie Kofka war es beispielsweise so, dass die Mutter immer wieder gewisse Hefte, Broschüren und anderes Material aus dem KZ-Verband in der Wohnung liegen gelassen hatte. Ab einem bestimmten Alter hätte ihr Sohn damit begonnen, sich dieses Material anzusehen und zu lesen. Auf diese Weise hätte sich der Sohn selbst informiert und hätte über die im Haus liegenden Botschaften seine eigene

Annäherung an das Überleben seiner Mutter gefunden. Auch sah er in Dokumentationen über seine Mutter diese über ihr Überleben berichten, während er selbst mit ihr noch nie darüber gesprochen hatte. Die Kinder der Überlebenden erhielten über diese vermittelnden Objekte, als zwischengeschaltetes Drittes, als Puffer, einen flüchtigen Blick auf die Überlebensgeschichten der Eltern. Die vermittelnden Objekte stehen als Drittes zwischen dem Augen- und dem Ohrenzeugen. Und manchmal übernehmen sie das Sprechen. Lori hatte sich selbst so etwas Drittes geschaffen. Als sie mit ihren Eltern die väterliche Geburtsstadt Wien besuchte, hatte sie ein Aufnahmegerät dabei, das sie laufen ließ, während ihr Vater von den Eindrücken seiner Kindheit überwältigt wurde. Das Band war ein Drittes zwischen Tochter und Vater. Ähnlich wie ein Übergangsobjekt stellte es sich zwischen die Dinge der Außenwelt und das Subjekt und erlaubte somit einen *sicheren* Kontakt und kontrollierten Austausch. Die Aufnahme sollte ihre Erfahrung mit der Erfahrung des anderen aufheben, damit es nicht – wie so viele andere Sachen aus der Familiengeschichte – verloren gehen würde.

Über die Handhabung der vermittelnden Objekte aus der Historie zeichneten sich vergleichbare Erlebnisgestalten der zweiten Generation ab. Nachdem diese Objekte am Übergang von einer zur nächsten Generation stehen, ist der Weg ihrer Weitergabe verbunden mit der je eigenen familiären Kultur der Tradierung und Fortschreibung vergangener Erlebnisse. Es gab den Platz des *Wächters* und des *Verwalters* des familiären Erbes. Während die Position des Verwalters oder Archivars darin besteht, diese vermittelnden Objekte aus der Familiengeschichte zu sammeln, zu archivieren und für die kommenden Generationen aufzuheben, so kommt in der Position des Wächters noch etwas hinzu. Die Figur des Wächters hat eine signifikante Funktion in Bezug zur Außenwelt. Er wacht mit seinem observierenden Blick über die gesellschaftlichen Entwicklungen in der Außenwelt. Dieser observierende Blick des Wächters soll vor einer Wiederholung der Geschichte bewahren, indem er die Nazis vor den Toren der Gesellschaft zurückhält.

In der Familie Fried hatte Mark im Prinzip sowohl den Platz des Wächters als auch den des Archivars eingenommen. Er wachte über den Gebrauch der vermittelnden Objekte aus der Familiengeschichte und reglementierte den Zugang. Mark sammelte diese Dinge und archivierte sie in seiner unmittelbaren Nähe. Diese Positionen des Wächters und Verwalters sind in der zweiten Generation häufig gewählte, innere Orte in ihrer Auseinandersetzung mit den Traumen aus der elterlichen Vergangenheit, verbunden mit der Aufgabe und der Verantwortung, das Bestehende zu schützen und es an die zukünftigen Generationen weiterzugeben. Dies verbindet sich mit einer Übernahme von Verantwortung für das Zeugnis, einer Verantwortung, die oft erst nach dem Tod der Eltern eingenommen wird, wie dies in der Geschichte von Herrn Röder zu hören war. Herr Röder war nach dem Tod seines Vaters das erste Mitglied im KZ-Verband, das nicht selbst Augenzeuge des Lagers war. Mittlerweile hat er eine zentrale Position im Verband inne und führt das Zeugnis seines Vaters fort.

4.2.3 Fixierung und Überhöhung

Etwas, das mit dem Wissen vor der Sprache zusammenhängt, ist die Fixierung des Vergangenen als Fixierung einer Leerstelle jenseits des Sprechens. Dieses »it always was there« (Elena Laska), die statische Präsenz des Vergangenen, die sich über alles zu legen schien, »es war überall« (Vera Rubensteen), bedeutete eben auch eine Fixierung als Unmöglichkeit, davon Abschied zu nehmen. Diese Unmöglichkeit des Abschiedes war verknüpft mit dem *Tod ohne Spur*, mit den Verlusten aus der Familie, über die es kein Wissen gibt. Verstärkt wurde die Fixierung der katastrophischen Vergangenheit durch das Verbot, dorthin zu gehen. Die »forbidden zones« (Elena Laska), das »land full of tears« (Elena Laska) waren tabu. Es wäre Blasphemie gewesen, sich vorzustellen, was dort wirklich war. Damit wurde die Vergangenheit aus dem Lager zur »blank slate« (Mark Fried). Jedes Wort, jeder Satz, jedes Bild wäre eine Relativierung gewesen, die nicht erlaubt zu sein schien. »Alles, was man sagen kann, ist, es ist **nie** genug« (Vera Rubensteen). Relativierung bedeutet, einen allmählichen Besetzungsentzug dieser leeren Stelle vorzunehmen. Aus den Interviews mit Sophia Schwarz haben wir gehört, wie ihre Mutter immer wieder die gleichen Episoden aus ihrer Überlebensgeschichte erzählt hätte. Diese Episoden waren aber in keinen Zusammenhang, in keine Perspektive, in keine Geschichte eingebettet. Dieses Einbetten der episodischen Erinnerungsfetzen in einen Zusammenhang und in eine Perspektive hätte die Episoden, die für die Tochter aus dem Munde der Mutter immer wiederkehrten, eine *Relativierung* und *Perspektivierung* bedeutet. Stattdessen wirkte ein *Wiederholungszwang*, der die Vergangenheit nicht zur Ruhe kommen ließ.

Die Fixierung des familienhistorischen Alptraumes ging mit einer *Überhöhung* desselben einher. Die Shoah sei in der Familie das einzige gewesen, das wirklich gezählt hätte, wie Vera meinte. Das Leid, der Schmerz, der Krieg, die Verfolgung, das Lager seien die einzigen Dinge gewesen, die wirklich zählten. »Was weißt du schon, was wirkliche Schmerzen sind?« Auch in den Interviews mit Frau Tann trat über ihre Klagen diese Überhöhung der Vergangenheit deutlich hervor. Sie hätte immer an der historischen Überhöhung gelitten. Auch deshalb, weil der Name der Mutter immer wieder ihrem Weg wie ein störender Fleck, den man nicht wegbekommt, wie ein Ausschlag, ein Aussatz vorangegangen war. Die Überhöhung zeigte sich in den Interviews mit Elena Laska über den Mythos des Über-Lebenden. Dieses Über-Leben sei, im Unterschied zu jenen, die nicht überlebt hatten, mit bestimmten Eigenschaften verbunden gewesen, wie die Stärke, nicht in den Tod zu gehen, zu leben, sich selbst zu helfen, Eigenschaften, die sie über ihr Elternhaus mitbekommen hätte.[185]

Fixierung und Überhöhung hatten eine Entleerung der unmittelbaren Gegenwart, eine Entleerung des Subjekts zur Folge. »Alles, was nach dem Krieg kam, hatte kein Gewicht« (Vera Rubensteen). Die Fixierung an eine *Form ohne Inhalt*, an eine Vergangenheit, die sich nicht bebildern ließ, führte zur Metastasierung eben dieser Leere, die ins Leben der Nachgeborenen griff. Die Phantasmen des Verschwindens, des Auslöschens und Unsichtbarwerdens bis hin zur psychogen herbeigeführten Ohnmacht (Lisa) weisen auf diese Dynamik. Die Entleerung meint den Entzug der Besetzung aus der unmittelbaren Gegenwart, aus der äußeren und inneren Realität und den darauf folgenden Rückzug der Besetzungsenergien auf das, was Mark die »blank slate« genannt hatte. Also auf ein Verschwinden. Wie ein psychisches Loch, das alles einsaugte. Auf eine Nicht-Spur.

Die eigene psychische Wertigkeit unterlag dem Vergleich mit einer idealisierten untergegangenen Welt. Vera Rubensteen meinte: »Weil ich nicht wert bin, was die sind, die tot sind.« Die Nachgeborenen traten innerhalb dieser Dynamik in eine Rivalität mit den verstorbenen und ermordeten Liebsten ihrer Eltern, mit den idealisierten Untoten der Geschichte. Vera Rubensteen

---

185 Vom Mythos des Über-Lebenden, wie er in der zweiten Generation über gewisse phantasmatische Zuschreibungen aufgetaucht war, berichteten auch die Überlebenden. Kurz gesagt handelt es sich um das Phantasma, über-lebt zu haben, und aus diesem Über-Leben eine gewisse Unverletzbarkeit mitgenommen zu haben. Dieses Phantasma spricht auch aus einem Buchtitel: *Wer einmal gestorben ist, dem tut nichts mehr weh* (Kirchmayer/Lichtblau 2000).

zeigte mir ihren Namen, den sie in dem Totenbuch von Auschwitz gefunden hatte. Um dem Vater wirklich nah zu sein, um in seinen Augen wirklich etwas zu bedeuten, müsste sie *nicht sein*. Müsste sie die Person sein, die in diesem Buch ihren Namen trug.

4.2.4 Tod, Leere, Trauer und Rekonstruktion

Oft befand sich die zweite Generation auf der Suche nach den familiären Ursprüngen, einer Suche nach Orten und Namen, nach dem letzten Weg der verstorbenen Angehörigen aus der Familie. Sophia durchforstete immer wieder sämtliche genealogischen Datenbanken, um die Wurzeln, Ursprünge und Wege ihrer Großeltern zu rekonstruieren. Es ist eine Suche nach Spuren in der symbolischen Ordnung und wie bei Sophia eine Suche nach der Spur des zweiten Todes ihres Großvaters. So reisten die Kinder an jene Orte, wo ihre Großeltern geboren und ihre Eltern aufgewachsen waren. Vor allem in jenen Familien, wo die Überlebenden dorthin nicht mehr zurückgekehrt waren. Steven Klein reiste in jene Gebiete, wo seine Großeltern zur Welt gekommen waren, Elena Laska begleitete ihren Vater in die Slowakei, um gemeinsam mit ihm diese Orte aufzusuchen. Ebenso in der Familie Klein und der Familie Harz. Vor allem in jenen Familien, wo die Großeltern in der Shoah ermordet wurden, war die Suche der Kinder eine Suche nach den anderen, die sie nie kannten und deren Abwesenheit sie immer als einen signifikanten Mangel, der eine Enge innerhalb der Familie erzeugte, empfunden hatten.

Die Suche nach den familiären Ursprüngen ist auch der Versuch, Abschied von den Untoten der Geschichte zu nehmen. Es mag sich um die Fortsetzung der ungelösten Trauerarbeit der Eltern handeln (Brenner 2000), eine Fortsetzung, die zu einer Fixierung führen kann, einer zwanghaften Wiederholung und einer chronifizierten Trauer, wie dies in den Interviews mit Herrn Röder zu hören war, der nach dem Tod seines Vaters damit begann, ihn über die Spuren der anderen (Zeitzeugenberichte) zu suchen, um zu verstehen, warum sein Vater so war, wie er war. Aber es ist immer auch der Versuch, das zerrissene psychische Gewebe in der imaginären Familiengeschichte wiederzufinden, um sich dann in einem zweiten Schritt aus dem Sog des Wiederholungszwangs vielleicht lösen zu können. In der Familie Mokum, wo der Vater gemeinsam mit seinen beiden Töchtern zu einer Gedenkveranstaltung nach Buchenwald reiste, zeigte sich, dass diese Reise in der Erzählung von Vera Rubensteen einen Punkt in ihrer Geschichte markierte, wo sie sich vom Trauma der Vernichtung und der Nähe zum Tod lösen konnte. Auch für den Vater war diese Reise bedeutsam gewesen. Die Gegenwart seiner beiden Töchter, die da blieben, die zuhörten und mitgegangen waren, vermochte seine Sprachlosigkeit aufzuheben. Wenn die Kinder ihre Eltern auf diesen Reisen begleiten, so kann es eine gemeinsame Trauerarbeit geben, ein gemeinsames Durcharbeiten von Erinnerungen, die die Kinder nie hatten, Erinnerungen, die ihrer Zeit vorausgegangen waren, in denen die Kinder aber auch lebten.

Für die Nachgeborenen ist die Rekonstruktion ihrer Familienhistorie wie eine Deutung, die sie sich selbst geben, etwas, das ihnen vielleicht helfen kann, ihr Agieren traumatischer Aspekte von historisch signifikanten Szenen in den Kontext der elterlichen Überlebensgeschichte einzuordnen und sich somit davon auch ein Stück zu lösen. Zudem verdeutlichen diese rekonstruktiven Bemühungen eine *Trauer um die Trauer der anderen*. Vera Rubensteen tat es weh, dass sie ihrem Vater an jenem intimen Punkt seiner Trauer nicht nah sein konnte. Sie hatte ihren Vater in übertragenem Sinne an die Toten verloren, die er misste. Die Traurigkeit der zweiten Generation siedelt sich um einen toten Ort an, der vom anderen kommt, um ein Begehren der anderen, das ins Leere geht, das ohne Antwort geblieben ist. Am radikalsten inszenierte sich diese Dynamik in der Geschichte von Sophia Schwarz, als sie operiert wurde. Als man entdeckte, dass da nichts (keine körperliche Ursache für ihren Schmerz) war, fand man symbolisch die *Abwesenheit jeglicher Ursache*. Die Rekonstruktion der »blanke slate«, der leeren Schieferplatte, ist jene Trauerarbeit, die die zweite Generation leistet. Dieser Platz bleibt leer, für die Geschichten, die niemals erzählt, für die Worte, die niemals gefunden, für die Menschen, die immer schon verloren waren. Diese leere Tafel ist niemals zu beschreiben. Die »blanke slate« ist ein sprachliches Symbol für den traumatischen Mangel in der Geschichte des Begehrens der anderen im Begehren des Subjekts aus der zweiten Generation.

In den Interviews mit der zweiten Generation zeigte sich die Notwendigkeit, der Familiengeschichte einen Platz zu geben, der außerhalb des Subjekts liegt. Dieser Platz wird einerseits über die vermittelnden Objekte hergestellt. Für Sophia Schwarz war dieser Platz vielleicht in dem Brief ihres Großvaters als dessen letzte Spur gegeben. Sie bewahrte diesen Brief, ohne ihn noch einmal anzusehen. Elena fand einen solchen Platz über ihre kreative Arbeit. Sie sagte über ihre Werke: »Everything is under.« Damit gab sie den Dämonen der Familiengeschichte einen Platz, sichtbar und doch verdeckt. Die kreative Betätigung der zweiten Generation, wie auch bei Erika W oder Herrn Röder, wird »zu einem Stenogramm, einer Sprache jenseits der Worte, die Bedeutungen der Vergangenheit repräsentiert« (Kogan 2003). Wie in den Interviews mit Herrn W, dem Maler, erwähnt, ist das kreative Bearbeiten der Vergangenheit von unschätzbarem Wert. Es führt ein *Moment des Spiels* in das traumatische Geschehen und ermöglicht auf diese Weise eine Distanzierung und Externalisierung von unsagbaren Erinnerungsspuren.

4.3 Zur dritten Generation

Zum Zeitpunkt der Interviews waren die Interviewten aus der dritten Generation zwischen 30 und 40 Jahre alt. Sie kannten die Familiengeschichte aus den Erzählungen ihrer Eltern und Großeltern zum Teil sehr genau. Ähnlich wie in der zweiten Generation existierte für sie ein Wissen um die Familiengeschichte, das vor der Sprache stand. Das immer schon da war. Im Unterschied zu ihren Eltern gab es aber auch schon sehr früh ein Wissen um die Shoah, das über die Schule und über mediale, öffentliche Diskurse vermittelt wurde. Die Shoah war bis in die 80er Jahre im öffentlichen Diskurs kaum vorgekommen. In der Zeit, in der ihre Eltern groß wurden und zur Schule gingen, endete der Lehrplan für den Geschichtsunterricht oft mit dem Ersten Weltkrieg. Die dritte Generation war dagegen in einer Zeit sozialisiert, in der eine kollektive Auseinandersetzung mit der jüngsten Geschichte immer stärker in den Vordergrund trat. Manche aus der dritten Generation erinnerten sich beispielsweise an den Vierteiler *Holocaust, die Geschichte der Familie Weiß* (USA, 1978), eine Familiengeschichte, die das Leid der jüdischen Opfer in der Shoah thematisierte. Dieser Vierteiler wurde für viele Millionen Zuschauer aus dem deutschsprachigen Raum zu einem Medienereignis, das ungemein heftige öffentliche Diskussionen über die Darstellung initiierte und das für breite Teile der Gesellschaft überhaupt erst den Beginn einer Auseinandersetzung mit den Opfern des Nazismus dargestellt hatte. Vermutlich hatte dieses im Unterschied zur zweiten Generation geänderte öffentliche Geschichtsbewusstsein dazu beigetragen, dass auch in den Familien der Opfer über die Familiengeschichte mehr gesprochen wurde.

4.3.1 Die Nähe zu den Großeltern: Ursprung und Rückbezüglichkeit

Es zeigte sich, dass es in der dritten Generation ein anderes, entspannteres Verhältnis zum Sprechen mit den Großeltern gegeben hatte, als dies zwischen den Eltern und Großeltern der Fall war. Die dritte Generation hatte weniger Ängste oder Hemmungen ihre Großeltern nach deren Geschichte zu fragen. Der intergenerationelle Dialog zwischen der ersten und der dritten Generation war weniger konfliktbeladen und angstbesetzt. Dies hatte verschiedene Gründe. Zum einen war es ein Phänomen der Zeit, des gesellschaftlichen Bewusstseins gewesen, dass mehr, anders und weniger angstbesetzt gesprochen werden konnte. Zum anderen wirkte darin ein generationelles Phänomen: Mit der Geburt der Enkelkinder wird ein dreigenerationeller Raum in die zeitliche Struktur des Familien-Ichs eingeführt. Symbolisiert die Großelterngeneration die Vergangenheit und Geschichte einer Familie, das, was war, so stehen die Kinder für die Gegenwart und Unmittelbarkeit des Lebens. Mit der Geburt des Enkelkindes wird ein noch unbestimmtes Futur eröffnet. Das Enkelkind symbolisiert für das Familien-Ich die Zukunft, das, was werden wird. Dies sind imaginäre und wenn man so will durchaus auch archetypische Zuschreibungen an generationelle Positionen, die im Austausch zwischen den Generationen hochwirksam sind. Bedenkt man die Shoah als Zerstörung der Geschichtlichkeit und zeitlichen Struktur einer Familie, so wird die Position der dritten Generation in ihrer imaginären Funktionsbestimmung als Wiederherstellung dieser zeitlichen Struktur eines dreigenerationellen Raumes für das Familien-Ich erkennbar. Die Rede der *ersten* Generation, die die Shoah überlebt hatte, erinnert an die Zerstörung der Geschichtlichkeit von Familien. Frau Harz hatte ihre Eltern und Großeltern verloren, sie war die einzige aus ihrer Familie, die dem Alp der Vernichtung entkommen und zurückgekehrt war. Herr Mokum war nach der Befreiung aus Buchenwald ebenso allein wie Herr Bernstein oder die Mutter von Sophia Schwarz. Sie gründeten tatsächlich als *erste* eine neue Familie. Für die Generation der Kinder hatte dies bedeutet, dass sie ihren Eltern gegenüber niemals eine Alternative in Form der Großeltern gehabt hatten. Diese, die die anderen, die Groß-Eltern, gewesen wären, geisterten als Untote durch das symbolische Gewebe der familiären Erzählung. Daraus ergab sich auch die Klage über einen Mangel an Familie, über die zerbrochene zeitliche Struktur und über eine spezifische Enge, die in der Familie zugegen war. Die Überlebenden saßen ihren Kindern wahrhaft zu nah im Nacken. Sie warfen einen, wenn man so will, besonderen Blick auf ihre Kinder, der sie zu verpflichten und an die Ansprüche der Überlebenden zu binden schien. Mit der dritten Generation ist eine neue erste Generation auf die Welt gekommen, die von diesem Mangel nahezu unberührt blieb. Die familiären Verluste reichen in eine Zeit, die nicht nur vor ihrer Geburt, sondern vor der Geburt ihrer Eltern lag. Sie konnten das Zirkulieren von Familiengeschichte innerhalb des dreigenerationellen Raumes erleben. Insofern war ihnen der Alp der Familie zeitlich nicht so nah getreten, wie das noch in der Generation ihrer Eltern der Fall gewesen war. Mit der Geburt der dritten Generation findet eine Wiederherstellung des dreigenerationellen Raumes statt und damit die Idee einer neuen Zukunft, einer Geschichte in der Zukunft.

So ist aus den beschriebenen, imaginären Zuschreibungen der intergenerationelle Dialog zwischen erster und dritter Generation prinzipiell, also von Beginn an, anders strukturiert als zwischen erster und zweiter Generation. Vielleicht fiel es den Großeltern auch leichter, zu erzählen, weil die Enkelkinder unbedarfter mit ihren Fragen gekommen waren. Und vielleicht fiel es ihnen auch leichter, weil sie, jetzt am Ende ihres Lebens angekommen, ohnehin in eine Phase ihres Lebenszyklus eingetreten waren, in der der Mensch im Alter Rückschau hält (vgl. Erikson 1979). Weil sie, aus der unmittelbaren Gegenwart des Lebens gerückt, sich die Zeit genommen hatten, zu erzählen, was war. Und dafür brauchte es ein Ohr, das Zeit hatte, zu hören. Die Nähe zwischen erster und dritter Generation war über ein generationstypisches Phänomen ohnehin hergestellt. Dazu kamen das Interesse der dritten Generation an ihren Ursprüngen und die Rückbezüglichkeit auf die Familiengeschichte, die sie angst- und konfliktfreier nutzen konnten. Schließlich stand zwischen ihnen und den Überlebenden, die den traumatischen Alp der Familiengeschichte in sich trugen, die Generation ihrer Eltern wie ein *Puffer*. Wenn es also einerseits diese Nähe zu den Großeltern gab, so gab es andererseits eine signifikante zeitliche und generationelle Distanz zur traumatischen Historie, die das Sprechen erleichterte.

Oft wählte die dritte Generation in Anlehnung an ihre Großelterngeneration jene Wege, die von der zweiten verworfen worden waren. So war zum Beispiel Lisa in ihrem gesellschaftspolitischen Engagement in die Offensive gegangen. Sie hatte im Unterschied zur Mutter das gemacht, wovor diese am meisten Angst gehabt hatte. Sie hatte sich ausgesetzt, sich exponiert und in ihrem Namen, ohne Verkleidung und Verhüllung für ihre politischen und gesellschaftlichen Anliegen gekämpft. Damit hatte Lisa einen Weg wiederaufgenommen, der von der Mutter verworfen worden war. Sie hatte etwas aus der Generation ihrer Großeltern, die politisch aktiv gegen den Nazismus gekämpft hatten, entgegen der bewussten Haltung ihrer Mutter zur Maxime ihrer politischen Haltung gegenüber der Gesellschaft gemacht. Auch Matti Klein hatte, im Unterschied zum Vater, ein Identifikationsangebot der Großeltern wieder aufgenommen. Seine Erfolgsorientiertheit, die von den Großeltern kam und gegen die sich sein Vater mit seiner Abstiegsmotivation noch wehrte, war Matti ein Schlüssel, um seinen Weg zu gehen und erfolgreich zu werden. Der dritten Generation hatte sich im Unterschied zu ihren Eltern wieder eine Alternative angeboten. Der Enkel von Frau Harz hatte sich der jüdischen Religion zugewandt. Damit knüpfte er an eine familiäre Tradition an, die mit der Shoah abgerissen war. Seine Hinwendung zum observierenden Judentum bedeutete einerseits einen Bruch mit dem säkularen Elternhaus. Er wollte eine neue Geschichte beginnen. Andererseits war dieser autopoietische Versuch mit den Fantasien einer Rückkehr zu einer alten familiären Tradition verbunden. Er vermutete, dass die Vorfahren seiner Großeltern, die in der Shoah umgekommen waren, sehr fromme chassidische Juden waren. Damit ging seine Trennung von der politischen Tradition seines Elternhauses mit der Wiederaufnahme einer alten Bindung einher, die aus der Zeit vor der Shoah stammte.

4.3.2 Zur Idee eines Neubeginns

Die Transposition in die Vergangenheit der Überlebenden war nicht etwas, das mit der zweiten Generation aufgehört hätte. In den Interviews mit Lisa W zeigte sich, wie stark die Enkeltochter in ihren Fantasien vom Blick der Täter verfolgt wurde. Auch hatte sie ähnliche Vorstellungen wie die Mutter, dass man sie holen würde, weshalb Lisa Äxte hinter den Eingangstüren platziert hatte. Lisa stellte vielleicht mehr noch als die Mutter Szenarien von Bedrohung und Verfolgung in ihrem Leben her. Sie berichtete von der Nacht in der Botschaft der besorgten Bürger, als plötzlich Leute kamen, um sie von dort herauszuholen. Lisa ging im Unterschied zur Mutter die Sache offensiv an. Sie setzte sich aus. Und sie litt daran, wenn sie Blut sah oder jemanden von Blut und Verletzungen sprechen hörte, in Ohnmacht zu fallen. Ihre Ohnmachten sind wie eine psychogen herbeigeführte Symbolisierung des psychischen Todes. Die Themen des Verschwindens und Vergessens durchziehen alle Interviews in der Familie W.

4. Analyse der Texte und Interviews

Die Transposition in die Vergangenheit stellt einen generationsübergreifenden Wiederholungszwang dar, der signifikante Szenen aus der Historie wiederbelebt. Über dieses wiederholte Herstellen der Vergangenheit in der Gegenwart wird aber auch etwas Neues in die Szene eingeschrieben. Es verändert sich etwas. Es ist nie das gleiche. Das Neue, das Lisa bewirken konnte, war, dass sie über ihr offensives Sich-Aussetzen wirklich etwas verändern konnte. Ihr Eintreten für einen Wandel des Klimas, egal ob in der Schule, in der Politik, in der Umwelt, zeitigte reale und sichtbare Konsequenzen. Mit dem Wiederholungszwang ist auch die Idee der Veränderung, des anderen Ausganges der ursprünglich traumatischen Szene verbunden und zwar dadurch, dass ein beliebiges neues Moment darin eingeführt wird, etwas Partikulares, das einen anderen Ausgang entstehen lässt.

In der Geschichte der Familie Fried ist dieses partikular Neue in der Namensgebung der Enkelin (Sara) als das stumme H, das fehlt, im Schriftbild als sichtbare Veränderung gegenwärtig. Mark hatte diesen Namen bewusst gewählt, womit er seiner Tochter einen Auftrag mit auf den Weg gegeben hatte. Sara wurde in die Idee ihres Vaters geboren, dass in ihrem Namen die *Aufhebung* der Vergangenheit geschehen sollte. Diese Idee der Aufhebung hatte zwei Seiten: Einerseits Aufhebung als Erinnerung und Rückbindung an die familiären Dinge und Ursprünge sowie Aufhebung als Nichtung und Überwindung der alptraumhaften Vergangenheit. Beide Seiten gehören zur Wiederholung und zum Wiederholungszwang. Das Prinzip handelt von einer *Umschrift*, hier der Um-schreibung des nazistischen Missbrauchs des Namens Sara(h) über die Herstellung einer Differenz in der Wiederholung, hier einer nicht hörbaren, dafür schreibbaren Differenz zur Historie. Besagte Großmutter, Saras Urgroßmutter, weigerte sich, das Kind beim Namen zu rufen. Stattdessen erfand sie alle erdenklichen Kosenamen für ihre Urenkelin. Dies wurde gewissermaßen zu einem Spiel zwischen der Urgroßmutter und dem Kind.

Zu diesem Spiel gehörte auch eine Puppe, die Sara von der Urgroßmutter geschenkt bekam. Es war eine blonde Puppe mit blauen Augen. Die Urgroßmutter hätte vergeblich nach einer Puppe mit braunen Haaren und braunen Augen gesucht. Sara liebte aber dieses Geschenk. Die Puppe wurde zu ihrer Lieblingspuppe. Sara war wie die Puppe blond und blauäugig. Über das Spiel mit der geliebten Puppe entstand ein anderer Umgang mit den alten Bedeutungen. Eine neue, lebensgeschichtliche Konnotation, in der das Blonde und das Blaue etwas anderes heißen und bedeuten konnten, als das noch für Marks Großmutter der Fall gewesen war.

4.3 Zur dritten Generation

Somit konnte die dritte Generation die vermittelnden Objekte aus ihren ursprünglichen Bedeutungen nehmen und in neue Kontexte stellen, sie gewinnen, aber nicht mehr als das, was sie waren, sondern als das, was sie auch sein können. Darin liegt ein *Mehrwert* an den Dingen der Welt, ein Weniger an Tabus und ein Mehr an Freiheitsgraden, die für die Generation von Saras Eltern noch nicht vorstellbar gewesen wäre. Das partikulare Moment im Wiederholungszwang schafft die Möglichkeit, Fixierungen zu lösen. Damit wird ein Spiel mit alten Bedeutungen in Gang gesetzt, das eine neue Schrift, eine Um-schrift der alten Bedeutungen kreiert. Ähnlich verhielt es sich mit dem Chaos in der Familie W, das mit der Tragödie aus der Vergangenheit verbunden war. Während Erika unter dem Chaos, das sich immer wieder neu um sie herum formierte, litt und klagte, es nicht loswerden zu können, ging Lisa anders damit um als ihre Mutter. Ihr war das Chaos gewissermaßen zu einem Freund geworden. Wohin auch immer sie auf ihren Reisen käme, zu allererst müsse sie im Hotelzimmer ihre Sachen im Raum verstreuen, damit sie sich wohl fühlen könne. Auch wenn es für Lisa einen Punkt gab, wo – wie sie sagte – das Chaos plötzlich böse wurde, so hatte sie im Grunde doch das wiederkehrende Symptom aus der Vergangenheit in ihrem Leben in etwas Liebenswertes verwandelt.

Literaturverzeichnis

Abraham, N. & Torok, M. (1979): Kryptonymie: Das Verbarium des Wolfsmannes. Frankfurt a.M. (Ullstein).
Agamben, G. (2003): Was von Auschwitz bleibt. Das Archiv und der Zeuge. Frankfurt a.M. (Edition Suhrkamp).
Amérie, J. (1966) (Neuaufl. 1977): Jenseits von Schuld und Sühne. Stuttgart (Klett- Cotta).
Angetter, D. (2006): Gott schütze Österreich. Wilhelm Zehner (1883–1938) Porträt eines österreichischen Soldaten. Wien (Verlag der österreichischen Akademie der Wissenschaften).
Anzieu, D. (1992) (3. Aufl.): Das Haut-Ich. Frankfurt a.M. (Suhrkamp).
Arendt, H. (1943): Wir Flüchtlinge. In: Knott, M.L. (Hg.) (1999): Hannah Arendt. Zur Zeit. Politische Essays. Hamburg (Rothbuch Verlag), S. 7–21.
Assmann, J. (2000): Der Tod als Thema der Kulturtheorie. Frankfurt a.M. (edition Suhrkamp).
Bearman, M.; Brinson, C. & Droce, R. (2004): Wien – London, hin und retour. Das Austrian Centre in London 1939 bis 1945. Wien (Czernin Verlag).
Bergmann, M.S.; Jucovy, M.E. & Kestenberg, J.S. (1995): Kinder der Opfer Kinder der Täter. Psychoanalyse und Holocaust. Frankfurt a.M. (Fischer Verlag) (Original v. 1982: Generations of the Holocaust).
Bettelheim, B. (1982): Erziehung zum Überleben. Zur Psychologie der Extremsituation. München (Deutscher Taschenbuch Verlag).
Bion, W. (1992): Lernen durch Erfahrung. Frankfurt a.M. (Suhrkamp Taschenbuch Verlag).
Bloch, E. (1923) (2. Aufl. 1991): Geist der Utopie. Zweite Fassung. Frankfurt a.M. (Suhrkamp Taschenbuch Verlag).
Bohleber, W. (2000): Die Entwicklung der Traumatheorie in der Psychoanalyse. Psyche 54 (9/10), 797–839.
Bollas, C. (2000): Genese der Persönlichkeit. Psychoanalyse und Selbsterfahrung. Stuttgart (Klett-Cotta).
Bollas, C. (2005) (2. Aufl.): Der Schatten des Objekts. Das ungedachte Bekannte. Zur Psychoanalyse der frühen Entwicklung. Stuttgart (Klett-Cotta).

Brenner, I. (2000): Stacheldraht in der Seele: Ein Blick auf die generationsübergreifende Weitergabe des Holocaust-Traumas. In: Opher-Cohn, L.; Pfäfflin, J.; Sonntag, B.; Klose, B. & Pogany-Wendt, P. (2. Aufl.): Das Ende der Sprachlosigkeit? Auswirkungen traumatischer Holocausterfahrungen über mehrere Generationen. Gießen (Psychosozial-Verlag), S. 113–140.

Bruder, K.-J. (2003): »Die biographische Wahrheit ist nicht zu haben« – für wen? Psychoanalyse, biographisches Interview und historische (Re)Konstruktion. In: Bruder, K-J. (Hg.): »Die biographische Wahrheit ist nicht zu haben«. Psychoanalyse und Biographieforschung. Gießen (Psychosozial-Verlag), S. 9–40.

Brunner, J. (2005): Trauma, Ideologie und Erinnerung im jüdischen Staat: Zur Politik der Verletzbarkeit in der israelischen Fachliteratur. Psyche 59 (Beiheft), 91–105.

Bukey, W. B. (2001): Hitlers Österreich »Eine Bewegung und ein Volk«. Hamburg, Wien (Europa Verlag).

Camus, A. (1942) (Neuaufl. 1995): Der Mythos von Sisyphos. Ein Versuch über das Absurde. Hamburg (Rowohlt).

Caruso, I. (1974) (Neuaufl. 2001): Die Trennung der Liebenden. Eine Phänomenologie des Todes. Wien (Turia + Kant).

Caruth, C. (1995): Trauma als historische Erfahrung: Die Vergangenheit einholen. In: Baer, U. (Hg.) (2000): »Niemand zeugt für den Zeugen.« Erinnerungskultur nach der Shoah. Frankfurt a. M. (Suhrkamp), S. 84–98.

Cohen, J. (1985): Trauma and repression. Psychoanalytic Inquiry Vol 5 (1) 163–189.

Devereux, G. (1982): Normal und anormal. Aufsätze zur allgemeinen Ethnopsychiatrie. Frankfurt a. M. (Suhrkamp).

Drucker, H. (1995): Olga: Kindertransport. Allein auf der Flucht. Göttingen (Lamuv Verlag).

Eckstein, Eric; Genger, Angela & Oppenhäuser, Jürgen (2004): Der letzte Zug. Eine Familiengeschichte. Düsseldorf: Mahn- und Gedenkstätte Düsseldorf.

Eissler, K. R. (1963): Die Ermordung von wie vielen Kindern muss ein Mensch symptomfrei ertragen können, um eine normale Konstitution zu haben? In: Lohmann, H.-M. (Hg.) (Neuauflage 1994): Psychoanalyse und Nationalsozialismus. Beiträge zur Bearbeitung eines unbewältigten Traumas. Frankfurt a. M. (Fischer), S. 159–209.

Erikson, E. H. (1979) (7. Aufl.): Kindheit und Gesellschaft. Stuttgart (Klett-Cotta).

Faimberg, H. (1987): Das Ineinanderrücken der Generationen. Zur Genealogie gewisser Identifizierungen. Jb. Psychoanal 20, 114–143.

Felman, S. & Laub, D. (1992): Testimony. Crises of Witnessing in Literature, Psychoanalysis and History. New York/London (Routledge).

Fenichel, O. (1946): Über die Schauspielkunst. In: Fenichel, O. (1998): Aufsätze, Bd. II. Gießen (Psychosozial-Verlag), S. 390–405.

Fenichel, O. (1977): Psychoanalytische Neurosenlehre. Bd. III. Berlin, Wien (Ullstein Materialien).

Ferenczi, S. (1933): Sprachverwirrung zwischen den Erwachsenen und dem Kind. In: Ferenczi, S. (2004): Schriften zur Psychoanalyse II. Gießen (Psychosozial-Verlag), S. 303–316.

Fink, B. (1995): Das lacansche Subjekt zwischen Sprache und Jouissance. Wien, Berlin (Turia + Kant).

Fink, B. (1997): Eine klinische Einführung in die Lacansche Psychoanalyse. Theorie und Technik. Wien, Berlin (Turia + Kant).

Freud, A. (1936): Das Ich und die Abwehrmechanismen. Frankfurt a.M. (Fischer).
Freud, S. (1895): Studien zur Hysterie. GW I, S. 75–312.
Freud, S. (1899): Über Deckerinnerungen. GW I, S. 529–554.
Freud, S. (1900): Die Traumdeutung. Studienausgabe II.
Freud, S. (1905): Drei Abhandlungen zur Sexualtheorie. Studienausgabe V, S. 37–146.
Freud, S. (1910): Die zukünftigen Chancen der psychoanalytischen Therapie. Studienausgabe Ergänzungsband, S. 121–142.
Freud, S. (1911): Formulierungen über die zwei Prinzipien des psychischen Geschehens. Studienausgabe III, S. 13–24.
Freud, S. (1912): Ratschläge für den Arzt bei der psychoanalytischen Behandlung. Studienausgabe Ergänzungsband, S. 169–180.
Freud, S. (1913): Totem und Tabu. Studienausgabe IX, S. 287–444.
Freud, S. (1914a): Erinnern, Wiederholen und Durcharbeiten. Studienausgabe Ergänzungsband,. S. 205–216.
Freud, S. (1914b): Zur Einführung des Narzissmus. Studienausgabe III, S. 37–68.
Freud, S. (1915a): Die Verdrängung. Studienausgabe III, S. 103–118.
Freud, S. (1915b): Das Unbewusste. Studienausgabe III, S. 119–173.
Freud, S. (1915c): Mitteilung eines der psychoanalytischen Theorie widersprechenden Falles von Paranoia. Studienausgabe VII, S. 205–216.
Freud, S. (1917): Trauer und Melancholie. Studienausgabe III, S. 193–212.
Freud, S. (1919): Das Unheimliche. Studienausgabe IV, S. 241–274.
Freud, S. (1920): Jenseits des Lustprinzips. Studienausgabe IV, S. 213–272.
Freud, S. (1921): Massenpsychologie und Ich-Analyse. Studienausgabe IX, S. 61–134.
Freud, S. (1923a): Das Ich und das Es. Studienausgabe III, S. 273–330.
Freud, S. (1923b): Neurose und Psychose. Studienausgabe III, S. 331–337.
Freud, S. (1924): Der Realitätsverlust bei Neurose und Psychose. Studienausgabe III, S. 354–361.
Freud, S. (1925): Die Verneinung. Studienausgabe III, S. 371–379.
Freud, S. (1926): Hemmung, Symptom und Angst. Studienausgabe VI, S. 227–310.
Freud, S. (1927): Der Humor. Studienausgabe IV, S. 275–282.
Freud, S. (1936): Brief an Arnold Zweig vom 31.5.1936. In: Freud, E. & Freud, L. (Hg.) (1980): Sigmund Freud Briefe 1873–1939. Frankfurt a.M. (Fischer).
Freud, S. (1937): Konstruktionen in der Analyse. Studienausgabe Ergänzungsband, S. 393–406.
Green, A. (2003): Zeitlichkeit in der Psychoanalyse: zersplitterte Zeit. Psyche 57 (9/10), 789–811.
Grubrich-Simitis, I. (1984): Vom Konkretismus zur Metaphorik. Psyche 38, 1–28.
Grünberg, K. (2000): Zur Tradierung des Traumas der nationalsozialistischen Judenvernichtung. Psyche 54 (9/10), 1002–1037.
Hirsch, M. (2000): Transgenerationelle Weitergabe von Schuld und Schuldgefühl. In: Opher-Cohn, L.; Pfäfflin, J.; Sonntag, B.; Klose, B. & Pogany-Wendt, P. (2. Aufl.): Das Ende der Sprachlosigkeit? Auswirkungen traumatischer Holocausterfahrungen über mehrere Generationen. Gießen (Psychosozial-Verlag), S. 141–162.
Hirsch, M. (2005): Über Vampirismus. Psyche 59 (2), 127–144.
Hock, U. (2003): Die Zeit des Erinnerns. Psyche 57 (9/10), 812–841.
Jaeggi, E. (2003): »Wie war das damals?« Biographie und Psychotherapie. In: Bruder, K-J. (Hg.)

(2003): »Die biographische Wahrheit ist nicht zu haben« Psychoanalyse und Biographieforschung. Gießen (Psychosozial-Verlag), S. 41–55.

Kafka, F. (1919): Ein Landarzt. In: Franz Kafka. Sämtliche Erzählungen (1979). Frankfurt a.M. (Fischer Taschenbuch Verlag).

Kafka, F. (1924): Der Hungerkünstler. In: Franz Kafka. Sämtliche Erzählungen (1979). Frankfurt a.M. (Fischer Taschenbuch Verlag).

Khan, M. (2003): Erfahrungen im Möglichkeitsraum. Psychoanalytische Wege im verborgenen Selbst. Frankfurt a.M. (Suhrkamp).

Kestenberg, J.S. (1998a): Überlebende Eltern und ihre Kinder. In: Bergmann, M.S.; Jucovy, M.E. & Kestenberg, J.S. (Hg.): Kinder der Opfer Kinder der Täter. Psychoanalyse und Holocaust. Frankfurt a.M. (Fischer Verlag), S. 103–126.

Kestenberg, J.S. (1998b): Die Analyse eines Kindes eines Überlebenden. Eine metapsychologische Beurteilung. In: Bergmann, M.S.; Jucovy, M.E. & Kestenberg, J.S. (Hg.): Kinder der Opfer Kinder der Täter. Psychoanalyse und Holocaust. Frankfurt a.M. (Fischer Verlag), S. 173–208.

Kirchmayer, B. & Lichtblau, A. (Hg.) (2000): Marko M. Feingold. Wer einmal gestorben ist, dem tut nichts mehr weh. Eine Überlebensgeschichte. Wien (Picus Verlag).

Klein, H. (2003): Überleben und Versuche der Wiederbelebung. In: Jb. Psychoanal. (Beiheft 20), Stuttgart-Bad Cannstadt: Frommmann-Holzboog.

Klein, H. & Kogan, I. (1986): Identification and denial in the shadow of narzism. International Journal of Psycho-Analysis 75, 45–52.

Kogan, I. (1997): Der stumme Schrei der Kinder. Frankfurt a.M. (Fischer Verlag).

Kogan, I. (2000): Die Suche nach der Geschichte der Nachkommen von Holocaust- Überlebenden in ihren Analysen: Reparation des »seelischen Lochs«. In: Opher- Cohn, L.; Pfäfflin, J.; Sonntag, B.; Klose, B. & Pogany-Wendt, P. (Hg.) (2. Aufl.); Das Ende der Sprachlosigkeit? Auswirkungen traumatischer Holocausterfahrungen über mehrere Generationen. Gießen (Psychosozial-Verlag), S. 163–182.

Kogan, I. (2003): Trauma, Resistenz und Kreativität. In: Fröhlich, M.; Lapid Y. & Schneider, C. (Hg.): Repräsentationen des Holocaust im Gedächtnis der Generationen. Frankfurt a.M. (Brandes & Apsel), S. 90–111.

Krystal, H. (2000): Psychische Widerständigkeit bei Holocaust-Überlebenden. Psyche 54 (9/10), 840–859.

Kubik, G. (2007): Tabu – Erkundungen Transkultureller Psychoanalyse in Afrika, Europa und anderen Kulturgebieten. Berlin (LIT Verlag).

Lacan, J. (1953): Funktion und Feld des Sprechens und der Sprache in der Psychoanalyse. In: Lacan, J.: Schriften I. Olten, Freiburg im Breislau (Walter Verlag), S. 71–169.

Lacan, J. (1956): Das Seminar über E.A. Poes »der entwendete Brief«. In: Lacan, J.: Schriften I. Olten, Freiburg im Breislau (Walter Verlag), S. 7–41.

Lacan, J. (1962–63) (2010): Das Seminar, Buch X Die Angst. Wien (Turia + Kant).

Lacan, J. (2006): Namen des Vaters. Wien, Berlin (Turia + Kant).

Laimböck, A. (2000): Das psychoanalytische Erstgespräch. Tübingen (edition diskord).

Langbein, H. (1995): Menschen in Auschwitz. Wien (Europa Verlag).

Laplanche, J. (1996): Der (so genannte) Todestrieb: ein sexueller Trieb. Zeitschrift für psychoanalytische Theorie und Praxis XI (1), 10–26.

Laplanche, J. (1999): Kurze Abhandlung über das Unbewusste. Psyche 53 (12), 1213–1246.
Laplanche, J. (2004): Die rätselhaften Botschaften der Anderen und ihre Konsequenzen für die Begriffe des Unbewussten im Rahmen der Allgemeinen Verführungstheorie. Psyche 58 (9/10), 898–913.
Laplanche, J. (2005): Die unvollendete kopernikanische Revolution in der Psychoanalyse. Gießen (Psychosozial-Verlag).
Laplanche, J. & Pontalis, J.-B. (1992): Urphantasie. Frankfurt a.M. (Fischer Taschenbuch Verlag).
Laub, D. (1993): Knowing and not knowing massive psychic trauma: forms of traumatic memory. International Journal of Psycho-Analysis 76, S. 991–1005.
Laub, D. (2000): Eros oder Thanatos? Der Kampf um die Erzählbarkeit des Traumas. Psyche 54 (9/10), 860–894.
Levi, P. (1993): Die Untergegangenen und die Geretteten. München (DTV).
Levi, P. (1999) (4. Aufl.): Die Atempause. München (DTV).
Levi, P. (2002) (11. Aufl.): Ist das ein Mensch? Ein autobiographischer Bericht. München (DTV).
Lomranz, J. (2000): The skewed image of the Holocaust survivor and the Vicissitudes of psychological research. Echoes of the holocaust 6, URL: http://holocaustechoes.com/lomranz.html. (Stand: 14.08.2013).
Lorenzer, A. (1973): Sprachzerstörung und Rekonstruktion. Frankfurt a.M. (Suhrkamp Taschenbuch Verlag).
Lorenzer, A. (Hg.) (1986): Kultur-Analysen. Frankfurt a.M. (Fischer Taschenbuch Verlag).
Macho, T. (2000): Tod und Trauer im kulturwissenschaftlichen Vergleich. In: Assmann, J. (Hg.): Der Tod als Thema der Kulturtheorie. Frankfurt a.M. (edition Suhrkamp), S. 89–121.
Mayring, P. (2002) (5. Aufl.): Einführung in die Qualitative Sozialforschung. Weinheim, Basel (Beltz Verlag).
Mentzos, S. (1976) (4. Aufl. 1996): Interpersonale und institutionalisierte Abwehr. Frankfurt a.M. (Suhrkamp Taschenbuch Verlag).
Morgenthaler, F. (2004): Der Traum. Fragmente zur Traumtheorie und Technik der Traumdeutung. Gießen (Psychosozial-Verlag).
Nietzsche, F. (1960): Zur Genealogie der Moral, Band II. Darmstadt (Wissenschaftliche Buchgesellschaft), S. 761–900.
Nitschke, B. (1997): Über einige Unfähigkeiten und Fähigkeiten sich zu erinnern und zu vergessen. Werkblatt 39 (2), 59–74.
Oliner, M.M. (1998): Hysterische Persönlichkeitsmerkmale bei Kindern Überlebender. In: Bergmann, M.S.; Jucovy, M.E. & Kestenberg, J.S. (Hg.): Kinder der Opfer Kinder der Täter. Psychoanalyse und Holocaust. Frankfurt a.M. (Fischer Verlag), S. 292–356.
Oliner, M.M. (2004): Die externalisierende Funktion von Gedenkstätten. In: Fröhlich, M.; Lapid, Y. & Schneider, C. (2003): Repräsentationen des Holocaust im Gedächtnis der Generationen. Frankfurt a.M. (Brandes & Apsel), S. 42–61.
Ottomeyer, K. (1997): Kriegstrauma, Identität und Vorurteil. Klagenfurt, Celovec (Drava Verlag).
Overbeck, G. (1984): Krankheit als Anpassung Frankfurt a.M. (Suhrkamp).
Pfaller, R. (2002): Die Illusionen der anderen. Frankfurt a.M. (Suhrkamp).
Rosenthal, G. (Hg.) (1999): Der Holocaust im Leben von drei Generationen. Familien von Überlebenden der Shoah und von Nazi-Tätern. Gießen (Psychosozial-Verlag).
Schneider, C. (1997): Verstehen und Verzeihen, Schweigen und Protest. Über einige aktuelle

Schwierigkeiten beim Umgang mit dem Erbe des Nationalsozialismus. Werkblatt. Zeitschrift für Psychoanalyse und Gesellschaftskritik 39 (2), 75–93.

Schneider, C. (2004): Der Holocaust als Generationsobjekt. Generationsgeschichtliche Anmerkungen zu einer deutschen Identitätsproblematik. In: Fröhlich, M.; Lapid, Y. & Schneider, C. (Hg.): Repräsentationen des Holocaust im Gedächtnis der Generationen. Frankfurt a.M. (Brandes & Apsel), S. 234–252.

Schneider, C. (2007a): Sehen, Hören, Glauben. Zur Konstruktion von Authentizität. In: Frölich, M.; Schneider, C. & Visarius, K. (Hg.): Das Böse im Blick. Die Gegenwart des Nationalsozialismus im Film. München (edition text+kritik), S. 15–29.

Schneider, C. (2007b): Trauma und Zeugenschaft. Probleme des erinnernden Umgangs mit Gewaltgeschichte. Mittelweg 36(3), S. 59–74.

Schneider, C.; Stillke, C. & Leineweber, B. (2000): Trauma und Kritik. Zur Generationengeschichte der kritischen Theorie. Münster (Westfälisches Dampfboot).

Stoller, R.J. (1979) (Neuaufl. 1998): Perversion. Die erotische Form von Haß. Gießen (Psychosozial-Verlag).

Turner, H. (1994): Kindertransport eine beispiellose Rettungsaktion. Gerlingen (Bleicher Verlag).

Virág, T. (2000): Das Holocaust-Syndrom in der Praxis der Psychotherapie mit ungarischen Überlebenden. In: Opher-Cohn, L.; Pfäfflin, J.; Sonntag, B.; Klose, B. & Pogany-Wendt, P. (Hg.): Das Ende der Sprachlosigkeit? Auswirkungen traumatischer Holocausterfahrungen über mehrere Generationen. Gießen (Psychosozial-Verlag), S. 183–200.

Volkan, V.D. (2000) (2. Aufl.): Das Versagen der Diplomatie. Zur Psychoanalyse nationaler, ethnischer und religiöser Konflikte. Gießen (Psychosozial-Verlag).

Volkan, V.D. (2004): Das infantile psychotische Selbst und seine weitere Entwicklung. Göttingen (Vandenhoeck & Ruprecht).

Welzer, H. (2003): Was ist autobiographische Wahrheit? Aus der Sicht der Erinnerungsforschung. In: Bruder, K.-J. (Hg.): »Die biographische Wahrheit ist nicht zu haben«. Psychoanalyse und Biographieforschung. Gießen (Psychosozial-Verlag), S. 183–204.

Winnicott, D.W. (1974) (unv. Neuaflage 2001): Reifungsprozesse und fördernde Umwelt. Gießen (Psychosozial-Verlag).

Zizek, S. (1993): Liebe dein Symptom wie dich selbst. Berlin (Merve Verlag).

Zizek, S. (1998): Das Unbehagen im Subjekt. Wien (Passagen Verlag).

Zöchmeister, M. (2006): Opfermythos und narzisstischer Größenwahn – Versuch über eine NS-Familiengeschichte. Psychoanalytische Familientherapie 12 (1), 23–50.

Zöchmeister, M. (2007a): Zur Generationsdynamik des Holocaust in einer Überlebendenfamilie. Psychoanalytische Familientherapie 14 (1), 35–54.

Zöchmeister, M. (2007b): Narzissmus, Karneval und Perversion. Mediale Reproduktionen der NS-Welt. In: Frölich, M.; Schneider, C. & Visarius, K. (Hg.): Das Böse im Blick. Die Gegenwart des Nationalsozialismus im Film. München (edition text+kritik), S. 30–44.

Zöchmeister, M. & Sauer, J. (2005): Langes Schweigen – Späte Erinnerung. Wien, Innsbruck, Bozen (Studienverlag).

Psychosozial-Verlag

Yolanda Gampel
Kinder der Shoah
Die transgenerationelle Weitergabe seelischer Zerstörung

Katharina Rothe
Das (Nicht-)Sprechen über die Judenvernichtung

2009 · 159 Seiten · Broschur
ISBN 978-3-89806-763-8

2009 · 302 Seiten · Broschur
ISBN 978-3-89806-896-3

Für viele ist die Katastrophe der Shoah eine Vergangenheit, die endgültig Geschichte geworden ist. Da scheinbar nichts mehr auf das Geschehen hinweist, will man endlich einen Schlussstrich ziehen und zur Tagesordnung übergehen. Dabei prägt die Extremform gesellschaftlicher Gewalt, der Krieg, weiterhin das Leben. Gerade die Shoah, deren Auswirkungen virulent bleiben, hat das Verständnis von Geschichte ausgehebelt. »Radioaktiven Rückständen« gleich verbreitet sich ihre diffuse Schadwirkung über Zeit und Raum, in Gegenwart und Vergangenheit. Durch die Shoah ausgelöste Traumata bleiben nicht nur in Psyche und Körper der Überlebenden präsent, sie können auch an die nachfolgenden Generationen weitergegeben werden.

Die Autorin erhebt mit den Methoden einer psychoanalytisch orientierten Sozialforschung themenzentrierte Gruppendiskussionen und Einzelinterviews in drei Generationen und wertet diese psychoanalytisch orientiert aus. Hintergrund des Forschungsprojekts ist die Deportation der Jüdinnen und Juden aus einer nordhessischen Stadt in das Ghetto bzw. Vernichtungslager von Minsk im Jahre 1941. Die Bedeutung des Sprechens bzw. Nicht-Sprechens über diese Deportation ist ein Schwerpunkt der Analyse. Die psychoanalytische Erkenntnismethode und Theorie ermöglichen eine Herausarbeitung sowohl aktueller und kollektiver unbewusster Verstrickungen in Bezug auf die Shoah und deren Folgen als auch unbewusster Phantasmen, die im Nationalsozialismus selbst virulent waren.

Psychosozial-Verlag

Gertraud Schlesinger-Kipp
Kindheit im Krieg und Nationalsozialismus
PsychoanalytikerInnen erinnern sich

2012 · 376 Seiten · Broschur
ISBN 978-3-8379-2200-4

Als Teil der interdisziplinären Erforschung des kulturellen Gedächtnisses untersucht die Autorin Erinnerungsprozesse von Psychoanalytikerinnen und Psychoanalytikern, die zwischen 1930 und 1945 geboren wurden.

Mithilfe von Fragebögen sammelt sie die Erinnerungen von 200 »Kriegskindern« an ihr Aufwachsen im Nationalsozialismus. Ein unerwartetes Ergebnis ihrer Studie ist, dass 60 Prozent der Befragten traumatische Erlebnisse angeben. Es gibt signifikante Alters- und Geschlechtsunterschiede und die eigene Psychoanalyse war bei der Verarbeitung dieser Kindheit unterschiedlich nützlich.

Mit zehn Personen dieser Gruppe führt Schlesinger-Kipp anschließend vertiefende Interviews, um der »narrativen Wahrheit« näher zu kommen. Ausgehend von dem Konzept der »Nachträglichkeit« untersucht sie den Einfluss des späteren Bewusstwerdens der kollektiven deutschen Schuld sowie die Auswirkungen der nationalsozialistischen Erziehungsideale auf die individuellen Erinnerungen an die Kindheit.

Psychosozial-Verlag

Helga Gotschlich
Das Bild in mir
Ein Kriegskind folgt den Spuren seines Vaters

2012 · 439 Seiten · Broschur
ISBN 978-3-8379-2177-9

Als wäre es gestern gewesen, erinnert sich Helga Gotschlich an die Situation im Luftschutzkeller während des Bombenangriffs auf Dresden und an die Bilder der Menschen, die ums nackte Überleben kämpften. Die Historikerin gehört selbst zur Generation der »Kriegskinder« und erzählt im vorliegenden Werk ihre eigene Geschichte. Im Mittelpunkt der Reise zurück in die Zeit des Krieges steht die Frage nach dem verlorenen Vater, genannt »Papa Paul«. Nachdem er 1945 ein letztes Mal als Panzerfahrer nach Berlin einrücken musste, kehrte er nicht mehr nach Hause zurück. Doch was geschah mit ihm?

Durch den Verlust des Vaters veränderte sich die Situation in der Familie drastisch. Für die damals heranwachsende Tochter bedeutete dies ein Verlust von Geborgenheit und ein abruptes Ende ihrer Kindheit. Lange weigert sie sich, die neue Lebenssituation anzuerkennen und die üblichen Erklärungen für vermisste Soldaten zu akzeptieren. Jahrzehnte nach dem Verschwinden des Vaters ist sie bereit, das Geheimnis um »Papa Paul« zu lüften, und begibt sich mithilfe der akribischen Mittel einer Historikerin auf die Suche nach seinen Spuren.

Mit ihrer zeitgeschichtlichen Rückblende lüftet die Autorin nun ein Familiengeheimnis um den Verschollenen und hinterfragt dabei sowohl das Wesen und die Persönlichkeit des Vaters als auch Leerstellen in der eigenen Biografie. Gleichzeitig zeichnet ihre Geschichte ein Bild der Kriegs- und Nachkriegsjahre und reflektiert die psychischen, physischen und zwischenmenschlichen Auswirkungen und Verwerfungen der beiden Weltkriege.